中国证券业发展报告

（2011）

中国证券业协会　编

中国财政经济出版社

图书在版编目(CIP)数据

中国证券业发展报告.2011/中国证券业协会编.—北京:中国财政经济出版社,2011.11

ISBN 978-7-5095-3216-4

Ⅰ.①中… Ⅱ.①中… Ⅲ.①证券市场—经济发展—研究报告—中国—2011 Ⅳ.①F832.51

中国版本图书馆CIP数据核字(2011)第219920号

责任编辑:翁晓红　　责任校对:陈可强

封面设计:邹海东　　版式设计:苏　红

中国财政经济出版社 出版

URL:http://www.cfeph.cn

E-mail:cfeph@cfeph.cn

社址:北京市海淀区阜成路甲28号　邮政编码:100142

营销中心电话:010-88190406　北京财经书店电话:010-64033436

涿州市新华印刷有限公司印刷　各地新华书店经销

787×960毫米　16开　32.75印张　499 000字

2011年11月第1版　2011年11月第1次印刷

定价:60.00元

ISBN 978-7-5095-3216-4/F·2725

(图书出现印装问题,本社负责调换)

本社质量投诉电话:010-88190744

《中国证券业发展报告(2011)》

作者名单

(按照姓氏笔画排序)

于军华	于旭辉	王　伟	王　瑜	王凤华
王英娜	王晓国	王惠娟	方　伟	申　屹
叶秋彬	邢　波	刘　莱	杜长庆	张　玲
张小莉	张立亚	张汉林	李　蓉	李伟杰
杨　涛	杨成长	吴玉立	周　斌	金　丹
郑加峰	施　健	姜婧一	秦晖玉	袁　熙
钱康宁	徐　阳	徐建华	高　华	谈加虎
黄　辉	曹炳艾	崔晓雁	常志刚	温　渤
韩明鹏	蒋健蓉	鲁　伟	甄秀欣	谭先福
潘志坚				

前 言

中国证券业协会会长 陈共炎

经过几个月的努力，中国证券业协会组织编撰的《中国证券业发展报告(2011)》与读者见面了。这是从2003年开始编撰系列报告以来出版的第九册暨2010年的年度报告。

2010年是中国资本市场改革创新发展取得重大进展的一年。在这一年里，面对国内外经济金融形势错综复杂的变化，中国资本市场不断加强基础建设，稳步推进改革创新，培育并完善市场机制，较好地保持了市场功能的发挥，市场总体健康平稳运行。一是择机推出了一系列重大改革，市场运行机制进一步完善。股指期货成功推出，丰富了市场的风险管理工具；融资融券业务试点顺利启动，初步建立了资本市场的信用交易机制；新股发行体制改革逐步深化，增强了市场约束，促进了各参与主体进一步归位尽责。二是市场融资效率大幅提升，市场化并购重组进一步活跃。截至2010年年底，共有531家企业在A股市场发行融资，筹资额为10 275.2亿元。其中，首次公开发行347家，筹资额4 883亿元，首发融资规模居世界前列。全年实施重大资产重组47项，交易金额1 338亿元。三是市场主体规范发展。上市公司财务信息披露不断规范，提高了市场的透明度；信息隔离墙制度和压力测试制度逐步建立健全，深化了证券公司合规管理;《发布证券研究报告暂行规定》和《证券投资顾问业务暂行规定》制定出台,促进了证券服务机构规范执业。截至2010年年底,中国资本市场共有上市公司2 063家,投资者有效账户数1.3亿户,证券公司106家,基金公司63家,沪深两市总市值达到26.54万亿元,流通市值19.31万亿元,分别比上年底增加8.82%和27.63%。市场的这些发展变化,为我们编撰本报告提供了鲜活的素材,也成为我们编撰工作的重要关注点。

在编撰过程中,我们始终坚持并贯彻以下几个基本原则:一是立足于整个证券行业,站在全行业的高度,全面系统反映2010年证券行业的发展轨迹。二是坚持客观真实,通过大量的准确数据、典型案例和重大事件,将2010年证券行业的主要变化和重大成就记录下来,为中国证券史的发展留下真实可靠的历史资料。三是从我国的基本国情出发,力求准确把握证券市场的基本特色,为今后证券业的发展提供必要借鉴。四是理论提升与实际状况相结合、定性分析与定量分析相结合、实证分析与规范研究相结合、国内发展状况与国际发展趋势相结合,以期达到权威部门权威史册的社会期许。

本报告的主要内容、基本框架、写作范式是经过中国证券业协会与业内专家共同讨论确定的,是集思广益的结果,是集体智慧的结晶。主要内容涵盖了证券行业的方方面面,包括投资银行业、证券经纪业、证券咨询业、证券业新技术、投资者教育、证券理论研究、国际证券业的发展等等。许多章节的写作是由中国证券业协会与业内机构组成联合课题组共同完成的。为了确保本报告的质量,在初稿完成后,中国证券业协会还邀请各方面的权威专家进行了反复的推敲修改和认真审核。

《中国证券业发展报告(2011)》是一部年度报告。主要是准确记录中国2010年证券业在报告期的发展状况,全面反映中国证券行业创新发展的成果，深入探讨中国证券业的发展战略和发展趋势，客观描述国外证券业的最新进展。通过《中国证券业发展报告》的连续编撰，为中国证券业提供一个全面展示成果的平台，为社会各界提供一个了解中国证券市场的窗口，为有关专家学者提供一个研究中国证券市场的比较权威的史料。我们应该做而且能够做的，就是以严谨求实的态度，忠实记录昨天发生的历史。但我们也深知，《中国证券业发展报告(2011)》还存在许多有待完善、不尽如人意的地方，我们真诚希望业内同仁、广大读者提出批评、建议。

目前，中国证券业正处在非常重要的转折和发展变革时期。展望中国证券市场的未来发展，机遇与挑战并存，需要我们继续付出更多的热情、更大的努力。

2011 年 11 月

目录

第一章 2010年中国证券业发展概况

第一节 2010年中国证券业发展的经济环境

一、世界经济与金融环境

2010年，世界经济呈现不同步的复苏格局，主要发达经济体复苏缓慢，仍然面临着就业形势严峻、财政可持续性堪忧等问题，继续执行宽松的宏观经济政策；新兴市场经济体普遍增速较快，但面临资产价格泡沫和通货膨胀压力加大的风险，在2010年下半年，普遍采取了收紧的宏观经济政策。

2010年，受益于世界经济的复苏，全球金融交易总体上趋于活跃，国际金融市场进一步回暖。主要发达经济体仍然主导国际金融市场的格局，新兴市场经济体的重要性有所加强。欧洲主权债务危机进一步扩散，国际金融市场走势受到一定影响，全年美元总体上走强，短期利率稍有回升，主要股票指数上涨，黄金以及大宗商品价格大幅上涨。①

国际货币基金组织（IMF）在2010年1月发布的《世界经济展望更新》中预测，2010年世界经济增长5.0%，比2009年的实际增长率上升5.6个百分点；发达经济体增长3.0%，比2009年的实际增长率上升6.4个百分点；新兴和发展中经济体增长7.1%，比2009年的实际增长率上升4.5个百分点。据IMF估计，2010年国际贸易大幅回升，当年全球商品和服务贸易增长12.0%，

① 中国人民银行上海总部：《2010年国际金融市场报告》，http：//www.pbc.gov.cn/，2011年3月25日。

远远高于2009年的-10.7%。2010年发达经济体出口增长11.4%，新兴和发展中经济体出口增长12.8%，分别比2009年上升23.3个和20.3个百分点。进口方面，发达经济体增长11.1%，新兴和发展中经济体增长13.8%，分别较2009年增长23.5个和21.8个百分点。①

2010年，世界经济复苏之路坎坷不平。主要发达经济体经济在风险与冲击中继续复苏，通缩风险逐步缓解，但就业形势依然严峻，部分经济体的财政可持续问题令人担忧，美国和日本继续执行扩张性财政政策，部分欧盟国家开始缩减财政支出。美、欧、英、日央行继续维持极度宽松的货币政策，美联储启动了第二轮量化宽松货币政策（QE2）。

2010年的美国经济延续了2009年第3季度以来的复苏势头，但增速有所放缓，在个人消费支出增速有所提高的同时，固定资产投资增速冲高回落，商品和服务逆差继续扩大。2010年各季度美国国内生产总值（GDP）环比折年率分别为3.7%、1.7%、2.6%和2.8%，全年增长2.8%。尽管美国商品和服务贸易出口继续保持较快增长，但由于进口增长更为迅猛，贸易逆差继续扩大，全年贸易逆差为5 157亿美元，比上年扩大1 293亿美元。美国经季节调整的失业率继续在高位徘徊，表明其就业形势依然严峻。2010年，美国失业率先是从1月的9.7%升至4月的9.9%，其后回落至6~7月的9.5%，之后失业率再次回升，11月回升至9.8%，12月失业率则又大幅回落至9.4%。2010年，美国消费者物价指数（CPI）同比上升1.5%，扣除食品和能源的核心CPI同比上升0.8%，通缩风险正在持续缓和，但居于高位的失业率、依然庞大的财政赤字、持续低迷的房地产市场，也将对其经济复苏进程造成一定程度的不利影响。

虽然遭遇了债务危机的挑战，2010年欧元区经济仍继续温和复苏，工业生产增速出现回落，私人消费比较稳定，固定资产投资增速冲高回落，对外贸易总体实现顺差。2010年各季度欧元区实际GDP环比分别增长0.4%、1.0%、0.3%和0.3%，全年增长1.7%。对外贸易总体实现顺差。2010年，欧元区贸易顺差为7亿欧元，比上年减少159亿欧元。2010年度，欧元区就业形势继续

① 国际货币基金组织：《世界经济展望更新》，http://www.imf.org/，2010年1月。

恶化，失业率一直保持在9.9%以上的高位，10月失业率升至10.1%，创欧元区设立以来的最高水平，11～12月失业率小幅回落至10.0%。2010年，欧元区消费者调和物价指数（HICP）同比上升2.2%，扣除食品和能源的核心HICP同比上升1.0%。从目前的情况看，欧元区经济继续温和复苏，但由于其就业形势依然严峻，限制了消费增长，出口增长放缓可能影响其产出，加之进一步实行财政紧缩政策所带来的短期不利影响，其2011年经济增长将有所放缓。

得益于商业投资和存货投资的拉动，2010年英国经济延续了2009年下半年的复苏势头。2010年各季度英国GDP环比分别增长0.3%、1.1%、0.7%和-0.6%，全年增长1.5%。2010年，英国经季节性调整后的贸易逆差为389亿英镑，逆差比上年扩大了115亿英镑。全年失业率在7.8%～7.9%之间波动，总体依然处于高位水平。全年CPI同比上升3.7%，扣除食品和能源的CPI同比上升2.9%，通胀压力进一步加大。

2010年日本经济总体上延续了温和复苏的态势，但复苏基础并不牢固。在政府刺激政策和外部需求带动下，日本经济2010年年初出现了温和复苏势头，企业活动有所回暖，出口增长迅速。第2季度以来，受全球经济复苏受阻、私人消费疲软和通货紧缩压力的影响，经济复苏的势头有所减弱。2010年前3个季度，日本实际GDP环比分别增长1.5%、0.5%和0.8%，第4季度环比下降0.3%，全年增长3.9%。经常账户顺差保持较快增长，累计顺差额为17.08万亿日元，比上年增长28.6%。日本各季度平均失业率分别为5%、5.2%、5.1%和4.8%，与2009年基本持平。受蔬菜和香烟等价格上涨的影响，消费物价上涨率由负转正，10月和11月同比增速分别为0.2%和0.1%，12月物价水平与上年同期持平。

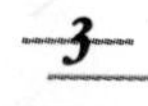

2010年，新兴市场和发展中经济体经济复苏强劲，成为拉动全球经济增长的“火车头”。其中，中国实际GDP比上年增长10.3%；印度实际GDP比上年增长10.4%；巴西实际GDP比上年增长7.5%，为25年来新高。据IMF预测，新兴亚洲和拉美及加勒比地区经济增长9.3%和5.9%；独联体和中东欧地区增长4.2%，其中，俄罗斯增长3.7%；非洲、中东地区新兴市场和发展中经济体经济增速也保持在4%左右。在经济强劲复苏的同时，许多新兴市场

经济体受到物价上涨和短期资本流入的困扰。①

2010年，在经济复苏不稳定、特别是就业市场形势严峻的背景下，主要发达经济体中央银行普遍继续维持极度宽松的货币政策，美联储继续启动第二轮量化宽松货币政策；而新兴市场国家中央银行则在经济强劲复苏、同时面临较大通胀压力的背景下，普遍采取调高基准利率和存款准备金率等紧缩性货币政策。同时，2010年的欧洲债务危机敲响了公共债务可持续性的警钟，在美、日等国继续推行扩张性财政政策的同时，多数国家开始退出经济刺激政策，部分欧盟国家大幅削减财政开支。

2010年上半年，由于美国经济持续复苏，劳动力市场有所好转。为了防范潜在的通货膨胀，美联储积极探索量化宽松货币政策的有效退出方式，于2月19日宣布将再贴现率由原来的0.5%上调至0.75%，并从3月18日起将再贴现的最长期限由28天调整至隔夜。危机期间美联储创设的大部分非常规信贷计划工具于2010年2月1日到期终止。定期拍卖便利（TAF）和定期资产支持证券贷款便利（TALF）也分别于3月8日和6月30日到期退出。下半年，随着经济复苏的放缓和失业率的居高难下，美联储逐步放慢其量化宽松货币政策的退出步伐，在9月21日的声明中，美联储表示准备在必要情况下进一步采取放松货币政策的措施，支持经济复苏并促使通胀逐步达到与目标相一致的水平。11月3日，美联储正式宣布实施第二轮量化宽松货币政策，决定于2011年6月底之前购买6 000亿美元中长期国债。此外，为了应对欧洲主权债务危机爆发后欧洲美元短期融资市场的紧张状况，5月美联储会同加拿大银行、英格兰银行、欧洲中央银行、瑞士国民银行、日本银行重建临时性的美元流动性互换便利机制，阻止流动性紧张局面向其他市场蔓延。

2010年，由于欧元区的经济复苏前景依然存在一定的不确定性、失业率居高不下、价格指数仍处于相对低位等原因，欧洲央行继续维持主要再融资利率为1%的水平不变。在希腊主权债务危机持续蔓延、欧元区各国国债利差呈现扩大趋势的背景下，欧洲央行于3月25日决定对贷款操作中所接受抵押品宽松

① 中国人民银行上海总部：《2010年国际金融市场报告》，http://www.pbc.gov.cn/，2011年3月25日。

标准的实施期限延长至2011年。为防止希腊主权债务危机蔓延，欧洲央行于5月10日宣布，将买入欧元区政府债券，这也是欧洲央行首次购买政府债券。5月6日货币政策例会后，欧洲央行表示将采取一切办法维持物价稳定，同时呼吁各国政府采取果断行动实现财政整固。由于2010年第2季度经济数据显示欧元区经济复苏迹象明显，9月2日货币政策例会后，欧洲央行上调了2010年和2011年欧元区的通胀预期与经济增长预期，但也同时表示经济下行风险同样存在。12月2日货币政策例会后，欧洲央行表示，由于欧元区经济复苏进程面临的不确定性有所上升，欧洲央行将对银行业的特别救助措施再延长3个月（该项措施原定于2011年年初结束）。

2010年，尽管面临一定的通胀压力，但考虑到就业状况不容乐观以及财政紧缩政策可能对未来经济增长带来的不利影响，英格兰银行维持主要再融资利率0.5%不变，同时继续维持2 000亿英镑的量化宽松规模。9月9日货币政策例会后，英格兰银行表示，目前英国经济存在重大风险，应做好两方面应对准备：一方面，通胀长时间高于目标水准有可能推高通胀预期；另一方面，由于需求无法充分增长，导致中期CPI远低于目标水准。多数货币政策委员会委员认为，进一步推出货币刺激政策的可能性增大。

2010年年初，日本银行继续维持无担保隔夜拆借利率0.1%的水平不变，并推出多项新的数量扩张工具，扩大量化宽松货币政策规模，保证市场流动性宽松。3月日本银行决定将其在2009年12月推出的一项10万亿日元规模的固定利率资金供给规模扩大1倍，期限延长3个月；5月又推出一项名为“加强经济增长基础的资金供给措施”的资金援助计划，允许合格私人金融机构向日本银行申请总额不超过3万亿日元、期限不超过1年、利率为0.1%的贷款。由于日本经济复苏势头在2010年第3季度出现明显减弱迹象，日本银行在10月初再次实施零利率政策，决定将无担保隔夜拆借利率目标下调至0~0.1%的区间内，并创立总额为35万亿日元基金用于购入各类资产。

2010年，为了应对不断加大的通货膨胀压力，主要新兴市场国家中央银行普遍采取了调高基准利率等措施。中国人民银行两次上调存贷款基准利率各25个基点，6次上调金融机构存款准备金率；印度储备银行6次加息，分别将回购和逆回购利率提高150个基点和200个基点至6.25%和5.25%；巴西央行分3次将基准利率由8.75%上调至10.75%，并在12月采用上调存款准备金率等手段大规模收缩信贷，回收流动性。

2010年国际贸易形势明显好转。国际贸易量大幅回升，国际市场需求回升带动国际贸易价格有所反弹。主要经济体再平衡过程进展缓慢，发达经济体在全球贸易中的份额继续下降。据IMF估计，全球商品和服务贸易量上涨12%，为近10年来最大涨幅；全球商品和服务贸易出口总额为18.33万亿美元，比上年增长16.5%，相当于全球GDP的29.6%，高于上年的27.3%。这显示国际贸易有所恢复，但全球贸易总规模仍低于危机前的最高水平。国际市场需求回升带动国际贸易价格有所反弹。由于新兴市场和发展中经济体复苏强劲，而主要发达经济体继续保持宽松的货币环境，原油、金属等主要大宗初级产品价格在2010年上升明显。然而，以美、欧、日为代表的发达经济体复苏缓慢，导致全球制成品需求恢复受到制约，制成品价格上升幅度明显小于初级产品。根据IMF估计，2010年原油和非能源初级产品平均价格分别上涨23.3%和16.8%；全球制成品平均价格上涨3.1%。

2010年，国际资本流动出现恢复性增长。据IMF估计，2010年全球资本净流动规模为12 575.3亿美元，增长12%。全球外国直接投资（FDI）流动的增长基本处于停滞状态。据联合国贸发会议（UNCTAD）于2011年1月的估计，在经历了2008年和2009年的大幅下降后，2010年全球FDI将比2009年微幅上升1%，达到11 220亿美元。①

二、中国经济与金融环境

2010年，面对复杂多变的国内外经济环境和各种重大挑战，我国各族人民在党中央、国务院的坚强领导下，以邓小平理论和“三个代表”重要思想为指导，深入贯彻落实科学发展观，坚持实施应对国际金融危机冲击的一揽子计划，加快转变经济发展方式和经济结构战略性调整，国民经济保持了平稳较快

① 中国人民银行上海总部：《2010年国际金融市场报告》，http：//www.pbc.gov.cn/，2011年3月25日。

的发展，各项社会事业取得新的进步。①

2010 年全年实现国内生产总值 397 983 亿元，按可比价格计算，比上年增长 10.3%，增速比上年加快 1.1 个百分点。分季度看，第 1 季度、第 2 季度、第 3 季度、第 4 季度同比分别增长 11.9%、10.3%、9.6%、9.8%。分产业看，第一产业增加值为 40 497 亿元，增长 4.3%；第二产业增加值为186 481亿元，增长 12.2%；第三产业增加值为 171 005 亿元，增长 9.5%。三大产业增加值占国内生产总值的比重分别为 10.2%、46.8% 和 43.0%。

工业生产平稳增长，企业效益大幅提高。2010 年全年全部工业增加值为 160 030 亿元，比上年增长 12.1%，规模以上工业增加值比上年增长 15.7%，增速比上年加快 4.7 个百分点。分季度看，第 1 季度、第 2 季度、第 3 季度、第 4 季度同比分别增长 19.6%、15.9%、13.5%、13.3%。分轻重工业看，重工业增长 16.5%，轻工业增长 13.6%。分行业看，在 39 个大类行业中，38 个行业比上年增长。分地区看，东、中、西部地区分别增长 14.9%、18.4%、15.5%。工业产销衔接状况良好，全年规模以上工业企业产销率达到 97.9%，比上年提高 0.2 个百分点。1～11 月，全国规模以上工业企业实现利润 38 828 亿元，同比增长 49.4%，比上年同期加快 41.6 个百分点。在 39 个大类行业中，38 个行业利润同比增长。②

居民消费价格第 1 季度、第 2 季度、第 3 季度、第 4 季度分别同比上涨 2.2%、2.9%、3.5%、4.7%，2010 年全年平均比 2009 年上涨 3.3%（见图 1－1），其中食品价格上涨 7.2%，固定资产投资价格上涨 3.6%，工业品出厂价格上涨 5.5%，原材料、燃料、动力购进价格上涨 9.6%，农产品价格上涨 10.9%。2010 年 70 个大中城市房屋及新建商品住宅销售价格月度同比涨幅呈现先上升后回落趋势，70 个大中城市房屋销售价格全年平均上涨 13.7%。

2010 年，我国对外贸易有了大幅度提升，全年货物进出口总额为 29 728 亿美元，比上年增长 34.7%。其中，货物出口为 15 779 亿美元，增长 31.3%；

① 中华人民共和国国家统计局：《中华人民共和国 2010 年国民经济和社会发展统计公报》，http：//www.stats.gov.cn/，2011 年 2 月 28 日。

② 中华人民共和国国家统计局：《2010 年国民经济运行态势总体良好》，http：//www.stats.gov.cn/，2011 年 1 月 20 日。

货物进口为13 948亿美元，增长38.7%。进出口相抵，实现顺差1 831亿美元，比上年下降6.4%。①

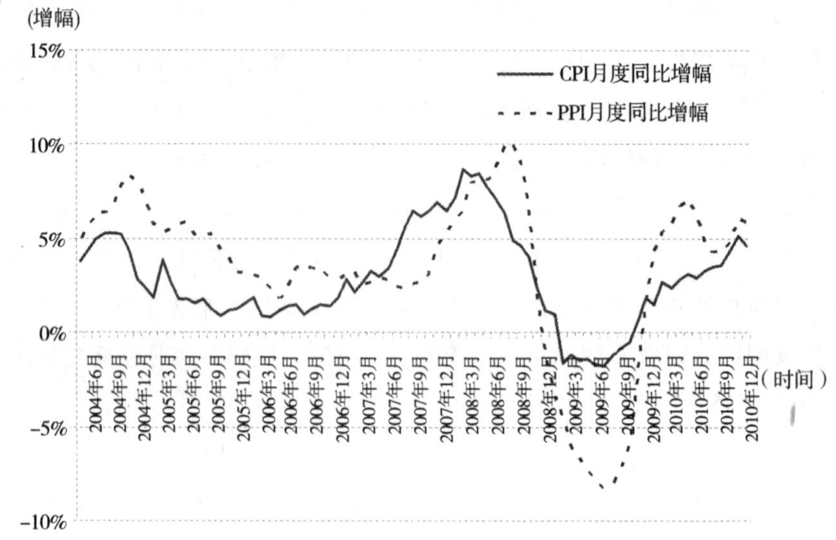

图1-1　2004~2010年物价水平走势

资料来源：国家统计局。

2010年，中国人民银行按照党中央、国务院的决策部署，继续实施适度宽松的货币政策。随着经济平稳较快发展势头逐步巩固，中国人民银行着力提高政策的针对性、灵活性和有效性，处理好保持经济平稳较快发展、调整经济结构和管理通胀预期的关系，逐步引导货币条件从反危机状态向常态水平回归。

货币信贷增速从上年高位逐步回落（见图1-2）。2010年年末，广义货币供应量M2余额为72.6万亿元，比上年末增长19.7%；狭义货币供应量M1余额为26.7万亿元，比上年末增长21.2%；流通中现金M0余额为4.5万亿元，比上年末增长16.7%。年末全部金融机构本外币各项存款余额为73.3万亿元，比年初增加12.1万亿元。其中，人民币各项存款余额为71.8万亿元，增加12.0万亿元。全部金融机构本外币各项贷款余额为50.9万亿元，增加8.4万

① 中华人民共和国国家统计局：《中华人民共和国2010年国民经济和社会发展统计公报》，http：//www.stats.gov.cn/，2011年2月28日。

亿元。其中，人民币各项贷款余额为47.9万亿元，增加7.9万亿元。①

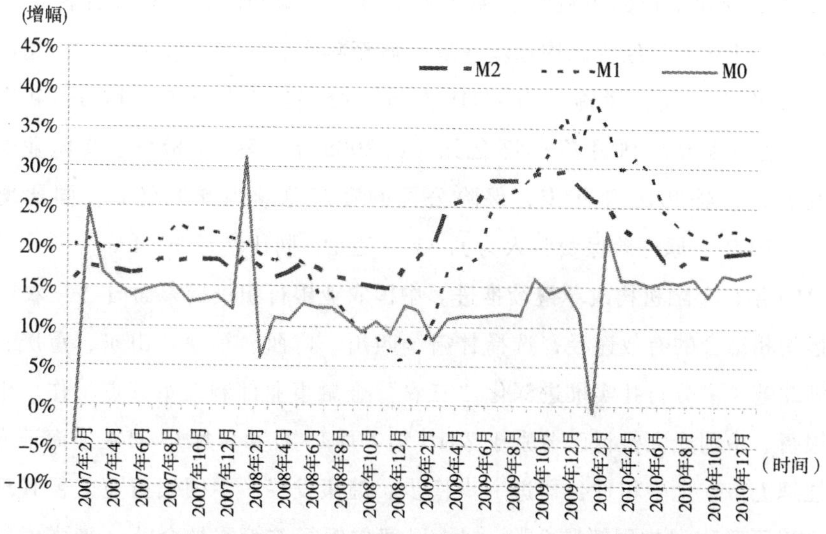

图1-2　2007~2010年货币供应量同比增长速度

资料来源：中国人民银行网站。

2010年，存贷款基准利率适度上调，6次上调存款准备金率。中国人民银行分别于10月19日和12月25日宣布上调金融机构人民币存贷款基准利率，1年期存款、贷款基准利率各上调0.25个百分点。两次上调后，1年期存款、贷款基准利率分别达到2.75%和5.81%，这是自2007年12月以来中国人民银行首次上调基准利率。为加强流动性管理，适度调控货币信贷投放，中国人民银行分别于1月、2月、5月3次上调大型存款类金融机构人民币存款准备金率各0.5个百分点；10月对6家银行差别化上调存款准备金率；分别于11月两次、12月一次上调存款准备金率各0.5个百分点。上调后，大型存款类金融机构的存款准备金率为18.5%，已达到历史高点。同时，国家外汇储备稳步增长。2010年，国家外汇储备增加4 481亿美元，同比少增50亿美元；2010年年末的国家外汇储备余额约为28 473亿美元，同比增长18.7%。

2010年，金融体系运行平稳，银行业总体良好，各项业务稳定发展。截至

① 中国人民银行货币政策分析小组：《中国货币政策执行报告（2010年第4季度）》，http://www.pbc.gov.cn/，2011年1月30日。

2010年年末，我国银行业金融机构的本外币资产总额为94.3万亿元，同比增长20.4%；商业银行的不良贷款率为1.14%，比2009年年末同期下降0.44个百分点。证券期货经营机构稳步发展。截至年末，我国106家证券公司的总资产为1.97万亿元，净资本为4 319亿元，分别比上年同期下降3%和增长12.7%；全年实现净利润775.57亿元，比2009年下降16.85%。保险业继续较快发展。截至2010年年末，保险公司的资产总额为5万亿元，同比增长22%；2010年，原保险保费收入为1.45万亿元，同比增长30.4%。

2010年，金融机构改革继续推进。中国农业银行积极探索面向“三农”和商业运作相结合的有效途径，选择甘肃、四川、广西、福建、山东、重庆、吉林、湖北等8家分行扎实推进深化“三农”金融事业部制改革试点工作。中国农业银行、中国光大银行已分别于2010年7月15日和8月18日在上海证券交易所挂牌上市。金融租赁公司进一步稳步、健康发展。中国银行业监督管理委员会（以下简称“中国银监会”）加入巴塞尔银行监管委员会及《加强银行公司治理的原则》的发布，将对我国金融机构公司治理改革产生一定的推动作用。

2010年，跨境贸易人民币结算业务稳步推进。2010年6月，中国人民银行出台了人民币跨境贸易结算扩大试点方案，试点地区扩大到20个省市，跨境贸易人民币结算的境外地域由港澳、东盟地区扩展到所有国家和地区。8月，进一步推出了跨境贸易人民币结算试点的两项配套政策：发布《关于境外人民币清算行等三类机构运用人民币投资银行间债券市场试点有关事宜的通知》，允许境外中央银行或货币当局、港澳人民币业务清算行和境外参加银行使用依法获得的人民币资金投资银行间债券市场；发布《境外机构人民币银行结算账户管理办法》，明确境外机构可申请在境内银行开立人民币银行结算账户，用于依法开展的各项跨境人民币业务。10月，为贯彻落实中央新疆工作座谈会的工作部署，新疆正式启动跨境贸易与投资人民币结算试点工作，成为首个开展跨境直接投资人民币结算试点的省区。从试点开始至2010年年末，银行累计办理跨境贸易人民币结算业务5 063.4亿元。①

① 中国人民银行上海总部：《中国金融市场发展报告·2010》，http://www.pbc.gov.cn/。

三、中国金融市场运行

2010年，我国金融市场继续保持健康、平稳运行，充分发挥了保证国家宏观经济政策实施、优化金融资源合理配置、推动金融体制深化改革、加大金融支持经济发展力度的积极作用。

全年货币市场交易活跃，市场利率在波动中明显上行；债券市场指数有所上升，债券发行规模稳步扩大；股票市场指数有所下跌，股票筹资规模创历史新高。国内非金融机构部门（包括住户、企业和政府部门）融资继续增加较多，融资结构呈明显多元化发展态势。全年国内非金融机构部门累计融资11.1万亿元，同比少增1.9万亿元，其中除贷款外的其他方式融资同比多增3 111亿元。从融资结构看，居于主导地位的贷款融资占比明显下降；国债和股票融资占比明显上升。①

（一）货币市场

2010年，货币市场利率在波动中明显上升。受市场融资增多、通胀预期明显上升和宏观调控政策等多种因素影响，市场利率在波动中呈现明显上升态势。12月，质押式债券回购和同业拆借加权平均利率分别为3.12%和2.92%，比6月分别上升0.73个和0.61个百分点；比上年12月分别上升1.85个和1.67个百分点。

2010年，银行间回购、拆借市场成交量大幅增加。其中银行间市场债券回购累计成交87.6万亿元，日均成交3 504亿元，日均同比增长24.6%；同业拆借累计成交27.9万亿元，日均成交1 115亿元，日均同比增长44.0%。从期限结构看，市场交易仍主要集中于隔夜品种，短期化趋势明显增强，全年债券回购和拆借隔夜品种的成交占比分别为79.9%和87.9%，同比分别上升2.1个和4.3个百分点。交易所市场政府债券回购累计成交6.59万亿元，同比增

① 中国人民银行货币政策分析小组：《中国货币政策执行报告（2010年第4季度）》，http://www.pbc.gov.cn/，2011年1月30日。

长 85.7%。

人民币利率互换交易大幅增加，远期品种交易相对清淡。2010 年，人民币利率互换市场发生交易 11 643 笔，名义本金总额 15 003.4 亿元，同比大幅增加 225%，其中第 4 季度成交名义本金总额占全年的 46.8%。从期限品种看，1 年及 1 年期以下交易最为活跃，名义本金总额 8 579.6 亿元，占总量的 57.2%。从参考利率来看，2010 年人民币利率互换交易的浮动端参考利率包括 7 天回购定盘利率、Shibor 以及 1 年期定存利率，与之挂钩的利率互换交易名义本金占比分别为 54.5%、40.3% 和 5.2%。2010 年，债券远期共成交 967 笔，成交金额 3 183.4 亿元，同比下降 51.4%。远期利率协议交易较为清淡，全年共成交 20 笔，名义本金额共 33.5 亿元，全部以 Shibor 为基准成交。

（二）债券市场

2010 年，债券市场指数上升，债券发行规模稳步扩大。银行间市场和交易所市场债券指数均上升。银行间市场债券指数由年初的 130.2 点升至年末的 132.7 点，上涨 1.9%；交易所市场国债指数由年初的 122.3 点升至年末的 126.3 点，上涨 3.3%。债券收益率曲线整体呈现平坦化上移趋势。

债券发行利率总体有所走高。受两次上调存贷款基准利率和市场通胀预期较强等影响，各期限债券发行利率均呈走高趋势。2010 年 12 月发行的 5 年期记账式附息国债利率为 3.64%，比上年末发行的同期限国债利率上升 0.74 个百分点。Shibor 对债券类产品定价的指导性不断增强。2010 年，一级市场共发行以 Shibor 为基准的浮动利率债券 24 只，总发行量为 552 亿元，占全部浮息债券发行总量的 13%，其他浮息债券多以 1 年期定期存款利率为基准。此外，发行企业债券 180 只，总发行量为 3 621 亿元，全部参照 Shibor 定价。发行参照 Shibor 定价的固定利率短期融资券 2 414 亿元，占固定利率短期融资券发行总量的 37%。

债券市场发行规模稳步扩大。债券市场累计发行人民币债券（不含中央银行票据）5.2 万亿元，同比增长 5.4%。其中，短期融资券、国家开发银行及政策性银行债券和国债增长较快，同比分别增长 46.2%、13.0% 和 9.5%；12 月创新推出超短期融资券，累计发行 150 亿元。2010 年年末，债券市场债券托管总额达 20.4 万亿元（含中央银行票据及公司债券）。

（三）票据业务

2010 年，票据市场利率震荡攀升，总体处于高位运行。年初金融机构为压缩票据规模，大幅提高票据市场利率，导致票据市场利率明显高于货币市场利率。第 2 季度以来，随着信贷总量增幅趋缓，金融机构持有票据的意愿增强，票据市场利率有所回落。下半年，随着货币市场利率逐步走高，票据市场利率持续上扬，特别是第 4 季度票据市场利率上升幅度较大。

尽管票据融资余额持续下降，但票据市场交易总体仍较为活跃。2010 年，企业累计签发商业汇票 12.2 万亿元，同比增长 18.5%；累计贴现 26.0 万亿元，同比增长 12.4%。期末商业汇票未到期金额为 5.6 万亿元，同比增长 35.9%；贴现余额为 1.5 万亿元，同比下降 37.9%。2010 年以来，受金融机构加强信贷资产结构调整影响，票据融资余额逐季下降。2010 年年末，票据融资余额占贷款余额的比例为 3.1%，同比下降近 3 个百分点。

（四）股票市场

2010 年，股票市场指数有所下跌。年末，上证综合指数、深证成分指数分别收于 2808 点和 12459 点，分别比上年末下跌 14.3% 和 9.1%。沪、深两市 A 股平均市盈率也都有所下降，分别从上年末的 29 倍和 47 倍回落到 2010 年年末的 22 倍和 45 倍。

股票市场成交量保持活跃。2010 年，沪、深股市累计成交 54.6 万亿元，同比多成交 9 647 亿元；日均成交 2 255 亿元，同比增长 2.6%，增幅比上年同期低 98 个百分点。年末市场流通市值为 19.3 万亿元，比上年末增长 27.7%。创业板市场稳步发展，截至 2010 年年末，创业板上市公司为 153 家，市值总计 7 365 亿元，比上年末净增 5 755 亿元。

股票市场筹资规模明显增加。初步统计，2010 年各类企业和金融机构在境内外股票市场上通过发行、增发、配股以及行权方式累计筹资 1.13 万亿元，同比多筹资 6 351 亿元，为上年同期的 2.3 倍，创历史最高融资水平。其中，A 股筹资 8 955 亿元，同比多增 5 060 亿元。

（五）保险市场

2010 年，保险市场稳步发展，保费收入保持快速增长势头。前 11 个月保险业累计实现保费收入 13 440 亿元，同比增长 31.6%。其中，财产保险收入增长 33.6%，人身保险收入增长 30.8%。保险业累计赔款、给付共 2 813 亿元，同比增长 0.3%，其中，财产保险赔付同比增长 10.9%，人身保险赔付同比下降 9.6%。

保险业总资产继续保持较快增长速度。2010 年 11 月末，保险业总资产 4.90 万亿元，同比增长 25.3%，比上年末加快 3.7 个百分点。其中，银行存款和投资类资产同比分别增长 32.7% 和 25.6%，银行存款增速比上年末加快 2.7 个百分点，投资类资产增速比上年末加快 5.8 个百分点。

（六）外汇市场

2010 年，人民币外汇即期市场平稳发展，掉期和“外币对”交易规模持续快速增长。全年人民币外汇即期成交额同比增长 3.5%；人民币外汇掉期交易累计成交金额折合 1.3 万亿美元，同比增长 60.1%，其中隔夜美元掉期成交 7 412亿美元，占掉期总成交额的 57.8%；人民币外汇远期市场累计成交 327 亿美元，同比增长 234.5%。全年“外币对”累计成交金额折合 666 亿美元，同比增长 63.9%，其中成交最多的产品为美元对港币，市场份额为 60.4%，同比上升 9.5 个百分点。外汇市场交易主体进一步增加，2010 年新增 32 家即期市场会员、3 家远期市场会员、3 家外汇掉期会员、4 家货币掉期会员，11 家企业集团财务公司被核准进入银行间外汇市场。[①]

① 中国人民银行货币政策分析小组：《中国货币政策执行报告（2010 年第 4 季度）》，http://www.pbc.gov.cn/，2011 年 1 月 30 日。

第二节 2010年中国证券发行市场与交易市场情况

一、中国证券发行市场情况

（一）国内非金融机构部门融资情况

2010年，国内非金融机构部门融资规模比2009年大幅增加。全年新增贷款79 500亿元；累计发行国债17 882亿元；发行企业债3 627亿元；股票市场实际募集资金9 865亿元，其中首次公开发行（IPO）募集资金4 709亿元，增发募集资金3 727亿元，配股募集资金1 429亿元（见图1-3）。

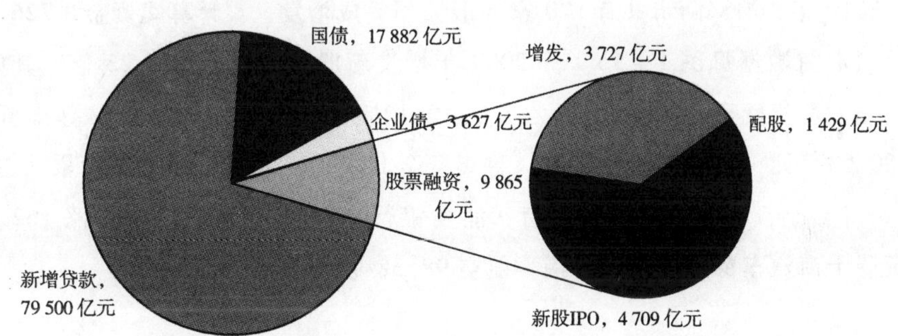

图1-3 国内非金融机构部门融资统计

资料来源：Wind资讯。

（二）股票发行市场情况

2010年新股IPO家数为349家，合计募集净资金为2009年新股IPO募集资金2 021.97亿元的2.33倍（各月数据见图1-4）。其中，主板IPO家数为28家，募集资金1 858.38亿元；中小企业板IPO家数为204家，募集资金1 930.16亿元；创业板IPO家数为117家，募集资金916.81亿元。单个IPO募集资金超过100亿元的公司有：农业银行675.58亿元，光大银行213.21亿元，华泰证券 155.24 亿元，中国一重 112.02 亿元，中国西电 100.09 亿元。这几家公司募集金额，占主板总 IPO 募集总额的 67.59%。对比 2009 年和 2010 年数字，2010 年 IPO 募集资金比 2009 年增长幅度很大。

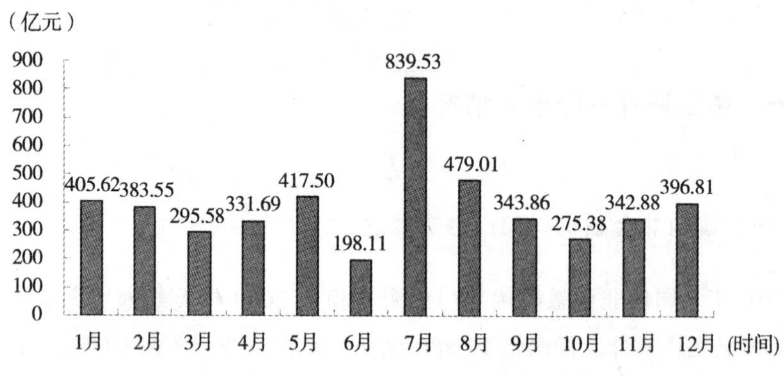

图 1－4　2010 年 A 股市场 IPO 融资统计

资料来源：Wind 资讯。

2010 年，沪深两市共有 170 家 A 股公司完成增发，累计募集资金 3 726.55 亿元（各月数据见图 1－5），为 2009 年增发新股募集资金的 1.23 倍。其中，公开增发募集资金 377.14 亿元，占比 10.12%；定向增发（现金）募集资金 2 180.03亿元，定向增发（资产）募集资金 1 169.39 亿元，定向增发累计占比 89.88%。金额较大的增发主要有：浦发银行 391.99 亿元，大秦铁路 162.19 亿元，上海汽车 98.79 亿元，南方航空 98.38 亿元。

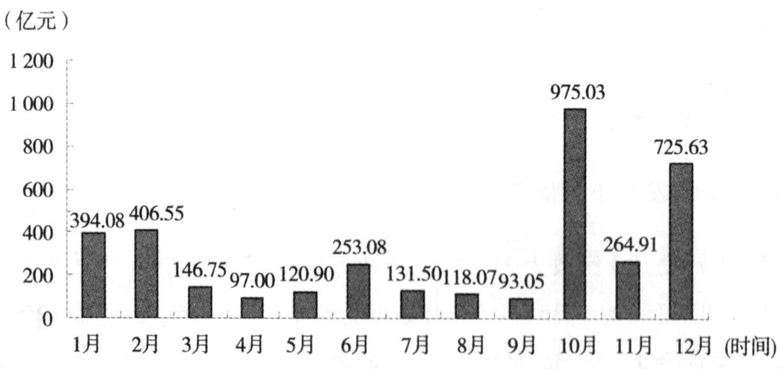

图 1－5　2010 年 A 股市场增发再融资统计

资料来源：Wind 资讯。

2010 年共有 18 家公司开展了配股融资，累计融资额为 1 429.02 亿元，配股时间主要集中在 3 月、6 月和 11 月（见图 1－6）。其中，中国银行 416.39 亿元，工商银行 335.78 亿元，兴业银行 176.91 亿元，招商银行 176.81 亿元，交通银行 170.00 亿元，5 家银行合计占当年配股融资总额的 89.28%。

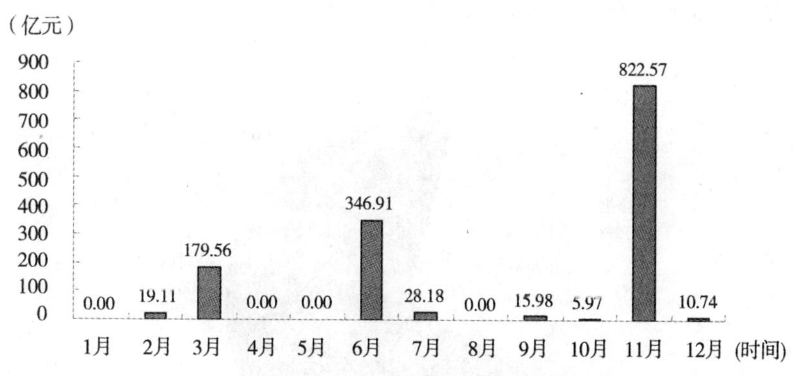

图 1－6　2010 年 A 股市场配股融资统计

资料来源：Wind 资讯。

2010 年，IPO、增发和配股累计融资 9 865.09 亿元，是 2009 年累计融资额 5 147.87 亿元的 1.92 倍，同比增加 91.63%。

（三）债券市场发行情况

2010 年，我国金融市场总体运行平稳，债券市场保持健康发展，充分发挥了保证国家宏观经济政策实施、优化金融资源合理配置、推动金融体制深化改革、支持经济发展的积极作用，债券发行总量稳步扩大，直接融资规模大幅增加；银行间市场交易活跃，成交量同比大幅增加；债券价格总体上行，收益率曲线整体平坦化上移。

2010 年，银行间债券市场规模进一步扩大，全年发行量达到 9.51 万亿元，同比增长 10.06%，其中，交易所债券市场分销债券 280.02 亿元，比 2009 年同期减少 24.56%；商业银行国债柜台市场分销债券 1 306.96 亿元，比 2009 年减少 12.66%。从发行次数来看，2010 年累计发行债券 1 167 次，同比增长 24.81%。从发行券种结构来看，央行票据、国债和政策性金融债 3 个券种仍在发行规模中占据主要地位，3 个券种发行量合计约占发行总量的 80%，较

2009 年的 76% 提高 4%。扣除央票后，政府和企业 2010 年通过银行间债券市场共筹资 48 480.33 亿元，较上年增加 1 745.62 亿元。其中政府和政策性银行筹资规模 31 070.88 亿元，占比 64.09%，较上年的 59.68% 上涨 5 个百分点；企业类机构筹资规模 17 409.45 亿元，占比 35.91%，较上年的 40.32% 下降约 4 个百分点。企业主体债券发行结构见图 1－7。

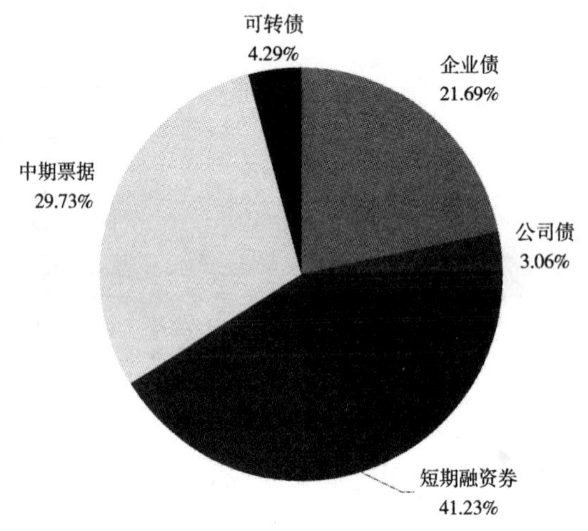

图 1－7　2010 年企业主体债券发行结构

资料来源：Wind 资讯。

从计息方式看，2010 年共发行浮动利率债券 4 499.28 亿元，占总发行额的 4.81%；发行累进利率债券 3 607.6 亿元，占总发行额的 3.86%；其余为固定利率债券（见表 1－1）。

表 1－1　　2010 年债券发行计息方式分类

类别	发行期数（只）	发行期数占比（%）	发行总额（亿元）	发行总额占比（%）
贴现债券	121	10.02	35 557.40	38.02
附息债券	649	53.77	46 695.42	49.93
其中：固定利率债券	370	30.65	38 588.54	41.26
浮动利率债券	114	9.44	4 499.28	4.81
累进利率债券	165	13.67	3 607.60	3.86
利随本清债券	437	36.21	11 272.03	12.05

资料来源：Wind 资讯。

1. 央行票据、正回购。随着经济平稳较快发展势头的逐步巩固，2010 年，中国人民银行实施适度宽松的货币政策，着力提高政策的针对性和灵活性，梳理经济平稳较快发展、调整经济结构与管理通胀预期的关系，逐步引导货币条件从反危机状态向常态水平回归，央行票据继续成为央行公开市场操作、调节货币供应的有效工具，全年累计发行中央银行票据 4.2 万亿元，开展正回购操作 2.1 万亿元。截至 2010 年年末，中央银行票据余额约为 4 万亿元。从月度数据看，央行货币回笼和投放形成了比较有效的对冲，全年投放货币 6 825 亿元，较好地完成了适度宽松货币政策目标，并为未来的货币政策基调转换、流动性管理打下了良好基础（见图 1－8）。

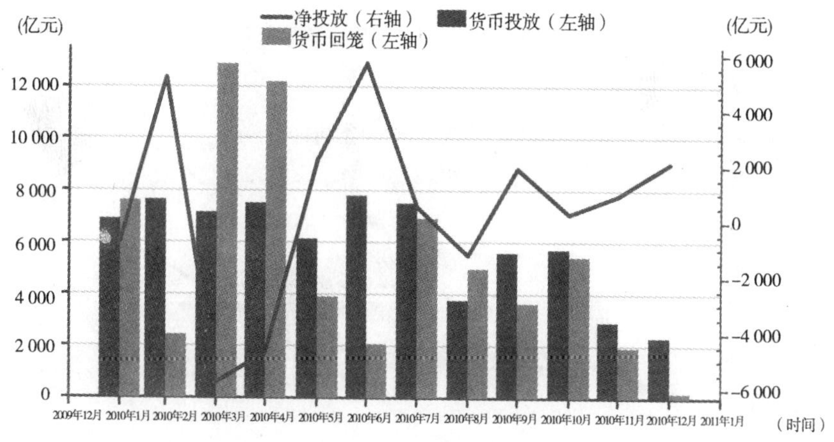

图 1－8　2010 年央行公开市场操作（月度）

资料来源：Wind 资讯。

从期限上看，2010 年央票发行仍以 3 月期和 1 年期为主，全年发行 3 月期央票 47 只，总金额 16 630 亿元；发行 1 年期央票 50 只，总金额 15 380 亿元。4 月初，央行重启了 3 年期央行票据发行，进一步提高了流动性冻结深度，通过长、短期操作工具的合理搭配，灵活调节银行体系流动性，发行 3 年期央票 17 只，总金额 10 340 亿元。回购方面，全年实施 28 天正回购 11 期，回笼资金 7 580 亿元，91 天正回购 31 期，回笼资金 13 760 亿元。央票和正回购利率都维持上升态势，年底 28 天、91 天正回购和 3 月期、1 年期、3 年期央票发行利率分别为 1.65%、1.81% 和 1.8131%、2.3437%、3%（见图 1－9、图 1－10）。

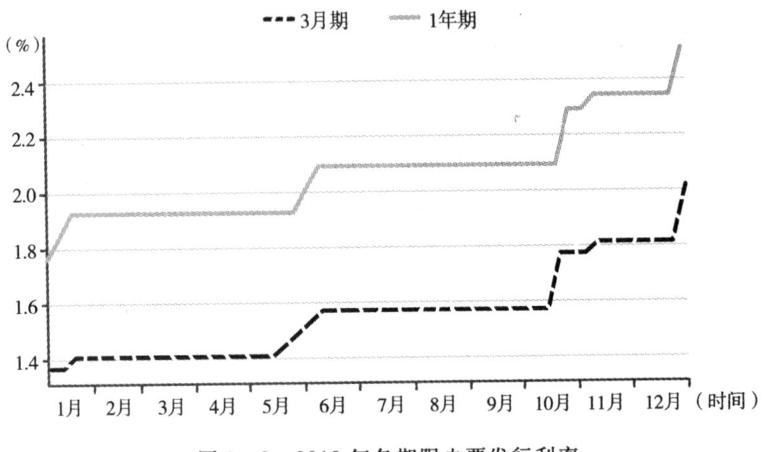

图1－9　2010年各期限央票发行利率

资料来源：Wind资讯。

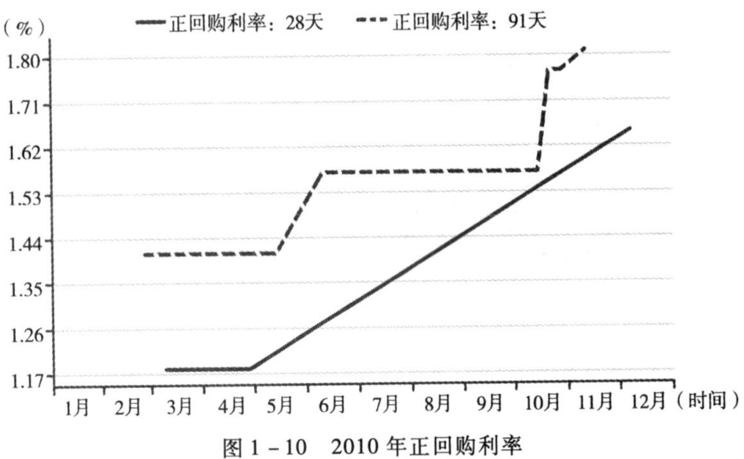

图1－10　2010年正回购利率

资料来源：Wind资讯。

2. 国债。随着积极财政政策的延续，2010年中央财政赤字规模继续提高，国债发行量继续上升，比2009年增长8.92%，共发行82只国债，其中包括记账式国债41只，总发行金额11 472.50亿元；记账式贴现国债19只，总发行金额3 109.40亿元；凭证式国债11只，总发行金额1 900亿元；储蓄式国债11只，总发行金额1 400亿元。从期限上看，1年期及1年期以下品种（主要是贴现国债）34只，总发行金额5 993.7亿元，其中，贴现式国债3 109.4亿元；

2～5 年期品种 24 只，总发行金额 5 113.7 亿元；7 年期品种 7 只，总发行金额 2 003.7亿元；10～50 年期品种 17 只，总发行金额 4 770.8 亿元（见图1－11）。

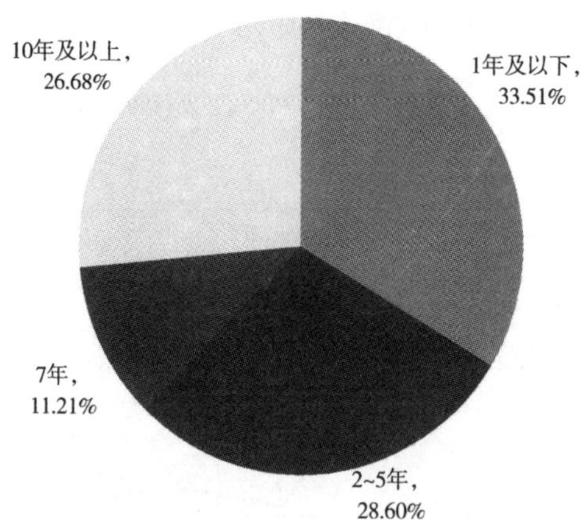

图 1－11　2010 年国债发行期限结构

资料来源：Wind 资讯。

从 1 年期品种的票面利率看，储蓄式和凭证式国债相比银行间市场的记账式国债发行利率高出约 70BP，达到 2.85%；在发行利率走势上，2010 年 12 月发行的 1 年期国债相比 3 月期高出约 85BP，同期 3 年期品种发行利率上行约 40BP（见图 1－12）。

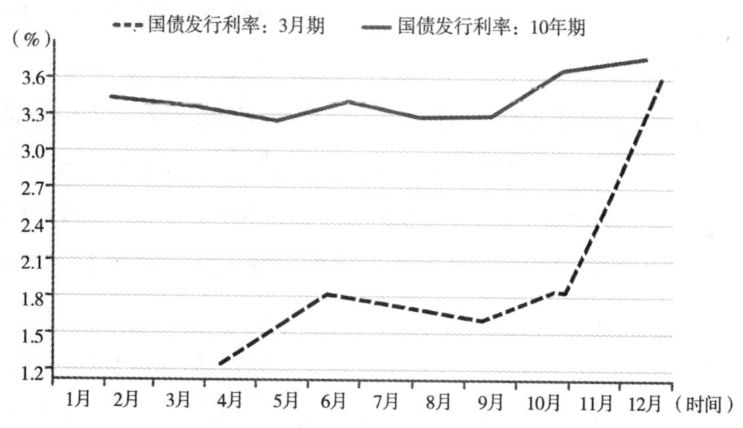

图 1－12　2010 年国债发行利率走势

资料来源：Wind 资讯。

2010 年共发行地方政府债券 2 000 亿元，其中 3 年期地方政府债券 6 期总额 1 384 亿元，5 年期地方政府债券 4 期总额 616 亿元。地方政府债券仍由财政部代发代偿，发行利率略高于国债（见图 1－13）。

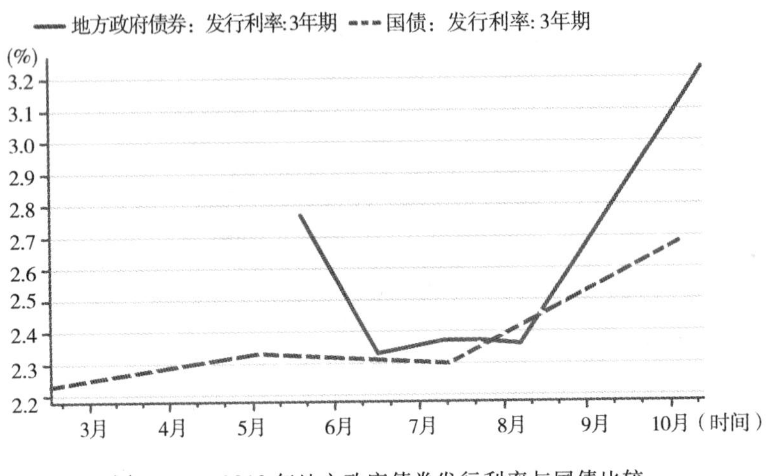

图 1－13　2010 年地方政府债券发行利率与国债比较

资料来源：Wind 资讯。

3. 金融债。2010 年发行的 102 只金融债中，政策性金融债共计发行 66 只，总发行金额 12 424.7 亿元，其中包括农业发展银行 16 只 2 800 亿元、中国进出口银行 13 只 1 892.7 亿元和国家开发银行 37 只 7 732 亿元。此外，汇金公司在银行间债券市场发行债券 1 090 亿元，商业银行发行债券 919.5 亿元；4 家财务公司发行普通金融债券 5 只，总发行金额 50 亿元；2 家保险公司发行普通金融债券 5 只，总发行金额 80 亿元；三菱东京日联银行发行人民币债券 1 只，发行金额 10 亿元。商业银行金融债券发行量总计为 929.5 亿元，较 2009 年 2 846亿元的发行量大幅下跌，造成这种情况的主要原因是：2009 年信贷规模快速增长，各大商业银行纷纷通过发行次级债券来补充资本金，而 2010 年信贷规模得到有效控制，商业银行金融债券发行规模也逐步恢复常态。

4. 企业主体债券。2010 年企业主体债券继续发展，通过债券市场共发行企业主体债券 1.6 万亿元，其中发行短期融资券 6 742 亿元、中期票据 4 924 亿元、中小非金融企业集合票据 46.6 亿元、企业债券 3 627 亿元、公司债券 511.5 亿元、可转债 717.3 亿元；同时为提高企业流动性管理能力，创新推出了超短期融资券，并成功发行150亿元。

2010年累计发行企业债券182只（包括2只中小企业集合债），总发行金额3 627.03亿元，相比于2009年4 252.33亿元的发行规模，降幅14.7%，主要原因有三点：一是2008年年底政府启动的4万亿元投资计划已接近尾声，已审批的项目陆续完工，或虽在建设中但已完成项目融资，中央企业债券和地方企业债券的市场供给相较于2009年企业债券井喷式的增长有所减缓。二是为配合中央政府的经济刺激计划，主管部门在2009年加快了企业债券的审批速度，但2010年以来，地方政府融资平台公司债务风险成为各方关注的焦点，6月10日，国务院下发了《关于加强地方政府融资平台公司管理有关问题的通知》（国发［2010］19号），对地方融资平台公司过度负债及运作不规范的风险予以高度关注，要求地方政府和相关部门在年内清查融资平台公司债务，并对地方融资平台公司进行清理规范，国家发改委也暂停了城投类企业债券的审批。虽然8月城投类企业债发行审批重启，然而谨慎的政策环境仍然影响到了全年企业债券的发行规模。三是一级市场发行利率上升，增加了企业债券的发行成本，降低了企业债券的发行意愿。2009年宽松的流动性和低利率的市场环境为企业债券创造了明显优越于银行贷款的吸引力。如5年期09津城投2（主体AAA级）票面利率3.75%，比同期限贷款利率低2.01个百分点；而2010年CPI持续走高，通货膨胀的压力上升，货币资金环境也有收紧的趋势，债券市场的利率在下半年有较大的升幅，债券的成本优势相对减弱。从发行债券的行业分布来看，2010年企业债券发行人主要集中于工业、公用事业和金融领域。从细分行业看，企业债券主要是以铁道债为代表的公路与铁路债、以国网债为代表的电力债以及各城投类企业债；其中城投类企业仍为重要的发行群体。在2010年度企业债券3 627.03亿元的发行量中，城投类企业债为1 625.33亿元，占比44.81%；铁道债为800亿元，占比22.06%；国网债400亿元，占比11.03%。从企业债券的期限结构看，2010年企业债券发行期限以7年期为主，占比为50%；7年及以上债券合计占比为83.52%，期限呈现长期趋势。在2010年相对较低的发行利率环境下，发行人倾向于选择长期结构债券锁定融资成本。从发行利率看，7年期和10年期企业债券的发行利率总体走势与债券市场长期品种到期收益率变化方向一致，前3个季度发行利率震荡下行，第 4 季度各级别品种发行利率有较大的抬升。从发行利差看，企业债券主要债项级别 AA、AA +、AAA 级的平均信用利差在前 3 个季度处于收敛阶段。信用利差的回落与同期城投类企业债的发行量减少、企业债券发行主体平均信用风险相对下降有关。第 4 季度，城投类企业债券的供给增加，信用利差环比微量上升。其中，第 3 季度 AAA 级信用利差明显回落，是因为第 3 季度发行的 AAA 级债券主要为 100 亿元的中石油债和 300 亿元的铁道债，此类债券的信用利差一般很小（见图 1 – 14、图 1 – 15）。

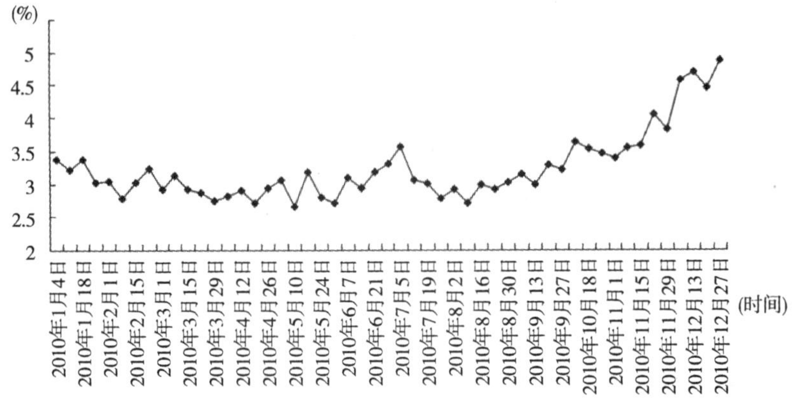

图 1 – 14　1 年期短期融资券票面利率走势

资料来源：Wind 资讯，中国债券信息网。

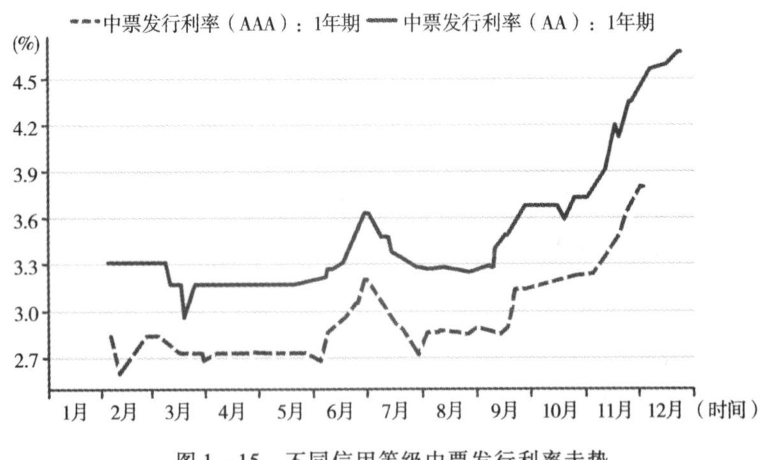

图 1 – 15　不同信用等级中票发行利率走势

资料来源：Wind 资讯。

2010 年共发行公司债券 31 只，总额 1 228.8 亿元，发行金额较 2009 年增长 51.42%。其中，公司债 23 期，总额 511.5 亿元；可转换公司债 8 期，总额 717.3 亿元。2010 年公司债券发行金额大幅增长是因为 6 月中国银行发行 400 亿元可转债，8 月工商银行发行 250 亿元可转债，以上两期债券在 2010 年公司债券发行总额中占比达 52.90%。从所属行业看，2010 年公司债券发行人主要集中在工业、材料和能源领域。不同于 2009 年公司债券发行人以房地产企业为主的情况，原因为国家密集出台的一系列调控房地产行业的政策使得房地产企业在资本市场再融资的口径显著收紧。

非金融企业债务融资工具方面，2010 年共有 181 家发行主体累计发行中期票据 234 只，合计发行规模达 4 948.89 亿元，与 2009 年全年相比，发行只数增长了 32.95%，但发行总规模有所下降，较 2009 年下降 29.27%。从发行期限来看，2010 年所发行的中期票据以 5 年期为主，3 年期次之，分别发行 114 只和 84 只，占总发行数的 48.72% 和 35.90%；2010 年包含投资人回售选择权（或发行人赎回选择权）的中期票据发行数量略有增加，共 16 只，占发行总数的 6.84%，其中 3+2 年期的 11 只，5+2 年期的 3 只，5+5 年期的 1 只，7+3年期的 1 只；2010 年出现 5 只 10 年期中期票据，其中 10 年期 3 只，7+3 年期、5+5 年期各 1 只。从发行方式来看，多数中期票据采用固定利率方式发行，在 2010 年发行的 234 只中期票据中，有 166 只采用固定利率方式发行，占比为 70.94%；有 68 只采用浮动利率（含 18 只累计利率）方式发行，占比为 29.06%，较 2009 年（176 只中期票据中，只有 12 只采用浮动利率）大幅提升。

自短期融资券推出以来，发行总额逐年递增，2010 年继续保持快速增长态势，全年发行短期融资券 442 只，募集资金规模达 6 742.35 亿元，同比大幅增加 46.19%。截至 2010 年年底，短期融资券市场存量总额为 6 530.35 亿元，较 2009 年年底增加 1 969.30 亿元。2010 年 12 月 22 日，中国银行间市场交易商协会推出超短期融资券（SCP），中石油集团、铁道部、中石化股份首批 3 家注册额度分别达到 1 000 亿元、800 亿元和 300 亿元，其中，中石油集团已经在 12 月 28 日和 12 月 30 日分别发行 50 亿元和 100 亿元，期限均为 270 天。

目前银行间债券市场的债券发行机构范围包括财政部、政策性银行、铁道部、商业银行、非银行金融机构、国际开发机构和非金融企业等各类市场参与主体，债券种类日趋多样化，信用层次更加丰富（见图1－16）。

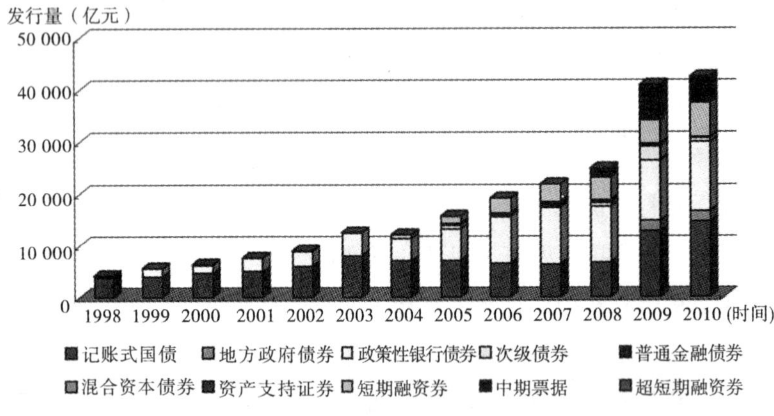

图1－16　1998～2010年银行间债券市场各类债券发行量变化

资料来源：中央债券登记结算有限责任公司。

从存量上看，截至2010年12月31日，银行间债券市场托管的债券托管面额达到20.17万亿元，较2009年同期增长2.64万亿元，涨幅为15.09%。分券种看，国债、央票和金融债余额分别为5.96万亿元、3.70万亿元和5.70万亿元，分别占总托管量的30.40%、18.90%和29.11%，合计达78.41%，该比例相比2009年下降7.55个百分点，但利率品种仍然是债券市场的主体。与2009年年末相比，国债、央票、金融债的托管余额分别增加6 300.40亿元、2 015亿元、8 842.77亿元，增长率为11.83%、5.75%、18.35%。

信用产品方面，2010年年底企业债托管余额为1.45万亿元，相比2009年年底增长32.41%。短期融资券和中期票据托管余额分别为6 655.35亿元和13 606.12亿元，较2009年分别增长48.03%和57.30%。

从存量债券的期限看，1年期以下品种占总票面金额的比例为14.57%，1～3年期品种占比为19.56%（见图1－17）。各期限品种存量余额均有所增加，其中3～5年期品种、5～7年期品种存量余额增长率在30%以上，其余品种存量余额增长率均在10%以上。

从持有人结构看，银行、保险、基金仍是银行间债券市场的投资主体，3类机构2010年年末托管量分别占到总托管量的69.82%、9.73%和5.92%，合计占总托管余额的85.47%，相比2009年高了2.63个百分点（见图1－18）。与2009年年末相比，银行债券托管余额占比上升0.51个百分点，基金托管余额占比上升1.38个百分点，保险机构托管余额占比上升0.73个百分点。从绝对数额看，银行、保险、基金托管额分别增加19 373.71亿元、3 854.95亿元和3 987.75亿元，增长比例分别为15.95%、24.44%和50.10%。

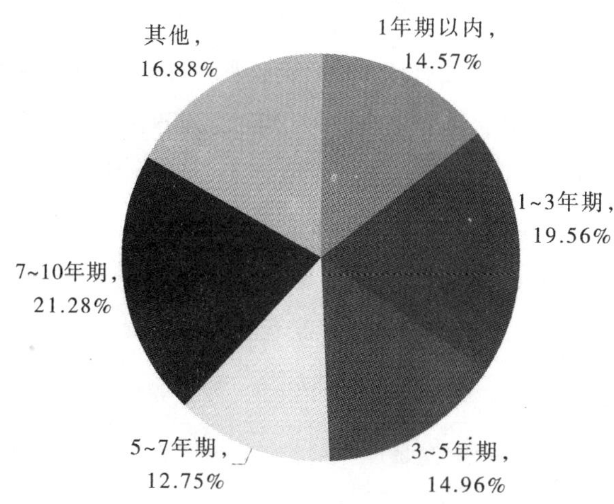

图1－17　2010年年底存量债券期限结构

资料来源：中国债券信息网。

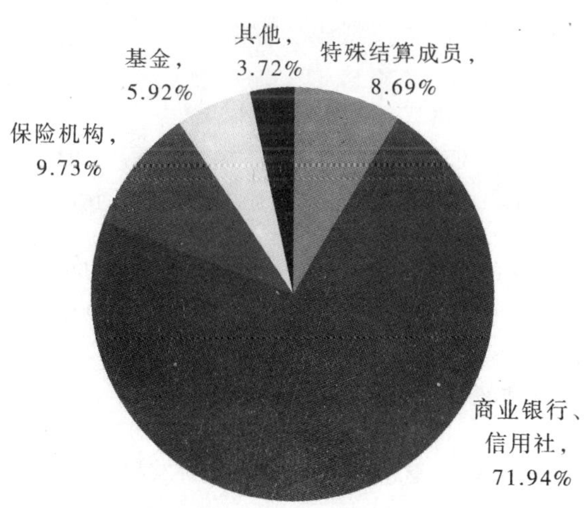

图1－18　2010年年底存量债券投资者结构

资料来源：中国债券信息网。

（四）基金发行市场情况

截至2010年年末，我国共有公募基金704只，较2009年年末增加147只，同比增长26.4%；基金总规模达到2.42万亿份，同比下降1.25%。2010年全年共有154只基金成功募集，发行规模达3 169亿份（各月基金发行情况见图1－19），基金发行规模整体要低于2009年水平。与2009年的牛市相比，2010年市场总体呈现宽幅震荡状态，基金总体份额比2009年有所下降。

2010年A股市场总体上处于震荡调整状态，基金发行更加多样化（见图1－20）。2008年是一个熊市年，纯债和货币基金热发，2009年股市处于单边上涨的状态，与股票相关的基金（股票型、混合型和基金债券型）发行占优。相对的，2010年股市整体震荡调整，并没有表现出明显的趋势性，因而基金发行也更加多样化。

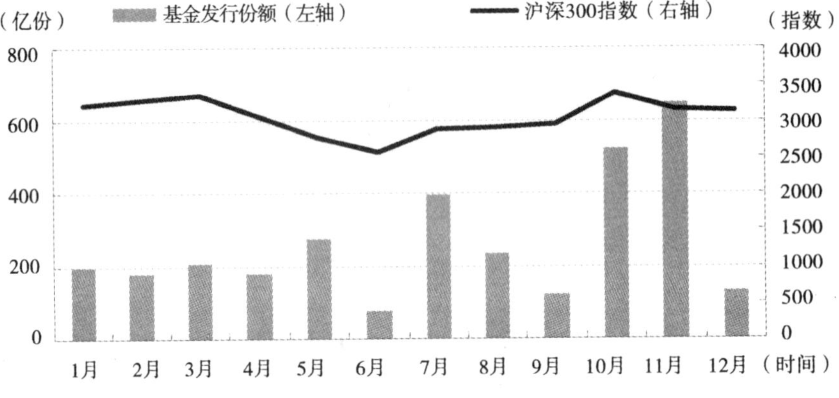

图1－19　2010年各月基金发行规模与沪深300指数

资料来源：Wind资讯。

（五）权证发行市场情况

2010年权证市场萎缩，退市权证8只，无新发权证。流通权证指数逐渐减少，权证指数从2009年的9只下降到只有1只，即沪市上市的长虹CWB1。由此可见，管理层对权证市场持谨慎态度。2010年8只权证到期行权（见表1－2）。其中，深市权证1只，沪市权证7只。仅剩下的1只权证，也将于

2011 年到期行权。随着权证到期，权证市场整体规模进一步缩小，权证品种更加稀缺。

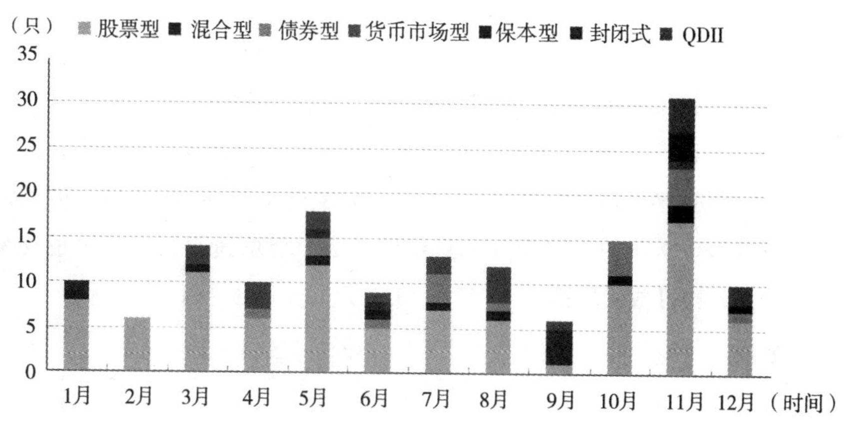

图 1－20　2010 年各月各类基金发行数量

资料来源：Wind 资讯。

表 1－2　2010 年权证行权基本情况

代码	名称	认购/认沽权证	行权方式	最后交易日	行权价格（元）	行权比例（%）
580026. SH	江铜 CWB1	认购权证	百慕大式	2010 年 9 月 21 日	15. 33	0. 25
580024. SH	宝钢 CWB1	认购权证	百慕大式	2010 年 6 月 25 日	11. 80	0. 50
580022. SH	国电 CWB1	认购权证	百慕大式	2010 年 5 月 14 日	3. 70	2. 02
580019. SH	石化 CWB1	认购权证	百慕大式	2010 年 2 月 24 日	19. 15	0. 50
580017. SH	赣粤 CWB1	认购权证	百慕大式	2010 年 2 月 5 日	10. 04	2. 00
031006. SZ	中兴 ZXC1	认购权证	百慕大式	2010 年 2 月 5 日	42. 39	0. 92
580025. SH	葛洲 CWB1	认购权证	百慕大式	2009 年 12 月 31 日	7. 66	0. 59
580016. SH	上汽 CWB1	认购权证	百慕大式	2009 年 12 月 30 日	26. 91	1. 00

资料来源：Wind 资讯。

二、中国证券交易市场情况

（一）股票交易市场情况

2010 年受美国量化货币宽松政策和国家抑制“热钱”流入和通胀政策的影

响，A股市场交投较活跃，10月前处于低位震动，10月在流动性充裕的推动下，A股市场单边上扬，最大涨幅达81.40%。中央银行于10月和12月两次加息的效果从12月开始显现，A股市场12月成交额较11月下降39.95%。

2010年A股市场累计交易242天，累计成交额545 633.54亿元，日均成交额2 254.68亿元；累计成交42 151.99亿股，日均成交量174.18亿股。2010年A股市场股票日均成交额较2009年日均成交额2 196.67亿元上升2.64%，较2008年日均成交额1 085.82亿元上升107.65%。2010年A股市场成交量经过2009年的大幅提升之后继续放大，但增速骤减，其中成交额最大的是11月，当月成交额高达82 570.13亿元（见图1－21）。

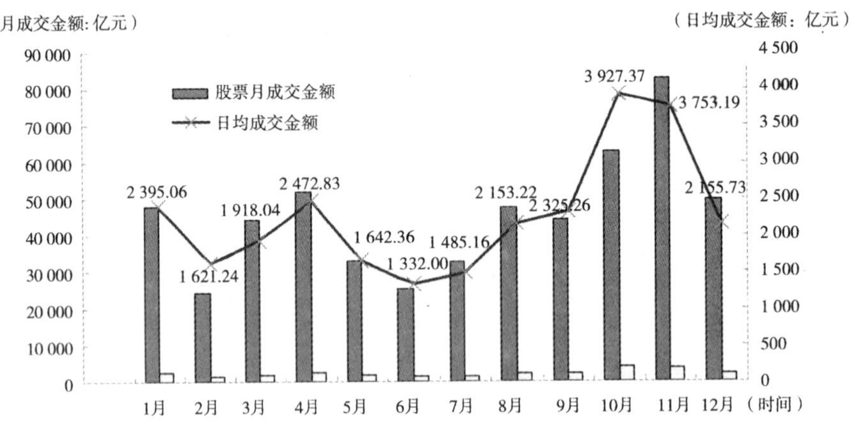

图1－21　2010年1～12月A股市场股票交易

资料来源：中国证监会网站。

（二）债券市场交易情况①

截至2010年年末，银行间债券市场参与主体10 235个，包括各类金融机构和非金融机构投资者，以做市商为核心、金融机构为主体、其他机构投资者

① 部分内容或数据引自中国人民银行《2010年金融市场运行情况》、《2010年金融市场发展报告》和中央国债登记结算有限责任公司《2010年银行间市场年度统计分析报告》。

共同参与的多层次市场结构更加完善，银行间债券市场已成为各类市场主体进行投融资活动的重要平台（见图1－22）。2010年，银行间债券市场参与主体类型进一步丰富，资金集合型投资主体与非金融企业增加较多。在新增的市场参与主体中，基金新增581个，企业新增309个，银行新增54个，信用社新增26个，非银行金融机构新增11个，保险机构新增4个。同时，境外中央银行或货币当局以及我国香港、澳门地区人民币业务清算行和跨境贸易人民币结算境外参加银行等相关境外机构获准进入银行间债券市场投资试点。

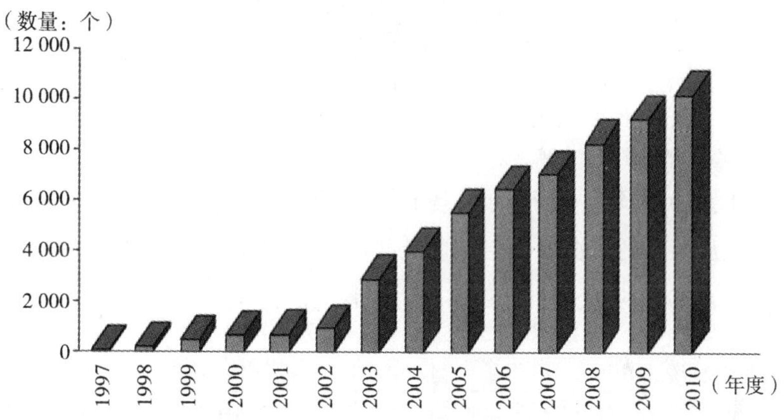

图1－22　近年来银行间市场参与者增长情况

资料来源：中央银行《2010年金融市场运行情况》，中央国债登记结算有限责任公司。

2010年，银行间债券市场交易结算呈现整体稳步较快增长的趋势，总金额达163万亿元，较2009年全年增长了33.38%。其中，现券交易67.69万亿元，比2009年增长了38.51%；回购交易94.79万亿元，比2009年增长了30.62%；远期交易3 277亿元，债券借贷3亿元。2010年各类交易结算量参见图1－23。

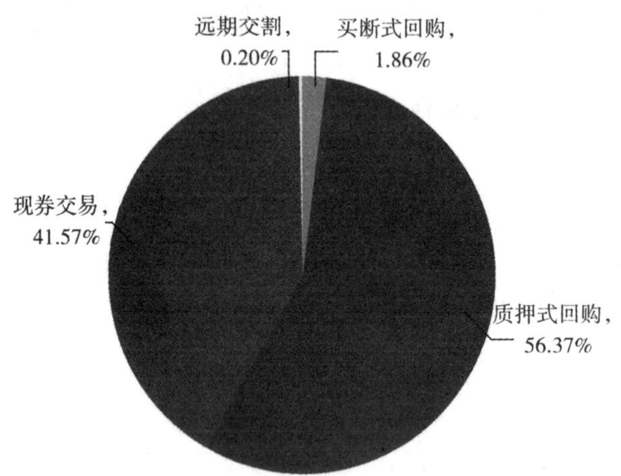

图 1 - 23　2010 年各类交易结算量

资料来源：中国债券信息网。

2004 ~ 2010 年，银行间市场现券及回购成交量逐年明显攀升（见图 1 - 24）。从各月的情况看，交易量没有明显的变化趋势（见图 1 - 25），也从侧面反映了 2010 年债券市场震荡为主的特征。

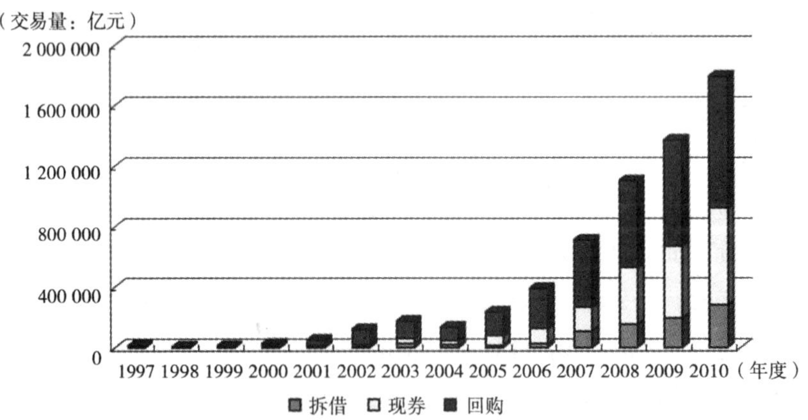

图 1 - 24　1997 ~ 2010 年银行间市场现券及回购交易量走势

资料来源：全国银行间同业拆借中心。

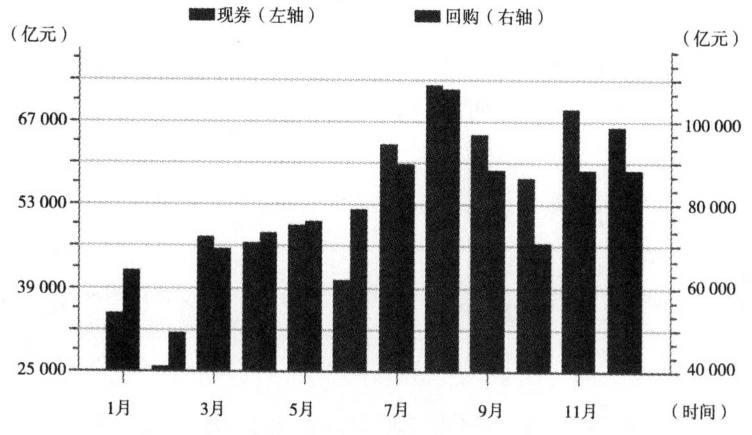

图 1－25　2010 年银行间市场各月现券及回购成交量走势

资料来源：Wind 资讯。

债券市场的表现可以从指数、收益率以及信用利差上详细观察，下面分别作简要介绍。2010 年全年债券市场价格表现为先扬后抑，中债综合指数（净价）由年初的 101.0969 点上涨为 8 月下旬的 111.6992 点，后一路下降为年末的 99.7696 点，全年降幅为 1.31%（见图 1－26、图 1－27）。其中，受到资金面的支撑，前 3 个季度债券指数基本处于震荡上行状态，而从 9 月开始，物价上涨势头加快，紧缩货币政策不断加码，债券市场经历了 1 个季度的深度下跌，随后才稍显企稳迹象。由于 6 次上调准备金率、两次加息，货币市场利率不断上涨，收益率曲线平坦化调整贯穿全年，银行间固定利率国债 1 年期与 10 年期的长短期利差由年初的 216BP 缩小到年底的 58BP。

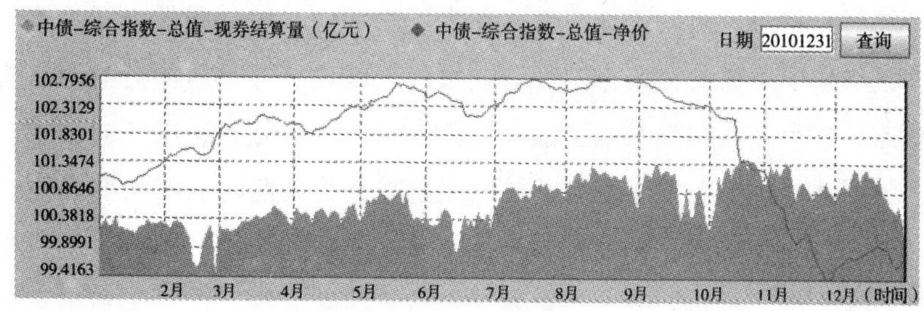

图 1－26　2010 年中债综合指数（净价）走势

资料来源：中国债券信息网。

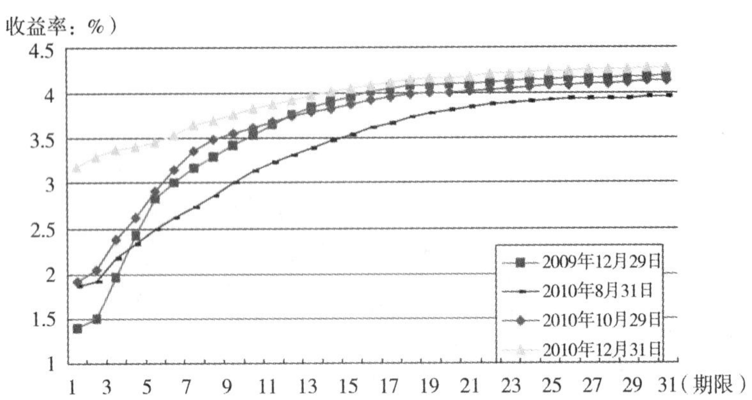

图 1－27　2010 年银行间市场国债收益率曲线变化情况

资料来源：中央国债登记结算有限责任公司。

从价格的走势特点来看，2010 年银行间债券市场运行可以划分为四个阶段，分别呈现不同的特点。第一阶段为 1～5 月下旬，中债指数震荡上涨，收益率曲线平坦化下行。这一阶段经济回暖迹象显现，第 1 季度国内生产总值增速达到 11.9%，CPI 上升到 3% 附近，4 月中央出台楼市新政遏制房价过快上涨，使投资者对经济过热的担忧进一步减轻。资金面，银行在信贷规模的制约下，对债券资产配置需求十分旺盛，加之股市大幅下跌，使得银行间市场流动性充裕，中长期债券收益率不断走低，债券指数震荡上涨（见图 1－28）。所以，即便这一阶段 3 次提高准备金率，总幅度达 1.5 个百分点，也没有影响到机构的配置热情，仅带动了短期利率的上涨。第二阶段为 5 月下旬～6 月下旬，债券价格短暂回调。随着流动性回收效果显现，机构前期债券投资热情较高而年中考核时点将近，市场资金面紧张程度不断加剧，中债指数出现一次短暂回调，并且出现了罕见的包括全国性商业银行、城商行等在内的商业银行集体缺钱的状态，货币市场利率大幅上涨，3 月期国库定存利率飙升至 3.48%，超过 3 年期存款利率。收益率曲线呈现平坦化走势，长短期收益率均有不同幅度的上涨，其中以 1 年以下超短期涨幅最大。第三阶段为 6 月下旬～8 月，中债指数高位震荡上涨。虽然 7 月 CPI 再次突破 3% 的警戒线，但由于我国第 2 季度经济增速放缓和欧美经济未见好转等因素，投资者对于债市尤其是信用类债券的热情并没有受到通胀预期的影响。另外，随着银信合作的叫停，银行间市场资金面仍维持宽松态势，债券价格整体表现为高位震荡上涨，收益率小幅走低。第四阶段为9～12月，债券价格大幅下挫后略企稳，短期利率继续攀升。这一阶段，CPI一路上涨到5.1%，市场通胀预期浓厚。与此同时，密集出台的3次上调准备金率和两次加息措施，使得年底货币市场利率达到6.3486%的历史高位。两方面因素使得银行间债券市场受到重创，资金面的宽裕状态得到抑制，市场利率体系中枢大幅上移，债券价格出现深度下跌，中债综合指数（净价）由9月初的102.7441下跌到11月底的99.4581，跌幅达3.2%。直到12月初，部分机构开始建仓，下跌趋势才有所缓解，债券价格企稳并出现小幅震荡（见图1－29、图1－30）。

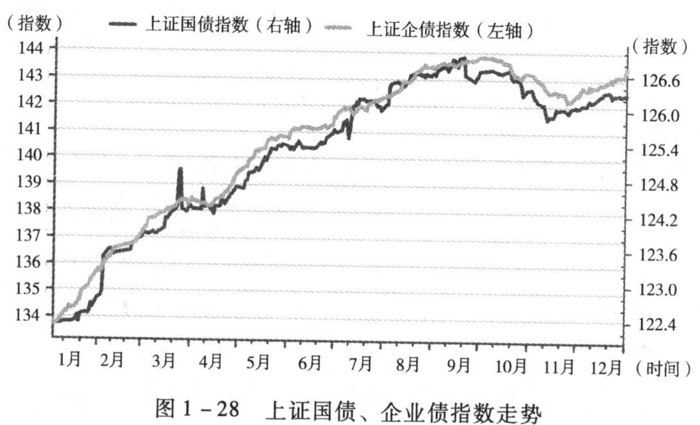

图1－28 上证国债、企业债指数走势

资料来源：Wind资讯。

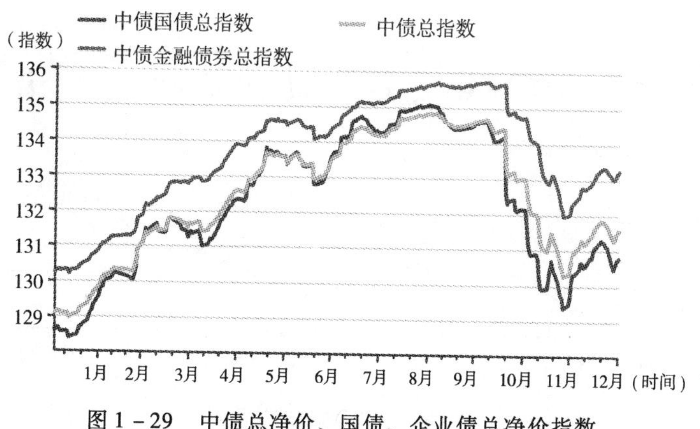

图1－29 中债总净价、国债、企业债总净价指数

资料来源：Wind资讯。

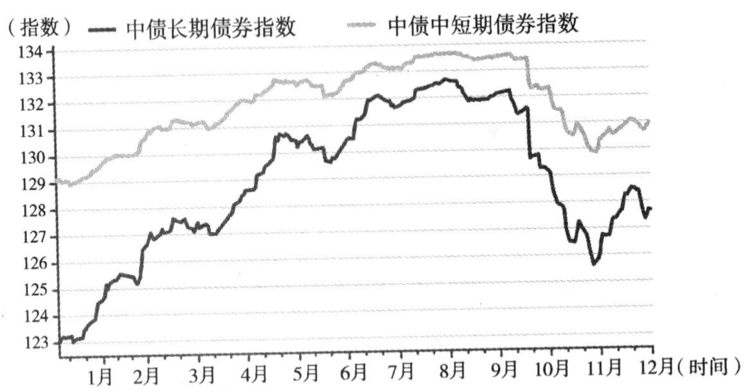

图 1－30　中债中短债、长债净价指数

资料来源：Wind 资讯。

2010 年，中短期国债收益率出现两次明显的上调，一次发生在年中，另一次则出现在年底。10 年期国债收益率全年走势先抑后扬（见图 1－31）。央票、金融债、企业债走势与国债类似，分别在年中和年末出现两次明显上升（见图 1－32、图 1－33、图 1－34）。短期融资券收益率全年基本维持上升趋势（见图1－35）；中期票据情况与短期融资券类似（见图 1－36）。

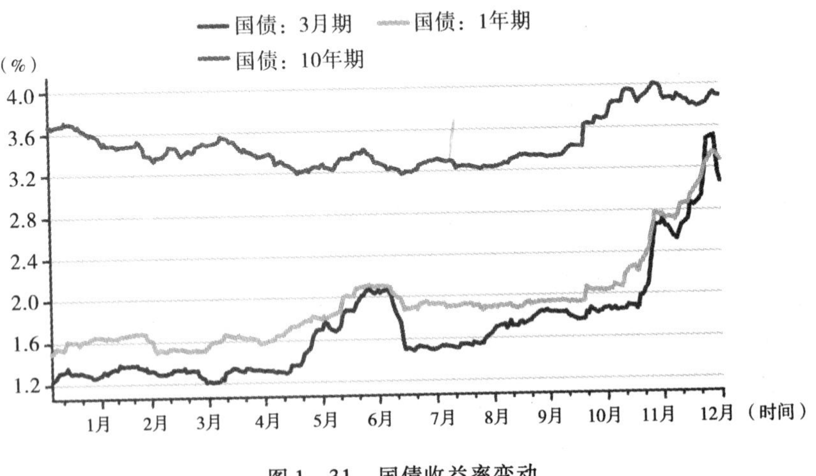

图 1－31　国债收益率变动

资料来源：Wind 资讯。

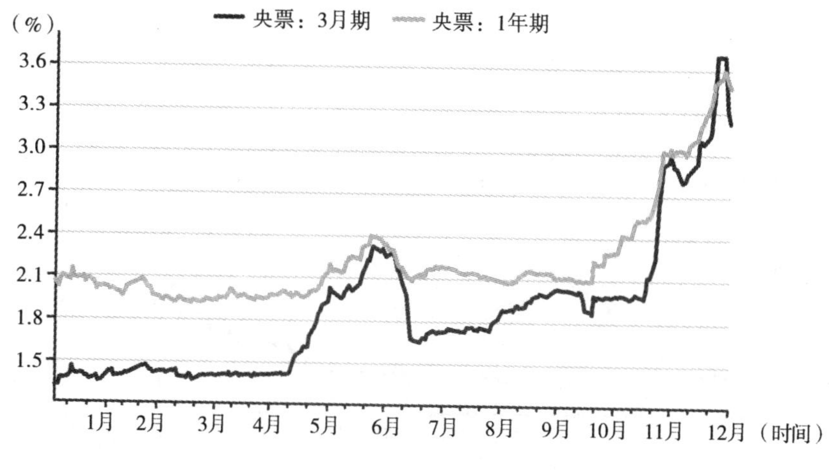

图 1－32　中央银行票据收益率变动

资料来源：Wind 资讯。

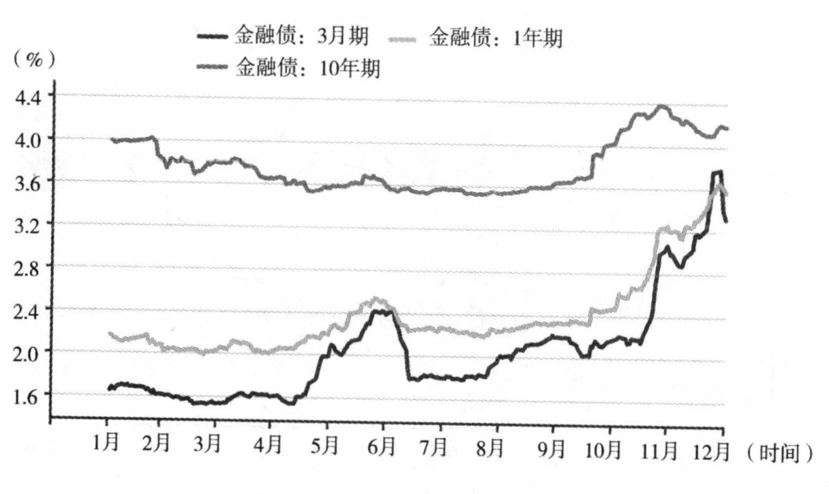

图 1－33　金融债收益率变动

资料来源：Wind 资讯。

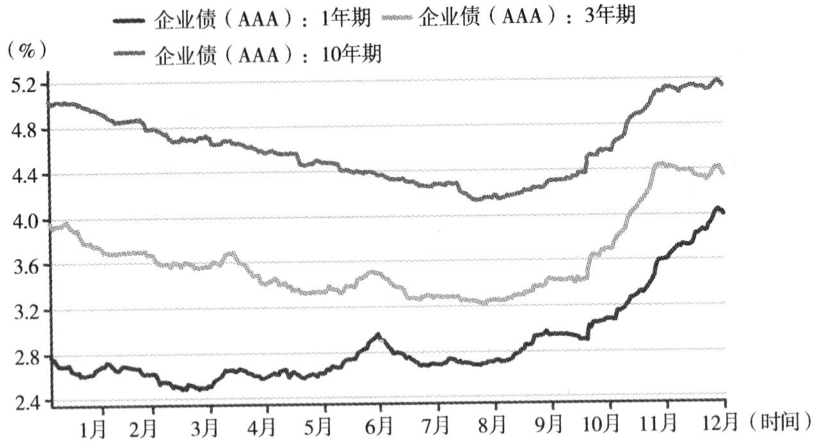

企业债（AAA）：1年期
企业债（AAA）：3年期
企业债（AAA）：10年期
（%）
5.2
4.8
4.4
4.0
3.6
3.2
2.8
2.4
1月
2月
3月
4月
5月
6月
7月
8月
9月
10月
11月
12月（时间）

图 1－34　AAA 企业债收益率变动

资料来源：Wind 资讯。

（%）
短融（AAA）：3月期
短融（AAA）：1年期
4.2
3.9
3.6
3.3
3.0
2.7
2.4
2.1
1.8
1月
2月
3月
4月
5月
6月
7月
8月
9月
10月
11月
12月（时间）

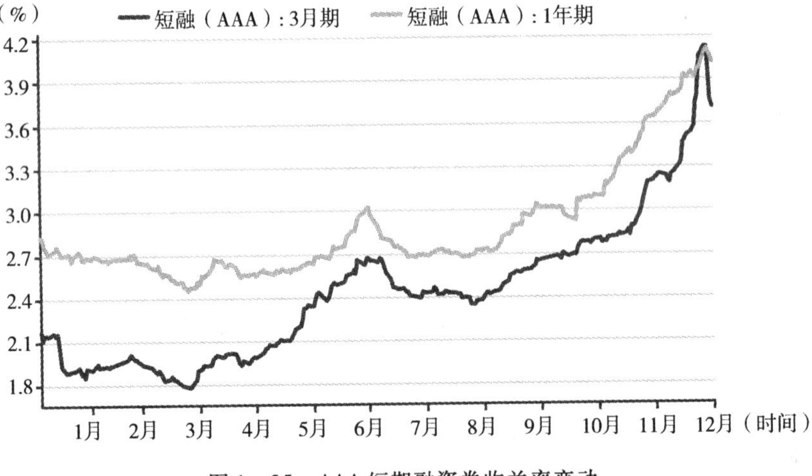

图 1－35　AAA 短期融资券收益率变动

资料来源：Wind 资讯。

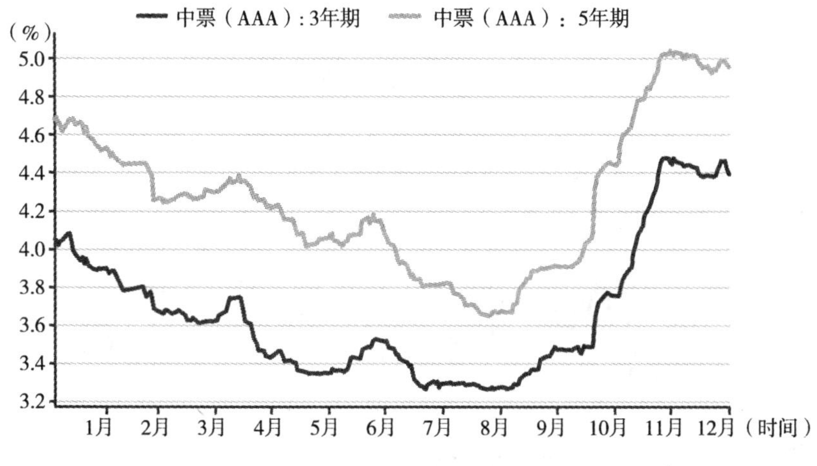

图 1－36　AAA 中期票据收益率变动

资料来源：Wind 资讯。

2010 年，3 年期企业债与金融债利差维持震荡下行态势，5 年期企业债利差在 8 月探底后逐步上扬（见图 1－37）。全年来看，短期融资券与央票利差走势平稳，年底有明显回落（见图 1－38）。2010 年，中期票据利差走势与企业债相似，但波动幅度相对较小（见图 1－39）。

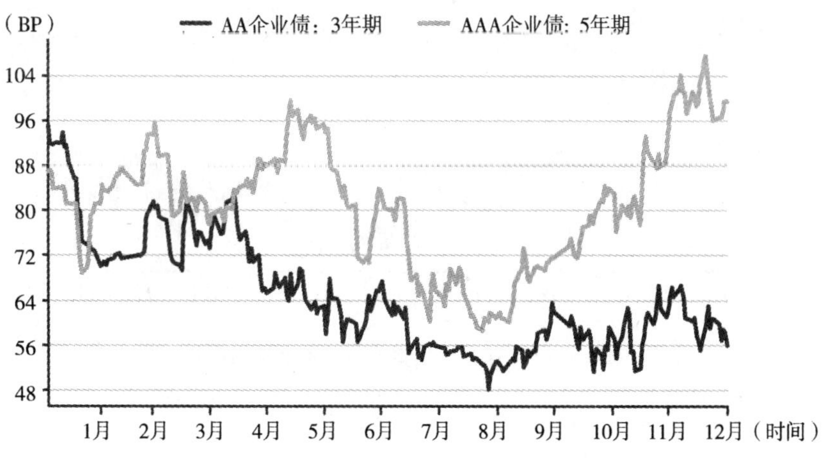

图 1－37　AAA 企业债与金融债利差变动

资料来源：Wind 资讯。

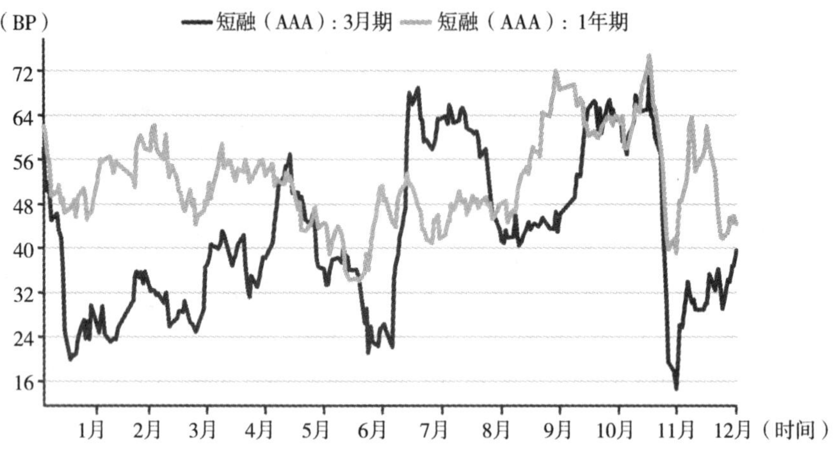

图 1－38　AAA 短期融资券与金融债利差变动

资料来源：Wind 资讯。

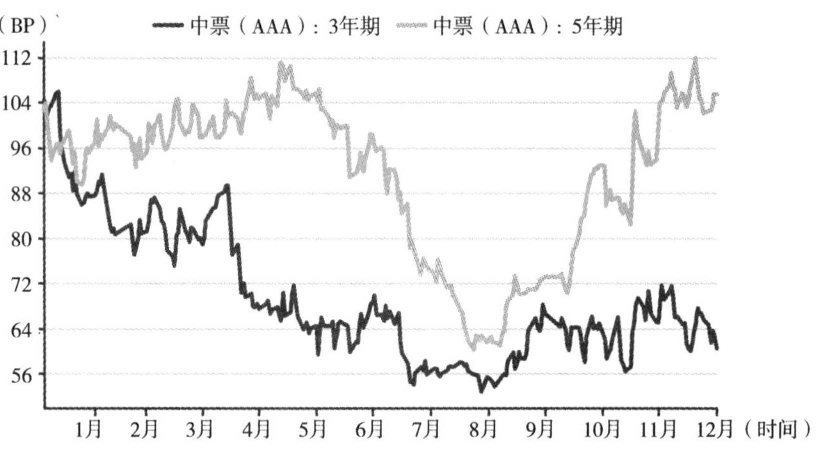

图 1－39　AAA 中期票据与金融债利差变动

资料来源：Wind 资讯。

（三）基金交易市场情况

1. 基金规模普遍缩水，债券型基金规模不降反增。截至 2010 年年底，我国全部公募基金有 704 只，管理规模达到 24 972 亿元，较 2009 年下降 6.45%。

2010 年，基金份额变化相对平稳，基金净值规模变化的趋势与 A 股市场走势相似，第 2 季度比第 1 季度有所减少，第 3、第 4 季度连续小幅回升（见图 1－40）。

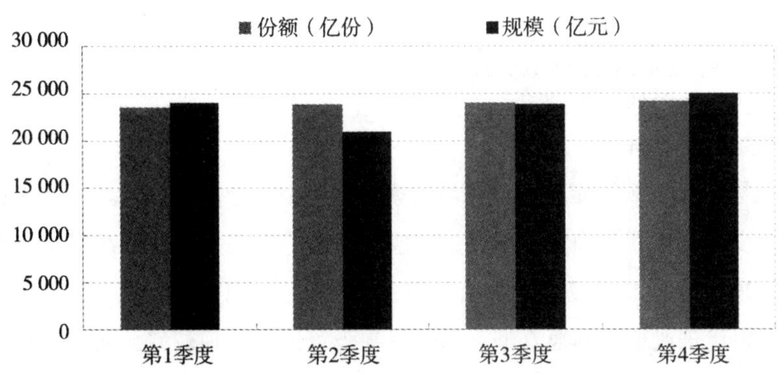

图 1－40　2010 年各季度基金份额及规模

资料来源：Wind 资讯。

大部分类型的基金净值规模在 2010 年都出现了下降，同 2009 年比，股票型基金依旧占据主导地位，债券型基金规模不降反增，其他类型的基金规模都有不同幅度的下滑（见表 1－3）。按不同运作类型基金来看，封闭式基金和开放式基金第 3、第 4 季度净值规模回升，但总体上变动幅度不大，LOF、ETF 和 QDII 净值规模第 4 季度都有所下滑（见表 1－4）。

表 1－3　　2010 年不同投资类型基金净值　　（单位：亿元）

季度	股票型	指数型	混合型	债券型	货币型
第 1 季度	12 463.2	3 648.8	7 438.8	791.8	1 164.0
第 2 季度	10 639.9	3 079.9	6 510.4	869.5	974.0
第 3 季度	12 106.7	3 567.4	7 307.6	1 232.6	999.7
第 4 季度	12 377.7	3 552.8	7 414.4	1 252.1	1 532.8

资料来源：Wind 资讯。

表 1－4　　2010 年不同运作类型基金净值　　（单位：亿元）

季度	封闭式	开放式	LOF[①]	ETF[②]	QDII 基金[③]
第 1 季度	1 190.4	22 874.0	2 482.2	825.0	722.4
第 2 季度	1 011.0	19 922.6	2 040.3	690.5	667.8

续表

季度	封闭式	开放式	LOF①	ETF②	QDII 基金③
第 3 季度	1 234.2	22 660.9	2 313.1	777.5	741.7
第 4 季度	1 437.9	23 563.0	2 257.7	715.3	729.2

注：① LOF 为上市开放式基金。

② ETF 为交易型开放式指数基金。

③ QDII 为合格境内机构投资者。

资料来源：Wind 资讯。

2. 股票市场表现决定基金净值增长率，债券型基金表现出众。由于 A 股市场波动的幅度远大于债券和货币市场，股票市场成了不同类型基金净值增长率的决定因素。2010 年股票市场呈现宽幅震荡、结构化行情明显的特征，因此指数型基金的表现略优于股票型和混合型。债券型基金总体上表现较好，而货币型基金净值规模则出现了下滑（见表 1－5）。

表 1－5　2010 年不同投资类型基金净值增长率　（单位：%）

季度	股票型	指数型	混合型	债券型	货币型
第 1 季度	45.19	156.05	15.68	－36.48	－47.16
第 2 季度	－0.19	65.50	－14.54	－20.08	－40.20
第 3 季度	9.00	32.76	0.99	35.71	－15.50
第 4 季度	－5.93	－0.87	－6.23	59.78	－40.94

资料来源：Wind 资讯。

3. 封闭式基金折价率下降，明显低于历史平均水平。2009 年 A 股进入牛市，封闭式基金的折价率总体下降，但仍处于较高水平，2010 年股市呈现胶着状态，封闭式基金折价率也开始出现下降（见图 1－41），这远低于前几年 20%～30% 的平均水平。

（四）权证交易市场情况

继 2009 年权证市场萎缩之后，2010 年的权证交易继续呈现下滑趋势。2010 年全年权证市场总成交额为 14 986.34 亿元。其中，上海证券交易所成交 1.36 万亿元，比 2009 年 4.9 万亿元的成交额减少了 3.54 万亿元，降幅达 72.24%；深圳证券交易所成交 588.76 亿元，比 2009 年 4 639 亿元的成交额减少了4 050.24 亿元，降幅达 87.31%。2010 年共有 242 个交易日，权证日均成交额为 58.47 亿元，较2009年219.86亿元的水平下降约73.41%。权证市场全年成交量为10 562.15亿份，日均成交量为43.65亿份，较2009年日均成交75.43亿份的水平下降了42.13%。从单只权证来看，江铜CWB1成交额最大，全年成交达6 024.83亿元（见表1－6）。

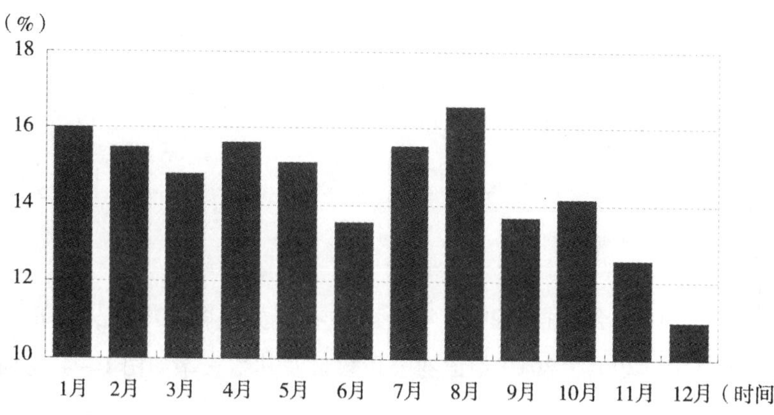

图1－41　2010年各月封闭式基金净值折价率

资料来源：Wind资讯。

表1－6　　2010年权证交易情况

名称	最新收盘日	区间涨跌	区间涨跌幅（%）	区间振幅（%）	区间成交量（亿份）	区间成交额（亿元）
中兴ZXC1	2010.2.12	－8.74	－97.76	104.13	116.93	588.76
上汽CWB1	2010.1.11	0	0	0	0	0
赣粤CWB1	2010.3.2	－6.55	－98.44	101.38	114.33	373.99
石化CWB1	2010.3.5	－1.51	－99.93	100.66	3 549.95	1 695.83
国电CWB1	2010.5.25	－2.93	－99.12	99.53	956.43	1 221.44
宝钢CWB1	2010.7.6	－1.55	－99.94	100.64	3 173.15	1 634.91
葛洲CWB1	2010.1.12	0	0	0	0	0
江铜CWB1	2010.10.12	－2.46	－46.99	68.36	1 759.60	6 024.83
长虹CWB1	2010.12.31	－0.52	－17.15	45.22	891.76	2 609.11

资料来源：Wind资讯。

从市值上看，截至2010年年末，权证市场市值为14.51亿元，余额为5.73亿份。

从涨幅上看，2010年权证市场中8只权证有6只跑赢正股，只有江铜CWB1

和葛洲CWB1跑输了正股，石化CWB1更是高于正股将近1.2倍。

第三节 2010年中国证券业发展基本情况

一、证券公司规模和营业网络

（一）证券公司规模

据中国证券业协会数据，2010年全国共有证券公司106家，数量与2009年相比没有变化。2003～2010年证券公司数量及其增长率如图1－42所示。

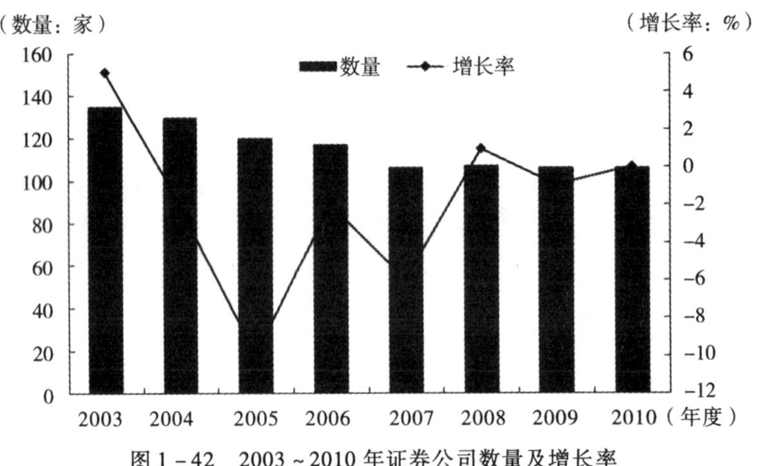

图1－42　2003～2010年证券公司数量及增长率

资料来源：中国证券业协会网站，Wind资讯。

（二）证券公司资产规模

2010年，106家证券公司总资产规模合计1.97万亿元，相比2009年减少3%；平均每家券商总资产为185.85亿元。全部证券公司净资产规模合计为5 663.59亿元，同比增加17.05%；平均每家券商净资产为53.43亿元（详细数据见表1－7，其中2010年代理买卖证券业务净收入包含经纪业务服务收入）。

表 1－7　　2010 年证券公司规模和经营业绩

指　　标	2010 年（亿元）	2009 年（亿元）	同比增长（%）
营业收入	1 911	2 050	－6.78
代理买卖证券业务净收入	1 085	1 419	－23.54
证券承销及保荐业务净收入	272	152	79.16
受托客户资产管理业务净收入	22	16	36.44
证券投资收益（含公允价值变动）	207	232	－10.88
净利润	776	933	－16.87
总资产	19 700	20 300	－2.96
净资产	5 664	4 839	17.04
净资本	4 319	3 832	12.72

资料来源：中国证券业协会网站，Wind 资讯。

（三）证券公司营业网络

据 Wind 汇总的来自交易所的数据，截至 2010 年 12 月，全国证券公司有交易量的证券营业部共 4 630 家，与 2009 年相比增加了 836 家。全国证券营业部主要分布在长三角、珠三角和环渤海等经济发达地区，前 10 名省区营业部数量占全国比重达到 63.69%，后 10 名只有 9.01%；中西部地区证券营业部较少的局面并未得到明显改善，青海和西藏分别只有 9 家和 4 家营业部。

在地区排名方面，与 2009 年相比，前 10 名省区基本没有变化，仅山东和北京排名对调，湖南取代湖北成为行业第 10 位。广东省营业部数量依然位居全国首位，达到 619 家，所占比重达到 13.37%，上海、浙江位列第 2、第 3，占比分别为 10.35% 和 7.11%（见表 1－8）。

表 1－8　　2010 年证券公司营业部的地区分布

排名	地区	营业部数量（家）	所占比重（%）
1	广东	619	13.37
2	上海	479	10.35
3	浙江	329	7.11
4	江苏	298	6.44
5	山东	234	5.05

续表

排名	地区	营业部数量（家）	所占比重（%）
6	北京	225	4.86
7	辽宁	211	4.56
8	四川	197	4.25
9	福建	192	4.15
10	湖南	165	3.56
11	湖北	148	3.20
12	河北	147	3.17
13	河南	140	3.02
14	安徽	133	2.87
15	江西	122	2.63
16	黑龙江	118	2.55
17	重庆	99	2.14
18	天津	96	2.07
19	陕西	90	1.94
20	山西	86	1.86
21	吉林	85	1.84
22	广西	82	1.77
23	云南	66	1.43
24	新疆	62	1.34
25	甘肃	60	1.30
26	内蒙古	52	1.12
27	贵州	32	0.69
28	海南	32	0.69
29	宁夏	18	0.39
30	青海	9	0.19
31	西藏	4	0.09
总　计		4 630	100

资料来源：Wind 资讯。

二、证券公司财务状况、资产质量与经营风险测度指标

（一）证券公司财务状况和资产质量

由于2010年券商经纪业务佣金率下滑严重以及资本市场走势弱于2009年，全年券商盈利较2009年出现较大下降。2010年证券公司实现营业收入总额为1 911.02亿元，同比下降6.78%；实现净利润为775.57亿元，同比下降16.87%。由于证券公司经营风险控制能力增强，2010年106家证券公司全部实现盈利。

在净利润的市场份额方面，证券行业呈现明显的两极分化态势。按照各家公司的合并报表数据，中信证券以113.11亿元的净利润排名第1位；国泰君安位列第2，净利润达到40.31亿元；广发证券紧随其后，位列第3，2010年实现净利润40.27亿元。2010年跻身净利润前10位的其他券商依次是：海通证券、华泰证券、招商证券、国信证券、申银万国证券、银河证券、光大证券。

在市场集中度方面，按照各家公司的合并利润表，前10位的券商净利润总额为407.62亿元，占2010年券商净利润总额的51.78%，市场份额较2009年略有上升，说明我国证券公司盈利能力两极分化严重，综合实力较强的券商占据了大部分市场份额。

（二）证券公司经营风险测度指标

《证券公司风险控制指标管理办法》第20条规定，证券公司必须持续符合一系列特定风险控制指标。从2010年来看，全部证券公司净资本总额为4 319.28亿元，同比增加12.72%。净资本与净资产的比例为76.26%，高于监管层规定的40%的下限；净资本与负债的比例为30.78%，高于监管层规定的8%的下限；净资产与负债的比例为40.35%，高于监管层规定的20%的下限。2010年，证券行业经营风险控制较为良好。

三、证券公司主要业务数据

（一）承销业务

2010 年，67 家证券公司共完成了 817 家股票、债券发行的主承销工作，主承销家数比 2009 年增加 273 家。其中，平安证券表现突出，市场排名由 2009 年的第 5 位提升到第 1 位，股票、债券主承销 58 家；中信证券和国信证券位列第 2、第 3，分别完成主承销 56 家和 46 家（见表 1 -9）。在市场份额方面，市场集中度延续 2009 年的趋势继续下降。2010 年证券公司股票和债券主承销家数的市场集中度 CR_4 达到 23.99%，与 2009 年相比下降 2.48 个百分点；CR_8 达到 40.51%，与 2009 年相比下降 4.16 个百分点。

表 1 -9　2009 年和 2010 年证券公司股票和债券承销家数排名前 20 名

名次	2010 年公司排名	2010 年主承销家数（家）	2009 年公司排名	2009 年主承销家数（家）
1	平安证券	58	中信证券	55
2	中信证券	56	中金公司	31
3	国信证券	46	国信证券	30
4	中信建投	36	中信建投	28
5	招商证券	36	平安证券	27
6	海通证券	34	银河证券	26
7	中金公司	33	国泰君安	24
8	广发证券	32	招商证券	22
9	华泰联合	31	瑞银证券	16
10	国泰君安	27	华林证券	15
11	宏源证券	23	海通证券	15
12	瑞银证券	19	广发证券	15
13	银河证券	19	安信证券	13
14	中投证券	19	西南证券	13
15	安信证券	19	中投证券	12
16	中银国际	17	光大证券	12

续表

名次	2010 年公司排名	2010 年主承销家数（家）	2009 年公司排名	2009 年主承销家数（家）
17	光大证券	16	中银国际	11
18	西南证券	16	华泰联合	11
19	华林证券	15	华泰证券	10
20	民生证券	15	国元证券	10

资料来源：中国证券业协会网站。

2010 年股票和债券承销金额排名前 20 位的证券公司如表 1 – 10 所示。2010 年证券公司股票和债券承销总金额为 15 853.4 亿元，较 2009 年增加 5 791.4亿元，同比增长 57.56%。中信证券和中金公司凭借其在承销方面的强大实力，占据了较大的市场份额，呈现出“强者恒强”的态势，两家证券公司分别占据 11.23% 和 8.68% 的市场份额，排名市场前两位。排名靠前的公司中，国泰君安、平安证券和海通证券排名提升较快，分别提升 3 位、4 位和 9 位。创业板开启之后，上市主体多以中小市值公司为主，数量众多，中小型证券公司可以从市场中分得一杯羹，带来市场集中度的下降。2010 年，证券公司股票、债券承销金额的 CR_4 和 CR_8 分别达到 33.52% 和 51.79%，与 2009 年的 36.61% 和 53.94% 相比分别下降了 3.09 和 2.15 个百分点。

表 1 – 10　2009 年和 2010 年证券公司股票和债券承销金额前 20 名

名次	2010 年排名	2010 年承销金额（亿元）	市场占有率（%）	2009 年排名	2009 年承销金额（亿元）	市场占有率（%）
1	中信证券	1 780.57	11.23	中信证券	1 612.26	16.02
2	中金公司	1 376.06	8.68	中金公司	1 043.24	10.37
3	中银国际	1 215.14	7.66	中银国际	559.42	5.56
4	国泰君安	942.43	5.94	中信建投	468.33	4.65
5	瑞银证券	785.55	4.96	瑞银证券	457.69	4.55
6	平安证券	757.49	4.78	招商证券	454.39	4.52
7	银河证券	725.63	4.58	国泰君安	419.44	4.17
8	中信建投	628.17	3.96	银河证券	412.35	4.10
9	海通证券	597.17	3.77	国信证券	346.07	3.44
10	招商证券	550.13	3.47	平安证券	318.97	3.17

续表

名次	2010 年排名	2010 年承销金额（亿元）	市场占有率（%）	2009 年排名	2009 年承销金额（亿元）	市场占有率（%）
11	国信证券	526.70	3.32	中投证券	241.96	2.40
12	宏源证券	471.49	2.97	广发证券	216.86	2.16
13	中投证券	397.20	2.51	华泰证券	210.08	2.09
14	广发证券	348.42	2.20	光大证券	199.69	1.98
15	安信证券	318.59	2.01	宏源证券	199.48	1.98
16	光大证券	305.64	1.93	华林证券	189.61	1.88
17	瑞信方正	293.05	1.85	长江保荐	180.55	1.79
18	华泰联合	250.74	1.58	海通证券	170.96	1.70
19	高盛高华	205.55	1.30	西南证券	154.70	1.54
20	国金证券	191.41	1.21	安信证券	148.77	1.48

资料来源：中国证券业协会网站。

从历史数据来看，2010 年股票、债券主承销金额超过 2007 年和 2009 年，达历史新高（见图 1－43）。从承销结构来看，股票主承销呈现爆发式增长，全年股票主承销金额为 8 860 亿元，同比增长 147.25%。债券主承销则稳步增长，全年主承销金额为 4 439 亿元，同比增长 3%。

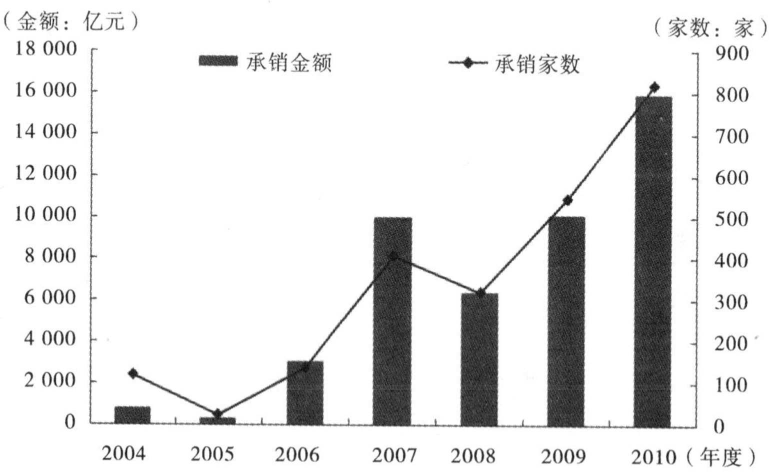

图 1－43　2004～2010 年证券公司承销家数和承销金额变化

资料来源：中国证券业协会网站，Wind 资讯。

（二）经纪业务

2010 年，证券行业代理买卖证券业务总量与 2009 年相比基本稳定。根据 Wind 数据，2010 年度全部证券公司经纪业务代理交易额（含股票、基金、债券和权证）达到 125.31 万亿元，同比下降 0.74%。在证券公司经纪业务排名中，国泰君安、银河证券、申银万国等老牌券商继续保持经纪业务的传统优势，占据了排名的前 3 位（见表 1－11）。随着券商营业部数量的激增，证券经纪业务竞争日趋激烈，大型券商经纪业务市场份额有所下降。2010 年证券公司经纪业务的市场集中度 CR_4 为 19.49%，与 2009 年相比下降 0.73 个百分点。

表 1－11　　2010 年证券公司经纪业务前 20 名

证券公司	交易额合计（亿元）	交易额合计占比（%）
国泰君安	66 280.87	5.29
银河证券	65 767.28	5.25
申银万国	57 344.64	4.58
国信证券	54 941.04	4.38
海通证券	53 986.91	4.31
招商证券	49 654.42	3.96
广发证券	49 193.31	3.93
华泰证券	44 809.25	3.58
中信建投	42 651.37	3.40
光大证券	38 566.93	3.08
中信证券	33 800.88	2.70
安信证券	31 283.91	2.50
中投证券	30 949.62	2.47
齐鲁证券	30 855.23	2.46
中金公司	23 921.46	1.91
华泰联合	23 921.41	1.91
中信金通	22 847.21	1.82
长江证券	22 093.34	1.76
兴业证券	19 957.90	1.59
方正证券	19 931.42	1.59

资料来源：Wind 资讯。

在经纪业务净收入方面，由于券商营业部迅速增加，行业佣金率下降较快，导致经纪业务净收入下滑。2010 年全部券商实现证券经纪业务及服务净收入 1 084.9亿元，较2009 年同比下降23.54%。其中，中信证券（合并报表）、银河证券（合并报表）、华泰证券（合并报表）位列行业三甲，分别实现收入 78.09 亿元、56.42 亿元和 55.16 亿元。

（三）资产管理业务

虽然目前证券公司主要收入来源仍是经纪、自营、承销三大传统业务，但资产管理业务对证券公司收入的贡献开始逐渐显现。截至 2010 年年末，券商集合理财产品现存续 160 只，资产净值达 1 160 亿元，较 2009 年年末增长 21.98%（见表 1－12）。全年券商资产管理业务贡献营业收入 22 亿元，同比增长 36.44%。究其原因，从监管层面看，风险处置工作收官，客户资金第三方存管工作的完成排除了资金挪用风险，中国证监会推动的以净资本为中心的风险控制奏效，监管层开始加快产品审批节奏。另外，从券商层面看，证券行业传统业务竞争激烈，尤其是占据主导地位的经纪业务佣金率下滑，越来越多的券商开始开拓、发展买方业务，把资产管理业务作为发展的重点，尤其是没有参股、控股基金公司的券商大力发展资产管理业务。

表 1－12　　2010 年证券公司集合理财净值情况

证券公司	集合理财资产净值（亿元）	市场排名
中信证券	114	1
光大证券	98	2
华泰证券	95	3
东方证券	84	4
招商证券	82	5
国泰君安	81	6
东海证券	62	7
国信证券	49	8
中金公司	46	9
广发证券	45	10
长江证券	42	11

续表

证券公司	集合理财资产净值（亿元）	市场排名
兴业证券	30	12
中银国际	29	13
申银万国	27	14
宏源证券	23	15

资料来源：Wind 资讯。

为了拓展业务线，寻找新的利润增长点，证券公司纷纷持股基金公司。从股权比例归属证券公司的公募基金资产净值规模来看，2010 年中信证券排名行业第 1 位，2010 年第 4 季度归属中信证券的基金管理规模为 2 246.70 亿元（见表 1－13）。券商投资基金公司的主要原因是利益冲动，基金公司管理费多、利润高，能为券商贡献更多的利润。作为股东，券商也会为基金公司做贡献，券商可以在自己的营业部推销其控股基金公司旗下的基金。如此，券商能收到手续费，基金公司基金销售情况良好，收到管理费，券商和基金公司实现双赢。

表 1－13　2010 年按股权比例归属证券公司的公募基金资产净值

券　　商	2010 年年末（亿元）	排名
中信证券	2 246.70	1
广发证券	872.53	2
招商证券	706.14	3
华泰证券	630.61	4
光大证券	447.23	5
海通证券	418.83	6
长城证券	392.21	7
兴业证券	342.78	8
东方证券	341.13	9
银河证券	321.77	10
新时代证券	312.92	11
国信证券	280.09	12
申银万国	263.98	13
西南证券	248.10	14
第一创业	248.10	15

资料来源：Wind 资讯。

（四）自营业务

由于2010年A股市场呈现“U”型震荡走势，投资环境复杂，证券公司自营业务并未从中取得超额收益。2010年，106家券商自营业务净收入（公允价值变动净收益与投资净收益之和）总额为207亿元，较2009年自营收入同比下降10.88%。

从公司来看，各家公司投资资产规模不同，投资总收益差别较大。由于获得出售中信建投的一次性收入，中信证券以115.25亿元投资收益高居行业榜首，广发证券、海通证券分别以26.05亿元、11.60亿元的自营收益位列行业第2、第3（见表1－14）。从收益率情况来看，部分中小券商由于其投资规模灵活可控以及良好的投资能力，2010年取得了较好的投资业绩，整体来看，大型券商收益率低于中小券商。

表1－14　2009～2010年投资资产排名前10位的券商自营情况

证券公司	总投资收益（亿元）	投资资产（亿元）	投资收益率（%）
中信证券	115.25	514.44	22.40
招商证券	8.73	229.59	3.80
海通证券	11.60	210.52	5.51
华泰证券	8.03	191.07	4.20
广发证券	26.05	176.25	14.78
国泰君安	7.57	167.41	4.52
东方证券	10.70	129.85	8.24
中金公司	5.64	113.76	4.96
光大证券	4.01	103.65	3.87
国信证券	2.79	102.73	2.71

资料来源：Wind资讯。

（五）基金服务业

2010年基金行业资产管理规模同比略有减少，基金服务市场规模也有所下降。根据Wind资讯，2010年券商从基金获得的分仓收入达62.38亿元，比2009年减少6.76%。基金佣金分为两部分：一部分为代销基金产品的佣金，另一部分为券商卖方研究服务。目前越来越多的券商加入卖方服务市场竞争，卖方研究一方面可以使券商获得佣金分仓收入，另一方面可以树立券商品牌。

由表 1－15 可以看到，申银万国、中信证券、国泰君安分别占据证券公司基金交易分仓收入前 3 位，市场份额分别为 6.45%、6.37%、5.28%。一般来说，决定基金分仓的因素并非券商之间的费率竞争，因为基金需要付给券商的佣金费率差别非常小。基金更看重券商的研究能力，会根据券商的研究能力综合打分，再根据评分决定分仓的比例。因此，拥有实力强大的投研团队的大中型券商占据了基金分仓佣金的大部分份额，如业内公认的具有较强研究实力的申银万国、中信证券、国泰君安。

表 1－15　　2010 年证券公司基金交易分仓收入排名

名次	公司名称	2010 年基金交易分仓收入（亿元）	市场份额（%）
1	申银万国	40 233.28	6.45
2	中信证券	39 710.71	6.37
3	国泰君安	32 913.93	5.28
4	招商证券	29 547.43	4.74
5	国信证券	29 077.94	4.66
6	中金公司	28 811.28	4.62
7	华泰联合	27 527.55	4.41
8	安信证券	26 962.48	4.32
9	海通证券	24 929.26	4.00
10	东方证券	22 996.11	3.69
11	广发证券	21 499.87	3.45
12	光大证券	20 919.81	3.35
13	中信建投	20 576.46	3.30
14	中银国际	17 230.75	2.76
15	兴业证券	16 988.09	2.72
16	国金证券	15 856.91	2.54
17	长江证券	15 397.11	2.47
18	中国银河	13 858.5	2.22
19	长城证券	12 226.58	1.96
20	建银投资	11 916.34	1.91

资料来源：Wind 资讯。

随着中小券商积极介入基金交易分仓，市场集中度呈现逐步下降的趋势。2010 年证券公司基金交易分仓收入的市场集中度 CR_4 和 CR_8 分别达到了 22.83%、40.84%，较 2009 年的 26.47% 和 44.14% 下降了 3.64 个百分点和 3.3 个百分点（见表 1－16 和图 1－44）。

表 1－16　2003～2010 年券商基金交易分仓收入和市场集中度变化

年度	基金交易分仓收入总额（万元）	CR_4（%）	CR_8（%）
2003	27 070.56	32.70	50.61
2004	42 509.60	30.87	49.12
2005	45 508.80	32.57	51.27
2006	117 706.00	31.57	51.34
2007	591 189.30	29.63	48.86
2008	422 659.70	28.32	45.36
2009	669 009.12	26.47	44.14
2010	623 835.8	22.83	40.84

资料来源：Wind 资讯。

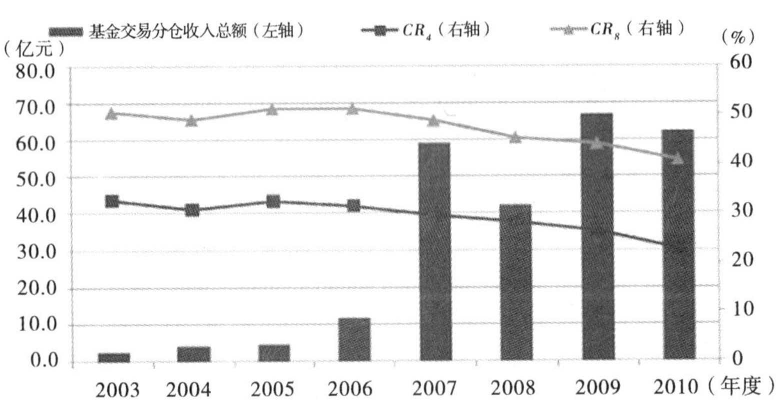

图 1－44　2003～2010 年证券公司基金交易分仓收入和市场集中度

资料来源：Wind 资讯。

四、券商业务利润变动和收入结构情况

由于 2010 年券商经纪业务佣金率剧烈下滑以及股票市场剧烈波动，证券行

业经纪业务收入和自营业务收入均同比下降，导致证券公司2010年营业收入和净利润均同比下滑。据中国证券业协会数据，全年证券公司实现营业收入1 911亿元，同比下降6.78%；实现净利润776亿元，同比下降16.87%。

在营业收入的细项数据方面，据中国证券业协会的数据，证券经纪业务及服务净收入为1 084.90亿元，证券承销与保荐及财务顾问业务净收入为272.32亿元，受托客户资产管理业务净收入为21.83亿元，证券投资收益（含公允价值变动）为206.76亿元。可见，经纪、自营、承销三大传统业务依然是证券公司主要收入来源，所占比重分别为56.78%、10.83%、14.23%（见图1－45）。

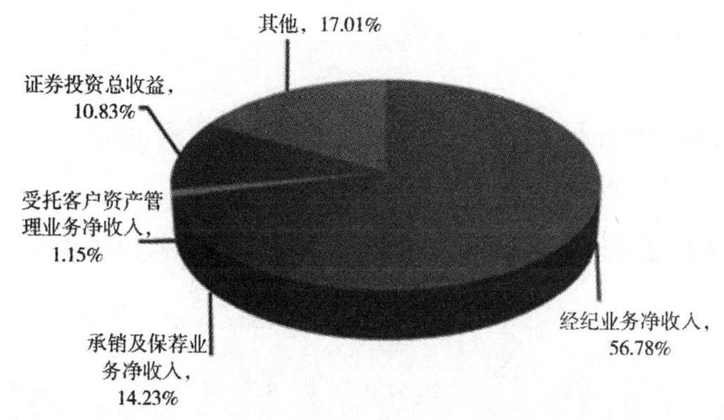

图1－45　2010年证券公司营业收入结构

资料来源：中国证券业协会。

从历史数据来看，证券行业收入结构正在逐步优化。由图1－45和图1－46可见，传统上作为券商收入来源支柱的经纪业务占比正在逐步下降，而随着创业板的开启，上市标的迅速增加，券商投行业务迎来发展的黄金期，投行业务收入占比提高近1倍。2010年，股指期货和融资融券业务正式获批，“两融”业务的开展可以有效提升券商冗余资金的使用效率，获得无风险收益。从国外市场看，信用交易是券商一个重要的收入来源。未来，随着融资融券市场的逐步成熟和监管政策的逐步放开，融资融券业务将成为拉动券商收入的一大引擎。整体来看，2010年是证券行业业务经营带有转折意义的一年，创新业务开始逐步开展，传统业务占比逐渐下降，券商收入结构更加合理，风险承担能力正在逐步增强。

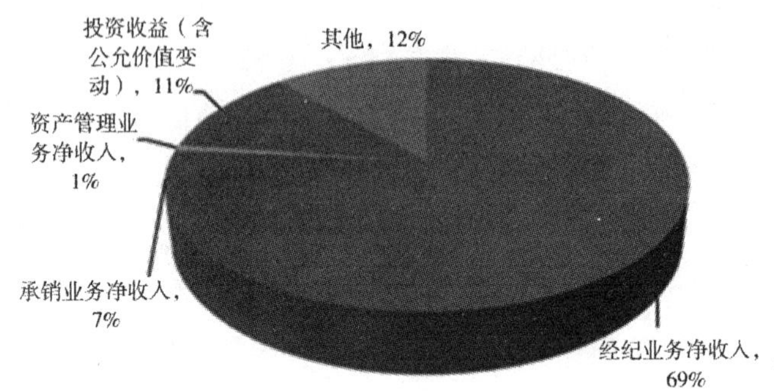

图 1－46　2009 年证券公司营业收入结构

资料来源：中国证券业协会。

五、监管部门及行业自律组织的基础性制度建设

（一）《发布证券研究报告暂行规定》和《证券投资顾问业务暂行规定》出台

为了规范证券公司、证券投资咨询机构发布证券研究报告和从事证券投资顾问业务行为，保护投资者合法权益，维护证券市场秩序，2010 年 10 月 12 日，中国证监会颁布《发布证券研究报告暂行规定》和《证券投资顾问业务暂行规定》。

按《发布证券研究报告暂行规定》要求，证券公司、证券投资咨询机构发布证券研究报告，应当遵守法律、行政法规和此规定，遵循独立、客观、公平、审慎原则，有效防范利益冲突，公平对待发布对象。

此外，在发布的证券研究报告上署名的人员，应当具有证券投资咨询执业资格，并在中国证券业协会注册登记为证券分析师。证券分析师不得同时注册为证券投资顾问。

《证券投资顾问业务暂行规定》则明确了证券公司、证券投资咨询机构向客户提供投资咨询服务并获取经济利益的条件和要求。《证券投资顾问业务暂行规定》中要求向客户提供证券投资顾问服务的人员，应当具有证券投资咨询执业资格，并在中国证券业协会注册登记为证券投资顾问。证券投资顾问不得同时注册为证券分析师。

（二）中国证券业协会出台政策加强行业佣金率监管

2010年10月7日，中国证券业协会正式发布了《关于进一步加强证券公司客户服务和证券交易佣金管理工作的通知》（以下简称《通知》）。2010年以来，由于证券营业部迅速增加、券商经纪业务服务并无实质化差别，佣金价格战成为营业部竞争的有效手段。2010年行业经纪业务佣金率迅速下滑，一些证券公司甚至采取了以低于成本的证券交易佣金水平、“零佣金”等方式招揽客户。

针对上述情况，中国证券业协会在《通知》中规定：证券公司应公平对待所有客户，在对客户进行分类的基础上，按照“同类客户同等收费”、“同等服务同等收费”的原则，制定证券交易佣金标准；证券公司向客户收取的证券交易佣金应当以证券经纪业务服务成本为基础，证券经纪业务服务成本应采取全成本核算的方式，包括代扣代缴费用、证券营业部运营成本、公司总部和分公司直接为证券经纪业务发生的支出、公司管理与服务部门发生的应由证券经纪业务分摊的支出等；证券公司和证券营业部证券交易佣金、服务费用收取标准应分别向证券公司住所地、证券营业部所在地证监会派出机构及地方证券业协会备案，并在营业场所公布。《通知》以2011年1月1日为限，对新老客户实行划断处理。对于新客户，证券公司应与其明确约定佣金收取标准和收取方式；对于存量客户，应采用与客户协商的方式，逐步规范佣金收取标准。

《通知》的出台有利于抑制行业佣金率恶性竞争，有利于证券公司增强合规经营意识，提升客户服务水平，保护投资者合法权益，促进证券经纪业务健康、持续发展。

六、基金公司基本情况

2010年，多数基金公司规模出现了下滑，其中业绩靠后的交银施罗德下降幅度较大，规模已经跌出前10名（见表1－17）。净值规模前5名的公司仍与2009年相同，但嘉实与易方达互换座次；前5家的规模占总规模的30.5%，略低于2009年。前10家公司基本稳定，富国取代2009年的交银施罗德成为唯一新进入的1家；前10家公司净值规模占比为47.8%，也略低于2009年的水平。

表1－17　　2010年各基金公司公募基金规模变化

序号	基金管理公司	2010年（亿元）	2009年（亿元）	2010年增长（亿元）	增长率（%）
1	华夏	2 247.1	2 657.6	－410.5	－15.44
2	嘉实	1 603.0	1 564.2	38.8	2.48
3	易方达	1 453.3	1 595.2	－141.9	－8.89
4	博时	1 162.2	1 504.6	－342.3	－22.75
5	南方	1 158.8	1 222.7	－63.9	－5.23
6	广发	1 036.3	1 104.7	－68.4	－6.19
7	大成	994.4	1 060.5	－66.1	－6.23
8	银华	855.5	747.1	108.4	14.50
9	华安	816.5	930.2	－113.6	－12.22
10	富国	621.7	653.6	－31.9	－4.88
11	上投摩根	591.7	584.6	7.1	1.21
12	工银瑞信	578.7	626.8	－48.1	－7.67
13	汇添富	569.3	615.5	－46.1	－7.50
14	鹏华	560.4	596.7	－36.3	－6.09
15	融通	527.2	595.3	－68.1	－11.45
16	交银施罗德	492.2	858.6	－366.4	－42.67
17	华宝兴业	490.4	619.5	－129.1	－20.84
18	建信	481.2	437.3	43.9	10.03
19	国泰	473.2	594.0	－120.8	－20.34
20	诺安	469.6	511.6	－42.0	－8.21
21	海富通	469.0	458.2	10.8	2.36
22	景顺长城	464.5	536.8	－72.3	－13.48
23	兴业全球	441.0	434.6	6.4	1.48
24	华商	417.3	133.8	283.4	211.78
25	长盛	412.2	484.7	－72.5	－14.96
26	中邮创业	408.1	482.7	－74.6	－15.45

续表 1

序号	基金管理公司	2010 年（亿元）	2009 年（亿元）	2010 年增长（亿元）	增长率（%）
27	招商	406.4	355.6	50.8	14.29
28	国投瑞银	402.8	384.5	18.3	4.76
29	中银	391.3	290.0	101.3	34.94
30	长城	340.4	415.9	-75.5	-18.15
31	光大保德信	295.8	398.3	-102.5	-25.73
32	泰达宏利	259.0	302.5	-43.4	-14.35
33	中海	238.6	204.8	33.9	16.53
34	长信	206.0	274.7	-68.7	-25.01
35	华泰柏瑞	195.3	220.7	-25.4	-11.50
36	国海富兰克林	192.4	183.5	8.9	4.87
37	信诚	183.0	134.5	48.5	36.10
38	国联安	173.4	102.3	71.1	69.49
39	万家	162.8	150.3	12.6	8.36
40	农银汇理	148.5	131.7	16.8	12.76
41	银河	146.3	130.1	16.2	12.43
42	申万菱信	126.7	236.6	-109.9	-46.46
43	东吴	126.0	70.3	55.8	79.38
44	摩根士丹利华鑫	124.4	32.6	91.8	281.59
45	汇丰晋信	112.4	99.5	13.0	13.02
46	泰信	112.0	136.3	-24.3	-17.84
47	华富	103.2	59.3	43.8	73.83
48	东方	91.2	103.8	-12.7	-12.19
49	宝盈	91.1	114.3	-23.2	-20.29
50	信达澳银	76.0	100.4	-24.3	-24.25
51	天弘	75.2	45.0	30.2	67.02
52	金鹰	70.9	46.5	24.3	52.28
53	益民	64.7	76.5	-11.7	-15.35
54	新华	62.5	71.4	-8.9	-12.42
55	中欧	60.1	47.4	12.7	26.73

续表2

序号	基金管理公司	2010年（亿元）	2009年（亿元）	2010年增长（亿元）	增长率（%）
56	天治	41.7	54.8	-13.0	-23.82
57	诺德	39.1	44.7	-5.7	-12.66
58	民生加银	26.3	14.3	12.0	84.02
59	浦银安盛	19.5	18.4	1.1	5.78
60	金元比联	12.5	32.9	-20.4	-61.97

资料来源：Wind资讯。

股票型基金净值增长率排在前3位的是华商、摩根士丹利华鑫、银河（见表1-18）。2009年前3位的公司2010年排名都在40名以外，可见随行情的变化，排名的差异也较大，基金公司管理业绩存在相当的偶然性。

表1-18　2010年各基金公司净值增长率（单位：%）

序号	基金管理公司	股票型	混合型	债券型	货币型
1	华商	533.78	136.76	454.01	
2	摩根士丹利华鑫	449.52	279.46	84.37	144.85
3	银河	207.50	7.14	-52.73	-53.23
4	金鹰	156.18	2.70		
5	东吴	105.55	36.44	-60.29	
6	建信	62.43	-17.45	-27.93	-0.04
7	大成	48.51	-5.92	-42.14	-89.83
8	信诚	46.55	-10.00	-55.15	
9	泰信	34.00	-15.39	-55.24	-61.25
10	金元比联	33.18	632.31	-68.33	
11	海富通	20.71	0.71	417.73	-41.63
12	浦银安盛	20.31	-51.78	-24.42	
13	兴业全球	18.77	-4.21	-33.40	-75.32
14	汇丰晋信	13.50	19.59	-63.60	
15	国联安	11.13	3.97	338.87	
16	工银瑞信	9.16	-14.48	68.58	-67.91
17	新华	8.13	-29.87		
18	万家	7.06	-9.42	-31.27	55.78

续表 1

序号	基金管理公司	股票型	混合型	债券型	货币型
19	国海富兰克林	5.25	-6.88	102.31	
20	国投瑞银	4.74	39.56	200.29	-41.95
21	农银汇理	3.97	-39.27	-37.01	
22	嘉实	2.54	21.54	60.12	-47.66
23	汇添富	-1.44	-21.41	27.62	-52.53
24	华宝兴业	-2.06	-31.06	-62.63	-41.77
25	上投摩根	-3.72	-11.57	-65.12	67.17
26	天治	-4.35	-30.02	-73.13	-83.08
27	诺安	-5.51	-6.70	13.15	-52.43
28	申万菱信	-6.98	-14.27	-15.36	-98.18
29	融通	-7.99	-14.61	-29.48	-73.39
30	华安	-8.05	-22.00	213.24	-36.35
31	招商	-8.08	-9.92	121.37	78.34
32	广发	-8.95	1.63	-26.73	-40.73
33	易方达	-9.22	-14.91	154.28	-27.85
34	南方	-9.95	-24.52	427.20	65.60
35	华泰柏瑞	-10.11	-13.88	-55.35	-39.93
36	中银	-10.20	59.75	1 211.79	17.93
37	鹏华	-10.22	-13.54	64.80	23.28
38	泰达宏利	-10.58	1.35	232.31	-83.43
39	诺德	-11.09	-38.26	-46.34	
40	华富	-11.45	-18.16	374.28	-2.07
41	富国	-11.72	-18.65	83.20	-52.58
42	景顺长城	-12.10	-17.08		-57.93
43	银华	-13.30	57.73	168.73	69.80
44	长信	-13.36	95.21	245.25	-54.29
45	华夏	-13.42	-15.32	-26.45	-32.02
46	国泰	-14.22	-17.12	11.68	-71.62
47	中邮创业	-14.66	-24.02		
48	天弘	-17.63	0.67	3 331.03	

续表2

序号	基金管理公司	股票型	混合型	债券型	货币型
49	长盛	-21.98	-19.23	118.68	-80.41
50	博时	-21.99	-19.85	219.27	-67.88
51	光大保德信	-22.53	-49.51	2.26	-83.61
52	信达澳银	-23.34	-11.99	-67.93	
53	长城	-26.01	-1.31	27.27	8.21
54	中海	-26.50	-2.92	-25.09	
55	交银施罗德	-28.02	-26.39	-43.19	-88.85
56	东方	-28.23	-21.50	375.68	96.57
57	宝盈	-28.86	-16.38	119.53	-71.62
58	中欧	-38.98	-13.79	251.61	
59	民生加银		-40.76	23.20	
60	益民		-15.33	-0.44	-25.20

资料来源：Wind 资讯。

第四节　2010 年中国证券业重大事件与值得关注的市场创新和发展

一、2010 年值得关注的证券公司业务和产品创新

（一）中国证监会发布《关于开展证券公司融资融券业务试点工作的指导意见》

2010 年 1 月 22 日，中国证监会正式发布《关于开展证券公司融资融券业务试点工作的指导意见》（以下简称《指导意见》），融资融券业务试点正式开闸。

《指导意见》主要内容是明确了申请融资融券业务券商的条件，主要内容包括：最近 6 个月净资本均在 50 亿元以上；最近一次证券公司分类评价为 A

类；具备开展融资融券业务所需的自有资金和自有证券，自有资金占净资本的比例相对较高；已开发完成融资融券业务交易结算系统，并通过了证券交易所、证券登记结算公司组织的全网测试；融资融券业务试点实施方案通过了中国证券业协会组织的专业评价；客户交易结算资金第三方存管有效实施，账户开立、管理规范，客户资料完整真实，建立了以“了解自己的客户”和“适当性服务”为核心的客户分类管理和服务体系等条件。

2010 年 3 月 22 日，首批融资融券业务试点资格终于尘埃落定，中信证券、海通证券、广发证券、光大证券成为首批获批券商。3 月 31 日，深沪证券交易所正式开始接受试点券商融资融券交易申报，融资融券交易正式进入市场操作阶段。

融资融券业务不仅可以改善券商的收入结构，拓宽业务范围，而且标志着中国 A 股市场做空机制正式建立，它是完善证券市场基础性建设的重要一步。

（二）股指期货正式挂牌交易①

2010 年 3 月 26 日，中国证监会同意中国金融期货交易所（以下简称“中金所”）上市沪深 300 股指期货合约。中金所同时宣布，将于 4 月 16 日正式上市股指期货。

股指期货上市启动仪式定于 4 月 8 日举行。首批挂牌 5 月、6 月、9 月和 12 月 4 个合约，挂盘基准价由中金所在 4 月 15 日公布。最低交易保证金为合约价值的 15%，根据 26 日沪深 300 指数收盘价 3 275 点计算，沪深 300 指数期货合约总价值为 98.25 万元，理论上交易 1 手最低需要缴纳 14.73 万元保证金。

中国证监会要求，在上市初期，中金所应对沪深 300 股票指数期货合约的保证金标准、交割、市场监控等环节从严要求，切实防范市场操纵。应当以高度负责的态度，按照“高标准、稳起步”的原则，进一步做好上市沪深 300 股票指数期货合约的各项准备工作。

股指期货合约正式上市交易，表明我国在资本市场发展的历史进程中又迈出了重大的一步。国内上市股指期货可以促使投资者有效地规避日益复杂化、

---

① 部分内容引自《中国证券报》。

多样化和国际化的金融风险。此外，股指期货具有价格发现的功能，通过公开、高效的期货市场中众多投资者的竞价，有利于形成更能反映股票真实价值的股票价格。

二、2010 年值得关注的债券市场创新和发展

2010 年，为拓宽融资渠道并丰富债券市场的投资品种，监管部门、交易所继续大力推进债券市场的制度和品种创新，进一步健全相关法规和制度，工具、融资主体和投资者群体相比 2009 年都有了新的变化。①

（一）规范信用评级管理，促进直接融资发展

信用评级行业的规范发展对一国金融市场的发展乃至金融体系的稳定与安全具有重要意义。近年来，银行间债券市场信用产品种类丰富和规模扩张，带动我国评级行业整体迅速发展。但是评级行业仍存在公信力不强、市场竞争混乱等问题，规范信用评级行业相关机构和人员的自律意识，开展信用评级行业自律管理已成为信用行业进一步规范发展的迫切需要。2010 年 9 月 29 日，中债资信有限责任公司（以下简称“中债资信”）成立，这是国内首家采用投资人付费营运模式的新型信用评级公司，由中国银行间市场交易商协会代表全体会员出资设立。与现有评级公司相比，中债资信在股权安排、发展定位、营运模式和业务模式等方面都有明显的创新，它采用“为投资者服务、由投资者付费”的营运模式，并按照独立、客观、公正的原则为投资者提供债券再评级、双评级服务。2010 年 10 月 25 日，中国银行间市场交易商协会信用评级专业委员会成立。作为国内首家由民政部正式批准成立的信用评级行业自律组织，信用评级专业委员会的成立，标志着专家议事制度将在信用评级行业自律管理中发挥越来越重要的作用，将有利于提高评级行业自律管理的系统性和专业性，促进信用评级行业的规范发展，提升我国信用评级行业的公信力和国际影响力。

① 部分内容或数据引自中国人民银行《2010 年金融市场运行情况》、《2010 年金融市场发展报告》和中央国债登记结算有限责任公司《2010 年银行间债券市场年度统计分析报告》。

（二）稳步扩大金融债券发行主体范围

2010 年 5 月 20 日，三菱东京日联银行（中国）有限公司在银行间债券市场成功发行总规模为 10 亿元、2 年期浮动利率的首单外资银行人民币金融债券；2010 年 7 月 26 日，交银金融租赁有限责任公司在银行间债券市场成功发行总规模为 20 亿元、3 年期固定利率的首单银行系金融租赁公司金融债券；2010 年 10 月 14 日，上汽通用汽车金融有限责任公司在银行间债券市场成功发行总规模为 15 亿元、3 年期浮动利率的首单汽车金融公司金融债券。上述三类债券的发行丰富了我国债券市场的发行主体和信用结构，有利于债券市场的稳定发展。

（三）上市商业银行重返交易所债券市场

2010 年 10 月，中国银监会、中国人民银行和中国证监会联合发布了《关于开展上市商业银行在证券交易所参与债券交易试点有关问题的通知》，允许 14 家上市商业银行经中国银监会核准后，参与交易所债券市场交易试点。上市商业银行回归交易所债券市场，是建立统一债市的重要一步，交易所债市和银行间债市长期以来形成的分割问题有望逐步得到解决，有利于商业银行充分利用交易所市场和银行间市场相互补充的优势，优化资产配置。

（四）完成首次政府支持机构债券（汇金债）的募集

截至 2010 年年末，汇金公司累计发行债券 1 090 亿元，成为政府类债券的创新品种，募集资金由汇金公司代表国家向中国进出口银行、中国出口信用保险公司两家政策性金融机构注资以及参与中国工商银行、中国银行和中国建设银行 3 家银行再融资。此次发债实现了市场化融资、政策性注资的有机结合，开创了有别于国家财政资金和外汇储备注资的国有金融机构注资新模式；有利于拓宽汇金公司未来的融资渠道，将市场化融资方式和汇金公司股权管理工作的平台有机结合，拓宽了金融机构的投资渠道；有利于改善金融机构的资产结构。

（五）加大非金融企业债务融资工具创新

2010 年 12 月 21 日，中国银行间市场交易商协会发布《银行间债券市场非金融企业超短期融资券业务规程（试行）》，并开始接受企业在银行间债券市场发行超短期融资券的注册。当天，中国银行间市场交易商协会共接受铁道部、中国石油天然气集团公司和中国石油化工股份有限公司 3 家发行人的发行注册，注册额度共计 2 100 亿元。截至 2010 年年末，共有总额为 150 亿元的 2 只超短期融资券在上海清算所登记、托管。超短期融资券是指具有法人资格、信用评级较高的非金融企业在银行间债券市场发行的、期限在 270 天以内的短期融资券。作为非金融企业债务融资工具，超短期融资券期限上属于货币市场工具范畴，具有信息披露简单、注册效率高、发行便利、资金使用灵活等特点。超短期融资券的推出是进一步推动我国金融创新工作的一次有益尝试，有利于拓宽非金融企业直接融资渠道，提高企业的流动性管理水平，对于发挥债券市场资源配置作用、加强和改善宏观调控、保持经济平稳健康运行具有重要的现实意义。

（六）规范地方融资平台，力促城投债券转型

2009 年，管理层鼓励地方政府组建融资平台进行基建融资，以抵御经济危机的冲击，引发了城投债券的发行热潮，城投债券发行多达 2 000 多亿元。2009 年年底以来，地方政府负债问题以及财政风险问题引起了市场以及管理层的广泛关注，进入 2010 年以来，管理层不断推出政策以控制地方融资平台的融资能力，对地方融资平台进行分类、清理和规范。6 月上旬，《国务院关于加强地方政府融资平台公司管理有关问题的通知》的出台标志着政府对于地方融资平台债务清理的政策思路明朗化，在其《征求意见稿》和最终的细则推出之后，也显示了城投债券的发展新方向。

三、2010 年值得关注的基金市场创新和发展

2010 年在监管部门的大力支持下，创新基金的发展步伐不断加快，指数型

基金继续快速增长，分级基金不断推陈出新，债券型分级基金开始发售，并已经成为市场热点。[①]

（一）指数型基金延续了快速增长的势头

2010 年指数型基金延续了 2009 年快速增长的势头，全年共有 38 只指数型基金启动认购，占全部新成立基金的 24.68%，其中，ETF 及其联结基金共 24 只，[②] LOF 指数基金 8 只。指数种类的丰富以及引入联结基金是推动指数型基金快速增长的主要原因。

各种不同风格的新指数基金也不断涌现。如中国第一只行业指数基金——国投瑞银沪深 300 金融地产指数基金（LOF）、第一只 A 股市场风格指数基金——华宝兴业上证 180 价值 ETF 及其联结基金，第一只投资民企主题指数的鹏华上证民企 50ETF 及其联结基金等。这些基金不但丰富了现有指数基金的风格和品种，而且也使 ETF 和 LOF 基金的产品数量及规模获得了较大增长（见表 1－19）。

表 1－19　　2010 年进入认购的 ETF 及其联结基金一览表

基金名称	管理公司	认购起始日期
易方达上证中盘 ETF	易方达	2010 年 2 月 25 日
易方达上证中盘 ETF 联接	易方达	2010 年 2 月 25 日
华宝兴业上证 180 价值 ETF	华宝兴业	2010 年 3 月 22 日
华宝兴业上证 180 价值 ETF 联接	华宝兴业	2010 年 3 月 22 日
建信上证社会责任 ETF	建信	2010 年 4 月 21 日
建信上证社会责任 ETF 联接	建信	2010 年 4 月 21 日
鹏华上证民企 50ETF	鹏华	2010 年 7 月 1 日
鹏华上证民企 50ETF 联接	鹏华	2010 年 7 月 1 日
南方小康产业 ETF	南方	2010 年 7 月 26 日
南方小康产业 ETF 联接	南方	2010 年 7 月 26 日
海富通上证周期 ETF	海富通	2010 年 8 月 19 日

① 该部分引用了中国人民银行上海总部《2010 中国金融市场发展报告》的观点。

② 该处 ETF 和其联结基金分开计算，实际在 38 家指数基金中，ETF 及其联结基金合并计算为 12 家。

续表

基金名称	管理公司	认购起始日期
海富通上证周期 ETF 联接	海富通	2010 年 8 月 19 日
工银瑞信深证红利 ETF	工银瑞信	2010 年 10 月 18 日
工银瑞信深证红利 ETF 联接	工银瑞信	2010 年 10 月 18 日
华安上证龙头 ETF	华安	2010 年 10 月 25 日
华安上证龙头 ETF 联接	华安	2010 年 10 月 25 日
国联安上证商品 ETF	国联安	2010 年 11 月 1 日
国联安上证商品 ETF 联接	国联安	2010 年 11 月 1 日
招商上证消费 80ETF	招商	2010 年 11 月 4 日
招商上证消费 80ETF 联接	招商	2010 年 11 月 4 日
大成深证成长 40ETF	大成	2010 年 11 月 23 日
大成深证成长 40ETF 联接	大成	2010 年 11 月 29 日
华泰柏瑞上证中小盘 ETF	华泰柏瑞	2010 年 12 月 20 日
华泰柏瑞上证中小盘 ETF 联接	华泰柏瑞	2010 年 12 月 20 日

资料来源：Wind 资讯。

（二）分级基金成为市场热点

2010 年，共有 8 家分级基金宣布成立。一般而言，根据协议分配基金的收益，分级基金的分级结构将基金分为风险收益特征不同的两个级别的份额。分级的收益分配协议往往使不同的份额对应不同的杠杆，杠杆的存在使基金净值的波动在不同类别的份额上表现出不同的放大程度，能满足不同风险偏好的投资需求。为了降低折价和溢价的程度，分级基金引入套利机制，允许不同类别的份额配对合并和分拆，在场外赎回和申购，在场内交易。

2010 年首次出现了债券型分级基金。以往的分级基金都是股票型，如国内第一只分级指数基金瑞和沪深 300 就是股票型分级指数基金。2010 年 9 月，富国汇利分级债券基金发行，成为首只债券型分级基金。与股票型分级基金类似，富国汇利分级债券基金也是将原始的基金份额按照一定的比例拆分成固定收益级和杠杆级两类份额，在深圳证券交易所上市，封闭期为 3 年。不同的是，债券基金主要利用分级手段来规避固定收益级的信用风险。随后，大成景丰分级债券基金和天弘添利分级债券基金也相继发行，其中，天弘添利分级债券基金发行首日就达到了30亿元的募集规模上限，使分级基金成为市场新的热点。

四、2010年值得关注的银行间市场创新和发展

2010年，银行间市场参与主体、发行规模和交易量相比2009年均有较大增长，在基础制度建设以及业务类型开拓上也取得了较大的创新和发展。[①]

（一）证券管理及付息兑付系统和新一代客户端系统成功上线

经过多轮测试和验收后，2010年3月1日，证券管理及付息兑付系统顺利上线试运行，该系统是在中央结算公司针对债券市场创新产品不断增加，债券要素日益复杂又缺乏统一标准的情况下，对中央债券综合业务系统进行的一次重要升级改造，对于有效防范债券管理和付息兑付业务中的潜在风险具有重要意义。此外，为适应市场业务创新、产品创新和市场成员的差异化需求，将公司服务的多元化与客户需求的差异化有机衔接，经过两年的规划和部署，中央结算公司开发的新一代客户端系统也于2010年10月8日正式上线运行。新一代客户端系统建立了“中债综合业务平台”，在业务管理上，支持债券市场从发行登记到托管、结算，直到付息兑付和资金拨付的整个处理流程。在服务渠道上，实现中央结算公司与各成员机构系统间的互通互联，实现债券业务在互联网上的应用，为客户提供在服务渠道上的更多选择，满足了市场创新的更多需求，使业务处理功能更加强大，操作方式更加便捷，功能得到极大优化。除此之外，新一代客户端系统还具备全时业务支持能力，并且采用中国金融认证中心的国产证书，增强系统安全认证机制。

（二）上海清算所体系有序运作

2010年，上海清算所体系有序运作，承担了信用风险缓释凭证、超短期融

① 部分内容或数据引自中国人民银行《2010年金融市场运行情况》、《2010年金融市场发展报告》和中央国债登记结算有限责任公司《2010年银行间债券市场年度统计分析报告》。

资券登记托管和清算结算业务，支持和服务银行间市场信用衍生产品、非金融企业债务融资工具创新；建立了清算会员体系和风险管理体系，并在研究承接银行间市场现有外汇即期交易集中清算业务的基础上，对债券现券和回购、外汇掉期、利率互换等银行间市场交易产品的集中清算业务进行了认真研究，部分品种已形成了业务方案；开发技术系统和搭建业务网络，第一时间完成了机房和网络平台建设，于2010年4月4日接入SWIFT系统，并于2010年10月18日作为特许参与者，正式进入大额支付系统。2010年11月29日，上海清算所清算系统、登记结算系统也正式上线运行。

（三）发布《银行间债券市场做市商工作指引》修订稿

为提高做市商评价工作的有效性，进一步规范债券市场做市业务，提高市场流动性，促进市场价格发现机制的完善，在中国人民银行的指导下，中国银行间市场交易商协会自2009年开始组织市场成员对《银行间债券市场做市商工作指引》的有关内容进行修订。2010年4月1日，中国银行间市场交易商协会发布了《银行间债券市场做市商工作指引》修改稿。《银行间债券市场做市商工作指引》的修订充分吸收了做市商以及其他市场成员的意见和建议，对各项指标分值权重、报价价差评分方法、报价量和成交量评分方法，以及加分项和减分项设置等评价指标体系的核心内容进行了修改和完善。此外，为淡化评价考核排名对做市业务造成的干扰，《银行间债券市场做市商工作指引》对做市商评价结果的公布方式进行了调整，不再按照评价得分降序依次排列，而只公布最佳、优秀合规做市商名单，以及报价价差、信用债券做市、关键期限国债做市、市场评价等单项评价优秀的做市商名单。

（四）巩固银行间交易制度基础

2010年，中国银行间市场交易商协会牵头，组织起草了一系列协议文本、指引文件，巩固了银行间市场交易的制度基础。2010年4月22日，中国银行间市场交易商协会牵头起草的《银行间债券市场非金融企业债务融资工具承销协议文本》和《银行间债券市场非金融企业债务融资工具承销团协议文本》正式发布。这两个协议文本在内容上充分考虑了协议各方的权益，有利于协议各方明确各自的权利、义务和责任，提高签署效率，降低法律风险。

为建立健全银行间债券市场非金融企业债务融资工具后续管理机制，规范后续管理行为，保护投资者的合法权益，促进银行间债券市场平稳、健康发展，2010 年 4 月 12 日，中国银行间市场交易商协会发布了《银行间债券市场非金融企业债务融资工具主承销商后续管理工作指引》和《银行间债券市场非金融企业债务融资工具突发事件应急管理工作指引》。这两个指引的发布实施，进一步加强了银行间债券市场非金融企业债务融资工具的后续管理和突发事件应急管理，是完善银行间债券市场风险控制组织体系建设的重要举措。

为规范银行间债券市场非金融企业债务融资工具持有人会议，明确相关各方的权利、义务，切实维护债务融资工具持有人的合法权益，2010 年 9 月 1 日，中国银行间市场交易商协会发布了《银行间债券市场非金融企业债务融资工具持有人会议规程》（以下简称《持有人会议规程》）。《持有人会议规程》明确了持有人会议的法定议事程序和一般议事平台的双重功能，在会议召开、通知公告、召集、债权登记、审议、表决、答复、信息披露、备案和资料保管等程序上提出了具体要求，并在会议触发条件、参会权确认、参会人员的权限与委托事项、表决权与核对、会议有效性与决议有效性等基本机制上制定了严谨、合理的规定，从自律角度对债务融资工具相关各方就召开持有人会议相关的权利义务进行了规范。《持有人会议规程》的出台明确了持有人会议相关各方的权责，规范了持有人会议召开程序，对于保护投资者的合法权益，维护银行间债券市场平稳、健康发展具有重大意义。

（五）发布《关于境外人民币清算行等三类机构运用人民币投资银行间债券市场试点有关事宜的通知》

2010 年 8 月，中国人民银行发布了《关于境外人民币清算行等三类机构运用人民币投资银行间债券市场试点有关事宜的通知》（以下简称《通知》）。《通知》规定，试点期间，我国香港、澳门地区人民币业务清算行，以及跨境贸易人民币结算境外参加银行和境外中央银行或货币当局均可申请进入银行间债券市场进行投资，经中国人民银行同意后，境外机构可在核准的额度内，以其开展中央银行货币合作、跨境贸易和投资人民币业务获得的人民币资金投资银行间债券市场。允许相关境外机构投资银行间债券市场，可为境外机构依法获得的人民币资金提供一定的保值渠道，是跨境贸易人民币结算试点工作必要的配套举措，将有利于促进跨境贸易人民币结算业务的开展。

（六）发布《国际开发机构人民币债券发行管理暂行办法》修订稿

为进一步规范国际开发机构发行人民币债券的行为，促进我国债券市场发展与对外开放，中国人民银行、财政部、国家发改委、中国证监会对2005年2月18日发布的《国际开发机构人民币债券发行管理暂行办法》（以下简称《暂行办法》）进行了修订，于2010年10月重新予以公布实施。

在国际开发机构申请在中国境内发行人民币应具备条件的规定上，新修订的《暂行办法》规定得更为详细，并强调了债券发行所募集的资金应优先用于向中国境内建设项目提供中长期固定资产贷款或股本资金，投资项目符合中国国家产业政策、利用外资政策和固定资产投资管理规定。主权外债项目应列入相关国外贷款规划。《暂行办法》的修订，有利于增加我国境内债券市场对于国际开发机构筹资的吸引力，有利于我国资本项目开放和人民币国际化进程的推进。

（七）中国版CDS的推出

2010年11月，银行间市场先后推出信用风险缓释合约（CRMA）和信用风险缓释凭证（CRMW），其本质上都属于信用风险缓释工具（Credit Risk Mitigation，CRM），其中信用违约互换（CDS）是目前这一创新的主体。CDS是一种双边金融契约，CDS买方向卖方契约期限内支付一定的信用保护费用，卖方则承诺当合约中所指参考资产发生规定的信用事件时，向买方赔付参考资产所遭受的损失。在海外市场，CDS被银行、企业、保险及再保险公司、资产管理公司以及对冲基金等金融机构广泛使用。其中，银行是CDS最大买方，通过买入CDS转移资产信用风险可降低资本金需求，达到不必缩减其信贷业务却满足巴塞尔监管协议的目的。CDS能够有效实现信用风险分散化，增强信用资产尤其是低信用评级资产流动性，推动垃圾债市场发展，有利于拓展信用市场投资渠道。

在美国 CDS 市场金融危机中，场外市场使 CDS 交易的违约风险增大，并容易造成风险连锁传递，危机后，美国监管当局将 CDS 全部进行集中清算。基于此，我国在 CDS 市场发展之初就采用中央对手方的集中清算制度，并在制度设计上进行了创新，对风险防范作了很多实质性规定，这些规定限制单一交易商最大信用风险暴露敞口。

（八）银行间市场中票和短融品种定价方式转变

从 2010 年 6 月开始，银行间市场中票和短融品种的发行采用了全新的定价方式：通过 22 家主要承销商根据二级市场的实际收益率给出各期限各评级的估值中枢，然后分别加上不同的固定点差形成中票和短融品种发行的参考利率下限。具体固定点差的规定是：对于 1 年期短融品种，从 AAA + 到 AA 等级分别加点差 10BP、15BP、20BP 和 25BP；对于 3 年期和 5 年期的中票品种，从 AAA + 到 AA 等级分别加点差 5BP、10BP、15BP 和 20BP。在这一定价方式之前，长期采用的是由中国银行间市场交易商协会根据市场实际情况给出的发行利率下限。相比之前的方式，这一定价方式更能动态地反映二级市场的实际收益率水平，可以把一、二级市场的利差空间控制在较小的范围内。之前的发行利率下限方式过于僵化，常常使一、二级市场利差在行情好时过分扩大，而在行情不好时则产生利差倒挂，新的定价方式则成功地避免了这一问题。采用这一定价方式之后，中票和短融品种在一级市场的发行更为顺利。新的定价方式一方面保持适当的利差空间，使承销商的收益波动减少，受到市场走势的影响显著降低，保护了承销商的利益；另一方面，新品种发行与二级市场收益率水平也较为接近，容易为市场投资者接受。从实际运行情况来看，新的定价方式是较为成功的。

第二章　2010 年中国投资银行业务发展报告

2010 年是中国经济最复杂的一年，中国经济经受了极为复杂的国内外经济环境和极为严峻的各类自然灾害的严峻考验，经济回升向好，为“十一五”国民经济发展画上了一个比较圆满的句号。在复杂的经济环境下，2010 年，中国资本市场改革和发展也取得了很大成就，为“十二五”的持续发展奠定了良好基础。

第一节　2010 年中国投资银行业务面临的宏观经济环境和政策背景

2010 年国际国内环境都是错综复杂的。全球经济持续复苏，但各经济体复苏不均衡，主要发达经济体复苏缓慢，2010 年既要保持 2009 年国民经济回升向好的势头，又要防止有可能出现的经济过热的状况，同时要把国民经济引导向平稳增长的轨道。在这样复杂严峻的环境中，我国国民经济继续保持了企稳较快的增长。

一、我国宏观经济运行情况

2010 年国民经济运行态势总体良好，全年国内生产总值为 397 983 亿元，按可比价格计算，比 2009 年增长 10.3%，增速比上年加快 1.1 个百分点。分季度看，第 4 季度经济增长结束了连续两个季度回调的态势，开始重回上升轨道。第 1 季度同比增长 11.9%，第 2 季度同比增长 10.3%，第 3 季度同比增长 9.6%，第 4 季度同比增长 9.8%。[①]

2010 年我国宏观经济运行主要有以下特点：

（一）经济结构有所优化

2010 年，投资、消费和净出口对经济增长的贡献更趋协调，最终消费对 GDP 增长的贡献率为 37.3%，拉动 GDP 增长 3.9 个百分点。资本形成对 GDP 增长的贡献率是 54.8%，拉动 GDP 增长 5.6 个百分点。货物和服务的净出口对 GDP 增长的贡献率是 7.9%，拉动 2010 年 GDP 增长 0.8 个百分点。[②]2010 年，最终消费加资本形成对中国经济的贡献率在 92% 左右，投资、消费对经济的推动更加平衡。

2010 年，城乡居民收入继续增长，国内消费需求保持稳定。城镇居民家庭人均可支配收入为 19 109 元，同比增长 11.3%，扣除价格因素，实际增长 7.8%。全年社会消费品零售总额为 154 554 亿元，比 2009 年增长 18.4%，扣除价格因素，实际增长 14.8%。

2010 年，投资保持较快增长，投资结构继续改善。全年全社会固定资产投资 278 140 亿元，比 2009 年增长 23.8%，增速比上年回落 6.2 个百分点，扣除价格因素，实际增长 19.5%（见图 2－1）。其中，城镇固定资产投资 241 415亿元，增长 24.5%，回落 5.9 个百分点；农村固定资产投资 36 725 亿元，增长 19.7%，回落 7.6 个百分点。在城镇投资中，第一产业投资增长 18.2%，第二产业投资增长 23.2%，第三产业投资增长 25.6%。2010 年包含新兴战略产业在内的高新技术产业增长 16.6%，增速比 2009 年加快了 8.9 个百分点。[③]

2010 年，进出口总额较快增长，结构进一步优化，贸易顺差有所减少。进出口总额为 29 727 亿美元，同比增长 34.7%，比 2009 年高 48.6 个百分点。

---

①② 资料来源：2011 年 1 月 20 日，国务院新闻办公室举行新闻发布会，国家统计局局长马建堂介绍 2010 年国民经济运行情况，并答记者问。

③ 资料来源：中华人民共和国国家统计局：《中华人民共和国 2010 年国民经济和社会发展统计公报》，2011 年 2 月 28 日。

其中出口15 779亿美元，同比增长31.3%，比2009年高47.3个百分点；进口13 948亿美元，同比增长38.7%，比2009年高49.9个百分点；实现顺差1 831亿美元，比2009年减少126亿美元。贸易顺差自2008年创下历史记录的2 981亿美元之后开始逐年收窄，2009年收窄了34.3%；随后2010年进一步收窄，达到了6.4%。

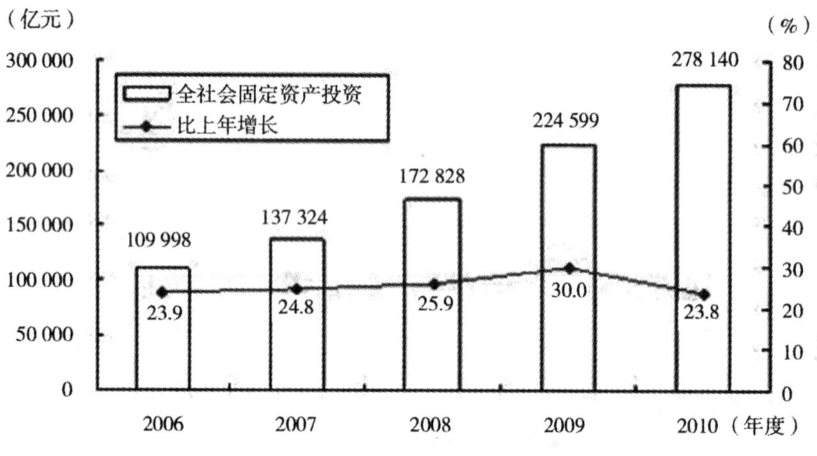

图2-1　2006~2010年全社会固定资产投资

（二）农业生产稳定增长，工业生产较快增长

2010年农业生产稳定增长，全年粮食种植面积达10 987万公顷，比上年增加89万公顷。粮食连续第7年增产，总产量达到54 641万吨，比2009年增加1 559万吨，增产2.9%。[①] 粮食产量的丰收为宏观经济的平稳运行和把物价控制在预期范围内奠定了一个非常坚实的基础。

2010年，工业生产较快增长，企业盈利能力稳定。全国规模以上工业增加值同比增长15.7%，比2009年高4.7个百分点；工业产销衔接状况良好，全年工业产品产销率为97.9%，比2009年高0.2个百分点（见图2-2）。[②]

① 资料来源：中华人民共和国国家统计局：《中华人民共和国2010年国民经济和社会发展统计公报》，2011年2月28日。

② 资料来源：2011年1月20日，国务院新闻办公室举行新闻发布会，国家统计局局长马建堂介绍2010年国民经济运行情况，并答记者问。

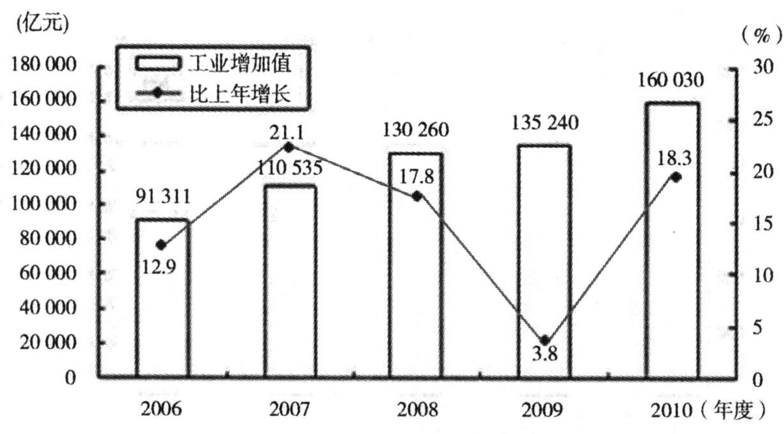

图 2－2　2006～2010 年工业增加值

（三）物价总水平基本稳定

2010 年我国价格涨幅总体上延续了 2009 年下半年以来的回升态势，下半年尤其是第 4 季度以来价格上涨压力明显增大。从主要价格指标走势看，在食品和居住价格不断上涨的推动下，居民消费价格涨幅逐季扩大，第 4 季度以来，非食品价格涨幅也有所上升。

2010 年 CPI 同比上涨 3.3%，比 2009 年高 4 个百分点，基本实现了年初确定的预期调控目标（见图 2－3）。各季度同比涨幅分别为 2.2%、2.9%、3.5% 和 4.7%。从食品和非食品分类看，食品价格上涨 7.2%，涨幅比 2009 年高 6.4 个百分点；非食品价格上涨 1.4%，比 2009 年高 2.8 个百分点。从消费品和服务分类看，消费品价格上涨 3.7%，比 2009 年高 4.3 个百分点；服务价格上涨 2.0%，比 2009 年高 3.1 个百分点。①

2010 年，工业品出厂价格比上年上涨 5.5%，其中生产资料价格上涨 6.6%，生活资料价格上涨 2.0%；农业生产资料价格上涨 2.9%。全年固定资产投资价格比上年上涨 3.6%。其中，建筑安装工程投资价格和设备工器具购

① 资料来源：中华人民共和国国家统计局：《中华人民共和国 2010 年国民经济和社会发展统计公报》，2011 年 2 月 28 日。

置投资价格分别上涨4.9%和0.3%。全国70个大中城市房屋及新建商品住宅销售价格月度同比涨幅呈现先上升后回落的趋势。

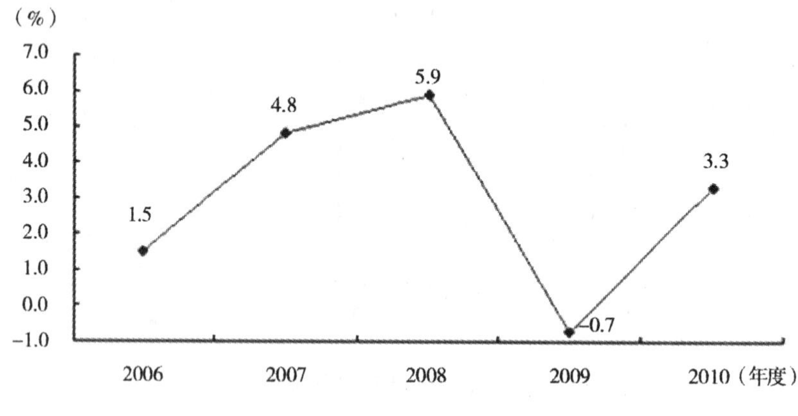

图2-3　2006~2010年居民消费价格涨跌幅度

二、金融市场运行情况

2010年，金融市场运行平稳，货币信贷增长从上年高位逐步向常态回归，银行体系流动性总体充裕。全年货币市场交易活跃，市场利率在波动中明显上行；债券市场指数有所上升，债券发行规模稳步扩大；股票市场指数有所下跌，股票筹资规模创历史新高。国内非金融机构部门（包括住户、企业和政府部门）融资继续增加较多，融资结构呈明显多元化发展态势。

（一）货币供应量增长趋稳

2010年年末，广义货币供应量M2余额为72.6万亿元，同比增长19.7%，增速比上年末低8个百分点。狭义货币供应量M1余额为26.7万亿元，同比增长21.2%，增速比上年末低11.2个百分点。流通中现金M0余额为4.5万亿元，同比增长16.7%，增速比上年末高4.9个百分点。全年现金净投放6 381亿元，同比多投放2 354亿元。①

---

①　中国人民银行货币政策分析小组：《中国货币政策执行报告（2010年第4季度）》，http://www.pbc.gov.cn，2011年1月30日。

（二）金融机构存款增长放缓

2010 年年末，全部金融机构（含外资金融机构，下同）本外币各项存款余额为 73.3 万亿元，同比增长 19.8%，增速比上年末低 8.1 个百分点，比年初增加 12.1 万亿元，同比少增 1.1 万亿元。其中，人民币各项存款余额为 71.8 万亿元，同比增长 20.2%，增速比 2009 年年末低 8 个百分点，比年初增加 12 万亿元，同比少增 1.1 万亿元。外币存款余额为 2 287 亿美元，同比增长 9.5%，比年初增加 200 亿美元，同比多增 39 亿美元。①

（三）金融市场交易活跃，企业贷款融资比例有所下降

1. 货币市场利率波动中明显上升，交易活跃。受市场融资增多、通胀预期明显上升和宏观调控政策等多种因素影响，市场利率在波动中呈明显上升态势。2010 年 12 月，质押式债券回购和同业拆借加权平均利率分别为 3.12% 和 2.92%，比 6 月分别上升 0.73 个和 0.61 个百分点；比 2009 年 12 月分别上升 1.85 个和 1.67 个百分点。

2010 年，银行间回购、拆借市场成交量大幅增加。其中银行间市场债券回购累计成交 87.6 万亿元，日均成交 3 504 亿元，日均同比增长 24.6%；同业拆借累计成交 27.9 万亿元，日均成交 1 115 亿元，日均同比增长 44.0%。②

2. 债券市场发行规模稳步扩大，债券发行利率总体有所走高。受两次上调存贷款基准利率和市场通胀预期较强等影响，各期限债券发行利率均呈走高趋势。2010 年 12 月发行的 5 年期记账式附息国债利率为 3.64%，比上年末发行的同期限国债利率上升 0.74 个百分点；国家开发银行的 30 年期固定利率债券发行利率为 4.7%，比当年 3 月发行的同期限债券利率上升 0.28 个百分点。

2010 年债券市场发行规模稳步扩大。债券市场累计发行人民币债券（不

---

①② 中国人民银行货币政策分析小组：《中国货币政策执行报告（2010 年第 4 季度）》，http://www.pbc.gov.cn，2011 年 1 月 30 日。

含中央银行票据）5.2 万亿元，同比增长 5.4%。其中短期融资券、国家开发银行及政策性银行债券和国债增长较快，同比分别增长 46.2%、13.0% 和 9.5%。为进一步加大对中小企业支持力度，拓宽企业融资渠道，满足投资者多元化投资需求，12 月创新推出超短期融资券，累计发行 150 亿元。2010 年年末，债券市场债券托管总额达 20.4 万亿元（含中央银行票据及公司债券）。

3. 股票市场指数有所下跌，股票筹资规模创历史新高。2010 年年末，上证综合指数、深证成分指数分别收于 2808 点和 12459 点，分别比 2009 年年末下跌 14.3% 和 9.1%。沪深两市 A 股平均市盈率也都有所下降，分别从 2009 年年末的 29 倍和 47 倍回落到 2010 年年末的 22 倍和 45 倍。

股票市场筹资规模明显增加。2010 年各类企业和金融机构在境内外股票市场上通过发行、增发、配股以及行权方式累计筹资 1.13 万亿元，同比多筹资 6 351亿元，为上年同期的 2.3 倍，创历史最高融资水平。其中，A 股筹资 8 955亿元，同比多增 5 060 亿元。①

4. 企业融资结构呈明显多元化发展态势。2010 年国内非金融机构部门（包括住户、企业和政府部门）融资继续增加较多，融资结构呈明显多元化发展态势。全年国内非金融机构部门累计融资 11.1 万亿元，同比少增 1.9 万亿元，其中除贷款外的其他方式融资同比多增 3 111 亿元。从融资结构看，居于主导地位的贷款融资占比明显下降，国债和股票融资占比明显上升。

三、宏观政策背景

2010 年 3 月 5 日，第十一届全国人民代表大会第三次会议确定了 2010 年继续实施积极的财政政策和适度宽松的货币政策，保持政策的连续性和稳定性，根据新形势新情况不断提高政策的针对性和灵活性，把握好政策实施的力度、节奏和重点。

① 中国人民银行货币政策分析小组：《中国货币政策执行报告（2010 年第 4 季度）》，http：//www.pbc.gov.cn，2011 年 1 月 30 日。

（一）货币政策

2010 年，中国人民银行继续实施适度宽松的货币政策，着力提高政策的针对性和灵活性，处理好保持经济平稳较快发展、调整经济结构和管理通胀预期的关系，逐步引导货币条件从反危机状态向常态水平回归。

1. 公开市场操作。与存款准备金政策相配合，中国人民银行进一步加大了流动性回收力度。2010 年全年累计发行中央银行票据 4.2 万亿元，开展正回购操作 2.1 万亿元；截至 2010 年年末，中央银行票据余额约为 4 万亿元。

根据货币政策调控要求，结合市场环境和市场利率走势变化，中国人民银行适时增强了公开市场操作利率弹性。上半年，顺应货币市场利率总体上行走势，1 年期以下短期操作利率适当上行；下半年，与存贷款基准利率调整相配合，各期限公开市场操作利率均有所上行。截至 2010 年年末，3 个月期和 1 年期央行票据的发行利率分别为 2.0156% 和 2.5115%，较年初各上升 64.72 个和 75.10 个基点。

2. 上调存款准备金率。受全球流动性宽松和中国国际收支顺差仍然较大影响，2010 年总体上仍面临银行体系流动性供给偏多的格局。2010 年，中国人民银行分别于 1 月 18 日、2 月 25 日、5 月 10 日、11 月 16 日、11 月 29 日和 12 月 20 日 6 次上调存款类金融机构人民币存款准备金率各 0.5 个百分点，累计上调 3 个百分点。

3. 利率政策。为稳定通货膨胀预期，抑制货币信贷快速增长，中国人民银行于 2010 年 10 月 20 日、12 月 26 日两次上调金融机构人民币存贷款基准利率。其中，1 年期存款基准利率由 2.25% 上调至 2.75%，累计上调 0.5 个百分点；1 年期贷款基准利率由 5.31% 上调至 5.81%，累计上调 0.5 个百分点。12 月 26 日同时上调中国人民银行对金融机构贷款利率，其中 1 年期流动性再贷款利率由 3.33% 上调至 3.85%；1 年期农村信用社再贷款利率由 2.88% 上调至 3.35%；再贴现利率由 1.80% 上调至 2.25%。

（二）财政政策

2010 年，财政部门继续实施积极的财政政策，着力调整国民收入分配格局，推进财税制度改革，优化财政支出结构，加大对“三农”、教育、科技、医疗卫生、文化、社会保障、保障性住房、节能减排以及欠发达地区的支持力度，促进经济增长、结构调整、地区协调和城乡统筹发展，切实保障和改善民生。

1. 安排使用好政府公共投资，优化投资结构。通过统筹使用公共财政预算拨款、政府性基金收入、国有资本经营收益等，中央政府公共投资支出 10 710 亿元，主要用于农业基础设施及农村民生工程、教育卫生等社会事业、保障性安居工程、节能减排和生态建设、自主创新和结构调整等方面。继续代理发行 2 000 亿元地方政府债券，优先用于公益性项目续建和收尾。①

2. 增加城乡居民收入，增强居民消费能力。2010 年进一步增加了农民补贴，中央财政安排粮食直补、农资综合补贴、良种补贴、农机具购置补贴支出 1 334. 9 亿元，提高城乡最低生活保障标准，调整优抚对象等人员的付息和生活补助标准。安排补助资金 846 亿元，努力扩大就业，支持落实最低工资制度，加大对就业困难家庭人员和零就业家庭的就业援助力度，健全家电、汽车、摩托车下乡以及家电、汽车以旧换新政策，引导居民消费。加上 2008 年第 4 季度新增的 1 040 亿元和 2009 年新增的 5 038 亿元，可以实现中央政府新增公共投资 1. 18 万亿元的计划。

3. 落实结构性减税政策，引导企业投资和居民消费。巩固增值税转型改革以及成品油税费改革成果。对部分小型微利企业实施所得税优惠政策。对 1. 6 升及以下排量乘用车减按 7. 5% 的税率征收车辆购置税。继续执行各项税费减免政策，严格行政事业性收费和政府性基金项目的审批管理。

（三）产业政策

1. 重点产业调整和振兴规划扎实推进。相关部门重点围绕解决深层次问题和矛盾，出台多项政策措施和实施细则。2010 年陆续下发了《国务院批转国家发展改革委等部门关于抑制产能过剩和重复建设引导产业健康发展若干意见的

---

① 2011 年 3 月 5 日，在第十一届全国人民代表大会第四次会议上财政部作《关于 2010 年中央和地方预算执行情况与 2011 年中央和地方预算草案的报告》。

通知》、《关于进一步促进中小企业发展的若干意见》、《关于进一步加强淘汰落后产能工作的通知》、《关于促进企业兼并重组的意见》、《关于中西部地区承接产业转移的指导意见》等多个重要文件，《产业结构调整指导目录》也在抓紧进行修订。

相关部门加大对重点产业调整振兴的扶持力度。中央预算投资设立了“重点产业振兴和技术改造”专项，2009 年以来共安排 400 亿元重点支持企业技术改造，提高技术装备水平，发展高附加值产品，培育新的增长点，促进节能减排，安排项目 9 721 个，其中中小企业项目 5 776 个。

2. 节能减排、淘汰落后产能等主动调控效果明显。2010 年 2 月，国务院发布《关于进一步加强淘汰落后产能工作的通知》，对淘汰落后产能的目标任务和工作组织作出了明确部署和要求。我国近期将进一步发挥市场配置资源的基础性作用，充分发挥法律法规的约束作用和技术标准的门槛作用，在电力、煤炭、钢铁、水泥、有色金属、焦炭、造纸、制革、印染等行业淘汰落后产能。

2010 年 5 月，国务院发布《关于进一步加大工作力度确保实现“十一五”节能减排目标的通知》（国发［2010］12 号），要求：（1）强化节能减排目标责任，各省级政府要在 5 月底前，将本地区 2010 年节能减排目标和实施方案报国务院；（2）加大淘汰落后产能力度，2010 年关停小火电机组 1 000 万千瓦，淘汰落后炼铁产能 2 500 万吨、炼钢 600 万吨、水泥 5 000 万吨、电解铝 33 万吨、平板玻璃 600 万重箱、造纸 53 万吨；（3）严控高耗能、高排放行业过快增长；（4）安排中央预算内投资 333 亿元、中央财政资金 500 亿元，重点支持十大重点节能工程、循环经济发展等项目；（5）切实加强用能管理，强化重点耗能单位节能管理，推动重点领域节能减排，大力推广节能技术和产品；（6）完善节能减排经济政策，加快完善法规标准，加大监督检查力度，深入开展节能减排全民行动。

2010 年 8 月 8 日中国工业和信息化部向社会公告 18 个工业行业淘汰落后产能企业名单，这些企业的落后产能必须在 2010 年 9 月底前关闭。这 18 个工业行业 2010 年淘汰落后产能共涉及企业 2 087 家。其中涉及企业数较多的行业有：水泥 762 家，造纸 279 家，印染 201 家，焦炭 192 家，炼铁 175 家，铁合金143家，制革84家。从各省份落实情况看，淘汰任务较重、涉及企业数量较多的省份有：河南230家，山西226家，浙江180家，河北165家，云南165家，贵州128家。

“十一五”期间，全国淘汰炼铁、炼钢、焦炭、水泥落后产能分别为11 170万吨、6 860万吨、10 380万吨、33 000万吨。目前，前10家钢铁企业粗钢产量占全国粗钢总产量的比重上升到48.6%，前10家汽车企业产量占全国汽车总产量的比重达到86%。高耗能行业投资增速回落，2010年，高耗能工业投资同比增长14.1%（城镇500万元以上项目），增幅比2009年回落8.2个百分点，占城镇投资比重比“十五”时期末下降5.8个百分点。[①]

3. 鼓励和引导民间投资健康发展。2010年3月24日，国务院召开常务会议，提出了“鼓励和引导民间投资健康发展”的四项政策措施。5月，国务院发布《关于鼓励和引导民间投资健康发展的若干意见》（国发［2010］13号）（俗称“民间投资36条”），要求进一步拓宽民间投资的领域和范围，市场准入标准和优惠扶持政策要公开透明，对各类投资主体同等对待，不得单对民间资本设置附加条件；鼓励和引导民间资本进入基础产业和基础设施领域、市政公用事业和政策性住房建设领域、社会事业领域、金融服务领域、商贸流通领域、国防科技工业领域；鼓励和引导民间资本重组联合和参与国有企业改革；推动民营企业加强自主创新和转型升级；鼓励和引导民营企业积极参与国际竞争；为民间投资创造良好环境；加强对民间投资的服务、指导和规范管理。国务院办公厅随后发布《关于鼓励和引导民间投资健康发展重点工作分工的通知》，进一步明确中央和地方政府部门在鼓励和引导民间投资健康发展方面的分工和任务。国家发展和改革委员会、商务部、财政部等20多个部门分别承担相关任务。为落实“民间投资36条”，北京、广东、浙江、江苏等省份正式发布了实施细则。

① 工业和信息化部运行监测协调局与中国社会科学院工业经济研究所发布：《2010年工业经济运行报告》，2011年2月24日。

第二节 2010年中国投资银行业务发展情况

一、主承销业务情况

2010年，我国证券市场首发、上市公司再融资（包括公开增发、融资性非公开发行、配股、可转换公司债）共计发行家数为489家，比2009年235家增加254家，增加幅度为108.09%；募集资金9 633.88亿元，比2009年同期3 823.88亿元增加5 810亿元，增加幅度为151.94%（见图2－4）①。

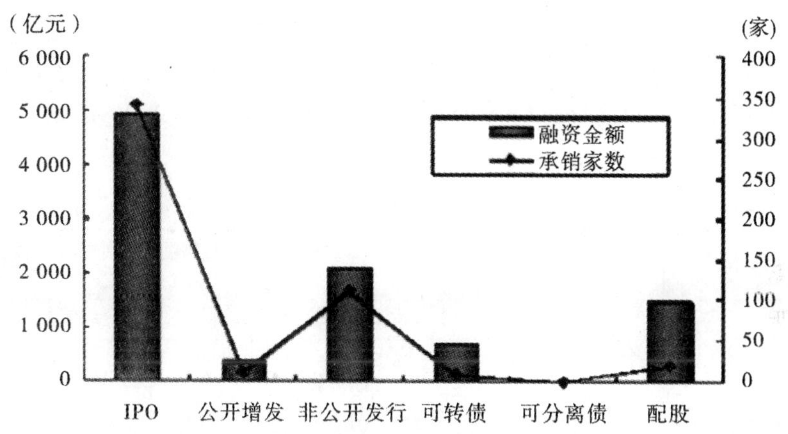

图2－4 2010年首发和上市公司再融资情况

2010年承销市场具体情况如下：

（一）首发

2010年共完成首发项目340家，募集资金4 957.66亿元，平均每家14.58亿元；与2009年相比，承销家数增加211家，募集资金增加2 768.71亿元。340家首发主承销项目中，在上海证券交易所发行上市的项目25家，募集资金

① 以招股说明书刊登日为准，含胜景山河和苏州恒久。

1 557.22 亿元，占市场 IPO 融资量的 31.41%，平均每家 62.29 亿元；在深圳中小企业板上市的项目共有 200 家，募集资金 2 025.53 亿元，占市场 IPO 融资量的 40.86%，平均每家 10.13 亿元；在深圳创业板上市的项目共有 115 家，募集资金 1 374.91 亿元，占市场 IPO 融资量的 27.73%，平均每家 11.96 亿元。

2010 年首发项目融资额最大的单位是农业银行，募集资金 685.29 亿元。2010 年募集资金排在前 5 名的其他 4 家单位是：光大银行（217 亿元）、华泰证券（156.91 亿元）、中国一重（114 亿元）和中国西电（103.25 亿元）。以上 5 家企业均在上海证券交易所发行上市。中小企业板融资金额最多的是海普瑞，募集资金 59.35 亿元；超过 30 亿元的公司有 6 家，其他 5 家分别为：科伦药业（50.02 亿元）、海康威视（34 亿元）、海格通信（32.30 亿元）、山西证券（31.18 亿元）、荣盛石化（30.13 亿元）。创业板融资金额超过 20 亿元的公司有 5 家：碧水源（25.53 亿元）、国民技术（23.8 亿元）、沃森生物（23.75 亿元）、奥克股份（22.95 亿元）和宋城股份（22.26 亿元）（见表 2-1）。

表 2-1　　2010 年新股发行情况表

序号	代码	名称	招股公告日	发行价格（元）	发行数量（万股）	募集资金（亿元）	主承销商
合计						4 957.66	
340	002541.SZ	鸿路钢构	2010 年 12 月 28 日	41	3 400	13.94	广发证券
339	002538.SZ	司尔特	2010 年 12 月 28 日	26	3 800	9.88	宏源证券
338	002539.SZ	新都化工	2010 年 12 月 28 日	33.88	4 200	14.2296	西南证券
337	601700.SH	风范股份	2010 年 12 月 28 日	35	5 490	19.215	申银万国
336	002540.SZ	亚太科技	2010 年 12 月 28 日	40	4 000	16	东兴证券
335	300164.SZ	通源石油	2010 年 12 月 24 日	51.1	1 700	8.687	平安证券
334	300163.SZ	先锋新材	2010 年 12 月 24 日	26	2 000	5.2	中投证券
333	300160.SZ	秀强股份	2010 年 12 月 24 日	35	2 340	8.19	华泰证券
332	300162.SZ	雷曼光电	2010 年 12 月 24 日	38	1 680	6.384	中航证券
331	300161.SZ	华中数控	2010 年 12 月 24 日	26	2 700	7.02	国泰君安
330	601558.SH	华锐风电	2010 年 12 月 24 日	90	10 510	94.59	安信证券 中德证券

续表 1

序号	代码	名称	招股公告日	发行价格（元）	发行数量（万股）	募集资金（亿元）	主承销商
329	002535. SZ	林州重机	2010 年 12 月 21 日	25	5 120	12. 8	华泰联合
328	002534. SZ	N 杭锅	2010 年 12 月 21 日	26	4 100	10. 66	国信证券
327	002536. SZ	西泵股份	2010 年 12 月 21 日	36	2 400	8. 64	华龙证券
326	002537. SZ	N 海立美	2010 年 12 月 21 日	40	2 500	10	安信证券
325	300157. SZ	恒泰艾普	2010 年 12 月 17 日	57	2 222	12. 6654	中信证券
324	300158. SZ	振东制药	2010 年 12 月 17 日	38. 8	3 600	13. 968	中信证券
323	300159. SZ	新研股份	2010 年 12 月 17 日	69. 98	1 060	7. 41788	民族证券
322	300155. SZ	安居宝	2010 年 12 月 17 日	49	1 800	8. 82	国信证券
321	300156. SZ	天立环保	2010 年 12 月 17 日	58	2 005	11. 629	西南证券
320	601118. SH	海南橡胶	2010 年 12 月 16 日	5. 99	78 600	47. 0814	中信证券
319	601126. SH	四方股份	2010 年 12 月 16 日	23	8 200	18. 86	广发证券
318	002530. SZ	丰东股份	2010 年 12 月 14 日	12	3 400	4. 08	万联证券
317	002531. SZ	天顺风能	2010 年 12 月 14 日	24. 9	5 200	12. 948	中信证券
316	002532. SZ	新界泵业	2010 年 12 月 14 日	32. 88	2 000	6. 576	平安证券
315	002533. SZ	金杯电工	2010 年 12 月 14 日	33. 8	3 500	11. 83	西部证券
314	300153. SZ	科泰电源	2010 年 12 月 10 日	40	2 000	8	海通证券
313	300154. SZ	瑞凌股份	2010 年 12 月 10 日	38. 5	2 800	10. 78	平安证券
312	300152. SZ	燃控科技	2010 年 12 月 10 日	39	2 800	10. 92	华泰联合
311	601890. SH	亚星锚链	2010 年 12 月 7 日	22. 5	9 000	20. 25	国信证券
310	002528. SZ	英飞拓	2010 年 12 月 7 日	53. 8	3 700	19. 906	平安证券
309	002527. SZ	新时达	2010 年 12 月 7 日	16	5 000	8	广发证券
308	002529. SZ	海源机械	2010 年 12 月 7 日	18	4 000	7. 2	兴业证券
307	300150. SZ	世纪瑞尔	2010 年 12 月 3 日	32. 99	3 500	11. 5465	瑞信方正
306	300149. SZ	量子高科	2010 年 12 月 3 日	28	1 700	4. 76	东海证券
305	300151. SZ	昌红科技	2010 年 12 月 3 日	34	1 700	5. 78	国信证券
304	002524. SZ	光正钢构	2010 年 11 月 30 日	15. 18	2 260	3. 43068	民族证券
303	002525. SZ	胜景山河	2010 年 11 月 30 日	34. 2	1 700	5. 814	平安证券
302	002526. SZ	山东矿机	2010 年 11 月 30 日	20	6 700	13. 4	中投证券
301	300146. SZ	汤臣倍健	2010 年 11 月 26 日	110	1 368	15. 048	广发证券
300	300147. SZ	香雪制药	2010 年 11 月 26 日	33. 99	3 100	10. 5369	中信建投
299	300148. SZ	天舟文化	2010 年 11 月 26 日	21. 88	1 900	4. 1572	海通证券

续表 2

序号	代码	名称	招股公告日	发行价格（元）	发行数量（万股）	募集资金（亿元）	主承销商
298	601933. SH	永辉超市	2010 年 11 月 25 日	23.98	11 000	26.378	中信证券
297	002523. SZ	天桥起重	2010 年 11 月 23 日	19.5	4 000	7.8	海通证券
296	002520. SZ	日发数码	2010 年 11 月 23 日	35	1 600	5.6	华泰联合
295	002522. SZ	浙江众成	2010 年 11 月 23 日	30	2 667	8.001	广发证券
294	002521. SZ	齐峰股份	2010 年 11 月 23 日	41.5	3 700	15.355	光大证券
293	300143. SZ	星河生物	2010 年 11 月 19 日	36	1 700	6.12	民生证券
292	300145. SZ	南方泵业	2010 年 11 月 19 日	37.8	2 000	7.56	光大证券
291	300144. SZ	宋城股份	2010 年 11 月 19 日	53	4 200	22.26	银河证券
290	002518. SZ	科士达	2010 年 11 月 16 日	32.5	2 900	9.425	国信证券
289	002519. SZ	银河电子	2010 年 11 月 16 日	36.8	1 760	6.4768	平安证券
288	002517. SZ	泰亚股份	2010 年 11 月 16 日	20	2 210	4.42	华泰联合
287	002516. SZ	江苏旷达	2010 年 11 月 16 日	20.1	5 000	10.05	光大证券
286	002514. SZ	宝馨科技	2010 年 11 月 12 日	23	1 700	3.91	华泰联合
285	002512. SZ	达华智能	2010 年 11 月 12 日	26	3 000	7.8	民生证券
284	601880. SH	大连港	2010 年 11 月 12 日	3.8	150 000	57	中信证券
283	002515. SZ	金字火腿	2010 年 11 月 12 日	34	1 850	6.29	国信证券
282	002513. SZ	蓝丰生化	2010 年 11 月 12 日	43.2	1 900	8.208	东吴证券
281	002511. SZ	中顺洁柔	2010 年 11 月 5 日	38	4 000	15.2	安信证券
280	002510. SZ	天汽模	2010 年 11 月 5 日	17.5	5 200	9.1	中投证券
279	601777. SH	力帆股份	2010 年 11 月 5 日	14.5	20 000	29	国泰君安
278	002509. SZ	天广消防	2010 年 11 月 2 日	20.19	2 500	5.0475	广发证券
277	002508. SZ	老板电器	2010 年 11 月 2 日	24	4 000	9.6	国信证券
276	002507. SZ	涪陵榨菜	2010 年 11 月 2 日	13.99	4 000	5.596	招商证券
275	002505. SZ	大康牧业	2010 年 10 月 29 日	24	2 600	6.24	中德证券
274	002504. SZ	东光微电	2010 年 10 月 29 日	16	2 700	4.32	东海证券
273	002506. SZ	超日太阳	2010 年 10 月 29 日	36	6 600	23.76	中信建投
272	002502. SZ	骅威股份	2010 年 10 月 26 日	29	2 200	6.38	东海证券
271	002501. SZ	利源铝业	2010 年 10 月 26 日	35	2 360	8.26	平安证券
270	002503. SZ	搜于特	2010 年 10 月 26 日	75	2 000	15	华泰联合
269	300142. SZ	沃森生物	2010 年 10 月 22 日	95	2 500	23.75	平安证券
268	300141. SZ	和顺电气	2010 年 10 月 22 日	31.68	1 400	4.4352	中信建投

续表 3

序号	代码	名称	招股公告日	发行价格（元）	发行数量（万股）	募集资金（亿元）	主承销商
267	300140. SZ	启源装备	2010 年 10 月 22 日	39. 98	1 550	6. 1969	西部证券
266	300139. SZ	福星晓程	2010 年 10 月 22 日	62. 5	1 370	8. 5625	中德证券
265	002500. SZ	山西证券	2010 年 10 月 22 日	7. 8	39 980	31. 1844	中信证券 中德证券
264	002496. SZ	辉丰股份	2010 年 10 月 19 日	48. 69	2 500	12. 1725	平安证券
263	002498. SZ	汉缆股份	2010 年 10 月 19 日	36	5 000	18	华泰联合
262	002497. SZ	雅化集团	2010 年 10 月 19 日	30. 5	4 000	12. 2	申银万国
261	002499. SZ	科林环保	2010 年 10 月 19 日	25	1 900	4. 75	中原证券
260	300138. SZ	晨光生物	2010 年 10 月 15 日	30	2 300	6. 9	平安证券
259	300136. SZ	信维通信	2010 年 10 月 15 日	31. 75	1 667	5. 292725	长江证券
258	300137. SZ	先河环保	2010 年 10 月 15 日	22	3 000	6. 6	兴业证券
257	600998. SH	九州通	2010 年 10 月 15 日	13	15 000	19. 5	国信证券
256	002494. SZ	华斯股份	2010 年 10 月 12 日	22	2 850	6. 27	华泰联合
255	002492. SZ	恒基达鑫	2010 年 10 月 12 日	16	3 000	4. 8	国盛证券
254	002495. SZ	佳隆股份	2010 年 10 月 12 日	32	2 600	8. 32	国信证券
253	002493. SZ	荣盛石化	2010 年 10 月 12 日	53. 8	5 600	30. 128	国信证券
252	601098. SH	中南传媒	2010 年 10 月 11 日	10. 66	39 800	42. 4268	中银国际
251	300133. SZ	华策影视	2010 年 9 月 27 日	68	1 412	9. 6016	安信证券
250	300132. SZ	青松股份	2010 年 9 月 27 日	23	1 700	3. 91	国金证券
249	300134. SZ	大富科技	2010 年 9 月 27 日	49. 5	4 000	19. 8	西南证券
248	300135. SZ	宝利沥青	2010 年 9 月 27 日	36. 46	2 000	7. 292	广发证券
247	002491. SZ	通鼎光电	2010 年 9 月 21 日	14. 5	6 700	9. 715	华泰证券
246	002490. SZ	山东墨龙	2010 年 9 月 21 日	18	7 000	12. 6	招商证券
245	002489. SZ	浙江永强	2010 年 9 月 21 日	38	6 000	22. 8	招商证券
244	002488. SZ	金固股份	2010 年 9 月 21 日	22	3 000	6. 6	海通证券
243	300131. SZ	英唐智控	2010 年 9 月 17 日	36	1 190	4. 284	华泰联合
242	300130. SZ	新国都	2010 年 9 月 17 日	43. 33	1 600	6. 9328	中信证券
241	300129. SZ	泰胜风能	2010 年 9 月 17 日	31	3 000	9. 3	安信证券
240	002487. SZ	大金重工	2010 年 9 月 14 日	38. 6	3 000	11. 58	平安证券
239	002485. SZ	希努尔	2010 年 9 月 14 日	26. 6	5 000	13. 3	光大证券
238	002486. SZ	嘉麟杰	2010 年 9 月 14 日	10. 9	5 200	5. 668	财富里昂
237	601377. SH	兴业证券	2010 年 9 月 14 日	10	26 300	26. 3	瑞银证券

续表4

序号	代码	名称	招股公告日	发行价格（元）	发行数量（万股）	募集资金（亿元）	主承销商
236	601177. SH	杭齿前进	2010年9月10日	8.29	10 100	8.3729	信达证券
235	300128. SZ	锦富新材	2010年9月10日	35	2 500	8.75	兴业证券
234	300125. SZ	易世达	2010年9月10日	55	1 500	8.25	齐鲁证券
233	300126. SZ	锐奇股份	2010年9月10日	34	2 105	7.157	平安证券
232	300127. SZ	银河磁体	2010年9月10日	18	4 100	7.38	国金证券
231	002483. SZ	润邦股份	2010年9月7日	29	5 000	14.5	西南证券
230	002484. SZ	江海股份	2010年9月7日	20.5	4 000	8.2	信达证券
229	002482. SZ	广田股份	2010年9月7日	51.98	4 000	20.792	财富里昂
228	300123. SZ	太阳鸟	2010年9月3日	28.88	2 200	6.3536	华泰联合
227	300124. SZ	汇川技术	2010年9月3日	71.88	2 700	19.4076	中投证券
226	601018. SH	宁波港	2010年9月3日	3.7	200 000	74	中银国际
225	300122. SZ	智飞生物	2010年9月3日	37.98	4 000	15.192	宏源证券
224	002478. SZ	常宝股份	2010年8月31日	16.78	6 950	11.6621	中投证券
223	002481. SZ	双塔食品	2010年8月31日	39.8	1 500	5.97	国都证券
222	002480. SZ	新筑股份	2010年8月31日	38	3 500	13.3	广发证券
221	002479. SZ	富春环保	2010年8月31日	25.8	5 400	13.932	太平洋证券
220	300121. SZ	阳谷华泰	2010年8月27日	20.8	1 500	3.12	信达证券
219	300119. SZ	瑞普生物	2010年8月27日	60	1 860	11.16	东莞证券
218	300120. SZ	经纬电材	2010年8月27日	21	2 200	4.62	太平洋证券
217	002475. SZ	立讯精密	2010年8月24日	28.8	4 380	12.6144	中信证券
216	002477. SZ	雏鹰农牧	2010年8月24日	35	3 350	11.725	东吴证券
215	002476. SZ	宝莫股份	2010年8月24日	23	3 000	6.9	中投证券
214	002474. SZ	榕基软件	2010年8月24日	37	2 600	9.62	国金证券
213	002473. SZ	圣莱达	2010年8月20日	16	2 000	3.2	平安证券
212	002472. SZ	双环传动	2010年8月20日	28	3 000	8.4	中投证券
211	002471. SZ	中超电缆	2010年8月20日	14.8	4 000	5.92	东北证券
210	002470. SZ	金正大	2010年8月17日	15	10 000	15	平安证券
209	002468. SZ	艾迪西	2010年8月17日	12.5	4 000	5	中投证券
208	002469. SZ	三维工程	2010年8月17日	33.93	1 660	5.63238	华泰联合
207	002467. SZ	二六三	2010年8月17日	26	3 000	7.8	国信证券
206	300116. SZ	坚瑞消防	2010年8月13日	19.98	2 000	3.996	国信证券

续表 5

序号	代码	名称	招股公告日	发行价格（元）	发行数量（万股）	募集资金（亿元）	主承销商
205	300118. SZ	东方日升	2010 年 8 月 13 日	42	4 500	18. 9	安信证券
204	300115. SZ	长盈精密	2010 年 8 月 13 日	43	2 150	9. 245	国信证券
203	300117. SZ	嘉寓股份	2010 年 8 月 13 日	26	2 800	7. 28	平安证券
202	002465. SZ	海格通信	2010 年 8 月 10 日	38	8 500	32. 3	银河证券
201	002464. SZ	金利科技	2010 年 8 月 10 日	15. 5	3 500	5. 425	华泰联合
200	002466. SZ	天齐锂业	2010 年 8 月 10 日	30	2 450	7. 35	国金证券
199	300112. SZ	万讯自控	2010 年 8 月 6 日	17. 43	1 800	3. 1374	招商证券
198	300113. SZ	顺网科技	2010 年 8 月 6 日	42. 98	1 500	6. 447	瑞信方正
197	300114. SZ	中航电测	2010 年 8 月 6 日	25	2 000	5	中信建投
196	300111. SZ	向日葵	2010 年 8 月 6 日	16. 8	5 100	8. 568	光大证券
195	300108. SZ	双龙股份	2010 年 8 月 3 日	20. 48	1 300	2. 6624	国元证券
194	300110. SZ	华仁药业	2010 年 8 月 3 日	13. 99	5 360	7. 49864	广发证券
193	300109. SZ	新开源	2010 年 8 月 3 日	30	900	2. 7	民生证券
192	300106. SZ	西部牧业	2010 年 8 月 30 日	11. 9	3 000	3. 57	国信证券
191	300107. SZ	建新股份	2010 年 8 月 30 日	38	1 690	6. 422	广发证券
190	300105. SZ	龙源技术	2010 年 8 月 30 日	53	2 200	11. 66	中银国际
189	601818. SH	光大银行	2010 年 8 月 30 日	3. 1	700 000	217	中金公司 中投证券 申银万国
188	002462. SZ	嘉事堂	2010 年 7 月 27 日	12	4 000	4. 8	华泰联合
187	002463. SZ	沪电股份	2010 年 7 月 27 日	16	8 000	12. 8	东莞证券
186	002461. SZ	珠江啤酒	2010 年 7 月 27 日	5. 8	7 000	4. 06	广州证券
185	601718. SH	际华集团	2010 年 7 月 23 日	3. 5	115 700	40. 495	瑞银证券
184	300104. SZ	乐视网	2010 年 7 月 23 日	29. 2	2 500	7. 3	平安证券
183	300103. SZ	达刚路机	2010 年 7 月 23 日	29. 1	1 635	4. 75785	浙商证券
182	300102. SZ	乾照光电	2010 年 7 月 23 日	45	2 950	13. 275	中信建投
181	002458. SZ	益生股份	2010 年 7 月 20 日	24	2 700	6. 48	安信证券
180	002460. SZ	赣锋锂业	2010 年 7 月 20 日	20. 7	2 500	5. 175	兴业证券
179	002459. SZ	天业通联	2010 年 7 月 20 日	22. 46	4 300	9. 6578	海通证券
178	300101. SZ	国腾电子	2010 年 7 月 16 日	32	1 750	5. 6	中信建投
177	300099. SZ	尤洛卡	2010 年 7 月 16 日	48. 65	1 034	5. 03041	国海证券
176	300100. SZ	双林股份	2010 年 7 月 16 日	20. 91	2 350	4. 91385	西南证券

续表 6

序号	代码	名称	招股公告日	发行价格（元）	发行数量（万股）	募集资金（亿元）	主承销商
175	002455. SZ	百川股份	2010 年 7 月 13 日	20	2 200	4. 4	广发证券
174	002457. SZ	青龙管业	2010 年 7 月 13 日	25	3 500	8. 75	广发证券
173	002456. SZ	欧菲光	2010 年 7 月 13 日	30	2 400	7. 2	中银国际
172	601717. SH	郑煤机	2010 年 7 月 9 日	20	14 000	28	中信证券
171	300098. SZ	高新兴	2010 年 7 月 8 日	36	1 710	6. 156	兴业证券
170	300096. SZ	易联众	2010 年 7 月 8 日	19. 8	2 200	4. 356	招商证券
169	300097. SZ	智云股份	2010 年 7 月 8 日	19. 38	1 500	2. 907	平安证券
168	300095. SZ	华伍股份	2010 年 7 月 8 日	22. 56	1 950	4. 3992	华林证券
167	002454. SZ	松芝股份	2010 年 6 月 29 日	18. 2	6 000	10. 92	国元证券
166	002451. SZ	摩恩电气	2010 年 6 月 29 日	10	3 660	3. 66	南京证券
165	002452. SZ	长高集团	2010 年 6 月 29 日	25. 88	2 500	6. 47	华泰联合
164	002453. SZ	天马精化	2010 年 6 月 29 日	14. 96	3 000	4. 488	平安证券
163	002450. SZ	康得新	2010 年 6 月 25 日	14. 2	4 040	5. 7368	申银万国
162	002448. SZ	中原内配	2010 年 6 月 25 日	21. 8	2 350	5. 123	国信证券
161	002449. SZ	国星光电	2010 年 6 月 25 日	28	5 500	15. 4	广发证券
160	002414. SZ	高德红外	2010 年 6 月 25 日	26	7 500	19. 5	华泰联合
159	002447. SZ	壹桥苗业	2010 年 6 月 22 日	28. 98	1 700	4. 9266	平安证券
158	002444. SZ	巨星科技	2010 年 6 月 22 日	29	6 350	18. 415	第一创业
157	002446. SZ	盛路通信	2010 年 6 月 22 日	17. 82	2 600	4. 6332	西部证券
156	002445. SZ	中南重工	2010 年 6 月 22 日	18. 8	3 100	5. 828	国信证券
155	300093. SZ	金刚玻璃	2010 年 6 月 18 日	16. 2	3 000	4. 86	中国民族
154	300092. SZ	科新机电	2010 年 6 月 18 日	16	2 300	3. 68	东北证券
153	300094. SZ	国联水产	2010 年 6 月 18 日	14. 38	8 000	11. 504	平安证券
152	601288. SH	农业银行	2010 年 6 月 17 日	2. 68	2 557 058. 8	685. 2917584	中金公司 中信证券 银河证券 国泰君安
151	002440. SZ	闰土股份	2010 年 6 月 10 日	31. 2	7 382	23. 03184	海通证券
150	002443. SZ	金洲管道	2010 年 6 月 10 日	22	3 350	7. 37	安信证券
149	002441. SZ	众业达	2010 年 6 月 10 日	39. 9	2 900	11. 571	中信证券
148	002442. SZ	龙星化工	2010 年 6 月 10 日	12. 5	5 000	6. 25	国信证券
147	300091. SZ	金通灵	2010 年 6 月 3 日	28. 2	2 100	5. 922	平安证券

续表 7

序号	代码	名称	招股公告日	发行价格（元）	发行数量（万股）	募集资金（亿元）	主承销商
146	300089. SZ	长城集团	2010 年 6 月 3 日	20. 5	2 500	5. 125	广发证券
145	300090. SZ	盛运股份	2010 年 6 月 3 日	17	3 200	5. 44	太平洋证券
144	601000. SH	唐山港	2010 年 6 月 3 日	8. 2	20 000	16. 4	申银万国
143	002438. SZ	江苏神通	2010 年 5 月 28 日	22	2 600	5. 72	华泰证券
142	002439. SZ	启明星辰	2010 年 5 月 28 日	25	2 500	6. 25	中德证券
141	002437. SZ	誉衡药业	2010 年 5 月 28 日	50	3 500	17. 5	国信证券
140	002396. SZ	星网锐捷	2010 年 5 月 28 日	23. 2	4 400	10. 208	广发证券
139	002435. SZ	长江润发	2010 年 5 月 25 日	15. 5	3 300	5. 115	国海证券
138	002434. SZ	万里扬	2010 年 5 月 25 日	30	4 250	12. 75	国信证券
137	002433. SZ	太安堂	2010 年 5 月 25 日	29. 82	2 500	7. 455	广发证券
136	002436. SZ	兴森科技	2010 年 5 月 25 日	36. 5	2 793	10. 19445	华泰联合
135	002429. SZ	兆驰股份	2010 年 5 月 21 日	30	5 600	16. 8	国信证券
134	002431. SZ	棕榈园林	2010 年 5 月 21 日	45	3 000	13. 5	国金证券
133	002432. SZ	九安医疗	2010 年 5 月 21 日	19. 38	3 100	6. 0078	新时代证券
132	002430. SZ	杭氧股份	2010 年 5 月 21 日	18	7 100	12. 78	华融证券
131	002425. SZ	凯撒股份	2010 年 5 月 18 日	22	2 700	5. 94	海通证券
130	002428. SZ	云南锗业	2010 年 5 月 18 日	30	3 200	9. 6	招商证券
129	002427. SZ	尤大股份	2010 年 5 月 18 日	13. 5	4 600	6. 21	国信证券
128	002426. SZ	胜利精密	2010 年 5 月 18 日	13. 99	4 010	5. 60999	东吴证券
127	002423. SZ	中原特钢	2010 年 5 月 14 日	9	7 900	7. 11	海通证券
126	002422. SZ	科伦药业	2010 年 5 月 14 日	83. 36	6 000	50. 016	国金证券
125	002424. SZ	贵州百灵	2010 年 5 月 14 日	40	3 700	14. 8	宏源证券
124	002421. SZ	达实智能	2010 年 5 月 14 日	20. 5	2 000	4. 1	中投证券
123	002419. SZ	天虹商场	2010 年 5 月 11 日	40	5 010	20. 04	招商证券
122	002418. SZ	康盛股份	2010 年 5 月 11 日	19. 98	3 600	7. 1928	国金证券
121	002420. SZ	毅昌股份	2010 年 5 月 11 日	13. 8	6 300	8. 694	国金证券
120	002417. SZ	三元达	2010 年 5 月 11 日	20	3 000	6	太平洋证券
119	002415. SZ	海康威视	2010 年 5 月 7 日	68	5 000	34	招商证券
118	002416. SZ	爱施德	2010 年 5 月 7 日	45	5 000	22. 5	平安证券
117	002413. SZ	常发股份	2010 年 5 月 7 日	18	3 700	6. 66	江南证券
116	300087. SZ	荃银高科	2010 年 5 月 5 日	35. 6	1 320	4. 6992	国元证券

续表 8

序号	代码	名称	招股公告日	发行价格（元）	发行数量（万股）	募集资金（亿元）	主承销商
115	300085. SZ	银之杰	2010 年 5 月 5 日	28	1 500	4. 2	第一创业
114	300088. SZ	长信科技	2010 年 5 月 5 日	24	3 150	7. 56	平安证券
113	300086. SZ	康芝药业	2010 年 5 月 5 日	60	2 500	15	海通证券
112	002410. SZ	广联达	2010 年 4 月 30 日	58	2 500	14. 5	华泰证券
111	002412. SZ	汉森制药	2010 年 4 月 30 日	35. 8	1 900	6. 802	宏源证券
110	002409. SZ	雅克科技	2010 年 4 月 30 日	30	2 800	8. 4	华泰证券
109	002411. SZ	九九久	2010 年 4 月 30 日	25. 8	2 180	5. 6244	广发证券
108	300082. SZ	奥克股份	2010 年 4 月 27 日	85	2 700	22. 95	中信建投
107	300084. SZ	海默科技	2010 年 4 月 27 日	33	1 600	5. 28	光大证券
106	300080. SZ	新大新材	2010 年 4 月 27 日	43. 4	3 500	15. 19	华林证券
105	300081. SZ	恒信移动	2010 年 4 月 27 日	38. 78	1 700	6. 5926	平安证券
104	300083. SZ	劲胜股份	2010 年 4 月 27 日	36	2 500	9	平安证券
103	002406. SZ	远东传动	2010 年 4 月 23 日	26. 6	4 700	12. 502	中原证券
102	002408. SZ	齐翔腾达	2010 年 4 月 23 日	28. 88	6 500	18. 772	华泰联合
101	002407. SZ	多氟多	2010 年 4 月 23 日	39. 39	2 700	10. 6353	平安证券
100	002405. SZ	四维图新	2010 年 4 月 23 日	25. 6	5 600	14. 336	中信建投
99	002402. SZ	和而泰	2010 年 4 月 20 日	35	1 670	5. 845	国信证券
98	002403. SZ	爱仕达	2010 年 4 月 20 日	18. 8	6 000	11. 28	宏源证券
97	002404. SZ	嘉欣丝绸	2010 年 4 月 20 日	22	3 350	7. 37	光大证券
96	002399. SZ	海普瑞	2010 年 4 月 16 日	148	4 010	59. 348	中投证券
95	002398. SZ	建研集团	2010 年 4 月 16 日	28	3 000	8. 4	广发证券
94	002401. SZ	交技发展	2010 年 4 月 16 日	26. 4	1 330	3. 5112	日信证券
93	002400. SZ	省广股份	2010 年 4 月 16 日	39. 8	2 060	8. 1988	德邦证券
92	300079. SZ	数码视讯	2010 年 4 月 13 日	59. 9	2 800	16. 772	国信证券
91	300078. SZ	中瑞思创	2010 年 4 月 13 日	58	1 700	9. 86	国信证券
90	300076. SZ	宁波 GQY	2010 年 4 月 13 日	65	1 364	8. 866	平安证券
89	300077. SZ	国民技术	2010 年 4 月 13 日	87. 5	2 720	23. 8	安信证券
88	002395. SZ	双象股份	2010 年 4 月 9 日	25	2 250	5. 625	华泰联合
87	002397. SZ	梦洁家纺	2010 年 4 月 9 日	51	1 600	8. 16	国信证券
86	300075. SZ	数字政通	2010 年 4 月 6 日	54	1 400	7. 56	招商证券
85	300074. SZ	华平股份	2010 年 4 月 6 日	72	1 000	7. 2	招商证券

续表 9

序号	代码	名称	招股公告日	发行价格（元）	发行数量（万股）	募集资金（亿元）	主承销商
84	300073. SZ	当升科技	2010 年 4 月 6 日	36	2 000	7. 2	平安证券
83	300072. SZ	三聚环保	2010 年 4 月 6 日	32	2 500	8	宏源证券
82	601369. SH	陕鼓动力	2010 年 4 月 2 日	15. 5	10 925. 1349	16. 9339591	中金公司
81	002393. SZ	力生制药	2010 年 4 月 2 日	45	4 600	20. 7	渤海证券
80	002394. SZ	联发股份	2010 年 4 月 2 日	45	2 700	12. 15	第一创业
79	002392. SZ	北京利尔	2010 年 4 月 2 日	42	3 375	14. 175	民生证券
78	300071. SZ	华谊嘉信	2010 年 3 月 30 日	25	1 300	3. 25	西南证券
77	300069. SZ	金利华电	2010 年 3 月 30 日	23. 9	1 500	3. 585	新时代证券
76	300068. SZ	南都电源	2010 年 3 月 30 日	33	6 200	20. 46	安信证券
75	300067. SZ	安诺其	2010 年 3 月 30 日	21. 2	2 700	5. 724	平安证券
74	300070. SZ	碧水源	2010 年 3 月 30 日	69	3 700	25. 53	第一创业
73	002390. SZ	信邦制药	2010 年 3 月 26 日	33	2 170	7. 161	民生证券
72	002391. SZ	长青股份	2010 年 3 月 26 日	51	2 500	12. 75	光大证券
71	002387. SZ	黑牛食品	2010 年 3 月 23 日	27	3 350	9. 045	国金证券
70	002389. SZ	南洋科技	2010 年 3 月 23 日	30	1 700	5. 1	华林证券
69	002388. SZ	新亚制程	2010 年 3 月 23 日	15	2 800	4. 2	招商证券
68	002385. SZ	大北农	2010 年 3 月 19 日	35	6 080	21. 28	平安证券
67	002384. SZ	东山精密	2010 年 3 月 19 日	26	4 000	10. 4	平安证券
66	002386. SZ	天原集团	2010 年 3 月 19 日	15. 36	10 000	15. 36	宏源证券
65	002382. SZ	蓝帆股份	2010 年 3 月 16 日	35	2 000	7	国元证券
64	002383. SZ	合众思壮	2010 年 3 月 16 日	37	3 000	11. 1	招商证券
63	002381. SZ	双箭股份	2010 年 3 月 16 日	32	2 000	6. 4	华泰联合
62	601101. SH	昊华能源	2010 年 3 月 12 日	29. 8	11 000	32. 78	中信证券
61	002380. SZ	科远股份	2010 年 3 月 11 日	39	1 700	6. 63	广发证券
60	002378. SZ	章源钨业	2010 年 3 月 11 日	13	4 300	5. 59	平安证券
59	002379. SZ	鲁丰股份	2010 年 3 月 11 日	33	1 950	6. 435	国信证券
58	300066. SZ	三川股份	2010 年 3 月 9 日	49	1 300	6. 37	国信证券
57	300064. SZ	豫金刚石	2010 年 3 月 9 日	21. 32	3 800	8. 1016	招商证券
56	300065. SZ	海兰信	2010 年 3 月 9 日	32. 8	1 385	4. 5428	海通证券
55	300063. SZ	天龙集团	2010 年 3 月 9 日	28. 8	1 700	4. 896	东莞证券
54	601158. SH	重庆水务	2010 年 3 月 5 日	6. 98	50 000	34. 9	中国银河

续表 10

序号	代码	名称	招股公告日	发行价格（元）	发行数量（万股）	募集资金（亿元）	主承销商
53	002377. SZ	国创高新	2010 年 3 月 4 日	19. 8	2 700	5. 346	新时代证券
52	002376. SZ	新北洋	2010 年 3 月 4 日	22. 58	3 800	8. 5804	平安证券
51	002375. SZ	亚厦股份	2010 年 3 月 4 日	31. 86	5 300	16. 8858	财富里昂
50	300061. SZ	康耐特	2010 年 3 月 1 日	18	1 500	2. 7	海际大和
49	300060. SZ	苏州恒久	2010 年 3 月 1 日	20. 8	2 000	4. 16	广发证券
48	300059. SZ	东方财富	2010 年 3 月 1 日	40. 58	3 500	14. 203	中金公司
47	300062. SZ	中能电气	2010 年 3 月 1 日	24. 18	2 000	4. 836	红塔证券
46	002374. SZ	丽鹏股份	2010 年 2 月 26 日	23. 8	1 350	3. 213	宏源证券
45	002372. SZ	伟星新材	2010 年 2 月 26 日	17. 97	6 340	11. 39298	东北证券
44	002373. SZ	联信永益	2010 年 2 月 26 日	28	1 750	4. 9	华龙证券
43	002369. SZ	卓翼科技	2010 年 2 月 23 日	22. 58	2 500	5. 645	申银万国
42	002370. SZ	亚太药业	2010 年 2 月 23 日	16	3 000	4. 8	东方证券
41	002371. SZ	七星电子	2010 年 2 月 23 日	33	1 656	5. 4648	中信建投
40	002366. SZ	丹甫股份	2010 年 2 月 10 日	15	3 350	5. 025	西南证券
39	002367. SZ	康力电梯	2010 年 2 月 10 日	27. 1	3 350	9. 0785	东吴证券
38	002368. SZ	太极股份	2010 年 2 月 10 日	29	2 500	7. 25	招商证券
37	002365. SZ	永安药业	2010 年 2 月 5 日	31	2 350	7. 285	国信证券
36	002364. SZ	中恒电气	2010 年 2 月 5 日	22. 35	1 680	3. 7548	华泰联合
35	002363. SZ	隆基机械	2010 年 2 月 5 日	18	3 000	5. 4	民生证券
34	002362. SZ	汉王科技	2010 年 2 月 2 日	41. 9	2 700	11. 313	中德证券
33	002360. SZ	同德化工	2010 年 2 月 2 日	23. 98	1 500	3. 597	中德证券
32	002361. SZ	神剑股份	2010 年 2 月 2 日	17	2 000	3. 4	平安证券
31	601688. SH	华泰证券	2010 年 2 月 2 日	20	78 456. 1275	156. 912255	海通证券
30	601678. SH	滨化股份	2010 年 1 月 29 日	19	11 000	20. 9	国信证券
29	300058. SZ	蓝色光标	2010 年 1 月 28 日	33. 86	2 000	6. 772	华泰联合
28	300055. SZ	万邦达	2010 年 1 月 28 日	65. 69	2 200	14. 4518	华泰联合
27	300057. SZ	万顺股份	2010 年 1 月 28 日	18. 38	5 300	9. 7414	渤海证券
26	300056. SZ	三维丝	2010 年 1 月 28 日	21. 59	1 300	2. 8067	华泰联合
25	300054. SZ	鼎龙股份	2010 年 1 月 25 日	30. 55	1 500	4. 5825	国泰君安
24	300053. SZ	欧比特	2010 年 1 月 25 日	17	2 500	4. 25	西南证券
23	300051. SZ	三五互联	2010 年 1 月 25 日	34	1 350	4. 59	招商证券

续表 11

序号	代码	名称	招股公告日	发行价格（元）	发行数量（万股）	募集资金（亿元）	主承销商
22	300052. SZ	中青宝	2010 年 1 月 25 日	30	2 500	7. 5	长江证券
21	601106. SH	中国一重	2010 年 1 月 22 日	5. 7	200 000	114	中银国际
20	002358. SZ	森源电气	2010 年 1 月 22 日	26	2 200	5. 72	华泰证券
19	002357. SZ	富临运业	2010 年 1 月 22 日	14. 97	2 100	3. 1437	东北证券
18	002359. SZ	齐星铁塔	2010 年 1 月 22 日	16. 98	2 750	4. 6695	东海证券
17	002356. SZ	浩宁达	2010 年 1 月 19 日	36. 5	2 000	7. 3	招商证券
16	002354. SZ	科冕木业	2010 年 1 月 19 日	12. 33	2 350	2. 89755	民生证券
15	002355. SZ	兴民钢圈	2010 年 1 月 19 日	14. 5	5 260	7. 627	国信证券
14	002351. SZ	漫步者	2010 年 1 月 15 日	33. 5	3 700	12. 395	招商证券
13	002352. SZ	鼎泰新材	2010 年 1 月 15 日	32	1 950	6. 24	国元证券
12	601268. SH	二重重装	2010 年 1 月 15 日	8. 5	30 000	25. 5	宏源证券
11	002353. SZ	杰瑞股份	2010 年 1 月 15 日	59. 5	2 900	17. 255	广发证券
10	002348. SZ	高乐股份	2010 年 1 月 12 日	21. 98	3 800	8. 3524	平安证券
9	002349. SZ	精华制药	2010 年 1 月 12 日	19. 8	2 000	3. 96	华泰证券
8	002350. SZ	北京科锐	2010 年 1 月 12 日	24	2 700	6. 48	平安证券
7	002347. SZ	泰尔重工	2010 年 1 月 8 日	22. 5	2 600	5. 85	华泰证券
6	002346. SZ	柘中建设	2010 年 1 月 8 日	19. 9	3 500	6. 965	东方证券
5	601179. SH	中国西电	2010 年 1 月 8 日	7. 9	130 700	103. 253	中金公司
4	002345. SZ	潮宏基	2010 年 1 月 8 日	33	3 000	9. 9	广发证券
3	002344. SZ	海宁皮城	2010 年 1 月 5 日	20	7 000	14	中信证券
2	002343. SZ	禾欣股份	2010 年 1 月 5 日	31	2 500	7. 75	平安证券
1	002342. SZ	巨力索具	2010 年 1 月 5 日	24	5 000	12	国信证券

（二）公开增发

2010 年共完成公开发行增发项目 10 家，募集资金 377. 15 亿元，平均每家募集资金 37. 71 亿元；与 2009 年相比，发行家数减少 4 家，募集资金增加 115. 45 亿元。2010 年公开发行增发最大的项目为大秦铁路，募集资金 165 亿元（见表 2 – 2）。

表 2－2　　2010 年增发情况表

序号	代码	股票简称	主承销商	增发公告日	发行价格（元）	发行数量（万股）	募集资金（亿元）
合计							377.15
10	600795.SH	国电电力	瑞银证券 中金公司 招商证券	2010 年 12 月 15 日	3.19	300 000	95.70
9	002156.SZ	通富微电	招商证券	2010 年 11 月 12 日	16.93	5 906.67	10.00
8	601006.SH	大秦铁路	中金公司 光大证券 安信证券	2010 年 10 月 20 日	8.73	189 003.4364	165.00
7	600642.SH	申能股份	国泰君安 东方证券	2010 年 10 月 15 日	8.39	26 288.4386	22.06
6	002117.SZ	东港股份	东方证券	2010 年 9 月 8 日	25.69	1 412.4172	3.63
5	600089.SH	特变电工	国信证券 华融证券 东方证券	2010 年 8 月 9 日	16.08	22 998	36.98
4	600580.SH	卧龙电气	海通证券	2010 年 5 月 14 日	17.74	5 467.0000	9.70
3	002248.SZ	华东数控	海通证券	2010 年 4 月 19 日	40.01	874.7800	3.50
2	000559.SZ	万向钱潮	申银万国	2010 年 4 月 7 日	9.29	20 000.0000	18.58
1	600227.SH	赤天化	浙商证券	2010 年 2 月 26 日	11.31	10 610.0795	12.00

（三）非公开发行

2010 年共完成非公开发行项目 111 家，共计募集资金 2 094.15 亿元，平均每家融资 18.87 亿元；与 2009 年相比，发行家数增加 36 家，募集资金增加 903.48 亿元。融资量最大的前 5 家项目是：浦发银行（394.59 亿元）、上海汽车（100 亿元）、南方航空（100 亿元）、京东方 A（90.45 亿元）和华能国际（83.55 亿元）（见表 2－3）。

表 2－3　　2010 年定向增发情况表

序号	代码	名称	发行价格（元）	发行数量（万股）	募集资金（亿元）	主承销商
	合计				2 094.15	
111	002118.SZ	紫鑫药业	20.05	4 987.5311	10.00	东北证券

续表 1

序号	代码	名称	发行价格（元）	发行数量（万股）	募集资金（亿元）	主承销商
110	600578. SH	京能热电	9. 92	8 266. 129	8. 20	国泰君安
109	600750. SH	江中药业	36	1 527. 32	5. 50	海通证券
108	600169. SH	太原重工	18. 1	9 314. 912	16. 86	中德证券
107	600711. SH	ST 雄震	10. 22	6 506. 85	6. 65	国海证券
106	600426. SH	华鲁恒升	13. 22	14 000	18. 51	安信证券
105	002080. SZ	中材科技	25. 08	5 000	12. 54	中信证券
104	600011. SH	华能国际	5. 57	150 000	83. 55	中金公司 长城证券
103	000026. SZ	飞亚达 A	16. 01	3 123. 048	5. 00	招商证券
102	000551. SZ	创元科技	14. 6	2 499. 3876	3. 65	国联证券
101	002050. SZ	三花股份	30	3 336. 8666	10. 01	海通证券
100	000713. SZ	丰乐种业	15. 48	2 887. 5968	4. 47	国元证券
99	000777. SZ	中核科技	26. 6	1 140. 9774	3. 03	中信证券
98	000659. SZ	珠海中富	7. 1	6 800	4. 83	安信证券
97	600535. SH	天士力	37. 6	2 842. 1327	10. 69	国信证券
96	600268. SH	国电南自	23. 1	3 376. 6232	7. 80	民生证券
95	600104. SH	上海汽车	13. 87	72 098. 0533	100. 00	中信证券 海通证券 国泰君安
94	002042. SZ	华孚色纺	23. 5	4 255. 3191	10. 00	华泰联合
93	600480. SH	凌云股份	15. 5	4 971. 4838	7. 71	国信证券
92	600199. SH	金种子酒	16. 02	3 433. 2084	5. 50	华西证券
91	000725. SZ	京东方 A	3. 03	298 504. 9504	90. 45	中信建投
90	000592. SZ	中福实业	7. 5	7 280	5. 46	国金证券
89	600439. SH	瑞贝卡	12. 2	4 631	5. 65	中原证券
88	002211. SZ	宏达新材	15. 07	4 644	7. 00	平安证券
87	600337. SH	美克股份	9. 5	12 207. 6399	11. 60	民生证券
86	601111. SH	中国国航	11. 58	48 359. 24	56. 00	中信证券
85	000066. SZ	长城电脑	4. 48	22 321. 4286	10. 00	海通证券
84	002121. SZ	科陆电子	22. 5	2 446	5. 50	平安证券
83	002102. SZ	冠福家用	8. 08	3 412. 0263	2. 76	海际大和
82	600971. SH	恒源煤电	36	4 409. 0752	15. 87	国元证券

续表 2

序号	代码	名称	发行价格（元）	发行数量（万股）	募集资金（亿元）	主承销商
81	002169. SZ	智光电气	16	1 185. 625	1. 90	广发证券
80	600572. SH	康恩贝	15. 21	2 780	4. 23	西南证券
79	600978. SH	宜华木业	5. 7	14 800	8. 44	广发证券
78	600029. SH	南方航空	6. 66	150 150	100. 00	平安证券 中金公司 瑞银证券 招商证券
77	002147. SZ	方圆支承	12. 15	3 292. 181	4. 00	首创证券
76	002005. SZ	德豪润达	9. 54	16 000	15. 26	太平洋证券
75	002101. SZ	广东鸿图	24	1 500	3. 60	东海证券
74	002151. SZ	北斗星通	32. 2	917	2. 95	民生证券
73	600406. SH	国电南瑞	52	1 505. 9429	7. 83	中信证券
72	002142. SZ	宁波银行	11. 45	38 382. 0529	43. 95	中信证券 高盛高华
71	000572. SZ	海马股份	5. 01	59 880. 2395	30. 00	银河证券
70	002241. SZ	歌尔声学	33. 01	1 579. 1275	5. 21	中信证券
69	600000. SH	浦发银行	13. 75	286 976. 4833	394. 59	中金公司 海通证券 国泰君安
68	000425. SZ	徐工机械	30. 50	16 393. 4426	50. 00	安信证券
67	600703. SH	三安光电	30. 00	10 100. 0000	30. 30	国金证券
66	002212. SZ	南洋股份	14. 58	2 863. 0000	4. 17	广发证券
65	600478. SH	科力远	14. 96	2 854. 2780	4. 27	中投证券
64	600979. SH	广安爱众	6. 72	5 860. 0000	3. 94	国都证券
63	600460. SH	士兰微	20. 00	3 000. 0000	6. 00	东方证券
62	600166. SH	福田汽车	18. 06	13 842. 7300	25. 00	平安证券 中信建投
61	600369. SH	西南证券	14. 33	41 870. 0000	60. 00	中信建投
60	600470. SH	六国化工	10. 39	10 000. 0000	10. 39	宏源证券
59	002164. SZ	东力传动	12. 80	4 281. 2500	5. 48	海通证券
58	000045. SZ	深纺织 A	9. 30	9 139. 7849	8. 50	长江证券
57	000100. SZ	TCL 集团	3. 46	130 117. 8273	45. 02	国信证券

续表 3

序号	代码	名称	发行价格（元）	发行数量（万股）	募集资金（亿元）	主承销商
56	600707. SH	彩虹股份	11. 25	31 560. 8888	35. 51	东方证券
55	002127. SZ	新民科技	5. 40	7 962. 9629	4. 30	国信证券
54	600157. SH	永泰能源	16. 05	3 987. 5389	6. 40	安信证券
53	000055. SZ	方大集团	7. 3	4 794. 52	3. 50	中山证券
52	600316. SH	洪都航空	26. 58	9 539. 6570	25. 36	国泰君安
51	002228. SZ	合兴包装	12. 60	2 719. 0000	3. 43	平安证券
50	000997. SZ	新大陆	7. 5	5 786. 6666	4. 34	华泰联合
49	002010. SZ	传化股份	12. 69	4 119. 0000	5. 23	华泰联合
48	000001. SZ	深发展 A	18. 26	37 958. 0000	69. 31	中信证券 海通证券
47	600432. SH	吉恩镍业	16. 22	4 778. 0500	7. 75	安信证券
46	600795. SH	国电电力	3. 45	144 028. 8826	49. 69	中金公司
45	600116. SH	三峡水利	6. 90	5 797. 0000	4. 00	中信建投
44	600551. SH	时代出版	16. 76	3 091. 5000	5. 18	平安证券
43	000906. SZ	南方建材	5. 86	9 310. 5802	5. 46	国泰君安
42	002132. SZ	恒星科技	10. 00	2 531. 7900	2. 53	海通证券
41	002223. SZ	鱼跃医疗	32. 00	838. 0000	2. 68	平安证券
40	002089. SZ	新海宜	15. 11	2 116. 0000	3. 20	平安证券
39	002070. SZ	众和股份	7. 01	6 170. 0000	4. 33	兴业证券
38	600122. SH	宏图高科	11. 56	12 219. 4800	14. 13	西南证券
37	600252. SH	中恒集团	31. 85	1 200. 0000	3. 82	万联证券
36	002263. SZ	大东南	6. 85	9 813. 8686	6. 72	浙商证券
35	600310. SH	桂东电力	17. 01	2 720. 0000	4. 63	长城证券
34	002087. SZ	新野纺织	5. 49	9 000. 0000	4. 94	中原证券
33	600862. SH	南通科技	7. 70	8 051. 9480	6. 20	华泰证券
32	000539. SZ	粤电力 A	5. 94	13 804. 7138	8. 20	中金公司
31	600110. SH	中科英华	5. 85	13 400. 0000	7. 84	东莞证券
30	600458. SH	时代新材	27. 18	3 080. 0000	8. 37	国金证券
29	000877. SZ	天山股份	20. 01	7 691. 1544	15. 39	宏源证券
28	000949. SZ	新乡化纤	6. 40	4 917. 7000	3. 15	民生证券

续表 4

序号	代码	名称	发行价格（元）	发行数量（万股）	募集资金（亿元）	主承销商
27	601727. SH	上海电气	7. 03	31 594. 0255	22. 21	瑞银证券 瑞信方正
26	002045. SZ	广州国光	16. 80	2 188. 00	3. 68	西南证券
25	600112. SH	长征电气	12. 30	12. 30	4. 54	民生证券
24	600196. SH	复星医药	20. 60	20. 60	6. 55	海通证券
23	600141. SH	兴发集团	20. 23	1 540. 8719	3. 12	长江证券
22	600713. SH	南京医药	10. 90	4 587. 0000	5. 00	招商证券
21	002100. SZ	天康生物	21. 37	1 060. 0000	2. 27	中信证券
20	000972. SZ	新中基	9. 43	6 298. 4665	5. 94	东方证券
19	002092. SZ	中泰化学	16. 33	23 270. 0000	38. 00	东方证券
18	002033. SZ	丽江旅游	11. 91	1 700. 0000	2. 02	红塔证券
17	002163. SZ	中航三鑫	14. 60	6 385. 0000	9. 32	中投证券
16	002048. SZ	宁波华翔	11. 88	7 340. 0000	8. 72	东莞证券
15	600219. SH	南山铝业	8. 82	28 344. 0000	25. 00	齐鲁证券
14	601991. SH	大唐发电	6. 23	53 000. 0000	33. 019	中信证券
13	600059. SH	古越龙山	8. 80	7 613. 6363	6. 70	国海证券
12	002157. SZ	正邦科技	10. 50	4 352. 0000	4. 57	国信证券
11	002215. SZ	诺普信	31. 00	1 850. 0000	5. 74	平安证券
10	002023. SZ	海特高新	15. 52	2 270. 0000	3. 52	兴业证券
9	600858. SH	银座股份	22. 52	5 384. 2260	12. 13	恒泰证券
8	000978. SZ	桂林旅游	10. 25	10 000. 0000	10. 25	国海证券
7	600221. SH	海南航空	5. 04	59 523. 8094	30. 00	民族证券
6	002001. SZ	新和成	38. 05	3 022. 0000	11. 50	平安证券
5	000157. SZ	中联重科	18. 70	29 795. 47	55. 72	中金公司
4	600711. SH	ST 雄震	10. 17	1 868. 24	1. 90	国海证券
3	002272. SZ	川润股份	21. 00	1 250. 00	2. 63	国金证券
2	600804. SH	鹏博士	7. 79	18 300. 0000	14. 26	东海证券
1	600893. SH	航空动力	20. 00	10 245. 0000	20. 49	银河证券

（四）配股

2010 年共有 20 家公司实施配股，总计募集资金 1 487.62 亿元，平均每家 74.38 亿元；与 2009 年相比，发行家数增加 10 家，募集资金增加 1 381.65 亿元。募集资金量最大的前 5 家公司分别为中国银行（417.86 亿元）、工商银行（336.74 亿元）、兴业银行（178.64 亿元）、招商银行（177.64 亿元）和交通银行（171.25 亿元）（见表 2－4）。

表 2－4　　2010 年配股发行情况表

序号	代码	股票简称	主承销商	股权登记日	配股价格（元）	配售数量（万股）	募集资金（亿元）
合计							1 487.62
20	600518.SH	康美药业	广发证券	2010 年 12 月 27 日	6.88	50 434.4431	34.70
19	600963.SH	岳阳纸业	国信证券	2010 年 12 月 17 日	7.7	19 095.9038	14.70
18	600531.SH	豫光金铅	中原证券	2010 年 12 月 13 日	9.49	6 698.1616	6.36
17	600303.SH	曙光股份	长江证券	2010 年 11 月 29 日	7.2	6 525.2998	4.70
16	601398.SH	工商银行	瑞银证券 中金公司	2010 年 11 月 15 日	2.99	1 126 215.321	336.74
15	601009.SH	南京银行	华泰证券 南京证券 瑞信方正	2010 年 11 月 15 日	8.37	581 15.6452	48.64
14	601939.SH	建设银行	中金公司 海通证券 银河证券	2010 年 11 月 4 日	3.77	59 365.76	22.38
13	601988.SH	中国银行	中银国际 中信证券	2010 年 11 月 2 日	2.36	1 770 597.56	417.86
12	600584.SH	长电科技	齐鲁证券	2010 年 10 月 13 日	5.69	10 794.96	6.14
11	600425.SH	青松建化	华泰联合	2010 年 8 月 20 日	6.40	10 980.38	7.03
10	600416.SH	湘电股份	东北证券	2010 年 8 月 20 日	13.60	6 924.23	9.42
9	600343.SH	航天动力	招商证券	2010 年 7 月 13 日	10.45	5 468.32	5.71
8	600151.SH	航天机电	国泰君安	2010 年 7 月 2 日	6.18	20 893.07	12.91
7	600601.SH	方正科技	中信建投	2010 年 7 月 1 日	2.20	46 840.45	10.30
6	601328.SH	交通银行	瑞银证券 海通证券 中金公司 瑞信方正	2010 年 6 月 9 日	4.50	380 558.75	171.25

续表

序号	代码	股票简称	主承销商	股权登记日	配股价格（元）	配售数量（万股）	募集资金（亿元）
5	601166. SH	兴业银行	瑞信方正 兴业证券 瑞银证券	2010 年 5 月 24 日	18. 00	99 245. 06	178. 64
4	002232. SZ	启明信息	华龙证券	2010 年 3 月 11 日	7. 58	3 758. 03	2. 85
3	600036. SH	招商银行	中金公司 高盛高华 瑞银证券	2010 年 3 月 4 日	8. 85	200 724. 09	177. 64
2	000759. SZ	武汉中百	长江证券	2010 年 1 月 25 日	0. 22	12 051. 62	6. 11
1	000960. SZ	锡业股份	国信证券	2010 年 1 月 18 日	0. 24	15 066. 46	13. 53

（五）可转换公司债券

2010 年共公告发行 8 家可转换公司债券，共计募集资金 717. 3 亿元，平均每家 89. 66 亿元；与 2009 年相比，发行家数增加 2 家，募集资金增加 670. 69 亿元。其中募集资金量最大的公司是中行转债（400 亿元）（见表 2 – 5）。

表 2 – 5　　2010 年可转债发行情况表

序号	公司代码	转债代码	转债名称	主承销商	发行规模（亿元）	期限（年）	票面利率（%）
合计					717. 3		
8	600037. SH	110038. SH	歌华转债	瑞银证券	16	6	0. 6
7	000729. SZ	126729. SZ	燕京转债	招商证券	11. 30	5. 00	0. 50
6	601398. SH	113002. SH	工行转债	中金公司 国泰君安 瑞信方正	250. 00	6. 00	0. 50
5	002233. SZ	125233. SZ	塔牌转债	第一创业	6. 30	5. 00	0. 80
4	000630. SZ	126630. SZ	铜陵转债	国信证券	20. 00	6. 00	0. 60
3	000731. SZ	125731. SZ	美丰转债	国信证券	6. 50	5. 00	0. 80
2	601988. SH	113001. SH	中行转债	中银国际 中信证券	400. 00	6. 00	0. 50
1	600481. SH	110009. SH	双良转债	华泰联合	7. 20	5. 00	0. 50

（六）分离交易的可转换公司债券

2010 年分离交易的可转换公司债券（以下简称“可分离债券”）品种处于停滞状态，全年无发行。

2010 年与 2009 年承销市场总体情况比较见表 2－6。

表 2－6　　2010 年与 2009 年承销市场情况

内　容		承销家数（家）	承销金额（亿元）	融资比例（%）
首发	2010 年	340	4 957.66	51.46
	2009 年	129	2 188.95	57.25
增发（公开发行）	2010 年	10	377.14	3.91
	2009 年	14	261.69	6.84
非公开发行	2010 年	111	2 094.15	21.73
	2009 年	75	1 190.67	31.14
配股	2010 年	20	1 487.62	15.45
	2009 年	10	105.97	2.77
可转换公司债	2010 年	8	717.3	7.45
	2009 年	6	46.61	1.22
可分离债	2010 年	0	0	0
	2009 年	1	30	0.78
合计	2010 年	489	9 633.87	100
	2009 年	235	3 823.89	100

二、证券公司主承销排名

2010 年，共有 67 家券商完成 1 家以上的主承销项目。

按承销金额排名见表 2－7。

表 2－7　　2010 年主承销项目情况表　　（单位：亿元）

排名	券商名称	首发			配股	增发	非公开发行	可转债	合计
		创业板	中小板	主板					
1	中金公司	14.20		363.84	277.86	86.90	311.91	83.33	1 138.05
2	中信证券	33.57	66.73	362.56	208.93		209.87	200.00	1 081.65

续表1

排名	券商名称	首发			配股	增发	非公开发行	可转债	合计
		创业板	中小板	主板					
3	中银国际	11.66	7.20	230.43	208.93			200.00	658.22
4	海通证券	31.70	60.14	156.91	50.27	13.20	229.58		541.80
5	国泰君安	11.60		200.32	12.91	11.03	203.88	83.33	523.08
6	瑞银证券			66.80	329.94	31.90	36.11	16.00	480.74
7	国信证券	64.41	200.04	60.65	28.23	12.33	72.28	26.50	464.44
8	平安证券	137.13	203.37				81.72		422.22
9	安信证券	82.06	39.05	47.30		55.00	97.50		320.90
10	银河证券	22.26	32.30	206.22			50.49		311.27
11	中信建投	61.80	43.56		10.30		166.95		282.61
12	招商证券	34.95	146.88		5.71	41.90	35.00	11.30	275.74
13	广发证券	45.55	142.31	18.86	34.70		14.51		255.92
14	瑞信方正	17.99			126.03		11.11	83.33	238.47
15	华泰联合	45.59	152.57		7.03		19.57	7.20	231.96
16	建银投资	24.61	117.91	72.33			13.59		228.44
17	国金证券	11.29	105.42				46.76		163.46
18	申银万国		23.58	107.95		18.58			150.11
19	宏源证券	23.19	61.34	25.50			25.78		135.81
20	光大证券	21.41	58.83			55.00			135.23
21	东方证券		11.77			26.98	85.45		124.19
22	中德证券	8.56	42.99	47.30			16.86		115.71
23	兴业证券	21.51	12.38		59.55		7.85		101.28
24	西南证券	43.84	33.75				22.03		99.63
25	华泰证券	8.19	53.87		16.21		6.20		84.47
26	高盛高华				59.21		21.97		81.19
27	民生证券	8.82	37.43				30.03		76.29
28	第一创业	29.73	30.57					6.30	66.60
29	国元证券	7.36	24.16				20.34		51.86
30	长城证券						46.40		46.40
31	民族证券	12.28	3.43				30.00		45.71
32	东莞证券	16.06	12.80				16.56		45.41
33	东北证券	3.68	20.46		9.42		10.00		43.55

续表 2

排名	券商名称	首发			配股	增发	非公开发行	可转债	合计
		创业板	中小板	主板					
34	财富里昂		43.35						43.35
35	太平洋证券	4.62	19.93				15.26		39.82
36	齐鲁证券	8.25			6.14		25.00		39.39
37	东海证券	4.76	15.37				17.86		37.99
38	国海证券	5.03	5.12				25.50		35.65
39	长江证券	12.79			10.81		11.62		35.22
40	东吴证券		34.62						34.62
42	中原证券		17.25		6.36		10.59		34.20
43	华融证券	5.44	12.78			12.33			30.55
44	渤海证券	9.74	20.70						30.44
45	华林证券	19.59	5.10						24.69
46	浙商证券	4.76				12.00	6.72		23.48
47	西部证券	6.20	16.46						22.66
48	南京证券		3.66		16.21				19.87
49	信达证券	3.12	8.20	8.37					19.69
50	华龙证券		13.54		2.85				16.39
51	东兴证券		16.00						16.00
52	新时代	3.59	11.35						14.94
53	恒泰证券						12.13		12.13
54	国都证券		5.97				3.94		9.91
55	德邦证券		8.20						8.20
56	万联证券		4.08				3.82		7.90
57	红塔证券	4.84					2.02		6.86
58	江南证券		6.66						6.66
59	中航证券	6.38							6.38
60	华西证券						5.50		5.50
61	海际大和	2.70					2.76		5.46
62	国盛证券		4.80						4.80
63	广州证券		4.06						4.06
64	首创证券						4.00		4.00
65	国联证券						3.65		3.65
66	日信证券		3.51						3.51
67	中山证券						3.50		3.50
合计	—	956.79	2 025.53	1 975.34	1 487.62	377.14	2 094.16	717.30	9 633.88

注：联合保荐及主承销商则以平均承销金额计算。

按承销家数排名见表2－8。

表2－8　　2010年主承销项目情况表　　（单位：家）

排名	券商名称	首发			配股	增发	非公开发行	可转债	合计
		创业板	中小板	主板					
1	平安证券	16	21				8 3/4		45 3/4
2	国信证券	8	20	3	2	1/3	5	2	40 1/3
3	华泰联合	6	17		1		3	1	28
4	广发证券	6	15	1	1		3		26
5	招商证券	6	11		1	1 1/3	2 1/4	1	22 4/7
6	中信证券	3	4 1/2	5 1/4	1/2		8 2/3	1/2	22 2/5
7	海通证券	4	6	1	4/7	2	6 5/6		20 3/7
8	安信证券	5	4	1/2		1/3	5		14 5/6
9	中信建投	6	3		1		3 1/2		13 1/2
10	国金证券	2	7				4		13
11	建银投资	2	8	1/3			2		12 1/3
12	民生证券	2	5				5		12
13	宏源证券	2	6	1			2		11
14	西南证券	5	3				3		11
15	中金公司	1		2 3/5	1 2/5	2/3	4	1/3	10
16	华泰证券	1	7		1/3		1		9 1/3
17	国泰君安	2		1 1/4	1	1/2	3 2/3	1/3	8 3/4
18	兴业证券	3	3		1/3		2		8 1/3
19	东方证券		2			1 5/6	4		7 5/6
20	光大证券	3	4			1/3			7 1/3
21	国元证券	2	3				2		7
22	中德证券	1	4 1/2	1/2			1		7
23	申银万国		3	2 1/3		1			6 1/3
24	中银国际	1	1	3	1/2			1/2	6
25	长江证券	2			2		2		6
26	东海证券	1	3				2		6
27	东北证券	1	3		1		1		6
28	国海证券	1	1				4		6
29	银河证券	1	1	1 1/4	1/3		2		5 3/5
30	瑞银证券			2	1 2/5	1/3	3/4	1	5 1/2
31	第一创业	2	2					1	5
32	东莞证券	2	1				2		5
33	太平洋证券	2	2				1		5

续表

排名	券商名称	首发			配股	增发	非公开发行	可转债	合计
		创业板	中小板	主板					
34	中原证券		2		1		2		5
35	东吴证券		4						4
36	民族证券	2	1				1		4
37	瑞信方正	2			1		1/2	1/3	3 3/4
38	财富里昂		3						3
39	齐鲁证券	1			1		1		3
40	华林证券	2	1						3
42	浙商证券	1				1	1		3
43	信达证券	1	1	1					3
44	新时代	1	2						3
45	西部证券	1	2						3
46	华龙证券		2		1				3
47	渤海证券	1	1						2
48	国都证券		1				1		2
49	红塔证券	1					1		2
50	海际大和	1					1		2
51	万联证券		1				1		2
52	长城证券						1 1/2		1 1/2
53	华融证券		1			1/3			1 1/3
54	南京证券		1		1/3				1 1/3
55	恒泰证券						1		1
56	德邦证券		1						1
57	江南证券		1						1
58	国盛证券		1						1
59	广州证券		1						1
60	首创证券						1		1
61	日信证券		1						1
62	华西证券						1		1
63	中航证券	1							1
64	东兴证券		1						1
65	国联证券						1		1
66	中山证券						1		1
67	高盛高华				1/3		1/2		5/6
合计		114	200	26	20	10	111	8	489

注：联合保荐或主承销家数以各自承销次数为准。

三、并购重组财务顾问项目情况（资产重组委员会审核项目）

2010 年经由并购重组审核委员会审核的项目共有 20 家，其中通过审核的项目共有 18 家，比 2009 年减少 39 家（见表 2－9）。

表 2－9　　并购重组财务顾问项目情况

序号	公司代码	公司名称	类型	上会时间	交易规模（元）	券商
1	002183	怡亚通	资产出售	2011 年 1 月 7 日	145 548 537.21	西南证券
2	002009	金隅股份	吸收合并	2011 年 1 月 22 日	—	粤海证券
3	000415	＊ST 汇通	定向增发资产置换	2011 年 1 月 24 日	6 510 504 000.00	广发证券
4	000430	＊ST 张股	定向增发、资产购买	2011 年 1 月 28 日	641 086 300.00	招商证券
5	600372	ST 昌河	定向增发	2011 年 2 月 24 日	2 558 390 000	中金公司
6	600375	星马汽车	定向增发	2011 年 2 月 28 日	1 785 361 500	平安证券
7	002226	江南化工	定向增发资产购买	2011 年 3 月 29 日	1 755 484 000	西南证券
8	600723	西单商场	定向增发	2011 年 4 月 1 日	2 467 000 000	中信建投
9	600057	＊ST 夏新	定向增发资产购买	2011 年 4 月 27 日	1 595 300 000	德邦证券
10	600780	通宝能源	定向增发	2011 年 5 月 5 日	1 540 151 500	西南证券
11	600350	山东高速	定向增发	2011 年 5 月 10 日	7 511 828 800	中信证券
12	000750	SST 集琦	资产置换 吸收合并 股份转让	2011 年 5 月 12 日	—	兴业证券
13	000001	深发展	定向增发	2011 年 5 月 13 日	29 080 475 600	中信证券
14	002085	万丰奥威	定向增发	2011 年 5 月 18 日	830 129 400	首创证券
15	600176	中国玻纤	定向增发	2011 年 5 月 20 日	293 748 983	招商证券
16	002331	皖通科技	定向增发	2011 年 5 月 24 日	171 208 200	国元证券
17	600633	＊ST 白猫	定向增发资产置换	2011 年 6 月 2 日	2 463 449 710	中银国际
18	600552	方兴科技	资产置换	2011 年 6 月 2 日	120 696 800	招商证券

四、企业债及公司债发行情况

2010 年企业债券（指中央和地方企业发行债券，由国家发展和改革委员会核准）和公司债券（指上市公司发行债券，由中国证监会核准）共计发行 4 138.53亿元，具体情况如下：

（一）中央企业债券

2010 年共有 10 家中央企业发行债券，发行总量为 1 644 亿元，平均每家发行 164.4 亿元。

（二）地方企业债券情况

2010 年共有 147 家（集合企业债按 1 家计算）地方企业发行债券，发行总量为 1 983.03 亿元，平均每家发行 13.49 亿元。

（三）公司债券

2010 年共计发行 15 家公司债券，发行总量为 511.5 亿元，平均每家发行 34.1 亿元。

第三节　2010 年中国投资银行业重大事件

一、新股发行体制第二阶段改革正式实施，新股发行体制改革向纵深推进

2010 年 8 月 20 日，中国证监会就《关于深化新股发行体制改革的指导意见》（以下简称《指导意见》）和《关于修改〈证券发行与承销管理办法〉的决定》公开征求意见，正式启动新股发行第二阶段改革。10 月 11 日，《指导意见》和《关于修改〈证券发行与承销管理办法〉的决定》正式发布，并于 11 月 1 日起生效，新股发行体制第二阶段改革正式实施。

新股发行第二阶段改革措施主要包括以下内容：继续完善询价过程中报价和配售约束机制，提高中小型公司新股发行中单个机构获配股份的数量，加大定价者的责任，促进报价更加审慎和真实；适当扩大参与询价的机构范围，允

许主承销商推荐一定数量的具有较高定价能力、优质长期的机构投资者参与网下询价和配售；增强定价信息透明度，督促券商、机构的询价、定价不断审慎自律，强化社会公众的价值投资理念；完善回拨机制和中止发行机制，督促发行人及其主承销商合理设计承销流程，有效管理承销风险。

2010 年 10 月 14 日，中国证券业协会发布《关于保荐机构推荐询价对象工作有关事项的通知》（中证协发［2010］158 号），作为新股发行第二阶段改革的配套措施，指导保荐机构做好推荐类询价对象的登记备案工作。

按照分步实施、逐步完善的原则，新股发行第二阶段改革措施是新股发行体制改革的组成部分，也是第一阶段改革措施的延伸和继续，是将发行体制改革向纵深推进的重要举措。新股发行体制第二阶段改革的正式实施，标志着市场由此迈进未来新股发行市场化的新的门槛，将有助于遏制新股发行中存在的“高发行价、高市盈率、高超募额”的“三高”现象，使新股发行更趋于市场化、更有利于保护中小投资者的利益，同时也是不断探索中国证券市场新股发行之路的持续性尝试，对中国证券市场稳定健康发展的作用将会逐渐显现。

二、《关于进一步做好创业板推荐工作的指引》发布，创业板市场功能定位更加清晰

2010 年 3 月 19 日，中国证监会发布《关于进一步做好创业板推荐工作的指引》（以下简称《指引》）（证监会公告［2010］8 号），作为《首次公开发行股票并在创业板上市暂行办法》的又一个配套性文件，进一步落实《首次公开发行股票并在创业板上市暂行办法》确定的创业板市场功能定位。

《指引》在《首次公开发行股票并在创业板上市暂行办法》确定的定位基础上，力求通过发挥保荐机构勤勉尽责和核查把关作用，强化市场约束，形成创业板市场建设初期创新型企业和成长性企业的示范和集聚效应。具体而言，《指引》根据国家发展战略性新兴产业和产业结构调整的要求，明确要求各保荐机构向创业板重点推荐符合国家战略性新兴产业发展方向的企业，特别是新能源、新材料、信息、生物与新医药、节能环保、航空航天、海洋、先进制造、高技术服务等领域的企业，以及其他领域中具有自主创新能力，成长性强

的企业；同时从创业板定位出发，明确规定保荐机构应审慎推荐的具体产业及领域包括纺织、服装，电力、煤气及水的生产供应等公用事业，房地产开发与经营、土木工程建筑，交通运输，酒类、食品、饮料，金融，一般性服务业，国家产业政策明确抑制的产能过剩和重复建设的行业。在此基础上，《指引》强调保荐机构应重点关注所推荐企业的创新能力，对企业的成长性发表明确意见，并主动揭示企业的成长性风险。

《指引》的发布进一步明确了创业板市场功能定位，有利于纠正市场对创业板定位的理解偏差，提高创业板保荐工作质量，切实发挥创业板促进自主创新企业及其他成长性创业企业发展的市场功能，支持和促进国家战略性新兴产业的发展。

三、创业板指数正式发布，创业板渐成规模，作用初步显现

2010 年 6 月 1 日，创业板指数正式发布，创业板指数样本股数量锁定为 100 只，每季度进行样本股调整。至此，创业板指数与深证成分指数、中小板指数共同构成反映深交所上市股票运行情况的核心指数。创业板自 2009 年 10 月 30 日正式挂牌以来，已经形成一定规模。截至 2010 年 12 月 31 日，创业板上市公司共 153 家，总市值 7 365 亿元，流通市值 2 006 亿元。① 创业板成立 1 年多以来，已累计募集资金 1 167 亿元，②为具有高成长性和较高技术含量的中小企业提供融资支持的作用非常明显。

1 年多时间里，创业板上市公司规模从开板时的 28 家迅速扩容到 153 家，增加了 4.46 倍。创业板的行业结构也不断优化，已经扩张到了农林牧渔，采掘业，制造业（包括食品饮料、造纸印刷、石化塑胶、电子、金属非金属、机械设备、医药生物、其他制造业），建筑业，运输仓库，信息技术，批发零售，社会服务，传播文化九大行业，其中石化塑胶、电子、机械设备、医药生物、信息技术占据相当大的比重，社会服务、传播文化等新兴行业的公司也相继出现。从地域分布看，上市公司地域覆盖面明显扩大，并逐步趋向均匀，覆盖了

①② 资料来源：深圳证券交易所网站。

全国27个省市（区），除北京、上海、广东、深圳、江苏、浙江等经济发达地区外，经济欠发达的地区如新疆、内蒙古、甘肃、云南、海南、吉林、山西等地上市公司也大面积铺开，数量显著提升。

无论是急速壮大、地域分布宽广的规模，还是日益扩大的影响力和辐射能力，短短1年多时间，创业板对我国中小企业发展的示范、引导和促进作用日益增强，也给投资银行业带来了新的发展机会。

四、投资银行业务增长强劲，A股市场融资额位居全球第1

2010年，中国投资银行业务继续强劲增长，A股市场发行家数、融资额大幅增加。2010年全年489家公司在A股市场融资9 633.88亿元，其中首发340家，融资4 957.66亿元；全年实施重大资产重组47项，交易金额1 338亿元，市场化并购重组进一步活跃；全年核准15家公司债券发行，融资511.5亿元。

2010年，A股市场融资额近万亿元，蝉联全球第1位，其中IPO占据半壁江山；投资银行保荐承销收入大幅增加，投资银行业务收入占证券公司收入比例大幅上升。伴随着中小企业的快速发展、创业板的迅速扩容，投资银行业的格局也发生了一定变化，平安证券、国信证券等中小企业融资服务领先者超越传统的中金证券、中信证券等大型券商，在保荐承销家数、投资银行业务收入方面占据领先地位。

中国投资银行业的强劲增长、A股融资额位居全球第1，充分显示了中国资本市场融资总量的急速扩张程度和持续融资能力，是体现中国资本市场快速发展的一个重要的“参照系”。

五、苏州恒久、胜景山河IPO被否，投资银行业社会监督力量增强

2010年3月9日，苏州恒久光电科技股份有限公司（以下简称“苏州恒久”）启动首次公开发行，就在其已完成申购及摇号抽签的全部过程、上市仅剩“临门一脚”之时，《21世纪经济报道》刊登了一篇文章：《苏州恒久：天方夜谭式的IPO》，质疑其核心专利因未缴年费而被国家知识产权局终止，其上

市进程随之中止。这被媒体广泛称为“专利门”事件。2010 年 6 月 11 日，苏州恒久再度经中国证监会发审会审核，但终被否决，成为创业板首个退还募集资金的公司。苏州恒久的保荐代表人和签字律师因未履行勤勉尽责责任，被中国证监会给予 12 个月不受理其有关投行业务申报的处罚。

2010 年 12 月 17 日上午，深交所发布紧急公告，暂缓河南胜景山河生物科技股份有限公司（以下简称“胜景山河”）原定于当日的挂牌上市。事件起因于《每日经济新闻》于前一日发布的质疑胜景山河招股说明书披露不实、涉嫌虚增销售收入的一系列报道，其后中国证监会责令发行人、中介机构进行核查。2011 年 4 月 6 日，中国证监会召开会后事项发审会，否决了胜景山河 IPO 申请，胜景山河未按要求披露相关信息，构成了重大遗漏。4 月 8 日，中国证监会作出《关于撤销胜景山河首次公开发行股票行政许可的决定》，决定撤销 2010 年 11 月 26 日作出的关于胜景山河首次公开发行股票的行政许可，并注销原许可文件。胜景山河最终退还募集资金，成为首个在上市当天被紧急叫停并最终被否决的公司。

苏州恒久、胜景山河事件凸显媒体等社会力量对投资银行业的监督力量不断增强。随着最近两年新股发行数量的增加、节奏的加快，资本市场也越来越受到社会各界的广泛关注，随之而来的有对 IPO 造富运动、圈钱的质疑，也有媒体开始质疑保荐机构等中介机构的执业能力、诚信尽责，IPO 举报事件也不断增多。这些都将迫使投资银行等中介机构加强诚信建设、提高执业能力、健全尽职调查制度，促进投资银行业的长期健康发展。

六、保荐代表人受处罚情形增加，保荐信用监管加强

2010 年 8 月 23 日，中国证监会对招商证券保荐代表人周凯处以保荐信用监管措施，因其在保荐桂林三金首次公开发行股票并上市项目时，未参与现场尽职调查，未勤勉尽责地履行相关义务，违反了《证券发行上市保荐业务管理办法》第四条的规定，对其处以 12 个月不受理保荐代表人负责的推荐的监管措施。

2010 年，中国证监会对保荐机构、保荐代表人的保荐信用监管明显加强，除上述情形外，还对 4 名保荐代表人出具警示函或监管谈话。保荐信用监管措

施的应用较以前年度明显增加。

第四节 2010年中国投资银行业面临的问题和发展前景

一、中国投资银行业面临的问题

20多年以来，中国的投资银行业从无到有，取得了长足的进步，并对推动中国的经济发展发挥了巨大作用：促进企业的产权进一步明晰，协助企业建立现代法人治理结构，优化社会资源配置，推动高新技术产业化发展和技术进步。在取得这些成绩的同时，对比国外已有百年历史的同业，中国的投资银行业也存在着一些问题，就这些问题进行深入分析并加以解决，对中国投资银行业的发展将大有益处。

（一）证券发行审核及创新业务的开展需要进一步市场化

近几年，随着新股发行体制的改革和完善，股票发行已经在一定程度上实现了市场化。但是，现有的发行体制仍存在行政控制环节过多、审批程序复杂、审核周期过长等问题。与美国的纽交所、中国的香港交易所等境外成熟市场上股票发行普遍实行的便捷和标准化的注册制不同，我国股票市场发行体制仍然采用行政色彩较浓的核准制。发行人资格审查、发行规模乃至上市时间等，在很大程度上都由监管机构决定，使得投资银行等中介机构的作用不能充分发挥。为了稳步推进发行制度的市场化改革，就更需要对发行的审核制度进行优化，以充分发挥市场中介的积极作用，促成成熟的投资者、严格的信息披露制度等市场要素的形成，最终实现发行审核由核准制向注册制的转变。

从国际市场来看，通常债券市场规模远大于股票市场，而我国目前债券市场规模却偏小，发行机制存在诸多缺陷是主要原因之一。目前我国由不同部门制定债券发行审批规则，不同债券产品的发行审批标准也不同。短期融资券和中期票据的发行实行备案制，由中国人民银行进行监管；一般企业债券的发行由发改委监管；上市公司债、可转债和可分离交易可转债的发行实行核准制，由中国证监会监管。

金融创新是金融行业特别是投资银行业发展的生命线，为了适时顺应和及时跟上客户需求变化和市场竞争发展的需要，投资银行业必须增强创新能力，加强市场研究和产品创新，及时针对客户需求推出实用灵活、方便价低和风险较小的金融产品和交易工具，以满足现有客户需求和吸引潜在客户，持续稳定地扩大客户群体。目前国内投资银行创新业务需要取得监管部门的审批才能开展，在业务品种、开展业务的资格上均存在审批周期长、要求过高等一系列问题，在此背景下，国内投资银行进行创新业务有较大的困难。

（二）新的竞争对手加入将进一步加剧行业的竞争

目前国内不论是商业银行还是其他金融机构都纷纷以各种形式尝试混业经营，如保险公司进行证券投资，商业银行进行代理基金业务及开始设立自身的投资银行部门。尽管到目前为止，“分业经营、分业管理”的原则还没有改变，但中国金融混业经营的序幕已悄然拉开。与国内现有投资银行相比，潜在竞争对手如商业银行等大型机构在综合实力、客户储备、信誉以及风险内控等方面较现有的投资银行都有明显的竞争优势，更易取得客户的信任。国内商业银行、保险公司、信托公司等潜在竞争对手的进入将进一步加剧国内投资银行业的竞争态势。

与此同时，从2008年1月1日起，已修改的《外资参股证券公司设立规则》（以下简称“新《规则》”）正式实施，监管部门重新启动审批合资证券公司。与原规则相比，新《规则》规定的外资参股证券公司的准入条件更为宽松、参股渠道更为多样、监管机制更为适当。新《规则》实施以来，中国证监会审核批准了瑞信方正证券有限责任公司、中德证券有限责任公司的设立申请。未来随着我国证券业和资本市场对外开放步伐的有序推进，更多的外资投行将以合资方式进入中国抢占市场，在证券行业尤其是承销业务领域，会出现更加激烈的竞争。国外投资银行凭借其雄厚的资金实力、灵活的经营机制、储备的高级人才、跨境业务操作经验等无可比拟的优势对中国本土投资银行业务构成一定威胁。从我国现有的合资证券公司经营情况看，中金公司、中银国际、高盛高华、瑞银证券近年在投行业务上显示出了相当的竞争优势。更多外资投行的进入将对中国投资银行的生存空间构成强烈的挤压。

在激烈的竞争压力下，部分经营不够稳健、业务缺乏规范、管理尚不完善、服务水平较低的投资银行可能被淘汰。为此，我国投资银行应未雨绸缪，主动在竞争中提高自身整体素质，在完善本土业务的同时，认真学习和借鉴国外投资银行的先进管理经验，积极推进以客户为中心的业务模式，提前做好各方面的准备工作，在竞争中进步。

（三）国内投资银行业务过于单一

在成熟的资本市场中，投资银行已由单纯的提供一个平台为供求双方服务发展到更多地参与到经济活动中来，投资银行的功能也由单纯的中介机构向投资理财顾问的角色转变，形成以并购咨询、资产证券化、项目融资、资产管理、风险投资等为核心的新一代业务，投资银行具有了更多的主动创造性。虽然我国投资银行已经开始尝试资产证券化、直接投资等创新业务，但大部分投资银行业务仍然以证券承销保荐业务为主。体制、能力和市场环境的制约在一定程度上影响了投资银行创新的动力和投入，各投资银行创新业务还处于发展的初步阶段。

业务范围狭窄带来的突出问题是抵御市场风险的能力不足，承销业务目前仍然难以摆脱“靠天吃饭”的被动局面。如果市场持续低迷和交易日渐萎缩，投资银行将被迫承受证券市场下跌所带来的沉重的系统沽空压力，承销业务将持续减少。同时投资银行还必须花费大量时间和精力去预防或应付不时爆发的各类业务风险，业务单一将使投资银行面临较大的生存压力。

（四）投资银行风险监督及内控管理机制有待进一步完善

我国投资银行业的创新业务已经到了一个厚积薄发的临界点。直接投资等业务已开始试点，部分国内公司也介入了市值管理、风险投资顾问等业务，未来创新效应将在投资银行全面显现，对投资银行业务的推动不容小视。

各项创新业务的推出也对我国投资银行的风险监控提出了更高的要求。创新业务本身具有不同于传统业务的风险特征，风险控制难度加大。加之我国投资银行风险意识普遍淡薄，在各项创新业务推出的新环境下，加强风险意识是我国投资银行应关注的问题。投资银行应在有效控制风险的前提下，依法开展经营方式创新、业务创新，并制订相应的风险控制方案对业务进行严格监控。

与此同时，我国各投资银行保荐业务的内部控制管理机制也有待提高。目前我国部分保荐机构的内部控制制度不完善，没有建立严格的质量控制制度和程序，业务流程各环节缺乏监督和制约，导致大量的初始申报文件质量粗糙，对拟上市公司的信息披露不充分、不完整。各投资银行应当根据自身业务特点制定有效的业务管理办法、操作规程、工作细则等，并严格执行这些管理规范，加强权限和流程的内部控制，以完善内控管理机制，提高保荐质量，降低保荐风险。

二、中国投资银行业的发展前景

中国投资银行业正在发生巨大的变革，国际板呼之欲出、创业板快速发展、并购重组规则逐步规范、保荐制度不断完善、直投业务蓬勃发展，投资银行业务正在朝多元化方向发展，逐步形成传统型（承销保荐业务）、创新型（并购重组业务、风险投资顾问）和延伸型（直接投资、市值管理）的多层次业务格局。可以预计，中国投资银行业将伴随着中国资本市场的成长迎来新的发展契机。

（一）中小板和创业板将成为投资银行业极具潜力的蓝海

我国是一个以中小型经济为特征的国家，具有数目众多的中小企业，他们是我国国民经济中最具活力、增长最快的群体。这一方面为中小板和创业板提供了得天独厚的上市资源，另一方面中小企业迫切的融资需求也推动了中小板和创业板的快速发展。中小板和创业板开板以来，大批优质中小企业登陆资本市场，截至2010年12月31日，中小板上市公司突破500家，创业板上市公司突破150家。这不仅为券商带来大量的承销业务收入，也带来了更多通过直接投资延伸价值链的机会。

2010年，证券市场共完成IPO发行340家，其中中小板200家、创业板

114 家；融资总额 4 957.66 亿元，其中中小板 2 025.53 亿元、创业板1 374.91 亿元。中小板和创业板已经成为我国资本市场最重要的组成部分。随着我国中小企业的逐步发展壮大，未来几年，投资银行业将继续分享我国中小企业发展带来的“盛宴”，中小板和创业板将成为投资银行业极具潜力的蓝海。

（二）国际板的推出将为投资银行业带来新的业务机会

国际板是我国构建多层次资本市场的重要一环，是推动资本市场国际化的必然举措。经过 20 多年的发展，我国的资本市场已经具备设立国际板的基础和条件，相关准备工作也已酝酿多时。从政策层面来看，国际板的推出已经渐行渐近。

对于我国投资银行业来说，国际板的推出一方面增加了新股发行的承销保荐业务收入；另一方面，大批红筹股的回归和境外优质蓝筹企业的到来将刺激国内券商加快国际化步伐、提高业务水平和规范运作能力，提升自身核心竞争力。

（三）上市公司并购重组业务将成为投资银行业重要的业务板块

近年来，随着股权分置改革基本完成，我国资本市场基础性制度进一步健全，上市公司并购重组活动日趋活跃，资本市场并购重组在我国经济结构调整和产业升级中发挥着日益重要的作用。2008 ~2010 年，中国证监会并购重组委共召开 114 次会议，审核了 170 家上市公司重大资产重组项目，一批上市公司通过并购重组实现了产业整合、整体上市和增强控制权等做优做强的目的，同时也催生了一批具有国际竞争力的优质企业。

我国上市公司并购重组业务由于相关法律法规不健全、监管手段不完善、政策措施不灵活、市场化程度较低等原因，长期存在着透明度不高、规范性不够、创新性不足等问题，制约了我国并购重组业务的发展。

2010 年，为贯彻落实国务院发布的《关于促进企业兼并重组的意见》（国发［2010］27 号），中国证监会围绕推进资本市场企业并购重组市场化改革主线，以优先支持符合国家产业政策、有利行业整合、结构优化的并购重组活动为导向，形成了规范推进资本市场并购重组的十项专项工作安排，并坚持成熟一项推出一项，切实提高并购重组的质量、效率和市场化程度。可以预期，未来一段时间，资本市场的制度创新、产业结构升级和经济结构调整的需要都将推动越来越多的产业资本利用资本市场进行并购重组。投资银行业可以通过对重点行业及优势领域进行深度挖掘，不断寻找产业并购、行业整合以及业务延伸的机会，分享中国资本市场并购重组的“盛宴”。

（四）股权投资业务将成为投资银行业新的业绩增长点

一直以来，国内投资银行业务只能收取承销保荐费等，国外的投资银行则利用自身的综合实力，不仅在承销业务上进行收费，还能通过对企业的深入了解，寻找到利用自有资本或管理的资本投资入股的机会，获得企业上市后的投资增值。近年来，高盛、美林、摩根士丹利等国际知名投行都已在中国成功投资了多个 Pre－IPO 项目。

直接投资业务的开展可以在一定程度上改变券商“靠天吃饭”的发展模式，形成新的业绩增长点。截至 2010 年年底，国内已有 31 家券商获批并成立直接投资公司，总计注册资本达 225.1 亿元；2010 年券商直接投资 147 家公司，投资总额近 65 亿元。

2010 年，券商私募股权投资业务开始试点。与直接投资业务不同的是，直接投资业务仅能使用券商自有资金进行股权投资，且投资上限为证券公司净资本的 15%。设立私募股权基金后，券商可作为基金管理人向特定对象募集资金用于投资，不仅有利于扩大投资规模，也规避了“保荐＋直投”引起的社会争议。

可以预见，未来股权投资业务对投资银行的重要性将日益提高，大力发展股权投资业务对拓宽盈利渠道、平滑市场波动对收入带来的负面影响将起到越来越重要的作用。

（五）投资银行业务立足国内、走向国际

目前我国的投资银行基本上以国内市场为主，这主要受制于我国投资银行的实力。加入 WTO 后，按照对等原则，中国投资银行业也可以进入其他缔约国金融市场并享受该国资本的同等待遇。中国投资银行业获得了更多新的发展机遇，应该放眼世界，用全球化的眼光经营我国的投资银行。国际业务的巨额

利润致使我们不能放弃这个市场，开拓国际业务一方面有利于中国投资银行与国际接轨，另一方面也可以增强自己的业务能力，开展国际业务势在必行。

中国投资银行开拓国际业务应该从以下几方面开始：一方面在海外设立分支机构，从组织建设上保证其国际业务的顺利开展，目前中信证券、国泰君安证券、国信证券、招商证券、光大证券、广发证券、海通证券等均在我国香港设立了子公司；另一方面，寻求与海外券商的深层次合作，现阶段的目标定位主要是学习和熟悉海外市场，向国际惯例靠拢，为全面参与全球一体化的资本市场的竞争积累经验、培养人才。其中第一步就是与进入我国资本市场的外国投资银行竞争，在合作中竞争，在竞争中合作，不断历练自己。可以先在中国企业的海外融资、兼并收购等业务上提供服务，再逐步参与国际资本市场的竞争。

第三章 2010年中国证券经纪业务发展报告

第一节 2010年中国证券经纪业务的发展环境

一、中国证券经纪业务的经济环境

2010年的世界经济仍存在很多不确定性，虽然复苏的步伐相对艰难，但复苏依然是主基调。尤其是以“金砖四国”为代表的发展中国家，经济增长重回“快车道”，但欧美发达经济国家恢复的速度则相对缓慢。我国经济基本走出了经济危机的不利影响，取得了平稳较快的增长。但各国为应对国际金融危机所采取的对策，尤其是美联储量化宽松货币政策导致全球尤其是发展中国家面临着日趋严重的通货膨胀影响。

（一）世界经济艰难复苏，恢复速度快慢不均

2010年是世界经济走出金融危机的“泥沼”、艰难复苏的一年，但以欧美国家为代表的发达国家和以“金砖四国”为代表的发展中国家，增长速度却呈现出明显的快慢不均之势。与此同时，受美国量化宽松货币政策等因素的影响，大宗商品价格快速反弹，全球尤其是发展中国家承受着日渐明显的通货膨胀压力。

由于各国政府为应对金融危机采取了积极有效的应对之策，2010年全球经济取得较为明显的增长。根据国际货币基金组织的预测，2010年全球产出增长

率约在4.8%左右，而联合国则以“前高后低、冷热不均”概括了2010年全球经济格局。所谓“前高后低”就是2010年上半年全球经济复苏的劲头迅猛，但从下半年开始，随着各国应对金融危机的政策效果逐步弱化，全球经济增长明显减速；“冷热不均”主要是指发达国家和发展中国家经济恢复速度有所不同，发达国家的复苏速度较慢，发展中国家的复苏速度较快。

虽然2010年世界经济总体上表现出复苏之势，但必须看到，复苏过程十分艰难，甚至不排除出现反复的可能性，这一点在欧美发达国家表现得尤为明显。以希腊为代表的欧洲主权债务危机几经反复，并不断向其他欧洲国家蔓延，这为世界经济的持续复苏带来了很大不确定性。而美联储第二轮量化宽松货币政策也未能从根本上改变美国经济增长缓慢、失业率居高不下的情况。同时此举扭曲了全球金融市场，加大了美元贬值预期，导致“热钱”流向新兴经济体，新兴经济体通货膨胀加剧，使得这些国家不得不收紧货币政策。

受需求和投机性因素的双重推动，全球大宗商品价格快速反弹，尤其是2010年下半年大宗商品价格涨势凶猛，其中原油价格全年涨幅超过20%，黄金超过25%，棉花价格更是翻番，同时全球粮价也不断创出新高。

（二）中国经济平稳快速增长

2010年我国坚持实施应对国际金融危机冲击的一揽子计划，加快推进经济发展方式转变，巩固了经济社会发展的良好势头，经济整体保持平稳快速增长。

根据国家统计局的初步核算，2010年国内生产总值为397 983亿元，比上年增长10.3%。其中，第一产业增加值40 497亿元，增长4.3%；第二产业增加值186 481亿元，增长12.2%；第三产业增加值171 005亿元，增长9.5%。第一产业增加值占国内生产总值的比重为10.2%，第二产业增加值占国内生产总值的比重为46.8%，第三产业增加值占国内生产总值的比重为43.0%。企业效益继续提高，1～11月，全国规模以上工业企业实现利润3.88万亿元，同比增长49.4%。

居民消费价格全年平均比上年上涨3.3%，其中食品价格上涨7.2%；固定资产投资价格上涨3.6%；工业品出厂价格上涨5.5%；原材料、燃料、动力购进价格上涨9.6%；农产品生产价格上涨10.9%。

全年城镇新增就业1 168万人，比上年增加66万人。年末城镇登记失业率为4.1%，比上年末下降0.2个百分点。年末国家外汇储备28 473亿美元，比上年末增加4 481亿美元。全年财政收入83 080亿元，比上年增加14 562亿元，增长21.3%；其中税收收入73 202亿元，增加13 680亿元，增长23.0%。

（三）国内消费需求持续扩大，对经济拉动作用明显

随着我国扩大消费的各项政策取得积极成效，国内消费需求潜力逐步释放，消费需求持续扩大，内需对经济增长的拉动作用也日趋明显，国内消费对2010年经济增长贡献了3.9个百分点。

根据国家统计的数据，2010年全年国内社会消费品零售总额156 998亿元，比上年增长18.3%，扣除价格因素，实际增长14.8%。按经营地统计，城镇消费品零售额136 123亿元，增长18.7%；乡村消费品零售额20 875亿元，增长16.2%。按消费形态统计，商品零售额139 350亿元，增长18.4%；餐饮收入额17 648亿元，增长18.1%。

在限额以上企业商品零售额中，汽车类零售额比上年增长34.8%，粮油类增长27.9%，肉禽蛋类增长21.7%，服装类增长25.8%，日用品类增长25.1%，文化办公用品类增长23.5%，通讯器材类增长21.8%，化妆品类增长16.6%，金银珠宝类增长46.0%，中西药品类增长23.5%，家用电器和音像器材类增长27.7%，家具类增长37.2%，建筑及装潢材料类增长32.3%。

（四）投资保持适度增长，结构进一步改善

全年全社会固定资产投资278 140亿元，比上年增长23.8%，扣除价格因素，实际增长19.5%。两年新增4万亿元投资计划圆满完成。其中，城镇投资241 415亿元，增长24.5%；农村投资36 725亿元，增长19.7%。从地域上看，中西部地区投资增长明显快于东部地区。东部地区投资115 970亿元，比上年增长21.4%；中部地区投资62 894亿元，增长26.2%；西部地区投资61 875亿元，增长24.5%；东北地区投资30 726亿元，增长29.5%。

《国务院关于鼓励和引导民间投资健康发展的若干意见》的发布实施，为民间投资注入了新的活力。2010年民间投资占城镇固定资产投资比重达

51.1%，比上年提高3个百分点。

（五）外贸进出口额大幅增长，对外投资日趋活跃

2010年我国对外贸易走出了国际金融危机的影响，进出口总额显著回升。根据国家统计局的数据，全年货物进出口总额29 727亿美元，比上年增长34.7%。其中，货物出口15 779亿美元，增长31.3%；货物进口13 948亿美元，增长38.7%。外贸顺差1 831亿美元，比上年减少126亿美元。

全年非金融领域新批外商直接投资企业27 406家，比上年增长16.9%。实际使用外商直接投资金额1 057亿美元，增长17.4%。随着我国经济实力的增强，国内企业走出去的需求也日渐增加，全年非金融类对外直接投资额590亿美元，比上年增长36.3%。

（六）结构调整工作积极推进

结构调整是2010年我国重点推进的一项工作，年内也取得了积极的进展。

1. 工业结构调整取得新进展。重点行业调整振兴规划进一步实施，淘汰落后产能任务全面完成。火电、炼钢、炼铁、水泥、平板玻璃、造纸等行业分别淘汰落后产能1 210万千瓦、931万吨、4 000万吨、11 619万吨、1 105万重箱和472万吨。

2. 企业自主创新能力增强，高技术产业发展加快。全年高技术制造业增加值增长16.6%，提高8.9个百分点。集成电路、电子元件、微型计算机设备、移动通信手持机等主要高技术产品产量分别增长57.4%、30.1%、35%和46.4%；软件销售收入1.3万亿元，增长30%。《国务院关于加快培育和发展战略性新兴产业的决定》颁布实施，促进了相关行业的快速发展。

3. 区域发展的协调性增强。区域发展总体战略向纵深推进，《国务院关于印发全国主体功能区规划的通知》发布实施。《中共中央 国务院关于深入实施西部大开发战略的若干意见》顺利出台，推进西藏、新疆跨越式发展和长治久安的意见以及加快四川、云南、甘肃、青海4省藏区发展的意见颁布实施。对东北地区工业结构优化升级和现代服务业发展的支持力度加大，扶持东北建设现代农业的指导意见制定出台，资源型城市可持续发展的政策体系进一步完

善。促进中部地区崛起规划全面落实。这一系列政策实施促进了我国区域经济的协调发展。

（七）货币供应量适度增长

根据中国人民银行的数据，2010 年年末广义货币供应量（M2）余额为 72.6 万亿元，比上年末增长 19.7%；狭义货币供应量（M1）余额为 26.7 万亿元，比上年末增长 21.2%；流通中现金（M0）余额为 4.5 万亿元，比上年末增长 16.7%。

2010 年年末全部金融机构本外币各项存款余额 73.3 万亿元，比年初增加 12.1 万亿元。其中人民币各项存款余额 71.8 万亿元，比年初增加 12.0 万亿元。全部金融机构本外币各项贷款余额 50.9 万亿元，比年初增加 8.4 万亿元。其中人民币各项贷款余额 47.9 万亿元，比年初增加 7.9 万亿元。

（八）城乡居民收入明显增加，社会保障水平继续提高

2010 年国家采取多种措施促进城乡居民收入水平提高，城乡居民收入继续增加。城镇居民人均可支配收入和农村居民人均纯收入分别达到 19 109 元和 5 919元，比上年增加 1 934 元和 766 元，剔除价格因素，比上年实际增长 7.8% 和 10.9%，这是 1998 年以来农村居民收入增速首次快于城镇居民。2010 年城镇和农村居民家庭食品消费支出占消费总支出的比重分别为 35.7% 和 41.1%。

2010 年我国整体社会保障水平继续提高。2010 年年末全国参加城镇基本养老保险人数 25 673 万人，比上年末增加 2 123 万人。参加城镇基本医疗保险的人数 43 206 万人，比上年末增加 3 059 万人。参加城镇医疗保险的农民工 4 583万人，比上年末增加 249 万人。参加失业保险的人数 13 376 万人，比上年末增加 660 万人。2 678 个县（市、区）开展了新型农村合作医疗工作，新型农村合作医疗参合率达 96.3%。全年 2 311.1 万名城市居民得到政府最低生活保障，5 228.4 万名农村居民得到政府最低生活保障。

总体上来看，2010 年我国走出了国际金融危机的不利影响，国民经济取得了平稳快速发展。但同时应该注意到，受国内外多重因素的影响，我国居民消

费价格指数呈明显上升之势，2010 年第 1 季度同比上涨 2.2%，第 2 季度上涨 2.9%，第 3 季度上涨 3.5%，第 4 季度上涨 4.7%。在这一背景下，2010 年年底，我国货币政策由适度宽松转向稳健，这意味着应对通货膨胀已成为今后一段时间内的重点工作。

二、中国证券经纪业务的政策和市场环境

2010 年迎来了中国资本市场 20 周年，以 1990 年沪深证券交易所的成立为标志，中国资本市场走过了不平凡的 20 年，同时也是不断探索和完善制度的 20 年。2010 年更是被视为中国资本市场的创新元年，一系列制度建设和创新使得中国资本市场体系建设进一步完善。

股指期货和融资融券的推出对于中国资本市场来说具有里程碑意义，在一定程度上改变了中国证券市场的环境；中国证券市场 IPO 融资额排名居世界首位，进一步显示了中国证券市场的成长壮大，而监管部门持续不断地强化对内幕交易的打击力度，则显示了监管层规范市场环境的决心。可以说，2010 年中国资本市场在规模、功能、创新、监管等多个方面均取得了重大突破。

（一）股指期货合约正式上市交易

2010 年 4 月，筹备多年的股指期货业务在经过国务院批准后成功上市。4 月 8 日，股指期货启动仪式在上海举行；4 月 16 日，首批 4 个沪深 300 股票指数期货合约在中国金融期货交易所正式挂牌交易。

股指期货合约的成功上市不只是中国证券市场增加了一个交易品种，更是中国证券市场一项重要的制度变化。一方面，合约上市使股市有了对冲机制，机构投资者保值手段增加。随着股指期货的推出，很多投资，包括投资组合、投资理念都要发生重大变化。

股指期货的推出，给保证金杠杆交易、做空机制和 T+0 交易带来了投资理念的改变，然而当日无负债结算以及到期交割等交易特性带来更大的风险，“买入并持有”的投资理念已不再适用。股指期货市场的投资机会来自对市场运行规律的把握和对市场间相对定价的准确判断，合理地运用股指期货的交易

策略，无论在下跌、上涨还是波动的行情中，均可为投资者提供获利的机会。

（二）融资融券业务试点启动

2010 年 1 月 8 日，国务院原则上同意开设融资融券业务试点。中国证监会 1 月 22 日发布《关于开展证券公司融资融券业务试点工作的指导意见》，首次就证券公司开展融资融券业务试点“门槛”予以明确，融资融券试点工作正式启动。3 月 31 日，融资融券交易试点启动，国泰君安证券、国信证券、中信证券、光大证券、海通证券和广发证券 6 家证券公司成为融资融券首批试点证券公司。中国资本市场从此结束“单边市场”，迈向“双边市场”。

自融资融券试点以来，截至 2010 年年底，先后共有 3 批 15 家试点券商正式入场交易。而随着入场券商的不断增多，融资融券热度也在不断升温。数据显示，截至 2010 年年底，两市融资融券规模已经突破了 120 亿元。融资融券业务的开通不仅有效改变了 A 股市场“单边市”的状况，也为投资者提供了一种规避市场风险的工具。

融资融券交易是海外证券市场普遍实施的一种成熟的交易制度，是证券市场基本职能发挥作用的重要基础。融资融券交易机制具有提高市场流动性、缓冲市场波动、发现市场合理价格、对冲避险和为机构创造盈利的积极效应，是完善证券市场机制、促进金融产品创新、优化金融市场资源配置的重要手段和途径。引进融资融券交易是我国资本市场改革发展的一项重要内容，对促进我国多层次资本市场建设具有积极意义。融资融券业务试点既是资本市场产品和业务建设的重大突破，也意味着中国券商业务范围的拓宽和收入来源的突破。

（三）监管部门持续严打内幕交易

2010 年以来，中国证监会建立健全行政处罚与司法合作打击证券期货犯罪的有效模式，已初步形成综合防控和打击内幕交易的政策体系和监督机制，对内幕交易、操纵市场等违法违规行为持续保持高压态势。

5 月 18 日，最高人民检察院、公安部联合印发《最高人民检察院、公安部关于公安机关管辖的刑事案件立案追诉标准的规定（二）》，对公安机关经济犯罪侦查部门管辖的内幕交易、泄露内幕信息案，以及操纵证券、期货市场案的立案追诉标准等作出了规定。

11 月 18 日，经国务院同意，国务院办公厅转发中国证监会、公安部、监察部、国资委、预防腐败局 5 部门《关于依法打击和防控资本市场内幕交易》的意见，5 部门开始联合打击资本市场内幕交易。

中国证监会有关部门负责人表示，中国证监会将加强内幕信息管理，建立防控打击内幕交易综合体系。大力督促上市公司健全信息披露事务管理制度，依法公平披露信息。加强与相关部门以及地方政府的沟通协作，强化内幕信息知情人监管，有序扩大内幕信息知情人登记制度的试点范围和登记范围。加强对发行上市、并购重组等环节的信息披露监管，防止发生恶意造假和内幕交易行为。

中国证监会有关部门负责人表示，下一步中国证监会将进一步加强市场监管，采取多种措施，重点防范、坚决打击内幕交易等违法违规行为。一是加强制度建设，加大源头治理力度，从制度层面切实解决并购重组中内幕信息管理的问题；二是集中力量查处一批内幕交易案件，涉嫌犯罪的坚决移送公安机关追究刑事责任；三是加强宣传，强化教育预防；四是创新工作方法，探索在现阶段打击内幕交易的方法、手段，形成有效抑制内幕交易的防控和查处机制。

7 月 29 日，中国证监会通报了“山煤国际”股价操纵案以及“深天健”和“ST 得亨”两起内幕交易案件的查处结果，相关案件责任人遭到中国证监会的行政处罚。

9 月 6 日，因涉嫌“老鼠仓”交易，景顺长城原基金经理涂强、长城基金原基金经理刘海、长城基金原基金经理韩刚 3 人被中国证监会查处，其处罚决定正式对外公布。其中，中国证监会依法将长城基金公司原基金经理韩刚涉嫌犯罪的证据材料移送公安机关追究刑事责任，这也是基金经理“老鼠仓”案首次被移送公安机关。

9 月 15 日，中国证监会有关部门通报了上海祖龙内幕交易案。

通过对上述案件的查处，有力打击和震慑了市场上的内幕交易行为。

（四）货币政策从“适度宽松”回归稳健

为应对国际金融危机，我国在 2008 年实施了“适度宽松”的货币政策，这使得我国国民经济克服了外部因素的不利影响，回归到平稳快速的增长轨道上。但随着国际上输入性通胀的影响以及我国内部因素的共同作用，我国居民消费价格指数也快速攀升，2010 年全年平均达到了 3.3%，其中 2010 年第 4 季度达到了 4.7%，通胀压力日趋明显。

自 2010 年 1 月 12 日宣布上调存款准备金率后，2010 年年内央行 6 次上调了存款准备金率，并于 10 月进行了近 3 年来的首次加息，12 月再次加息。

2010 年 12 月 3 日，中共中央政治局召开会议，指出 2011 年要实施积极的财政政策和稳健的货币政策，增强宏观调控的针对性、灵活性、有效性。这是 2008 年 11 月中国为应对国际金融危机提出货币政策“适度宽松”之后，首次回归“稳健”。有分析指出，货币政策的这个转向是对 2010 年以来尤其是下半年政策执行情况转变的一种确认。

（五）监管部门规范券商经纪业务，保护投资者利益

2010 年，监管部门在重拳出击打击内幕交易的同时，还出台了一系列规章制度，规范证券公司经纪业务相关行为，进一步保护投资者利益。

2 月，中国证监会决定建立证券市场交易结算资金监控系统，以保护投资者合法权益，保障客户资金安全。这是我国证券市场首次建立覆盖全市场的结算资金监控系统。中国证券投资者保护基金公司负责监控系统的建设、维护和日常管理工作。

4 月 16 日，为了加强证券公司证券经纪业务的监管，规范证券经纪业务活动，保护投资者的合法权益，中国证监会发布《关于加强证券经纪业务管理的规定》。《关于加强证券经纪业务管理的规定》明确，证券公司应当建立健全证券经纪业务客户管理与客户服务制度，加强投资者教育，保护客户合法权益。这是中国证监会首次在部门规章中明确券商应对客户进行分类管理；同时还包含证券公司应当统一建立、管理证券经纪业务客户账户管理、客户资金存管、代理交易、代理清算交收、证券托管、交易风险监控等信息系统，各项业务数据应当集中存放等内容。

10 月 19 日，为了规范证券公司、证券投资咨询机构从事证券投资顾问业务以及发布证券研究报告行为，保护投资者合法权益，维护证券市场秩序，促

进证券投资咨询业务规范发展，中国证监会公布了《证券投资顾问业务暂行规定》和《发布证券研究报告暂行规定》，于2011年1月1日起正式实施。这两个规定明确了证券公司、证券投资咨询机构从事投资顾问业务和发布证券研究报告的相关规范。

（六）IPO融资额位居全球第1，中国农业银行成史上最大IPO

2010年全年上市公司通过境内市场累计筹资10 275亿元，比上年增加5 666亿元。其中，首次公开发行A股347只，筹资4 883亿元，较上年增加3 004亿元，位居全球第1；A股再筹资（包括配股、公开增发、非公开增发、认股权证）4 072亿元，增加2 057亿元；上市公司通过发行可转债、可分离债、公司债筹资1 320亿元，增加605亿元。全年公开发行创业板股票117只，筹资963亿元。

值得一提的是，7月15日，中国农业银行正式登陆A股市场。8月13日，中国农业银行全额行使超额配售选择权。由于中国农业银行的A股和H股“绿鞋”全部执行，中国农业银行成为史上最大的IPO案例。

第二节　2010年中国证券经纪业务的总体情况

一、证券经纪业务的总体特征

（一）业务规模：市场扩容加速，交易量略有增加

1. 市场指数下跌，扩容加速，整体交易量略有增加。我国股市在经历了2009年的牛市行情（上证指数2009年全年上涨77.24%）后，在2010年表现惨淡。上证综合指数从年初的3289.75点开盘，在1月11日就达到了全年最高的3306.75点，随后一路下滑。虽然经历了10月的一波上涨行情，但最终年底收盘于2808.93点，全年下跌480.82点，下滑幅度为14.62%。深圳成分指

数也从 13766. 11 点下跌到 12458. 55 点，下滑幅度为 9. 50%。

另一方面，资本市场筹资功能表现依旧不俗。2010 年，沪深两市实际募集资金 9 865 亿元，相较 2009 年的 5 046 亿元，增加了 4 819 亿元，增加幅度为 95. 5%。其中 IPO 首发实际募集资金 4 710 亿元，是 2009 年 1 952 亿元的 2. 41 倍；增发实际募集资金 3 772 亿元，与 2009 年的 3 022 亿元相差不大。

根据 Wind 统计资料，2009 年上市公司总数为 1 718 家，2010 年达到了 2 063家，增加了 345 家，而 2009 年相比 2008 年只增加了 93 家。

2009 年上市公司总股本 26 207 亿股，流通 A 股股本数为 13 930 亿股；2010 年上市公司总股本达到了 33 282 亿股，流通 A 股股本数也达到了 19 158 亿股，分别比 2009 年增加了 27% 和 38%。

2009 年上市公司总市值为 290 722 亿元，其中流通 A 股市值 149 616 亿元；平均市盈率 25. 57，平均市净率 3. 41。而 2010 年上市公司总市值也达到了 305 215亿元，其中流通 A 股市值为 191 061 亿元，平均市盈率 17. 40，平均市净率 2. 68。说明市场整体估值风险相比上一年明显降低。

虽然二级市场行情不佳，但 2010 年两市股票基金合计成交 550 688 亿元，较 2009 年的 542 383 亿元增加了 8 305 亿元，增加幅度为 1. 53%；债券成交60 895 亿元，比上年增加了 25 714 亿元，增加幅度为 73. 09%。同时，由于权证数量减少，权证交易量随之下降，2010 年权证成交 14 986 亿元，较 2008 年减少了 38 654亿元，下降幅度高达 72. 06%。总体来说，2010 年两市交易总量为 626 569 亿元，较 2009 年的 631 204 亿元减少了 4 635 亿元，微跌 0. 73%（见图 3 – 1）。

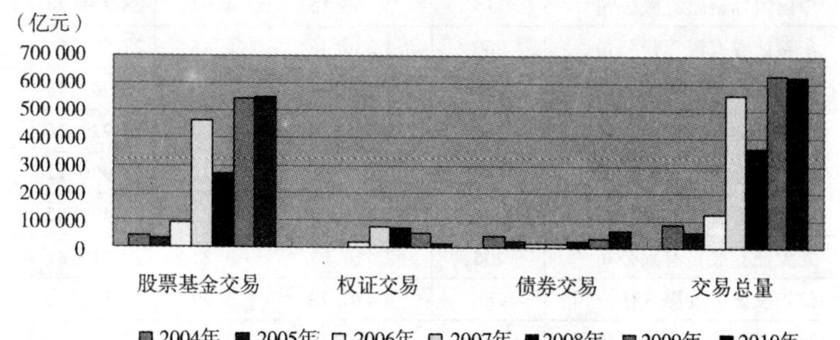

图 3 – 1　2004 ~ 2010 年市场交易情况变化

资料来源：Wind 资讯。

2. 基金分仓交易。2010 年基金分仓交易占比较 2008 年和 2009 年持续下降，2010 年基金分仓中的股票交易总量达到 75 021 亿元，占整个市场股票基金交易总量的 6.81%（2010 年整个市场的单边股票基金交易总量为 1 101 376 亿元）（见表 3－1 和表 3－2）。

表 3－1　基金分仓市场占比变化数据

年度	分仓交易量（亿元）	股票基金交易量（亿元）	基金分仓占比（%）
2002	1 770	52 716	3.36
2003	3 379	60 890	5.55
2004	5 308	81 112	6.54
2005	5 702	64 528	8.84
2006	14 645	184 810	7.92
2007	73 085	938 352	7.79
2008	50 325	545 250	9.23
2009	79 897	1 092 654	7.31
2010	75 021	1 101 376	6.81

资料来源：Wind 资讯。

表 3－2　按交易量排名的基金分仓前 20 名的券商数据表

排名	席位名称	交易基金只数（只）	股票交易总金额（亿元）	股票席位占比（%）	总佣金（万元）	佣金席位占比（%）
1	申银万国证券股份有限公司	349	4 786.11	6.38	40 233.28	6.45
2	中信证券股份有限公司	331	4 765.01	6.35	39 710.71	6.37
3	国泰君安证券股份有限公司	359	3 971.19	5.29	32 913.93	5.28
4	招商证券股份有限公司	293	3 563.79	4.75	29 547.43	4.74
5	国信证券股份有限公司	285	3 505.00	4.67	29 077.94	4.66
6	中国国际金融有限公司	315	3 466.15	4.62	28 811.28	4.62
7	华泰证券有限责任公司	260	3 336.46	4.45	27 527.55	4.41
8	安信证券股份有限公司	225	3 227.94	4.30	26 962.48	4.32
9	海通证券股份有限公司	268	2 998.95	4.00	24 929.26	4.00
10	东方证券股份有限公司	174	2 791.06	3.72	22 996.11	3.69
11	广发证券股份有限公司	214	2 576.28	3.43	21 499.87	3.45
12	光大证券股份有限公司	206	2 514.97	3.35	20 919.81	3.35
13	中信建投证券有限责任公司	286	2 470.79	3.29	20 576.46	3.30
14	中银国际证券有限责任公司	217	2 085.59	2.78	17 230.75	2.76
15	兴业证券股份有限公司	199	2 052.66	2.74	16 988.09	2.72
16	国金证券股份有限公司	202	1 907.03	2.54	15 856.91	2.54

续表

排名	席位名称	交易基金只数（只）	股票交易总金额（亿元）	股票席位占比（%）	总佣金（万元）	佣金席位占比（%）
17	长江证券股份有限公司	170	1 845.92	2.46	15 397.11	2.47
18	中国银河证券股份有限公司	295	1 673.37	2.23	13 858.50	2.22
19	长城证券有限责任公司	132	1 473.18	1.96	12 226.58	1.96
20	中国建银投资证券有限责任公司	188	1 428.67	1.90	11 916.34	1.91

资料来源：Wind 资讯。

3. 市场参与主体。

（1）账户总体情况。

①股票账户稳步增长。截至 2010 年年底，沪深两市股票账户总数为 15 454.03万户，相较 2009 年年底的 14 027.88 万户，净增 1 426.15 万户，增长幅度为 10.17%；其中，A 股账户数为 15 204.06 万户，相较 2009 年年底的 13 781.78 万户，净增 1 422.28 万户，增长幅度为 10.32%；B 股账户 249.97 万户，相较 2009 年年底的 246.10 万户，净增 3.87 万户，增长幅度为 1.57%（见表 3－3）。

表 3－3 2007～2010 年股票账户变化情况

	2007 年	2008 年	2009 年	2010 年
期末股票账户总数（万户）	11 287.27	12 363.89	14 027.88	15 454.03
期末 A 股账户数（万户）	11 052.96	12 123.54	13 781.78	15 204.06
期末 B 股账户数（万户）	234.31	240.35	246.10	249.97

资料来源：中登公司。

经历 2007 年大牛市，股票账户爆炸性增长之后，过去 3 年间，每年新增股票开户数的增长幅度在 10%～15%之间波动，表现出平稳发展的态势。

2010 年，全年新增股票开户数为 1 494.25 万户，相较 2009 年全年新增 1 732.76万户，减少了 238.51 万户，减少幅度为 13.76%。其中，A 股账户全年开户数为 1 489.77 万户，相较 2009 年的 1 726.57 万户，减少了 236.80 万户，减少幅度为 13.72%；B 股账户全年开户数为 4.48 万户，相较 2009 年的 6.19 万户，减少了 1.71 万户，减少幅度为 27.63%（见图 3－2）。

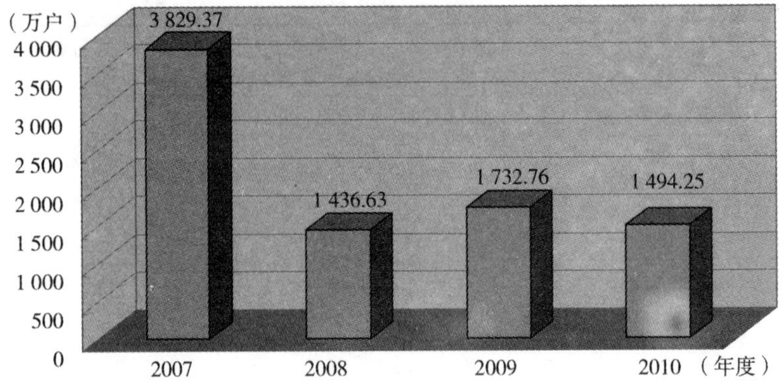

图 3－2　2007～2010 年新增股票开户数变化趋势图

资料来源：Wind 资讯。

②基金账户增速回落。截至 2010 年年底，两市基金账户总数为 3 404.25 万户，相较 2009 年年底的 3 121.80 万户，净增 282.45 万户，增长幅度为 9.05%，略低于 2009 年 287.68 万户的净增额（见图 3－3）。

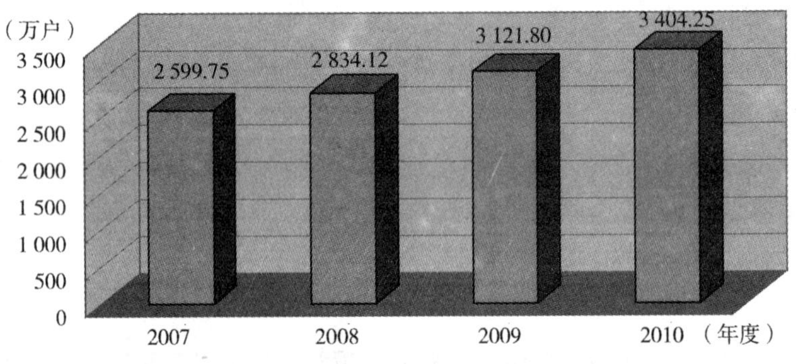

图 3－3　2007～2010 年基金账户总数变化趋势图

资料来源：Wind 资讯。

（2）投资者开户地区分布。投资者按地区分布情况，截至 2010 年年底，两市 A 股账户（含基金账户）的开户数，位居前列的是上海、北京、广东、江苏、深圳、山东、浙江等沿海和经济较发达地区。

从变化趋势上看，一方面，与截至 2009 年年底两市 A 股账户（含基金账户）的开户数相比，开户数增量方面，仍然是上述省份位居前列，其中上海、北京两个直辖市的开户数增量之和，占全国新增开户数的近 1/3。而 2010 年开户数增量全国占比排名靠后的省份有新疆、贵州、宁夏、海南、青海、西藏等，基本集中在中西部地区。

另一方面，2010年与2009年开户数增量的全国占比变化，各地区表现也各不相同。其中上海2010年的开户数增量全国占比为16.46%，2009年为15.15%，占比增加了1.31个百分点，在全国位居第1。与此相反，深圳地区的开户数增量全国占比下降了1.17个百分点。中西部省份中，安徽、内蒙古、云南等地的开户数增量全国占比上升较多（见表3-4）。

表3-4　　2009年与2010年投资者开户地区分布变化数据

	2010年年底开户总数（万户）	2009年年底开户总数（万户）	2010年开户总数变化（万户）	2010年开户数全国占比（%）	2009年开户数全国占比（%）	占比变化（%）
上海	3 086.27	2 794.44	291.83	16.46	15.15	1.31
北京	2 687.00	2 410.24	276.76	15.61	15.25	0.36
广东	1 533.45	1 388.29	145.16	8.19	8.08	0.11
江苏	1 292.59	1 188.77	103.82	5.86	5.77	0.09
深圳	1 167.96	1 068.67	99.29	5.60	6.77	-1.17
浙江	918.66	819.50	99.16	5.59	5.08	0.51
山东	933.55	863.12	70.43	3.97	4.97	-1.00
福建	563.65	501.21	62.44	3.52	2.60	0.92
河南	591.02	537.09	53.93	3.04	3.47	-0.43
四川	700.15	648.91	51.24	2.89	2.95	-0.06
湖北	610.15	561.14	49.01	2.77	3.27	-0.50
湖南	494.92	446.03	48.89	2.76	2.40	0.36
河北	395.80	355.13	40.67	2.29	2.10	0.19
辽宁	672.73	633.88	38.85	2.19	2.57	-0.38
广西	275.48	236.93	38.55	2.17	2.18	-0.01
安徽	312.13	282.67	29.46	1.66	1.25	0.41
江西	280.13	254.88	25.25	1.42	1.53	-0.11
山西	276.14	251.06	25.08	1.41	1.88	-0.47
云南	178.80	155.76	23.04	1.30	1.21	0.09
陕西	323.79	301.29	22.50	1.27	1.42	-0.15

续表

	2010 年年底开户总数（万户）	2009 年年底开户总数（万户）	2010 年开户总数变化（万户）	2010 年开户数全国占比（%）	2009 年开户数全国占比（%）	占比变化（%）
黑龙江	372.90	350.75	22.15	1.25	1.46	-0.21
甘肃	163.53	141.85	21.68	1.22	1.27	-0.05
吉林	267.05	246.09	20.96	1.18	1.17	0.01
内蒙古	149.95	129.30	20.65	1.16	1.02	0.14
重庆	257.46	237.76	19.70	1.11	1.19	-0.08
天津	268.89	249.50	19.39	1.09	1.07	0.02
新疆	217.53	199.23	18.30	1.03	1.44	-0.41
贵州	100.44	87.85	12.59	0.71	0.67	0.04
宁夏	66.50	60.71	5.79	0.33	0.37	-0.04
海南	121.51	117.39	4.12	0.23	0.19	0.04
青海	55.85	53.17	2.68	0.15	0.19	-0.04
西藏	8.03	7.78	0.25	0.01	0.00	0.01

注：开户总数按账户的开户代办点所在地统计。开户点地区或开户点的邮编维护有问题，不能确定其开户地区的，归入“其他”，未在本表中体现。

资料来源：中国证券登记结算有限责任公司。

（3）投资者结构。从构成上来说，自然人占市场账户数的99%以上，但从增幅趋势来说，近几年，无论是基金还是QFII，机构投资者的增幅都远远高于自然人的增幅（见表3-5和图3-4）。

表3-5　　2009年与2010年投资者结构分布变化数据

期末A股账户数	2010年（户）	2009年（户）	变化（户）	2010年相较2009年增幅（%）
自然人	151 460 366	137 277 240	14 183 126	10.33
一般机构	479 872	440 314	39 558	8.98
证券投资基金	1 400	1 139	261	22.91
全国社保基金	154	154	0	0.00
QFII	214	175	39	22.29

资料来源：中国证券登记结算有限责任公司。

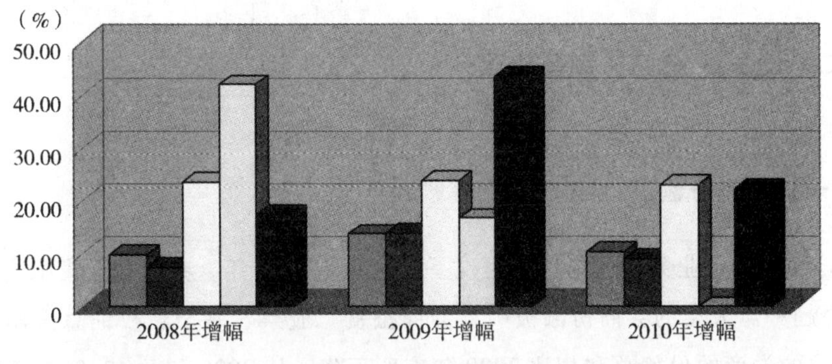

图 3-4 投资者结构分布变化趋势

资料来源：中国证券登记结算有限责任公司。

（4）投资者A股账户市值分布。投资者根据其是自然人还是机构，市值分布也有很大差异。大部分自然人的A股账户市值在50万元以下，其中1万~10万元的账户占到了一半以上。而机构投资者不同资产区间账户数量的分布比较平均。

（5）自然人A股账户持有人期末年龄分布。从过去几年的数据来看，30~40岁的自然人一直是股市中的主力军，10年有效账户数占比为29.45%，但近几年的占比略有下降。与之相反，20~30岁这一年龄段自然人的A股账户数量在各个年龄段的占比每年都比上一年有所增加（见图3-5）。

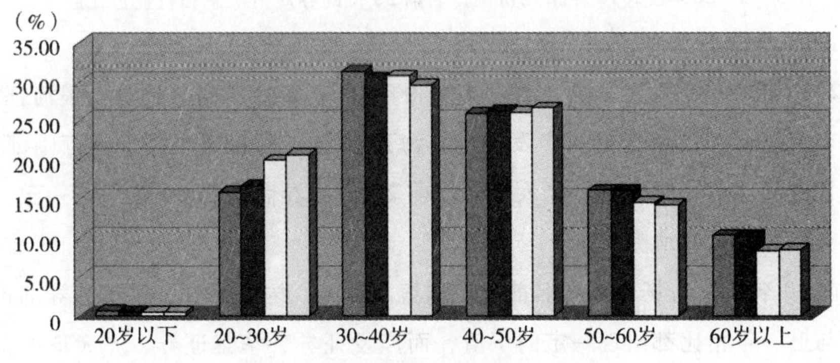

图 3-5 2007~2010年不同年龄段自然人A股账户占比分布

资料来源：中国证券登记结算有限责任公司。

二、证券经纪业务竞争格局

（一）市场份额

1. 券商经纪业务行业集中度呈现下降趋势。2010年，券商行业集中度呈继续下降趋势。大型的券商份额被中型券商蚕食。股票、基金、权证总份额排名前20位的券商的份额总和相比2009年有所下降，从2008年的63.82%下降到2009年的62.03%，又下降到2010年的61.61%（见图3-6）。

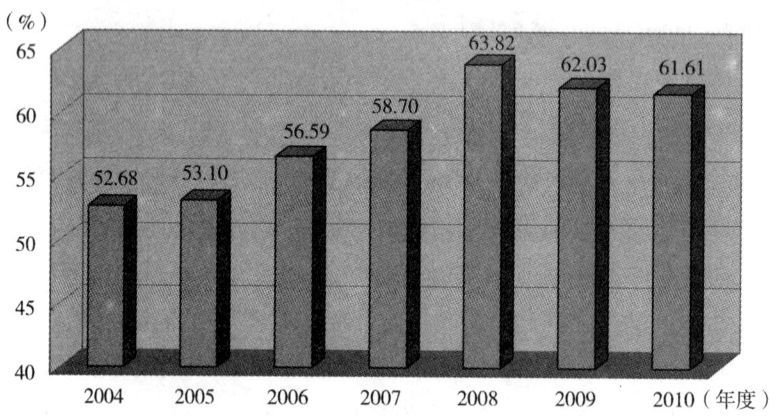

图3-6　2004~2010年市场份额排名前20位的券商份额总和行业占比趋势

资料来源：Wind资讯。

2010年，经纪业务股票、基金市场份额前10名的券商分别是：银河证券、国泰君安证券、国信证券、广发证券、海通证券、招商证券、申银万国证券、华泰证券、中信建投证券、光大证券。前20位的券商与2009年保持一致，但个别券商的排名有所变化。

前10名中，市场份额排名前3位的银河证券、国泰君安、国信证券的市场份额与上一年相比都出现一定的下滑，而广发证券、华泰证券、光大证券市场份额上升。其中广发证券由4.016%上升到4.520%，华泰证券由3.519%上升到3.737%。

其他券商，如海通证券、招商证券、申银万国证券的市场份额基本保持不变。

在排名方面，前10大券商基本保持不变，银河证券、国泰君安证券、国信证券仍然排名前3位。广发证券则由2009年的第6位上升到第4位，海通证券由第4位降到第5位，招商证券由第5位下降到第6位。申银万国证券、华泰证券、中信建投证券、光大证券分列7～10位。

市场份额变化方面，2010年相比2009年，中信金通证券份额增加最多，由1.659%上升到了1.992%，增加了0.333%，在20家券商中排名第1位。排名前5位的还有华泰证券、兴业证券、长江证券和广发证券。而市场份额排名居前3位的三大券商，市场份额减少最多（见表3－6）。

表3－6　　2009～2010年券商经纪业务市场份额排名

券商	2010年市场份额（%）	2010年排名	2009年市场份额（%）	2009年排名	排名变化	券商	份额变化（%）	排名
银河证券	5.122	1	5.493	1	0	中信金通证券	0.33	1
国泰君安证券	4.842	2	4.963	2	0	华泰证券	0.22	2
国信证券	4.520	3	4.736	3	0	兴业证券	0.22	3
广发证券	4.162	4	4.016	6	+2	长江证券	0.18	4
海通证券	4.065	5	4.143	4	－1	广发证券	0.15	5
招商证券	4.000	6	4.083	5	－1	华泰证券	0.10	6
申银万国证券	3.823	7	3.846	7	0	东方证券	0.07	7
华泰证券	3.737	8	3.519	8	0	光大证券	0.04	8
中信建投证券	3.314	9	3.371	9	0	中信证券	－0.01	9
光大证券	3.137	10	3.097	10	0	齐鲁证券	－0.02	10
齐鲁证券	2.650	11	2.672	11	0	申银万国证券	－0.02	11
安信证券	2.587	12	2.630	12	0	中投证券	－0.03	12
中信证券	2.547	13	2.556	13	0	方正证券	－0.04	13
中投证券	2.485	14	2.517	14	0	安信证券	－0.04	14
中信金通证券	1.992	15	1.659	17	+2	中信建投证券	－0.06	15
华泰证券	1.984	16	1.887	15	－1	海通证券	－0.08	16
方正证券	1.720	17	1.759	16	－1	招商证券	－0.08	17
长江证券	1.668	18	1.487	18	0	国泰君安证券	－0.12	18
兴业证券	1.636	19	1.419	20	+1	国信证券	－0.22	19
东方证券	1.526	20	1.456	19	－1	银河证券	－0.37	20

资料来源：Wind资讯。

2. 券商部均交易量和份额均有下降。营业部数量持续大幅度增加，2009年全国增加营业部422家，营业部数量达到3 795家；2010年增加了833家，数量达到4 628家。数量的增加必定导致部均份额的下降，营业部的部均市场份额由2009年的0.0264%下降到0.0216%。

2010年统计数据显示，全国4 628家证券营业部的部均股基交易量为237.98亿元，相较2009年的285.84亿元下降了16.74%。部均交易量前20名券商的部均股基交易量为443.31亿元，比全国平均水平高出205.33亿元。

相比2009年，2010年券商部均交易量，排名前5位的券商没有变化，但排位顺序有所改变。

2010年，中国国际金融有限公司增加了5家营业部，依旧以部均1 053.08亿元的交易量稳居第1名，是全国部均交易量的4.43倍，是第2名部均交易量的1.33倍。2010年国信证券增加了9家营业部，以部均790.24亿元的交易量列居第2位，为全国部均水平的3.32倍。排名第3位的北京高华证券2010年新增了1家营业部，部均交易量649.40亿元。2010年，招商证券部均交易量为全国的2.44倍，仍然保持第4名的位置。中信证券增加了7家营业部，但部均交易量的排名与上一年一样，仍然保持第5名的位置，为全国平均水平的2.31倍。排名第6位的是华林证券，没有增加营业部，但是部均交易量从上年的第18位上升到2010年的第6位。中信金通证券由于营业部数量从30家增加到48家，部均交易量由第6位下降到第7位。排名第8位的是中银国际证券，增加了3家营业部，排名由第10位上升到第8位。

2010年从前10名退出的有国金证券、兴业证券、第一创业证券，当年新进入前10名的券商有华林证券、华泰证券、平安证券（见表3－7和表3－8）。

表3－7　　2010年券商股基业务部均交易量排名

排名	券商	股基交易量（亿元）	营业部数量（家）	部均股基交易量（亿元）	与全国部均交易量相比（倍）
1	中金公司	11 583.9	11	1 053.08	4.43
2	国信证券	49 785.3	63	790.24	3.32
3	北京高华证券	1 948.2	3	649.40	2.73
4	招商证券	44 054.6	76	579.7	2.44
5	中信证券	28 054.5	51	550.1	2.31
6	华林证券	5 087.7	11	462.5	1.94

续表

排名	券商	股基交易量（亿元）	营业部数量（家）	部均股基交易量（亿元）	与全国部均交易量相比（倍）
7	中信金通证券	21 940.0	48	457.1	1.92
8	中银国际证券	11 419.0	28	407.8	1.71
9	华泰证券	21 849.7	55	397.3	1.67
10	平安证券	12 666.8	33	383.8	1.61
11	国金证券	7 371.4	21	351.0	1.48
12	长城证券	10 011.1	30	333.7	1.40
13	财通证券	12 350.6	38	325.0	1.37
14	兴业证券	18 023.0	56	321.8	1.35
15	光大证券	34 547.8	108	319.9	1.34
16	华泰证券	41 155.5	130	316.6	1.33
17	中信建投证券	36 500.1	123	296.7	1.25
18	瑞银证券	1 770.7	6	295.1	1.24
19	申银万国证券	42 107.1	145	290.4	1.22
20	银河证券	56 410.2	198	284.9	1.20

资料来源：Wind 资讯。

表 3－8　　2009～2010 年券商经纪业务部均交易量排名

券商	2010 年部均交易量（亿元）	排名	2010 年营业部家数（家）	2009 年部均交易量（亿元）	排名	2009 年营业部家数（家）	部均交易量排名变化
中金公司	1 053.08	1	11	2 102.42	1	6	0
国信证券	790.24	2	63	951.42	3	54	1
北京高华证券	649.40	3	3	1 629.56	2	2	－1
招商证券	579.67	4	76	606.69	5	73	1
中信证券	550.09	5	51	644.90	4	43	－1
华林证券	462.52	6	11	383.93	18	11	+12
中信金通证券	457.08	7	48	600.01	6	30	－1
中银国际证券	407.82	8	28	493.22	9	25	1
华泰证券	397.27	9	55	417.77	14	49	+5
平安证券	383.84	10	33	397.40	15	27	+5

资料来源：Wind 资讯。

3. 营业部单体股基市场份额排名与变化情况。在 2010 年营业部市场份额排名方面，国信证券的深圳泰然九路、上海北京东路、广州东风中路位居全国前3位。2009年排名第2位的中金公司上海淮海中路营业部2010年下降到第4位。而财通证券绍兴人民中路营业部、申银万国证券上海新昌路营业部、平安证券北京东花市营业部排名上升很快。

在市场份额排名前20位的营业部中，国信证券占据了7家，其次分别是招商证券3家，国泰君安证券2家，中金公司2家，财通证券、中信金通证券、华泰证券、华西证券、申银万国证券和平安证券各1家。

而在2009年市场份额排名前20位的营业部中，国信证券占据了8家，招商证券3家，中金公司3家，国泰君安证券2家，华泰证券2家，中信金通证券、齐鲁证券各1家。2010年营业部排名前20位的券商数量比2009年更多，也体现了行业集中度的变化（见表3－9）。

表3－9　　2009～2010年券商营业部股基市场份额排名

营业部	2010年市场份额（%）	排名	2009年市场份额（%）	排名	排名变化
国信证券深圳泰然九路营业部	0.6387	1	0.7801	1	0
国信证券上海北京东路营业部	0.4306	2	0.4044	4	+2
国信证券广州东风中路营业部	0.3754	3	0.4240	3	0
中金公司上海淮海中路营业部	0.3571	4	0.4475	2	-2
国信证券北京平安大街营业部	0.3148	5	0.2957	6	+1
中金公司北京建国门外大街营业部	0.3113	6	0.3355	5	-1
国信证券杭州体育场路营业部	0.2513	7	0.2657	8	+1
招商证券深圳益田路免税商务大厦营业部	0.2259	8	0.2676	7	-1
国信证券深圳红岭中路营业部	0.2050	9	0.1874	15	+6
国泰君安证券北京知春路营业部	0.1943	10	0.2130	9	-1
财通证券绍兴人民中路营业部	0.1917	11	0.1656	24	+13
中信金通证券义乌化工路营业部	0.1902	12	0.1738	18	+6
华泰证券江阴福泰路营业部	0.1884	13	0.1948	13	0
国泰君安证券上海江苏路营业部	0.1854	14	0.1729	19	+5
国信证券义乌稠州北路营业部	0.1844	15	0.1723	20	+5
华西证券北京紫竹院路营业部	0.1831	16	0.1633	25	+9
申银万国证券上海新昌路营业部	0.1767	17	0.1447	36	+19

续表

营业部	2010 年 市场份额（%）	排名	2009 年 市场份额（%）	排名	排名变化
平安证券北京东花市营业部	0.1763	18	0.1292	46	+28
招商证券深圳南山南油大道营业部	0.1736	19	0.1745	17	-2
招商证券北京建国路营业部	0.1734	20	0.1878	14	-6

资料来源：Wind 资讯。

（二）区域交易量排名

2010 年，广东省和上海市仍然以绝对优势占据交易量的前两名，但是其交易量总和有所下降，2009 年两地股基交易量的总和为市场的 34.31%，2010 年下降为 34.04%，下降了 0.27%。

排在 3～5 位的依旧是浙江、北京和江苏。前 5 名地区的股基市场份额从上一年的 60.69% 上升到 2010 年的 61.88%，份额上升了 1.19%。份额前 10 名的区域 2009 年份额总和是 78.28%，2010 年略有上升，份额总和为 79.32%。

2010 年，有 22 个区域的交易量排名位次没有变化，分别是位居前 5 名的广东、上海、浙江、北京和江苏以及排名最后的吉林、云南、新疆、甘肃、海南、内蒙古、贵州、宁夏、青海和西藏，另外四川、江西、安徽、黑龙江、河北、重庆各区域的位次也没有变化。

2010 年的区域交易量排名变化情况如下：山东和福建发生了易位，河南和湖南位次互换，湖北和辽宁位次互换，天津和陕西位次互换，广西和山西位次互换。总体来看，变化不是很大。

在 31 个区域中，总份额超过 2% 的地区有广东、上海、浙江、北京、江苏、山东、福建、山东、四川、湖北、辽宁、河南和湖南，江西和陕西份额分别为 1.64%、1.49%，其他区域的份额都小于 1.5%，排在广西以后的省份的份额都小于 1%，排名后 5 个区域的份额总和为 1.049%。区域差异依旧很大（见图 3－7）。

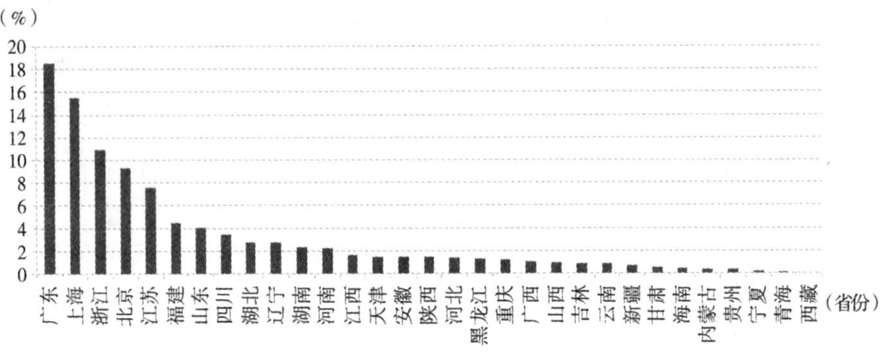

图 3－7　2010 年区域股基交易量份额

资料来源：Wind 资讯。

（三）行业收入

1. 行业整体经纪业务收入。从行业整体经纪业务收入情况来看，券商经纪业务的收入仍然非常依赖于外部市场环境。2009 年的小牛市行情造就了行业整体经纪业务收入比 2008 年增长 58.31% 的好业绩。而 2010 年行业整体经纪业务收入为 1 074.67 亿元，较 2009 年的 1 395.96 亿元减少了 321.29 亿元，下降幅度达 23.02%。

具体到 2010 年内，年中市场的低迷使得经纪业务收入也步入低谷。同样基于行情的好转，第 4 季度的收入较第 3 季度增加了近 50%（见表 3－10）。

表 3－10　　2008～2010 年行业经纪业务收入数据　　（单位：亿元）

收入	2008 年	2009 年	2010 年	2010 年第 1 季度	2010 年第 2 季度	2010 年第 3 季度	2010 年第 4 季度
行业经纪业务收入	881.81	1 395.96	1 074.67	252.78	228.40	238.42	355.08

资料来源：中国证券业协会，Wind 资讯。

2. 券商经纪业务收入。从代理买卖证券业务净收入这一单项指标来看，2010 年收入排名前两位的银河证券、国泰君安证券两大券商与 2009 年相比没有变化。2009 年位于第 3 名的广发证券被 2009 年排名第 4 位的国信证券赶超，两家券商的收入排名位置互换。2010 年，海通证券排名第 5 位，申银万国证券排名第 6 位，中信建投证券和华泰证券的代理买卖证券业务净收入基本相同，分别排名第7位和第8位。从第9位开始，招商证券、齐鲁证券、安信证券、中投证券、光大证券、中信证券、华西证券的排名近两年没有变化，分列9~15位。

从行业集中度来看，2008年这15家券商的收入占行业整体经纪业务收入的52.15%，2009年基本保持不变，为52.66%，2010年下降为51.00%，说明行业集中度有持续下滑的趋势。

从占比变化来看，相比2009年，2010年银河证券收入占比下降较多，而这些券商中，只有国信证券、齐鲁证券、华西证券的收入占比是上升的，其中华西证券上升最多，达到了0.11%，国信证券上升了0.08%，齐鲁证券上升了0.08%（见表3-11）。

表3-11　　2008~2010年大券商收入排名变化

券商	2008年		2009年		2010年		2010年相比2009年占比变化（%）
	占比（%）	排名	占比（%）	排名	占比（%）	排名	
银河证券	5.77	1	5.56	1	5.25	1	-0.31
国泰君安	4.86	2	4.87	2	4.69	2	-0.18
国信证券	4.04	6	4.46	5	4.55	3	0.09
广发证券	4.57	3	4.58	3	4.39	4	-0.19
海通证券	4.56	4	4.47	4	4.26	5	-0.21
申银万国	4.28	5	4.14	6	4.06	6	-0.08
中信建投	3.57	7	3.37	8	3.25	7	-0.12
华泰证券	3.39	8	3.51	7	3.24	8	-0.27
招商证券	3.33	9	3.29	9	3.09	9	-0.20
齐鲁证券	2.67	11	3.01	10	3.09	10	0.08
安信证券	2.29	14	2.77	11	2.61	11	-0.16
中投证券	2.32	13	2.56	12	2.49	12	-0.07
光大证券	2.84	10	2.50	13	2.40	13	-0.10
中信证券	2.37	12	1.99	14	1.94	14	-0.05
华西证券	1.30	15	1.56	15	1.67	15	0.11
合计	52.16		52.64		50.98		

资料来源：中国证券业协会。

3. 佣金费率情况。

（1）行业整体佣金率与变化趋势。伴随市场竞争激烈程度逐年加剧，券商依旧难以提供差异化的增值服务，深陷同质化通道价格竞争中，券商经纪业务的佣金率自2002年以来一路下滑。

从图3－8可以看出，2002年以来，行业综合佣金率（含股票、基金、权证）年年下滑，从2002年的0.298%下滑到2010年的0.095%，下滑幅度高达68.12%。

从近几年的下滑趋势来看，2007年借着大牛市的影响，佣金率的下滑相较前一年不是太明显，为3.27%。2009年由于行情较好，下滑幅度也只有7.14%。但是2008年和2010年由于行情走势较差，券商为了更好地吸引客户，佣金价格战进行得更为激烈，导致佣金率相较2007年和2009年分别下滑了14.86%和18.80%。

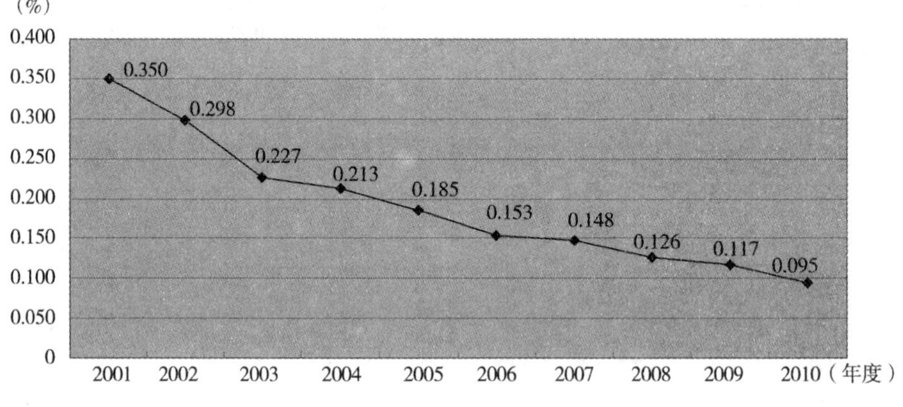

图3－8　行业佣金率的走势

资料来源：中国证券业协会，Wind资讯。

但具体到2010年年内，可以看出，随着监管力度的增强，2010年第4季度的佣金率下滑幅度明显放缓，与前3个季度的佣金率差距不是很大（见表3－12）。

表3－12　　2010年各季度的行业佣金率数据

	2010年第1季度	2010年第2季度	2010年第3季度	2010年第4季度
行业佣金率	0.103%	0.099%	0.092%	0.090%

资料来源：中国证券业协会，Wind资讯。

（2）券商股基佣金率排名与变化趋势。2010年，股基佣金率高于1‰的券商有4家，分别是申银万国证券、广发证券、海通证券和银河证券。相对而言，光大证券、招商证券、中信证券的股基佣金率较低。

2010 年相比 2009 年降幅较高的券商是广发证券和华泰证券，降幅较低的券商是银河证券和国信证券。

中信证券、国泰君安证券近 3 年的排名基本都在第 6、7 位，处于中游水平，2010 年相比 2009 年，降幅在 11 家券商中较小，但降幅略高于银河证券与国信证券。国信证券、申银万国证券近 3 年的排名有较大提高。

过去 3 年，申银万国证券、广发证券和海通证券的佣金率一直较高，尤其是申银万国证券，由于佣金率下滑幅度较小，目前已经是这些券商中佣金率最高的券商。另一个佣金率排名上升较多的是国信证券，从 2008 年的第 8 位上升到 2010 年的第 5 位。相反，中信建投证券和华泰证券佣金率排名有所下滑，其余几家券商的排名较为稳定（见表 3－13 和图 3－9）。

表 3－13　2008～2010 年市场份额排名靠前的券商佣金率竞争力对比

券商	2010 年		2009 年		2008 年		券商	2010 年比 2009 年	
	佣金率	排名	佣金率	排名	佣金率	排名		降幅	排名
申银万国	0.1036%	1	0.1387%	3	0.1638%	4	广发证券	－29.89%	1
广发证券	0.1030%	2	0.1469%	1	0.1835%	1	华泰证券	－29.78%	2
海通证券	0.1022%	3	0.1389%	2	0.1733%	3	光大证券	－28.46%	3
银河证券	0.1000%	4	0.1311%	4	0.1628%	5	招商证券	－27.13%	4
国信证券	0.0991%	5	0.1227%	7	0.1425%	8	中信证券	－26.52%	5
中信建投	0.0958%	6	0.1296%	5	0.1763%	2	海通证券	－26.40%	6
国泰君安	0.0955%	7	0.1272%	6	0.1504%	7	中信建投	－26.07%	7
华泰证券	0.0850%	8	0.1210%	8	0.1570%	6	申银万国	－25.27%	8
光大证券	0.0757%	9	0.1058%	9	0.1393%	10	国泰君安	－24.93%	9
招商证券	0.0755%	10	0.1036%	10	0.1405%	9	银河证券	－23.69%	10
中信证券	0.0745%	11	0.1014%	11	0.1318%	11	国信证券	－19.26%	11

资料来源：中国证券业协会，Wind 资讯。

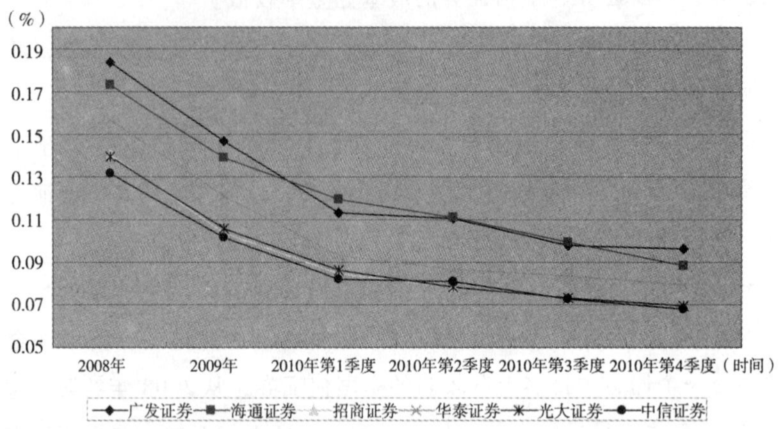

图 3－9　前几大券商佣金变化趋势

资料来源：中国证券业协会，Wind 资讯。

4．网点数量。

（1）行业整体网点数量与变化趋势。随着市场的发展和政策的变化，全国营业网点数量呈现快速上升的趋势。2004 年，全国券商营业网点 2 909 家；2005 年增加 93 家达到 3 002 家；2006 年在此基础上又增加了 104 家，总数量达到 3 106 家；2007 年增加了 278 家，达到 3 384 家；2008 年受金融危机的影响减少了 11 家，总数为 3 373 家；2009 年以来，随着服务部升级，全国营业部增加了 422 家，达到 3 795 家；2010 年增加了 833 家，达到 4 628 家（见图 3－10）。

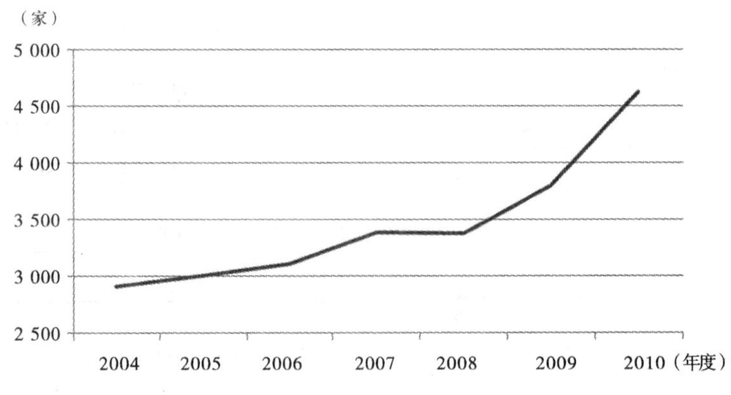

图 3－10　2004～2010 年全国营业部数量

资料来源：Wind 资讯。

（2）券商网点数量排名与变化趋势。由于服务部升级，相比2009年，一些券商营业部数量在2010年增长较快，比如国泰君安证券从2009年的118家增加到了188家，财达证券从50家增加到了99家，华安证券由37家增加到了74家。

总体而言，券商网点数量排名靠前的仍然是那些老牌券商，营业部数量排名前10位的券商，基本也都是市场份额排名前10位的券商（见表3-14）。

表3-14　　2010年营业部数量排名前20位的券商2008~2010年营业部数量变化

（单位：家）

券商	2008年	2009年	2010年	2010年相比2009年增加的营业部数量
银河证券	172	187	198	11
广发证券	147	171	191	20
国泰君安	112	118	188	70
海通证券	127	171	187	16
齐鲁证券	101	126	151	25
申银万国	110	131	145	14
华泰证券	79	106	130	24
中信建投	92	108	123	15
光大证券	75	86	108	22
财达证券	46	50	99	49
长江证券	59	64	88	24
方正证券	45	67	86	19
宏源证券	50	53	81	28
招商证券	73	73	76	3
华安证券	27	37	74	37
东北证券	46	54	66	12
国元证券	50	50	64	14
国信证券	46	54	63	9
东方证券	56	57	60	3
兴业证券	24	30	56	26

资料来源：Wind资讯。

（3）地区网点分布情况。2010年，地区营业部家数最多的仍然是广东、上海、浙江、北京、江苏等地，贵州、宁夏、青海、西藏等中西部地区的营业部家数较少。

2010年相比2009年，浙江、广东、江苏、湖南、河北、安徽等地的营业部增加数量较多，而贵州、宁夏、青海、西藏等中西部地区的营业部增加数量较少（见表3－15）。

表3－15　　2008～2010年各省份营业部数量变化　　（单位：家）

	2008年	2009年	2010年	2010年相比2009年增加的营业部数量
广东	516	570	619	49
上海	474	470	479	9
浙江	223	259	329	70
江苏	216	251	298	47
山东	158	198	234	36
北京	195	209	225	16
辽宁	177	167	210	43
四川	139	154	197	43
福建	119	153	192	39
湖南	97	117	165	48
湖北	113	125	148	23
河北	100	80	147	67
河南	75	105	140	35
安徽	70	81	133	52
江西	63	93	122	29
黑龙江	72	103	118	15
重庆	73	79	99	20
天津	79	85	95	10
陕西	72	65	90	25
山西	45	58	86	28
吉林	60	67	85	18
广西	39	67	82	15
云南	39	42	66	24
新疆	47	33	62	29
甘肃	32	48	60	12
内蒙古	24	41	52	11
海南	24	25	32	7
贵州	13	26	32	6
宁夏	12	16	18	2
青海	6	6	9	3
西藏	1	1	4	3

资料来源：Wind资讯。

从各地区市场份额与网点数的对比可以看出地区营业部产能大小。从表3－17可以看出，北京用占全国4.86%的营业部数量取得了9.34%的市场份额，地区市场份额与营业网点数比例与对比值为1.92，是所有地区中最高的。其次为浙江、上海、广东、江苏、福建等地（见表3－16）。

表3－16　2010年地区市场份额与地区营业部网点数对比

省（市、自治区）	市场份额（%）	营业部家数（家）	当地营业部家数占全国营业部总家数比例（%）	地区市场份额与营业网点数比例与对比值
广东	18.50	619	13.38	1.38
上海	15.54	479	10.35	1.50
浙江	10.92	329	7.11	1.54
北京	9.34	225	4.86	1.92
江苏	7.58	298	6.44	1.18
福建	4.50	192	4.15	1.08
山东	4.04	234	5.06	0.80
四川	3.43	197	4.26	0.81
湖北	2.75	148	3.20	0.86
辽宁	2.72	210	4.54	0.60
湖南	2.29	165	3.57	0.64
河南	2.23	140	3.03	0.74
江西	1.64	122	2.64	0.62
天津	1.49	95	2.05	0.73
安徽	1.45	133	2.87	0.51
陕西	1.44	90	1.94	0.74
河北	1.37	147	3.18	0.43
黑龙江	1.30	118	2.55	0.51
重庆	1.24	99	2.14	0.58
广西	1.02	82	1.77	0.58
山西	0.92	86	1.86	0.49
吉林	0.84	85	1.84	0.46
云南	0.83	66	1.43	0.58
新疆	0.70	62	1.34	0.52
甘肃	0.54	60	1.30	0.42
海南	0.44	32	0.69	0.64
内蒙古	0.37	52	1.12	0.33

续表

省（市、自治区）	市场份额（%）	营业部家数（家）	当地营业部家数占全国营业部总家数比例（%）	地区市场份额与营业网点数比例与对比值
贵州	0.33	32	0.69	0.48
宁夏	0.13	18	0.39	0.33
青海	0.08	9	0.19	0.42
西藏	0.02	4	0.09	0.22

资料来源：Wind 资讯。

5. 托管市值。在市场交易份额排名靠前的券商中，银河证券 A 股托管总额（流通市值）近几年一直排名第 1 位，排名第 2 位和第 3 位的分别是中信证券和国泰君安证券。大券商中，光大证券和中信建投证券的 A 股托管市值较小。

2010 年相比 2009 年，排名靠前的银河证券和中信证券的托管总额有所下降，而国信证券、广发证券、华泰证券的托管总额上升较多（见表 3－17 和表 3－18）。

表 3－17　2008～2010 年市场份额排名靠前的券商 A 股托管总额（单位：亿元）

券商	2008 年	2009 年	2010 年	2010 年相比 2009 年变化
银河证券	17 537.6	24 538.7	22 222.7	－2 316.0
中信证券	9 392.6	19 151.1	14 646.6	－4 504.5
国泰君安	5 318.7	10 649.2	10 973.5	324.3
广发证券	3 038.0	7 359.4	9 925.1	2 565.7
招商证券	3 273.9	8 413.0	9 605.1	1 192.1
海通证券	3 063.7	6 873.9	8 302.6	1 428.7
国信证券	2 162.0	5 045.6	7 789.6	2 744.0
华泰证券	1 557.5	4 216.5	6 606.0	2 389.5
申银万国	2 511.2	6 222.4	6 242.1	19.7
光大证券	1 196.2	3 403.1	4 710.2	1 307.1
中信建投	1 416.1	3 415.1	4 520.2	1 105.1

资料来源：中国证券登记结算有限责任公司。

表 3－18　2010 年年底两市 A 股托管总额前 50 位的主要参与人排名情况

名次	名称	上海托管总额（亿元）	比例（%）	名称	深圳托管总额（亿元）	比例（%）
1	中国银河	17 827.58	10.04	广发证券	5 936.40	6.93
2	中信证券	12 052.91	6.78	国泰君安	4 964.33	5.79

续表 1

名次	名称	上海托管总额（亿元）	比例（%）	名称	深圳托管总额（亿元）	比例（%）
3	中银国际	10 341.07	5.82	国信证券	4 563.31	5.33
4	中国建银	8 339.04	4.69	中国银河	4 395.11	5.13
5	东兴证券	6 549.55	3.69	招商证券	3 864.54	4.51
6	交通银行	6 285.61	3.54	海通证券	3 803.59	4.44
7	宏源证券	6 057.71	3.41	华泰证券	3 425.15	4
8	国泰君安	6 009.16	3.38	工商银行	2 785.17	3.25
9	招商证券	5 740.51	3.23	中信证券	2 593.71	3.03
10	工商银行	4 759.35	2.68	中信建投	2 018.82	2.36
11	海通证券	4 499.05	2.53	平安证券	1 979.70	2.31
12	中国国际	4 429.91	2.49	建设银行	1 938.18	2.26
13	申银万国	4 340.00	2.44	申银万国	1 902.12	2.22
14	广发证券	3 988.69	2.25	中国建银	1 859.59	2.17
15	国信证券	3 226.27	1.82	光大证券	1 708.02	1.99
16	华泰证券	3 180.83	1.79	中国银行	1 693.20	1.98
17	建设银行	3 073.47	1.73	齐鲁证券	1 504.85	1.76
18	光大证券	3 002.22	1.69	安信证券	1 497.03	1.75
19	中信建投	2 501.35	1.41	华泰证券	1 400.81	1.63
20	中国银行	2 484.91	1.4	长江证券	1 258.11	1.47
21	兴业证券	2 281.79	1.28	宏源证券	1 116.23	1.3
22	齐鲁证券	2 048.43	1.15	农业银行	1 012.93	1.18
23	农业银行	1 662.69	0.94	兴业证券	997.47	1.16
24	东方证券	1 539.69	0.87	山西证券	928.75	1.08
25	长江证券	1 451.23	0.82	中信金通	928.74	1.08
26	西南证券	1 430.93	0.81	交通银行	926.2	1.08
27	华宝证券	1 397.35	0.79	方正证券	914.83	1.07
28	安信证券	1 350.33	0.76	国元证券	883.3	1.03
29	中信金通	1 286.88	0.72	中国国际	773.61	0.9
30	平安证券	1 253.51	0.71	东吴证券	757.33	0.88
31	山西证券	1 229.71	0.69	华西证券	716.6	0.84
32	大同证券	1 028.72	0.58	东北证券	702.55	0.82
33	长城证券	938.89	0.53	通证券有	666.75	0.78
34	华泰证券	929.53	0.52	西部证券	604.21	0.71

续表 2

名次	名称	上海托管总额（亿元）	比例（%）	名称	深圳托管总额（亿元）	比例（%）
35	上海证券	897.42	0.51	第一创业	592.4	0.69
36	方正证券	883.53	0.5	财达证券	569.43	0.66
37	国元证券	868.01	0.49	民生证券	560.04	0.65
38	中航证券	803.09	0.45	中原证券	548.23	0.64
39	中原证券	765.99	0.43	渤海证券	518.42	0.6
40	湘财证券	748.72	0.42	湘财证券	514.69	0.6
41	东北证券	691.2	0.39	中信万通	493.54	0.58
42	国都证券	638.32	0.36	东海证券	488.06	0.57
43	财达证券	614.66	0.35	国海证券	482.02	0.56
44	华西证券	613.57	0.35	东方证券	476.7	0.56
45	汇丰银行	570.06	0.32	浙商证券	470.57	0.55
46	中国民族	557.91	0.31	中航证券	438.92	0.51
47	信达证券	517.4	0.29	国金证券	437.25	0.51
48	德邦证券	497.83	0.28	西南证券	432.34	0.5
49	南京证券	486.84	0.27	长城证券	411.41	0.48
50	渤海证券	452.86	0.25	中银国际	402.58	0.47

资料来源：中国证券登记结算有限责任公司。

6. 证券从业人员情况。截至 2010 年年底，证券行业登记从业人员数为 209 890 人。其中一般证券业务人员数 162 492 人；证券投资咨询业务人员数 4 679 人；证券经纪业务营销人员数 12 257 人；证券经纪人人员数 25 329 人，占登记从业人员数的 12.07%；证券投资咨询业务（分析师）865 人；证券投资咨询业务（投资顾问）4 268 人。

（1）从业人员数。截至 2010 年年底，从业人员数最多的券商为国信证券，达到了 11 120 人。排名第 2 ~ 5 位的分别为华泰证券、广发证券、海通证券、银河证券（见表 3 – 19）。

表 3 – 19　　从业人员数排名前 20 位的券商

机构名称	从业人员数（人）	排名
国信证券	11 120	1
华泰证券	10 869	2
广发证券	10 790	3

续表

机构名称	从业人员数（人）	排名
海通证券	7 925	4
银河证券	7 505	5
光大证券	7 046	6
国泰君安	6 924	7
长江证券	5 911	8
齐鲁证券	5 825	9
招商证券	5 677	10
安信证券	5 354	11
建银投资	4 932	12
中信建投	4 812	13
申银万国	3 885	14
方正证券	3 577	15
东北证券	3 574	16
中信证券	3 219	17
平安证券	3 102	18
中信金通	2 640	19
西南证券	2 634	20

资料来源：中国证券业协会。

（2）证券经纪人人员数。随着经纪人业务模式的发展，大部分券商的经纪人人员数量在2010年都迅速增加。截至2010年年底，证券经纪人人员数最多的券商为华泰证券，达到了3 763人，占其从业人员数量的34.62%；排名第2位的是海通证券，经纪人人员数为3 347人，虽然人数没有华泰证券多，但占到其从业人员数量的42.23%。排名第3～5位的券商分别是光大证券、招商证券、国泰君安证券。

从证券经纪人人数与从业人员数量的占比来看，占比最高的是招商证券，达到了48.19%；紧随其后的是国盛证券，为47.88%；排名第3～5位的分别是南京证券、海通证券、英大证券。

其中招商证券和海通证券无论是证券经纪人人员数量，还是占从业人员数量的占比，都排名各家券商的前5位，彰显了这种业务模式在这两家券商中的地位（见表3－20）。

表 3－20　证券经纪人人数排名以及占从业人员数量之比排名前 20 位的券商

机构名称	证券经纪人人员数（人）	排名	从业人员中经纪人占比（%）	排名
华泰证券	3 763	1	34.62	7
海通证券	3 347	2	42.23	4
光大证券	2 941	3	41.74	6
招商证券	2 736	4	48.19	1
国泰君安	1 595	5	23.04	15
中信建投	1 517	6	31.53	11
申银万国	806	7	20.75	16
南京证券	622	8	45.07	3
东吴证券	585	9	32.65	9
渤海证券	474	10	24.41	14
国元证券	465	11	18.73	20
上海证券	458	12	32.55	10
国盛证券	452	13	47.88	2
中航证券	421	14	33.71	8
长江证券	393	15	6.65	34
江海证券	393	15	18.03	22
英大证券	384	16	42.06	5
宏源证券	352	17	17.17	24
浙商证券	316	18	14.06	26
中信万通	262	19	20.65	17
山西证券	257	20	18.09	21

资料来源：中国证券业协会。

（3）投资顾问人员数。截至 2010 年年底，投资顾问人员数最多的券商为华泰证券，达到了 561 人，占其从业人员数量的 5.16%；排名第 2 位的是中信建投证券，投资顾问人员数为 357 人，虽然人数没有华泰证券多，但占到了其从业人员数量的 7.42%。排名第 3～5 位的券商分别是国信证券、兴业证券、长江证券（见表 3－21）。

从投资顾问人员数占从业人员数量的占比来看，占比最高的是华龙证券，达到了 16.04%；紧随其后的是大同证券，为 9.06%；排名第 3～5 位的分别是兴业证券、开源证券、宏源证券。

其中兴业证券无论是投资顾问人员数量，还是占从业人员数量的比例，都排名前5位，彰显了兴业证券对发展投资顾问的重视程度。

表3－21　投资顾问人员数排名以及占从业人员数量占比排名前20位的券商

机构名称	证券投资咨询业务（投资顾问）人数（人）	排名	从业人员中投资顾问占比（%）	排名
华泰证券	561	1	5.16	12
中信建投	357	2	7.42	6
国信证券	336	3	3.02	31
兴业证券	215	4	9.06	3
长江证券	195	5	3.30	27
申银万国	170	6	4.38	18
宏源证券	168	7	8.20	5
中信证券	159	8	4.94	13
建银投资	153	9	3.10	29
信达证券	148	10	6.24	7
齐鲁证券	142	11	2.44	35
中银国际	125	12	4.85	15
华龙证券	124	13	16.04	1
民族证券	100	14	5.36	8
西部证券	95	15	4.93	14
国海证券	90	16	4.16	21
东莞证券	80	17	3.48	25
东兴证券	68	18	2.86	34
长城证券	67	19	5.28	10
国都证券	66	20	4.30	20
万联证券	66	20	5.19	11

资料来源：中国证券业协会。

第三节　2010年中国证券经纪业务重大事件回顾

一、1月重要事件

8日，国务院原则同意开展证券公司融资融券业务试点和推出股指期货品种。

13日，全国证券期货监管工作会议在京召开。

15日，股指期货投资者适当性制度征求意见稿出台。制度规定了投资者参与股指期货的硬性指标和综合性指标，其中初步设计的开户资金门槛为50万元人民币，法人投资者同时应拥有100万元以上人民币的净资产。

15日，中信证券发布公告称，中国证监会决定自2010年1月1日起，暂停华夏基金境内公募新产品的发行申请；如果股权在2010年4月1日前仍不能得到规范，中国证监会基金部将视情况采取进一步监管措施。

22日，中国证监会明确首批申请融资融券业务试点的证券公司，需满足最近6个月净资本均在50亿元以上，最近一次分类评价为A类等七大条件。

二、2月重要事件

2日，S延边路披露，公司定向回购股份暨以新增股份换股吸收合并广发证券申请获得有条件审核通过。

9日，中国证监会发布了《证券投资基金信息披露XBRL模板第3号〈年度报告和半年度报告〉》，标志着按XBRL模板编制披露基金年报和半年报的要求正式开始实施。

22日，股指期货主要制度出齐，投资者当日起开户，融资融券试点初期标的证券与担保品公布。

22日，黄光裕涉嫌内幕交易罪被提起公诉。

24 日，中国证监会决定建立证券市场交易结算资金监控系统，以保护投资者合法权益，保障客户资金安全。这是我国证券市场首次建立覆盖全市场的结算资金监控系统。中国证券投资者保护基金公司将负责监控系统的建设、维护和日常管理工作。

三、3 月重要事件

15 日，中国证监会公布了《证券投资基金投资股指期货指引》征求意见稿，对基金投资股指期货的投资策略、参与程序、比例限制、信息披露、风险管理、内控制度作出明确规定。

15 日，深交所以“普及证券投资知识，保护投资者合法权益”为主题，举行了《深交所证券教室丛书》新书发布会，全方位、多层次地推进投资者教育工作。上交所举办“我服务、我先知”投资者教育能手评选活动。《证券时报》举办“维权 3 · 15——投资者法律保护论坛”并进行网上直播。

19 日，中国证监会发布《关于进一步做好创业板推荐工作的指引》，进一步明确了创业板并非“小小板”的功能定位。其中，9 类领域企业的推荐得到鼓励，8 类领域企业列入审慎推荐名单。2009 年创业板发审通过率为 79.73%，未过会企业主要涉及七大类问题。

26 日，中国证监会批复同意中国金融期货交易所上市沪深 300 股票指数期货合约。上市启动仪式于 4 月 8 日举行，首批 4 个沪深 300 股票指数期货合约于 4 月 16 日上市交易。

27 日，中国证券业协会发布公告，将组织开展证券业从业人员执业行为准则执行情况检查。

31 日，上海、深圳证券交易所正式向 6 家试点券商发出通知，将于 2010 年 3 月 31 日起接受券商的融资融券交易申报，标志着经过 4 年精心准备的融资融券交易正式进入市场操作阶段。

四、4 月重要事件

16 日，股指期货首批 4 个沪深 300 股票指数期货合约上市，分别为 2010 年 5 月、6 月、9 月和 12 月合约，挂盘基准价均为 3399 点。

16 日，中国证监会发布《关于加强证券经纪业务管理的规定》，首次在部门规章中明确券商应对客户进行分类管理。

20 日，中国证监会发布《上市公司现场检查办法》。今后现场检查范围不仅包括上市公司及其附属企业和机构，如现场检查中发现的问题涉及上市公司股东或实际控制人、并购重组当事人、证券服务机构等有关单位和个人的，可以一并在检查事项范围内进行检查。

23 日，中国证监会相关部门负责人表示，已同国土资源部就地产企业融资问题建立了相关沟通联络机制，今后地产企业融资需征求国土资源部意见。

23 日，中国证监会发布《证券公司参与股指期货交易指引》和《证券投资基金从事股指期货交易指引》。中国证监会相关部门负责人表示，现阶段券商自营业务参与股指期货仅限于套期保值目的，其中自营权益类证券及股指期货合约价值合计额不得超过证券公司净资本的 100%。

29 日，公安部发布预警信息，告诫投资者警惕网络非法证券投资咨询活动。

五、5 月重要事件

4 日，第十二届主板发行审核委员会成立。中国证监会主席尚福林表示，希望新一届发审委委员牢固树立保护投资者合法权益的理念，不断提高审核水准。

18 日，最高人民检察院、公安部联合印发《最高人民检察院、公安部关于公安机关管辖的刑事案件立案追诉标准的规定（二）》，对公安机关经济犯罪侦查部门管辖的内幕交易、泄露内幕信息案，以及操纵证券、期货市场案的立案追诉标准等作出了规定。

18日，“2010中国金融高峰会”召开。中国证监会副主席刘新华出席并表示，中国证监会将根据第二轮中美战略与经济对话达成的成果，在审慎监管基础上，制定允许合格境外机构投资者（QFII）投资股指期货产品的相关规定。

18日，最高人民检察院、公安部联合印发《最高人民检察院、公安部关于公安机关管辖的刑事案件立案追诉标准的规定（二）》。根据规定，利用未公开信息从事交易、证券交易成交额累计50万元以上，或利用内幕信息买卖期货合约交易的保证金数额为30万元或者获利或者避免损失15万元将被立案追诉。

六、6月重要事件

8日，中国证监会宣布，核准申银万国、东方证券、招商证券、华泰证券、银河证券等第2批5家试点券商开展融资融券业务。至此，获试点资格券商达到11家。

11日，中国证监会公告了其行政事业性收费标准，与之前相比并无重大变化。其中，向上海、深圳证券交易所收取的证券交易监管费收费标准为：对股票、证券投资基金按年交易额的0.04%收取；对债券（不包括国债回购交易）按年交易额的0.01%收取。

七、7月重要事件

2日，中国证监会发布《关于修改〈关于加强上市证券公司公司监管的规定〉的决定》，就上市证券公司信息管理提出了严格要求。

14日，证券公司分类评价结果首次面向全市场公开亮相。中国证监会当日发布的数据显示，2010年98家参与证券公司分类评价的券商中，有12家获评AA级，A类公司占比达到35.7%，没有被评价为D类和E类的公司。

20日，公安部会同中国证监会在重庆召开证券犯罪案件侦办会议，针对当前证券领域犯罪活动较为突出的情况，开展集中打击，切实保护广大投资者合法权益。

28日，中国证监会有关部门负责人表示，中国证监会将大力督促上市公司健全信息披露事务管理制度，依法公平披露信息。

29 日，中国证监会召开新闻通气会，通报了“山煤国际”股价操纵案以及两起内幕交易案件的查处结果，相关案件责任人受到中国证监会的行政处罚。

八、8 月重要事件

2 日，中国证监会向各证监局下发《关于协同做好广播电视证券节目规范工作的通知》，明确广播电视证券节目不得进行商业化合作，完善协作监管机制。

4 日，为提高代销银行基金研究水平和评价能力，中国证券业协会在北京举办了“基金评价业务研讨会”，34 家代销银行的基金销售负责人、业务骨干以及 10 家基金评价机构人员参会。

5 日，中国证监会下发了一系列文件，对并购重组过程中的各细节问题进行了明确。

20 日，中国证监会就《关于深化新股发行体制改革的指导意见》向社会公开征求意见，这标志着新股发行第二阶段改革正式启动。《关于深化新股发行体制改革的指导意见》提出进一步完善报价申购和配售约束机制等多项改革举措。

31 日，上海证券交易所在对上市公司董秘、独董的资格和后续培训中，增强了内幕交易防控专题培训内容，以从源头抓起，增强高管防范内幕交易意识，从而使严打内幕交易的威力进一步前移。

九、9 月重要事件

6 日，中国证监会公布《关于保本基金的指导意见（征求意见稿）》，对保本基金投资策略、投资比例、担保机构资质等问题进行明确。

6 日，因涉嫌“老鼠仓”交易，景顺长城原基金经理涂强、长城基金原基金经理刘海、长城基金原基金经理韩刚 3 人被中国证监会查处，其处罚决定正式对外公布。

14 日，环境保护部对外公布《上市公司环境信息披露指南（征求意见稿）》，并向社会公开征求意见，沪深两市三成上市公司不久须强制披露环境报告。

14 日，中国证监会首开“过失泄露内幕信息”罚单。

15 日，中国证监会有关部门通报了上海祖龙内幕交易案。作为上市公司创兴科技的直接控制人，上海祖龙景观开发有限公司董事长陈榕生利用公司及个人账户，通过导演资产注入“故事”，买卖“创兴科技”股票，累计账面盈利 2 000 多万元。

16 日，中国证监会网站公布《并购重组共性问题审核意见关注要点》，涉及监管层在审核重组项目时重点关注的十大方面。

十、10 月重要事件

7 日，中国证券业协会公布《关于进一步加强证券公司客户服务和证券交易佣金管理工作的通知》。

11 日，第三届上市公司并购重组审核委员会成立大会召开。尚福林指出，要大力推进资本市场并购重组规范发展，形成规范推进资本市场并购重组的十项工作安排。

12 日，《关于深化新股发行体制改革的指导意见》正式发布，包括“摇号制度”、“扩大询价对象范围”等具体举措届时也将一并实行。

15 日，中国证监会有关部门负责人表示，中国证监会已暂缓受理房地产开发企业重组申请，并对已受理的房地产类重组申请征求国土资源部意见。

19 日，为促进证券投资咨询业务规范发展，中国证监会公布了《证券投资顾问业务暂行规定》和《发布证券研究报告暂行规定》，新规于 2011 年 1 月 1 日起正式实施。

十一、11 月重要事件

1 日，经国务院批准同意，中国证监会决定在上海、广东、深圳证监局 3 家派出机构正式开展行政处罚试点工作。试点期间，3 家机构将按照规定对自办案件进行审理、听证，实施行政处罚。

4 日，深交所发布《关于进一步规范创业板上市公司董事、监事和高级管理人员买卖本公司股票行为的通知》，对创业板上市公司的股份管理及高管离任后减持股票的行为提出了进一步的要求。

11 日，上海证券交易所发布了《证券发行上市业务指引》，以进一步加强证券发行上市业务监管。

26 日，中国证监会对 2009 年并购重组项目审核反馈意见所关注的共性问题进行进一步梳理，并在 2010 年 9 月公布的《并购重组共性问题审核意见关注要点》的基础上增加编制了 5 大关注点。

31 日，中国证监会发文称，为贯彻落实《国务院关于稳定消费价格总水平保障群众基本生活的通知》要求，将不断强化期货市场监管，坚决抑制过度投机，进一步完善交易规则，满足相关产业链企业在价格剧烈波动中管理价格风险的需求，提升期货市场服务实体经济的能力。

十二、12 月重要事件

1 日，“第八届中小企业融资论坛”召开。中国证监会主席尚福林表示，要坚持不懈地发展中小企业板市场，积极稳妥地发展创业板市场，扎实有序地推进场外市场建设，积极发展公司债券市场。

2 日，“第九届中国证券投资基金国际论坛”召开。中国证监会副主席姚刚表示，中国证监会下一步将加快推动《中华人民共和国证券投资基金法》的修订工作，研究探索基金产品注册制度和员工持股制度，推动境外募集投资境内业务试点工作。

3 日，第六届中国（深圳）国际期货大会召开。中国证监会主席助理姜洋表示，下一步中国证监会将继续加强监管，严厉打击诱导、欺诈投资者的行为，严厉打击内幕交易和市场操纵行为。

12 日，“中国资本市场 20 周年成就展”在北京展览馆隆重开幕。中共中央政治局委员、国务院副总理王岐山出席开幕式并参观展览。

16日，因媒体对胜景山河招股书披露不实、涉嫌虚增销售收入提出质疑，胜景山河发出公告，申请暂缓上市，并将就媒体提出的一系列质疑接受中国证监会的核查。

23日，中国证监会发布了《律师事务所证券法律业务执业规则（试行）》和《律师事务所证券投资基金法律业务执业细则（试行）》，对律师从事各类证券法律业务应当遵循的基本执业规范作出明确、具体的规定。两项规则将于2011年1月1日起施行。

27日，中国证监会召开新闻通气会，发布了《信息披露违法行为行政责任认定规则（征求意见稿）》。

29日，中国证券业协会正式发布《证券公司信息隔离墙制度指引》，明确提出证券公司应建立信息隔离墙制度，控制敏感信息的不当流动和使用。

第四节 2010年证券经纪业务面临的问题和发展前景

一、面临的问题

2010年，各大券商年报几乎统一显示：经纪业务收入下滑、成本上升，由此引发严重的利润下滑。佣金战的持久不息引发了行业更深层次的思索，我们不禁要问：佣金战的背后到底是什么？佣金战过后，面对不可恢复的低佣金，证券经纪业务该何去何从？

（一）收入结构单一，竞争模式单一

佣金战其实是券商经纪业务收入结构单一、竞争模式单一的必然结果。2010年行业监管报表显示行业总收入1 911亿元，其中经纪业务创造的净佣金、息差等1 230亿元，几乎占到全部收入的65%，而2010年全年基金分仓仅62.4亿元，仅占经纪业务总收入的5.1%。换言之，券商行业绝大部分收入来源于经纪业务，而经纪业务收入绝大部分来源于“传统”经纪业务（见图

3－11）。

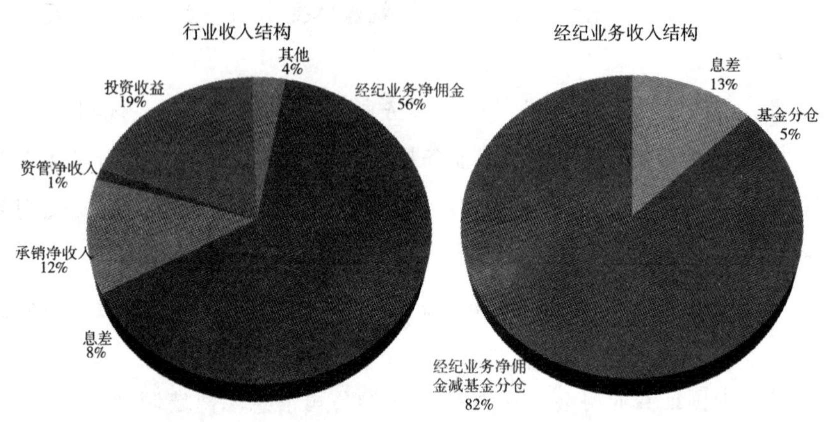

图3－11　证券经纪业务行业收入结构（左）及经纪业务收入结构（右）

再说竞争模式、营销手段。我国券商不论大小、类型，业务结构、经营内容、盈利来源、盈利方式都基本相同，可谓“千店一面”。尤其经纪业务同质化十分严重，仍处于主要依靠低技术含量的通道业务，以“拉客、开户、炒股”为主的低端营销阶段。特别是营业部新增的加速以及经纪人模式的发展使得竞争加剧，为争夺客户、为求生存，各家券商在降低佣金的循环博弈中越陷越深。

（二）佣金战伤害难以恢复

佣金战始于2008年，2009年和2010年两年最甚，图3－12为沪深两市历年的日均股基交易量及证券行业的平均佣金率，佣金率下降对整个行业的影响一目了然。

2009年、2010年佣金率降幅分别达到17%和22%，以至于2010年大盘日均交易量虽然达到历史最高水平2 292亿元，高于2007年18%，但日均佣金额却低于2007年，几乎下降了30%（见图3－13）。

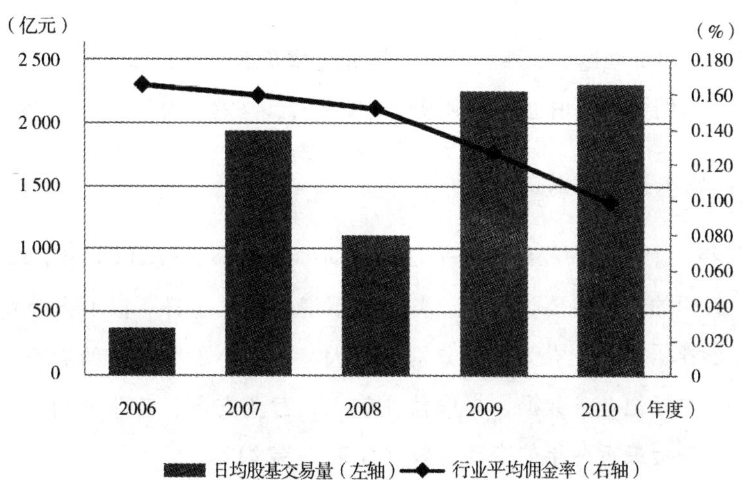

图 3－12　沪深两市 2006～2010 年日均股基交易量及证券行业平均佣金率

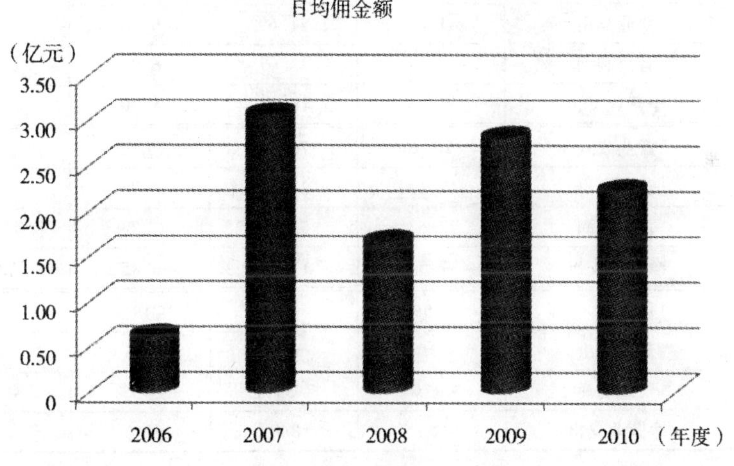

图 3－13　行业日均佣金额

注：日均佣金额 = 日均股基交易量 × 行业平均佣金率

资料来源：Wind，国泰君安研究。

所幸，中国证监会和中国证券业协会已认识到佣金战对整个行业的危害，并已采取措施试图制止这场伤人伤己的无谓之战。然而积重难返，即使佣金战不再继续，已经降低的佣金率也恐难恢复了。同时，我们也应认识到，一旦市场交易萎缩，整个行业的收入水平必然在交易量和佣金率的双重因素影响下加速下滑。

此外，中西部地区、三四线城市平均佣金率仍然较高，预计佣金战仍可能继续，行业平均佣金率恐怕也会受到影响惯性下滑，当然下滑幅度会有所减缓。

（三）成本高企难以扭转

2010 年，上市券商经纪业务平均净利润率为 57%，较 2009 年下降了 11 个百分点，其中的原因主要为经纪业务收入下滑，成本上升。以上市公司中信证券、广发证券、东北证券为例，分别代表大、中、小 3 个类型的券商，选取年报分部报告中经纪业务数据，提取营业收入、营业支出、营业利润、净营业支出 4 个指标进行最近两年的变动比较（见表 3－22）。

表 3－22　　典型券商收支状况　　（单位：亿元）

年份	项目	中信证券	广发证券	东北证券	备注
2010	营业收入	90.77	55.35	12.24	
	营业支出	41.63	21.69	6.20	
	营业利润	49.14	33.67	6.04	
	净营业支出	37.58	18.73	5.30	估算取得
2009	营业收入	120.76	76.54	15.05	
	营业支出	43.13	21.49	4.96	
	营业利润	77.63	55.05	10.09	
	净营业支出	37.54	17.37	3.85	估算取得
变动	营业收入	－25%	－28%	－19%	
	营业支出	－3%	1%	25%	
	营业利润	－37%	－39%	－40%	
	净营业支出	0	8%	38%	

注：净营业支出＝营业支出－投资者保护基金－营业税及附加

资料来源：上市公司年报、国泰君安研究。

由表 3－22 可见，无论券商类型，营业利润的下滑幅度均高于收入下滑幅度。我们特别剔除投资者保护基金、营业税及附加这两项与收入紧密挂钩的营业支出项目，因为收入下降，这两项费用同时下降，对总营业支出的变化有缓冲作用，因此，剔除后的净营业支出更能反映券商自身成本的变动。净营业支出大、中、小 3 类券商呈不同程度的上升，其中以中信证券为代表的大券商上升幅度较小，中型券商广发证券次之，东北证券作为小券商的代表上升幅度最大。

继续深挖券商成本上升的原因，大致可从三个方面理解：营业部数量、从业人员数量、营销成本。

1. 营业部数量增长迅速。自2008年营业部新增放开以来，两年间，全国新增营业部数量近1 100家，由此带来的装修、房租、固定资产等成本投入，即使按每月10万元估算，也需每年新增成本13.2亿元。当前新增客户争夺激烈，佣金率又低，以致很多新增营业部持续3年甚至更久呈亏损状态（见图3－14）。

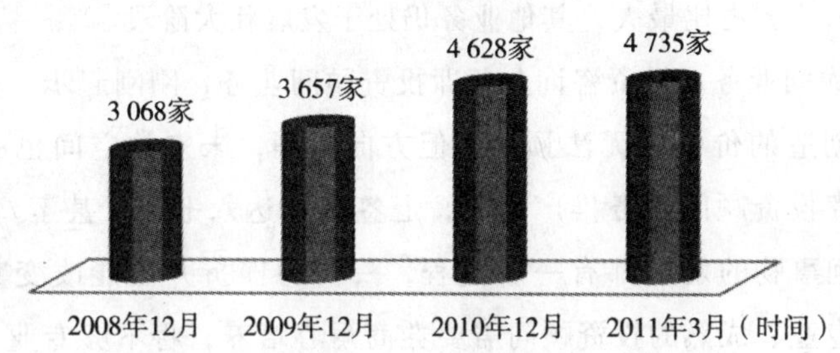

图3－14　营业部数量变化

资料来源：伟海咨询。

2. 从业人员数量增长迅速。根据网络数据，2007年全国需年检的从业人员数量仅5.1万人；而2010年9月底，在中国证券业协会执业系统注册的从业人员数量已达到19.8万余人；2011年5月，中国证券业协会网站公布的证券公司从业人数已达到23.3万人。从业人数的增长可见一斑，人力成本的攀升也就不难理解了。

3. 营销成本的增长。券商以往多为粗放式经营，重扩张轻营销，但在当前的竞争环境下，营销不再可有可无，事实上从随处可见的各种会议、比赛、讲解、沙龙等，都能看到券商营销活动的身影。这些是市场化竞争的必然结果，虽然成本有所增长，但也展示了券商行业的成长。总而言之，正当合法的竞争手段还是值得鼓励的。

二、经纪业务未来发展前景展望

最近2～3年可能是中国券商行业青黄不接、最为痛苦的时期，然而曙光在前，传统经纪业务下滑的同时，新的利润增长点正在孕育，不久的将来，一种崭新的大经纪业务模式必然会出现在世人面前。

（一）多元化经营

目前券商经纪业务主要由通道业务、投资咨询、融资融券、股指期货等组成，其中通道业务占比最大，其他业务仍处于发展壮大阶段。

1. 投资顾问业务。投资咨询业务即投资顾问业务，刚刚起步，正在摸索中前行，虽然创造的价值尚无法预计，但方向明确，未来的空间也必将十分巨大。某些券商投资顾问服务推广过急，退签率高达六七成，甚至八成。对此，我们认为任何事物的发展都有一个过程，一时的挫折并不能改变其发展的本质。同时，专业、成熟的投资顾问需要券商耐心培养，将不够专业、不够成熟的投资顾问推向市场，本身就是对投资者、对员工以及对自身不负责任的表现。

2. 融资融券和股指期货。2010年推出的融资融券、股指期货，虽然短期内对券商业绩贡献较小，但从交易数据上看，融资融券在持续增长，股指期货也一直十分活跃。尤其融资融券，随着ETF获批纳入融资融券标的、转融通的实施，融资融券扩容势在必行，有望迎来爆发性增长，而按照目前融资融券的平均利率为8%～10%的水平，爆发性增长给券商带来的业绩增长也必然不容小觑（见图3－15和图3－16）。

3. 金融产品销售。借鉴国际经验，我国证券公司现阶段营业收入中经纪业务收入比重超过60%，与美国证券业1967年相似。1967～2006年，美国证券业营业收入从40亿美元增长到4 368亿美元，增长108倍；经纪业务收入增长18倍，比重下降到12%。在收入增长中，增长最快的是基金销售（241倍）、资产管理（158倍）、与证券相关的其他收入（650倍）等。对比两国券商收入结构，可以清晰地看到增量收入来源的路径。

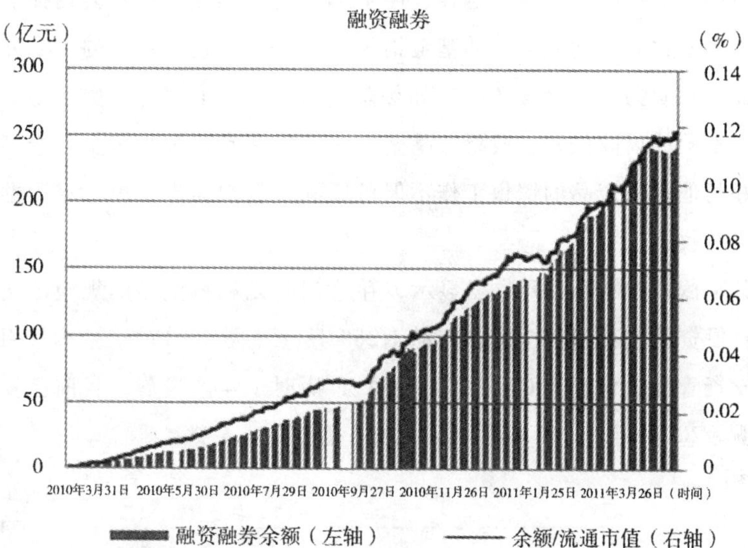

图 3－15　融资融券业务发展趋势

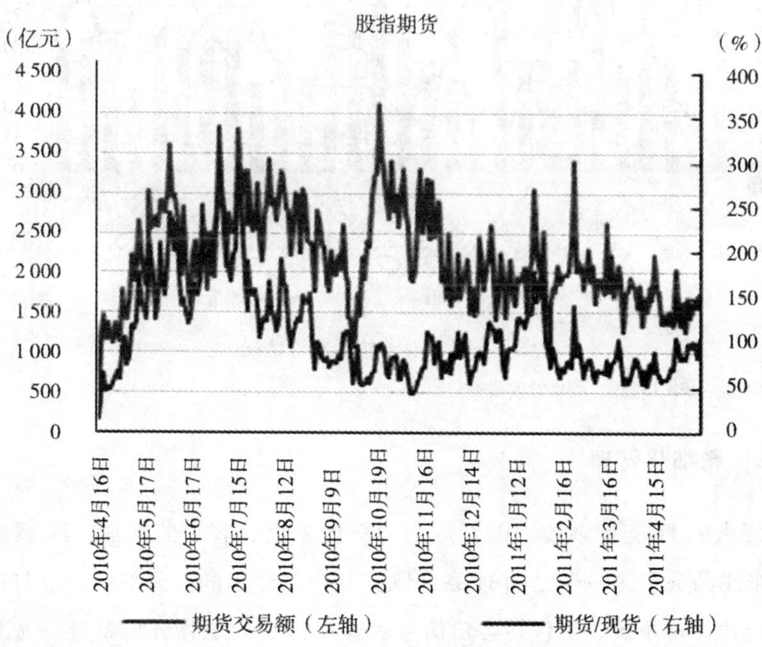

图 3－16　股指期货业务发展趋势

对于券商经纪业务而言，对“基金销售增长 241 倍”应特别加以注意。目前，国内民众的理财意识越来越强，需求越来越多样化，证券公司提供的服务产品也应多元化。美国证券业的基金销售收入增长迅速，这里的基金并非单指公募基金，实质为各类金融产品，如保险、信托、券商集合理财等等。不同的客户存在不同的风险偏好，股票、基金、权证的交易仅为众多金融产品中的几种，做好其他金融产品的销售工作不但可以满足客户需求，也必将为券商本身带来不错的收益。

以阳光私募为例，公开数据显示，存续期阳光私募产品的规模已达618亿元，涉及投资管理公司477家，产品1 289只（见图3－17）。业内最引人注目的泽熙投资管理公司于2009年12月成立，历时1年的发展，目前已发行产品5期，募资20多亿元。私募机构发展之迅猛实在让人瞠目。

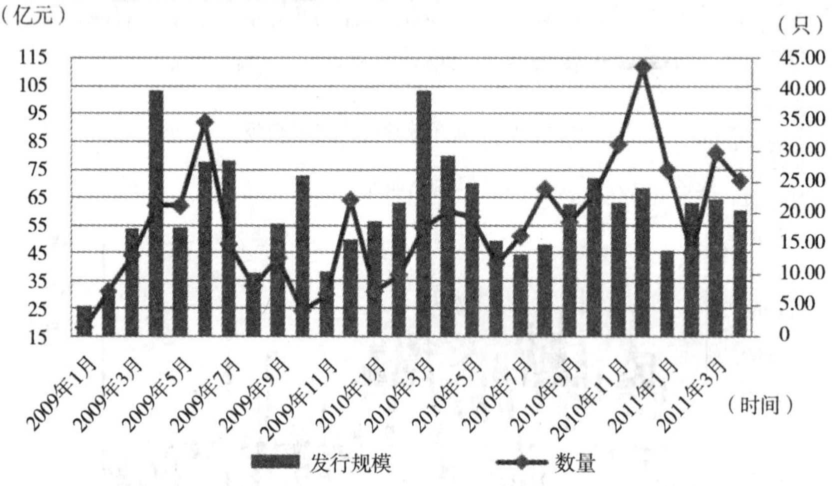

图3－17　阳光私募发行情况

资料来源：Wind资讯，国泰君安研究。

（二）精细化管理

1. 强大的IT支持系统。随着券商业务的发展、客户的增加，IT系统的重要性越来越凸显出来。这里的IT系统既包括内部使用的办公平台，也包括客户使用的委托交易系统，更包括客户信息、客户行为的统计分析系统。尤其是对客户资料的统计分析，强大的IT系统、长期的积累，将在未来的竞争中起到至关重要的作用。

2. 打造轻型营业部。据权威媒体报道，中国证监会将对新设营业部出台指导意见，鼓励设置没有现场交易、仅设开户和服务推介的轻型营业部，并允许竞争实力强的券商在饱和地区设立轻型营业部。这也是未来券商经纪业务发展的一个方向。事实上迫于经营成本的压力，从 2009 年开始，许多券商已经开始主动进行营业部的缩编，撤销散户大厅，将大门面营业部改小。

可以预计，未来券商营业部的数量仍会继续增加，因为目前券商行业共有 4 700 余个网点，而工商银行一家就有 2 万余个网点，中国平安也有 4 400 余个分支机构或营销服务部门。未来，轻型营业部将成为主要形式，撤销散户大厅或者将大门面营业部改小也将越来越普遍。

3. 建立高效的人员队伍。券商行业总体而言是一个轻资产重人才的行业，在竞争越来越激烈的大背景下，人才的争夺将成为各家券商制胜的关键因素。以投资顾问服务退签为例，其实质就在于投资顾问的专业能力尚未到位。目前在中国证券业协会注册的投资顾问为 1.2 万人，而全国的投资者仅 A 股就有约 1.44 亿户，投资顾问人才的缺口之大可见一斑。

除投资顾问外，其他岗位的人员同样如此。竞争越来越激烈，前台销售人员需求量增加，随之中台服务人员、后台支持人员的需求也在增加。尤其随着微利时代的到来，成本控制成为必然，要实现成本的精准投放和高效利用，精细化管理势在必行。精细化程度每深入一层，工作量呈几何级增长一次，对人员的素质能力要求也随之增加。

第四章　2010年中国证券投资咨询与资信评级业务发展报告

第一节　2010年中国证券投资咨询业务发展报告

一、2010年中国证券投资咨询业的发展环境

（一）中国证监会进一步完善证券投资咨询法规建设，为证券投资咨询业健康发展提供制度保障

随着证券市场的迅速发展，投资者的投资咨询服务需求不断深化，传统的证券投资咨询业务已逐渐演变为证券投资顾问业务和发布证券研究报告这两种基本服务形式，为加强对证券投资顾问业务和发布证券研究报告监管，中国证监会于2010年10月12日发布了《证券投资顾问业务暂行规定》、《发布证券研究报告暂行规定》（以下简称“两个《暂行规定》”）。两个《暂行规定》分别对证券公司、证券投资咨询公司发布研究报告和开展证券投资顾问业务的内控制度建设、业务流程、利益冲突防范等提出了相应要求，有效地防范了证券公司、证券投资咨询公司在开展研究业务、投资顾问业务中因管理不严而可能发生的风险。两个《暂行规定》充分体现了“三公”原则，切实保障普通投资者的合法权益。两个《暂行规定》是行业多年探索的结果，反映了行业需求，为咨询行业进一步建立新的业务模式和盈利模式提供了制度基础。两个《暂行规定》的实施将对我国证券投资咨询行业乃至整个证券行业的发展产生重大

影响。

（二）基金、QFII 等机构投资者的发展对证券投资咨询业经营理念和服务模式产生重大影响

近年来，以基金、社保基金、QFII 为主的机构投资者发展迅速，作为机构投资者的最重要的组成部分，截至 2010 年 12 月 31 日，包括 QDII（合格境内机构投资者）基金在内的688 只证券投资基金，资产净值合计24 843.76 亿元。同时，社保基金、证券公司、保险资金、企业年金的入市规模也在不断扩大。投资者机构化的趋势对证券投资咨询业产生深远影响。首先，机构投资者的投资理念和行为对市场的影响越来越大，其倡导的“价值投资”理念逐渐得到市场的广泛认同；其次，投资者结构的变化影响市场对投资咨询产品的需求，机构投资者更看中对上市公司的基本面分析，技术分析的重要性逐渐降低，以券商研究所为代表的研究机构对上市公司开展深度研究，所提供的有特色、估值准确的研究报告越来越受到市场欢迎；最后，机构投资者具有不同的投资目标，需要差别化和细分化的投资咨询服务。机构投资者增加，对证券投资咨询业经营理念和业务模式产生重大影响，一般性的股评已经不能满足市场需求，定位于高端的对行业和上市公司的深度研究逐渐受到欢迎。

（三）上市公司规模扩大，促进咨询机构财务顾问业务发展

近几年，A 股市场的上市公司数量大幅增加，尤其是中小板、创业板开通后，上市公司数量快速增加。截至 2010 年年底，沪深两市的上市公司数量已达2 063 家，较2009 年年底增加 20%。随着“大小非”逐步进入流通，上市公司的流通股份比例也不断提高，截至 2010 年年底，上市公司 77% 股份处于可流通状态。上市公司规模扩大，“大小非”逐步流通，带动了对财务顾问服务的需求。

中国的大量上市公司或刚刚上市，或刚刚从股权分置改革中调整过来，对于如何平衡公司股价和日常经营管理的关系，如何建立和机构投资者、个人投资者之间的健康关系，如何进行高效的融资，如何进行收购与反收购，如何解决公司治理中的委托代理问题，以及如何适应资本市场的变化形势调整公司的

战略等等问题，都是从来没有经历过的，上市公司需要一些专业机构提供相关专业意见。中小板、创业板开通后，有大量民营资本进入证券市场，这些公司急需专业机构为其提供市值管理等服务。上市公司的发展壮大给证券投资咨询机构提供更多并购、重组等财务顾问机会，促进证券投资咨询机构财务顾问业务快速发展，目前我国证券投资咨询机构有1/3主要从事财务顾问业务。从保护公众投资者利益的角度，更需要有独立的财务顾问从公众投资者利益出发给出独立的意见。

二、2010年中国证券投资咨询业发展的基本情况和经营状况

（一）证券投资咨询机构的类型

根据国务院证券委员会于1997年12月25日发布的《证券、期货投资咨询管理暂行办法》，申请证券投资咨询业务资格的机构应具备的条件是：（1）有5名以上取得证券投资咨询从业资格的专职人员；（2）有100万元人民币以上的注册资本；（3）有固定的业务场所和与业务相适应的通讯及其他信息传递设施；（4）有公司章程；（5）有健全的内部管理制度；（6）具备中国证监会要求的其他条件。2005年新修订的《中华人民共和国证券法》规定证券公司经营证券投资咨询业务还需符合注册资本达到人民币5 000万元要求。根据中国证券投资咨询机构的发展演变过程，我们大体可将现有的证券投资咨询机构分为以下三类：

第一类是独立运作的证券投资咨询公司。这类机构大多为民营企业，独立经营，有自身独特的公司规划和市场化的盈利模式，业务范围涵盖了证券研究、投资顾问、基金销售、财务顾问、管理咨询、证券信息咨询和专业培训等诸多领域。这类机构占整个证券投资咨询行业的绝大多数，是行业的主要存在形式，其中以天相投资顾问有限公司、上海大智慧投资咨询有限公司为代表。

第二类是券商附属的没有独立运营的各类证券研究所或研发中心。这类机构研究范围广泛，研究风格细致，从国际到国内，从宏观到微观，从货币市场到资本市场，从上市公司到非上市公司，都采取动态跟踪的方式进行有点有面

的研究，力求为投资者提供全方位的建议，研究成果对公司投资策略的制定和操作都有深远影响。这类机构以中信证券研究部、国泰君安证券研究所、海通证券研究所、招商证券研究发展中心等为代表。

第三类是从券商中独立出来实行企业化运作的专业研究机构。这类机构一方面与券商保持密切联系，另一方面又依靠自身优势独立运营。他们致力于为投资者提供独立、全面、前瞻和务实的证券研究与投资咨询服务，为企业和各类机构提供市场化、专业化和规范化的特色财务顾问服务。这类机构数量较少，以申银万国证券研究所为代表。

（二）证券投资咨询机构的经营业务

根据1998 年实施的《证券、期货投资咨询管理暂行办法》第二条规定，证券投资咨询业务是指证券投资咨询机构及其投资咨询人员通过下列形式为证券投资人或者客户提供证券投资分析、预测或者建议等直接或者间接有偿咨询服务的活动。所述“下列形式”包括：接受投资人或者客户委托，提供证券投资咨询服务；举办有关证券投资咨询的讲座、报告会、分析会等；在报刊上发表证券投资咨询的文章、评论、报告，以及通过电台、电视台等公众传播媒体提供证券投资咨询服务；通过电话、传真、电脑网络等电信设备系统，提供证券投资咨询服务；中国证监会认定的其他形式。

上述业务构成了中国证券投资咨询机构业务的主基调，其后，证券投资咨询机构的法定业务空间得到进一步拓展。2002 年 12 月 1 日实施的《上市公司收购管理办法》，对上市公司发生收购或被收购情形时引入独立财务顾问提供专业咨询意见作了详细规定，确立了证券投资咨询机构在上市公司并购业务中的财务顾问作用；2003 年 10 月 8 日，《证券公司债券管理暂行办法》正式实施，该办法将证券投资咨询机构纳入了债券代理人范畴；2003 年 10 月 28 日颁布的《中华人民共和国证券投资基金法》，将证券投资咨询公司列入了基金管理公司的主要股东范围；2004 年 7 月 1 日，中国证监会出台《证券投资基金销售管理办法》，规定满足一定条件的证券投资咨询机构可以向中国证监会申请基金代销业务资格。

1. 面向机构投资者的证券研究服务。近两年来，机构投资者队伍迅速发展壮大，客观上为证券研究业务的发展提供了市场基础，并创造出极大的证券研究咨询产品需求。证券研究产品化是机构投资时代的必然。对于这部分位于市场高端的机构投资者，包括基金管理公司、保险公司和 QFII 等，证券投资咨询机构提供的主要产品是关于证券市场的研究报告，主要包括宏观经济研究、行业研究、公司研究和债券研究等，其目的是为机构投资者的投资决策提供支持。

证券研究服务主要与研究团队规模和研究人员素质有关，所以在该类业务上的竞争优势主要依赖于其专业人才优势和长期积累。因此有券商背景的研究机构尤其是实力雄厚的大型券商研究所具有得天独厚的优势，而独立的中小咨询公司则很难介入，独立咨询公司中仅天相公司、海南港澳资讯等少数机构依靠资本投入、人才积累、资讯支持开展证券研究业务，并已占据一定的细分市场地位。

提供证券研究服务获得收益的形式有两种，一种是机构投资者直接支付咨询费获得研究报告，另一种是通过机构投资者在券商席位的交易实现佣金分成，这两种方式在很大程度上是建立在机构投资者、券商和投资咨询机构三者合作的基础上。目前各券商对基金分仓争夺激烈，基金公司在挑选券商分仓时，除考虑股东关系、券商分销基金能力外，更多的还是考虑券商的研究实力。据天相公司统计，2010 年证券公司基金分仓佣金为 62.4 亿元，分仓佣金靠前的十大券商市场占比为 48.5%。研究实力决定分仓量，这也从一个侧面反映出大券商研究机构凭借强大的研究团队对机构客户业务的垄断势头。但近年来随着中小券商的加入，该市场份额正呈现分散化趋势。中小券商一方面通过差异化服务，将研究资源重点集中在部分优势行业上，提高对基金的研究服务质量；另一方面，部分中小券商也在全力打造针对大型基金公司的营销攻势，提高销售基金能力。

2. 面对个人投资者的投资咨询服务。面向个人投资者的投资咨询服务是投资咨询机构的一项传统业务。在 20 世纪 90 年代初，当证券市场刚起步时，人们对股票和证券投资还一无所知，证券公司的证券营业部为了开发客户，就必须对个人投资者进行入门指导，这种指导就是面向个人投资者的投资咨询服务的雏形。部分投资咨询公司，特别是成立时间较早的，延续了该项业务。由于该项业务的主要服务对象是中小投资者，所需的人力、物力和财力成本比提供证券研究服务所需的成本低，所以独立咨询机构主要以该类业务为主。

面向个人投资者的投资咨询服务获得收益的形式主要有以下几种：收取年费，通过传真、电子邮件、手机短信及其他通讯方式定期向客户提供投资报告及咨询；在营业部开设工作室，为营业部的投资者提供即时咨询服务，从买卖股票的交易佣金中提取一定比例作为咨询费；与证券营业部签订合同，每天通过互联网提供数次语音实时解盘，向营业部收取一定的费用。

近年来，为留住客户、增加业务收入，一些证券公司和少数咨询公司开始探索投资顾问服务。与传统的“股评”业务不同，投资顾问服务是咨询机构根据投资者财务状况、风险偏好等，提供具体的、有针对性的证券投资咨询服务，这种业务模式通过提供长期服务，收取年费来实现赢利。在实践中，证券公司、咨询公司普遍呈现出投资顾问业务角色缺位、投资者的顾问服务需求不能得到满足的突出问题。

3. 财务顾问。财务顾问业务有广义与狭义之分，广义的财务顾问业务是指为上市公司、政府机构、企业集团、金融机构等组织提供发展战略设计、中远期规划、资本市场运作（包括收购兼并、各种资产重组等）、项目投资建议、企业重整等专业的顾问服务。狭义的财务顾问是指在涉及上市公司的股权收购、资产（债务）重组、发展规划业务中，为上市公司及其董事会或上市公司股东或拟收购上市公司的自然人、法人以及其他组织机构提供的相关专业服务的总称。目前业界谈论的财务顾问业务在很大程度上是指狭义的财务顾问业务。需要说明的是，《上市公司收购管理办法》所提及的“独立财务顾问”，事实上是财务顾问业务的一种特殊形式。独立财务顾问旨在强调财务顾问的提供主体奉行公正、中立、科学、高效的“独立第三人”身份，且提供的相关财务顾问报告或意见必须向社会披露，其目的在于保护所有股东特别是中小股东的权益。

从目前实践中已存在的财务顾问业务开展状况来看，业务准入已成为摆在从业机构与监管部门面前急需解决的问题。目前，除了证券投资咨询机构从事财务顾问业务外，还有证券公司投资银行部、银行、保险公司、信托投资公司、会计师事务所、律师事务所等也在从事该类业务。特别需要指出的是，由于没有准入限制，众多的未经注册的投资咨询公司、投资管理公司、资产管理公司等都在从事财务顾问业务。为加强对上市公司并购重组财务顾问业务管理，2008 年 8 月 4 日中国证监会发布了《上市公司并购重组财务顾问业务管理办法》，对证券公司、咨询公司以及其他财务顾问机构申请从事上市公司并购重组财务顾问业务资格设置了准入条件。

证券公司投资银行部、会计师事务所和律师事务所具有法定业务资格，通过把法定业务和财务顾问业务结合起来，在与独立的证券投资咨询机构的竞争中处于绝对优势地位。与证券投资咨询机构相比，它们具有资本雄厚、人才众多、营业网络和信息渠道发达等优势。所以目前比较大的财务顾问项目市场基本上被证券公司投资银行部、会计师事务所和律师事务所占有。而投资咨询机构的竞争力主要体现在具体的企业并购、重组方面，具有代表性的咨询机构有北京中富金石、北京东方高圣、上海荣正、大连北部资产等公司。

4. 财经资讯服务。目前部分投资咨询机构的一项主营业务是提供财经资讯服务，其通过证券专业网站或证券分析软件向投资者提供财经资讯服务，主要产品包括金融资讯数据采集、加工、服务；金融分析软件研究、开发、服务；金融企业信息应用系统咨询、分析、开发、集成；金融投资咨询等。其主要服务对象包括：(1) 证券行业用户，如证券公司（包括其营业部）、证券投资咨询机构、上市公司和拟上市公司；中间信息服务商，主要有报刊、杂志、网络等媒体；手机短信、PDA 等无线运营商；宽带/宽带增值运营商；证券公司网站，各地信息港网络门户。这也可以看作是证券研究业务的一个延伸。(2) 金融、保险行业用户，包括金融机构用户、保险行业用户和期货外汇行业用户。具有代表性的咨询机构有上海大智慧、上海东方财富、浙江同花顺、和讯信息等公司。

5. 基金代销业务。证券投资咨询机构可以凭借专业化的基金研究，向投资者提供系列化的基金研究产品，包括基金市场跟踪、基金评级、投资风格研判、基金定期报告分析点评、基金组合产品和基金理财规划等；采用电子邮件、短信、传真、刊物等方式向投资者提供理财资讯服务；定期组织基金理财交流互动活动，包括基金经理交流会、投资者交流会等。在与基金管理公司建立广泛业务合作的基础上，可以与其建立代销关系，实现基金投资的一站式服务。此外，还可为基金管理公司提供基金发行期和持续营销期的整体营销策划，并进行相关的基金营销培训，包括销售队伍管理、基金营销技巧、渠道营销管理等；为基金销售合作伙伴制订基金营销策划方案，提供专业基金资讯支持，进行基金产品培训和基金营销培训等。2004 年天相投资顾问有限公司的开放式基金代销业务资格获得中国证监会核准，成为中国首家取得基金代销业务资格的证券投资咨询机构。对于基金代销机构，中国证监会下发的《证券投资基金销售管理办法》为其设置了准入门槛：注册资本不低于2 000万元人民币，且必须为实缴货币资本；高级管理人员已取得基金从业资格，熟悉基金代销业务，并具备从事两年以上基金业务或者 5 年以上证券、金融业务的工作经历；持续从事证券投资咨询业务 3 个以上完整会计年度；最近 3 年没有代理投资人从事证券买卖的行为等等。由于准入门槛较高，咨询公司很难获得基金代销业务资格。

6. 其他服务。目前投资咨询机构除了经营以上 5 种业务外，还根据各自的发展方向和优势提供其他一些服务，包括：

（1）专题研究服务。从事此类业务需要投资咨询机构具有相当的研究实力，主要是接受政府机关和企业的委托对某些领域进行深入研究，由政府和企业支付一定的研究费用。

（2）培训服务。该类业务主要是向股民和营业部客户经理提供培训，收取一定的培训费用或者免费为股民培训，发展客户，介绍客户到有合作关系的营业部开户，营业部按照一定的比例向投资咨询机构返还其客户的交易佣金。由于一些没有证券投资咨询资格的机构也从事此类业务，因此此项业务的竞争非常激烈。

（三）证券投资咨询机构的数量和名单

目前 106 家证券公司中，有 90 家证券公司设立了研究部或研究所，未设立研究所（部）的 16 家公司主要是经纪类证券公司或专门的承销保荐公司。据了解，规模较大的或有外资背景的证券公司研究所（部）主要做卖方报告，服务于基金等机构客户，同时也为经纪、投行、自营、资产管理等部门提供研究支持，而中小证券公司的研究所（部）主要服务于内部经纪、投行、自营、资产管理等多项业务。根据中国证券业协会的问卷调查统计，90 家研究所（部）

研究人员总数为2 469人，平均每家约27人，其中已在中国证券业协会注册登记为证券分析师的有1 704人，占研究人员总数的69%。研究人员达50人以上的研究所（部）有18家，10~50人的有49家，10人以下的有23家。

为加强对机构投资者研究服务，一些证券公司将研究报告进行销售，服务机构客户业务从研究部门独立出来，公司单独成立一个部门开展该项业务。据统计，目前有23家证券公司设立了独立的研究报告销售部门，该类型公司主要是做卖方研究，研究业务专业化程度较高，在服务基金等机构客户方面具有一定优势。

目前全国独立运作的证券投资咨询公司有91家，其中通过中国证监会2009年年检的有86家，北京禧达丰、广东百灵信、江苏现代、哈尔滨新思路、哈尔滨大富5家公司存在不同程度的违规行为，被立案稽查，暂缓通过年检。独立运作的证券投资咨询机构的数量相对稳定。

证券投资咨询公司名单见表4－1。

表4－1　　证券投资咨询公司名单

辖区	序号	公司全称
北京	1	北京首证投资顾问有限公司
北京	2	北京中富金石咨询有限公司（原北京清华紫光投资顾问有限责任公司）
北京	3	北京盛世华商投资咨询有限公司
北京	4	北京金昌投资咨询有限公司
北京	5	北京金美林投资顾问有限公司
北京	6	和讯信息科技有限公司
北京	7	北京京放投资管理顾问有限责任公司
北京	8	北京君之创证券投资咨询有限公司
北京	9	北京中方信富投资管理咨询有限公司
北京	10	北京中和应泰财务顾问有限公司
北京	11	北京新兰德证券投资咨询有限责任公司
北京	12	天相投资顾问有限公司
北京	13	北京中资北方投资顾问有限公司
北京	14	北京博星投资顾问有限公司
北京	15	北京海问咨询有限公司
北京	16	北京和众汇富咨询有限公司
北京	17	北京东方高圣投资顾问有限公司

续表 1

辖区	序号	公司全称
天津	18	天津证券投资咨询有限公司
天津	19	天津市中融投资咨询有限公司
辽宁	20	沈阳盈捷投资顾问有限公司
江苏	21	江苏天鼎投资咨询有限公司
江苏	22	无锡金百灵投资咨询有限公司
四川	23	成都倍新投资咨询有限责任公司
四川	24	成都银华投资资讯有限公司
四川	25	成都汇阳投资顾问有限公司
河南	26	河南九鼎德盛投资顾问有限公司
大连	27	大连华讯投资咨询有限公司（原大连恒基投资顾问有限公司）
大连	28	大连北部资产经营有限公司
黑龙江	29	黑龙江省容维投资顾问有限责任公司
安徽	30	安徽大时代投资咨询有限公司
安徽	31	安徽华安新兴证券投资咨询有限责任公司
福建	32	福建天信投资咨询顾问有限公司
厦门	33	厦门市鑫鼎盛证券投资咨询服务有限公司
厦门	34	厦门高能投资咨询有限公司
厦门	35	厦门世纪金龙投资咨询有限公司
厦门	36	厦门市新汇通投资咨询有限公司
云南	37	云南产业投资管理有限公司
海南	38	海南港澳资讯产业股份有限公司
山东	39	山东神光咨询服务有限责任公司
山东	40	山东英大投资顾问有限责任公司
浙江	41	浙江国金投资咨询有限公司
浙江	42	杭州海能证券投资顾问有限公司
浙江	43	杭州三元证券投资顾问有限公司
宁波	44	宁波海顺投资咨询有限公司
深圳	45	深圳市天生人和经济信息咨询有限公司
深圳	46	深圳市尊悦证券投资顾问有限公司
深圳	47	深圳市珞珈投资咨询有限公司
深圳	48	深圳市芙浪特证券投资顾问有限公司
深圳	49	深圳市怀新企业投资顾问有限公司

续表 2

辖区	序号	公司全称
深圳	50	深圳市中证投资资讯有限公司
深圳	51	深圳市新兰德证券投资咨询有限公司
深圳	52	深圳市国诚投资咨询有限公司
深圳	53	深圳市智多盈投资顾问有限公司
陕西	54	陕西巨丰投资资讯有限责任公司
陕西	55	陕西融泰投资咨询有限公司
重庆	56	重庆东金管理顾问有限公司
上海	57	上海凯石证券投资咨询有限公司（原重庆博股通金证券投资咨询有限公司）
上海	58	上海中广信息传播咨询有限公司
上海	59	上海益邦投资咨询有限公司
上海	60	上海新兰德证券投资咨询顾问有限公司
上海	61	上海森洋投资咨询有限公司
上海	62	上海亚商投资顾问有限公司
上海	63	上海世基投资顾问有限公司
上海	64	上海申银万国证券研究所有限公司
上海	65	上海东方财富证券研究所有限公司
上海	66	上海万盛投资咨询有限公司
上海	67	上海金汇信息系统有限公司
上海	68	上海荣正投资咨询有限公司
上海	69	上海新世纪资信评估投资服务有限公司
上海	70	上海证联投资咨询服务有限责任公司
上海	71	上海涌金理财顾问有限公司
上海	72	上海证券综合研究有限公司
上海	73	上海大智慧投资咨询有限公司
上海	74	上海新资源证券咨询有限公司
上海	75	上海益盟操盘手证券研究有限公司（原上海益盟投资管理有限公司）
上海	76	上海迈步投资管理有限公司
河北	77	河北源达证券投资咨询有限公司
青岛	78	青岛市大摩投资咨询有限公司
湖南	79	湖南金证投资咨询顾问有限公司
广东	80	珠海博众证券投资咨询有限公司
广东	81	广州博信投资咨询有限公司

续表3

辖区	序号	公司全称
广东	82	广州越声理财咨询有限公司
广东	83	广州市万隆证券咨询顾问有限公司
广东	84	广东科德投资顾问有限公司
广东	85	广州新升咨询顾问有限公司
广东	86	广州汇正财经顾问有限公司
北京	87	北京禧达丰证券投资顾问有限公司*
广东	88	广东百灵信投资管理有限公司*
江苏	89	江苏现代资产投资管理顾问有限公司*
黑龙江	90	哈尔滨新思路投资咨询有限公司*
黑龙江	91	哈尔滨大富证券投资顾问有限公司*

备注：加“*”的证券投资咨询机构已被立案稽查，暂停新增证券投资咨询业务，暂缓通过年检，继续配合调查。

（四）独立证券投资咨询机构资本规模及经营状况

按照《证券、期货投资咨询管理暂行办法规定》，证券投资咨询机构最低注册资本是100万元。对于独立运作的证券投资咨询机构，根据已有数据统计，注册资本3 000万元以上的有7家，3 000万~1 000万元的有25家，1 000万~500万元的有34家，500万元以下的有25家。公司人员只有一二十人左右的证券投资咨询机构占到80%以上。证券投资咨询机构之间的差距也在不断拉大，并日渐呈现出业务和资金向规模大的公司集中的现象。排名前列的证券投资咨询机构，主要集中在上海、北京、深圳等经济发达城市。由于证券投资咨询机构的规模不等，分析师的人数也有很大差异。

对于具有券商背景、独立运营的证券投资咨询机构，由于机构盈利的很大一块来源于对内服务，因此此类证券投资咨询机构的盈利途径比较稳定，一般会有具体的利润指标，收入来源主要是为母公司业务部门服务的回报、为基金提供研究服务获取的佣金收入分成及为其他机构客户提供服务收取的费用。而对于缺少券商背景的独立证券投资咨询机构，由于规模比较小、业务范围狭窄、服务方式和手段单一，较券商背景的证券投资咨询机构盈利状况逊色，有些挣扎在亏损甚至破产边缘。究其原因，既有客观因素，也有主观原因，但根本上还是多数证券投资咨询机构主要看重短期赚钱效益，很少有机构真正作研究、思考服务模式。但近年来少数证券投资咨询机构通过提供特色化投资咨询服务，已逐渐找到自己的盈利模式和发展道路，如天相公司通过向基金等机构投资者提供专业化的研究报告获得机构佣金分仓收入，上海大智慧、和讯信息、上海东方财富研究所等公司通过向市场提供证券资讯服务获得资讯服务费收入。

非独立运营的券商证券研究机构作为证券公司的一个部门，一般没有具体的利润指标，只以部门考核指标进行衡量，如对内、外服务为公司带来的经济效益，研究报告的数量、质量，基金及其他机构分仓量，以及部门建设、媒体曝光率、公司品牌等。

三、2010 年中国证券投资咨询业的重大事件回顾

（一）中国证券业协会对证券分析师和证券投资顾问实行分开注册管理

按照两个《暂行规定》，向客户提供证券投资顾问服务的人员和在发布的证券研究报告上署名的人员，应当具有证券投资咨询执业资格，并在中国证券业协会分别注册登记为证券投资顾问和证券分析师，且证券投资顾问不得同时注册为证券分析师，证券分析师不得同时注册为证券投资顾问。依据两个暂行规定和《证券、期货投资咨询管理暂行办法》、《证券业从业人员资格管理办法》，中国证券业协会分别于 2010 年 11 月 17 日和 2011 年 6 月 13 日发布了《关于证券投资顾问和证券分析师注册登记有关事宜的通知》和《关于证券投资顾问和证券分析师注册管理有关事宜的补充通知》，对证券分析师和证券投资顾问注册登记的条件、程序和需报送的材料，以及变更、离职和注销等作了相应的规定。

（二）中国证券业协会第三届证券分析师委员会第四次会议召开

中国证券业协会第三届证券分析师委员会第四次会议于 2010 年 8 月 13 日在北京召开，会议专程对两个《暂行规定》进行讨论，还邀请了部分证券公

司、证券投资咨询机构相关负责人参加。

与会人员认为，两个《暂行规定》对积极推动证券行业提高专业化投资研究服务水平、深化投资者教育和适当性管理、打击非法证券活动等，现实意义重大，积极影响深远。证券投资咨询公司代表认为，两个《暂行规定》为证券投资咨询公司在当前形势下的生存发展和业务转型指明了方向。证券公司代表认为，两个《暂行规定》的实施将为证券公司增值业务打开发展空间，为券商经纪业务创造新的利润增长点，缓解业界已呈白热化的佣金价格战，引导券商提供差异化服务，进行良性竞争，推动证券公司营业部由交易通道型营业部向投资顾问型营业部转型。会后证券分析师委员会对与会人员的意见和建议进行了整理，并反馈给中国证监会。

（三）举办注册国际投资分析师（CIIA）考试

中国证券业协会分别于2010 年3 月、9 月举办了两次 CIIA 中国考试，共有1 027人次参加，卷一平均通过率为32.79%，卷二平均通过率为38.46%。

CIIA 考试是由注册国际投资分析师协会（ACIIA）为金融和投资领域从业人员量身定制的一项高级国际认证资格考试。ACIIA 是由欧洲金融分析师联合会、亚洲证券分析师联合会，以及欧洲、亚洲和拉丁美洲等近 30 个国家和地区的投资分析师协会联合成立的国际性专业机构，在国际上具有很大的影响。CIIA 考试包括国际通用知识考试和本地考试两部分。国际通用知识考试部分包括两级：基础考试和最终考试。国际通用知识考试涉及经济学、财务会计与报表分析、公司财务、股票、固定收益产品、衍生产品、投资组合等科目，分两卷进行考试。

中国证券业协会于2001 年成为 ACIIA 的会员。中国证券业协会决定引入并启动 CIIA 考试，其目的在于建立、完善中国多层次水平考试体系，使 CIIA 考试成为证券分析师水平考试中的重要组成部分，使证券分析师的水平和素质与国际资本市场接轨，为中国资本市场融入全球金融体系做好人力资源准备和知识储备。经中国证券业协会与注册国际投资分析师协会协商，通过中国证券业协会组织的资格考试全部 5 科的人员，可直接参加 CIIA 最终考试。通过 CIIA 考试的考生可申请成为 CIIA 中国注册会员，并可获得由中国证券业协会和注册国际投资分析师协会联合颁发的资格证书。中国证券业协会每年举办 2 次 CIIA 中国考试，考试时间由 ACIIA 统一规定。

自 2006 年 3 月中国证券业协会举办 CIIA 中国考试以来，至 2010 年，中国证券业协会已举办了 10 次 CIIA 中国考试，国内共有 2 751 人次参加了 CIIA 考试，其中 275 人通过了 CIIA 的两卷考试，210 人已取得 CIIA 资格证书。经过 4 年的发展，CIIA 考试及资格认证逐渐得到了业界和社会的认可，报考人数呈逐年上升趋势。

（四）开展国际交流活动

2010 年 6 月 22 日 ~27 日，中国证券业协会副会长杨晓武，中国证券业协会副会长、证券分析师委员会主任委员林义相率团参加了在日内瓦召开的注册国际投资分析师协会（ACIIA）理事会、年会，以及国际教育平台（ILPIP）理事会与年会。2010 年 4 月 9 日 ~12 日，中国证券业协会证券分析师委员会委派代表参加了在新加坡召开的亚洲证券投资分析师联合会（ASIF）执委会会议。2010 年 9 月证券分析师委员会协助中国证券业协会在北京举办了“2010 年亚洲证券论坛国际研讨会”。

中国证券业协会通过积极参与国际证券分析师组织的活动，增进了我国分析师与国外分析师同行的了解，提高了我国证券分析师在国际资本市场中的影响力和话语权。

（五）中国证监会严厉打击利用网络等媒体开展非法投资咨询活动

2010 年中国证监会对利用网络等媒体开展非法证券活动进行严厉打击。利用网络等媒体开展非法证券活动的主要形式是，不法机构和个人设立网站（包括冒用证券公司、证券投资咨询机构名义，设立名称相近的网站），或者利用门户网站的论坛、股吧、博客、QQ 群等互动栏目，以及利用电视、广播、报刊等媒体作为营销平台，通过虚假信息、夸大宣传、承诺收益等手段，招揽会员或客户，推荐股票、在线咨询或代客理财，以收取会费、收益分成等方式牟利。

中国证监会针对此类非法证券活动的新形式、新特点，会同地方政府、公安机关、司法机关、工商行政管理部门等有关单位，对利用网络等媒体开展非法证券活动予以严厉打击，有力保护了投资者的合法权益，维护了证券行业的声誉和证券市场的经营秩序，保证了市场的平稳健康发展和社会稳定。

与此同时，证券监管部门还协同行业协会和证券经营机构，以“整非”活动为抓手，深入开展投资者教育活动，帮助投资者树立参与证券投资活动的基本理念：只有选择合法的市场和服务，自身权益才能得到充分保障。中国证监会、中国证券业协会和中国投资者保护基金在其网站持续公示证券公司、证券投资咨询机构的名称、地址、网址及业务范围等基本信息，提醒投资者在获取证券服务时注意核实业务资质。各地证监局还通过报纸、门户网站、财经网站公示非法网站和非法机构的“黑名单”。

四、中国证券投资咨询业面临的问题

（一）中国证券投资咨询业面临的外部问题

1. 来自外资证券投资咨询机构的竞争压力逐步加大。中国加入 WTO 后，证券市场逐步开放，允许国外实力雄厚的证券投资咨询公司利用平等的竞争条件进入中国市场，他们通过提供丰富的金融服务，与国内证券投资咨询公司争夺客户和利润。

然而在中国证券投资咨询业竞争能力薄弱的情况下，外资证券投资咨询机构的进入势必会带来较大的竞争压力。与国外证券投资咨询机构相比，中国的证券投资咨询机构普遍规模较小，抵御市场风险的能力较弱；业务单一，企业并购、资产证券化、财务顾问等业务还有待拓展。而外资证券投资咨询机构拥有为各国不同类型企业提供咨询的成功案例和实际操作经验。国内证券投资咨询机构之所以尚能独善其身，主要是因为境外机构暂时还未大规模涉足。如果国内证券投资咨询业不能尽快形成龙头企业，培育出证券投资咨询的民族品牌，将会面临国际投资咨询业的巨大冲击。

2. 证券投资咨询业法定业务缺乏。国务院证券委员会于 1997 年年底颁布的《证券、期货投资咨询管理暂行办法》规定了证券投资咨询机构为证券投资人或者客户提供证券投资分析、预测或者建议等直接或者间接有偿咨询服务的5种形式，这5种形式形成了中国证券投资咨询行业业务范围的主要框架。之后，随着资本市场的发展和进一步完善，证券投资咨询行业的业务空间也得到了进一步的拓展。但是，《证券、期货投资咨询管理暂行办法》等相关法规对证券投资咨询机构业务范围的规定在新的市场环境下显得过于狭窄。法定业务的缺乏，事实上严重制约了证券投资咨询机构的发展。

目前中国的证券投资咨询机构业务主要涉及证券投资咨询、管理咨询等方面，就其最关键的证券投资咨询业务来讲，通常由于二级市场和管理层面的过多限制致使其业务空间较小。例如财务顾问业务，股票上市规则中规定了在股份回购等情况下应聘请财务顾问进行尽职调查并出具财务顾问报告，但这一要求只停留在一般性的规定上，对具体业务要求没有明确的规定。独立财务顾问报告往往也只是流于形式，很难起到独立第三人的监督作用，因此在防止上市公司董事、大股东损害中小投资者的利益方面，独立财务顾问作用不明显，发展空间也不大。相比发达国家的业务现状，中国证券投资咨询行业今后的发展，可以包含更为广泛的业务，囊括证券投资咨询、财务顾问、资产管理等诸多方面。证券投资咨询机构作为证券市场中重要的中介机构，在推动中国证券市场规范发展的过程中起到了重要作用，拓展其法定业务，将会使一些信誉好、业绩佳的证券投资咨询机构大有作为。

3. 证券投资咨询法律法规有待进一步完善。为了规范证券投资咨询机构的经营，加强行业监管，我国出台了一系列涉及证券投资咨询业务操作规则的法律法规：1997年12月25日原国务院证券委员会发布、1998年4月1日起正式施行的《证券、期货投资咨询管理暂行办法》；1997年12月12日中国证监会、原新闻出版署、原邮电部、原广播电影电视部、国家工商行政管理局、公安部发布并于1998年4月1日施行的《关于加强证券期货信息传播管理的若干规定》；1998年4月23日中国证监会发布并施行的《证券、期货投资咨询管理暂行办法实施细则》；1999年7月1日正式实施、2005年再次修订的《中华人民共和国证券法》；以及2010年10月19日由中国证监会发布并施行的《证券投资顾问业务暂行规定》、《发布证券研究报告暂行规定》。此外还有一些行业性规定，如《关于加强会员制证券投资咨询业务自律管理的通知》、《证券从业人员诚信信息管理暂行办法》、修订后的《中国证券分析师职业道德守则》等。

随着证券市场的发展，法规环境的变化，在亚洲金融危机这样的大环境下出台的《证券、期货投资咨询管理暂行办法》的内容已不能完全适应证券投资咨询业的发展要求。2011 年 1 月 1 日开始施行的《发布证券研究报告暂行规定》和《证券投资顾问业务暂行规定》明确了证券投资咨询业务的基本形式和证券投资咨询机构转型的基本方向，但未能解决证券投资咨询行业法规制度欠缺和滞后问题，也未能明确证券投资咨询机构业务定位、发展路径和业务监管等重大问题。

（二）中国证券投资咨询业面临的内部问题

1. 机构规模小，数量多，抵御风险能力弱。与海外机构相比，中国证券投资咨询机构的规模偏小，注册资本过千万元的约 30 家，平均每家资产额不足 2 000万元，平均每家公司人数不足 20 人。在独立经营的咨询机构中，由于主营业务利润来源不稳定，多数咨询机构难以形成规模效应，向外扩展能力较弱，限制了企业的发展。规模小，不利于提高机构的执业水平；数量多，必然出现过度竞争现象，从而造成证券投资咨询机构之间严重的不正当竞争。

2. 业务结构雷同，业务单一，创新能力不足。在业务模式上，除少数有实力的证券投资咨询机构以证券研究和财经资讯业务为主营业务外，大多数机构都把业务集中在投资咨询服务方面。业务结构雷同，服务方式和服务手段单一，行业内部竞争激烈，业务“同质化”现象严重。

在国际成熟市场，证券投资咨询机构的业务都具有明显的特色。例如我国香港的一些大证券公司的研发咨询机构，其研发咨询的对象主要针对机构投资者，在他们的业务和利润构成中，零售业务，即经纪业务占的比重都不大，并且这些机构的研发有的以研究香港本地公司见长，有的研究 H 股公司，有的关注 B 股企业，都具有鲜明的发展方向和服务对象。

此外，中国证券投资咨询机构还缺乏新的盈利模式，创新能力不足。如何找到可持续发展的盈利模式始终是困扰我国证券投资咨询机构的核心问题。传统的盈利模式缺乏持续生存和发展的空间，因此，培育新的盈利模式和利润增长点是中国证券投资咨询业面临的新挑战。

3. 内部管理机制不健全。在内部管理问题上，很多证券投资咨询机构缺乏健全的法人治理结构和内部管理控制机制，而内部管理机制不健全往往引致经营风险，使得公司抵御风险的能力不强。

各机构在管理上参差不齐，很多名义上独立的咨询机构并没有形成独立的企业制度，人员松散，缺乏起码的内部控制机制，即便是一些管理相对成熟的机构，也没有建立起健全的法人治理结构。机构的管理往往采取家族式、经验式、情感式管理，缺乏自身的企业文化，对高级人才的吸引力较差，这类机构的组织结构如果不能根据市场变化而适当调整，建立起现代企业制度，必然会影响到今后的发展。

4. 行业缺少高层次专业人才。证券投资咨询行业缺少高层次、专业人才。证券投资咨询业是人力资源密集型行业，是融各种专业知识与技能为一体的智力服务型行业，证券分析师是其骨干。而作为一名优秀的证券分析师，必须具备如下综合素质：首先，有一定的知识结构，包括从事基本面分析必不可少的经济学、金融学、财政学、货币学、统计学等基本知识，甚至包括自然科学、社会科学常识等等；其次，在必要的知识结构基础上，证券分析师还必须具备综合能力，包括文字组织能力和口头表达能力；最后，证券分析师在知识结构和综合能力的基础上，必须具有强烈的社会责任感和职业道德修养。

然而，由于相当一批证券投资咨询机构没有成熟的业务模式，缺乏稳定的收入来源，公司业务大幅收缩，一些优秀人才逐渐离开了咨询机构，而证券公司的研究人员由于工作压力大、薪资水平较低、个人发展空间不足等因素，人员流动也较频繁。缺乏高层次、专业的人才，极大地制约了我国证券投资咨询行业的发展。

五、中国证券投资咨询业的发展展望

展望未来，中国经济的持续稳定增长、资本市场的发展壮大、金融产品的不断创新，都将为中国证券投资咨询业的发展提供巨大的空间。与此同时，为了更好地发展，中国证券投资咨询业也正面临着转型，尤其是行业定位、业务拓展、人才培养、运行机制方面的改革和创新。未来在良好的外部环境下，应该用改革和开放的思路对中国证券投资咨询业进行战略规划。

（一）积极探索证券投资咨询新的业务模式

随着机构投资者的迅速壮大、投资者结构和投资理念的转变，一般性的咨询服务已经不能满足机构投资者的需求，定位于高端的有关行业和上市公司的深度研究逐渐受到机构投资者青睐。向个人投资者提供的一次性或短期性咨询服务也难以满足市场需求，持续性、长期化的投资顾问服务逐渐被个人投资者接受。目前，一些证券公司和少数咨询机构已开始尝试投资顾问服务，根据客户的财务状况、风险偏好等，提供具体的、有针对性的证券投资咨询服务。

咨询公司应积极探索业务转型，具有研究实力的机构可开展针对行业或上市公司的深度研究，为机构投资者提供有特色、估值准确的研究报告。研究力量不够的机构可大力发展投资顾问业务，填补证券公司、基金公司服务缺口，为广大中小投资者提供投资顾问服务。

另外，目前证券市场上的“私募基金”云集而形成了监管的“盲区”，应考虑由运作规范、稳健经营的咨询公司试点。在发行承销前，上市公司的辅导应独立出来由证券投资咨询公司承担。改制前辅导可以发挥证券投资咨询人员的专业特长，同时也有利于证券投资咨询机构作为相对独立的“第三方”介入，对券商形成监督，而上市公司也可以听取不同的声音。此外，在证券首次公开发行（IPO）中应规定由咨询机构提供非承销商的第三方研究机构投资价值分析报告，这样可让投资者掌握更为全面的信息，也保证投资价值分析报告的独立性和公正性。

（二）鼓励发展投资顾问业务

目前，占我国投资者人数绝大多数的中小投资者的咨询服务需求没有得到有效满足。咨询公司应积极发展投资顾问业务，探索与证券公司的合作模式，为证券公司经纪客户提供投资顾问服务，证券公司可从佣金中拿出一部分作为顾问费支付给咨询公司，还可由投资者直接付给咨询公司咨询费。

同时监管部门应加强立法，对投资顾问业务进行引导和规范。监管部门应允许有资格的咨询机构和人员进入营业部，让他们为营业部中小客户提供投资顾问服务，允许证券公司在其收取的佣金中区分通道佣金和投资顾问费用，建立起投资咨询收费的合理渠道。中国证券业协会应制定投资顾问业务和从业人员自律管理制度，规范投资顾问人员行为，提高投资顾问人员业务水平。

（三）规范发展证券研究业务

目前国内大部分证券公司都建立了专门的研究部门或研究所，证券研究已逐步被市场及社会认同。规模较大的或有外资背景的证券公司，主要做卖方报告业务，服务于基金等外部机构客户，并已逐渐建立起研究品牌。本土中小证券公司中的研究部门定位与大券商不同，主要服务于内部经纪、投行、自营、资产管理等多项业务。

各证券公司对研究业务的管理缺乏统一的标准和法规依据，管理水平参差不齐，规范程度和市场定位有很大差别。证券公司内部应建立健全证券研究业务“隔离墙”制度：研究人员要配合融资项目进行工作，需办理“越墙”手续；分管研究业务的证券公司高管不应同时分管其他有利益冲突的部门，研究部门独立选择所覆盖股票的范围；证券公司不应对研究部门和研究人员设盈利指标，投行、自营、资产管理部门不能干扰研究人员的薪酬考核；合规部门应严格监控研究报告发布流程，在同一时间发布研究报告，公平对待所有客户。同时监管部门应尽快制定相应的业务规则，规范证券研究业务；中国证券业协会应制定证券研究业务和分析师自律管理规则，举办分析师水平考试。

（四）对证券投资咨询业加强监管与扶持相结合

目前，国内证券投资咨询业出现的问题与生存压力，不仅同行业和个别公司中存在的不规范行为有关，也同监管机构的谨慎思维有关。管理部门出于对证券市场整体发展的考虑，着重于证券公司及上市公司的质量，有时忽视了更需要扶持的证券投资咨询业，即对证券投资咨询业在某种程度上可能只强调“管理和整顿”。从某种程度上说，这与整个社会对证券投资咨询业的定位有关。到底是将其定位于一个行业，还是定位于一个行业（即证券业）的附属，对整个证券投资咨询业的战略发展影响巨大。近几年，证券投资咨询业几起几落，落得迅猛，而起得缓慢，与这一战略指导定位有直接的关系。目前证券公司经纪业务竞争激烈，佣金下降，证券公司应通过为客户提供专业的咨询服务，吸引投资者，增加收入，提升经纪业务竞争力。监管部门和市场各方应对发展证券投资咨询业予以重视，将证券投资咨询业发展成为一个真正的产业。

对证券投资咨询业监管应着眼于行业制度的建设和完善，在具体的监管措施上，可以模仿证券公司的监管模式，一方面按照不同的证券咨询业务规定不同的注册资本底线，让不同资本实力的证券投资咨询公司从事不同的业务；另一方面对证券投资咨询公司实施分类管理，例如有创新类证券投资咨询公司、规范类证券投资咨询公司及达标类证券投资咨询公司之分，发挥不同类型咨询公司的能力来服务于投资者。同时，应联合有关部门对市场上无咨询资格从事证券投资咨询的活动予以严惩，“无证经营”比“超范围经营”对投资者和市场发展的损害更大。

（五）鼓励行业内的收购兼并

目前，中国的证券投资咨询业还不成熟，参与竞争的能力还不强。虽然近几年中国的证券投资咨询业有所发展，但与外资证券投资咨询机构相比，其业务水平、人员和资本积累、综合实力等方面都存在着极大的差距。规模普遍较小，业务设置也呈现“小而全”的状况，能形成自己独特品牌形象的较少，服务手段较为单一；并且证券投资咨询机构的主营业务利润来源不稳定，受证券市场影响较大。面对对外开放的压力，中国证券投资咨询业的当务之急是增强证券投资咨询机构的抗风险能力。

因此，应鼓励行业内的收购兼并，整合中国零散的证券投资咨询机构，组建有实力的品牌机构。收购兼并可以淘汰一批资质不佳的机构，以利于证券投资咨询机构形成规模效应，克服制约其规模发展和技术储备的障碍，从内部运行机制、人员素质、中介行为等方面进行质的提高，加大其向外扩展的能力，以适应市场需求，并增强证券投资咨询行业的竞争力，为其健康地步入国际竞争行列打下良好的基础。

同时应尽快放开业务准入，引进新鲜血液，让更多有资金实力、业务实力的机构和人员进入市场，积极促进现有证券投资咨询机构转型，自然淘汰不合格的现有证券投资咨询机构，逐步形成良性循环。鼓励证券投资咨询机构增资扩股，扩大资本规模；鼓励社会资本积极参与证券投资咨询机构股权投资；鼓励有实力、运营规范、具有稳定的客户基础和企业品牌的咨询机构到中小板和创业板上市，做大做强，带领行业发展壮大。

（六）逐步推进证券投资咨询业的对外开放

世界经济一体化的趋势日益加深，作为现代经济重要组成部分的证券业以及证券投资咨询业也不例外。加入 WTO 以后，中国证券市场的开放步伐明显加快，这就要求为证券市场发展服务的证券投资咨询业加快对外开放。随着中国证券业的对外开放，国内企业在境外证券市场上市、国内投资者投资国际市场以及跨国并购都将迅速增加，这些跨境业务都需要本地证券投资咨询机构提供信息和向导性服务，这也将成为中国证券投资咨询活动的重要内容。

证券投资咨询业作为证券业的有机组成部分，对中国证券业的健康、稳定、有序发展具有积极意义，但证券投资咨询业与银行、保险业甚至券商还存在着较大的不同，它不是一个战略行业，它无关国家金融安全，基本上类似于会计师行业，在对外开放方面，对其进行比券商更多的限制是不合理的。证券业可以开放，证券投资咨询业更可开放。更何况，随着 QFII 制度的推出，一批合资券商和基金公司在国内证券市场成立，其运作方式、投资理念对中国证券市场已经产生了一定的影响，这些影响从总体上来说是积极的，能够推动中国证券市场健康有序地发展。因此，应该以开放的思维修改与实践不相适应的法律法规，放松对证券投资咨询业引入外资的要求，引进国外知名投行证券投资咨询服务的经营理念、业务模式和方法、技术，推动我国证券投资咨询业健康、稳定、有序地发展。

当然，由于外资证券投资咨询机构与国内证券投资咨询机构相比具有明显的优势，所以在对外开放的过程中，要在适度的保护和采取激励措施促进民族证券投资咨询业发展的同时，大力提倡国内证券咨询公司引入具有外资背景的战略投资者，引进先进的管理理念、经营模式，从而推动国内证券咨询业与国际接轨。在开放的过程中应坚持“逐步、有序”的“三步走”原则。即先开放外资尤其是鼓励国外著名的券商或证券投资咨询机构参股现有的证券投资咨询公司；然后逐步开放到允许其控股现有的证券投资咨询公司；最后发展到允许其独资或单独申请设立，以避免现有脆弱的证券投资咨询业遭受巨大的冲击，防止具有激励作用的“鲶鱼效应”变为外资通吃的“鲨鱼效应”。

（七）加强人才建设，培养一批高素质证券分析师队伍

在知识经济时代，知识创新能力与人才优势是十分重要的。而证券投资咨询行业最大的价值就在于使客户成功地提高经营绩效，惟有聚集了杰出人才的优秀组织才能真正做到这一点。当前我国应加强证券分析师队伍建设，加强证券分析师职业培训，增加与市场发展相适应的培训内容和课程体系，同时应完善证券分析师考试体系，增加证券分析师水平考试，借鉴成熟市场分析师水平考试的要求，使证券分析师的水平和素质与国际资本市场接轨。此外，通过对证券投资咨询机构和证券分析师的管理，加强诚信机制建设。一方面要引导证券分析师恪守“独立诚信、谨慎客观、勤勉尽职、公平公正”的行业基本准则；另一方面应完善相关的法律法规，加大对咨询机构及证券分析师违法违规的处罚力度，并督促咨询机构建立现代企业制度和内控机制。

第二节　2010年中国证券资信评级业务发展报告

一、2010年中国证券资信评级业面临的政策背景和经济环境

（一）国内经济环境对资信评级行业的影响

2010年，全球经济冷暖互现，中国经济保持总体向好。尽管受到下半年通胀预期不断增强，以及6次上调商业银行存款准备金率和两次加息等因素的影响，债券市场经历了较大波折，但债券市场总体保持健康发展态势。在这个大背景下，资信评级行业迎来了一定的发展机遇。

1. 债券发行总量继续扩大，直接融资规模增加，为资信评级业的发展创造

了较好的外部环境。2010 年，债券市场累计发行人民币债券 5.1 万亿元，同比增长 3.1%。国债、政策性银行债券、短期融资券等债券品种发行量较上年有所增加。①

债券品种进一步丰富。除传统的国债、政策性银行金融债、金融债券之外，政府支持机构债券出现，2010 年汇金公司在银行间债券市场公开发行债券 1 090亿元；金融债券发行主体范围进一步扩大，外资法人银行获准发行金融债券，三菱东京日联银行（中国）在银行间债券市场公开发行金融债券 10 亿元；为提高企业流动性管理能力，创新性地推出超短期融资券，已成功发行 150 亿元。债券品种的进一步丰富，满足了市场多样化融资需求。

从债券发行结构看（见图 4－1），央行票据、国债和政策性金融债券仍然占据市场主体地位，且占比较 2009 年有所上升。中期票据发行量有所减少，较 2009 年减少 28.5%；短期融资券发行规模增长明显，较 2009 年增加 46.2%（见图 4－2）。

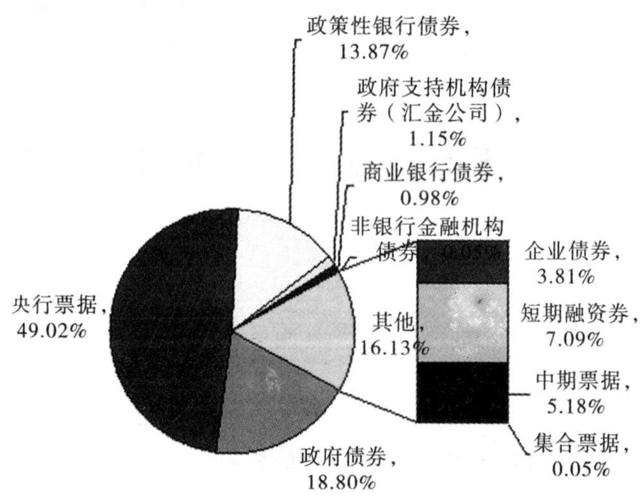

图 4－1　2010 年债券市场发行结构

资料来源：中国债券信息网。

① 中国人民银行：《2010 年金融市场运行情况》，http://www.pbc.gov.cn。

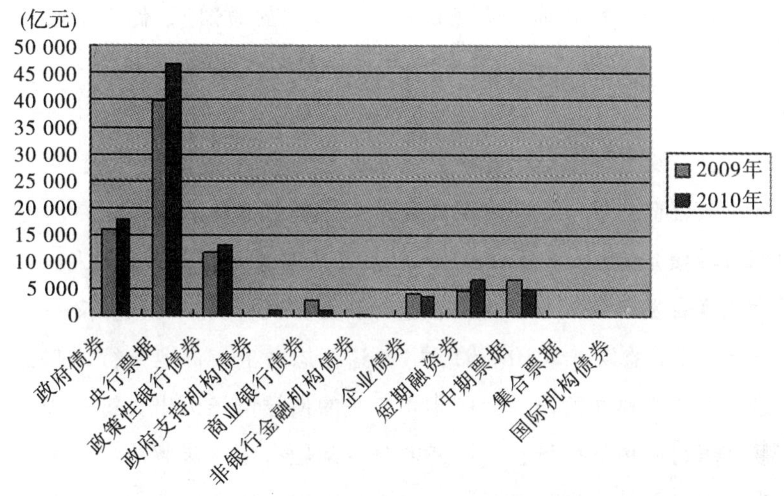

图 4－2　2009～2010 年主要债券发行量

资料来源：中国债券信息网。

债券市场的平稳健康发展，扩大了资信评级的市场需求量。随着债券品种的不断创新及证券衍生品市场的发展，市场各方对资信评级的需求大大增加，进而推动资信评级行业的全面发展。

2. 市场参与者多样化，进一步扩大了评级市场业务需求。随着债券品种的不断创新，债券发行人由单一结构向多元化方向转变。目前，我国债券市场发行主体除包含政府、中央银行、政策性银行等信用级别较高的传统发债主体外，还包括各类金融机构、大型国企、国际机构等具备一定实力的主体，以及中小企业等信用级别相对较低的主体。多层次发行主体的格局，使得债券信用层次更加丰富。

市场参与者的不断丰富，使资信评级在解决信息不对称问题、揭示债券投资风险方面的作用得到广泛重视，一定程度上扩大了评级市场的需求量。

（二）国内政策环境对资信评级行业的影响

2010 年，为进一步健全债券市场的基础设施和配套制度，有关部门推出了相关创新产品和管理措施。这些政策法规和主要措施既有利于债券市场的发展，也促进了资信评级行业的进步。

2010 年 8 月 16 日，中国人民银行发布《关于境外人民币清算行等三类机构运用人民币投资银行间债券市场试点有关事宜的通知》，促进了银行间债券市场的开放。

继2009年1月19日，中国证监会和中国银监会联合发布《关于开展上市商业银行在证券交易所参与债券交易试点有关问题的通知》，明确14家上市商业银行经中国银监会核准后，可以向证券交易所申请从事债券交易（但禁止交易股票和可转债）之后，2010年10月27日，中国证监会、中国人民银行、中国银监会又联合发布《关于上市商业银行在证券交易所参与债券交易试点有关问题的通知》（证监发［2010］91号），这标志着上市商业银行回归交易所债券市场进入实质性操作阶段，朝向建立统一的债券市场迈出关键一步，交易所债券市场和银行间债券市场长期以来的分割问题有望逐步解决。长远来看，还可以极大地促进债券市场的发展。上述措施丰富了债券市场主体，有利于提高市场对资信评级的重视程度，进一步扩大了资信评级的影响，一定程度上提高了评级机构的话语权。

（三）国际经济环境对资信评级行业的影响

2010年，世界经济呈现不同步的复苏格局。主要发达经济体经济缓慢复苏，但就业形势依然严峻，部分经济体的财政可持续性问题令人担忧，美国和日本继续执行扩张性财政政策，部分欧盟国家开始缩减财政支出。美、欧、英、日央行继续维持极度宽松的货币政策，美联储启动了第二轮量化宽松货币政策。新兴市场经济体经济增长强劲，增速较快，引领着世界经济的复苏，但同时也面临着“热钱”流入、资产价格泡沫和通胀压力，多国中央银行开始收紧货币政策。全球大宗商品的价格上涨也加大了结构性通胀风险。2010年的欧洲债务危机敲响了公共债务可持续性的警钟，在美、日等国继续推行扩张性财政政策的同时，多数国家开始退出经济刺激政策，部分欧盟国家大幅削减财政开支。

2010年，欧洲主权债务危机进一步扩散，国际信用评级机构的表现再次受到广泛质疑。这种情况对资信评级业来说，既是机遇，也是挑战。一方面，各国投资者对三大评级机构不再盲目追捧，以国际三大评级机构为主的世界评级格局可能被打破，其他评级机构开始登上世界舞台，构建新型的国际信用评级体系逐渐成为一种主流意识；另一方面，对评级机构加强行政监管、健全行业自律已经成为国际社会的共识，为此，有关国家和地区出台了信用评级机构监管的有关法案，并意识到扶持本土评级机构对于保证本国金融体系安全稳定的重要意义。

（四）国际政策环境对资信评级行业的影响

为吸取金融危机教训，增强金融体系抵御风险、防范危机的能力，2009 年以来国际社会和各国政府启动了大规模金融监管体系改革，反映了其对金融危机的反思以及其在改革国际金融监管体系上达成的共识。2010 年，全球金融监管改革取得积极进展，相关国际组织制定了关键性金融改革动议，主要国家在金融监管改革立法上也取得突破。加强信用评级机构监管是本轮金融监管体系改革的一项重要内容。

2010 年 7 月 21 日，美国总统奥巴马正式在金融监管改革法案上签字，这项名为《华尔街改革与消费者保护法》的法案正式生效。该法案对评级机构的监管内容主要体现在增强评级过程的透明度，加强信息披露，减少利益冲突，并赋予了美国证监会更多的权力。

欧盟《信用评级机构条例》于 2009 年 12 月 7 日开始在整个欧盟正式实施。该条例建立了一种由欧洲证券监管机构委员会统一领导下的注册成员国监管制度。此外，欧盟委员会还提出由欧洲证券及市场监管局统一监管欧盟境内的信用评级机构。为解决评级市场寡头垄断问题，欧盟委员会正在研究建立一个欧洲评级机构来同三大评级公司竞争的可行性。英国金融服务局（FSA）要求从 2010 年 7 月开始，所有信用评级机构在 FSA 注册并接受监管。

日本国会于 2009 年 6 月通过《金融商品交易法修正案》，除要求信用评级机构需本地注册外，还要求对债券发行实行“双评级”制度（其中至少有一家本土评级机构的评级）。

此外，有关国际组织和集团也对信用评级机构监管予以高度重视。G20 要求采取措施减少官方机构对信用评级的依赖。巴塞尔银行监理委员会（BCBS）早在制定《巴塞尔协议 II》时就推出信用风险估值的内部评级法，强调银行不应过度依靠外部评级机构。当前，BCBS 正在研究解决将外部评级用于监管资本框架所产生的不当激励问题。国际证监会组织（IOSCO）发布了《信用评级机构在结构性融资市场上的作用》，建议增大评级机构的独立性，避免评级机构利益冲突，加大评级机构的信息披露以及与市场参与者的沟通。

世界各国和有关国际组织已经对加强信用评级机构监管达成共识，并为此采取了积极的措施，有利于加强信用评级机构的独立性和透明度，有利于提升信用评级机构的专业水平。对于我国来说，既可以借鉴、学习国外有关评级的监管经验，为评级行业发展提供更为合适的政策环境，也可以借此机会参与有关评级的国际政策的制定，提高我国在国际上的话语权。

二、2010 年中国证券市场资信评级基本情况

（一）我国证券市场资信评级状况

2010 年，我国证券市场发行的债券主要有纯公司债券和可转换债券（以下简称“可转债”）两种。

2010 年，经中国证监会核准发行的公司债券（含纯公司债券、可转债）共 31 只，发行总规模为 1 228.8 亿元，同比增长 51.4%。其中，纯公司债券发行 23 只，规模为 511.5 亿元，同比下降 37%；可转债发行 8 只，受工商银行和中国银行发行可转债影响，可转债全年发行规模达到 717.3 亿元，同比增长 14 倍（见表 4－2）。

表 4－2　　2010 年发行的公司债券

序号	债券名称	发行人	债券类型	发行总额（亿元）	发行日期	评级机构	债券信用等级
1	10 连云债	江苏连云港港口股份有限公司	公司债	6.5	2010 年 1 月 25 日	鹏元资信评估有限公司	AA
2	10 中铁 G1	中国中铁股份有限公司	公司债	10	2010 年 1 月 27 日	联合信用评级有限公司	AAA
3	10 中铁 G2	中国中铁股份有限公司	公司债	50	2010 年 1 月 27 日	联合信用评级有限公司	AAA

续表 1

序号	债券名称	发行人	债券类型	发行总额（亿元）	发行日期	评级机构	债券信用等级
4	10 大亚债	大亚科技股份有限公司	公司债	7.7	2010 年 1 月 29 日	中诚信证券评估有限公司	AA -
5	10 中科债	中国高科集团股份有限公司	公司债	2.8	2010 年 2 月 2 日	联合信用评级有限公司	AA +
6	10 首机 01	北京首都国际机场股份有限公司	公司债	19	2010 年 2 月 3 日	中诚信证券评估有限公司	AAA
7	10 首机 02	北京首都国际机场股份有限公司	公司债	30	2010 年 2 月 3 日	中诚信证券评估有限公司	AAA
8	10 营口债	营口港务股份有限公司	公司债	12	2010 年 3 月 2 日	鹏元资信评估有限公司	AA
9	10 杉杉债	宁波杉杉股份有限公司	公司债	6	2010 年 3 月 26 日	联合信用评级有限公司	AA
10	双良转债	双良节能系统股份有限公司	可转债	7.2	2010 年 5 月 4 日	鹏元资信评估有限公司	AA
11	10 中石油债 01	中国石油化工股份有限公司	公司债	110	2010 年 5 月 21 日	联合信用评级有限公司	AAA
12	10 中石油债 02	中国石油化工股份有限公司	公司债	90	2010 年 5 月 21 日	联合信用评级有限公司	AAA
13	中行转债	中国银行股份有限公司	可转债	400	2010 年 6 月 2 日	大公国际资信评估有限公司	AAA
14	美丰转债	四川美丰化工股份有限公司	可转债	6.5	2010 年 6 月 2 日	联合信用评级有限公司	AA
15	铜陵转债	铜陵有色金属集团股份有限公司	可转债	20	2010 年 7 月 15 日	大公国际资信评估有限公司	AA

续表2

序号	债券名称	发行人	债券类型	发行总额（亿元）	发行日期	评级机构	债券信用等级
16	塔牌转债	广东塔牌集团股份有限公司	可转债	6.3	2010年8月26日	联合信用评级有限公司	AA -
17	工行转债	中国工商银行股份有限公司	可转债	250	2010年8月31日	中诚信证券评估有限公司	AAA
18	10泰豪债	泰豪科技股份有限公司	公司债	5	2010年9月27日	中诚信证券评估有限公司	AA +
19	燕京转债	北京燕京啤酒股份有限公司	可转债	11.3	2010年10月15日	大公国际资信评估有限公司	AA +
20	10中铁G3	中国中铁股份有限公司	公司债	25	2010年10月19日	联合信用评级有限公司	AAA
21	10中铁G4	中国中铁股份有限公司	公司债	35	2010年10月19日	联合信用评级有限公司	AAA
22	10南玻债01	中国南玻集团股份有限公司	公司债	10	2010年10月20日	中诚信证券评估有限公司	AA +
23	10南玻债02	中国南玻集团股份有限公司	公司债	10	2010年10月20日	中诚信证券评估有限公司	AA +
24	10煤气01	太原煤气化股份有限公司	公司债	3	2010年11月4日	鹏元资信评估有限公司	AA +
25	10煤气02	太原煤气化股份有限公司	公司债	7	2011年11月4日	鹏元资信评估有限公司	AA +
26	歌华转债	北京歌华有线电视网络股份有限公司	可转债	16	2010年11月25日	中诚信证券评估有限公司	AAA
27	10重钢债	重庆钢铁股份有限公司	公司债	20	2010年12月9日	中诚信证券评估有限公司	AA +

续表3

序号	债券名称	发行人	债券类型	发行总额（亿元）	发行日期	评级机构	债券信用等级
28	10龙源01	龙源电力集团股份有限公司	公司债	20	2010年12月10日	大公国际资信评估有限公司	AAA
29	10龙源02	龙源电力集团股份有限公司	公司债	20	2010年12月10日	大公国际资信评估有限公司	AAA
30	10银鸽债	河南银鸽实业投资股份有限公司	公司债	7.5	2010年12月22日	鹏元资信评估有限公司	AA
31	10豫园债	上海豫园旅游商城股份有限公司	公司债	5	2010年12月22日	上海新世纪资信评估投资服务有限公司	AAA

资料来源：上海证券交易所网站，深圳证券交易所网站。

从表4-2可以看出，按照评级家数统计，联合信用评级有限公司、中诚信证券评估有限公司、鹏元资信评估有限公司、大公国际资信评估有限公司、上海新世纪资信评估投资服务有限公司5家评级机构分别为10家、9家、6家、5家、1家；若按照所评债券规模统计，大公国际资信评估有限公司所评债券发行总额为471.3亿元，占2010年发行总额的38.35%（见图4-3和图4-4）。

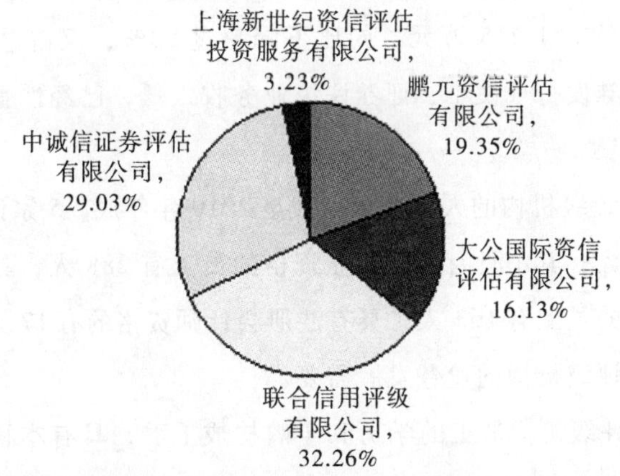

图4-3　按评级家数统计的评级市场份额

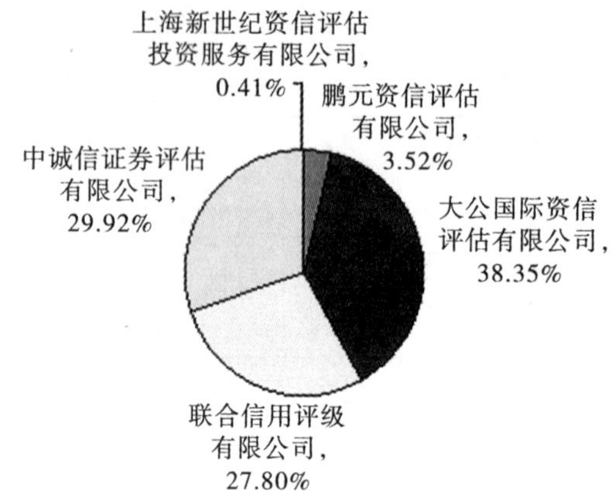

图 4－4　按所评债券发行规模统计的评级市场份额

（二）证券资信评级机构的经营情况

1. 证券资信评级机构的收入情况。证券资信评级机构的业务收入来源主要是银行间债券市场信用评级业务收入、信贷市场评级业务收入和证券市场评级业务收入，其中银行间债券市场信用评级业务收入和信贷市场评级业务收入占比较大。2010 年度，5 家证券资信评级机构的业务收入规模约为 28 330 万元。

在证券市场，尽管 2010 年公司债券的发行规模同比增长超过 50%，但是发行家数较少，发行总规模十分有限。2010 年，5 家证券资信评级机构的证券评级业务总收入约为 1 215 万元，同比下降超过 50%，仅占总收入的 4.3%。证券市场公司债券发行规模小、证券评级业务收入低，已经严重制约了证券资信评级机构的发展。

2. 证券资信评级机构的人员情况。截至 2010 年年底，5 家证券资信评级机构员工共约 560 人，其中具有证券从业资格的员工有 288 人，具有 3 年以上资信评级业务经验的员工有 163 人，具有注册会计师资格的有 17 人，基本能够满足当前证券资信评级机构的业务发展需要。

从证券资信评级机构员工的学历和年龄构成上看，具有本科及以上学历的员工占到近 90%，75% 的从业人员年龄不足 35 周岁。证券资信评级机构从业人员具有年纪轻、学历高等诸多特点。

（三）对证券资信评级机构的监管情况

2007年，中国证监会颁布了《证券市场资信评级业务管理暂行办法》，确立了市场准入、信息披露、利益冲突防范、内控与合规管理、评级质量控制、定期报告、现场检查、责任追究等业务制度。中国证监会于2010年对证券资信评级机构开展了现场检查，对评级机构存在的不符合监管要求的情况提出了整改意见；此外还建立了评级机构监管和诚信档案。从监管实践看，《证券市场资信评级业务管理暂行办法》规定的业务制度行之有效，证券资信评级机构也逐步走向合规经营、规范发展。

中国证券业协会在中国证监会的指导下，充分发挥行业协会的自律管理作用，实现了证券资信评级机构的基本信息公示，提高了透明度。继2009年9月28日5家证券资信评级机构签署《证券资信评级行业自律公约》后，2010年7月19日，中国证券业协会证券资信评级专业委员会成立。该专业委员会的成立，搭建起了证券资信评级机构沟通交流的平台，通过制定行业标准、加强业内交流、完善行业自律等途径，能够有效整合行业资源、加强机构合作，有利于解决证券资信评级机构业务发展中面临的突出共性问题，促进证券资信评级机构的共同发展，进而提升评级机构的公信力，扩大评级的作用和影响。证券资信评级专业委员会成立后，已经着手开始起草证券资信评级机构自律规则等。

三、中国资信评级业面临的主要问题和发展前景

（一）我国资信评级机构面临的主要问题

我国资信评级行业仍处在发展初期，与国外成熟市场和国际知名评级机构相比，差距仍然较大。在业务发展过程中，还存在一些问题，主要表现在以下几个方面：

1. 市场需求不足，制约了评级机构的发展。长期以来，我国企业融资形成了以间接融资为主、直接融资为辅的格局。近几年来，国家加大了鼓励企业直接融资的力度，出台了许多鼓励直接融资的政策措施，推出了许多债券新品

种，债券市场取得了较大的发展。但是相对于我国经济总量而言，债券市场整体规模仍然偏小，债券融资占比较低，评级市场需求不足，为评级机构提供业务支撑的力度十分有限，已经制约了资信评级机构的发展。

2. 评级公信力低，评级机构的作用未有效发挥，市场地位不高。信用评级的公信力取决于投资者对评级结果的认可程度，是评级机构的生命线。我国债券发行条件较高，行政审批时间较长，有关规定对债券信用等级作出限制等等，都影响到债券信用评级的公信力。从目前发行的债券来看，信用等级之间差距较小，评级结果影响债券定价方面的作用尚未有效发挥；评级机构与债券发行人、债券发行过程中的其他中介机构相比，往往处于弱势地位，再加上国际评级机构的渗透和影响，都在一定程度上影响了我国信用评级行业的社会地位。

3. 收费标准较低，难以支撑评级机构的长足发展。与国际评级机构相比，我国评级机构的收入来源比较单一，主要来源于债券评级和信贷评级业务，咨询等其他收入近乎为零。大多数评级机构仍在生存线上挣扎，甚至有个别评级机构出现亏损。这一方面是由于评级市场竞争激烈，个别评级机构为争夺业务而压低评级费用；另一方面也是发行主体和承销商缺乏对评级重要性的认识，恶意压价。偏低的收入水平，直接影响到评级机构内部控制制度建设、研究水平和数据积累能力的提升，造成评级机构缺乏长足发展的经济基础。

4. 专业人才匮乏，人才流动性较高。拥有一支知识水平较高、专业技术过硬、经验丰富的分析师队伍，是评级机构发展的内在动力。但从现实情况看，我国评级行业起步晚，经验积累时间短，高素质人才匮乏。而评级机构收费较其他中介机构偏低，员工整体待遇水平也相对较低，这与分析师的高素质、高要求不相匹配，再加上商业银行、证券公司等机构逐步加强内部评级的重视程度，导致评级行业人员流动频繁，流失也较为严重，不仅影响到评级结果的准确性，还最终影响了评级行业的健康发展。

5. 评级市场竞争激烈，存在一定的不正当竞争现象。我国债券发行规模不大，评级机构数量相对较多，市场竞争比较激烈。在发行过程中，发行人和承销商处于强势地位，常常采用“预评级”、“级别招标”等方式聘用评级机构，并索要高评级结果。这直接导致评级结果不符合发行人的实际情况，进一步破坏了评级机构的独立性和评级的公信力。

（二）我国资信评级机构的发展前景展望

我国资信评级行业虽然处于发展的初级阶段，存在各种问题，但是从起步起，就走上了规范发展的道路。展望未来，我国经济依然有望继续维持较快的增长速度，这为评级行业的发展提供了宏观经济支撑。随着我国社会信用体系的不断完善，金融系统改革的不断深化，评级行业的健康发展将迎来更加宽松的政策环境、更加公平的竞争格局和更加便利的业务条件，评级行业也将在我国金融市场发展中发挥越来越大的作用。

1. 资本市场的稳定发展、金融体制改革的不断深化、金融产品的不断创新，将进一步扩大资信评级的市场需求，为资信评级行业发展提供良好的市场环境。证券品种的不断创新，债务型结构融资产品、资产证券化产品、证券衍生工具等非政府信用债券的品种更加丰富，为资信评级行业提供了充足的市场需求。此外，随着信用观念的深入人心、信用评级产品逐步被市场和投资者认可，市场对信用评级产品的需求将进一步增加，这也将推动资信评级行业快速发展。

2. 债券市场逐步走向统一监管，将为资信评级行业的发展提供良好的政策环境。在金融市场全球化、金融产品复杂化的今天，对债券市场分别监管，已经不能适应我国债券市场发展的实际需要，逐步统一监管规则、加强监管协作显得日益重要。我国“十二五”规划纲要中提到，“十二五”期间要加强金融监管协调，建立健全系统性金融风险预警体系和处置机制。可以预见，今后，我国要从防范金融系统性风险、保持金融稳定的大局出发，借鉴金融危机的经验和教训，逐步树立现代金融监管理念，逐步建立统一、高效、全面的市场监管体制，加强监管协作，防止出现监管重复、遗漏的现象，确保金融系统安全、稳定、高效运行。在这个大背景下，债券市场将朝着简化行政手续、合并同类产品、统一监管规则、提高效率和透明度的方向发展。

3. 进一步在证券资信评级行业探索形成行政监管、行业自律与公司自我约束相结合的机制，促进行业的健康发展。证券资信评级机构是资本市场重要的中介机构，其评级结论关系到整个资本市场的稳定运行，因此对评级机构加强监管具有重要意义。这一点已经在本轮经济危机后，得到各国监管机构和有关国际组织的广泛认同。

我国证券资信评级行业还处在发展的初级阶段，评级机构还不够成熟，短期内政府的行政监管仍然处于核心地位，自律组织进行自律管理、公司加强自我约束仍然依赖于在政府监管下的指导。中国证监会发布的《证券市场资信评级业务管理暂行办法》，在业务许可、评级对象、业务规则、监督管理等方面作出了明确规定；在中国证监会的指导下，中国证券业协会对评级机构进行了自律管理；评级机构加强了自我约束，完善了公司治理结构，健全了内部控制制度。可以预见，随着证券市场资信评级业务的发展，中国证监会、中国证券业协会将在信息披露、执业行为、出具评级报告等方面陆续制定出台具体的业务规范或准则，引导证券资信评级市场有序竞争、良性发展，充分发挥评级在资本市场运行中的重要作用。

第五章　2010年中国证券业协会特别会员发展报告

第一节　2010年中国证券交易所和证券登记结算公司的发展

一、2010年上海证券交易所的发展

2010年，党中央、国务院面对复杂多变的国内外环境，总揽全局、科学决策，坚持实施应对国际金融危机冲击的一揽子计划，加快推进经济发展方式转变，准确把握宏观调控的重点、力度和节奏，国民经济继续朝着宏观调控的预期方向发展，经济平稳较快发展的势头进一步巩固。在良好的宏观经济背景的支撑下，在中国证监会坚持加强市场基础性制度建设，稳步深化改革创新，不断完善有利于资本市场科学发展的体制和机制，促进经济平稳较快发展的政策指导和推动下，上海证券交易所在迎来开业20周年之际，坚持以市场发展为主线，全面落实党中央、国务院和中国证监会的部署和要求，直面竞争，迎接挑战，在安全运行、蓝筹股市场建设、债券市场发展、市场监管、产品创新、基础管理与基础建设等许多重要领域又取得了新的进展。截至2010年12月31日，上海证券市场股票总成交额达30.4万亿元，列全球第3位；日均成交额超过1 257亿元；股票筹资总额达5 532亿元，列全球第4位；市价总值18万亿元，列全球第6位（见表5－1和图5－1～图5－4）。

表 5－1　　上海证券交易所市场主要指标一览表

指标＼年份	2005	2009	2010	比“十一五”末增长(％)	比上年增长(％)
上证指数	1 161.06	3 277.14	2 808.08	141.85	－14.31
年度振幅(％)	33.09	88.6	42.55	28.59	－51.98
总成交额(亿元)	49 775.61	441 874.67	398 395.73	700.38	－9.84
其中:股票合计(亿元)	19 240.21	346 511.91	304 312.01	1 481.65	－12.18
A 股(亿元)	19 061.49	345 443.26	303 215.93	1 490.73	－12.22
B 股(亿元)	178.72	1 068.65	1 096.08	513.29	2.57
债券合计(亿元)	28 138.41	39 806.34	74 914.43	166.24	88.20
ETF(亿元)	420.92	5 758.76	4 201.81	898.24	－27.04
证券投资基金(亿元)	155.86	790.29	569.89	265.64	－27.89
权证(亿元)	1 763.07	49 007.36	14 397.58	716.62	－70.62
上市公司家数(家)	834	870	894	7.19	2.76
发行股本(亿股)	5 023.05	16 659.96	21 939.51	336.78	31.69
无限售条件股本(亿股)	1 561.21	11 578.56	16 031.30	926.85	38.46
市价总值(亿元)	23 096.13	184 655.23	179 007.24	675.05	－3.06
无限售条件市值(亿元)	6 754.61	114 805.00	142 337.44	2 007.26	23.98
平均市盈率	16.33	28.73	21.61	32.33	－24.80
流通股换手率(％)	274.37	504.37	198.46	－27.66	－60.65
股票筹资总额(亿元)	299.77	3 343.15	5 532.14	1 745.46	63.12
首次发行(亿元)	28.55	1 251.25	1 891.51	6 525.25	51.17
再次发行(亿元)	271.22	2 091.91	3 640.62	1 242.31	70.11
开户总数(万户)	3 856.24	8 965.43	9 850.75	155.45	9.87
A 股(万户)	3 648.06	7 255.03	8 001.44	119.33	10.29
B 股(万户)	99.86	150.34	152.78	52.99	1.63
基金(万户)	108.33	1 560.07	1 696.52	1 466.07	8.75

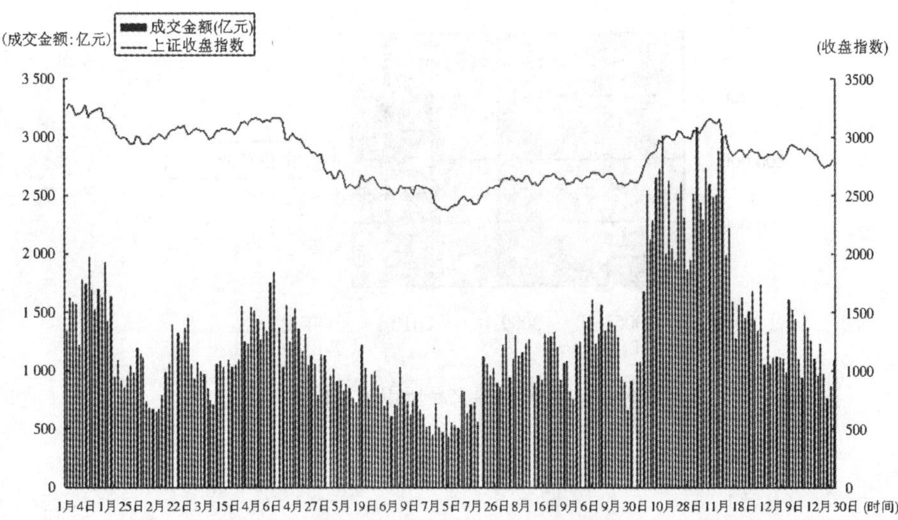

图 5－1 上证综指 2010 年年度走势

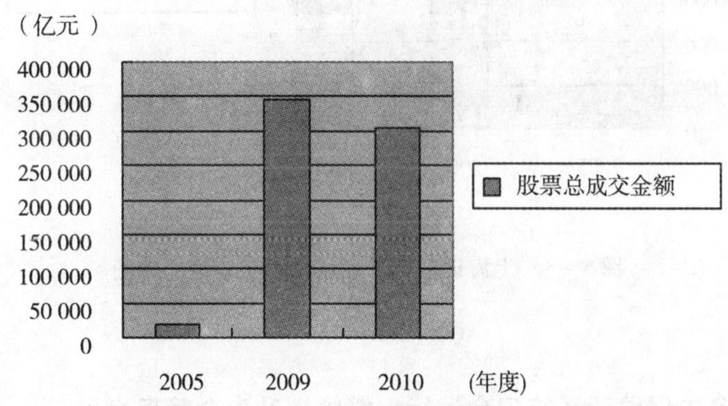

图 5－2 上海证券交易所股票总成交金额变动图

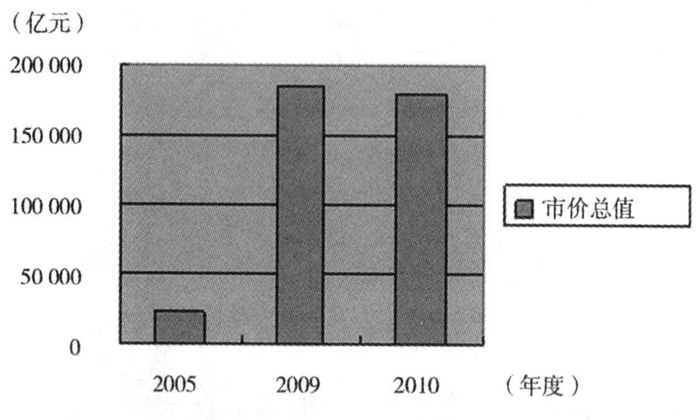

图 5－3　上海证券交易所市价总值变动图

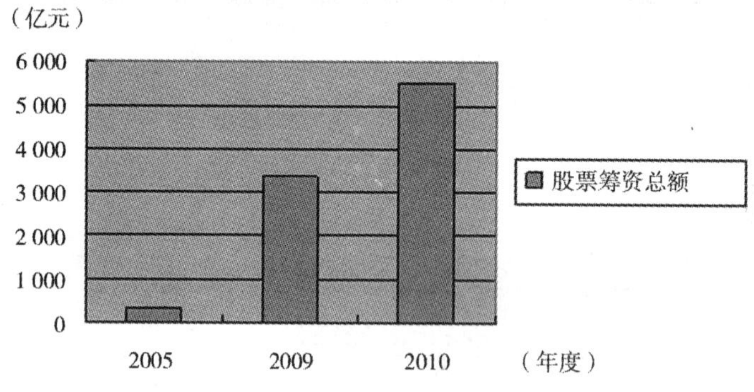

图 5－4　上海证券交易所股票筹资总额变动图

（一）全力保障新系统安全运行，继续提升安全管理水平

1. 全力做好新交易系统磨合期工作，新系统转入常态运行。成立磨合期领导小组，统一部署新交易系统运行保障工作。经过 4 个月的磨合期，顺利推出了各类新业务和新产品，全面验证并实施了交易系统各项业务，包括 ETF 多日发行的新业务，进一步磨合了业务和技术运行团队的衔接配合，梳理解决了新交易系统和周边系统的遗留问题，新交易系统顺利转入常态运行，服务市场的

能力大大增强。

2. 成立安全运行委员会，强化安全运行工作。新交易系统进入常态运行后，由安全运行委员会统一协调交易系统的整体安全运行，持续进行首单业务特别保障，重点关注新产品、新业务的推出过程，进一步对业务流程进行全面梳理、简化和整合，全面提升安全运行管理水平。全年通信系统平均无故障率达99.99%，交易系统停复牌操作4 304次，交易参数维护4 035次，交易单元操作7 247次，业务运行操作基本无差错。

3. 完善技术发展规划，不断提升应急处置能力。组织召开大型专题研讨会，深入研究技术系统发展趋势，科学有序开展技术论证与业务评估工作。组织开展跨市场综合应急演练，督促市场参与者建立配套的快速反应处置机制；加强网络和应用监控，设立完整而有效的预警指标及报警机制；继续优化系统架构，不断提升技术管理水平。

4. 加强信访维稳，实现“平安世博”。成立世博维稳领导小组，排摸重点，完善制度，制订世博维稳预案；收集信息，加强监控，提前做好维稳预判；多方联合，协同应对，共同做好世博维稳；加强协调，妥善应对，确保处置到位；强化涉密计算机和移动存储介质管理，坚决杜绝失泄密事件发生，确保信息安全。世博期间，梳理并排查出重点稳控对象50人，接待上访48人次，处理涉稳信息50条，新收权证诉讼近11件，均得到了平稳处置，有效化解了矛盾。

（二）不断加强市场服务，持续推动蓝筹股市场建设

1. 以实践锻炼计划为抓手，加大市场服务力度。在各地政府金融主管部门、证券监管部门或证券经营单位等合作机构的支持下，分3批先后向16个省市的34家机构派出36名实践锻炼人员到市场一线主动提供发行上市、并购重组、债券发行等市场服务，120名员工参加了相关专业培训；定期和不定期召开实践锻炼人员交流座谈会，摸清市场信息，及时沟通情况；设立市场发展专项奖，鼓励全所员工为推动市场发展贡献智慧和力量。

2. 多方联合，培育上市资源。组织召开券商新股发行上市工作讨论会、新股发行体制改革研讨会、重点企业改制上市工作会议、文化企业改制上市工作

会议，联合各地证监局、地方政府共同组织区域资本市场论坛，积极扩大主板影响力；加大企业走访力度，不断完善重点跟踪企业名单。做好新股发行舆论宣传及舆论引导工作。配合中国证监会推动新股发行体制改革。全年上海证券交易所领导65人次带队走访了28个省市区的180家企业，员工走访的企业达490家。全年在上海证券交易所完成IPO发行上市的企业26家，募集资金1 919.56亿元。另有3家处于发行进程中。

3. 推进并购重组工作，支持企业做大做强。持续做好上市公司并购重组意向的摸底工作，召开并购重组暨整体上市座谈会，传递监管政策信息，搭建上市公司并购重组信息和经验交流平台；积极参与中国证监会关于“推进完善并购重组工作安排”的政策研究，坚持从法规建设等技术角度，做好上市公司并购重组的服务和信息披露审核。全年累计受理61家公司重大资产重组申请；67家公司实施了并购重组，其中43家公司完成了重大资产重组，24家公司变更了控股股东或实际控制人。

4. 加强国际板舆论引导，做好规则业务技术准备。以交易规则、上市规则等为重点不断完善国际板各项业务规则，全面梳理和制定国际板各项业务流程，做好应对紧急情况的处置预案；针对国际板市场监管差异化、国际板特殊风险、难点等问题，制定国际板市场监察的总体原则、总体方案及专项监控方案，并做好跨境监管协作准备。明确国际板技术工作的目标、任务，经过半年多的技术准备工作，新交易系统已具备了国际板业务的基本特征，可基本满足国际板需求。加强国际板上市资源摸底，积极协调红筹回归的条件；利用参加全国“两会”、“亚洲金融论坛”等重要活动的机会正面阐述国际板建设的积极意义；成立舆论宣传工作小组，领导带队走访核心媒体、知名券商，召开媒体高层座谈会，组织业内知名专家撰写文章，加强信息收集与沟通，加强与不同观点的市场人物的沟通与对话，国际板建设舆论环境有所改善。

（三）多种措施并举，大力推动债券市场发展

1. 改进债券交易机制，稳步扩大债券市场交易规模。多方协调，破解难点，完成固定收益平台整合分三步推进的第一步，实现了国债双边挂牌。在发挥交易所债券市场的特色与优势的同时，完成了一对一现券交易机制的建设，

实质性推动了后台非担保交收模式的建立，充分兼顾了债券的特有运行模式。债券市场吸引力逐步恢复，交易金额稳步上升，全年债券总成交7.08万亿元，同比上升50%以上，超过了2003年市场下滑前的水平。

2. 大力培育公司债券市场，公司债券存量显著增长。积极跟踪公司债券、企业债券发行进展，加大走访、调研和营销力度，为债券市场参与者提供全方位咨询服务；按照公司债券分类管理办法，协调解决已发行未上市的非达标公司债券在上海证券交易所固定收益平台上市流通。2010年上海证券交易所新挂牌公司债券与企业债券新增托管量1 375亿元，新增挂牌数量达到100只，已发行或已来办理相关手续拟挂牌的债券达到14只。

3. 加大协调力度，推动上市商业银行回归交易所债市。积极争取，妥善安排，继续做好上市商业银行回归交易所的各项准备；研究制定商业银行回归后在机制、产品、风险控制、后台结算等方面的创新及后续发展事宜。2010年12月6日，交通银行在上海证券交易所达成3笔债券交易，标志着上市商业银行进入交易所债券市场试点实质性启动。

4. 根据债券特点，研究创新债市格局，实现新品种的挂牌，完成新产品的创新研究。思考市场发展大局，重新研究交易所债市发展的路径与突破口。按照“四个独立”的思路，研究符合债券特点的新产品与新规则：完成一对一回购创新方案与远期交易创新研究；完成并向市场主管部门提交多篇政策建议性研究报告；起草符合市场最新发展趋势的《债券市场交易细则》。首只保险公司债券——泰康债券与首只证券公司债券——国泰君安证券公司债券已经或将于上海证券交易所挂牌，取得金融类债券在上海证券交易所债券市场挂牌零的突破。

5. 主动出击，探寻境外公司境内发行人民币债券需求。加强对境外高信用级别的公司境内发行人民币债券的可行性的研究论证，初步建立与知名证券中介机构合作沟通机制；通过各种渠道了解境外知名企业来华发行人民币债券的意愿，积累潜在发债企业名单，初步掌握相关企业基本情况，与重点企业直接进行接触或建立初步联系。

（四）强化全方位监管职能，依托监管促发展

1. 充分发挥市场监管委员会的统筹职能，优化自律管理机制。定期召开市

场监管工作例会，动态关注市情变化，围绕重点热点，有效推进监管措施和制度建设。进一步发挥纪律处分对日常监管的支持作用。完成年度业务规则清理评估，清理数量达15%。打造《证券法苑》、“上证法治论坛”等法制研究品牌。

2. 及时把握违法违规新动向，积极探索市场监管新方法。配合股指期货打击跨市操纵，跟踪并购重组打击内幕交易，关注融资融券业务打击过度投机交易。充分发挥第三代监察系统和数据仓库技术资源优势，全年协、核查数量明显增多，完成各类分析、协查工作及报告473件（次），累计调查处理异常交易802起（较2009年增加40%），对1 801家次营业部给予电话提醒（较2009年增加120%），突显上海证券交易所一线监管实力。

3. 结合日常监管热点，促进上市公司规范运作。发布《控股股东和实际控制人行为指引》、《独立董事备案及培训工作指引》等，依托监管促发展，推动上市公司治理结构完善和规范发展；配合中国证监会“解决同业竞争、减少关联交易”专项工作；探索按上市公司市值分类管理制度。

4. 积极开展技术服务和业务培训，提升会员客户管理水平。开展会员客户管理工作和保险机构持有交易单元情况等专题分析，形成报告并提出解决方案和相关建议。启动会员培训工作，推动会员熟练掌握上海证券交易所会籍业务等办理流程，降低业务操作风险。结合新交易系统功能释放，有效提供技术专场服务平台。

5. 稳妥处置公司债券暂停上市问题，规范债券和基金市场发展。妥善处理连续两年亏损公司债券暂停上市问题。编制格式指引、《ETF业务手册》、《交易所基金监管框架》及《基金监管工作指引》，加强公司债券定期报告事后审核力度，督促发行人、基金公司及时履行信息披露义务。开展安全运行座谈会，研讨基金运行及风险控制，做好基金安全运行风险防范警示。

（五）以交易所交易基金开发为重点，稳妥推进创新产品开发

1. 加大开发力度和节奏，交易所交易基金（ETF）取得跨越式发展。全年新上市上证超大盘ETF等8只ETF，另有4只已获中国证监会批准，10余只报中国证监会待批。产品品种向杠杆、反向、主动和抽样、优化复制型延伸。配

合跨市场、跨境ETF产品的推出，抓紧修改业务规则，开发技术系统，加强市场推广和投资者教育工作。与港交所联合举办“ETF产品发展与风险控制”研讨会，正视产品风险，提出防范和应对措施。

2. 编制并发布上证380指数，强化蓝筹概念指数宣传。指导细化市场表征指标，编制各类新指数21条。编制发布新兴蓝筹上证380指数，多渠道推介上证50、180、380和上证综指等重点指数体系，紧密服务市场发展和指数产品开发，广泛宣传上海证券交易所以大盘蓝筹为主、大中小企业共同发展的多层次蓝筹股市场新特征。进一步完成与标普、富时等9家国际指数公司和纽约泛欧、东交所等5家境外交易所指数签约工作。

3. 全力以赴推进融资融券试点，为稳妥推出保驾护航。以防范风险为先，悉心指导、积极总结，扎实做好3批试点会员融资融券业务和技术准备。实施交易首日特别保障制度，专门开发融资融券客户投票意见代征集系统及会员投票系统，确保试点在交易结算、数据报送、专项监控等各环节平稳开展。当年开展融资融券交易会员已达25家，投资者开立信用账户超过2万户，全年融资融券交易金额589.5亿元，融资融券余额84.3亿元。

4. 积极配合股指期货推出，紧密推进市场创新研究。全面梳理沪深300指数编制、计算、发布、交易等各项业务流程，保障股指期货如期交易。协调沪深两所、中金所、指数公司开展300指数及指数期货应急演练。紧密跟踪股指期货与现货市场联动等问题，积极研究其为新产品开发带来的机遇和挑战。

5. 着手提升上证基金通功能，积极开展多项业务创新。启动上证基金通升版项目，推进开放式基金场内交易试点工作。稳步推进报价回购业务规模扩大，研究制订股票买断式回购试点方案和证券借贷平台；逐步推进制订法院股份拍卖方案；系统研究大宗交易市场发展方案。

6. 开拓研究各项产品创新，推动研究成果价值转化。重点推进黄金ETF和130/30ETF研究设计。以上证综指ETF为切入口，推进优化复制、抽样复制ETF研究、开发。递交《远东二期专项资产管理计划》等资产证券化产品方案。完成REITs业务规则起草。

（六）紧跟业务发展步伐，塑造投资者教育品牌

1. 继续强化“六个一”建设，形成教育品牌效应。升级优化投资者教育网

站，月点击量过千万次；筹拍投资者教育专题片《蓝色梦想》，融教育、通俗和专业性于一体。面向合作高校开展“证券模拟交易开发日”活动。出版《投资者教育丛书（第二辑）》，完成2009年投资者现状调查报告。

2. 围绕业务创新重点，产品宣传与风险提示两不误。探索建立合格投资者认证制度，开发网上测试平台，充分调动电视、网站等各类媒体资源和会员力量，大力推进融资融券业务试点投资者教育工作。针对ETF新产品推出、权证到期、内幕交易防控等业务活动，全方位做好产品推广、知识普及和风险警示工作。

3. 推动投资者教育关口前移，提高一线教育服务积极性。面向会员开展投资者教育能手专题评选颁奖和座谈会活动，增进业内经验交流与沟通。加强投资者教育工作管理，规范会员投资者教育信息填报流程。开展会员投资者教育工作自查和走访调研。

4. 加大基础培训力度，提升培训和市场服务专业化水平。更新董秘培训法律法规资料题库，提高试题标准化水平。将市场发展与投资者教育相结合，结合高管培训、走访等活动，进一步引导和推动上市公司提高投资者关系管理水平。

（七）找准工作重点，有效提升内部管理工作水平

1. 抓好重点目标管理，强化执行能力提升。贯彻年度工作计划和重点工作目标推进，及时调整、明确工作重心，着力于重点专项督办，规范绩效考核管理，为各项重点工作的执行、落实提供有效保障，进一步强化“使命、责任、服务、创新”意识。

2. 优化组织架构，全面梳理全所业务职能和流程。为促进上海证券交易所技术规划实施，根据技术团队发展需要，调整技术部门设置，撤销技术中心，成立系统运行部、技术开发部和技术规划与服务部。成立发展研究中心，完成事业法人设立登记。对全所部门职能、岗位设置和业务流程开展全面梳理和调整优化工作。

3. 充实中层队伍，创新人才培养、规划和管理机制。实行实践锻炼人员选派和“技术－业务”复合型人才培养等计划。推出综合性精品培训项目，修订

培训管理办法，推动全员考试上岗制度实施。续推部门负责人轮岗制度，适时调整、补充中层及后备干部队伍。制定《人才发展规划（2011～2013）》，形成组织和人员长期培养发展导向。

4. 开展全面内部审计，推进风险管理工作。在全所范围内开展内部审计，科学论证，查漏补缺，促进所内业务规范运行。编制《风险字典》，开展风险管理事项调查，起草、制定《风险管理办法》，为风险控制和日常监管等工作的开展打下坚实基础。

5. 强化在建项目稽核监督，推进全面预算管理深化。以 IT 项目为重点，借助审计手段积极总结建设经验。准确掌握全所项目进展，实时开展稽核建议和风险提示。加大预算分析力度和审核范围，严把费用支出审核关，明确“项目群管理”模式，切实推进预算跟踪监督，为勤俭办所发挥重要作用。

（八）保障各项业务有序发展，基础建设再上新台阶

1. 及时开展新战略规划编制，绘就交易所发展新蓝图。落实上海证券交易所战略规划 2009 年度执行情况评估总结。从突出战略重点、配合国家重大战略实施等角度，完成新 10 年战略规划编制发布和技术发展战略规划修订等工作。

2. 成功连任世界证券交易所联合会（以下简称“WFE”）董事会董事，稳步拓展国际化进程。第三次当选 WFE 董事会董事，圆满解决 WFE 涉台称谓问题，完成 WFE 50 周年纪念文集中文版翻译出版，充分体现上海证券交易所作为全球新兴市场代表所应发挥的作用。大力推动沪港交易所合作，推进与伦敦、巴西等交易所更紧密合作协议签署准备工作。

3. 围绕业务核心，积极开展创新研究。配合上海证券交易所发展战略和重点业务推进，支持上海国际金融中心建设，对市场监管、重点行业改制上市、债券市场结构改革、公司治理、创新产品及交易机制等难点问题进行重点研究，撰写完成《沪港金融中心比较研究》、《铁路、军工、文化传媒等重点行业改制上市建议》等具有改革思路和市场价值的研究报告 80 余篇，为上海证券交易所业务发展和相关政府部门决策提供了有力的研究支持。倾力打造和维护现有研究品牌，强化业内领先影响。

4. 新大楼等基地项目顺利推进，建设进程进一步加快。上海证券交易所新大楼项目被列为浦东新区及市级重大工程项目，规划指标调整、设计招标、项目更名、建设大纲编制等建设重要工作节点稳步推进。“证券信息技术研究发展中心（上海）”承建申请获批，积极协调技术服务基地建设。启动数据仓库设备更替与扩容项目。

5. BPM 所内项目开发完成，ERP 系统建设不断深化。BPM 系统完成上海证券交易所内项目开发、模拟测试、流程规范等建设，通过 BPM 对接实现业务电子化。ERP 项目在一期顺利建成的基础上，启动实施二期建设，为各项内部管理事务的高效、规范运作进一步提供保障。

（九）贯彻发展战略，力求党建纪检工作实效

1. 结合实际，体现特点，全所开展党风廉政教育活动。
2. 全面部署，围绕重心，积极推进创先争优活动。
3. 求真务实，学以致用，启动学习型党组织建设活动。
4. 抓好大事，严加落实，深化纪检监察工作实效。
5. 以庆祝资本市场 20 周年为契机，文化建设初见成效。积极配合中国证监会资本市场 20 周年纪念活动，筹备具有上海证券交易所特色和时代特点的庆祝活动，努力促进交易所业务和企业文化发展。在文化建设委员会统筹指导下，制订年度文化建设工作方案。“SSE 成长讲堂”举办得有声有色，希望小学援建方案顺利实施，各项文化建设重点工作稳步推进。

二、2010 年深圳证券交易所的发展

2010 年是我国多层次资本市场建设取得较快发展的一年。在中国证监会领导下，深圳证券交易所按照 2010 年年初确定的工作思路，以科学发展观为统领，在维护市场安全稳定运行、强化一线监管的基础上，全力推进多层次资本市场加快健康发展，主动服务经济发展方式转变。中小企业板、创业板市场规模快速增长，融资效率大幅提升。2010 年全年新增上市公司 321 家，其中中小企业板新增 204 家，IPO 融资额 2 028 亿元；创业板新增 117 家，IPO 融资额

963 亿元。中小企业板在金融行业和 H 股公司回归方面实现突破。创业板指数于6 月 1 日正式推出，年末收报 1137. 66 点，未出现大幅波动。总体来看，创业板市场运行日趋平稳，公司业绩持续成长，板块特点逐步清晰，其对创业创新的示范引导以及在落实自主创新国家战略、促进经济增长方式转变等方面的作用得到初步发挥，实现了预期目标。

（一）积极巩固市场化改革成果，加快多层次市场建设步伐

1. 推进制度创新，促进创业板长远健康发展。在创业板顺利启动、平稳运行的基础上，针对创业板公司特点，深圳证券交易所发布《关于进一步规范创业板上市公司董事、监事和高级管理人员买卖本公司股票行为的通知》，完善创业板董事、监事和高级管理人员股份管理制度；向中国证监会提交创业板退市制度方案，探索完善优胜劣汰机制；研究创业板再融资制度并形成初步方案；重点启动研究创业板发行制度、保荐制度、股权激励、并购重组等机制制度建设。

2. 推动主板公司战略性重组，解决独立性问题。对主板独立性存在问题的上市公司进行全面梳理，根据公司不同类型和情况，有针对性地指导和推动上市公司的整体上市和优化重组，彻底解决独立性问题。32 家公司进入重组程序，15 家完成重组实施。其中，河北钢铁、冀中能源等大型龙头公司通过吸收合并、定向增发实现整体上市，进一步优化了主板上市公司结构；五粮液、双汇发展、新希望等通过重组解决独立性问题，促进了公司规范运作。主板完成再融资公司 51 家次，融资总额 1 977 亿元，较 2009 年增长 82%。通过并购重组和再融资，主板公司股本增加 374 亿股，总市值增加近 2 000 亿元。

3. 提高监管效率，支持中小企业板公司做优做强。完善并购重组披露的审核流程和审核要点以及《可转债、增发业务审核流程》，修订《股权激励信息披露备忘录》，为上市公司再融资、资产重组、股权激励等方案的披露提供细致指导与支持。2010 年中小企业板 65 家公司公布增发、配股、非公开发行、可转债、公司债券等再融资计划，36 家公司新推出股权激励方案。2010 年已完成再融资的 46 家公司实际融资 325. 88 亿元，有效支持了公司高成长过程中的资金需求。

4. 配合推动报价系统尽快扩大试点。开展高新园区企业、中关村挂牌和拟挂牌企业、主办券商多次问卷调查。根据中国证监会统一安排，牵头制订投资者适当性管理实施方案，配合制订做市商制度实施方案，做好扩大试点制度建设和技术准备工作。2010 年中关村试点挂牌公司新增 15 家，6 家公司完成定向增资计 3.59 亿元，4 家公司向中国证监会提交创业板 IPO 申请材料并被受理，新增主办券商 14 家。

（二）继续加强一线监管，维护市场运行秩序

1. 全力打击新股炒作、内幕交易和市场操纵。严防严控题材概念股、新股过度炒作，累计向相关会员及营业部发出电话警示 4 万余次，书面警示函 858 份，调阅账户资料 1 700 余份。全力遏制内幕交易多发态势，着力打击多点合谋操纵。按照内幕交易综合防控体系建设要求，逐步建立起上市公司内幕信息知情人数据库，从源头把关，实现内幕信息知情人申报、交易核查、事后处理、违规处罚全程电子化管理。

2. 严格执行募集资金管理使用规定，督促公司用好募集资金。针对中小企业板、创业板新上市公司募集资金普遍较多的情况，及时采取相应监管措施，对资金的使用、披露、监督等方面提出规范性要求。严格执行超募资金使用相关备忘录，督促公司规范、有序使用募集资金。对于超募资金数额巨大的公司，要求保荐机构每月核查并报告。

3. 建立“占用即冻结”机制，从根本上防范大股东占用。主板和中小企业板建立《控股股东、实际控制人声明与承诺》机制，进一步明确控股股东和实际控制人的行为规范。要求上市公司控股股东作出承诺并授权上市公司董事会，出现占用上市公司资金情形时，上市公司董事会可以立即冻结控股股东股份，有效保护中小投资者权益。

4. 建立保荐业务代表制度，制定《现场检查工作指引》，强化保荐业务监管。中小企业板开发保荐业务专区，建立保荐业务代表制度，由保荐业务代表组织、协调保荐机构与深圳证券交易所业务往来。初步拟定《中小企业板保荐机构现场检查工作指引》和《保荐工作报告书的内容与格式指引》，促进提高保荐机构持续督导的实际效果。

5. 完善公司监管规则体系，建立健全纪律处分机制。完成第 8 次业务规则全面清理工作。发布实施主板、中小企业板上市公司规范运作指引，进一步推进深圳证券交易所 3 个板块业务规则的简化、整合和归位。进一步完善纪律处分和限制交易程序，建立健全“查审分离”的纪律处分机制和异常交易制止机制。

6. 深化投资者适当性管理与投资者教育工作。制定发布《会员持续开展创业板市场投资者适当性管理业务指引》，推动会员建立和完善业务运行长效机制。围绕创业板市场平稳运行及防控内幕交易等重点工作，多手段、全方位加强投资者教育、服务、权益保护及信访工作，保障创业板投资者适当性管理要求的深入落实。截至 2010 年 12 月 31 日，开通创业板交易投资者账户数达到 1 670万户，其中参与新股申购或交易的账户数约 640 万户。

（三）大力推进制度及产品建设，促进市场创新发展

1. 推动融资融券交易试点工作逐步展开。建立标的证券管理和调整标准及机制，完善内部工作流程及应急管理。指导和组织试点会员业务方案设计、技术测试与仿真交易，持续跟踪市场运行情况，参与转融通业务方案论证。截至 2010 年年底，深市共有 25 家会员参与融资融券交易试点，2010 年年底累计开户账户达到 21 141 户，融资融券交易总额累计达到 524 亿元。

2. 有序推进债券、场内基金、指数等产品创新。优化债券交易结算机制，完善综合协议平台债券功能。研究制定债券特别处理、暂停上市、恢复上市、终止上市业务备忘录。全年发行上市 60 只国债、10 只地方政府债券、6 只公司债券、5 只企业债，新增债券托管量合计 103.21 亿元。努力做大基金市场，上市基金产品数量达 93 只，占市场总量的 79%。已形成包括 ETF、LOF、封闭式基金、分级基金在内，覆盖境内外多个市场的完整上市基金产品线。恒生指数 ETF 系统准备就绪，沪深 300 指数 ETF 方案确定。完成“乐富”标识设计和商标注册申请。扎实推进资产证券化项目论证培育工作，做好房地产投资基金业务试点准备。完善多层次指数体系规划，新发深证系列指数 16 只，发布创业板指数。

3. 贯彻依法治所，跟踪研究完善交易制度。撰写《证券交易所管理办法》

修改建议并上报中国证监会。起草深圳证券交易所章程修订稿、修改说明并上报。研究梳理深圳证券交易所职能定位。配合“交易规则日”活动，认真梳理国内外风险事件。展开程序化交易对交易制度影响分析。分析会员及投资者交易成本并提出降低收费方案。结合市场变化及系统安全管理，完成《交易规则》的修订和发布工作。

4. 创新方式手段，提高运作透明度，探索远程网上培训。运行并不断完善信息披露网上业务直通车、“深交所投资者关系互动平台”、监管交流专区、上市公司监管台账。对外发布《2009 年度多层次市场上市公司年报实证分析报告》、《2009 年度自律监管工作报告》、《2009 年度市场绩效报告》。研发并启动应用远程网上培训系统，降低培训成本，促进市场参与主体规范运作。

（四）强化技术管理与规划，落实安全维稳与风险管理

1. 加强技术管理，确保市场安全运行。持续优化研发、运维和信息安全管理体系，加强了服务目录管理、容量管理、软件测试和技术评审，操作处理逾 7 000 次，保持了持续 13 年的安全运行记录。完成了交易系统性能优化二期工程，平均委托处理时延从 2 秒下降到 0.2 秒，提高了交易系统的综合性能和安全保障水平。

2. 加强技术系统整体规划，积极响应业务创新需求。完成了融资融券、新股发行制度深化改革、跨市场指数 ETF 的技术准备，启动了报价转让系统做市商的技术改造，全面支持了交易所业务创新。启动了 BPM 四期项目，着力构建更加安全高效的上市公司业务管理系统。基本完成了深圳证券交易所新大楼技术中心的详细设计，规划了未来“两地三中心”的技术布局，并着手进行异地灾备中心建设的前期准备。基本完成第五版交易系统规划，取得了重要成果，为未来实施奠定了基础。新版行情系统平稳试运行，为正式运营做好了技术准备。

3. 确保维稳，强化审计，深化风险管理体系建设。制订实施《2010 年维稳工作方案》，确保上海世博会、广州亚运会期间及日常维稳与安全生产。专项评估融资融券等创新业务风险影响，研究提出防范应对措施。发布 2010 年年度重大风险清单，配套实施《重大风险内部控制工作指引》。开展以防范敏

感信息内部控制风险、预防核心技术系统运行风险、预防消防安全风险和动力保障风险为主题的专项稽审，确保核心风险可控，业务稳定运行。提交“一般风险准备金”方案。

（五）深化培育，推进创新，加强研究与国际合作

1. 强化中小企业培育培训，继续打造品牌平台。强化拟上市企业发行上市培训、上市公司的规范运作培训，全年组织各类培训活动 40 期，参加培训 8 800人次，做优培训品牌。组织中小企业板、创业板上市资源调研活动。推动重点优质企业上市及符合创业板定位的红筹公司回归，积极跟踪中小企业板金融类企业上市进程。主办第八届中小企业融资论坛、第九届中国证券投资基金国际论坛、第六届中国（深圳）国际期货大会，承办中国证监会第一届创业板专家咨询委员会成立大会暨创业板市场与新兴战略产业发展研讨会。

2. 全面提升研究支持，强化重点领域研究。制定落实综合研究所三年规划，继续完善内部组织架构，启动产业、金融支持案例和宏观研究，完善研究组织体系、成果系列和支持系统，在重点研究领域形成了一批质量较高的研究成果。

3. 积极深化国际合作与交流。承办高频交易与现代交易技术（亚太）研讨会。2010 年接待 61 批次海外代表团来访，接受韩国交易所和越南河内证券交易所员工来所培训。分别与大阪交易所、西班牙交易所集团签订合作谅解备忘录，至此已与 26 家海外交易所签订了合作备忘录。

（六）深化党风廉政建设，加强内部基础管理

1. 全面推进党风廉政建设，强化作风纪律保障。学习贯彻《党员领导干部廉洁从政若干准则》；认真开展“三个准则”学习贯彻活动；修订深圳证券交易所“十大职业禁条”，筑牢员工职业道德底线；修订《员工回避管理办法》和《员工报告个人有关事项实施办法》；全面完成禁止员工及其亲属买卖股票专项治理规定和报告工作。

2. 开展创先争优活动，推动国情教育和团队文化建设。结合资本市场及深圳证券交易所建立 20 周年，围绕加快多层次资本市场建设，开展全所工作务

虚研讨、走进上市公司专项行动，“激扬青春、成就梦想”主题活动等创建活动，充分发挥党员的先进模范作用。举办第十一期国情教育活动，组织48名干部员工赴内蒙古阿拉善国情教育基地，开展为期1周的植树治沙和军事训练活动。北京工作组充分发挥支部堡垒作用，开展多种形式活动，抓好团队建设。成功举办“首届名歌手大赛”、英语演讲比赛及“希望之光”20年所庆晚会。

（七）2010年深圳市场总体情况和特征

1. 总体情况。截至2010年12月31日，与年初相比，深证成分指数下跌1241.42点，跌幅为9.06%，收报12458.55点；综合指数升89.53点，升幅7.45%，收报1290.87点；中小板指数升1197.22点，升幅21.26%，收报6828.98点；2010年6月1日发布的创业板指数（基点1000点）收报1137.66点；B股指数升198.87点，升幅31.77%，收报824.82点。股票累计成交金额241 321.53亿元，比2009年增加51 846.68亿元，增幅27.36%；基金成交4 224.73亿元，比上年增加433.78亿元，增幅11.44%；权证累计成交588.75亿元，比上年同期减少4 050.58亿元，减幅87.31%；债券成交金额1 291.59亿元，比上年增加462.88亿元，增幅55.86%；股票平均市盈率44.69倍，较年初下降2.87%。

截至2010年12月31日，深圳证券交易所上市公司总数1 169家，比2009年年末增加339家；上市公司总股本5 044.98亿元，流通股本3 410.85亿元，分别比上年末增加29.11%和31.13%。上市公司总市值86 415.35亿元，流通市值50 772.97亿元，分别增加45.77%和39.28%。新增投资者开户862.81万户，较年初增加10.07%，投资者累计开户总数9 433.56万户。2010年股票累计筹资4 083.78亿元，比上年同期增加2 371.10亿元，增幅138.44%（见表5－2）。

表5－2　　2010年度深圳证券市场概况

指标名称	年末数值	比年初增减	增减率（%）
上市公司数（家）	1 169	339	40.84
其中：中小企业板	531	204	62.39

续表1

指标名称	年末数值	比年初增减	增减率(%)
创业板	153	117	325.00
上市股票数(只)	1 211	339	38.88
其中:中小企业板	531	204	62.39
创业板	153	117	325.00
总股本(亿元)	5 044.98	1 137.42	29.11
其中:中小企业板	1 366.74	572.61	72.11
创业板	175.06	140.46	405.95
流通股本(亿元)	3 410.85	809.77	31.13
其中:中小企业板	705.15	324.66	85.33
创业板	50.38	43.9	677.47
总市值(亿元)	86 415.35	27 131.46	45.77
其中:中小企业板	35 364.61	18 492.06	109.60
创业板	7 365.22	5 755.14	357.44
流通市值(亿元)	50 772.97	14 319.32	39.28
其中:中小企业板	16 150.32	8 646.75	115.24
创业板	2 005.64	1 706.67	570.85
综合指数	1 290.87	89.53	7.45
成分指数	12 458.55	-1 241.42	-9.06
B股指数	824.82	198.87	31.77
中小企业板指数	6 828.98	1 197.22	21.26
创业板指数	1 137.66	119.62	11.75
平均市盈率	44.69	-1.32	-2.87
其中:中小企业板	56.93	5.92	11.61
创业板	78.53	-26.85	-25.48
投资者开户总数(万户)	9 433.56	862.81	10.07
本年累计股票成交金额(亿元)	241 321.53	51 846.68	27.36
其中:中小企业板	85 832.42	37 558.9	77.80
创业板	15 717.87	13 889.77	759.79
本年累计基金成交金额(亿元)	4 224.73	433.78	11.44
本年累计债券成交金额(亿元)	1 291.59	462.88	55.86
本年累计权证成交金额(亿元)	588.75	-4 050.58	-87.31
本年累计股票发行筹资额(亿元)	4 083.78	2 371.1	138.44

续表 2

指标名称	年末数值	比年初增减	增减率(%)
其中:中小企业板	2 350.12	1 773	307.22
创业板	963.34	759.26	372.04
本年累计股票交易印花税(亿元)	241.34	51.86	27.37
其中:中小企业板	85.83	37.56	77.81
创业板	15.71	13.89	763.19

2. 运行特征。

（1）深市 2010 年全年运行大致呈现“U”型走势，前低后高，深市股指大幅震荡调整，上半年大幅下调，第 3 季度大幅反弹，第 4 季度冲高回落。全年来看，创业板和中小板整体走强是股指向上的主要推动力量，权重股相对疲弱。深市 A 股全年交易量创历史新高，累计成交 24.1 万亿元。同期深沪两市 A 股交易量合计 54.4 万亿元，深市 A 股全年交易量占比约 44%，高于过去 3 年 33%～35% 的占比水平。其中，主板、中小板和创业板分别为 13.98 万亿元、8.58 万亿元和 1.57 万亿元。深证成指全年累计跌幅 9.06%，深证综指累计涨幅为 7.45%。

（2）中小板与创业板股票全年表现突出。2010 年，中小市值股票交投活跃，创业板和中小板整体走强推动股指上行，大盘蓝筹股走势疲弱，多数中小市值股票走出与指数走势相背离的上涨行情。从年初至 12 月 15 日，中小板指数和创业板指数分别累计上涨 21.26% 和 16.9%，而同期深证成指下跌 9.06%。全年 4 个季度中，中小板指数均跑赢深证成指，在第 3 季度，中小板表现尤其突出，中小板综指累计涨幅 29.74%。创业板指数则从第 2 季度创立以来，除第 3 季度因减持压力跑输深证成指，第 2 季度和第 4 季度均跑赢深证成指（分别超过深证成指 19.33% 和 9.88%）。

（3）发行市盈率与市场行情密切相关，第 2、第 3 季度较多新股一度跌破发行价。全年新股发行市盈率 70 倍，上市平均首日涨幅 38%。发行市盈率与市场行情有较强的相关性，市场行情走势较低的 6 月和 7 月，深证成指达到全年低点 9336 点和 8945 点，而同期新股发行市盈率也分别达到 53.69 倍和 48.99 倍的年度最低点。

从2010年2月开始，新股跌破发行价的现象逐渐增多，随着行情走低，从4月初开始，许多新股跌破IPO发行价，上市首日即破发的情况也频繁出现。截至12月20日，2010年上市的207只中小板股票中，一度跌破发行价的有102只，占比49%，其中上市首日跌破发行价的有16只；新上市创业板股票111只，跌破发行价的有34只，占比30.6%，其中有5只股票上市首日即跌破发行价。新股频繁跌破发行价，对市场理性参与IPO竞价起到一定作用，6~8月上市交易的部分新股发行市盈率已降至40倍以下，这与高峰期平均70多倍的发行市盈率相比明显下降。

（4）融资融券业务稳步攀升，融资业务规模远大于融券业务。2010年融资融券累计开户账户为21 141户，其中，个人投资者为21 019户，占99.42%，机构投资者为122户。开设信用账户主要为持有市值较多、开户时间较长的投资者，其中100万元以上市值的开户投资者为10 263户，占比50.45%；股票账户开户两年以上的投资者为16 200户，占比95.72%。

2010年全年深市融资买入274亿元，融券卖出5.99亿元，合计279.99亿元，全年来看融资买入规模是融券卖出规模的约46倍。全年融资交易规模呈逐月增长态势，融资买入金额由4月的2.29亿元增至11月的75.8亿元，11月是4月的33倍。年末融资交易规模攀升一方面表明融资融券业务规模扩大，另一方面与6月之后市场企稳回升带来的融资交易投资机会有关。融券交易规模没有呈现逐月扩大的态势，融券交易量占比在6月达到峰值。

三、2010年中国证券登记结算有限责任公司发展报告

2010年，中国证券登记结算有限责任公司（以下简称“中国结算”）在中国证监会的领导下，在沪、深证券交易所和资本市场相关参与主体的有力配合支持下，确保了证券登记结算系统安全平稳运行；与此同时，在支持资本市场创新发展、完善证券登记结算法规制度、防范化解结算风险、深化技术系统建设等方面不懈努力、持续改进，取得了新进展。

（一）2010 年各项登记结算业务运行特征

2010 年，中国结算的登记结算业务在整体上继续保持增长态势。除新开账户数有所减少外，开户代理机构数量、登记存管证券数量、结算业务量以及开放式基金业务量都较往年有所增长。

1. 新开账户数有所减少。2010 年全年新开股票账户约 1 494.25 万户，较上年减少约 238.51 万户，同比减少约 13.76%。其中，新开 A 股账户1 489.77 万户，较上年减少 236.80 万户，减少 13.72%；新开 B 股账户 4.48 万户，较上年减少 1.71 万户，减少 27.65%（见图 5－5）。

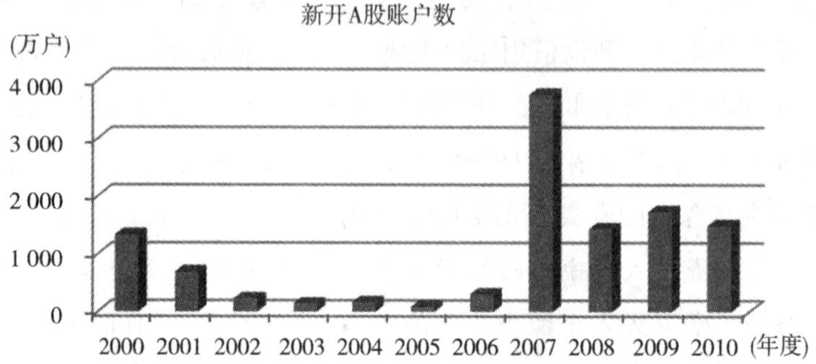

图 5－5　2000～2010 年沪深两市每年新增 A 股账户数

截至 2010 年年底，期末股票账户数约 15 454.03 万户；其中，期末 A 股账户数为 15 204.06 万户，比上年增加 1 422.28 万户，增长 10.32%；B 股账户数为 249.97 万户，比上年增加 3.87 万户，增长 1.57%。经证券公司核实、申报的休眠账户数为 2 062.99 万户。股票账户去除休眠账户后的有效账户数为 13 391.04 万户。

截至 2010 年年底，中国结算沪市 A 股账户开户代办点有 5 029 个，比上年增加 1 228 个；深市 A 股账户开户代办点有 4 617 个，比上年增加 830 个。

2. 登记存管的主要证券数量明显增加。截至 2010 年年底，中国结算登记存管的证券达到 2 776 只。其中，A 股 2 052 只，比上年增加 385 只；B 股 108 只，与上年持平；权证 4 只，较上年减少 8 只；国债 110 只，比上年增加 16 只；公司债券（含企业债券）318 只，比上年增加 94 只；可转债 13 只，与上年持平；分离式可转债21只，与上年持平；封闭式基金47只，比上年增加14只；ETF 20只，比上年增加11只；LOF 79只，比上年增加30只；资产证券化产品4只，比上年减少6只（见图5－6）。

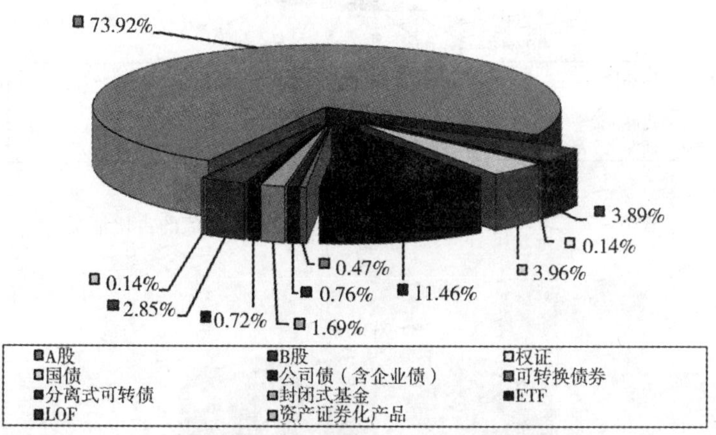

图5－6　2010年年底登记存管的各类证券只数的占比情况

截至2010年年底，中国结算登记存管的证券面值为3.52万亿元。其中，已上市流通A股面值1.93万亿元，流通B股面值281.78亿元，限售流通股面值7 268.80亿元，非流通股面值96.13亿元，权证面值29.63亿元，国债面值1 977.06亿元，公司债券（含企业债券）面值2 563.71亿元，可转债面值786.89亿元，分离式可转债面值950.65亿元，封闭式基金面值1 004.29亿元，ETF面值697.01亿元，LOF面值225.41亿元，资产证券化产品10.72亿元（见图5－7）。

截至2010年年底，登记存管证券已上市流通市值为20.67万亿元。其中，A股已上市流通市值19.39万亿元，B股已上市流通市值2 198.93亿元，权证已上市流通市值2 342.79亿元，国债已上市流通市值1 955.58亿元，公司债券（含企业债券）已上市流通市值2 574.61亿元，可转债已上市流通市值917.48亿元，分离式可转债已上市流通市值852.84亿元，封闭式基金已上市流通市值1 066.25亿元，ETF已上市流通市值667.92亿元，LOF已上市流通市值224.78亿元，资产证券化产品已上市流通市值9.75亿元（见图5－8）。

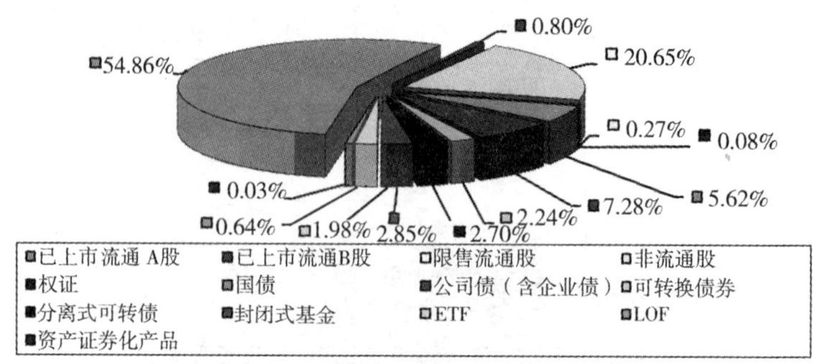

图 5 - 7　2010 年年底登记存管的各类证券面值的占比情况

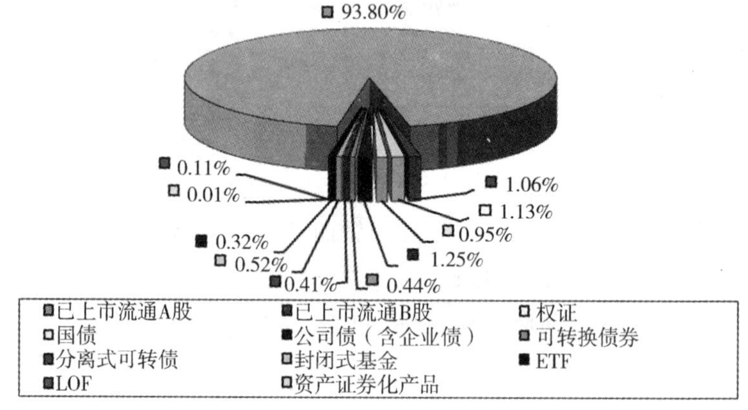

图 5 - 8　2010 年年底登记存管的各类证券已上市流通市值的占比情况

3. 结算总额大幅增加，结算净额明显增加。随着市场转暖和一级市场发行规模的扩大，2010 年中国结算的证券结算总额为 355. 67 万亿元，较上年增加了 170. 45 万亿元，增幅为 92%；结算净额为 7. 92 万亿元，较上年增加了 0. 93 万亿元，增幅为 13%。

4. 开放式基金业务稳步发展。截至 2010 年年底，开放式基金 TA 系统内参与的管理人共有 91 家，其中基金公司 39 家，券商 51 家，银行 1 家；累计代理发行理财产品 361 只，其中开放式基金 156 只，创新型封闭式基金 14 只，券商集合理财产品 178 只，银行理财产品 13 只。

（二）2010 年中国结算经营发展概况

2010 年，中国结算在大力支持资本市场创新发展、完善证券登记结算法规制度、拓展登记结算业务、进一步完善结算风险管理、深化技术系统建设等方面，取得了新的进展。

1. 大力支持资本市场创新发展。

（1）积极配合做好融资融券试点相关工作。开展针对融资融券项目的全面技术排查和业务排查，进行恢复性全网测试、仿真测试和业务全网测试；完成业务指南修订发布和所司备忘录签署；配合中国证监会做好融资融券监管与实务培训、投资者教育工作；跟踪做好融资融券试点的各项后续工作，较好地完成了融资融券的试点准备工作，保障了融资融券试点业务的登记结算业务平稳运行。

（2）积极做好推出跨境、跨市场 ETF 产品的准备工作。起草 ETF 细则、ETF 特别规定及 ETF 异常交易处理办法等相关业务规则；充分研究 ETF 风险控制问题，制定跨境与跨市场 ETF 风险防范措施；制定和发布跨市场 ETF 申购、赎回业务方案，完成了跨市场 ETF 第一次全网测试，为跨市场 ETF 产品的推出做好相关准备。

（3）积极支持交易所债券市场创新发展。积极开展报价回购交易时间延长和计息天数调整工作；调整公司债券进行净额结算和质押式回购的标准，完善公司债券分类管理工作；继续积极配合上海证券交易所债券质押式报价回购试点工作，对相应的回购指标进行监控，有效避免交收失败等异常情况。

（4）配合做好个人转让限售股所得征收个人所得税工作。在中国证监会和税务机关的统一部署下，中国结算承担个人转让限售股所得应缴税款计算及数据发送工作。积极研究制订实施方案并进行技术准备，梳理个人投资者持有限售股数据信息，周密协调各证券公司做好业务和技术衔接工作，确保了计税工作的顺利启动。同时，做好相关统计分析监测工作，积极总结新情况、新问题，为税务主管机关研究制定相关政策提供支持。

（5）积极稳妥推进境外公司境内发行股票（以下简称“国际板”）登记结算的相关准备工作。组织召开国际板登记结算业务及法律问题的专题研讨会，深入了解境外市场的做法和经验；对国际板涉及的登记结算业务主要问题进行梳理和研究，提出解决建议；修改、完善国际板登记结算业务规则及相关协议；积极配合主管部门做好相关沟通协调工作。

（6）继续落实证券账户管理长效机制。密切跟踪证券公司资金账户数据报送及账户信息比对工作情况，督促证券公司做好身份信息核查异常的投资者的复查及复查结果的数据报送工作；加强对开户代理机构自律管理，采取开户代理机构自查和现场检查相结合的方式，开展开户环节的检查工作。2010 年资金账户数据报送及账户信息比对工作质量较 2009 年明显提高，证券账户信息与资金账户信息比对一致的 A 股账户，占正常交易的 A 股账户数量的比例达 99.90%。

（7）积极推进行业数据中心建设。根据中国证监会的部署和授权，中国结算积极开展行业数据中心建设工作，设立了北京数据技术分公司，制定了《行业数据中心建设（2010 ~ 2011 年度）工作纲要》，起草了十多个规范管理文件，初步确定了标准数据存储的系统架构，完成了基金数据接口的制定，并在 8 家基金公司中开始试点报送数据。

（8）稳步推进行业标准服务中心建设。按照中国证监会的部署，由中国结算、中国证监会信息中心和证券标准委员会共同完成行业标准服务中心的建设。中国结算完成了《证券期货行业标准和编码中心可行性研究报告》，开展了行业标准服务中心电子化平台建设的立项申请、功能需求设计和招标准备工作。

2. 进一步完善证券登记结算法律制度。

（1）继续推动《证券电子簿记法》的立法工作，完成《境外证券电子簿记立法资料汇编》的翻译、选编及编辑印发工作。

（2）根据中国证监会的统一部署，全面梳理证券期货规章。对不符合实践要求的 30 多份规章提出了修改或废止建议；就近 20 项法律法规、部门规章、司法解释的制定提出建议。

（3）制定或发布多项业务规则、细则。制定发布了《证券登记结算业务参与机构自律管理措施实施细则》；制定完善了《结算参与人管理规则》、《结算规则》、《净额结算业务细则》、《证券结算互保金管理规则》、《交收担保物管理业务细则》、《关于对交收违约结算参与机构停止交易试行办法》、《结算备付金管理办法》、《境外公司境内发行股票登记结算业务规则（讨论稿）》等规则草案。

（4）强化公司运营合法合规审核。进一步完善了《公司规章制度制定办法》，制定了《完善业务规则体系规划草案》和《业务规则清理方案》，筹划对登记结算业务规则进行全面清理。

3. 继续开展和拓宽登记结算业务。

（1）做好境外上市公司非境外上市股份登记存管工作。截至2010年年底，共为100家境外上市公司办理了非境外上市股份集中登记存管业务，较2009年年底增加了3家。

（2）推进采用、推广国际证券识别编码工作。继续为境内外证券公司等机构提供协助查询我国证券的国际证券识别编码（简称“ISIN编码”）服务。截至2010年年底，中国结算共为8 500只金融工具分配了ISIN编码。同时，受证券标准委员会的委托，积极参与行业标准体系框架建设工作，起草证券发行人及担保人编码国内标准，完成金融领域共计30多项标准的审核。

（3）办理上市公司股东大会网络投票业务。2010年，共办理9次上市公司股东大会网络投票业务。继续办理投资者网络服务身份验证业务，约295万名投资者已成为网络服务用户。

（4）积极拓展开放式基金业务。中国结算开放式基金过户登记系统（以下简称“TA系统”）支持的产品类型涵盖了股票型、债券型、混合型、货币型、保本型、QDII、FOF、LOF、上证基金通、场外ETF等基金，还全面支持了集合计划的参与、退出、权益分派、业绩报酬、收益补偿、展期以及TA移转等各类业务。

4. 继续完善结算风险管理体系。

（1）继续推进《结算规则》发布及货银对付（DVP）落实工作。推动《结算规则》获得中国证监会主席办公会原则通过，标志着中国结算完善货银对付工作获得重大进展；按照中国证监会要求，公开征求市场意见，进一步修订《结算规则》以及《净额结算业务细则》等配套业务细则。

（2）继续推进结算参与人系统的更新升级工作。通过对现行结算参与人管理系统的研究和梳理，按照统一结算参与人管理的要求提交了结算参与人系统需求报告。

（3）开展对证券公司的分类评价工作。对最近1年来证券公司的结算风险状况进行梳理；对证券公司的风险数据进行分类汇总分析，上报中国证监会等相关部门。

（4）持续完善结算参与人资格管理。为保证所司前后台交易、结算主体一致，防范交易结算风险，对被取消交易所会员资格、无结算资格机构以及无交易所会员资格或无结算资格机构实施另库管理及另账核算。

（5）加强对结算银行的管理工作。协调与各结算银行签订新协议；对结算银行进行年度考评；启动结算银行管理系统建设工作。

（6）向建设银行、兴业银行申请授信额度。

5. 切实防范和化解结算风险、法律风险。

（1）继续推动国债回购纠纷案件处置工作总体收口。就国债回购纠纷案件的整体解决提出意见和方案；积极推动、配合中国证监会、最高人民法院、国务院法制办公室等单位开展沟通协调工作，推动最高人民法院出台指导彻底解决国债回购纠纷案件的最终司法文件；协调国债回购案审理工作。

（2）稳步推进结算风险处置的收尾工作。根据中国证监会的要求，对被处置证券公司与中国结算之间在债权债务处置、司法执行和诉讼案件、资产核销清退、结算备付金等各类账户处理、清算交收路径变更等结算风险处置的若干遗留事项进行全面清理，逐项处理了结。

（3）做好进入破产程序证券公司的债权申报工作。对16家进入破产程序的证券公司，向受理的人民法院申报了债权（包括透支本金、垫息及罚息）。

（4）妥善进行质押券处置工作。就司法机关不当冻结、扣划国债回购质押权事项，积极协调相关法院解除对科技证券、中富证券、闽发证券所涉回购质押券的冻结，成功处置回购质押券用于弥补其在结算系统的透支。

6. 不断深化技术系统建设。

（1）加强信息系统安全管理和运维管理。按照中国证监会维稳工作要求，强化“两会”、世博会敏感时期检查，及时排除风险隐患；不断完善技术系统应急处置体系，深入进行应急演练；进一步完善系统操作流程，降低系统操作风险；进一步规范运行事件管理，增强运行事件管理能力；提升机房保障能力，建设涉密网，加强风险评估，确保登记结算技术系统安全平稳运行。

（2）进一步优化证券登记结算生产系统、开放式基金 TA 系统、通信系统、网络系统、灾难备份系统、数据仓库系统、公司网站系统、办公自动化系统、技术监控系统、凭证电子化系统的功能和性能，为证券市场的创新发展和登记结算业务发展提供了有力的技术支持。

（3）推动重大工程项目建设取得进展。上海分公司推动系统扩容，完成项目可行性分析报告；推进业务流程管理平台二期项目建设，已完成 15 个流程的开发；继续开展技术系统基础设施建设，顺利完成虚拟化系统建设工程、PROP 高可用性优化（三期），按计划推进核心网络系统改造工程、网络文件系统升级工程、PROP 通信中心性能优化、身份认证系统建设工程、入侵检测系统升级工程等项目。深圳分公司业务流程管理一期项目成功上线试运行；完成 IT 服务管理标准化、运维管理平台建设项目一期工程；按计划推进综合通信系统维护工程、凭证电子化系统磁盘阵列改造及扩容工程、集中备份系统设备改造工程等项目。

（4）正式启动中国结算企业级数据仓库项目的建设工作。完成系统总体方案设计、系统架构设计、应用需求调研及梳理、主题数据标准制定、模型设计和应用功能开发等工作。

（5）积极配合参与人，加强系统测试。完成了基金盘后业务系统全网测试、跨市场 ETF 基金全网测试、集合资产管理计划系统参与人联网测试以及针对各参与人的各种业务类型的功能测试，确保了创新业务平台的平稳推出。

7. 进一步提高证券登记结算服务水平。

（1）建立客户服务质量管理制度，全面规范服务质量管理工作，明确部门职责与分工、服务内容和形式等，加强服务质量管理和服务质量监督，持续改进服务质量。

（2）积极开展证券登记结算服务调研。围绕新产品、新制度、服务质量等主题，制定并落实参与人走访调研计划，广泛听取意见，注重解决实际问题。

（3）加强参与人业务培训。全年中国结算共组织开展证券账户、登记结算、开放式基金业务培训 13 次，培训参与总人数达 1 700 人以上，获得了良好的市场反响。

（4）继续加强呼叫中心建设，不断提升服务热线效能。2010 年，中国结算的客服呼叫中心共接听电话 6.5 万余次。为实现对外唯一客服呼叫号码，方便投资者拨打一个电话即可咨询三地业务，中国结算开展京、沪、深三地客服电话统一工作，并在 2010 年年底实现了三地客服呼叫号码的统一。

（5）全面改进远程服务工作。上海分公司通过为 PROP 实时开户系统增加合伙企业开户功能、完善 PROP 数据交换系统、实施 PROP 通信链路升级工程等措施，进一步完善 PROP 系统功能，提高服务效率。深圳分公司进一步优化发行人 E 通道功能，其中权益分派、统一名称和加强密码保护等优化项目已正式上线，提升了业务办理效率。

8. 深入开展证券登记结算研究和统计工作。

（1）配合中国证监会做好证券期货行业“十二五”规划工作，完成证券期货业“十二五”规划子课题的专题报告。同时，启动 2011 ~ 2015 年中国结算五年发展规划的起草论证工作。

（2）密切关注国内外证券登记结算最新动态，编辑印发了 8 期《证券登记结算境外动态》。持续跟踪国际登记结算领域的最新发展，完成境外证券市场主要机构信息化建设研究报告。

（3）结合证券登记结算重点工作，深入开展担保品第三方管理业务、跨境登记结算服务需求、登记结算集中统一运营体制与多样化登记结算服务、证券借贷平台和转融通业务等研究工作，提出了多项业务创新方案，全年刊发了 12 篇《工作研究》报告。

（4）建立健全信息统计工作规章制度。制定了《公司信息统计工作管理办法》（讨论稿）、《公司协助法定机关查询投资者信息实施细则》，进一步规范了数据统计和查询工作。

（5）大力强化专题统计分析。紧跟市场热点，把握监管工作方向，有针对性地开展统计分析，形成了一批信息统计分析成果，发挥了对监管决策的信息支持作用。

（6）建立数据信息交换工作机制，开展数据信息交换，有力支持了期、现货市场跨市场监管和客户交易结算资金监控工作。

9. 稳步拓展国际交流与合作。

（1）在上海承办了第十二届亚太中央证券存管机构组织（以下简称“ACG”）交互培训会议，高质量地完成了会议筹备和会务服务工作；担任 ACG 法律工作组召集人，积极组织开展证券存管结算业务相关法律课题研究工作，增强了中国结算在 ACG 中的地位和作用。

（2）继续加强与境外证券登记结算机构的交流与合作。按计划与我国香港交易及结算所有限公司开展了业务交流和交互培训活动，取得了良好效果。

（3）结合业务发展和制度建设中的问题，邀请 Computershare 公司、汇丰银行和纽约证券交易所、中国台湾集中保管公司和中国台湾证券交易所、环球银行金融电信协会（SWIFT）、埃森哲公司专家来中国结算举办了多场专题讲座，对相关问题的研究和解决起到了一定的作用。

10. 强化党风廉政建设和公司内部管理。

（1）深入开展党风廉政教育活动。制订党风廉政教育活动方案，开展思想动员，组织学习研讨，对工作人员本人及亲属是否买卖股票进行自查，组织全体员工签署《廉洁自律承诺书》，修订发布《公司工作人员廉洁从业规定》等规章制度，建立廉洁从业长效监督机制。

（2）扎实推进创先争优活动。根据中国证监会《关于在证券期货监管系统深入开展创先争优活动的通知》要求，成立了创先争优活动领导小组和办公室；结合实际制定创先争优活动规划，明确了工作目标、活动主题和活动方式；以基层党支部作为创先争优活动的参与主体，构建和推进党支部特色项目，创先争优活动取得了初步成效。

（3）积极配合做好中国证监会巡视工作。按照中国证监会巡视组的工作要求，组织召开巡视工作动员大会，认真准备相关材料，配合组织测评、个别谈话工作，为巡视工作顺利开展提供了良好保障。

（4）进一步加强公司内部财务管理。制定发布了《公司会计档案管理办法》，修订发布了《公司会计核算办法》等内部规定。加强新办公楼、设备采购等重大基建项目管理。严格按制度、程序办事，确保重大基建工程项目、重大技术采购项目规范运作。

（5）加强保密管理。开展《中华人民共和国保守国家秘密法》的学习宣传、涉密载体清理自查、计算机网络保密管理检查等工作。

（6）组织多渠道的员工教育培训活动。举办了新员工业务培训、公文写作培训、网上 OA 系统使用培训、融资融券业务培训，以及香港实习培训、Computershare 公司证券登记业务实习培训等境内外培训。

（7）积极推进企业文化建设。配合资本市场 20 周年纪念活动，做好登记结算专题展览和相关书稿的编写工作；认真筹备公司成立 10 周年庆典活动；积极开展援建塔公小学、玉树地震灾区捐款等爱心公益活动；以工会、党团支部为活动主体，开展系列讲座、读书读报、诗歌朗诵、登山等活动，营造了团结向上的和谐氛围，增强了员工的凝聚力。

第二节　2010 年地方证券业协会的发展

一、重庆市证券期货业协会 2010 年发展报告

（一）基本情况

截至 2010 年年底，重庆市证券期货业协会辖区（以下简称“重庆辖区”）有 1 家证券法人机构，3 家证券分公司，1 家基金管理公司，5 家期货公司及 20 家期货营业部，2 家证券投资咨询机构，会员单位共 138 家。

2010 年重庆辖区境内上市公司总市值达 2 645 亿元，同比增长 39.21%，而同期全国总市值增长幅度为 8.82%。2010 年重庆辖区证券客户资产达 1 481.43亿元，同比增长 36.33%；投资者开户数 180.38 万户，同比增长 8%；全年代理证券交易量与上一年度基本持平。重庆辖区期货市场全年成交 5 246.47万手，成交金额为 7.48 万亿元，同比分别增长 54.16% 和 193.44%，均高于全国行业平均增长水平。

（二）业务发展情况

1. 内部建设完善，组织保障健全。

（1）进一步加强会长办公会和理事会的职责，对重庆市证券期货业协会重点工作进行决策、领导。2010 年以电传形式召开会长办公会及理事会共 5 次，对工作制度的建设、财务制度的完善、培训工作的开展、红旗单位的评选等 7 项重点议题进行讨论决策，保障重庆市证券期货业协会工作有序开展和全面推进。

（2）充分发挥专业委员会的专业优势。自律监察委员会、教育培训委员会、研究咨询委员会和信息技术委员会成立以来，各委员会充分发挥智慧和集体力量，为重庆市证券期货业协会专业化的建设起到了很好的参谋和助手作用。

（3）加强秘书处职业化、专业化的建设，提高执行力。秘书长们保持定期或不定期的秘书长会议，集体商讨重要事务，具体事宜随时沟通和协商；秘书处的工作人员也是边学习专业化知识，边向职业化发展，在承担大量事务性工作的同时，尽心尽责地保证重庆市证券期货业协会工作的有效运转。

2. 树立服务意识，强化会员服务。

（1）加强会员联系，创建沟通平台。发挥会员单位联络员作用，架起协会与会员的沟通桥梁。为进一步提高联络员工作效率及感谢各会员单位的联络员对重庆市证券期货业协会工作的支持，2010 年 10 月 16 日，重庆市证券期货业协会组织了联络员培训会，会上联络员代表作了发言，阐述了联络员的重要性及纽带作用。

为加强会员的联系，重庆市证券期货业协会定期或不定期地走访会员单位，了解会员需求，并传达相关政策。通过短信群发平台、QQ 群等，及时向会员单位通报协会事务，发送节日问候等，进行及时、有效的沟通。

（2）加强从业人员培训，储备证券期货人才。① 认真做好证券期货全国从业人员资格考试考前准备及巡考工作，保证全年 10 余次资格考试顺利进行。② 2010 年 10 月 30 日 ~31 日组织证券从业人员的后续执业培训，本次培训根据市场热点，选择了“股指期货与理财规划”作为主题，更贴近广大从业人员的实际需要。③ 2010 年 4 月 20 日 ~21 日配合中国期货业协会组织“IB 业务培训班”，通过培训，证券从业人员了解了 IB 业务的相关知识及政策法规资格，并取得“IB 业务资格”。④ 2010 年 8 月 19 日 ~9 月 19 日，举办大商所期货学院分析师提高培训班，共培训期货分析师人才42人，并组织成立期货分析师联谊会，为培训班毕业学员提供后续培训活动的机会。

（3）开展投资者教育工作，培育良好的证券期货市场环境。重庆市证券期货业协会以中国证监会的《关于进一步加强投资者教育、强化市场监管有关工作的通知》和中国证券业协会的《中国证券业协会会员投资者教育工作指引》及中国期货业协会的《期货投资者教育工作指引》为指引，从资本市场发展的全局出发，增强各经营机构开展投资者教育工作的自觉性和主动性。①组织开展投资者教育“红旗单位”评选，经过书面报告、现场检查、投票选举、理事会决议等程序，评选出13家证券会员单位为2009年度证券业投资者教育工作红旗单位。这项持续性的评选活动不仅增强了会员单位荣誉感，而且还形成争优创优的整体氛围。②组织重庆辖区证券期货经营机构在全市范围统一开展“3·15证券期货投资者权益保护”宣传活动、“防范非法证券投资咨询和非法证券委托理财”的系列活动、“五五”普法宣传活动及“重庆市证券期货投资文化巡讲系列活动”。在宣传活动期间，各经营机构指定专人负责，并进行现场答疑，尽可能让广大投资者、群众深入了解相关法律知识，提高大家的法律法规意识和觉悟，得到投资者的广泛好评。

3. 加强交流，及时传导，展现重庆证券期货行业风采。

（1）组织会员单位参加重庆市青年人才论坛及重庆资本市场创新与发展论坛。两次论坛，分别于3月19日、4月26日举行，全市90多家会员单位积极响应并参与，这不仅提供了会员单位间及会员与专家之间的交流平台，也提供了充分展示各会员单位人才的平台，进一步推进了重庆辖区资本市场持续健康发展。

（2）组织会员单位外出考察交流活动。组织会员单位到宁夏、吉林考察交流，受到当地证监局及协会的热情接待。一方面学习兄弟协会工作经验，了解当地人文特色；另一方面将重庆特色宣传出去，做到友好交流，相互学习，共同提高。

（3）发挥会员优势，大力展现行业风采。2010年4月15日~6月25日，重庆市证券期货业协会举办重庆证券期货行业书画摄影展（评），各会员单位人才济济，各显优势。重庆市证券期货业协会共收到摄影作品108件、书法作品17件、绘画作品6件，并给获奖作品发放证书及奖品，获奖作品分别在会员单位间巡展。此活动充分展现了证券期货行业的风采，受到会员单位的一致好评。

（4）积极传导，发挥好会员单位与监管部门的桥梁作用。为更好地发挥桥梁纽带作用，重庆市证券期货业协会多次进行调研，一方面向会员单位传达监管局的方针政策，另一方面将会员反映的突出问题归纳汇报给监管部门，力求做到上下一心，共建辖区良好市场。重庆市证券期货业协会还积极参加中国证券业协会、中国期货业协会组织的全国性会议，掌握全国发展形势，保证辖区行业自律工作与国家大政方针相一致，保障行业的健康发展方向。

4. 搭建专业平台，提高全行业理论研究水平。

（1）全面提升重庆市证券期货业协会期刊品质。在重庆证监局领导的关心指导下，《重庆资本市场（双月刊）》的内容在质量上经过时间历练得到了提升。更多有专业性、有水准的文章刊登在此期刊上，这本属于会员单位自己的刊物也得到会员单位的大力支持，每月的稿件都源源不断，成为会员单位及从业人员荣誉的载体。现在期刊的赠阅范围进一步扩大，除广大会员单位外，还有重庆相关金融监管部门、市政府相关部门、市内上市公司，全国各省市证监局及证券期货业协会以及中国证监会各部门。

（2）成功出版《重庆资本市场十年（上、下篇）》，全面反映重庆资本市场的发展轨迹。《重庆资本市场十年（上、下篇）》于2010年6月出版，黄奇帆市长为此书作序。这本书不仅得到了市政府的大力支持，也凝结了重庆证监局、西南证券研究中心、期货公司、基金公司、上市公司及重庆市证券期货业协会的心血，强大的研究力量使此书对今后市场的发展具有很强的指导意义和参考价值。这是重庆资本市场的阶段性成果总结，也是过去10年重庆资本市场发展的理论总结。

5. 加强自律管理，维护市场稳定。自新的《证券经营机构自律公约》签订以来，各会员单位的执行情况基本符合证券经营机构自律公约的约定，重庆辖区平均佣金保持在1.2‰的水平。为进一步维护市场的稳定与公平，重庆市证券期货业协会先后对会员单位进行了调研及检查，在证监局机构处的大力支持下建立了片区自律管理新模式。此举不仅遏制了乱调低佣金的行为，也改善了各会员间的利益关系，使《证券经营机构自律公约》能更好地执行下去，对维护市场稳定起到了推动作用。

期货方面，在证监局期货处及重庆市证券期货业协会积极的推动下，《期货经营机构自律协议》执行较好，没有收到任何举报投诉。

二、福建省证券期货业协会 2010 年发展报告

2010 年，福建省证券期货业协会以科学发展观为指导思想，以深化提升服务质量为抓手，紧密围绕工作重点，认真履行职责，全面推进投资者教育工作、会员服务工作、协会培训与考试工作、监管工作、协会自身建设工作，进一步推进行业自律，确保行业持续健康稳定发展，较好地完成了年度各项工作任务。

（一）以提升认知为重点，全面推进投资者教育工作

投资者教育工作是一项长期性、系统性、基础性的工作，应常抓不懈。福建省证券期货业协会努力督促会员单位及自身持续、深入开展投资者教育工作。

1. 收集、反映福建辖区投资者教育工作情况，促进投资者教育工作的沟通交流。每月编写福建辖区投资者教育简报和大事记，每季度末编写季度报告，及时、客观、全面反映辖区各会员单位及福建省证券期货业协会开展投资者教育的工作情况。

2. 与媒体合作，多渠道多形式开展打击非法证券活动（以下简称“打非”）宣传教育活动。

（1）与巴士广播网、分众传媒、户外广告等媒体合作，在财金电视专栏节目、公交车、楼宇、汽车站、大厦户外大屏幕 LED 电视上以 Flash、广播、典型案例等各种形式连续、滚动式播出整治非法证券活动宣传口号。上述各种形式交替间歇进行，持续至年底，形成报上有字、空中有声、电视有像、立体交叉的宣传态势，使老百姓对警示宣传入眼入耳，继而入脑入心。

（2）配合监管部门组织对业内的打非联络员培训。增强证券期货经营机构

的“打非”参与意识，形成市场各主体上下联动机制，起到了积极的促进作用。

（3）发布《打击非法证券活动及维稳工作考核办法（试行）》。充分调动各方积极性，实现打击非法证券活动、维稳工作考核工作科学化、规范化、精细化、流程化管理，切实做好辖区“打非”和维稳工作。

（二）以凝聚会员、服务会员为重点，全面推进会员服务工作

多年来，福建省证券期货业协会始终将服务职能摆在最重要的位置，本着有利于市场稳定健康，有利于会员公司经营发展的原则，力求将服务工作做深做细，进一步提升服务品质。

1. 定期做好网点饱和度分析，引导证券经营机构合理布点。

2. 组织文体与考察学习活动，建立沟通交流平台。2010 年，福建省证券期货业协会组织会员单位参加长乐东洛岛风情游、举办“广发华福”杯福建省证券期货行业男子篮球赛、组队参加福建省第十四届运动会、组织会员单位参加东北考察等活动。

3. 协调各会员单位之间的冲突与矛盾，认真做好投诉处理工作。

4. 完善统计数据分析工作，优化报表格式，提高统计分析的时效性，提升统计信息服务的质量。

5. 开展证券期货行业评优活动，树立并宣扬行业正面形象。

（三）以提高行业综合素质为重点，全面推进培训与考试工作

培训教育是福建省证券期货业协会的重要工作，福建省证券期货业协会努力从会员单位的需求入手，深入开展需求调研。

1. 拓展培训层次，精心设计课程，严抓培训管理，打造培训品牌。2010 年度共举办了 7 期培训班。包括“打非”联络员专项培训、维稳与合规培训、证券从业人员行为规范与 IB 业务培训、营业部负责人与合规专员培训、从业人员后续教育培训、新员工（营销人员）培训、期货分析师提高班培训。并协助中国期货业协会举办了 1 期 IB 业务专项培训。2010 年的培训密度和强度是福建省证券期货业协会成立以来最大的 1 年。

2. 规范高管人员、合规人员考试。全年举办了16期高管人员法律法规考试，3期合规人员法律法规考试。修订了《证券期货经营机构法规汇编》、编制了《合规监察员法律法规考试大纲》、充实了证券高管法律法规考试题库。

3. 认真组织从业资格考试考务工作。严格按照中国证券业协会的要求，认真组织证券从业资格、基金销售资格考试的考务工作。2010年度全辖区共有3.33万名考生参加了相关科目的考试，考试达5.54万科次，考场秩序良好，未发生异常情况和考试责任事故。

（四）以积极落实监管部门任务为重点，全面推进监管工作

1. 从业人员执业行为准则执行情况检查。贯彻福建证监局、中国证券业协会、中国期货业协会文件精神，成立专项工作小组。在监管部门的高度重视和有力推动下，工作开展扎实有序，成效显著。

2. 多次协助福建证监局开展现场检查工作，全面加强风险防控体系建设。通过参与期货处合规现场检查、机构处常规现场检查、基金销售现场检查等现场监管工作，及时揭示并有效化解金融机构风险隐患，完善风险监控体系，以检查促规范，进一步提高了证券期货经营机构的风险防范水平。

3. 开展证券营业部客户服务和证券交易佣金自律管理现场检查。督促行业学习掌握《关于进一步加强证券公司客户服务和证券交易佣金管理工作的通知》的主要内容。

（五）以凸显协会职能为重点，全面推进协会建设工作

1. 加强人力资源管理，建立健全岗位考核与激励机制。进一步明晰秘书处部门设置与部门职责范围，制定了福建省证券期货业协会秘书处岗位职责、岗位目标与岗位素质要求。通过一系列的改革措施，员工的精神面貌大有改观。

2. 进一步规范财务管理制度。

3. 多次召开理事、会长、会员大会会议，审议重要事项。

4. 成立图书室，提高了福建省证券期货业协会员工的阅读能力和写作水平，补充专业知识，了解行业发展。进一步激发了读书热情，丰富了员工的业余文化生活。

三、广东省证券期货业协会2010年发展报告

2010年，广东省证券期货业协会新入会会员48家。截至12月31日，会员总数为451家，较上年417家增长8.15%。

（一）组织开展成本佣金测算，持续加强行业自律管理，促进辖区证券期货市场规范有序发展

1. 组织开展成本佣金水平测算。5月31日，发布《关于佣金报备有关事项的通知》，组织辖区全体证券营业部测算成本佣金水平。372家证券营业部进行了成本佣金水平测算和报备。各证券营业部在其住所地地区平均成本佣金水平的基础上制定了新增及转入客户佣金收取标准，并向广东证监局和广东省证券期货业协会报备。

2. 发布《证券营销人员执业行为自律规则》。5月21日，发布《证券营销人员执业行为自律规则》，要求会员单位遵照执行。

3. 加强佣金自律管理现场检查。6月，对辖区2010年1~4月A股平均佣金水平最低的22家营业部进行佣金现场检查。检查发现广州地区5家营业部存在未遵守自律承诺的行为，对其进行谈话提醒、限期整改和相应处理。12月，根据中国证券业协会《关于进一步加强证券公司客户服务和证券交易佣金管理工作的通知》（中证协发［2010］157号），对39家证券营业部进行了现场检查。检查发现，有5家证券营业部存在接近零佣金行为且在自查自纠期间未进行整改，对其采取了通报批评处理；有6家证券营业部在自查自纠期间仍然存在明显的低佣金竞争行为，对其采取了谈话提醒及相应处理措施。《证券时报》于2011年1月14日发表题为《证券交易佣金管理新规实施后开出首张罚单，粤5家低佣揽客营业部被通报批评》的署名文章，对广东省证券期货业协会通报批评5家证券营业部进行评论。

4. 妥善处理信访投诉。2010年，处理会员之间的投诉13件，比上年（31件）下降了58%。查实后约见被投诉证券营业部负责人谈话提醒6人次，谈话提醒并限期整改11家证券营业部。

（二）加强市场调研，反映市场呼声，促进会员创新发展

1. 召开“辖区证券经纪业务创新赢利模式座谈会”。会议于4月2日召开。与会人员围绕在新的市场环境下如何创新证券经纪业务赢利模式展开了积极而热烈的讨论，提出了具有建设性的观点。《上海证券报》于5月7日刊发了题为《广东证券探寻经纪业务新盈利模式》的评论文章。

2. 召开辖区部分证券营销人员（经纪人）座谈会。会议于4月7日召开。广州地区10家证券营业部的20名证券营销人员（经纪人）参加了会议。广东证监局机构监管一处、二处派人参加会议并就有关政策进行解读和现场释疑。与会人员围绕证券营销人员（经纪人）素质提升与自身权益维护、证券营销队伍建设与管理、证券营销行为监管与自律等问题进行了积极热烈的讨论，提出了建设性的意见和建议。

（三）举办股指期货知识有奖竞赛活动，开展“投资者教育先进单位”评比活动，努力推动辖区投资者教育工作再上新台阶

1. 股指期货知识有奖竞赛活动。3~5月，广东省证券期货业协会联合广东证监局在《中国证券报》开展了股指期货知识有奖竞赛活动。辖区343家证券期货经营机构组织47 208名投资者参加。上海、浙江、山东、内蒙古等辖区外的投资者也寄来了答题卡。

2. 投资者教育先进单位评比活动。经过自评、初审、现场检查、复核、公示等程序，评比出广发证券股份有限公司佛山季华路证券营业部等37个投资者教育先进单位，通报表彰、颁发牌匾，并将其经验材料编印成册，发放给会员单位学习。

3. 继续组织投资者走进上市公司调研活动。全年组织6批200余名投资者到辖区内6家上市公司进行调研活动。组织30多名投资者到贵州省5家上市公司进行实地调研。上市公司高管热情接待并回答了投资者的提问。

4. 组建投资者教育讲师团。11月，从辖区证券期货经营机构推荐的人选中选拔15人组成辖区投资者教育讲师团并为其颁发聘书。颁布了《辖区投资者教育讲师团工作制度》。

（四）努力开展培训交流工作

1. 组织会员单位骨干赴我国台湾培训学习股指期货、融资融券实务。6 月中旬，组织辖区 17 家证券期货经营机构会员单位的 27 名高管和业务骨干赴我国台湾学习台湾证券公司营业网点的营运模式、证券营销队伍建设与管理营销策略实务及台湾证券公司的股指期货实务、融资融券实务，实地参观台湾证券交易所、宝来证券期货公司、元大金控公司。培训由台湾金融研训院举办。

2. 举办证券营销人员（经纪人）培训。8 ~ 10 月，在广州、佛山、珠海、汕头、东莞 5 地举办 24 期以证券法律法规、自律规则、职业道德和操守等为主要内容的证券营销人员（经纪人）培训班，辖区 385 家证券营业部的 11 739 名证券营销人员（经纪人）参加培训及闭卷考试。11 732 名学员考试成绩合格，合格率达 99.9%。

3. 组织 2009 年度优秀信息员单位的信息员经验交流活动。7 月上旬，组织“2009 年度优秀信息员单位”的 18 名信息员赴湖南与湖南省证券业协会同仁学习交流。5 名代表介绍了信息数据报送工作经验和体会；湖南省证券业协会介绍了网站建设和数据报送先进经验。

4. 举办“广东证券界 2010 年迎春晚会”。1 月 25 日，与广东证监局、广东上市公司协会联合在广州举办“广东证券界 2010 年迎春晚会”。

（五）加强协会网站会员信息数据库建设和管理，做好基础服务工作

1. 加强数据报送工作管理。4 月 15 日，发布《广东证券期货业协会网站数据信息报送管理办法（暂行）》，进一步规范会员单位的数据报送工作。

2. 开辟“会员风采”和“股指期货”栏目。2010 年年初，广东省证券期货业协会网站新设“会员风采”和“股指期货”栏目。“会员风采”栏目发布与会员有关的报道，宣传会员形象；“股指期货”栏目下设“基础知识”、“法律法规”、“监管信息”、“市场动态”4 个子栏目。

3. 建立基金公司和证券投资咨询公司从业人员信息数据库。从 4 月开始，广东省证券期货业协会网站分别建立了辖区基金公司和证券投资咨询公司从业人员信息数据库。

（六）督促指导会员开展从业人员行为准则执行情况检查

为贯彻落实中国证券业协会《关于贯彻落实中国证监会〈关于组织开展证券期货监管人员和从业人员行为准则执行情况检查的工作方案〉的通知》（以下简称《准则检查通知》），广东省证券期货业协会大力开展督促指导工作。

1. 成立由阎卫星会长任组长，金国燕秘书长、王东华副秘书长任副组长的专项检查工作督导小组。

2. 及时转发《准则检查通知》，要求会员单位认真贯彻落实通知精神。

3. 及时传达全国证券业协会工作座谈会精神，组织工作人员学习，要求协会秘书处积极配合有关工作的开展，督促各机构落实。

4. 4 月 26 日下发通知，要求辖区证券公司、基金公司会员单位报送《证券业从业人员执业行为准则执行情况自查表》和自查自纠及整改落实情况等材料。辖区 5 家证券公司、3 家基金公司报送了《证券业从业人员执业行为准则执行情况自查表》（机构）和自查自纠及整改落实情况材料；372 家证券营业部报送了《证券业从业人员执业行为准则执行情况自查表》（个人）。广东省证券期货业协会将以上情况及时向中国证券业协会作了书面汇报。

5. 抽查会员单位的自查和整改落实材料。

6. 配合中国证券业协会检查组现场检查了 1 家证券公司和 1 家基金公司。

（七）认真做好其他工作

1. 考察定点帮扶对象柳塘村，组织扶贫捐款工作。2 月 1 日 ~2 日，广东省证券期货业协会会长阎卫星参加广东证监局组织的考察组到柳塘村考察，并研究确定具体帮扶措施。2010 年，广东省证券期货业协会及会员单位为柳塘村提供了 5 万多元捐款。

2. 为玉树地震灾区捐款。4 月 14 日晨，青海省玉树县发生 7.1 级地震，造成人员和财产重大损失。广东省证券期货业协会工作人员积极参加广东证监局统一组织的捐款赈灾活动。

3. 参加广东省社会组织评估中心组织的地方协会评估工作。广东省证券期货业协会秘书长金国燕作为专家组成员参加广东省社会组织评估中心对 5 家省级行业协会、基金会和中山市5家地方协会进行的现场评估工作。

4. 参加“投资者教育先进单位评比经验交流会”。12月2日，广东省证券期货业协会会长阎卫星同志参加了中国证券业协会在北京召开的“投资者教育先进单位评比经验交流会”，并介绍了广东辖区开展投资者教育先进单位评比表彰活动的做法和经验。

5. 开展“服务亚运当先锋”活动。组织有关会员单位积极开展“服务亚运当先锋”活动。共有56家会员单位提交了活动总结材料。其中，19家会员单位的经验总结比较全面地反映了开展活动的方式方法及取得的良好成效，图文并茂，在广东省证券期货业协会网站发表。

6. 组织辖区业内人员参观“金融系统反腐倡廉建设展”广东巡展。12月1日~7日，广东省证券期货业协会组织全体工作人员及来自广州、佛山、东莞、中山、珠海、江门、惠州、肇庆、清远等地区的155家证券期货经营机构的8 450名从业人员参观了“金融系统反腐倡廉建设展”广东巡展。

四、广西证券期货业协会2010年发展报告

（一）基本情况

2010年，广西证券期货业协会共有会员单位104家，其中证券公司1家、证券营业部79家、期货营业部24家，协会秘书处共有5名工作人员。2010年广西证券期货业协会被广西壮族自治区民间组织管理局评为“全区先进社会组织”。

（二）业务开展情况

1. 完善相关自律管理制度，加强证券经纪业务管理。2010年，广西辖区证券市场普遍出现降低佣金，甚至低于成本佣金招揽客户的行为，扰乱了公平竞争的市场秩序。为此，广西证券期货业协会召开了4次证券经纪业务座谈会，就如何加强辖区证券经纪业务管理等相关问题征求了各方意见和建议。同时，利用《关于进一步加强证券公司客户服务和证券交易佣金管理的通知》出台的

有利时机，组织辖区各证券经营机构做好证券交易成本佣金费率的统计工作，为后期广西证券期货业协会制定相关标准提供依据。最终，确定了广西辖区的成本佣金费率并于12月30日下发，2011年1月1日起正式执行。

2. 积极推动投资者教育工作，倡导理性投资。2010年，广西证券期货业协会高度重视投资者教育工作，并从以下几方面加以推动：一是明确要求，积极部署、指导会员开展投资者教育工作。制定了2010年开展投资者教育工作的意见，对辖区开展投资者教育工作进行部署并提出具体要求，为各证券期货经营机构实施投资者教育工作提供了操作指导。二是组织举办了股指期货、融资融券巡回报告会。随着融资融券业务试点的推出、股指期货上市，4月12日～14日，广西证券期货业协会分别在南宁、柳州、桂林组织了3场股指期货、融资融券巡回报告会，现场听课总人数超过1 400人。三是利用“12·4”普法宣传日开展普法教育活动。在广西证监局的指导下，广西证券期货业协会于“12·4”普法宣传日开展了普法教育活动，为投资者答疑解惑，并发放相关宣传资料，引导投资者远离非法证券活动。

3. 完成中国证券业协会部署的相关检查工作。2010年，广西证券期货业协会开展了证券从业人员行为准则执行情况和证券营业部客户服务、证券交易佣金自律管理两项检查工作。一是对辖区各证券经营机构从业人员执业行为检查进行了部署，组织完成了辖区证券从业人员行为准则执行情况自查自纠和现场检查两个阶段的检查。现场检查了13家证券营业部，抽检比例为19.7%。二是12月组织开展了辖区证券营业部客户服务和证券交易佣金自律管理检查工作，现场检查营业部8家。通过检查，对辖区部分营业部相关政策执行情况以及客户服务和佣金等方面有了较全面的了解，并将相关情况报告中国证券业协会。

4. 组织做好辖区从业人员的后续培训工作，加强区内外交流，促进专业水平稳步提升。证券从业人员的专业水平和道德水平是证券市场健康发展的基石，为此，广西证券期货业协会积极抓好辖区证券从业人员的培训工作。一是组织开展2010年广西证券从业人员后续职业培训工作。8月15日，广西证券期货业协会在广西电大举办广西证券从业人员后续职业培训班。邀请了国信证券股份有限公司和招商证券股份有限公司的资深人士分别就证券服务及服务营销的发展现状、个人理财规划、心态及能力评估方面进行了由浅入深的讲解。辖区共有2 167名证券从业人员参加了培训。为保障辖区从业人员年检顺利进行，广西证券期货业协会将培训学时及时上报中国证券业协会。二是组织会员单位开展对外学习考察活动。分别于7月14日和8月8日，组织辖区证券和期货经营机构工作人员共40余人到杭州市国信证券杭州体育场路证券营业部学习考察。大家就证券行业在服务营销理念、如何加强企业发展的核心竞争力等先进经验和做法上进行了广泛的交流。

5. 鼓励创先争优，培养社会责任感，认真做好会员服务工作。一是组织开展2009年度“十佳营业部”评选活动。为提升广西证券期货机构的服务质量，树立行业的良好形象，广西证券期货业协会组织开展辖区2009年度评优活动，评出辖区“十佳营业部”并予以表彰。二是倡议辖区各证券期货经营机构向广西灾区人民捐款捐物，树立社会责任感。2010年上半年，面对广西部分地区遭受严重干旱的情况，为帮助受灾人民群众恢复生产，广西证券期货业协会向各会员单位发出抗旱救灾《倡议书》，积极为灾区捐款捐物，奉献爱心。各会员单位响应倡议，通过不同渠道为灾区捐献款物。经统计，各会员单位捐款总计231 778.8元。广西证券期货业协会将会员单位通过该协会捐赠的86 861.5元现金全部捐给百色市隆林县德峨乡、克长乡的中小学校修建蓄水池，帮助他们解决当时的困难及今后的防旱问题。三是做好有关客户转户、托管等相关投诉电话的处理工作。针对辖区部分证券营业部限制客户正常转户的情况，广西证券期货业协会认真做好电话投诉的受理工作，共接到客户投诉30多件。对于一些营业部人为设置障碍、拒绝或拖延办理客户提出的转户要求等情况，广西证券期货业协会及时进行沟通协调，化解矛盾。四是组织开展2010年度行业气排球比赛。为活跃行业广大从业人员的文体生活，加强各会员之间的沟通与交流，展示行业良好的精神风貌，广西证券期货业协会分别于11月6日、11月13日举办了2010年期货、证券行业气排球比赛活动。来自辖区15家期货经营机构和36家证券经营机构参加了比赛。五是做好证券、基金从业人员考试巡考工作。协助中国证券业协会组织广西辖区2010年度从业人员资格考试。2010年，广西辖区共进行了4次证券从业和3次基金销售考试，共40 200多科次。每次考试，广西证券期货业协会都做好考试的组织、保障和巡查等工作，从而使辖区考场秩序井然，未出现违规违纪情况。

五、贵州省证券业协会2010年发展报告

贵州省证券业协会成立于2008年5月。3年来，坚持以科学发展观为主导，认真履行“自律、服务、传导”职责，在贵州证监局的领导监督和中国证券业协会的指导下，结合贵州辖区实际，以“贴近会员、贴近市场、贴近投资者”为工作目标，坚持“紧紧依靠贵州证监局，紧紧依靠中国证券业协会，紧紧依靠各位理事和会员及紧紧围绕全力推动贵州资本市场科学发展，紧紧围绕维护市场稳定，紧紧围绕更好地服务会员单位”的工作思路，开展会员服务工作，较好地完成了各项既定工作计划。

（一）紧紧围绕行业自律工作重点，进一步强化自律职能，在稳定贵州证券期货市场秩序方面取得良好成效

1. 准确传达上级部门监管文件精神，及时转发中国证券业协会、中国期货业协会自律管理文件。

2. 组织制定并完善证券期货经纪业务相关自律规则，进一步规范市场执业行为。为维护辖区良好市场秩序，促进辖区证券期货市场健康稳定发展，贵州省证券业协会结合辖区实际，在《贵州省证券期货业经纪业务自律公约》的基础上进行修改和完善，组织会员起草、通过及实施《贵州省证券经纪业务自律管理办法》、《贵州省期货居间人自律管理暂行规则》，并采取一系列措施，狠抓事前规范，要求证券会员报送《转户明细月报表》，同时与贵州证监局联合开展现场检查等，切实保证规定规则的有效实施。截至2010年年末，辖区证券营业部平均佣金率为2.04‰；2010年9月1日以来，证券营业部新增客户新开户平均佣金率为2.73‰，转户平均佣金率为2.44‰，市场秩序良好。

3. 完善内部建设，增强自律服务职能。为更好地为会员单位提供专业化服务，增强自律工作职能，贵州省证券业协会秘书处在业内借调专业人才充实协会力量，增设会员部、培训部、综合部3个部门，充分发挥专业知识和专业技

能，更好地开展自律服务工作。

（二）组织辖区证券期货会员开展形式多样、丰富多彩的投资者教育活动

1. 与媒体合作开辟投资者教育专栏。为提升贵州证券期货业整体形象，培育贵州资本市场，促进贵州经济更快、更好地发展，自2010年8月起，由贵州证监局、贵州省证券业协会联合主办，各证券会员单位承办，在《贵阳晚报》开辟投资者教育专栏，普及证券期货基础知识及相关法律法规，内容包括：刊载相关典型案例，公示合法证券、期货经营机构名录，防范和打击非法证券交易活动，引导投资者树立正确、理性的投资观念等。为保证专栏稿件质量，每期文稿除了由承办的证券期货会员主要负责人初审外，贵州证监局及贵州省证券业协会还专门成立了编审委员会，严格把关。计划开办36期，现已开办20期，稿件字数60 000余字。社会反响良好。

2. 持续开展投资者风险教育。

（1）为使会员单位能够及时方便、持续准确地开展投资者风险教育工作，贵州省证券业协会累计向各证券期货会员单位发放《防范非法集资违法犯罪活动》宣传册近万册。

（2）长期在贵州省证券业协会网站上公示上市公司基本信息和证券期货经营机构营销人员信息，方便投资者随时咨询和查证。

（三）大力开展行业从业人员培训工作

1. 持续开展从业人员后续培训。2010年，在中国证券业协会的指导下，贵州省证券业协会结合市场需求，持续开展每年一度的从业人员后续培训，内容为《另类投资之个人理财产品和理财渠道》、《商品指数》。参加培训979人，合格870人，合格率为88.87%，比2009年增长38.21%。培训合格结果是从业人员通过中国证券业协会证券执业资格年检的必备条件。

2. 组织证券期货经营机构从业人员学习《从业人员执业行为准则》，增强合规经营意识。为了促使贵州辖区证券期货从业人员尽快熟知从业人员基本准则和各项禁止行为，进一步增强合规执业意识，贵州省证券业协会以开卷问答的形式组织辖区证券期货从业人员（包括经纪人和劳务派遣从业人员）学习

《从业人员执业行为准则》。

3. 与上海期货交易所、贵州证监局联合主办“贵州省上市公司及大型企业期货业务培训会”，辖区共22家单位参加。

（四）组织开展行业间交流，增强会员创新发展意识，努力提高行业经营管理服务水平

1. 组织辖区上市公司会员单位赴深圳考察学习。为学习借鉴发达地区上市公司的先进管理经验，进一步提升贵州辖区上市公司在信息披露、处理投资者关系等方面的能力，贵州省证券业协会首次组织辖区上市公司董秘、证券事务代表赴深圳考察学习，共有11家上市公司参加此次活动。由于准备充分，组织得当，此次活动得到了参加人员的一致好评。

2. 开展行业协会间交流。以“请进来走出去”的方式，增强协会之间的经验交流。2010年，贵州省证券业协会邀请了广东省证券业协会、广东投资者协会、浙江上市公司协会、浙江上市公司来贵州考察、交流；组织秘书处人员前往深圳证券业协会以及贵州省保险业协会、贵州省银行业协会参观学习，开拓发展思路。

3. 完成协会网站建设，搭建起交流新平台。2010年11月，贵州省证券业协会网站（www. gzzqy. net）建成，对促进会员间沟通、交流，充分展现会员风采，更好地服务会员单位起到了桥梁作用。网站开设了11个栏目，设计了包括会员档案、诚信档案、从业人员信息平台、营销人员信息查询平台以及文件管理5个模块的信息系统。这些模块使贵州省证券业协会实现了网上办公、会员集中服务以及方便投资者查询等各项职能。简化了办事程序，同时大大提高了工作效率。

4. 举办各类文体、联谊活动，增进会员间交流。3月开展了“三八节”慰问辖区各证券期货会员女性负责人及监管部门女职工活动；4月举办了辖区上市公司董秘联谊会；5月成功举办了贵州证券期货业首届羽毛球团体比赛，协会全体会员单位共派出32支队伍、近200名运动员参赛。

2010年，贵州省证券业协会共吸纳新会员3家（其中，证券营业部2家，期货营业部1家），截至年底，协会会员总数达到66家。随着地方经济的快速

发展，工业化进程不断加快，贵州资本市场将不断发展壮大，贵州省证券业协会将进一步加强投资者教育工作，继续加大行业自律和培育市场的工作力度，作为贵州证监局的助手和会员单位的贴心人认真履行职责，为地方经济更快更好发展做出应有的努力。

六、海南省证券业协会2010年发展报告

（一）基本情况

截至2010年年底，海南省证券业协会共有会员单位68家。其中，证券公司2家，证券营业部29家，期货公司4家，期货营业部9家，A股上市公司22家，H股上市公司1家，中介会员1家。2010年净新增会员7家，其中上市公司1家，证券经营机构3家，期货经营机构4家，中介会员减少1家。

（二）业务开展情况

1. 积极做好维稳工作，持续开展投资者教育。

（1）积极发挥辖区资本市场兼职新闻评论员的宣传优势，促进投资者教育活动开展。2月5日，海南省证券业协会召开辖区资本市场兼职新闻评论员2009年度总结暨表彰大会，海南证监局局长冯玉华同志应邀出席并发表讲话。会议总结了辖区兼职新闻评论员开展投资者教育工作的经验，对优秀兼职新闻评论员进行了表彰，并对2010年兼职新闻评论员工作进行了部署。海南辖区资本市场兼职新闻评论员、海南新闻工作者代表、海南证监局代表共计70余人参加了会议。

3月27日~4月27日，海南省证券业协会联合海南证监局在《证券导报》上开辟了股指期货投资者教育专栏，兼职新闻评论员在此次宣传活动中共发表了19篇相关文章，取得了良好效果，为营造有利于资本市场稳定发展的舆论环境奠定了良好的基础。

5月15日~29日，海南省证券业协会为配合证券期货从业人员行为准则执行情况检查工作，组织了“做一名合格证券期货创业人员”征文活动，共收到

稿件57篇，在《证券导报》分3期公开发表的有24篇，收到良好的宣传教育效果。

8月31日，海南省证券业协会配合海南证监局组织召开了海南辖区资本市场兼职新闻评论员2010年年中总结暨“万和证券杯”征文活动表彰大会。会议总结了辖区资本市场兼职新闻评论员2010年上半年的工作，并对下半年投资者教育宣传工作作了部署。会议还对获得征文活动优秀组织奖的单位、优秀征文奖的个人进行了表彰，并颁发了奖状。

（2）积极参与辖区投资者教育活动，拓展宣传渠道，进一步提高投资者教育工作水平。6月5日，海南省证券业协会召开了辖区上市公司董秘座谈会。海南证监局上市公司监管处全体同志、办公室负责人特邀出席。辖区15家A股上市公司、1家H股公司和1家拟上市公司共22名代表参加。会上通报了2009年海南上市公司年报相关情况；海南证监局上市公司监管处同志对建立内幕信息知情人登记与报备制度进行了说明并提出了几点要求；各位参会代表也结合本公司的具体情况进行了座谈。此次会议，加强了辖区上市公司的交流与沟通。

10月，海南省证券业协会拟与海南有线数字电视406开展合作，利用有线电视频道媒体形式，进行投资者教育，同时扩大打击和防范内幕交易活动的宣传范围，达到宣传打击内幕交易等违法犯罪活动的目的。

12月3日，为认真做好2010年“12·4”普法宣传活动，扎实推进“五五”普法规划的全面实施，海南省证券业协会参加了金元证券、国信证券组织的宣传活动，并对辖区证券期货经营机构开展法制教育和投资者教育系列宣传活动进行了巡查。

2. 积极开展海南辖区全行业调研工作。

（1）积极进行海南辖区证券期货行业人才调研工作。9月5日~15日，按照中国证监会《关于开展“加强证券期货行业人才队伍建设征文”活动的通知》精神，海南省证券业协会对海南辖区2家证券公司总部、31家证券营业部和11家期货经营机构单位员工情况进行了调研。

通过对调查问卷的收集整理，对辖区证券期货行业内正式员工和其他人员的基本情况（包括从业资格、学历分布、专业分布、年龄分布、职务分布等方面）进行了分析，并撰写报告上报海南证监局。

（2）开展辖区各市场主体调研工作。11 月 8 日，海南省证券业协会受海南证监局委托，向辖区上市公司、证券期货经营机构发放 65 份调研提纲，对辖区各市场主体开展调研工作。共有 2 家证券公司、30 家证券营业部、4 家期货公司、6 家期货经营机构以及 16 家上市公司反馈了调研报告。海南省证券业协会对上报材料进行了整理、分类及分析，形成汇总材料报海南证监局，并将上市公司上报材料及证券经营机构上报材料分别报海南证监局相关业务处室。

此次调研活动得到广大会员的有力支持，监管部门进一步掌握了辖区资本市场的行业动态，提高了为辖区资本市场和谐发展的服务意识，对海南资本市场健康稳定的发展起到了积极的促进作用。

3. 积极接受中国证券业协会的业务指导，做好委派的考务等工作。2010 年，海南辖区举行 4 次证券业从业人员考试和 3 次基金销售人员从业考试（证券业从业人员考试共计 15 643 科次，基金销售考试共计 2 196 科次）。为保证考试顺利进行，海南省证券业协会继续做好有关考试教材的征订工作，并对社会考生做了大量的考前咨询、宣传工作；按照中国证券业协会的安排，参与了每次考试的考场验收和现场巡考的组织管理工作，使考试规范进行。

4. 做好辖区证券交易等数据统计工作。2010 年，海南省证券业协会继续做好海南辖区证券经营机构交易数据的统计工作，并将汇总报表反馈给各会员单位；同时，将汇总报表报海南证监局、海南省政府金融办和人行海南中心支行，季度汇总报表报海南省统计局，供有关部门决策参考。

5. 积极配合海南证监局工作。

（1）开展证券期货从业人员行为准则执行情况检查。4 ~ 5 月，海南省证券业协会根据监管部门的部署和要求，对辖区证券、期货经营机构从业人员执业行为准则执行情况及检查工作的落实开展情况进行了督导和现场检查。

海南省证券业协会根据文件要求，结合海南实际，制订了工作方案，并下发给辖区证券期货经营机构，要求各单位严格按照检查方案要求，全面开展自查自纠。海南省证券业协会共收到 28 家证券经营机构上报的自查报告及自查表，经过统计整理，分析自查报告中的问题，选定 6 家证券经营机构作为现场检查对象。海南省证券业协会根据检查内容及现场检查发现的问题撰写了检查报告，并上报海南证监局。

（2）参加网络舆情监控工作。海南省证券业协会参加了海南辖区网络舆情监控工作，负责对海南辖区证券、期货公司的门户网站以及海南辖区主要门户网站、财经网站（南海网、凯迪网络、纵横财经社区等）的监控。

（3）参与基金销售机构的现场检查工作。11 月，海南省证券业协会与海南证监局期货监管处共同组成联合检查组，对辖区基金销售机构自查情况进行现场检查。海南省证券业协会人员参加了检查的前期培训等工作，并与海南证监局机构处一起开展现场检查、撰写报告等工作。

（4）参与拟上市公司验收工作。2010 年，海南省证券业协会参与海南证监局上市公司监管处对三亚瑞泽、神龙大丰、先锋药业、海胶集团 4 家公司的上市辅导工作进行了验收。同时协助海南证监局对上市公司资源库中重点公司进行了走访调研，重点了解上市进程中的困难，提出合理化建议，使得拟上市公司增强了规范运作的理念，也坚定了上市的信心。

6. 开展文体联谊活动，促进会员交流。

（1）举办海南证券业界迎新春文艺晚会。1 月 22 日，由海南省证券业协会和海南证监局共同主办的迎新春联欢晚会成功举办。海南省国资委、海南省金融办、海口市国资委、人行海口支行、海南银监局、海南保监局、海南财监办、海南洋浦管理局等有关单位的领导应邀参加了本次晚会；出席晚会的还有海南辖区 19 家海南上市公司、2 家证券公司及 27 家证券营业部、3 家期货公司及 5 家期货营业部、1 家证券投资咨询机构的主要负责人。本次晚会内容丰富、形式多样，展示了海南资本市场“大家庭”积极进取、昂扬向上的精神风貌，给到场的嘉宾带来了一场欣喜欢愉的视觉盛宴，为文明和谐的海南证券期货行业增添了一道炫目夺彩的风景。

（2）组织海南证券业界羽毛球赛。8 月 14 日，海南省证券业协会成功举办了“金元证券杯”海南证券业界第二届羽毛球赛。本次比赛共有 40 支代表队、近 500 名运动员报名参加了比赛。这次比赛加强了业界的沟通交流，凝聚了人心人气，展现出海南证券业界员工的精神风貌、综合素质以及团结拼搏的精神，使海南证券业界员工的身体素质得到了锻炼和提高，海南证券业的队伍更具朝气、更具活力。

七、黑龙江省证券业协会 2010 年发展报告

（一）基本情况

截至 2010 年年末，黑龙江省证券业协会共有会员单位 118 家。其中，证券公司 1 家，分公司 2 家，证券营业部 112 家，投资咨询公司 3 家。

（二）工作情况

2010 年，黑龙江省证券业协会在中国证券业协会和黑龙江省证监局的领导、支持和全体会员的共同努力下，认真履行“自律、服务、传导”职能，按照年度工作计划，顺利完成了各项工作任务。

1. 自律管理工作。结合辖区实际情况，按照中国证券业协会《关于进一步加强证券公司客户服务和证券交易佣金管理工作的通知》要求，黑龙江省证券业协会制定了《证券营业部客户服务和证券交易佣金自律管理检查工作方案》，要求各会员单位认真自查自纠，针对自查过程中发现的问题采取措施及时纠正，引导证券经营机构增强合规经营意识，提升客户服务水平。黑龙江省证券业协会鼓励业内各方互相监督，投诉举报热线由指定专人负责接听和记录，并就投诉与举报的真实性认真甄别和调查。这一工作的开展，在一定程度上遏制了恶性竞争，同时也推动了证券营业部努力提高服务质量和经营管理水平，维护健康有序的市场环境。

2. 诚信建设工作。诚信建设是资本市场发展的必然要求，是实现行业自律的基本条件。黑龙江省证券业协会确立了“倡导诚信文化，加强诚信建设”的目标，根据《黑龙江省证券业诚信营业部评定方案》和《黑龙江省证券业诚信营业部评定办法》，经过自愿申报、公司推荐、主管部门初评、业内公示和评委投票、评委会评定等程序，开展诚信营业部评选活动。黑龙江省证券业协会根据行业发展的实际情况，不断修改和完善《黑龙江省证券业诚信营业部评定方案》及《黑龙江省证券业诚信营业部评定办法》，保证诚信建设的经常化和制度化，使诚信经营的理念真正成为辖区证券经营机构吸引客户的无形资产。

一年来协会还加强与中国证券业协会的诚信信息交换，及时向中国证券业协会传送对本辖区会员进行奖励和处分的信息，查询辖区所属会员的基本信息和奖惩信息记录，积极配合中国证券业协会做好行业诚信建设工作。

3. 投资者教育工作。投资者教育是资本市场一项重要的基础制度建设，也是资本市场文化建设的重要内容。根据中国证券业协会和黑龙江证监局的要求，黑龙江省证券业协会将投资者教育工作列为工作重点，制定了《投资者教育方案》，积极开展丰富多彩的投资者教育活动。向各会员单位和投资者发放《投资者教育文章汇编》、“股指期货知识问答”、“融资融券业务”折页等宣传资料，要求各会员单位在营业场所醒目位置设立投资者教育园地，张贴由黑龙江省证券业协会统一印制的条幅、“辖区合法证券经营机构一览表”和投资者教育、创业板风险揭示等宣传画。各证券经营机构充分发挥自身优势，分别在园地中设业务咨询指导栏目，刊登业务流程介绍、交易品种介绍、每日提示、财经要闻、投资咨询报告、宏观政策信息、行业分析研究等内容并适时更新，为广大客户提供及时、准确、详尽、完整的市场信息。各会员单位设置了专人、专柜，针对新客户着重进行证券市场基础知识的宣传、客户风险承受能力测评，讲解证券开户和交易流程、证券投资常识及风险控制等。会员单位还分别利用投资咨询岗位、多媒体演示和电话语音提示、网上交易系统提示对现场交易和非现场交易的客户进行风险提示和相关指导。黑龙江省证券业协会开通的专线电话，继续面向社会为普通投资者提供辖区合法证券经营机构的查询和举报投诉，帮助投资者树立风险防范意识，打击非法证券交易活动，解决证券业务纠纷，保护中小投资者的利益。

4. 后续职业培训和证券从业人员考试工作。开展后续职业培训是中国证券业协会赋予地方协会的重要工作职能，也是全面提高从业人员业务素质的必要途径。根据《证券从业人员资格管理办法》及《证券从业人员资格管理实施细则》的规定，黑龙江省证券业协会在培训工作中始终坚持高标准，把提高培训质量放在首位。在培训内容上努力提高针对性，根据市场发展和从业人员的需要确定培训内容，2010 年安排了《另类投资之个人理财产品和理财渠道》、《商品指数》等内容，使学习内容与工作需要和市场发展紧密结合起来。黑龙江省证券业协会充分利用先进的网络科技平台，为每位受训学员建立学习档案，从课件阅读、课后作业、论坛参与和考试成绩等四个方面对学员的学习情况进行综合记录和测评，使其达到《证券从业人员后续培训大纲》的要求。

黑龙江省证券业协会根据中国证券业协会的要求，继续开展从业人员资格考试的教材发行、考试推广、考场检查验收、巡考、考务工作总结等一系列工作。全年辖区 52 399 科次的考试均未出现纰漏和失误。同时全省证券业从业人员考试水平证书的发放工作、执业资格证书的年检工作和经纪人证书的发放工作也按相关要求有序推进。

5. 维护行业利益，全心全意为会员服务。充分发挥协会的服务和传导职能，维护行业利益，服务会员单位，是黑龙江省证券业协会的重要职责。一年来，黑龙江省证券业协会主要通过与通讯、银行、电力等部门的沟通协调，为会员排忧解难，维护权益。黑龙江省证券业协会积极配合黑龙江证监局实施《黑龙江辖区证券营业部客户服务监管指引》，对部分会员单位进行现场检查，客观、公正地进行客户服务评价工作，并组织会员单位学习交流，提高客户服务质量。通过特刊和网站等形式宣传政策法规，报道行业动态，推广先进经验，披露会员单位经营业绩，加强与会员单位的沟通和交流。认真做好“龙江证券互助基金”的管理工作，树立“同行互助、同业自救”的和谐证券理念。3 月，长江证券齐齐哈尔龙门大街证券营业部的一名互助对象罹患肾结核进行了肾切除手术，互助基金管理委员会及办公室按照规定的程序调查核实后，在最短的时间内将互助基金 8 000 元发放到该互助对象手中，并代表全辖区从业人员送上了真诚的祝福。此举不仅缓解了当事人和其所在单位的经济压力，同时为互助对象送去了深切的关爱，体现了“以人为本、和谐同业”的精神。黑龙江省证券业协会组织各类活动，增强行业的凝聚力。6 月，黑龙江省证券业协会与国泰君安证券黑龙江分公司共同举办了“国泰君安杯”篮球赛，共计 16 支代表队、200 名具有证券业执业资格的运动员参赛。选手们在比赛中不仅发挥了精湛的技术水平，还展现出团结友爱、拼搏奋进的精神风貌。黑龙江省证券业协会还组织会员开展了省内外的交流考察活动。这些活动不仅丰富了员工的业余文化生活，同时也增进了券商间的交流和情谊。

6. 积极参与公益慈善事业。在积极促进会员单位创造经济效益的同时，黑龙江省证券业协会还根据从业人员学历高、收入高、年龄低的特点，号召全行业员工热情投身公益事业，尽自己的一份社会责任。继续做好“龙江证券爱心基金”的管理工作，遵循“公开透明、专款专用”的原则，严格审查资助项目，将会员单位捐赠的善款用于救助因不可抗力因素发生意外和社会各类急需资助的弱势群体。1月，黑龙江省萝北县高级中学高三七班学生张丹丹经确诊罹患急性淋巴型白血病，需进行骨髓移植手术。因其父亲无固定工作，母亲患脑出血无劳动能力，属特困家庭。3月，经爱心基金管理委员会电话会议审核通过，向张丹丹捐助两万元，帮助这位品学兼优的少女渡过难关，也在全行业中进一步展现了“奉献爱心、回报社会”的中华传统美德。《龙江证券爱心基金》的建立，形成了行业长效的捐助机制，也为构建和谐证券赋予了新的内涵。

7. 提高工作效率，加强协会内部建设。黑龙江省证券业协会内部建设是做好各项工作的基础，也是履行协会职能的重要保障。黑龙江省证券业协会秘书处在日常工作中始终坚持“服从领导、服务会员、务实创新、遵守职业道德和勤俭节约”的五项工作原则，在内部建设上建立健全了岗位责任制，完善了财务管理、文件归档和会员档案管理等各项制度，制定了重要工作请示办法和工作程序，保证了会员单位对协会工作的有效监督。

八、河南省证券期货业协会2010年发展报告

（一）基本情况

河南省证券期货业协会由原证券、期货协会合并成立，是中国证券业协会特别会员；现行组织机构主要有：会员大会、理事会、常务理事会、证券和期货专业委员会、秘书处。现有证券、期货会员200余家，秘书处现有7名工作人员。

（二）河南辖区证券行业2010年发展概况

2010年河南省共有证券经营机构140家，其中，证券公司法人经营机构1家，证券营业部138家，咨询机构1家。2010年证券投资开户数达359.6万

户，实现手续费收入34.4亿元，净利润15.7亿元。

（三）业务开展情况

2010年河南省证券期货业协会紧紧围绕“自律、服务、传导”的宗旨，在河南证监局、中国证券业协会、中国期货业协会的正确指导下，提升行业服务意识、维护行业自律发展，构建会员交流平台，较好地完成了各项工作。

1. 健全内部管理制度，提高办事效率。2010年年初，河南省证券期货业协会召开了第二届理事会第一次会长办公会暨常务理事会，审议通过了《河南省证券期货业协会财务管理制度》、《河南省证券期货业协会人事、岗位管理办法》等5项内部管理制度，加强了自身管理，保障了协会工作的有序开展。2月2日，河南省证券期货业协会以通讯方式召开第二届理事会第二次会议，审议表决由河南省证券期货业协会会长、副会长入选协会理事会常务理事的议案。通过各项制度的健全，简化了办事程序，进一步提高了办事效率。

2. 加强行业自律职能，维护市场和谐竞争环境。近年来，河南省证券期货市场发展迅速，新设证券经营机构不断增加，市场竞争加剧，随之以低佣金恶性竞争的情况日趋激烈。为维护辖区证券市场公平竞争秩序，保护会员的根本利益，河南省证券期货业协会在深入调研的基础上，通过下发“调查问卷”、召开座谈会、走访会员单位、赴兄弟协会交流学习等一系列调研活动，制定了《河南省证券期货业协会证券会员自律守则》、《河南省证券期货业协会证券会员交易佣金自律管理暂行办法》等自律规则，并召开理事会，审议通过后严格执行，较好地维护了河南辖区证券行业的公平竞争秩序。

3. 积极配合监管中心工作，促进行业规范发展。

（1）配合股指期货现场检查工作。股指期货平稳运行是2010年证券期货监管工作的重点之一，为保证股指期货的平稳运行，河南省证券期货业协会抽调两人配合监管部门进行了股指开户前的适当性制度检查、信息技术应急演练、证券营业部IB业务验收等工作，同时还参与了40余家期货营业部的现场检查工作。

（2）参与基金代销机构现场检查工作。为促进基金代销机构规范基金销售行为，排查和防范潜在风险，督促基金代销机构做好基金销售工作，河南省证券期货业协会派人员参与了监管部门对洛阳银行基金代销业务的现场检查工作，提出代销机构存在的相关问题。

（3）配合证券经纪人制度现场检查工作。为平稳解决证券经纪业务营销遗留问题，监管部门对经纪人制度进行现场检查工作，由于时间紧、任务重，河南省证券期货业协会及时派工作人员配合监管部门对中原证券、民生证券、中投证券等 3 家证券经营机构经纪人制度进行现场检查。

4. 开展执业行为检查，规范从业人员执业行为。按照中国证券业协会、中国期货业协会关于证券期货从业人员执业行为准则执行情况检查的要求，河南省证券期货业协会组织全体会员召开动员大会，下发检查方案，并要求会员按时报送各个阶段的执行情况，督促从业人员全面掌握准则主要内容，熟知从业人员基本准则和各项禁止行为，进一步增强从业人员的合规执业意识，弘扬规范、自律、守法、公平、诚信、服务的行业风气。通过检查重申了诚信文化建设的必要性，强化了遵守职业道德的自觉性，增强了风险防控意识，切实纠正损害投资者合法权益的不正之风。

5. 加强从业考试管理，维持河南考区良好秩序。2010 年，河南省证券期货业协会与中国证券业协会、中国期货业协会分别签订了巡考工作协议，接受委托负责河南辖区证券、期货从业资格考试巡考工作。2010 年河南省共举办证券、基金、期货从业资格考试 10 余次，参考人员近 7 万人，考点分布于省内 7 个城市，考试达 300 余场。为维护河南考区的正常考试秩序，严肃考风考纪，河南省证券期货业协会专门成立巡考小组，并邀请监管部门和会员单位人员参与，明确职责分工。考前到考场查看准备情况、督促考务机构做好相关准备；考试过程中巡查每个考场，监督考试各个实施环节，督促监考老师认真负责，坚决制止舞弊行为；考试结束后收集考生意见，及时向中国证券业协会、中国期货业协会反馈信息，圆满完成了 2010 年度证券期货从业考试河南考区巡考工作。

6. 认真做好培训工作，提高从业人员执业水平。

（1）圆满完成证券从业人员后续职业培训任务。随着证券行业的发展，证券从业人员的队伍急剧壮大，结合辖区具体情况，河南省证券期货业协会采用了远程培训方式，培训内容为《另类投资之个人理财产品和理财渠道》、《商品指数》。证券从业人员后续培训历时1个月，共报名3 860人，通过考试3 821人，通过率达99%，后续职业培训顺利通过中国证券业协会的审核。

（2）与大连商品交易所合作举办期货学院培训班。2010年6月，河南省证券期货业协会与大连商品交易所合作举办的第三期期货分析师培训班正式开班，共录取学员36名，历时1个月，对大连商品交易所上市品种进行培训。河南省证券期货业协会负责组织培训和日常教学管理工作，严格考勤考核，组织4次闭卷考试，举办多期期货沙龙，同时组织学员进行拓展训练等活动，活跃了学习气氛，增强了培训效果。

7. 加强投资者教育，保持投资者教育长效机制。2010年，河南省证券期货业协会认真落实《投资者教育工作指引》的各项要求，全面落实投资者教育各项工作安排，以股指期货风险教育为重点，总结以往投资者教育工作中的经验与不足，保持投资者教育工作长效机制。为使广大投资者全面了解证券市场与期货市场的相互关系，实现投资者适当性服务，12月5日，河南省证券期货业协会联合中国金融期货交易所、中原证券股份有限公司和中原期货有限公司共同主办"2010股指期货投资者教育报告会"；还联合万达期货印制了10 000份典型案例，向投资者免费发放。此外还通过讲座、论坛等生动活泼、通俗易懂的其他方式开展辖区投资者教育工作。

8. 网站全新改版，构建会员综合服务平台。2010年，河南省证券期货业协会在广泛收集会员意见和建议的基础上，对网站进行了全新改版。改版后的网站不仅简洁美观，而且功能齐全。增加了证券经纪人、期货居间人电子管理系统，下一步将录入全辖区的证券经纪人、期货居间人信息，为监管部门、会员单位及投资者提供查询平台，实施有效监督管理。改版后的网站还增加了招聘专栏、人才库等新功能，为会员发布招聘公告，为储备人才提供更多便捷。

9. 发挥桥梁作用，开展服务与交流活动。4月，陕西证券期货业协会组织数十家期货会员单位负责人赴河南省证券期货业协会进行交流学习。河南省证券期货业协会邀请郑州商品交易所和部分期货会员负责人与省外同行进行了座谈交流活动。会上豫陕两地的期货公司分别介绍了各自先进经验，还就期货市场如何更好地服务实体经济展开讨论。10月，河南省证券期货业协会组织12

家期货会员负责人赴新疆棉花培育基地及现货企业考察学习，推动辖区期货行业跟上前进步伐，谋求创新发展。

九、湖南省证券业协会2010年发展报告

（一）基本情况

湖南省证券业协会成立于1994年10月，是湖南省境内证券业的行业性自律组织。截至2010年年末，共有会员单位174家。其中，证券公司3家，证券营业部164家，证券咨询机构1家，律师事务所2家，会计师事务所2家，证券投资公司2家。

（二）业务发展情况

1. 扎实开展常规工作。

（1）发展了22家证券营业部作为新成员，进一步壮大了队伍，加强了力量。

（2）发布了《湖南省证券营销人员自律管理规则》、《湖南省证券业协会受理投诉处理纠纷制度》、《湖南省证券从业人员信息系统管理办法》、《湖南省证券业协会信息联络员制度》，进一步加强了行业自律工作。

（3）处理会员单位之间或投资者与会员单位之间的纠纷30多起，及时有效地化解了矛盾。

（4）走访会员单位60余次，全面征求工作建议2次，召开理事会2次，常务理事会1次，会长办公会1次，各种座谈会5次，联合湖南省证监局机构处召开经纪业务培训会议1次，召开年度会员大会1次，举办“湖南证券业迎新春大型联谊活动”1次，举办2010年宏观经济形势报告会1次，全省羽毛球比赛1次，举办“庆祝湖南省证券业协会成立十六周年”电影招待会1次，举办“我与资本市场共成长”大型演讲比赛1次，组织会员单位赴省外考察交流2次。通过开展以上工作，增强了湖南省证券业协会的凝聚力，扩大了影响力。

（5）2010年年初，开展了2009年度优秀营业部评选活动。经过两个月细致的工作，评选出了28家优秀证券营业部。2010年年底，在全省证券营业部中开展了“客户服务与佣金自律自查自纠活动”。同时，为配合湖南证监局的“经纪业务百日行动”，与湖南证监局机构处一道对15家证券营业部进行了经纪业务的现场检查，并对基金销售工作进行了现场检查。

（6）积极开展从业人员后续职业培训和专题性培训。2010年，利用远程教学方式，历时两个月，对5 000多名证券从业人员进行了法律法规、新业务、理财知识的培训；为顺应会员单位业务转型的需要，举办了两期“证券营业部营销与客服高级培训班”，邀请了台湾证券专家到湖南讲学，培训学员180人；为提高会员单位行政综合人员的素质，先后两次举办“湖南证券业信息联络员培训班”，免费培训学员达360人次。

（7）编辑出版会刊——《湖南证券期货市场》3期，《情况简报》30期，加强了网站管理，网站点击率进一步提升。

（8）接受中国证券业协会委托，先后7次在湖南全省范围内对证券从业资格考试和基金销售人员资格考试进行巡考；为方便考生，在全省每个市州布点，共销售考试教材近3 000册。

（9）经纪业务委员会完成换届，增补了新的委员，修订了《湖南省证券业协会证券经纪业务委员会工作规则》，开展研讨活动两次。

（10）加强秘书处建设。2010年年初，修改完善了湖南省证券业协会的内部规章制度，建立健全了财务管理制度及用人制度，顺利通过上级有关部门的临时性检查及各种年检；加强了专职工作人员的培训与管理。

2. 有声有色地开展创新工作。

（1）成立了湖南省证券业协会合规委员会，选举了主任委员、副主任委员，通过了《湖南省证券业协会合规委员会工作规则》，开展了1次研讨活动。

（2）建立了“湖南省证券营业部数据在线报送系统”，改变了延续近10年的数据收集和统计方式，更加及时、准确地汇总全省证券营业部的交易及经营数据。

（3）为遏制佣金急剧下滑的局面，每月对全省佣金率排名靠后的10家证券营业部进行点名，对佣金水平明显低于成本的营业部进行曝光。此举得到了中国证券业协会、湖南证监局、广大会员单位的支持和肯定。

（4）为加强对证券从业人员的管理，自主开发了“湖南省证券从业人员信息系统”，目前已录入了6 700多名从业人员的基本信息、培训信息、奖惩信息。其中进入“黑名单”的有3人。

（5）为加强会员之间的交流，创新性地开展了“走进营业部、走进同行”的主题活动，组织营业部高管对经营有特色、管理规范的营业部进行考察。全年有221人次参加了该活动，成功考察了9家省内外证券营业部。

（6）为打击非法证券活动，保护投资者合法权益，在湖南证监局的指导下，湖南省证券业协会印制并发行“防范非法证券期货投资咨询和非法投资理财”宣传折页40万份。

（7）科研工作取得重大突破。湖南省证券业协会与方正证券联合撰写的《基于通胀风险测度的货币政策调控有效性研究》，被中国证券业协会列入2010年重点科研课题之一。

3. 有条不紊地完成临时性任务。

（1）承办中国证券业协会在长沙召开的会议两次，确定并上报饱和地区名单两次。

（2）响应湖南省委、省政府号召，为帮助城市贫困人口过一个祥和的春节，湖南省证券业协会于2010年春节前向全省证券行业发出了“慈善一日捐”的活动倡议。各会员单位及从业人员积极响应，共募集善款13万余元，款项经由湖南省慈善总会送到了城市贫困人口手中。

（3）响应中国证券业协会和湖南省证监局的号召，发动会员单位和从业人员对青海玉树地震进行赈灾募捐活动，并从办公经费中挤出1万元捐给了灾区。

（4）代表湖南省行业协会参加了民政部的“行业协会改革发展经验交流会”。

（5）协助湖南省期货业协会的筹建工作及办理协会更名手续。

（6）与媒体保持良好的沟通，多次回答媒体的咨询，协调会员单位与媒体的关系。

十、江苏省证券业协会 2010 年发展报告

（一）基本情况

截至 2010 年年底，江苏省证券业协会共有会员单位 303 家。其中，证券公司会员 5 家，分公司会员 4 家，证券营业部会员 292 家，咨询机构会员 2 家。与上年相比增加营业部会员 68 家、增加分公司会员 1 家。

（二）业务发展情况

2010 年在中国证券业协会指导和江苏证监局的领导和支持下，在全体会员的共同努力下，江苏省证券业协会紧紧围绕江苏证券市场及行业发展的需要，切实履行“自律、服务、传导”三项职能，认真贯彻落实理事会的各项决议决定，各方面工作均取得新的进展。

1. 加强自律管理，分地区开展调研并落实回访，维护市场秩序。2010 年上半年对常州、泰州、淮安 3 个地区市场秩序、佣金费率执行状况、客户分类情况、经纪人管理以及证券营销活动等进行调研，并在下半年对 3 个地区营销行为的规范以及行规行约的遵守情况进行回访。

2. 认真、及时处理调研过程中有关会员单位不当市场营销行为。对调研过程中发现的营业部不当行为，约请营业部负责人谈话提醒，要求立即停止不当营销活动并采取措施消除在当地造成的不良影响；同时加强管理，防范、杜绝类似事件再次发生。

3. 认真贯彻落实中证协［2010］157 号、［2010］174 号文件，积极自查和现场抽查营业部的客户分类和佣金自律情况。

中证协［2010］157 号文件《关于进一步加强证券公司客户服务和证券交易佣金管理工作的通知》下发后，江苏省证券业协会及时向江苏证监局进行专题工作汇报，江苏证监局领导高度重视，在局领导和相关处室的支持下，江苏省证券业协会在全省各证券营业部开展自查自纠工作。自查面覆盖了所有正常营业的证券营业部。

向会员单位借调财务、合规、电脑、营销方面的业务骨干，并进行专项培训，组成多个检查小组，对南京、苏州、无锡、镇江、徐州、南通、连云港、扬州等地区的33家证券营业部进行现场检查，中国证券业协会会员部派专人对检查工作给予具体指导，并参加部分营业部的现场检查工作。

根据自查和现场检查工作情况，江苏省证券业协会于2010年12月30日分别下发苏证协［2010］9号文件《关于进一步加强客户分类和营销管理，深化证券经纪业务投资者服务工作的通知》、《关于加强证券经纪业务全成本佣金测算和佣金管理的若干要求》，从加强从业人员管理、客户分类服务、加强后续培训促进经纪业务转型等方面对2011年江苏省证券业协会行业自律管理工作作出安排并明确要求，并明确自2011年1月1日起，各会员单位新增客户（含存量客户议价）实际执行佣金费率不得低于经测算的行业周期性成本。

4. 继续深入开展多种形式的投资者教育工作。

（1）在江苏省多家报纸刊登“合法证券机构”名录，将合法证券机构的名称、地址、电话向社会公示，保护投资者合法权益。在《大众证券报》设立江苏省证券业协会投资者教育专栏。在江苏省证券业协会网站建立与中国证券业协会网站的投资者教育栏目链接，转载证券投资风险案例，重点推出以新业务知识介绍、风险揭示、权益保护为主要内容的专栏内容。

（2）与江苏省期货业协会共同承办了由江苏证监局、南京大学联合主办的“2010江苏资本市场论坛”，首次发布《江苏资本市场发展报告》，并邀请中国证监会、沪深证券交易所和江苏省有关领导就资本市场的改革发展问题进行主题演讲。

（3）发放《防范非法集资违法犯罪活动社会宣传小册子》1 500多册、《防范非法证券活动风险——投资者教育典型案例》10 000余册；此外，向部分会员单位发放《证券投资风险案例手册》500本。

（4）按照中国证监会《关于转发〈中宣部、司法部、全国普法办关于开展2010年“12·4”全国法制宣传日系列宣传活动的通知〉等文件的通知》的精神，要求营业部会员面向投资者开展形式多样的普法宣传活动，和江苏证监局法制办共同组织开展对南京地区部分营业部的现场检查。

（5）在对各地调研和现场检查工作中，检查投资者教育园地、风险提示公告、资料张贴与发放、投资者教育制度落实、从业人员执业行为合规性、各业务环节中投资者教育内容等。

5. 按照中国证券业协会和江苏证监局的要求，组织开展行业内学习培训工作。承办江苏地区三期 IB 业务人员培训，举办江苏省部分证券从业人员后续执业教育培训班等，保质保量完成培训工作任务。

6. 完善信息系统，提高工作效率。进一步完善会员单位相关信息，为会员单位提供数据查询服务近 100 件。

7. 及时妥善处理来信来访事项，积极维护市场秩序。2010 年共受理书面投诉 100 件，投资者电话咨询约 550 次，对各类投诉及时协调解决。

8. 认真履行特别会员职责，完成中国证券业协会交办的相关工作。

（1）认真做好证券经纪人证书发放和管理工作。

（2）继续配合做好考试教材订购发放工作，认真检查考试系统保障工作的落实情况，完成对资格考试考场验收和现场巡考工作。

十一、江西省证券期货业协会 2010 年发展报告

（一）基本情况

江西省证券业协会成立于 1995 年 12 月 8 日，是辖区证券、期货经营机构依法自愿组成的行业性、地方性、自律性社会团体法人单位。2003 年 8 月 29 日，在第二次会员大会上更名为“江西省证券期货业协会”。

截至 2010 年年底，江西省证券期货业协会共有会员单位 133 家，其中证券机构 114 家、期货机构 19 家。会员大会为协会最高权力机构；设理事会、秘书处及经纪业务自律委员会、教育培训委员会、法律事务委员会 3 个专业委员会。

（二）2010 年主要工作

2010 年，江西省证券期货业协会在中国证监会江西监管局的领导下，在中国证券业协会、中国期货业协会的业务指导下，切实履行“自律、服务、传

导”职能，各项工作取得了积极成效。

1. 当好江西证监局的助手。一是为进一步落实中国证监会《关于加强证券经纪业务管理的规定》，强化辖区证券经纪业务合规性，提升证券公司服务水平，保护投资者合法权益，江西省证券期货业协会协同江西证监局机构处于9月16日下午在南昌组织召开了辖区《关于加强证券经纪业务管理的规定》培训会。二是在江西证监局期货处的指导下，为进一步保护投资者合法权益，引导期货居间人合法、诚信开展居间介绍活动，促进辖区期货市场的平稳健康发展，印发了《江西省证券期货业协会关于加强期货居间人相关工作的通知》。三是召开了两次地区协调人座谈会，江西省证券期货业协会和江西证监局相关领导出席会议。

2. 认真做好中国证券业协会交办的工作。一是认真组织好辖区内证券业相关资格考试工作。全年共参与了8次考试工作，为使考试顺利举行，协会秘书处设立热线电话，发布考试信息，做好考生的咨询工作。同时主动与考试承办单位ATA公司和各考点院校联系，检查考场的准备情况，进行考试测试和现场巡考工作，确保考试顺利进行。二是转发《关于进一步加强证券公司客户服务和证券交易佣金管理工作的通知》（中证协［2010］157号），及《关于发送〈证券营业部客户服务和证券交易佣金自律管理检查工作方案〉的通知》（中证协［2010］174号）文件。同时，按中国证券业协会的统一布置，开展营业部客户服务和证券交易佣金自律管理检查工作。三是按要求在江西证监局的指导下上报了2010年辖区证券营业部饱和地区名单。

3. 坚持抓好一年一度的评先评优工作。2010年年初，江西省证券期货业协会印发了评先通知，秘书处根据《江西辖区证券、期货营业部（服务部）综合考评暂行办法》对会员单位进行综合考评，并走访多家会员单位。经各单位申报，秘书长办公会讨论，江西证监局审核，并提请第二届第十四次理事（通讯）会审议通过，决定授予国盛证券赣州赣龙营业部、国盛证券上饶营业部、国盛证券吉安营业部、江南证券南昌营业部、江南证券赣州营业部、江南证券宜春营业部、国泰君安证券宜春中山中路营业部、申银万国证券南昌北京西路营业部、银河证券广场东路营业部、中信建投证券南昌子固路营业部、世纪证券南昌民德路营业部、华泰证券南昌井冈山大道营业部、安信证券南昌胜利路营业部、英大证券南昌阳明路营业部、联合证券南昌苏圃路营业部等15家单位为“2009年度先进证券营业部”，评定李新等108名同志为“2009年度江西省证券、期货业优秀从业人员”，并对获奖的先进营业部和优秀从业人员进行了通报表彰。

4. 加强协会自身建设。江西省证券期货业协会先后召开了1次理事会、1次常务理事会、1次秘书长办公会，分别就一些重要工作进行研究和决策。4月9日，第二届第十四次理事会以通讯会形式召开，同意吸收东北证券南昌营业部等10家单位为协会新会员。

5. 积极开展学习、培训、研讨及投资者教育活动。一是在辖区开展股指期货投资者教育活动。2010年春节刚过，江西省证券期货业协会就会同江西瑞奇期货经纪有限公司，按照江西证监局的要求制定了在全省开展股指期货投资者教育巡回报告活动的计划，为投资者提供专业服务。3月18日，由江西省证券期货业协会主办，江西瑞奇期货经纪有限公司协办的股指期货投资者教育大型报告会隆重举办。江西证监局、江西省证券期货业协会、南昌地区会员单位员工和投资者约350人参加听课。报告会还先后在抚州、上饶、鹰潭、九江、景德镇、宜春、萍乡、赣州、吉安市举办，共有1 000余名期货、证券从业人员和投资者接受了教育和培训。二是8月22日~9月19日，江西省证券期货业协会首次承办大商所期货学院的期货分析师提高班培训，有37名学员参加了培训。

6. 开展各项有益的活动，增强会员之间的交流和沟通。一是开展联欢活动，增进会员单位友谊。2月4日，由江西省证券期货业协会主办、江西瑞奇期货经纪有限公司协办的新春联欢会在滨江宾馆举行，共约350人欢聚一堂，欢度新春。二是江西省证券期货业篮球联队分别于3月和5月与江西省省委篮球队和省财政厅篮球队进行了两场友谊比赛。三是5月23日，组织南昌地区会员单位到梅岭登山。四是5月下旬为表彰先进，组织有关人员赴上海世博园参观。

7. 办好协会刊物，做好为会员服务的信息交流和统计报表等工作。江西省证券期货业协会秘书处继续认真做好辖区会员单位交易量和财务数据月统计报表工作，开展同业交流并进行汇总，综合编写了《江西辖区2009年度证券经纪业务报告》供江西证监局领导参阅，并为会员单位进行经营分析提供数据服务。全年共编写出版了《江西证券期货》4 期，刊登了大量文件、讲话和业内重要信息、资料，起到了很好的学习交流的作用。

十二、宁波市证券期货业协会 2010 年发展报告

（一）做好行业自律工作，持续完善行业自律规则和体系

1. 2010 年年初，宁波市证券期货业协会召开了第三届理事会第四次会议，审议通过了多个行业自律规则文件。同时，召开了宁波证券期货经营机构负责人座谈会，确立了全年的工作重点是进一步落实及加强证券佣金自律管理和期货行业诚信建设。

2. 宁波市证券期货业协会于 2010 年年初对宁波辖区全体证券经营机构 2009 年度证券经纪业务成本佣金进行了测算，制定了《关于建立辖区证券经纪业务成本佣金测算机制、加强佣金自律管理的方案》（以下简称《方案》），并落实了一系列证券佣金自律管理措施。该《方案》以科学、客观、公正为立足点，进一步实现了辖区证券经营机构及协会多角度、动态化的佣金自律管理模式，并为辖区证券经营机构在日常客户佣金设置及管理上建立了行业规范，使得辖区证券经营机构在和谐的竞争氛围中逐渐培育出自己的经营风格、体现出自己的经营特色。

3. 定期在业内发布“证券执行佣金和期货手续费自律月度考评情况通报” 7 期，并对 6 家证券经营机构作了自律扣分处理。同时，宁波市证券期货业协会在 2010 年受理了会员单位有效投诉 7 件，明显低于 2009 年度的 27 件。经宁波市证券期货业协会工作人员认真、严谨地调查核实，分别向投诉人作出了书面反馈，并对违规情况属实的被投诉单位进行了严肃处理。

4. 受中国证券业协会、中国期货业协会委托，组织开展了辖区证券期货从业人员执业行为准则执行情况检查。在辖区经营机构负责人座谈会上，专门介绍了此次辖区证券期货从业人员执业行为准则执行情况检查活动的安排、要求及要点，并对有关工作进行了全面部署。对自查过程中发现的问题、情况向总

部及中国证券业协会如实反映、及时沟通，确保检查工作能落实到位。此外，宁波市证券期货业协会还就检查所涉及的材料进行了汇总并编制成册，发放给辖区各经营机构。根据中证协［2010］41号的文件要求和在北京召开的全国证券业协会工作座谈会会议精神，4月26日，宁波市证券期货业协会下发了《关于上报〈证券业从业人员行为准则执业情况自查表〉的通知》，通过发文平台发送给辖区各证券经营机构，进一步督促辖区各证券经营机构认真做好执业自查工作，严格按照中国证券业协会和地方监管局的要求做好有关材料的报备及问题反馈工作。

5. 自2010年5月始，宁波市证券期货业协会组织开展了为期半年的佣金自律和执业行为专项检查，分月分批对辖区57家证券营业部就证券交易佣金自律情况和营销人员（含证券经纪人）执业行为进行现场检查。

6. 根据中证协［2010］157号文件的要求，以及《证券营业部客户服务和证券交易佣金自律管理检查工作方案》对检查工作的总体部署，根据宁波辖区的实际情况，以佣金费率的控制、特别客户的管理及营销人员（含证券经纪人）的执业行为作为本次专项检查的重点，分三个阶段对辖区客户服务和佣金管理检查工作的开展作了部署。从自查自纠以及检查的情况来看，基本达到了行业竞争规范有序、服务质量进一步提升的目的。但也存在一些问题，如辖区个别证券营业部的平均佣金率低于辖区行业平均佣金率等。

7. 2010年，宁波市证券期货业协会对相关被查会员单位共发出自纠通知书20份，各会员单位在规定的时限内完成了整改，有效地维护了辖区行业秩序。

8. 根据中国证监会基金部的有关工作部署，宁波市证券期货业协会委派工作人员协助宁波证监局对辖区基金销售银行进行了例行检查。

（二）持续开展多种多样的投资者教育活动

1. 从2006年至今，"宁波证券期货投资论坛"系列活动已在宁波辖区持续开展了近4个年头，"宁波证券期货投资论坛"品牌对宁波辖区投资者教育工作长效机制给予了很好的诠释。2010年共举办大规模的主题活动13场，上万人次直接或间接地参与到活动中。"宁波证券期货投资论坛"为辖区投资者教育工作注入了持续性的动力，而品牌所累积的公益性效应对提升宁波证券期货行业影响力，提高百姓金融理财意识具有积极意义。同时，也为会员单位、媒体和广大投资者搭建了一个交流互动的平台，使各证券经营机构总部所拥有的行业专题研究资料、市场热点解读和金融理财新知识等投资者教育资源与宁波的广大市民实现了第一时间的联动与共享。

2. 宁波市证券期货业协会一直致力于加强行业与媒体的联动合作，例如，与宁波电视台共建《理财当家》栏目，与宁波电台共建《股市沙龙》栏目，与宁波晚报社共建《当家理财》周刊等。

3. 宁波市证券期货业协会积极配合宁波证监局参与2010年12月的法制宣传周活动，协编《打击和防控内幕交易宣传册》7 000册，并发放给广大投资者。

（三）组织开展各类培训、活动，有效实现服务会员职能

1. 4月，宁波市证券期货业协会举办了辖区信息技术人员后续职业培训班。邀请宁波市公安局网监支队、华三技术等多位专家分别就推进专线联网单位安全技术措施的落实、交换机配置、网络安全技术、网络通信故障处理、证券期货行业信息技术指引解读等内容作了主题演讲。11月，举办了辖区证券经营机构负责人、营销总监、运营总监合规培训班，介绍了《辖区证券经纪业务自律管理的方案（修订一）》和《辖区证券营销人员执业备案管理办法》的具体情况以及合规管理和风险控制等方面的经验和做法。

2. 与浙江大学宁波理工学院协商，由宁波市证券期货业协会、学院和辖区证券期货经营机构三方联合开办证券培训班和期货培训班。培训班采用专题讲座、课堂教学、实践实习等多种方式培养学员，力图为宁波证券期货业打造一个“校企结合”绿色通道式的人才培养与输送机制。

3. 宁波市证券期货业协会于2010年上半年开始筹建新的网站，并于10月正式上线运行。新网站对会员服务功能进行了强化，栏目设置更为清晰合理，在增强操作实用性的同时，对多个服务系统进行了全面整合。短短3个月，网站点击量已超过两万次。

4. 根据《宁波辖区证券营销人员执业备案管理办法》及宁波证监局的相关

要求，宁波辖区证券营销人员（含证券经纪人）备案系统和公示系统于2010年下半年正式上线运行。这是继厦门、浙江、上海后全国第4个采用电子信息平台对证券营销人员的报备、公示、查询、监控与监督等事项进行系统化管理的辖区。

（四）配合中国证券业协会、中国期货业协会做好从业考试巡考工作

2010年全年，宁波辖区共计举行行业各类考试12次，其中包括4次证券从业人员资格考试、3次基金销售人员从业考试以及5次期货从业人员资格考试。宁波市证券期货业协会根据中国证券业协会、中国期货业协会的要求和安排，认真负责地完成了巡考环节的各项工作，同时，发现并制止了两起利用高科技设备作弊的事件，保证了考试在宁波地区的顺利进行。

（五）做好协会内部建设工作

1. 进一步强化与中国证券业协会、中国期货业协会、宁波证监局在工作开展上的请示、沟通与协调，并在行业自律、文化建设等方面与区域性兄弟协会建立联动配合机制，为构建和谐市场环境创造有利条件。

2. 积极关注业内的最新动态，宁波市证券期货业协会多次组织秘书处工作人员对行业相关新政、新知进行深入学习与讨论，部分工作人员还参加了由中国证券业协会、中国期货业协会及有关部门组织的财务等相关培训，使得秘书处的学习活动常态化，不断提高工作人员的专业性和自身素质，逐步提升软实力。

3. 开展自律廉政建设，以“公开、公平、公正”的态度竭力服务好辖区全体会员单位。

十三、青海省证券业协会2010年发展报告

（一）基本情况

青海省证券业协会成立于2003年4月，目前共有会员单位26家，其中本

地注册证券公司1家，证券营业部11家，上市公司10家，资产评估公司1家，律师事务所1家，会计师事务所2家，报社1家。2010年，有2家会员单位名称发生了变化：一是天源证券经纪有限公司西宁西关大街第二证券营业部；二是天源证券经纪有限公司西宁七一路证券营业部。2010年10月27日，中国建银投资证券有限公司西宁西关大街新宁广场证券营业部正式揭牌。

（二）业务开展情况

青海省证券业协会于2010年3月24日召开会员代表大会，选举产生了会长、秘书长和新一届理事会。在青海证监局、中国证券业协会、青海省民管局的指导下，在第二届理事会及广大会员单位领导与支持下，青海省证券业协会秘书处的全体人员积极努力地完成了以下工作：

1. 顺利完成第三届理事会的换届工作。青海省证券业协会在青海证监局领导的关心和支持下，完成了第三届理事会的换届工作。2010年3月24日召开第七次会员大会，选举产生了青海省证券业协会第三届理事会，理事会成员包括辖区内的上市公司、在青海注册的证券公司、证券营业部，还有会计师事务所等。会员大会根据会员间的不同情况协商解决收取会费，并经会员大会通过。

2. 大力开展投资者教育活动。2010年青海省证券业协会开展投资者教育投入金额为1万元；投资者参加现场教育活动的受众人数约8 000人次。青海省证券业协会下发的投资者教育产品有：中国证券业协会编制的《证券投资风险案例手册》、中国证监会投资者教育办公室编制的《防范非法证券活动风险》、深圳证券交易所编制的《创业板知识简明手册》、《拒绝侥幸心理远离内幕交易》，共4种，20 000册。12月4日是法制宣传周，在青海证监局的带领下，青海省证券业协会认真做好法制宣传工作，推出以法制教育、防范投资风险为主题的两块展板，并结合投资者咨询，起到了积极的宣传效果。

3. 自觉接受中国证券业协会的业务指导，做好各项具体工作。一是按照中证协［2010］157号文件《关于进一步加强证券公司客户服务和证券交易佣金管理工作的通知》要求，于2010年12月20日成立了对辖区证券营业部客户服务和证券交易佣金管理检查工作小组，共抽查了5家证券营业部，以数据为主要依据，对青海辖区证券营业部2010年的经营业绩做出年度总结。二是2010年3月各营业部负责人签订经纪业务公平竞争公约，辖区10家证券营业部（除中投证券青海油田证券营业部）均能每月按时报送佣金水平报表，推动了辖区证券经营机构增强合规经营意识，提升了客户服务水平，保护了投资者合法权益，促进了行业的健康、持续发展。三是1月、7月两次向中国证券业协会证券公司会员部上报青海辖区证券营业网点饱和情况，经确认、核实没有达到相对饱和。四是完成证券业资格考试巡考工作，其中证券业从业人员资格考试为2 628科次，基金从业人员考试为1 581科次，青海省证券业协会认真完成考试总结报告并及时上报中国证券业协会。

4. 为维护青海辖区内证券市场的健康发展，倡导诚信经营。行业自律是《中华人民共和国证券法》和协会章程赋予的重要职能，制定《公平竞争公约》是加强行业自律的基础。为了制止行业恶性竞争，青海省证券业协会就会员单位投诉事项进行了深入调查、约谈，被投诉方于12月16日，将被投诉情况、整改报告、当事人检讨书报送青海省证券业协会，经调解，消除了不正当竞争行为。

5. 努力当好青海证监局的助手，发挥协会三大职能作用。一是认真配合青海证监局《2010年青海省上市公司第二期高管培训暨打击防控内幕交易专题培训班》的组织工作，通过学习培训提高认识，增强依法合规意识和对内幕交易"齐抓共管、打防结合、综合防治"的长效机制。二是在青海证监局的指导下，对原昆仑证券破产之后留存的档案严格整理，分类编制、存档，工作量之大，令人难以置信，青海省证券业协会员工发扬不怕苦和顽强拼搏的精神，历时3个半月，终于完成了这项艰巨的任务。

6. 完成青海省民政厅民间组织管理局交办的工作任务。主要有五点：一是按时召开年度会员大会，上报相关材料；二是认真完成年度财务审计、日常工作的年检，经审计合格；三是参加了《全省性社会组织财务人员培训班》、《创新社会组织管理座谈会》，进一步增强了法律责任和自身素质；四是认真填报了《青海省社会组织调查问卷》；五是为青海省玉树灾区捐款、为残疾人保障基金捐款。

十四、陕西省证券期货业协会2010年发展报告

2010年，面对证券期货市场复杂多变的竞争格局，陕西省证券期货业协会紧扣行业自律这条主线，采取多项措施，规范会员单位自律行为，促进全省证券服务水平再上新台阶，确保证券市场和谐、公平、稳定、健康发展。

（一）强化证券经纪业务自律管理，努力营造公平竞争的市场氛围

2010年，随着新设营业部数量的急剧增加，陕西证券经纪业务竞争日趋激烈，证券行业面临前所未有的挑战。陕西省证券期货业协会多管齐下，引导营业部优化服务，尽量避免出现佣金不正当竞争。一是召开常务理事扩大会议和市场秩序稳定工作研讨会，围绕市场上出现的证券经纪业务营销行为不规范、佣金下滑严重、人员流动异常等问题，开展了深入广泛的讨论和分析，提出了解决的方案。二是要求新设营业部拿到批文后，向陕西省证券期货业协会提交遵守自律公约承诺书。举办在陕西新设营业部负责人培训会，学习证券经纪业务管理有关法规和自律公约，让新设营业部“起好步、走正路”。三是及时处理会员的投诉。2010年，陕西省证券期货业协会对16件投诉一件一件调查核实，对违规行为认真处理，行业通报批评1次，约见负责人谈话3次。四是根据中国证券业协会的安排，对9家证券营业部客户服务和佣金自律工作进行现场检查。对现场检查发现的部分问题，要求营业部限期整改。五是建立了证券营销人员诚信档案，录入了1 835名证券营销人员的有关信息，向全社会和证券行业开放，接受公众和会员的监督。六是针对陕西省实际情况，及时调整证券经营网点饱和地区，完善网点布局。2010年9月，将西安未央区和长安区列为证券经营网点饱和地区。2010年11月，又将延安宝塔区列为证券经营网点饱和地区，进一步优化了陕西地区证券经营网点布局，防止出现过度集中竞争。由于采取了以上措施，在会员单位的努力下，陕西的佣金水平并未出现大幅下滑。2010年，陕西A股交易佣金平均水平为1.486‰，较2009年同比仅下降0.208‰。

（二）与陕西证监局紧密配合，完成后续培训和专项工作

为进一步落实中国证监会《关于加强证券经纪业务管理的规定》，陕西省证券期货业协会和陕西证监局联合举办加强证券经纪业务管理培训会，结合具体业务实际对全文逐条进行了解读分析，对贯彻落实文件精神提出具体要求。《证券投资顾问业务暂行规定》和《发布证券研究报告暂行规定》颁布后，陕西省证券期货业协会和陕西证监局联合举办了陕西证券投资咨询与经纪业务转型发展培训会，证券经营机构负责人、投资咨询从业人员共200余人参加了培训。在股指期货即将推出之前，陕西省证券期货业协会和陕西证监局共同承办了中国期货业协会组织的股指期货IB业务专项培训，有164人参加了培训。

（三）加强投诉调解、处理机制，努力做好证券经营机构纠纷调解工作

投诉处理和纠纷调解工作是《中华人民共和国证券法》赋予协会的一项重要职责。按照陕西证监局关于维稳工作职责分工的通知精神，陕西省证券期货业协会就建立纠纷调解机制问题展开了一系列调研和座谈，制定了《陕西证券期货业协会信访工作规程（试行）》和《陕西证券期货业协会纠纷调解工作规程（试行）》。为将辖区纠纷调解工作全面推开，维护证券期货市场的稳定，年中，陕西省证券期货业协会举办了陕西证券期货经营机构纠纷调解工作培训会，全省100多名证券经营机构负责人参加了培训。通过这次培训，使会员单位对证监局的信访工作和陕西省证券期货业协会纠纷调解工作程序有了全面了解，进一步增强了做好信访工作的责任感和使命感。陕西省证券期货业协会办事机构中指定专人，负责投诉处理和纠纷调解工作，有效维护了辖区证券期货市场的稳定。

（四）开展对行为准则执行情况检查，强化从业人员自律管理

2010年4月，中国证券业协会布置开展证券期货从业人员行为准则执行情况检查活动后，在陕西证监局党委的领导下，陕西省证券期货业协会认真学习有关文件，深刻领会精神，切实落实责任，做好宣传动员工作，督促会员单位认真开展自查。辖区证券公司从业人员1 914名和期货公司从业人员296名，

全部进行了个人自查。为全面了解、掌握陕西证券期货从业人员行为准则检查活动开展情况，陕西省证券期货业协会深入到西部证券汉中营业部、渭南营业部和开源证券榆林营业部，对执行准则情况进行抽查。配合中国证监会检查组，对西部证券公司和迈科期货公司进行现场检查。检查组对这两家公司行为准则检查工作表示肯定，并就公司进一步加强从业人员管理工作提出了改善性意见和建议。

检查工作后期，陕西省证券期货业协会召开准则执行检查工作总结和经验交流座谈会，3 家证券公司和 3 家期货公司汇报了行为准则执行检查工作的基本做法和取得的成效，对今后更好地贯彻从业人员行为准则提出了一些好的意见和建议。

（五）协会建设取得较快发展，办事机构服务水平有所提升

2010 年，随着证券、期货市场化进程的加快，在陕西省证券期货业协会辖区设立证券、期货营业部的数量猛增。陕西省证券期货业协会抓住这个难得的发展机遇，按照有关规定，上门服务，及时办理了 26 家证券营业部、3 家期货营业部的入会手续，目前，会员数量达到 108 家。

加强同会员单位之间的信息沟通和交流，全年编发 14 期《协会简讯》，在陕西省证券期货业协会网站发布信息 60 余条，全面及时地反映监管动态、协会工作和会员单位的有关信息。目前，陕西省证券期货业协会门户网站访问数已突破 10 万人次。

十五、深圳市证券业协会 2010 年发展报告

（一）基本情况

2010 年是深圳经济特区成立 30 周年，也是中国资本市场成立 20 周年。深圳证券业从无到有，从小到大，不断发展，从业人员由 1990 年的 30 多人，发展到 2010 年年底的 54 000 多人，证券公司总资产达到 4 619.53 亿元，占全国行业总资产的 23.45%；净资产达到 1 478.27 亿元，占全国行业净资产的

26.09%；净资本总额为1 027.98亿元，占全国行业净资本的23.78%。目前深圳市证券业协会已拥有257家单位会员，其中，证券公司17家，深圳分公司、管理总部、代表处12家，证券营业部212家，基金管理公司16家。

（二）业务开展情况

2010年，深圳市证券业协会继续紧跟证券市场发展步伐，面向各会员单位，继续履行“服务、自律、传导”职能，为增强深圳证券公司的综合实力和营造行业良好的竞争环境继续努力。

1. 全面开展证券营业部客户服务与佣金自律管理现场检查工作，督促会员单位认真履行诚信与自律公约。根据中国证券业协会向全行业证券机构下发的《关于进一步加强证券公司客户服务和证券交易佣金管理工作的通知》（中证协发［2010］157号），以及向各地方证券业协会下发的《关于发送〈证券营业部客户服务和证券交易佣金自律管理检查工作方案〉的通知》（中证协发［2010］174号）的要求，深圳市证券业协会在深圳证监局的指导下，全面落实检查要求，并根据深圳地区的实际情况，制订现场检查工作方案；向深圳辖区各证券营业部下发了《关于加强深圳证券营业部客户服务和佣金自律管理现场检查工作的通知》，全面阐述了证券营业部佣金收取标准的报备、证券营业部客户服务和证券交易佣金自律检查工作方案等相关要求，使各证券营业部明确职责分工，细化工作目标，落实责任到人，确定完成时限，确保检查事项数据和信息的完整性、真实性，对发现的问题提出有针对性、可操作性的解决措施。在2010年12月12日前，深圳辖区内的各证券营业部都向深圳市证券业协会上报了《证券营业部交易佣金收取标准报备表》和自查工作总结。在2010年12月下旬，深圳市证券业协会对被抽查（比例为5%）的10家证券营业部全部进行了现场检查。现场检查小组全面听取了被检查营业部的情况汇报，现场座谈了解情况，调阅资料，查看系统，现场进行客户问卷调查，认真填写工作检查表，现场反馈检查情况小结等。从2011年1月起，深圳辖区内的各证券营业部将向深圳市证券业协会按月申报平均佣金率，按季申报经纪业务成本核算佣金率；公示佣金率和按不同分类方式制定的佣金率如有变动，需要及时向深圳市证券业协会申报备案，这是今后深圳市证券业协会发挥自律管理职能，提高会员单位自我管理和自我约束的重要途径。

2. 继续采集和发布会员单位与员工社会责任数据，建立证券、基金业社会责任评价体系，彰显行业形象。深圳市证券业协会已建立了深圳证券业社会责任数据库，目前慈善捐赠和所行善举等部分内容已有5个年度的完整数据，相关内容刊载在深圳市证券业协会出版物《资本圈》及网站“资本网”，并在“资本网”增设“企业社会责任”栏目，及时更新会员在社会责任方面的贡献。《深圳资本圈企业社会责任报告（2009）》已正式出版。为客观、公正、全面记录近年来深圳证券公司、基金管理公司和上市公司的社会贡献，深圳市证券业协会和深圳上市公司协会在继续采集相关数据的基础上，选取营业收入、净利润、净资产收益率、纳税额、员工就业人数、社会捐赠资金与项目、慈善事业、环保贡献8个指标，在此基础上设置不同的指标权重，创设企业社会责任指数。《深圳资本圈企业社会责任报告（2010）》也将于近期正式出版。

3. 撰写《深圳资本圈生产力报告（2010）》，对深圳上市公司、证券公司和基金管理公司的财务数据进行分析，并与全国公司进行比较。

深圳市证券业协会与深圳上市公司协会一起，撰写《深圳资本圈生产力报告（2010）》，对深圳上市公司、证券公司、基金管理公司的总体、结构、行业及企业进行分析，并且与全国进行比较。《深圳资本圈生产力报告（2010）》分析了财富产生的原因，揭示了深圳资本圈企业创造财富的能力与深圳生产力发展的过程、水平和力量，为市委、市政府经济决策提供依据与支持。《深圳资本圈企业社会责任报告（2009）》、《深圳资本圈企业社会责任报告（2010）》和《深圳资本圈生产力报告（2010）》为深圳及深圳资本圈的企业做了品牌宣传，建立了会员之间及协会与社会、政府之间沟通、交流及提供服务的平台。

4. 继续支持和推动会员单位探索投资者教育工作的创新模式，充分发挥证券业协会联系证券监管部门和会员单位的桥梁纽带作用。主要做法是：

（1）继续把投资者教育工作纳入协会日常工作议程，与会员单位保持经常性联系，定期收集和通报各会员单位开展投资者教育的进展情况和工作成果。在深圳市证券业协会内部刊物《资本圈》及协会网站“资本网”上开辟“投资者教育”专栏，及时反映各会员单位开展投资者教育工作的最新动态，使其成为业内开展投资者教育工作的一个重要平台。同时积极鼓励和推动各会员单位持续开展形式多样、生动活泼的投资者教育活动。近年来，各会员单位从实际出发，通过在网站开设投资者教育频道、理财课堂、短信发送平台、投资者教育园地、视频讲座、股民学校、投资者报告会等各种有效途径，打造大家喜闻乐见的投资者教育活动形式和内容，不断扩大受众面。

（2）对资本市场的各参与主体开展专业培训和研讨活动，成为深圳资本市场学校。2010 年深圳市证券业协会组织开展“深圳资本圈大讲堂活动”，通过有计划地举办覆盖上市公司、证券公司和基金管理公司高级管理人员及职业投资人的业内专业培训、研讨会，在广度和深度上丰富了投资者教育工作内容。

深圳市证券业协会和深圳上市公司协会一起，与德勤华永会计师事务所有限公司合作，于 2010 年 1 月 13 日举办了“上市公司 2009 年年报编制研讨会”。研讨会由德勤华永会计师事务所有限公司合伙人主讲，有 248 名专业人士参加，研讨会就上市公司 2009 年年报编制应重点关注的问题进行了深入研讨与交流。

由深圳市证券业协会与深圳上市公司协会共同主办，招商银行股份有限公司协办的“2010 年深圳上市公司年报披露交流会”于 2010 年 3 月 16 日举办。深圳证监局公司处副处长廖笑非、深交所公司管理部徐正刚博士、中小板公司管理部许碧经理与 160 名专业人士开展了交流。

深圳市证券业协会于 2010 年 4 月 15 日举办“我国碳排放政策法规对企业影响研讨会”。会议邀请了国家发改委能源研究所副所长、哥本哈根全球气候变化会议中国代表团高级顾问李俊峰先生主讲“低碳发展与新兴产业革命”，180 多名专业人士和投资者参与了研讨。

深圳市证券业协会和深圳上市公司协会一起，与德勤华永会计师事务所有限公司、毕马威华振会计师事务所有限公司合作，于 2010 年 5 月 31 日下午举办了“企业内部控制配套指引研讨会”，有专业人士和投资者共 300 多人参加了研讨会。研讨会上，财政部会计司注册会计师处处长、博士王宏先生介绍了企业内部控制配套指引发布的背景、意义，指出中国企业内控缺陷，对深圳上市公司提出相关建议。

深圳市证券业协会和深圳上市公司协会一起，与毕马威华振会计师事务所有限公司合作，于 2010 年 7 月 29 日举办“企业境内外上市研讨会”，有专业人士和投资人共200多人参加了研讨会。毕马威审计合伙人、审计经理和税务合伙人就企业境内上市与境外上市的好处、完成上市前需要进行的主要财务会计工作和税务问题等议题和与会的证券公司、上市公司专业人士进行了充分的交流。

深圳市证券业协会和深圳上市公司协会一起，与德勤华永会计师事务所有限公司合作，于2010年8月25日下午举办"股权激励实务操作研讨会"，有250多名专业人士和投资人参与了研讨。德勤华永会计师事务所中国区咨询总监吴胜涛先生与高管薪酬与长期激励咨询负责人王允娟女士，与大家分享了股权激励政策法规、实务发展与案例。

深圳市证券业协会与深圳上市公司协会、德勤华永会计师事务所有限公司合作，于2010年12月28日下午举办"上市公司2010年年报编制相关问题研讨会"，有专业人士和投资者共353人参加了研讨会。会后，深圳市证券业协会将讲义电子版上传至"资本网"（http：//www. cncapital. net）"公告栏"供深圳上市公司、证券公司和基金管理公司下载学习。

通过协办2010中国（深圳）国际金融博览会（以下简称"金博会"），积极组织会员单位参与金博会，创造与广大投资者的互动交流机会，以金博会促进投资者教育活动的开展。在2010年的金博会上，参展的国信证券、中投证券、长城证券、世纪证券、五矿证券、银泰证券、第一创业证券、申银万国证券深圳证券部以及鹏华基金、博时基金、民生加银基金、信达澳银基金、长城基金和长盛基金公司，都在展会现场举办了与投资者的互动交流活动。据不完全统计，在金博会上，参与由参展会员单位现场组织的投资者互动交流活动及"百姓理财大讲坛"的投资者有13 000多人次。这一系列的专业培训和研讨活动经费分别由深圳市证券业协会和合作单位共同承担，会员单位和投资者免费参加。

5. 积极推动行业创新，坚持创新引领发展、专业创造价值，促进证券经纪业务从单一化、粗放化向专业化、精细化转变。自2005年以来，深圳市政府每年评选金融创新奖，深圳市证券业协会组织行业评审并对申报项目颁发"深圳资本圈金融创新奖"，连续6年共94个项目参与申报、评价，并获得表彰。在2010年创新奖初评后，深圳市证券业协会结合深圳金博会举办了"深圳资本圈首届金融创新论坛”，选取了10个项目进行业内交流、分享和讨论，有300多人参加。

6. 全面做好中国证券业协会在深圳安排的各类考试的巡考工作。2010年度深圳证券业协会参与巡考的各类考试共14次，即证券从业人员资格考试和经纪人专项考试5次（补考1次）；CIIA考试2次；基金销售人员从业资格考试3次；保荐代表人资格考试1次；香港证券从业资格考试2次；合规管理胜任能力考试1次。经过多年的努力，深圳市证券业协会已形成了行之有效的巡考值班制度。每次考试前，都根据中国证券业协会发送的考点信息提前与校方联系人及ATA公司深圳地区负责人联系，提醒考点按ATA公司的考务要求做好各项准备；同时严格做到每次考试由专人负责到指定的考场巡考，遇到突发事件及时掌握情况，协调ATA公司和考点迅速妥善处理，并及时向中国证券业协会报告。

7. 继续办好深圳市证券业协会内刊《资本圈》，向会员单位、深圳上市公司及全国券商、基金公司、银行等各类金融机构，以及沪深300家上市公司、政府及监管部门免费发放。经过数年努力，《资本圈》已成为服务会员、服务深圳证券市场的“品牌产品”；继续办好“资本网”网站，以提升业内信息服务质量。目前深圳市证券业协会已拥有深圳地区较权威的营业部数据库，为会员决策和监管部门提供了必要的行业统计信息。与此同时，深圳市证券业协会还按年度、季度、月份，系统地统计和分析市场，相关报告发布于《资本圈》及协会网站“资本网”（www. cncapital. net）。目前“资本网”及其相关论坛已成为深圳市证券业协会转发市政府、监管部门和中国证券业协会文件，向会员单位及时传达工作信息，会员按月报送经营统计数据和佣金率情况，会员与深圳市证券业协会沟通交流及会员之间工作交流的重要平台。

8. 成功举办了“2010年深圳资本圈第三届羽毛球团体赛”。2010年5月，“2010年深圳资本圈第三届羽毛球团体赛”在深圳市工人文化宫体育馆举行，来自深圳证监局、证券公司、基金管理公司和上市公司的40支代表队、400多名运动员，18名来自部分参赛队的义工，以及近20名专业裁判参加比赛。经过3天的激烈角逐，赛格股份公司卫冕冠军。闭幕式上，主办方除为获得竞赛奖的团队颁发奖品外，还为各参赛队伍颁发了优秀组织奖，并为来自不同参赛队的18名义工颁发了义工证书。

十六、四川省证券期货业协会2010年发展报告

（一）基本情况

2010年，四川省证券期货业协会在中国证券业协会和四川证监局强有力的支持与指导下，在佣金自律、高管人员培训、与会员之间的沟通交流、庆祝中国证券市场20周年系列活动及改进协会秘书处内部管理工作等方面做了大量工作，取得了一定成效，得到了四川证监局和会员的充分肯定。

截至2010年年末，四川省证券期货业协会辖区有法人证券公司4家；法人期货公司3家，分公司或管理总部3家；证券营业部189家；异地期货公司驻川期货营业部12家；证券投资咨询机构3家，基金分公司8家，外资证券类机构驻华代表机构1家。证券期货经营机构数量稳居中西部地区第1位。

2010年，四川证券经营机构189家营业部，交易总量为36 778.71亿元，同比减少8.70%；股票、基金交易总量为35 781.81亿元，同比减少2.98%；权证交易总量为629.2亿元，同比减少80.66%；债券交易总量为367.70亿元，同比增长146.13%；佣金收入总量为58.50亿元，同比减少16.69%；累计利润总量为37.85亿元，同比减少24.75%。

（二）业务开展情况

1. 加强自律工作开展。

（1）按照“行业自查、重点抽查、投诉必查”的原则，对辖区出现的违反自律规则的现象进行检查和处理。2010年四川省证券期货业协会累计受理投诉32起。对违反佣金自律规定的单位进行检查和处理，全年通报批评1起，警示5起，谈话提醒若干起。

（2）召开自律委员会和片区自律工作会议，采取会员自治的方式开展自律工作。2010年3月，各片区相继召开了2010年第1次片区会议。会上一致认

同继续维持2009年签署的《自律公约》的有关条款及《承诺书》所承诺的义务。

召开四川省证券期货业协会自律委员会2010年度第2次会议。会议认为，行业自律应该包括投资者教育、销售适当性原则、营销人员的管理等内容，而不是狭隘的佣金自律。会议认为自律委员会应该充分发挥其作用，应在委员会下面设置营销人员管理、培训、投资者教育等工作小组，针对各项工作进行调查研究，整理分析报告，为制定相关自律规则和开展好各项工作奠定基础。

（3）根据市场中出现的问题，及时出台相应的规范文件。为了维护辖区证券市场正常的经营秩序，规范营销人员的执业行为，避免银行驻点营销引发的商业贿赂行为和违反营销"半径原则"的行为，四川省证券期货业协会在四川证监局的指导下，于2010年6月1日下发了《关于辖区证券营业部在银行驻点的有关问题的通知》，2010年6月24日下发了《关于重申规范证券交易佣金收取标准的通知》。此外，为了规范营销人员的行为，加强营销人员管理，四川省证券期货业协会专门整理出了《营销人员承诺书》。

（4）围绕中国证券业协会157号文件和174号文件开展自查检查工作。按照文件要求，制订检查方案，组织自查和检查工作。成立了以郑晓满会长为组长的佣金自律检查工作领导小组，制定了《四川省证券营业部客户服务和证券交易佣金自律管理检查工作方案》，并逐一落实检查工作方案，检查工作于2010年12月31日完成。

2. 做好培训工作。

（1）组织证券高管人员培训。2010年6月10日~11日在都江堰举办了2010年证券经营机构高级管理人员培训班。

（2）加强对新设和升级营业部的教育和引导，组织新升级营业部和新设营业部的负责人、营销总监、合规总监的培训。

（3）配合做好"IB业务专项培训"。

3. 大力开展投资者教育活动。投资者教育是一项长期的工作，在四川证监局的指导下，四川省证券期货业协会建立了监管部门督导、协会牵头、会员参与、媒体配合的长效机制。

（1）继续依托股民学校平台，开展各种讲座培训。

（2）开展丰富多彩的特色活动。通过活动以点代面，促进辖区内各证券经营机构持续深入地开展全方位立体式的投资者教育服务，帮助投资者树立风险意识。

4. 加强行业文化建设。在中国证券市场成立 20 周年之际，为了全面展示四川证券人奋斗、奉献、成长的历程，弘扬行业精神，树立行业形象，展现行业文化，四川省证券期货业协会组织辖区各市场主体和从业人员，以摄影比赛、征文比赛、高端论坛、文艺汇演等一系列形式开展庆祝活动。整个活动历时半年，涌现出了众多能人志士，汇聚了无数精英力量，留下了美好记忆，同时也启迪了对行业文化建设的思考与讨论。

5. 期货工作的开展。

（1）期货委员会工作。为有效地开展期货自律工作，维护辖区期货市场的稳定和公平竞争的环境，并充分发挥期货行业专业人才的作用，四川省证券期货业协会制定了四川省证券期货业协会期货委员会 2010 年工作计划，成立了证券期货业委员会专业小组。

（2）期货人才储备工作。2010 年 5 月 14 日召开《四川辖区期货公司座谈会》，会议讨论了目前期货市场存在的人才短缺、信息技术安全、行业宣传、行业手续费自律等一系列的问题。特别提出重视人才培养，现有人员要分层次、分类别进行后续培训，加强与高校的合作。

此外，协助中国期货业协会对期货从业人员执业行为的检查工作，参与了期货从业人员的巡考工作。

6. 秘书处内部管理工作。2010 年，四川省证券期货业协会秘书处内部管理紧紧围绕年初确定的工作任务，团结合作，扎实工作，保证了各项工作的正常开展。

（1）联络员制度管理与运行。联络员制度在日常工作中发挥了重要作用，联络员的工作得到了会员单位的一致认可。

（2）建立完善了《四川省证券期货业协会投诉处理流程》，整理了规范的投诉接待程序。

（3）树立四川省证券期货业协会的外在形象，提高员工的内在素质，实现专业、务实、优质服务的工作目标，打造学习型队伍。

十七、新疆证券期货业协会 2010 年发展报告

2010 年，面对国际金融后危机时期的各种矛盾和国内经济结构调整转型，我国资本市场也处在金融创新的深刻变革期，市场的运行机制和模式发生着重大变化。面临证券行业发展的新形势，新疆证券期货业协会在中国证券业协会、中国期货业协会的指导下，在中国证监会新疆监管局的监督下，团结和依靠广大会员，认真分析行业自律管理与服务的新挑战、新形势，进一步深化对协会自律管理工作职责的认识，在会员自律管理及诚信建设、扎实服务会员、加强行业交流、推进投资者教育工作等方面，扎实工作、深入推进，取得了一定的成效。具体工作如下：

（一）加强协会自身制度建设，做好会员管理工作

新疆证券期货业协会于 2010 年 1 月 25 日召开了第六届第一次会员大会。会议选举产生了第六届常务理事及领导班子成员。在新疆证券期货业新一届领导班子的领导下，新疆证券期货业协会进一步完善自身制度建设，并按照《新疆证券期货业协会会员管理办法》，加强对会员的管理，做好各项会员管理工作。截至 2010 年 12 月，新疆证券期货业协会共有会员单位 78 家，其中证券经营机构 57 家，期货经营机构 10 家，特别会员 11 家。

（二）深化会员自律管理，推动辖区诚信建设

1. 为维护投资者的合法权益，加强证券行业自律管理，保障证券市场诚实、信用、自律的经营秩序，新疆证券期货业协会要求各会员单位严格执行各项自律规章制度，并将考核情况纳入诚信证券期货经营机构重要标准之一。

2. 为进一步做好新疆辖区诚信证券期货经营机构的评选与考核工作，新疆证券期货业协会于 2010 年 1 月对《新疆辖区诚信证券期货经营机构评选方案》进行了完善和修订，更名为《新疆辖区诚信证券期货经营机构管理办法》，并于 2010 年 4 月 1 日起正式实施。

3. 为落实《新疆辖区诚信证券期货经营机构管理办法》实施的情况，新疆证券期货业协会自2010年6月23日~8月5日，对辖区进行了现场检查工作，对营业部触摸屏的使用情况、投资者教育园地的更新情况、合规风险控制岗位的工作流程、佣金情况的取样调查及汇总等方面进行了检查。

（三）立足服务，扩大交流合作，推动行业发展

新疆证券期货业协会加大了为会员服务的力度，举办了多场专题报告会，组织辖区高管人员赴外考察学习，在业内开展素质教育培训，扩大了行业信息交流，对推动行业稳定健康发展产生了积极的作用。

1. 举办专题报告会。一是2010年3月26日，在股指期货即将推出之际，为使新疆金融界广大人士、辖区证券期货从业人员及投资者加深对股指期货的认知度，更好地了解和参与股指期货，新疆证券期货业协会协办了“中国（新疆）首届股指期货报告会”。二是为使辖区从业人员深入了解国内外宏观经济政策、及时把握我国证券市场发展动态及趋势，新疆证券期货业协会于2010年6月11日举办了“纵观世界风云、把握经济转型”宏观经济形势分析报告会。

2. 组织辖区证券、期货经营机构高管赴外考察学习。一是组织辖区证券营业部高管赴内地考察。2010年4月，新疆证券期货业协会组织辖区8家疆内营业部的总经理赴疆外优秀营业部考察，通过考察，对疆外优秀营业部的经营模式、发展方向以及合规风险控制管理有了新的认识。二是组织辖区期货经营机构高管考察。2010年6月2日~9日，新疆证券期货业协会组织辖区期货行业高管赴云南、广西进行考察学习，期间与同行深入交流、借鉴经验，开阔了视野、拓宽了思路，获益匪浅。三是组织辖区证券期货高管赴台湾考察学习。为增进对台湾地区证券、期货市场的了解，开阔视野，学习当地优秀同行的先进经验，促进辖区行业创新发展，新疆证券期货业协会于2010年10月，组织辖区证券、期货经营机构一行14人赴台湾考察学习。

3. 组织辖区证券从业人员素质教育培训。近年来，新疆证券期货业协会注重辖区证券期货行业新风的培育和重塑，通过倡导、组织业内人员参与各类公益活动和多种形式的培训，不断提升辖区从业人员的综合素质，对进一步规范

从业人员执业行为、树立蓬勃向上的精神风貌、构建以诚信为核心价值理念的行业文化起到了积极的推动作用。2010 年 6 月 ~7 月，新疆证券期货业协会共组织了 4 期“新疆辖区证券期货从业人员素质教育培训班”，其中专门面向各证券经营机构负责人组织了 1 期培训，通过法律法规解读、证券知识解读、行业职业道德及诚信建设、行业文明礼仪培训、国防教育及军体训练等课程的培训，对全面提升辖区从业人员的业务素质、思想素质、身心素质起到了良好的促进作用。

（四）继续深入推进投资者教育工作

新疆证券期货业协会努力发挥行业协会主体优势，组织会员积极开展投资者教育活动，深入推进投资者教育工作。

1. 启用了转户监管系统。为使辖区投资者转销户更加方便、快捷，并能及时有效地监督各证券经营机构按照规定流程办理转销户业务，新疆证券期货业协会委托相关公司开发了转户监管系统，并于 2010 年 5 月 28 日正式启用。

2. 新疆证券期货业协会于 2010 年 9 月 29 日组织了“2010 年新疆辖区投资者教育经验交流演讲比赛”。演讲比赛为大家提供了投资者教育保护工作经验交流、学习的平台，共同总结和探讨了投资者教育保护工作的思路、途径和方法。

3. 在新疆证券期货业协会网站和《新疆证券业》杂志专门开辟了“投资者教育”专栏，及时登载与投资者教育有关的内容，及时传达投资者教育信息，收到了很好的效果。

（五）发挥《新疆证券业》宣传窗口的作用

2010 年内刊《新疆证券业》紧密结合市场的重大变化，充分反映相关内容。《新疆证券业》对股指期货及创业板、汇改及融资融券、券商的生存现状、严打内幕交易等市场关注的问题进行了较为深入的介绍和反映。对尚福林主席率团来新疆考察调研、中央新疆工作座谈会助力新疆上市公司跨越发展、新疆资本市场 20 年之人物专访等做了专题系列报道。此外，还配合新疆资本市场 20 年宣传工作，编辑部完成了相关文字、图片整理以及电视片制作等多项工作，较好地发挥了《新疆证券业》的宣传媒介作用。

（六）认真做好中国证券业协会、中国期货业协会和新疆证监局交办的各项工作

1. 完成证券期货从业人员资格考试考务工作。鉴于乌鲁木齐“7·5 事件”后，网络中断长达近 1 年，为了满足新疆辖区证券期货从业人员资格考试的迫切需要，新疆证券期货业协会自 2010 年 2 月就同中国证券业协会、中国期货业协会进行沟通，积极解决新疆考生考试的问题。2010 年共举行证券从业人员资格考试 4 次，新疆考区报考科次近 8 000 科次。

2. 开展对辖区证券经营机构进行客户服务与证券交易佣金自律管理检查工作。为推动各证券经营机构增强合规经营意识，提高客户服务质量，保护投资者合法权益，促进行业持续健康发展，新疆证券期货业协会对各证券经营机构转发了中国证券业协会下发的《关于进一步加强证券公司客户服务和证券交易佣金管理工作的通知》，并按照要求，结合年初修订的《新疆辖区诚信证券期货经营机构管理办法》，对各会员提出了具体的要求，于 12 月 21 日起对辖区内 26 家证券经营机构进行了客户服务与证券交易佣金自律管理的现场检查工作。

3. 配合新疆证监局开展对基金销售机构的检查工作。为加强对基金销售业务的监管，进一步督促基金销售机构规范基金销售行为，根据中国证监会相关文件的精神，结合近年来新疆辖区基金销售业务现场检查情况，2010 年 11 月 8 日 ~11 月 19 日，新疆证券期货业协会配合新疆证监局对辖区乌鲁木齐市商业银行、中国工商银行新疆分行两家机构进行了现场检查。

4. 协助新疆证监局推进辖区党风廉政建设工作。一是组织召开党风建设联席会议。2010 年 7 月成立了“新疆证券期货行业党风建设联席会议”，日常办事机构设在新疆证券期货业协会，并负责联席会议成员单位的联系及其他组织工作。新疆证券期货业协会积极配合新疆证监局开展相关活动，充分利用“联席会议”这个平台，凝聚行业内的党员、积极分子、业务骨干力量。二是组织观看新疆自治区反腐倡廉教育基地《党风廉政教育》图片展览。为深入开展党风廉政主题教育活动，增强辖区证券期货行业高级管理人员遵纪守法意识和拒

腐防变能力，2010 年 9 月 2 日，新疆证券期货业协会组织证券期货经营机构主要负责人，参观了《党风廉政教育》图片展览。

2010 年，新疆证券期货业协会在广大会员单位的支持下，在会员单位的自律管理与服务、扩大行业交流、推进投资者教育工作等方面取得了一定的成效。在新的一年里，新疆证券期货业协会将力求在会员单位自律管理与服务方面有新的进展、在行业诚信建设方面有新的提高、在继续深入推进投资者教育方面有新的突破，从而推动辖区全行业在规范经营、有序竞争的基础上创新发展，逐渐形成行业核心竞争力。

十八、浙江省证券业协会 2010 年发展报告

（一）基本情况

2010 年，浙江省证券业协会共有会员单位 271 家。辖区共有法人证券公司 3 家，分公司（代表处）8 家。

（二）2010 年工作回顾

2010 年，浙江省证券业协会在中国证券业协会、浙江证监局和浙江省民政厅的共同监督指导下，全面落实证券监管工作会议精神，并根据浙江省证券业协会第三届理事会第七次会议的工作部署，结合辖区实际，切实履行了“自律、传导、服务、维权”四项基本职能，全方位开展行业自律管理的各项工作，取得了显著成绩。

1. 完善自律管理体系，加大行业自律管理力度。

（1）紧紧依靠会员，加强会员管理。按照《会员管理办法》，加强对会员的管理，全年共受理 56 家证券营业部的入会申请。

（2）依托专业委员会力量，集中发挥人才和专业优势。2010 年，浙江省证券业协会设立经纪业务委员会和合规专业委员会，并分别制定工作细则。全年共召开经纪业务委员会会议 3 次，制定了《浙江辖区证券营销人员诚信数据库管理办法》；召开合规专业委员会会议 3 次，制定了《浙江辖区证券营业部合

规人员管理工作指引》；召开信息技术委员会会议 1 次，交流和探讨各证券经营机构信息技术安全运行情况和安全保障措施。

（3）强化佣金管理，切实维护辖区市场秩序。针对辖区佣金不断下滑趋势，为坚决制止证券机构之间利用降佣或变相降佣恶性竞争行为，浙江省证券业协会根据中国证券业协会 157 号文件要求，会同浙江证监局对辖区近年来的佣金服务成本进行了统一测算，并就佣金自律管理问题提出了相关规定。此外，浙江省证券业协会还根据中国证券业协会 157 号文件要求，对辖区证券营业部自律管理工作情况布置了自查自纠任务，同时选择了 20 家投诉举报和问题较多的营业部进行了现场检查，并对 6 家违反佣金管理规定的营业部进行了通报批评。

（4）建立营销人员诚信数据库系统，推进行业诚信体系建设。2010 年 5 月，浙江省证券业协会建立了营销人员诚信数据库，对辖区营销人员的执业资质、执业行为和诚信档案建设进行规范化管理。截至 2010 年 11 月底，共建立机构用户 334 家（其中营业部用户 272 家），涵盖入职营销人员 6 836 人，离职营销人员 728 人。

（5）建立健全投诉举报制度和日常检查制度。2010 年，共受理电话咨询、投诉等事项 300 余起，其中涉及转销户、不当营销等问题的投诉、纠纷 23 起，浙江省证券业协会积极调解，妥善处理。

2. 精心组织各类培训，切实增强证券从业人员的合规意识。

（1）根据中国证券业协会的要求并结合市场需求，全年共举办各类培训班 9 期，约 2 800 余人次参加。2010 年 10 月初，浙江省证券业协会正式启用营销人员在线培训系统，截至 2010 年 12 月底，共计 1 000 余人次报名参加在线培训。

（2）积极做好中国证券业协会、中国期货业协会委派的各项考务、培训工作。全年共配合完成了证券、基金销售从业资格考试浙江考区的 7 次巡考工作，辖区共有证券从业资格考试 124 849 科次，基金销售考试 18 322 科次；全年共承办中国证券业协会、中国期货业协会在杭州的各类专项培训班 3 期，约 700 余人参加。

3. 强化风险揭示，深入推进投资者教育工作。

（1）充分利用电视、广播等媒体，宣传、开展投资者教育活动。一是制作完成《防范创业板风险》、《谈谈股指期货》等16期证券热点会客厅节目；二是在浙江证监局的指导下，会同浙江省期货行业协会以及辖区13家证券期货经营机构，联合浙江省广播电台开展了为期1个月的“对话证券期货当家人”大型投资者教育活动，普及了理性安全投资知识。

（2）结合投资者教育工作，深入开展“新社会组织服务社区”活动和股民学校全省巡回系列活动。通过进社区发放各类宣传资料、设立宣传教育展板、现场报告会等形式，宣传证券法律法规、证券和投资知识。

（3）组织会员单位开展“迎‘12·4’证券法制宣传周”活动，引导理性投资。组织会员单位在辖区的10个主要城市开展为期1周的证券法制宣传活动。

此外，浙江省证券业协会还牵头组织证券机构举办股民学校全省巡回系列活动，强化投资者教育工作。7月，联合中信金通证券浦江营业部举办2010年下半年证券市场策略投资报告会；8月，积极组织会员单位及广大投资者参与“资本市场20周年网上有奖知识竞赛活动”。

4. 加强对外交流，促进行业健康有序发展。

（1）通过“浙江金融行业联席会议制度”、“地方证券业协会联席会议制度”、“长三角联席会议制度”及“华东六省联席会议制度”等方式，加强与各协会间的交流和协作，共同推进行业和谐、有序、健康发展。

（2）采取“请进来、走出去”的方式，加强各地方协会间的沟通交流，拓宽会员视野，就佣金自律、营销管理、团队管理、薪酬体系等方面进行座谈。

（3）受浙江省政府金融办委托，浙江省证券业协会出面邀请台湾证券商业同业公会赴杭州参加“第二届浙台金融交流合作论坛”，并借此机会与台湾证券商业同业公会负责人进行深入的学习和交流，为下一步双方互访、交流建立了良好的机制。

（4）坚持从会员实际出发，做好基础服务工作。一是编纂《2009年度证券法律法规汇编》，为会员提供高效的法规指引服务；二是制作《浙江证券经营机构通讯录》，加强会员间的交流与沟通；三是编印《浙江证券业》杂志（季刊），及时反映监管内容和会员需求；四是更新和充实浙江省证券业协会网站内容，及时反映监管动态及浙江省证券业协会工作；五是建立信息技术主管QQ群，为信息技术主管提供交流平台，共同解决行业信息技术安全运行问题。

5. 创新服务内容，增强行业凝聚力。

（1）开拓创新，首次举办行业专场招聘会，为会员储备输送专业人才。2010年9月，浙江省证券业协会先后在浙江大学等在杭州的高校举办校园宣讲会，并于10月、11月分别在浙大玉泉校区和下沙高教园区举行两场专场招聘会，有3家法人公司、8家分公司（代表处）、35家营业部设点求贤，共提供了财务、电脑主管、HR专员等1 700多个岗位的就业选择机会。在本次招聘会上，约有10余所高校5 000多人次学生前去应聘，各证券机构收到有效简历2 938份，缓解了机构招人难的问题，受到会员单位的充分肯定和好评。

（2）丰富会员文体生活，搭建会员交流平台。浙江省证券业协会于2010年5月举办了2010年浙江省证券业第八届“中信金通杯”乒乓球比赛及首届浙江省证券业“中信金通杯”羽毛球比赛。辖区共有15支乒乓球代表队105名运动员及15支羽毛球代表队92名运动员参加了比赛。

（3）引领行业献爱心，展示行业奉献精神。青海玉树地震发生后，浙江省证券业协会积极响应浙江证监局和中国证券业协会的倡议，组织员工和辖区机构以各种方式向灾区人民捐款捐物，表达爱心。

（4）紧密结合会员需求，维护会员利益。发函商请杭州市金融办解决杭州市证券机构消防验收、电力保障等问题，经杭州市常务副市长杨成标在“现代服务业发展月度协调第十次例会”上的协调，同意将杭州市证券经营机构列为重点消防单位及重点电力保障单位，并形成会议纪要；加强与新闻媒体的沟通交流，及时制止两起不实佣金报道事件；加强与浙江省物价部门的沟通、协调，就佣金管理问题取得了物价部门的支持和理解。

（5）组织会员参加省、市理财博览会，塑造行业形象。浙江省证券业协会组织部分会员单位参加了第五届浙江金融理财博览会暨第二届浙江中小企业金融产品展示会以及杭州市金融理财博览会，充分展现了行业的整体形象和各自的业务特色。

第六章 2010年中国证券业新技术的应用与改进

2010年，全球经济摆脱衰退开始复苏，中国经济保持平稳、较快发展。受政府刺激政策逐步退出和通胀预期上升的影响，中国证券市场全年呈现震荡调整格局。2010年，融资融券、股指期货业务等新业务顺利推出，上海世博会维稳，监管层重拳打击“内幕交易”，《证券期货经营机构信息系统备份能力标准》、《证券投资顾问业务暂行规定》正式发布前的意见征询等一列重大事件给证券行业信息系统建设带来了深远影响。证券行业信息技术的应用和改进也呈现出新的特点：核心业务系统备份能力不断提高，越来越多的证券公司开始实施“两地三中心”方案。移动终端日新月异，移动证券应用日益丰富；股指期货套利业务全面铺开；为应对日益下滑的佣金趋势，证券公司经纪业务探索业务增长新的蓝海。建立数据中心，全面了解客户，打造投资顾问平台，建立经纪业务新的盈利模式成为行业共识。针对日益复杂的系统应用与结构，证券公司信息安全控制手段也不断完善，部分证券公司开始利用堡垒主机、基于云计算的虚拟应用实施信息安全内部控制。

第一节 证券统一账户管理系统

随着证券行业的发展，证券公司为满足不同证券业务的开展要求建立了相应的IT系统，各个系统各自管理客户账户信息，且相互独立，自成一体。图6－1描述了客户账户信息管理结构。

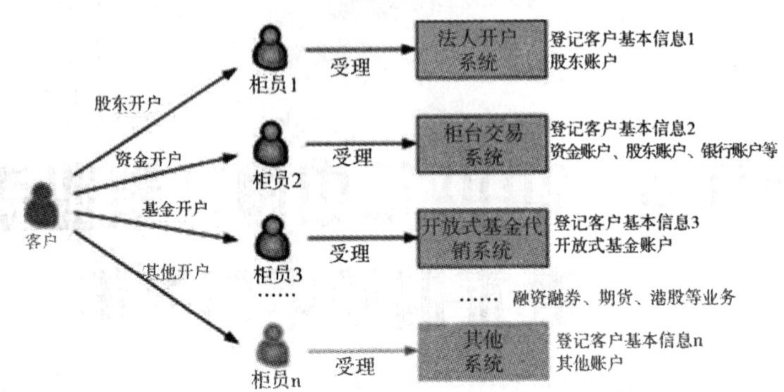

图6－1　客户账户信息管理结构图

这类账户管理结构使得证券公司经常会面临以下问题：（1）同一个客户要办理不同类型的账户开户业务需要在不同系统中来回切换，开户工作效率低下，且操作容易出错。（2）各系统的客户账户体系只考虑自身的业务需要，自成一体。各类账户管理逻辑不清，账户命名不规范、不准确。（3）各个系统集客户账户管理、交易管理和结算存管等业务环节于一体，任一环节的业务变化容易给其他环节造成影响，从而影响IT系统稳定。（4）客户信息分散在不同的系统，造成客户信息重复、闲置的现象，也使得证券公司难以以客户的视角提供管理和服务。

2010年证券公司为了解决分散化的客户账户信息管理问题，构建公司级客户账户信息系统——“统一账户管理系统”，将客户账户管理功能从现有的各个业务系统中剥离出来，集中管理（见图6－2）。

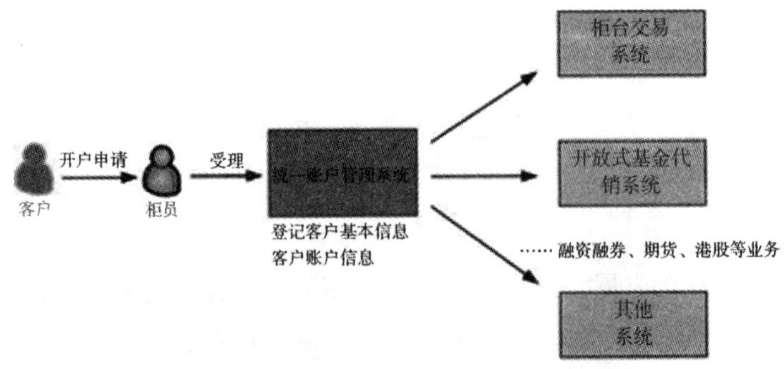

图6－2　统一账户管理系统结构图

通过以客户为核心的新的账户体系定义，实现全公司客户信息的集中管理，统一办理客户各类账户业务，强化客户账户规范管理，优化客户账户管理业务流程，提高客户账户管理效率。为证券公司进一步提高客户账户风险控制水平，快速拓展新业务打下良好的客户账户管理业务基础。

一、概述

“统一账户管理系统”是证券公司对客户账户、客户资料、客户资产、客户影像资料等客户各种属性统一管理的账户系统，还提供远程服务客户的手段。

二、证券统一账户管理系统技术架构

（一）系统逻辑架构

证券统一账户管理系统负责客户资料的统一管理，为客户分配统一客户编号，完成客户各类账户的开户、销户、冻结/解冻、挂失/解挂、客户资料和账户信息修改等业务，统一办理，整合了中登公司开户和登记存管业务（如非交易过户、资料变更等），剥离了目前柜台交易系统的客户账户管理功能（见图6-3）。

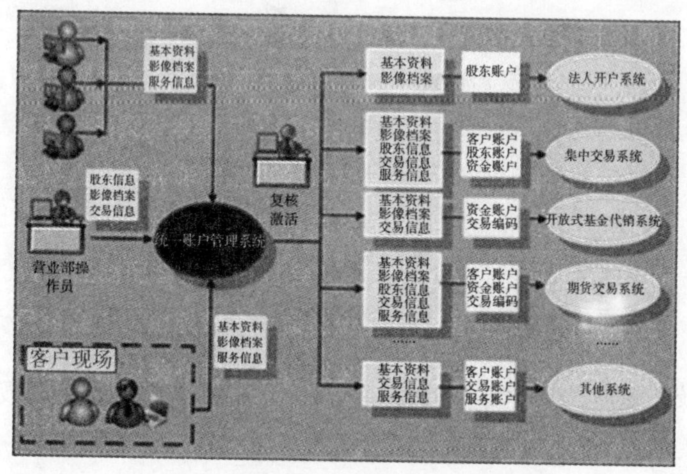

图6-3 统一账户管理系统逻辑架构图

（二）系统业务流程

证券统一账户管理系统以客户为对象，建立了完善的账户体系，对账户业务（特别是开户业务）流程中各项风险进行梳理并建立了防范机制，最终对开户流程进行了重构，提高了开户效率，实现了投资者适当性制度流程控制。

具体操作步骤包括：1. 开户填表→2. 身份识别→3. 实名校验→4. 影像采集→5. 开立账户→6. 签收回执→7. 档案扫描→8. 复核回访→9. 档案整理。其流程如图6－4所示。

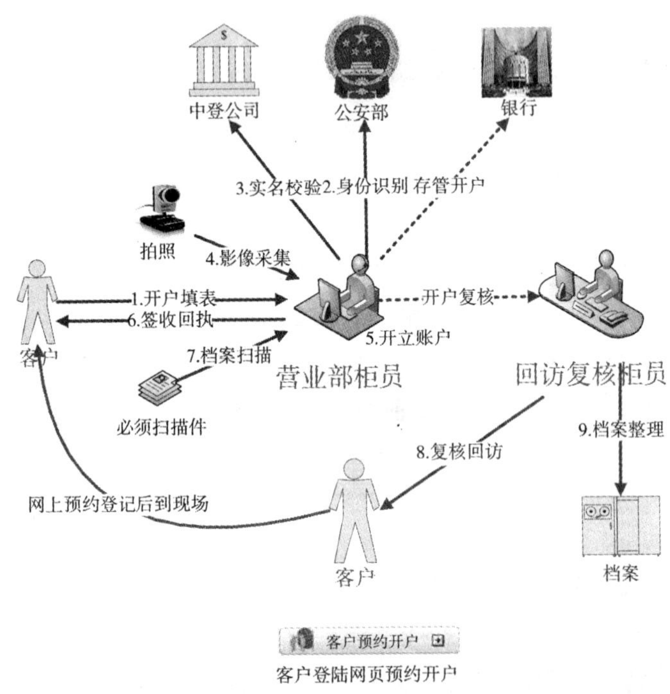

图6－4　证券统一账户管理模式下开户流程图

（三）系统部署架构图

证券统一账户管理系统采用独立部署方式，部署架构如图6－5所示。

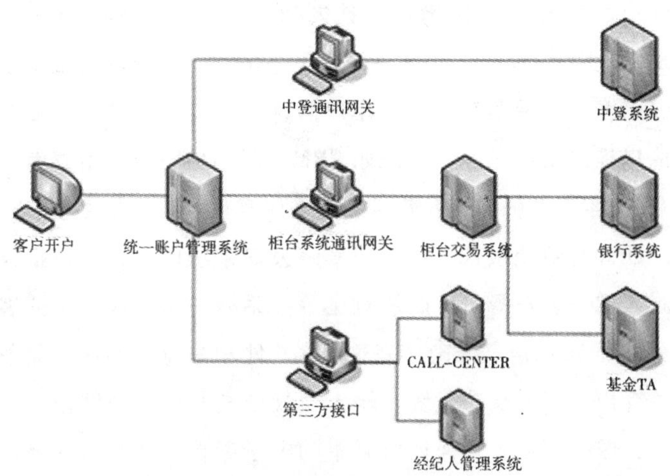

图6－5　证券统一账户管理系统部署架构图

证券公司的客户账户管理业务由证券统一账户管理系统统一受理。如果是证券账户开户业务，证券统一账户管理系统则将证券账户开户请求通过中登代理网关发送到中登公司，中登公司将证券账户开户结果返回证券统一账户管理系统，完成证券账户开户；如果是资金账户、存管账户、转账银行账户和开放式基金账户开户业务，证券统一账户管理系统则将开户请求通过柜台系统通讯网关发送到柜台系统，柜台系统根据需要将存管账户、转账银行账户和开放式基金账户的开户业务分别发送银行或基金TA，最后再由柜台系统将所有的开户结果返回证券统一账户管理系统，完成相关账户开户。证券统一账户管理系统保存了客户开户过程中产生的所有客户基本信息和账户信息，这些客户账户信息能够为其他系统，如呼叫中心或经纪人服务系统等提供服务。

（四）系统技术特点

1. 集中。（1）客户账户信息集中。系统以"证件类型＋证件号码"作为客户的"唯一"标识来构建客户账户信息数据库，全面管理全公司级客户账户信息。（2）客户账户业务集中。系统全面支持多市场、多品种交易的客户账户管理。包括沪深A、B股、代办转让股份、开放式基金以及期货、融资融券、港股和其他金融产品等未来业务扩展。（3）客户账户管理功能集中。统一受理客户各类账户的开户、销户、冻结/解冻、挂失/解挂、客户资料、账户信息修改和另库客户恢复等业务。（4）客户账户信息服务集中。用户利用证券统一账户管理系统，能够以客户为视角查询各类账户信息，可以把标准客户账户管理业务和信息查询接口提供给第三方系统，如CRM、呼叫中心或网站调用。

2. 规范。（1）客户身份真实有效。系统采用身份证号码规划校验、二代身份证自动读取、证件有效期检查、身份证号码公安系统验证、客户指纹扫描和验证、现场拍照人像与客户身份证照片对比等一系列技术手段，保证客户身份真实有效。（2）客户账户信息准确、完整。客户账户信息包括结构化数据和电子影像。通过对客户资料必输项设置、输入项规则校验，保证结构化数据准确和完整；通过对影像内容设置，保证所采集的电子影像，如身份证复印件、现场人像、申请表和协议书等影像齐全，无缺漏。（3）客户账户权属清晰，身份一致。通过一站式开户、修改业务操作方式和证券账户中登验证等手段确保客户与其拥有的账户，包括资金账户、证券账户、银行账户实名对应。（4）证券账户真实有效。系统进行证券账号编码规则校验，证券账户中登验证，防止虚假证券账号产生。（5）客户账户管理规范。系统对通过多资金账户和证券账户多头开户的控制，确保客户账户逻辑清晰，管理规范。（6）业务操作权限控制。系统通过灵活的数据、菜单、业务等多极权限设置对操作员的业务操作权限进行控制。（7）关键业务双岗制。用户还可以根据管理需要对关键业务，如销户、挂失、密码重置或关键资料变更等业务采用双岗制，即复核、审核机制。允许操作员交叉复核、审核，但限制操作员对自己操作的业务进行复核或审核。

3. 高效。（1）一站式开户。系统将原来各个业务系统单独的开户业务进行梳理，用户可以采用向导方式一次性完成客户的资金账户开户、代理人登记、证券账户开户和登记、存管账户和银证转账账户等业务，大大提高开户效率。（2）一站式资料修改。原来客户资料分布在各个业务系统的客户账户上，用户如果要修改客户资料要逐个操作，不方便且效率低。系统通过统一客户资料修改入口，将要修改的资料信息一次性同步到各个系统，如柜台系统、中登系统、银行系统和基金TA，以保证各个系统间的客户账户信息一致。（3）系统可以将账户影像采集嵌入到账户管理业务流程中，无须进行事后采集或补采。

证券统一账户管理系统实现了客户账户、资金账户、交易产品账户（证券、期货、基金、融资融券等）统一开户、更改、管理；实现了客户资料、影像、电子档案的采集和统一管理工作；实现了中登代理所有账户管理功能；设计了复核和回访保证账户管理过程的合规、长效；风险测评实现了对客户的风险承受能力调查，指导客户选择合适的投资品种；银行联名卡开户为证券公司拓展客户提供了更有效的手段。证券统一账户管理系统提高了账户管理工作质量，确保做到客户信息真实、准确、完整；同时，有效整合了客户信息，提高了柜面人员工作效率，为证券公司提供了一套全面的账户、档案、资料管理方案，满足了证券公司不断发展的业务需求。

第二节　股指期货套利系统

2010 年 4 月 16 日，首批 4 个沪深 300 股票指数期货合约正式上市，标志着中国证券市场的股指期货交易业务正式开启。股指期货的推出对于高速发展的中国证券市场有着深远的意义，逐步发展并完善了中国资本市场体系的结构化建设。股指期货的价格发现、风险转移及资产配置功能从根本上改变了传统的投资理念及组合管理方式。

一、概述

指数期货是金融期货的一种，是以股票指数为交易标的的期货交易。股指期货的推出改变了原有中国证券市场的单一盈利模式，使更多的投资者可以追求绝对收益。指数期货通常会引发投资者的三大投资需求：投机、套利和避险。以较复杂的套利业务为例。当股指期货合约的价格和现指价格之间严重背离的时候，投资者可以等额地、反方向地同时持有股指期货和一揽子现货股票，等这两者的价格收敛的时候，就可以获得相应的收益。同样，不同交割月份的股指期货合约价格严重背离的时候，持有价格被低估的交割月份的股指期货合约多头头寸，同时等量地持有价格被高估的交割月份的股指期货合约空头头寸，等到不同交割月份合约的价格收敛于合理价差时，对所持有的不同交割月份的合约同时平仓，获利了结交易。

股指期货套利业务对于机会的监控与交易速度有较高的要求，借助于专业的股指期货套利交易系统可以有效监控套利机会，控制业务风险，提高套利的盈利能力。

二、股指期货套利系统技术架构与部署

（一）系统业务流程图

通过如图6-6所示的流程图可以清楚地了解股指期货套利系统业务的功能构建。

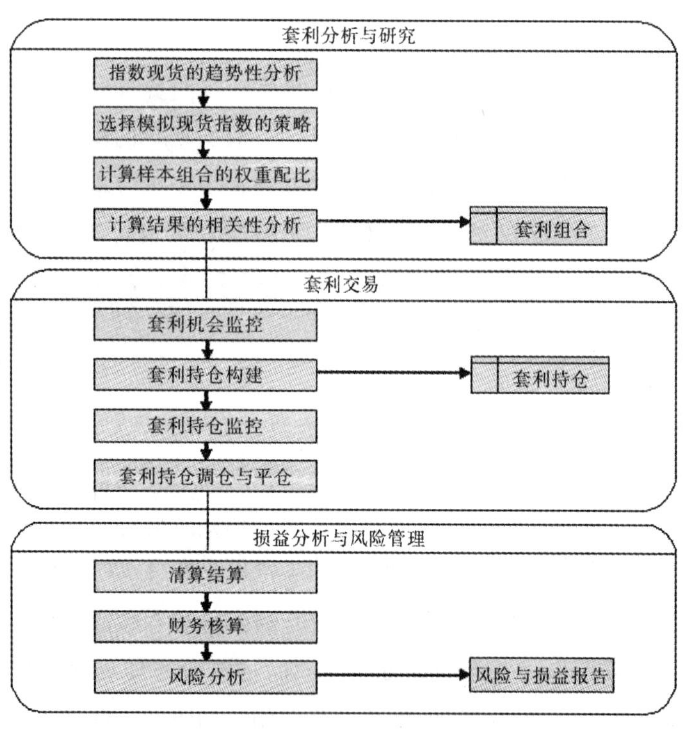

图6-6　股指期货套利系统业务流程图

（二）系统技术架构

股指期货套利系统是集交易、风险控制、模拟分析等于一体的综合平台，系统本身除了基本功能齐全外，还有以下几个特点：

1. 提供多种外部服务接口。系统应支持与外部数据分析系统的交互，如资讯系统、外部风险监控系统、估值系统等。

2. 支持第三方的策略算法接入。系统应支持第三方自定义策略算法的调用，保护用户的核心竞争力。

3. 具有较强的策略执行力。系统具有高速计算能力和快速交易通道，能把握瞬时机会，防止策略失效。股指期货套利系统整个架构如图6－7所示。

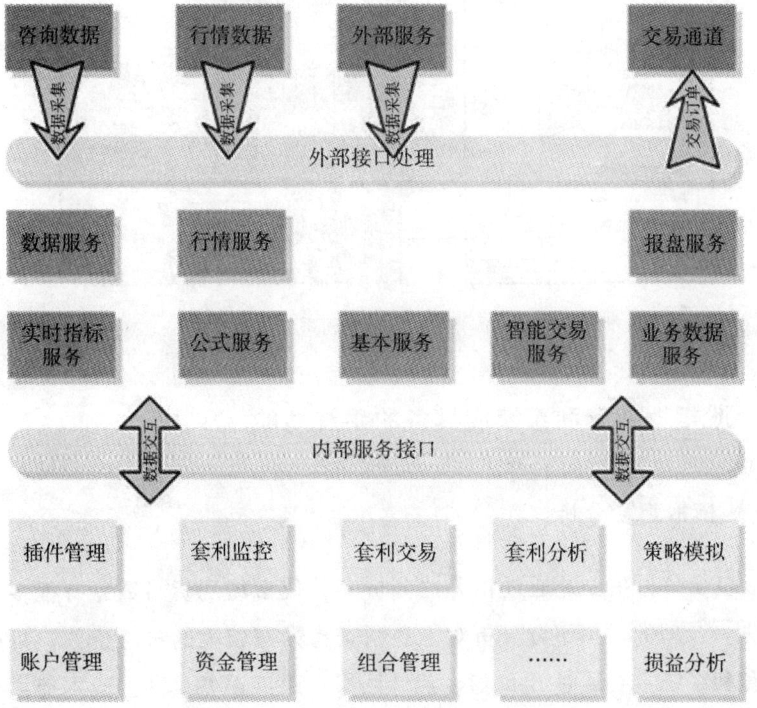

图6－7　股指期货套利系统总体架构图

（三）系统技术部署

目前股指期货套利系统的部署主要有两种模式，即独立部署和分仓部署。独立部署指股指期货套利系统通过报盘程序直接向交易所报送，在委托效率方面优于分仓模式，日终独立完成结算工作；而分仓部署则是将委托通过现货或期货柜台中转发给交易所，日终结算由柜台完成，股指期货套利系统数据与柜台保持一致。股指期货套利系统部署如图 6－8 所示。

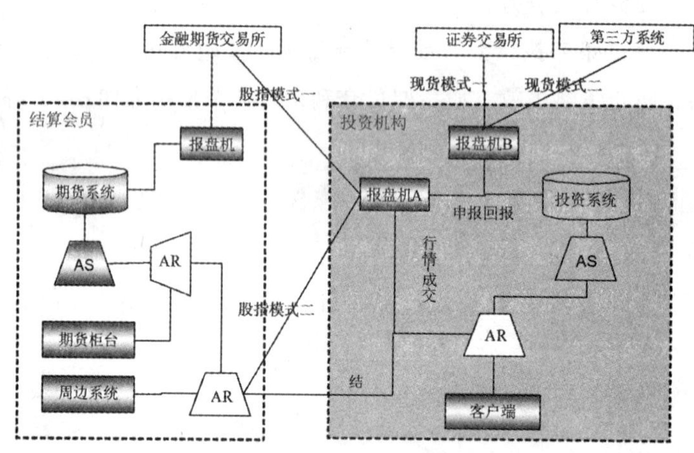

图 6－8　股指期货套利系统部署图

三、股指期货套利系统应具备的系统功能

（一）模拟组合分析

模拟组合分析主要是通过相关性分析来替代市场现货指数，有很多定量分析的方法。合理的模拟组合分析对于套利交易具有较大的参考价值。目前的股指期货套利系统主要通过 Beta 值、累计回报、跟踪误差、冲击成本等主要要素来模拟组合构建的分析。

（二）机会监控

机会监控主要实现两个层次的股指期货套利业务：一是监控市场的基差/价

差，判断市场是否出现套利机会进行建仓操作；二是监控已经建立的套利持仓是否需要进行止盈/止损的平仓操作。

（三）篮子交易

篮子交易指按组成指数期货的现货组合的批量买卖委托。股指期货套利系统具有强有力的篮子交易功能，在股指期货套利交易过程中，可以在很短的时间内完成几十甚至数百笔的现货组合委托交易，实现敏捷、智能的组合投资下单，抢占交易市场先机，最大限度地规避市场交易风险。

（四）风险监控管理

风险监控管理具备对损益的实时计算、查看和风险指标的实时预警，做到事前、事中、事后的多方位控制与预警。股指期货套利业务是高风险的金融衍生产品的投资，风险监控预警对于业务的开展来说具有举足轻重的地位，只有不断提高组合风险管理的能力，有效地控制和降低交易成本和财务成本，才能获取较好的收益。

随着我国资本市场近几年的长足发展，证券公司、基金公司以及其他的机构投资者都不断壮大，股票指数期货等衍生工具的引入对中国证券市场的影响将是极为深远的，其对大型投资组合的运作管理也将产生革命性的冲击，对于交易管理系统在交易分析、委托效率与风险控制方面将会提出更高的要求。

第三节　移动证券改进与深入应用

一、概述

随着智能手机的不断升级、iPad触屏终端的热销以及用户对移动终端操作及应用的认识不断提高，高端适配应用成为券商移动证券发展的第一方向，由浅入深地研发新应用产品，升级移动证券产品，力求获得更大的用户群。

移动证券作为网上交易的一种新兴方式，其改进与深入应用本着创新、专业、安全的原则，以成熟先进的系统体系架构为基础，在现有业务的延展和深化、支持业务创新方面均有较大突破。

证券公司在已经建立的集成行情、交易、资讯功能的3G移动证券的基础上，进一步深化移动证券应用的改进与创新。2010年证券行业移动证券改进与创新主要包括：手机视频应用、动态令牌安全认证服务、iPad HD版移动证券应用、专用股票机、融资融券应用、股指期货行情。

二、移动证券系统的架构

（一）移动证券系统逻辑结构

目前手机操作系统较复杂，为满足这种复杂数据的实时性和准确性的要求，移动证券主要以三层C/S结构为主，服务器支持传统的“肥客户端”模式——iPad、iPhone、黑莓等高端版本，同时又支持“瘦客户端”模式——普通版本（见图6－9）。

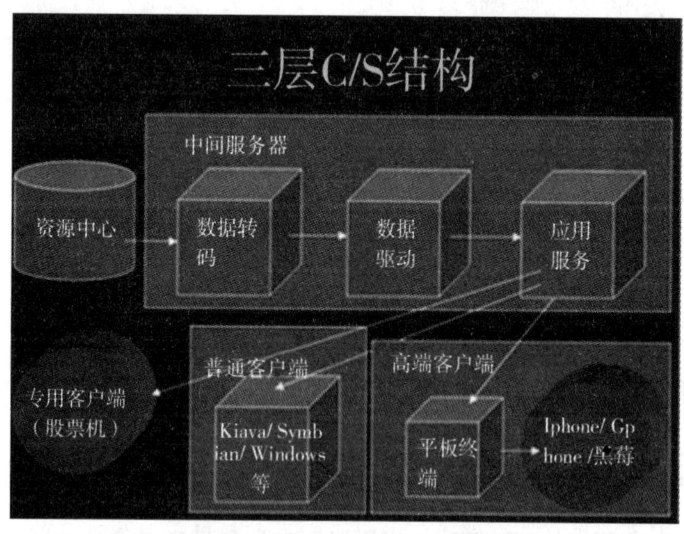

图6－9　移动证券系统逻辑结构图

（二）移动证券系统部署架构图

移动证券系统部署架构见图 6－10。

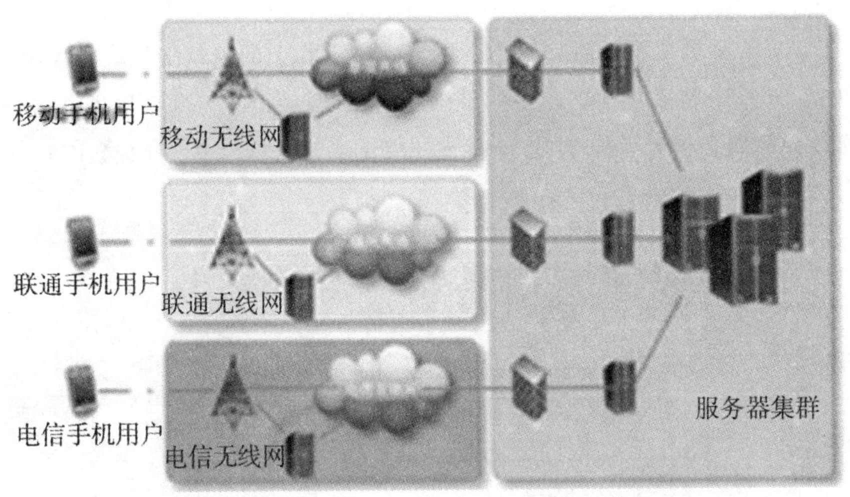

图 6－10　移动证券系统部署架构图

（三）移动证券系统技术特点

1. “瘦客户端”与“肥客户端”模式共存。根据移动客户端的特点，针对 iPhone、黑莓、iPad 等终端进行专业化、精细化的打造；针对普通版本和股票机，则充分考虑程序自适应能力，满足不同机型的要求。

2. 系统采用典型的三层体系架构，将业务逻辑封装在应用服务器，从而实现前台展现与后台业务处理分离的松耦合设计，服务器支持大量数据的复杂计算处理，利于移动客户端的个性化开发。

3. 强大的服务器集群。系统服务器包括认证服务器、行情服务器、交易服务器、信息服务器、资讯服务器组。

4. 多链路热备份。多条链路互为备份，客户端可智能切换到备份线路，用户无须干预。

三、移动证券系统改进与新应用介绍

（一）面向3G的手机视频点播/直播应用

面向3G的手机视频点播/直播平台，能够将PC上的视频文件或直播视频信号转换为3GPP格式，发布在面向手机的WAP网站上，为用户提供点播/直播服务。单台服务器可承载2 000个并发流以上。手机视频技术原理如图6－11所示。

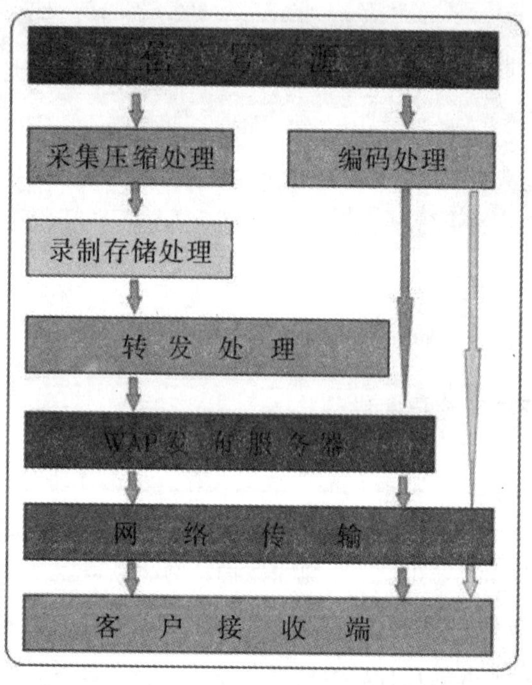

图6－11　手机视频技术原理结构图

证券公司IPTV维护人员定期更新理财视频产品，投资者通过手机可在线观看，应用截图如图6－12所示。

图 6－12　手机视频应用截图

（二）手机动态令牌应用

手机动态令牌是一种账号保护工具，将“双因素认证”应用于移动证券，不仅提升客户手机交易的安全保证，而且用户体验良好。

客户可通过移动证券软件直接申请手机令牌，操作便捷。开通手机动态令牌的用户，仅能通过已申请手机令牌的手机方可登录交易账户。登录过程中，输入账户与密码即可。手机令牌由软件自动生成，并在登录的同时发送至后台系统进行识别验证（见图 6－13）。

手机动态令牌具有以下优势：

1. 简单。可在移动证券软件中直接申请开通，一次申请长期使用。

2. 安全。每次登录交易时均使用不同的手机令牌登录，进一步增强了手机交易的安全性。

图6－13　移动证券手机动态令牌应用截图

3. 方便。无须携带硬件，更方便。

4. 快捷。自动读取，无须客户输入，节省登录时间。

（三）移动证券 iPad HD 版

移动证券 iPad HD 版根据 iPad 量身定做，使用 iPad 平台的系统特性，体现其操作特性与高清屏幕的优势，信息更快更全面，行情及交易功能更灵活方便，多点触摸功能给使用者非同一般的操作体验。

移动证券 iPad HD 版软件的使用是要注册的，注册方法和手机炒股软件注册方法相同。界面风格整体美观大方、时尚绚丽（见图6－14）。

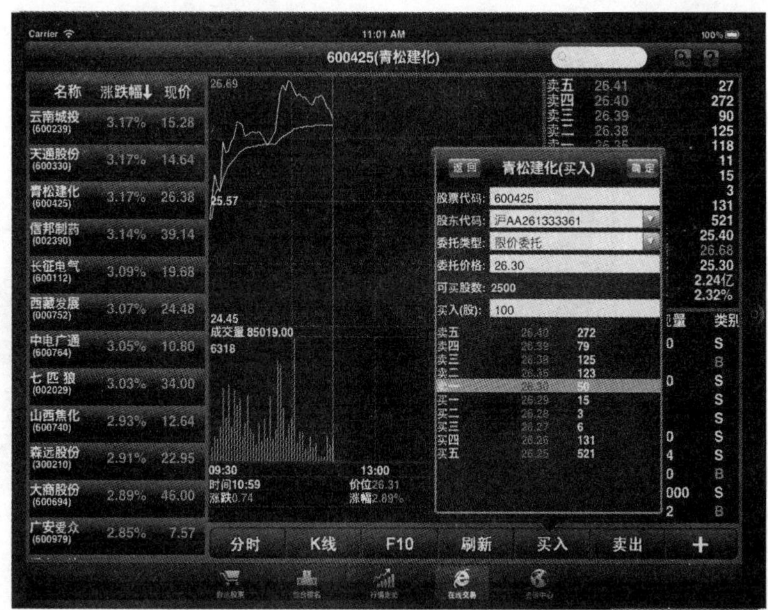

图 6－14　iPad HD 版移动证券应用截图

(四) 专用股票机

专用股票机是证券公司专门定制开发的综合利用移动互联网技术、移动数据终端技术，并与手机炒股应用软件相结合，为投资者提供无线环境下的行情浏览、资讯提供、股票交易等功能的新兴专业产品。

专用股票机由证券公司有条件地发放给投资者使用，在发给投资者之前，可以绑定该用户的资金账号，从而保证手机专人专用，安全更有保障。

专用股票机的最大特色是“三定制”：定制终端、定制软件（无须额外安装）、定制网络（包括数据卡和流量）。使用专门定制的电信运营商数据卡可以达到更高速度、更低成本、更专业的服务管理。

专用股票机便于携带，只有 iPhone 大小，并且操作非常方便。由于已经提前在后台设置好了所有程序，包括网络、软件、费用等，用户一开机就能看到股票图，一退出就自动关机，使用完全“傻瓜化”（见图 6－15）。

图 6－15　专用股票机应用截图

（五）融资融券应用

在移动证券系统下支持融资融券交易业务和普通交易业务是巨大的技术和业务创新，用户只需要通过一部手机，就能同时做融资融券交易和普通交易，非常方便实用。

手机融资融券交易主要实现以下功能：

1. 融资买入、卖券还款、融券卖出、买券还券。

2. 资产查询、融资负债查询、融券负债查询、股票查询、成交查询、委托查询、担保品查询、标的券查询。

3. 其他功能包括直接还款、直接还券、担保品划转、担保品划转与直接还券撤单、行权、授信额度变更等；关联同一客户的信用账户和普通账户，方便客户在信用账户和普通账户之间切换（见图6－16）。

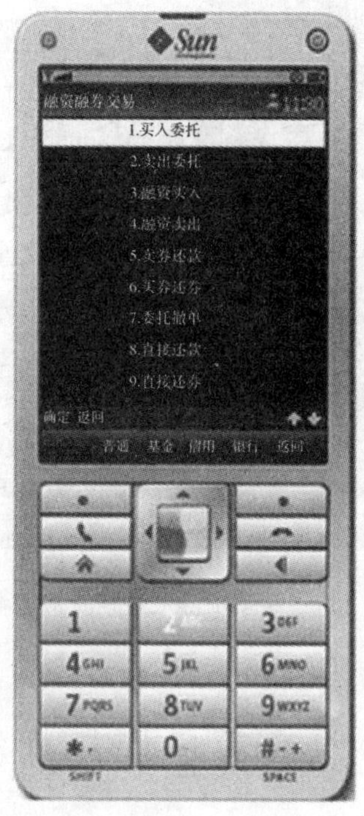

图6－16　移动证券融资融券应用截图

（六）股指期货行情

2010年4月16日，引领A股市场迈入“做空时代”的股指期货上市，国内获中金所授权的证券公司，在股指期货上市初期就推出移动证券软件股指期货功能。通过移动证券软件来看股指期货实时行情非常方便，移动证券软件接收数据快，界面风格也容易被人接受。图6－17是股指期货主要功能界面效果图。

随着电子技术及移动网络的不断发展，移动证券已走进众多投资者的生活，它不仅是重要交易和信息的获取渠道，而且已经逐步成为证券公司与客户互动的综合平台。

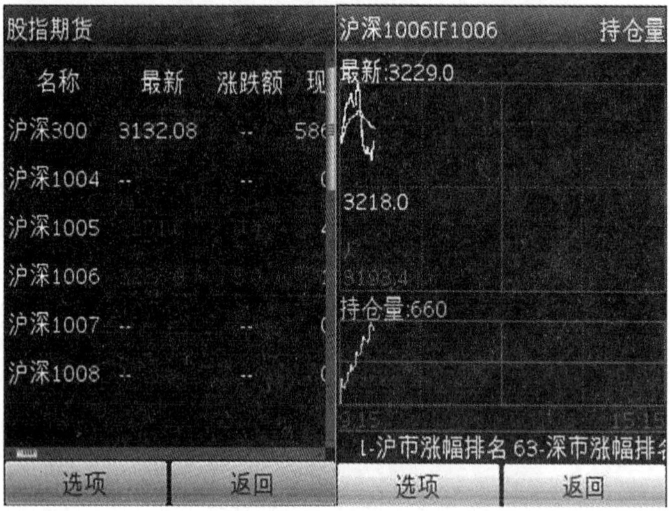

图 6－17　移动证券股指期货应用截图

第四节　商务智能与数据挖掘

一、概述

商务智能是指企业将数据转换为信息，进而发现信息中隐藏的知识，并将其应用于商业的过程。传统的商业智能系统包括在数据仓库之上的查询、报表、多维数据分析，以及以业务应用为导向、以应用绩效为衡量标准的各种分析应用系统。金融业作为信息技术应用的先驱，在商务智能应用领域也有前瞻性的研究和应用。

证券公司经过多年的信息化建设和运营过程，积累起了大量宝贵的客户数据资源。近年来，证券公司在逐渐加大对商务智能领域的关注，特别是2010年，行业各券商开始在建立企业级数据仓库以及建立包括经营层面的客户分析、经营分析、风险管理、决策层面的决策支持等商务智能系统方面进行了深入的实践与应用。

除了传统的商务智能应用之外，近年来商务智能应用的一个新热点是数据挖掘在证券行业的应用。数据挖掘是商务智能领域的一个重要分支，是指在对大量的企业历史数据进行探索后，揭示出其中隐藏的规律性内容，并且由此进一步形成模型化的分析方法。通过数据挖掘还可以建立起企业整体或某个业务过程局部的不同类型的模型。这些模型不仅可以描述企业当前的发展现状和规律性，而且还可以用来预测当条件变化后可能发生的状况。这可以为金融企业开发新的产品和服务、甚至为企业机构的重组提供决策支持依据。

数据挖掘在银行业已经有非常广泛的应用，特别是在信用卡领域的客户信用风险评估、客户价值评估等。证券行业在推出融资融券业务之后，对于客户的信用风险方面的分析需求也在逐步增加。此外，由于行业竞争进一步激烈，证券公司对客户的营销也进一步趋向精细化，希望通过数据挖掘的手段来准确了解客户交易的偏好和特点，精确定位客户个性化营销的模式，以防范客户价值的流失。

数据挖掘可以根据海量的历史数据进行分析、挖掘，找出内在规律，并对未来走向进行预测。比如，可根据股市行情走势、上市公司的资料以及宏观、微观经济数据等对未来市场进行预测，为客户和自有资产的经营管理提供合理的建议，从而提高资产配置的有效性，降低成本，控制风险。证券公司能更加及时、准确地掌握自身的经营状况、资金情况、利润情况、客户群分布等重要信息，从而能有效地提高管理水平、降低运营成本，使整个证券公司的经营管理更加高效、科学、规范。

证券公司推进商务智能建设，在技术上呈现出新的特点和趋势，即推行基于数据仓库特别是分布式数据仓库的基础平台，以及在这个基础平台之上的进一步整合与规范。数据仓库为商务智能和数据挖掘应用的建设提供了强有力的技术支撑。数据质量与数据标准化的推行，也在很大程度上促进了商务智能和数据挖掘应用的进一步发展。通过建立数据仓库，整合各业务系统的数据，建立统一客户视图，整合为一个以客户为中心的服务平台，为客户服务、客户营销、风险防范、经营管理决策等提供强有力的数据支持，来提高营销服务效率，优化营销、服务、产品资源配置，已成为证券公司提高市场竞争能力和客户服务水平的关键。

二、系统结构图

基于数据仓库的商务智能应用系统如图 6－18 所示。

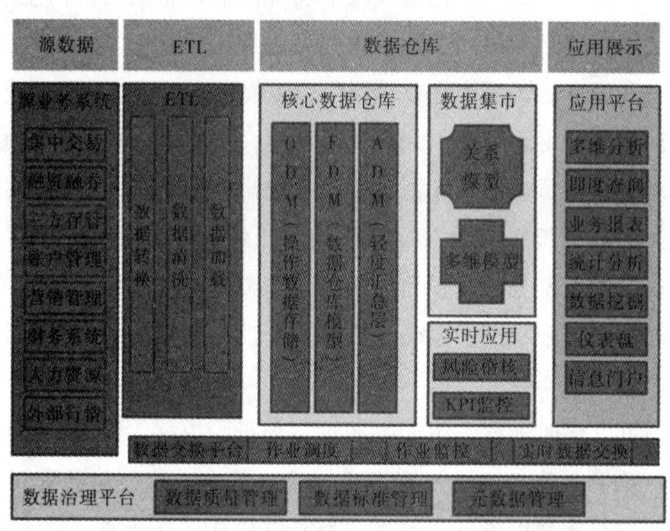

图 6－18　基于数据仓库的商务智能应用系统

三、技术特点

随着信息化技术的进步，证券公司在推进商务智能和数据挖掘应用系统的建设上更加趋向于集中化、标准化。其技术特点主要体现在如下三个方面：

（一）体系结构的整合化

当前的商务智能系统更趋向于建立一个后台集中式的、功能层次化分明的整合式的体系，以避免以前信息系统建设过程中形成过多的功能分散的小型系统，从而在整体上节省信息资源的软硬件投入，并且形成功能上的高效整合，从而带来成本和性能的更多回报。这种整合后的系统结构的优势主要表现在以下几点：

统一的ETL数据交换平台与集中存储的数据仓库，使商务智能与数据挖掘应用专注于数据内容本身，而无须关心数据的来源与位置。

按主题划分的数据仓库模型屏蔽了源业务系统的结构差异。与源业务系统的组织结构不同的是，数据仓库的EDW模型是按照数据分析的视角来构建的。数据在进入数据仓库之后，不再按业务相关性存放，而是按分析主题的不同来归类存放。这样带给下游的商务智能与数据挖掘应用的好处就是有了更大的专注性，不再被具体的业务规则困扰。

良好的设计带来了总体计算性能的改进。汇总层和公共指标库的推行，形成了各分析应用之间的成果共享和口径统一，从而避免了各个数据分析应用系统之间因计算口径不同而造成的统计差异。

（二）标准化的深入推行

在经过多年的商务智能系统建设之后，证券公司在信息化建设中更注重于对基础数据的质量提高与标准化处理。证券公司已经清楚地认识到，高质量的、规范标准的数据是商务智能及数据挖掘应用产生价值的关键。从技术上讲，数据标准化的推行主要带来如下优势：

1. 数据标准化的推行，屏蔽了源业务系统的数据命名和数据编码的差异，使得下游应用系统的建设基于一致的数据对象、类型与编码，提高了系统建设效率与产品化程度。

2. 数据质量的推行，进一步改进了数据的准确性和可靠性，从根本上提高了商务智能与数据挖掘应用的成效，是分析应用系统成功的关键。

3. 元数据的推行，进一步明确定义了各业务数据的来源与含义，能够准确追溯业务数据的来源与转换过程，并能够全面反映源系统业务数据的变化对下游系统的影响范围。

（三）分布式数据仓库系统以及其他新技术的应用

分布式数据仓库系统在银行业、电信业已经有了较广泛的应用。相对于传统的数据仓库系统来说，其优势在于高性能的数据查询和统计性能，但是也具有更高的成本投入。近年来，随着技术的发展，一些高端的分布式数据仓库产品的成本逐年降低，同时也涌现出一些低成本的分布式数据仓库系统产品。因此，在我国证券行业也逐渐出现了高性能分布式数据仓库的建设趋势。

四、新技术和平台的实施对应用的促进

新的技术和新的平台的实施，促进了商务智能与数据挖掘应用的进一步发展。近年来，新的商务智能与数据挖掘应用在证券行业逐渐展开。

（一）分析型客户关系管理系统的商业智能应用

分析型客户关系管理系统主要是指利用数据仓库的海量数据进行汇总、计算，对客户交易、资产等各方面的信息进行归类、统计，形成 KPI 指标。在此基础上形成对营业部及证券公司层面的经营状况的综合分析和评估。相对于传统的客户关系管理系统，现在的分析型客户关系管理系统在应用上有如下新的趋势：更注重对客户群体的细分，以达到精确营销的目的；更注重对客户的个性化的分析与价值评估，并通过客户交易平台与客户形成互动，使客户能分享到数据仓库系统的个性化的分析服务，了解到自身的盈亏与交易状况，形成更好的客户体验。

（二）运用数据挖掘工具对客户价值进行深入分析和挖掘

经纪业务对客户的精确定位与个性化营销，是近年来证券公司在经纪业务领域面临的重要课题。在面对数据仓库中的海量客户数据时，传统的客户分析方法已经很难进行精确的分析。而应用数据挖掘的方法，则可以有效地发掘出海量数据中潜藏的规则与价值。典型的应用特点有：

1. 偏好分析。运用聚类分析方法对客户的交易行为进行归类分析，按照不同的交易偏好进行客户分群，从而使得营销人员能够对每个客户的交易偏好有明确的了解，便于展开有针对性的个性化营销策略。

2. 忠诚度分析。运用估值分析方法对客户的佣金贡献、价值贡献、成本消耗等进行综合分析和评分，精确评估每个客户的真实的价值贡献和营销成本。

3. 流失分析。运用预测分析方法对历史上的流失客户及其行为进行分析，找到流失客户的行为特征，建立流失预警模型，使营销人员在客户出现流失倾向时，展开适当的营销手段，以达到挽留客户的效果。

（三）内部营销的深入分析应用

利用数据挖掘的方法对营销人员的成长曲线分析、营销人员的价值贡献分析等，可以找到优秀营销人员的共性特征，从而能够更有针对性地招聘到优秀的人才、更大程度地激励营销人员的士气、更有效地管理营销队伍的绩效，实现营销团队的价值贡献最大化。

（四）金融市场分析

运用时间序列模型对金融市场及单只证券的行情进行数据分析和规律的挖掘，预测市场或单只证券的未来走向，或者找寻其中的套利机会，也是近年来金融行业数据挖掘领域的一个热点。

五、未来技术发展趋势

（一）数据质量与数据标志化的更深入推行

证券公司在推行商务智能与数据挖掘应用的信息化系统建设的同时，越来越了解到数据质量的好坏和数据标准化程度的高低，决定了商务智能与数据挖掘应用的信息化系统建设的成败。因此有许多证券公司在深入开展数据质量与数据标准化的专项建设，以期达到进一步夯实基础的效果。

（二）动态实时数据仓库的推行

证券市场是一个实时变化的动态市场，行情及信息每一秒都在发生变化，而传统的数据仓库一般是隔日批量加载并处理数据，无法满足实时、动态的数据分析的需求。目前有的证券公司在尝试构建实时动态的数据仓库系统，以满足这一需求。

第五节　营销服务系统改进——投资顾问平台

随着证券经纪业务发展逐步市场化，由“坐商”变为“行商”已成为业内共识，经纪业务正面临着境外证券公司介入、佣金改革、商业银行业务多元化等带来的新挑战，内外部经营环境正在发生重大变化。近年，各家券商进行了不同程度的改革，以通过转型、创新增强自己的竞争实力。实现证券经纪业务的长远发展是一个全面而系统的工程，如何利用自己的业务资源和业务优势制定发展策略，使转型有效成为提升竞争实力和长远盈利能力的利器，是各券商共同面临的课题。

一、概述

2010 年，为适应券商经纪业务向投资理财顾问转型，行业券商开始投入到投资顾问平台（以下简称“投顾平台”）的建设中，并成为证券公司信息系统建设的重要部分。投顾平台通过管理企业与客户之间的关系来改善客户的体验，从而提高和保持客户满意度与忠诚度，同时通过流程优化、信息共享和业务协同来增加企业收益，是供应链的核心部分。投顾平台的功能可以归纳为 5 个方面：（1）对内部的销售、营销和客户服务三部分业务流程的信息化；（2）与客户进行沟通所需要的手段（如电话、Email、即时通讯工具等）的集成和自动化处理；（3）对前两部分功能所积累下的信息进行加工处理，为证券公司的战略战术决策做支持；（4）为内部客户经理、投顾人员或服务人员的营销服务提供业务支撑工作平台；（5）为外部投资者提供自助终端，通过与营销管理的有效链接，提供更加全面、快捷的服务。

二、系统架构

投顾平台总体架构如图 6 - 19 所示。

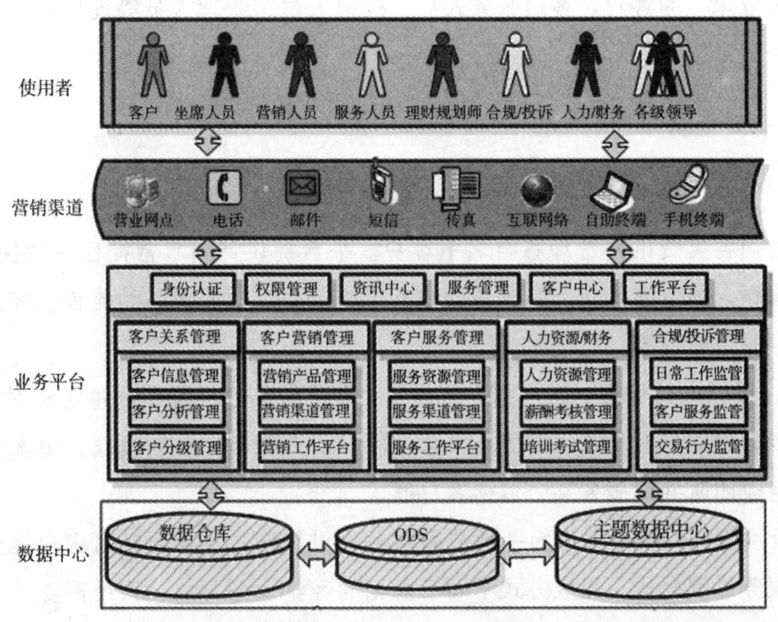

图6－19　投顾平台总体架构图

投顾平台系统可以通过数据采集、清洗、加工和数据仓库建立数据处理交换关系，生产基于客户主题、营销主题、服务主题等分类主题的数据中心集合。通过投顾平台的建设，实现对投资咨询、客户营销和客户服务的支撑；利用各种服务通道，为客户提供全方位、个性化的服务，从而形成证券公司的核心竞争力。

三、系统建设

投顾平台从“以客户为中心”的视点出发，全面覆盖经纪业务的功能和流程，建立统一的客户、员工等信息视图，建立统一标准的服务管理、流程控制，协调和统一与客户的交互行为。通过客户分析和分类，了解客户的行为和偏好，在适当的时候、把适当的产品和服务、通过适当的渠道提供给适当的客户，最终建设成为以客户为中心、以服务为导向的企业级投顾平台，将客户开发、客户服务、资讯推送、客户反馈相结合，提高客户营销管理与客户服务的效率和效果，为客户、客户服务人员、投顾人员、管理人员等提供集成的企业级业务支撑平台。

（一）业务平台的建设

1. 投顾工作平台。这是投顾人员使用的工作平台，通过这个平台可以及时了解公司各类资讯并管理各自名下客户。平台提供针对日常操作的快捷链接，方便投顾人员直接操作，完成各类业务工作流程，如服务签约流程、客户投诉流程、派单流程等。

2. 投顾人员管理。对投顾人员的相关资质信息进行管理，并划分不同的投顾等级。建立与客户之间的服务关系，同时引入服务团队的概念，由多个投顾人员组成团队共同服务某个目标客户群。

投顾服务可以单独作为一种产品服务提供给客户，需要针对客户提供相配套的服务过程提成。提成方式不同于常见的经纪业务方式，系统需支持对投顾业务人员的提成方式设置，根据设定的绩效考核方案，来量化人员考核得分。

3. 合规管理。对初次开户的客户通过问卷调查的方式予以评估，进行客户风险能力评估；对于中国证监会规定的二次评估的客户，采取问卷调查和数据分析等相结合的方式进行评估，维护客户评测结果。在客户首次购买超过风险级别的产品时，进行短信提示，或者是交易前的首次确认。

建立可考核、可量化的回访制度。同时，利用呼叫中心、门户网站等，在公司内部建立针对投顾业务服务的客户投诉服务流程，将客户的投诉进行分类研究，并提供具体投诉处理结果反馈给客户。

4. 投顾产品管理。对投资者可能购买的产品进行分级分类管理，和投资者的风险承受能力进行匹配。把过去对客户咨询服务提供的单一性，调整为整合公司资源进行服务产品包装，提供增值服务产品，可以根据不同时期、不同客户经营策略定位的服务资源提供需要。

产品内容主要根据投资者持仓状况并结合各类基础财经数据、金融工程模型自动进行数据运算统计、模型分析，为投资者提供专业的、个性化的、客观的投资分析服务，并自动批量生成专属每一个客户的金融投资分析报告。不但可以方便地整合券商内部各方面服务资源，以很小的成本投入和服务工作量向巨大数量客户提供优质的、个性的、专业的增值服务，同时系统可以将所有的资讯、咨询、研究、分析等服务以有形的报告形式提供给客户，为客户带来服务价值的同时也给券商带来一种新的可销售的服务产品。主要包括个股诊断报告、账户诊断报告、投资组合报告等产品。

5. 服务产品配送。服务产品配送是设置客服人员应向什么组别的客户提供什么服务产品，在服务产品过程中逐步形成规范，实现客户服务产品标准化。

服务产品的配送可分为自动配送和主动配送。自动配送是在某个条件触发下，自动把服务产品的信息按照产品配送策略来配送给目标客户群或执行人；主动配送是服务人员主动给客户推送的服务产品管理，包括服务人员随时通过服务渠道给客户发送人工撰写的信息。

6. 资讯中心。资讯信息主要来自公司各类外购行情、新闻等和公司内部研究报告、股票池、公告等信息。资讯中心的建设从业务需求和实际应用出发，对现有的数据资源和处理流程进行综合分析，以信息资源规划为标准，通过数据层面的整理提炼，将分散在各个“信息孤岛”中的有效信息资源构筑在公司统一的信息源中，从而形成完善的资讯中心。

7. 客户服务自助平台。这是投资者客户自助系统，客户通过门户网站或专用的客户端了解当前自己账户情况，通过专业的分析报告以及图表等形象地展示当前仓位的情况、积分情况；选择适合自己的服务产品，接收专业的分析师提供的股票池、资讯等；并可以通过专用的即时通讯工具与投顾人员进行零距离接触，答疑解惑，使得投资方向更加准确。

（二）支撑平台的建设

投顾平台的数据来源于集中交易数据或数据仓库、各类服务系统的数据、资讯产品的数据。通过对数据的多层级的分析展现，支持服务分析和决策分析。

投顾支撑平台逻辑结构如图 6 – 20 所示。

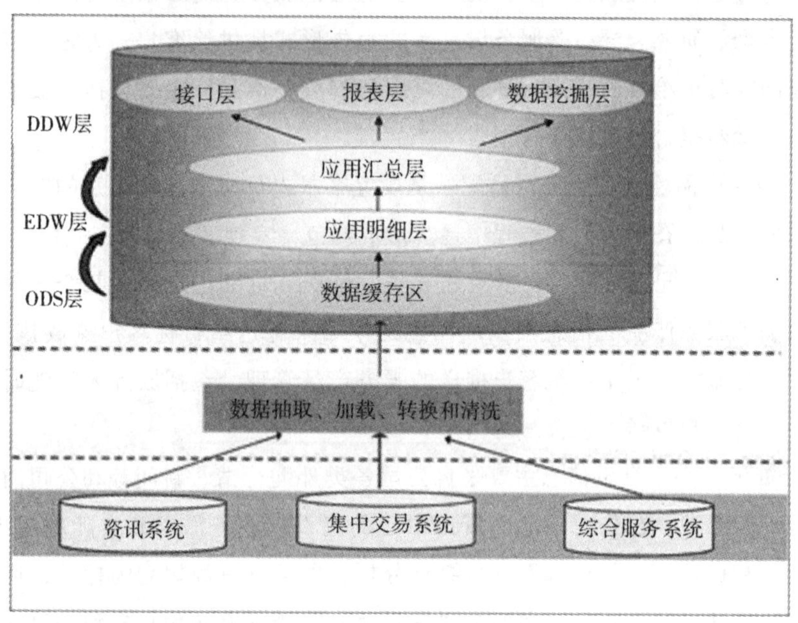

图 6－20　投顾支撑平台逻辑结构图

1. ODS 层：也称为“操作型数据存储”，每日数据源系统以文件的方式将数据上传到数据仓库的 ODS 层（又称“登录场区”），一般保留 1～3 天数据。

2. EDW 层：以主题的方式保留 ODS 上传的数据，为确保数据的稳定性，一般会保留 3～5 年的历史数据。

3. DDW 层：主要是面向分析应用而建立的数据汇总层，一般采用星型模型或雪花模型，主要包含事实表和维度表。事实是相关的业务数据的集合，包含度量信息（指标）和上下文语义内容信息（维度和属性），通常代表可以用于分析业务内容和业务过程的业务项、业务事务。维度是一组关于同一角度描述信息的集合。常用的维度表包括日期维度、机构维度、客户维度等。

4. APP 层：是应用接口层，可以以 WEB 方式访问数据，或通过接口向外部提供数据表或视图。

投顾业务方兴未艾，除了建设投资顾问团队外，利用 IT 技术构筑一个高效的投顾平台是券商提高自身竞争力的重要手段。而系统的建设需要建立在不断完善的业务流程基础上，一个成功的系统又能将业务更好地推广到基层，业务和技术相辅相成。券商投顾系统的建设和应用，也将促进券商投顾业务的发展。

第六节　核心业务系统备份能力改进

一、概述

近年来证券公司为应对市场竞争和风险控制实施了集中交易，实现了数据集中、交易集中和清算集中。而我国证券行业具有行情变化迅速、投资者数量庞大的特点，集中交易系统作为证券公司的核心业务系统承担了证券公司所有客户交易的重要任务。各证券公司充分认识到核心业务系统安全运行的重要性，并意识到IT系统必定存在不可避免的小概率运行风险，因此，近年来证券公司通过持续投入和不断探索构建核心业务系统的备份容灾体系，以防范系统软、硬件等运行风险。

作为信息安全的重中之重，2010年证券公司继续加强核心业务备份能力的改进和投入。主要体现在两个方面：

（一）增强基础设施的可靠性

实施主中心机房基础环境的重建、改进；建设同城备份中心机房，部分证券公司甚至建立两地三中心等备份模式。

（二）优化应急流程

不断完善、优化应急流程，改进演练方式，提高演练频率，增强应急切换的熟练程度，切实提高备份应急切换效率。

经过几年的努力，证券公司核心业务系统已逐渐形成由生产系统、本地温备系统、同城备份系统或异地灾备系统组成的“多级备份”容灾体系。通过改善机房基础环境，形成多级系统备份容错体系，构建全方位多层次的数据备份体系，建立和完善应急管理机制，加强人员保障和规范化运维管理，以持续提高核心业务系统的备份容灾能力。

二、核心业务系统备份能力的技术架构

（一）逻辑架构

核心业务系统一般由生产系统、本地温备系统、同城备份系统或异地灾备系统组成。一般在运营中心部署生产系统和本地温备系统，在同城备份中心部署同城备份系统，或者在异地建立异地灾备中心部署异地灾备系统（以下把同城备份中心和异地灾备中心统一简称为“备份中心”）。

备份中心也部署和运营中心相类似的交易系统，由于灾难的发生是低概率、高风险的事件，通常备份中心的设备在性能上比主运营中心低，一般为运营中心设备性能的70%，部分证券公司则在备份中心的设备性能上和运营中心是1∶1配备。

运营中心和备份中心之间通过高速的通信链路互联，保持两者之间数据的同步，通信链路的带宽选择取决于数据同步的时间要求。证券公司的各个营业部同运营中心与备份中心之间都有通信链路连接，其中与异地灾备中心之间的连接也可以选择互联网 VPN 方式。其逻辑架构见图 6－21。

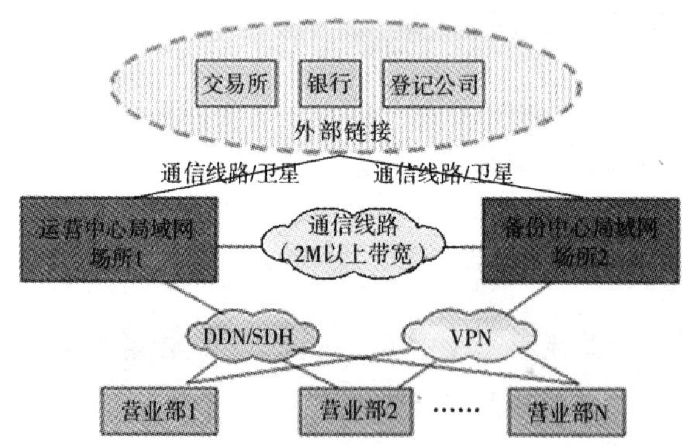

图 6－21　逻辑架构图

（二）部署架构图

运营中心和备份中心的核心业务系统一般采用相同的部署架构。为确保通讯安全、数据安全和访问安全，业内一般采用网络隔离技术，把核心业务系统从物理上或逻辑上划分为数据库隔离网段、交易内网网段、交易外网网段（部分部署把数据库隔离网段和交易内网网段合二为一）。集群热备数据库服务器以及数据同步系统部署在数据库隔离网段，仅提供事务中间件访问数据库进行业务事务处理。通讯中间件则把业务请求路由转发给事务中间件处理，通过通讯中间件统一对外提供服务，包括营业部业务接入、总部端统一部署的三方存管、报盘回报、网上交易、手机证券等子系统的业务接入。其部署架构见图6－22。

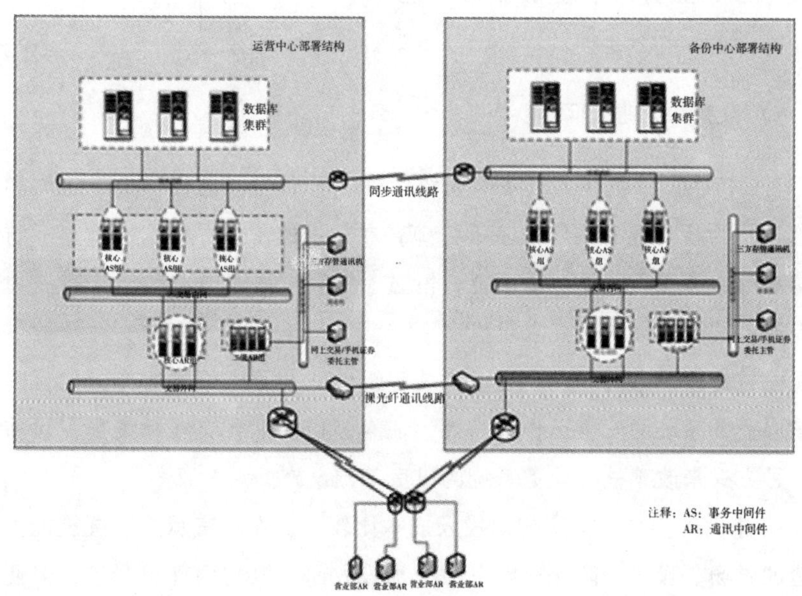

图6－22 部署架构图

（三）技术特点

1. 形成两地三中心、同城或异地主备双中心等容灾备份建设模式；

2. 形成由生产系统、本地温备系统、同城备份系统或异地灾备系统的“多级备份”容灾体系；

3. 广域网各级通信链路均实现双运营商双线路或天地备份模式，确保广域网通信安全；

4. 采用网络隔离技术，以确保核心业务系统的通讯安全、数据安全和访问安全；

5. 服务器、中间件等关键设备通过多节点集群技术实现热冗余备份；

6. 关键设备采用双网卡 banding 技术分别连接主备交换机，避免网络单点故障；

7. 通过数据同步技术保证关键数据在各级备份系统间实现秒级同步。

三、核心业务系统备份能力改进体系

（一）改善机房基础环境

用于支持生产系统和各级备份系统的环境（包括场地、供电、空调和布线等设施）作为核心业务系统的基础保障，在机房的承重、防水、防火、防雷接地、防静电、防盗、防鼠、防虫害、恒温、恒湿、强弱电布线、抗震能力等方面有专业上的严格要求，要求对机房 UPS 设备冗余、UPS 电源实际持续供电时间、发电机持续供电时间、动力设备关键组件冗余等方面进行充分的保障，以支撑核心业务系统的安全运作。为此，证券公司根据各自实际情况，目前主要采用三种方式来改善核心业务系统的机房基础设施。

1. 自建机房。自建机房初期投入成本比较大，在机房承重、抗震能力、机房周边的磁场、噪声、防无线电电磁干扰等方面难以达到理想要求，但便于后期管理，在充分规划部署下后期变动成本比较低。

2. 托管机房。把设备托管在证通公司或电信等运营商的机房，初期投入比较小，机房条件和周边环境符合机房基础环境要求，但允许现场运维办公的人数比较少，人员对设备管理不方便，一般适合作为同城备份系统或异地灾备系统的机房。

3. 租用机房。初期投入适中，通过租用电信等运营商的机房，机房条件和周边环境符合机房基础环境要求，对现场运维办公的人数基本没有限制，机房管理规范，便于人员对设备的管理，但存在机房租约到期后变动的投入成本。

（二）形成多级系统备份容错体系

证券公司运营高度依赖电子化技术手段，保障证券公司核心交易系统的运营安全就显得尤为重要，而建立多级备份容错体系是保障业务连续性的基础保障。

证券公司通过服务器集群技术实现核心交易系统双机或多机热备，建立本地温备系统，在此基础上建立同城备份系统或异地备份系统，逐步由同城备份系统向异地灾备系统发展，以此形成两地三中心、同城或异地主备双中心模式的容灾备份建设模式。

各级备份系统以同步关系实现串联，通过各种数据同步技术保证关键数据能够在各级备份系统间逐级实现秒级同步，以此确保每级切换的可行性和高效性，同时确保每级备份的切换复杂程度一致。这种多级系统备份容错体系的建设对核心交易系统业务的连续性提供了更高的保障级别和更灵活的应急切换策略。

（三）构建全方位多层次的数据备份体系

通过建立多级备份容错体系，实现了联机数据备份；备份中心的建立，使关键数据在各级备份系统间逐级实现秒级同步，也实现了联机备份数据的同城备份和异地备份。

但由于数据同步技术固有的联动性，一旦本地生产系统发生数据灾难性故障，必然导致建立在数据同步技术基础上的各级备份系统出现同样的数据灾难，此时需要离线备份提供最近备份点进行恢复，以尽量减少数据丢失。

为此必须建立有效的离线备份策略，确保离线备份数据的可用。离线备份和恢复策略必须考虑备份的频率周期、全量备份和增量备份的相结合、不同的备份介质、备份数据加密存储、数据传输安全、数据保存安全、备份数据可用性检验等方面，以此形成全方位多层次的联机和离线数据备份体系，以确保核心交易系统数据的万无一失。

（四）建立和完善应急管理机制

为建立应急保障的长效机制，确保系统异常时能有序、快速地排除，使业务连续性得到最大程度保障，需从以下几方面建立应急管理机制：

1. 建立应急预案。应全面考虑各种潜在风险隐患，针对各类风险建立富有针对性的应急流程，并就核心业务系统可能出现的各种故障制定具体的应急计划，包括故障描述、处理方案、审批流程、应急流程、解决时间等内容。

2. 规范应急预案及应急流程的发布。为确保备份容灾体系以及各种应急预案的有效性和可靠性，需定期组织人员对备份容灾体系的架构部署、应急预案和应急流程进行梳理和完善，并统一发布新版本，以使应急预案及应急流程随业务部署变动而得到规范和及时更新。

3. 建立定期应急演练机制。通过建立定期应急演练机制，以强化和巩固运维人员对应急切换操作流程的掌握程度、处理效率和反应敏感度，强化运维团队的应急操作、协调配合、风险意识及应急报告意识，同时验证应急预案、应急流程以及各级备份系统的有效性。

4. 实施应急演练管理和评估反馈机制。应急演练前制定详细的演练计划、演练目标以及反馈项目，演练结束后对演练结果进行及时的总结分析，发现问题则进行揭示和评估，并落实人员负责跟进解决，以此持续不断地完善核心业务系统的架构部署、应急预案和应急流程。

（五）加强人员保障

为保障核心业务系统备份能力的有效执行，必须从公司层面设置应急处理组织架构，建立相应的应急处理小组，合理做好应急处理分工，明确应急事件处置的报告机制。

在运维团队中，应采取双岗机制和岗位轮换机制，以应对人员休假和离职的风险。通过建立运营中心和备份中心之间的人员轮换机制，保障备份中心有充足的熟悉切换流程的人员，这样才能在人力上保障备份中心的备份能力在紧急状况下能有效快速地执行。

另外，强化证券公司所有人员的风险防范意识，确保运维人员知识结构得到及时更新，以保持运维团队的整体素质和战斗力。

（六）规范化运维管理

为解决运维管理中来自技术、人员、流程整合管理中的问题，需建立与国际接轨的运营管理规范。通过借鉴业内和国际上成熟可行的最佳实践，结合各证券公司自身的实际情况，以明确职责和指定到人的细化管理；通过建立故障管理、问题管理、配置管理、变更管理、发布管理等多项服务支持流程以提供有力的组织流程保障，确保核心业务系统各项备份能力改进措施能得到有效执行和持续的优化改进，使核心业务系统备份能力处于可控可管理的状态。

核心业务系统备份能力改进体系图如图 6 – 23 所示。

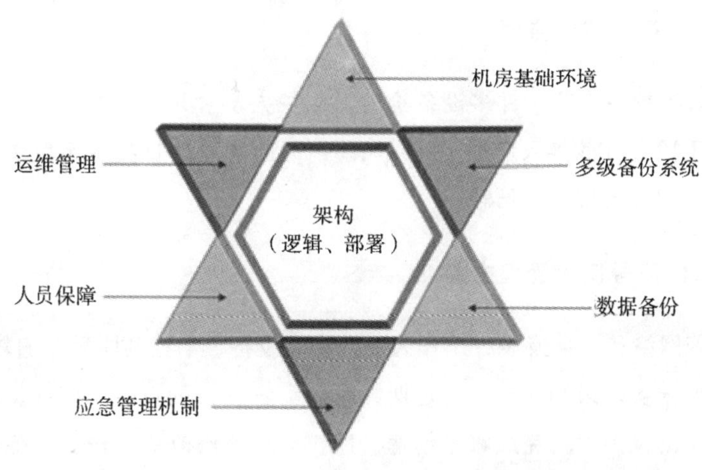

图 6 – 23　核心业务系统备份能力改进体系图

核心业务系统构建了由生产系统、本地温备系统、同城备份系统或异地灾备系统组成的“多级备份”容灾体系，同时通过备份能力改进体系的有力保障，涵盖了机房基础环境、多级系统备份容灾体系、全方位多层次数据备份体系、应急管理机制、人员管理和运维管理，有效地保障了核心业务系统的备份能力。同时我们也需要客观地认识到，因业务和技术的变化和发展，核心业务系统的架构部署以及备份能力不是一成不变的，其改进也将随需而动。核心业务系统备份能力的改进将是一个持续的、不断完善优化的过程。

第七节 信息安全技术改进——堡垒主机应用

一、概述

随着证券公司各业务系统以及用户数量的不断增加，业务和用户规模不断扩大，在用户账号管理、授权管理、审计以及口令管理方面的问题越来越突出。主要表现在以下几方面：

（一）接入控制方面

随着维护集中化，许多设备给内部维护人员和厂家人员提供了拨号、VPN等接入手段。分散接入增加了网络风险，因此需要通过技术手段集中控制维护接入，实现按人按次的授权。

（二）账号口令管理方面

随着网络和业务发展，工作人员维护的设备、掌握的账号普遍较多，同时，安全上要求实现最小化授权，定期修改和配置复杂的口令，因此，需要通过技术手段协助维护人员完成账号创建、授权、口令修改等工作，消除账号口令方面的安全隐患。

（三）日志审计方面

由于网络设备本身日志记录不全、易被破坏、保存时间短等问题普遍存在，很多安全事件发生后无法追究到人，因此，需要技术手段对此进行完整记录，集中保存各系统的维护操作，以备审计。

（四）用户访问方面

维护客户端的数量较多，用户在维护不同的设备时，需要逐一登录每个设备，不方便使用。

总体上，我们需要一种集中的管控手段，能够管控用户访问设备的全过程，包括接入控制、账号权限控制、日志记录和审计等；能够适应证券行业现有维护模式，提高维护工作效率。

2010 年，部分证券公司开始使用堡垒主机实现系统维护人员内控，实现对内部核心服务器的远程访问控制与操作审计功能。

二、堡垒主机系统技术架构

堡垒主机是一种被加固的可以防御进攻的计算机，具备坚强的安全防护能力。内控堡垒主机担当着“看门者”的职责，所有对网络设备和服务器的请求都要从这扇“大门”经过。堡垒主机能够拦截非法访问和恶意攻击，对不合法命令进行阻断，过滤掉所有对目标设备的非法访问行为。

（一）系统逻辑架构

堡垒主机系统逻辑架构见图 6－24。

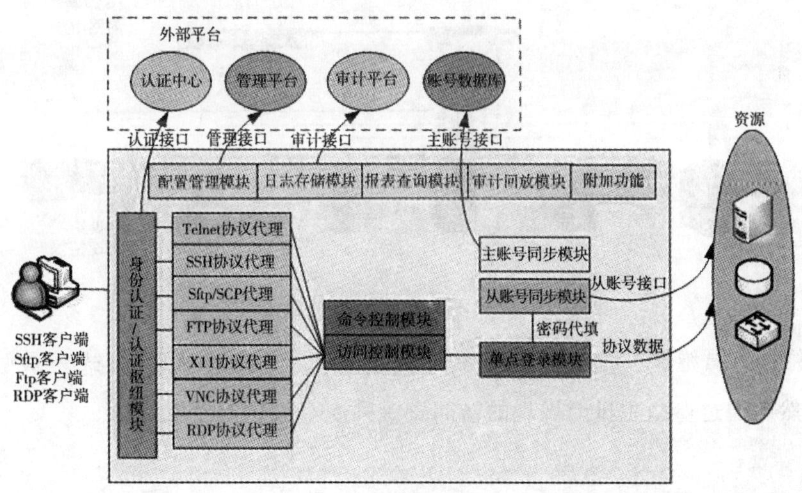

图 6－24　堡垒主机系统逻辑架构示意图

其核心模块主要为：常用协议的代理以及对无法解析协议的应用客户端发

布模块，目前一般堡垒主机产品可以实现的协议代理有：字符协议：Telnet，SSH，Rlogin；文件传输协议：FTP，Sftp/SCP；图形协议：RDP（Windows远程桌面），VNC（Linux/Unix/Windows），X11（Linux/Unix）。

代理进程监听相应的端口，捕获通信后，按照授权策略转发到相应的资源，同时对数据包进行命令级别的解析。

此外，堡垒主机系统具有非常好的扩展性，对外部平台提供标准的接口，如管理接口、账号同步接口、认证接口以及审计日志接口。

（二）系统部署架构图

如图6－25所示，堡垒主机一般部署在被管服务器区的访问路径上，通过防火墙或者交换机的访问控制策略，限定只能由内控堡垒主机直接访问服务器的远程维护端口。

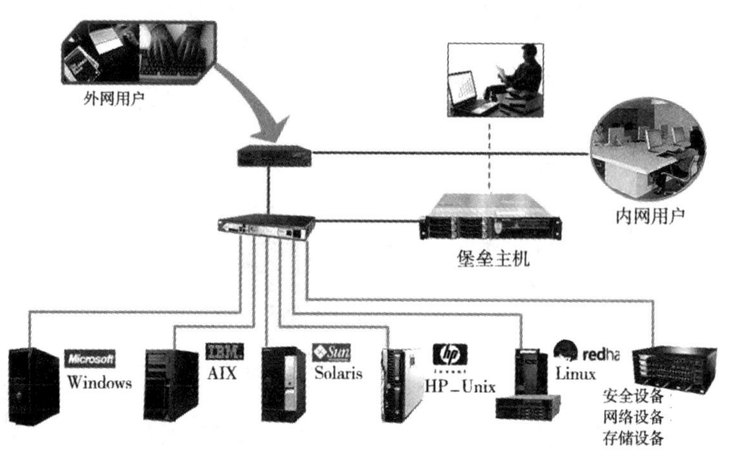

图6－25　堡垒主机系统部署架构示意图

维护人员维护被管服务器或者网络设备时，首先以WEB方式登录堡垒主机，然后通过堡垒主机上展现的访问资源列表直接访问授权资源。

三、堡垒主机系统主要功能

堡垒主机系统基于“用户账号→目标设备→系统账号”的权限管理模式提

供各项安全功能，主要体现在以下几个方面：

（一）集中管理

对所有的自然人以及所有核心服务器、核心网络基础设施及其上面的账号进行统一集中管理与单点登录。

（二）身份管理

有效解决传统 UNIX 模式的共享账号问题，通过自然人账号与系统账号的关联实现网络操作的实名制。

（三）访问控制

管理员可自定义访问控制规则，给每个用户分配适当的网络资源。

（四）权限控制

通过命令，防火墙可进一步把用户的权限控制到命令级别，可有效限制 root 的操作权限。

（五）操作审计

对所有自然人的访问信息，包括输入命令与输出结果进行记录并回放，能根据翔实的审计记录，一步步追查出攻击者。

四、利用堡垒主机提升证券公司信息安全内控管理

通过部署堡垒主机系统，可实现运维访问集中管理与单点登录并同时进行 IT 审计，有效控制运维操作风险，便于事后访问追查与责任界定。

（一）满足 IT 审计、合规要求

证券行业内外部监管日益完善与精细化，如中国证券业协会的合规性要求，证券公司 IT 审计、等级保护、公司内控的合规性要求等。堡垒主机系统提供了

一种独立的审计方案，有助于完善证券公司的 IT 内控与审计体系，从而满足各种合规性要求。

（二）有效减少核心信息资产的破坏和泄漏

对证券业的业务系统来说，真正重要的核心信息资产往往存放在少数几个关键系统上，通过使用堡垒主机系统，能够加强对这些关键系统的访问控制与审计，从而有效地减少核心信息资产的破坏和泄漏。

（三）有效控制运维操作风险，便于追查原因与界定责任

信息系统运维部门通常拥有目标系统或者网络设备的最高权限（掌握 root 账号的口令），因而也承担着很高的风险（误操作或者是个别人员的恶意破坏）。由于目标系统不能区别不同人员使用同一个账号进行维护操作，所以不能界定维护人员的真实身份。堡垒主机系统提供基于角色的访问控制与审计，不但能够有效地控制运维操作风险，还能够有效区分不同维护人员的身份，便于事后追查原因与界定责任。

（四）集中管理与单点登录，提升运维工作效率

传统的运维工作方式是一个多对多的系统模型，多个运维人员通过多个系统账号直接访问多个系统资源，这样的运维工作会带来效率问题以及安全问题，比如运维人员要记录多个账号密码，为了记忆方便，往往选择强度较低的口令，这样就容易被破解；同时，传统的运维模型无法控制超级用户 root 的操作。

通过堡垒主机系统，运维人员只需要记住自己登录堡垒主机系统的主账号以及口令即可，多个系统资源的账号口令通过堡垒主机系统的单点登录功能即可实现，管理员只需配置好用户的权限，即可实现用户权限范围内的单点登录以及全网畅游，在一定程度上提升了运维工作的效率，降低了安全风险。

第七章 2010年中国证券业投资者教育发展报告

第一节 2010年中国证券投资者概况

2010年，股票指数震荡运行，总体下跌。2010年年末上证综指收于2808.08点，全年下跌469.06点，跌幅14.31%。在此背景下，2010年投资者获得收益比较困难，深圳证券交易所一项调查显示，2010年年内非创业板股票投资者投资亏损及基本持平的占到七成以上，但投资者投资意愿并未减弱。2010年，股票市场成交额同比小幅上涨，全年股票累计成交额为54.56万亿元，日均成交额为2 254.68亿元，较2009年分别增长1.8%和2.64%。

一、投资者数量增加一成，有效股票账户达1.34亿户

近年来，我国投资者数量持续较快增长，2010年再增约一成。截至2010年年末，我国投资者股票账户总数为1.55亿户，有效账户为1.34亿户，较2009年年末分别增加了10.2%和11.2%；基金账户数为3 404.25万户，较2009年年末增加了9.1%（见图7-1）。其中，开通创业板功能的股票账户总数为1 663.03万户，较2009年增加了49.5%。2010年参与过A股交易的有效账户有6 789.82万户，占总数的50.67%；年末持仓A股的有效账户有5 612.41万户，占总数的41.88%。证券投资与广大普通群众的关系日益密切。

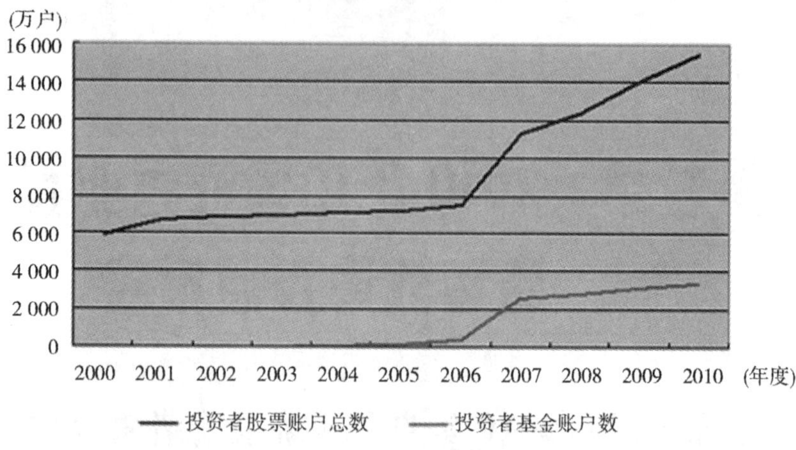

图 7－1　2000～2010 年我国投资者账户总数

资料来源：中国证券登记结算有限责任公司。

二、中小投资者占绝大多数，账户持股市值较低

从账户数量和持股市值来看，中小个人投资者占比较高。据统计，在 2010 年年末持有 A 股的个人投资者账户中，持股市值在 1 万元以下的占 31.76%，1 万～10 万元的占 51.02%，10 万～50 万元的占 14.19%，50 万元以上的仅占 3.02%。持股市值在 10 万元以下的个人投资者占八成以上（见图 7－2）。

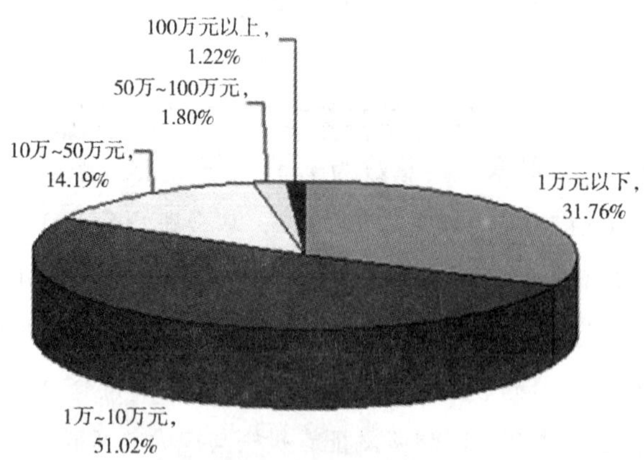

图 7－2　2010 年年末持股投资者账户 A 股市值分布

资料来源：中国证券登记结算有限责任公司。

截至2010年年末，基金个人投资者账户持有开放式基金资产净值在10万元以下的约占96.90%，较2009年的96.47%有小幅上升，基金市场中小额投资者占绝大多数（见表7-1）。

表7-1　　个人投资者开放式基金资产净值分布情况

年度 账户情况	2009	2010
10万元以下占比	96.47%	96.90%
10万~50万元占比	3.18%	2.82%
50万~100万元占比	0.23%	0.19%
100万~500万元占比	0.11%	0.09%
500万元以上占比	0.01%	0.00%

资料来源：中国证券业协会。

三、投资者以中青年人居多，入市时间超过3年的占六成以上

近5年来，入市的年轻人较多，总体投资经验缺乏。截至2010年年末，在个人投资者A股有效账户中，20~30岁的占20.64%，30~40岁的占29.55%，40~50岁的占26.61%，40岁以下的占到一半以上（见图7-3）。在基金投资者中，30岁以下的占23%，30~40岁的占40%，40~50岁的占23%，40岁以下的占63%。可见，中青年是证券投资者的主体。

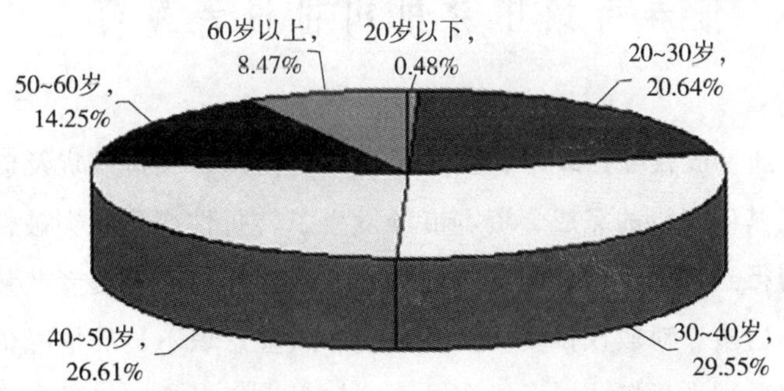

图7-3　2010年年末投资者A股账户年龄分布

资料来源：中国证券登记结算有限责任公司。

据调查，2007年及以前进入股市的投资者占七成以上。基金投资者中，

44%的投资时间在3～10年，而投资时间在10年以上的占比17%，投资时间在3年以上的基金投资者超过六成。可见，我国大部分个人投资者已经具备一定的投资经验。

四、投资者对新产品风险认识有待加强，期望收益率较高

投资者对各投资产品的风险有一定认识，但相对来看，投资者对于股指期货、权证、基金、债券的风险表示不清楚的占比较高。超过半数的投资者认为创业板股票、股指期货以及权证是高风险投资产品。其中认为创业板股票是高风险投资产品的比例最高，达到60%；其次是股指期货（58%）与权证（50%）。同时，还有60%以上的投资者认为基金和债券属于低风险甚至无风险投资产品。

据调查，2010年非创业板股票投资者期望收益率均值为23.7%。基金投资者中，61%的被调查者认为预期年收益率在10%～30%，17%认为预期年收益率在5%～10%，16%认为预期年收益率在30%～50%，合计有83%的投资者预期年收益率超过10%。可见，相对于2010年市场涨跌和个人实际投资收益情况，投资者期望收益率仍然较高。

第二节　证券市场中介机构投资者教育工作报告

近年来，随着股权分置改革、证券公司综合治理、股指期货及创业板推出等一系列市场基础建设的完成，资本市场发生了转折性变化和突破性进展，投资者投资环境得到巨大改善，但受历史和现实因素影响，投资者数量众多、层次复杂，散户居多，对股权投资认知不正确、风险意识不足等情况仍将长期存在，因此，倡导理性投资、揭示投资风险、加强投资者教育仍是证券行业的长期性重要任务。

一、2010年证券公司投资者教育工作报告

近两年，证券公司已经把投资者教育工作作为经营管理的重要内容。2010年，各证券公司根据公司发展和监管要求，紧紧围绕市场新产品、新业务的发展，在认真分析投资者需求的基础上，继续深入开展投资者教育工作。除坚持开办投资者教育园地、定期举办股民学校和专项投资者教育活动等常规性工作外，还扎实做好股指期货、融资融券等创新产品的投资者教育工作，并将投资者教育与“打非”及反洗钱活动相结合，不断将投资者教育融入到适当性管理、客户分类、客户投诉等各个客户服务环节中。

（一）2010年证券公司投资者教育工作基本情况

1. 高管直接领导、各部门参与的投教组织架构基本形成。证券公司总部普遍建立了以公司高管为组长的工作领导小组，并在营业部层面建立有工作小组或负责人制度。绝大部分公司由经纪业务（营销管理）部门或客户服务部门具体牵头负责投资者教育工作，信息技术、研究、法律合规、风险控制等部门共同参与，形成了多部门职责分工明确且相互协作的工作机制。中信建投证券成立了以主管经纪业务的副总裁为组长，经纪业务管理委员会等多部门负责人为成员的投资者教育领导小组，由经纪业务管理委员会具体负责投资者教育日常管理，工作小组负责制定公司投资者教育工作管理制度、年度计划和工作方案，拟订投资者教育工作的年度经费预算，检查和评价投资者教育工作的效果等。各营业部投资者教育工作由营业部经理为第一责任人，组成包括客服主管、营销主管、合规岗、财务主管、信息技术主管在内的营业部投资者教育工作组，明确客服主管具体负责投资者教育的日常工作。在公司制定的经纪业务有关岗位人员及营业部客服主管的员工岗位说明书中，也明确了客服主管具体落实投资者教育工作的岗位职责，并将投资者教育的相关要求进一步明确到相关员工的岗位职责中。广发证券在加强组织建设的同时，依托于公司近700名证券分析师和近2 000人的理财顾问队伍，建立以经纪业务客户服务体系为平台的投资者教育运作模式，因地制宜，提高教育活动的广泛性和辐射力。招商

证券进一步整合人力，建立了以营业部大堂经理、外呼团队、投资顾问、分析师等为主的投资者教育工作团队，目前团队总规模超过1 000人。

2. 证券公司投资者教育经费大幅度增加。据不完全统计，2010年98家证券公司在投资者教育工作上共计投入经费约3.1亿元，较2009年增长约24%。华安证券、宏源证券、安信证券、华泰联合证券、江海证券、东吴证券、中投证券、银河证券、国信证券和海通证券10家公司的年经费投入超过800万元，海通证券投入最多，达到2 800万元。投资者教育专项资金主要用于建设投资者信息系统、举办各种主题活动、股民学校、制作并发放教育产品和与媒体合作宣传等（见图7－4）。

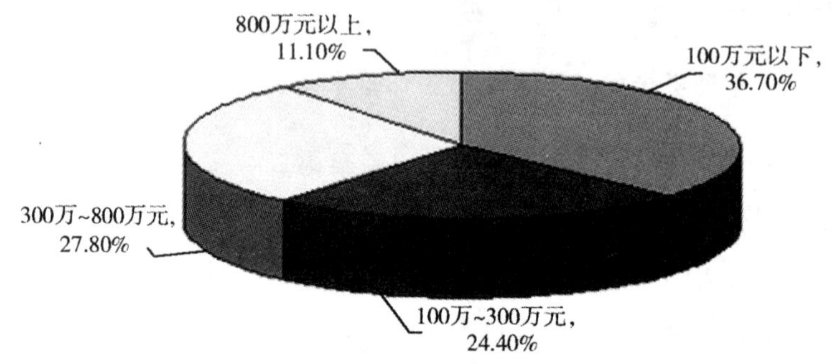

图7－4　2010年证券公司投资者教育经费分布

资料来源：中国证券业协会。

3. 不断建立、健全投教相关工作制度。近50家证券公司在2010年新制定或修订了《投资者教育工作管理办法》、《营业部投资者教育工作指引》、《客户投诉处理管理办法》、《客户适当性管理办法》、《客户服务回访制度》等投资者教育与服务相关工作制度，将工作目标、流程、方式及效果检验等规范化。针对新业务的逐步开展，安信证券、宏源证券等还制定了《股指期货IB业务投资者教育工作指引》、《融资融券业务投资者教育工作指引》等制度。

4. 尝试建立投资者教育工作考核机制。为了将投资者教育各项基本制度落到实处，证券公司还明确岗位职责，要求工作留痕，逐步实行检查与考核机制。90家公司将各营业部投资者教育工作纳入考核范畴，并对各营业网点至少进行一次年度工作检查。广发证券对各分支机构制定了详细工作考核指标，设立了组织架构、系统支持、负责制度、培训制度、投诉制度、咨询服务、沟通协助7项指标，对工作开展力度不足的营业部负责人实施“一票否决”制度。财达证券还制定了《营业部投资者教育工作量化考核管理办法（试行）》，就证券营业部投资者教育工作的组织领导、考核评审原则、考核内容和量化指标、考评程序等作了详尽规定。

（二）2010年证券公司投资者教育工作特点

2010年，我国股票市场投资者数量继续保持快速增长，截至年末，有效股票账户约1.34亿户，较上年增长11.24%。面临较为复杂的经济形势以及新入市投资者较多的情况，行业投资者教育工作呈现出以下特点：

1. 扎实做好股指期货、融资融券等创新产品的投资者教育工作。2010年是中国资本市场改革创新发展取得重大进展的一年，资本市场相继推出了股指期货、融资融券等创新产品，相应地，创新产品投资者教育工作成为证券行业投资者教育工作的重中之重。据统计，有近30家证券公司推出了股指期货或融资融券投资者教育工作指引。近50家公司针对股指期货、融资融券等创新业务的推出专门举办了投资者教育活动，及时向投资者普及新业务相关知识。银河证券公司先后在北京、广州、中山、包头、上海、沈阳举办了6场股指期货投资者教育报告会，分别就股指期货交易方法、资金管理及实践、交易策略及风险防范等方面进行了演讲，近千名投资者参与。申银万国证券公司制作并播放23场《股指期货视频讲座》，供公司股指期货客户收看。申银万国证券还组织了“股指期货全国巡讲活动”，分别在重庆、沈阳、大连、眉山、桐乡、靖江、合肥、温州、厦门、宁波等地举办了22场培训。另外，公司分期分批开展目标客户调研、业务介绍及风险揭示等，举办了上海地区经纪业务核心客户现场讲座及2场融资融券投资者教育“精英会”。招商证券公司向本公司76家营业部发放了统一制作的《期货投资者教育系列之股指期货》、《股指期货投资手册》、《期货随身行》、《股指期货IB业务专项培训》、《期货投资入市手册》和《股指期货IB业务实用手册》。2011年各分公司、营业部共举办股指期货大型专场活动5场、股指期货讲座75场，覆盖投资者4 000多人次。此外，公司要求各营业部每半个月上报一次融资融券投资者教育工作总结，深入了解客户和营业部在融资融券投资者教育方面的需求。公司还在牛网上建立了“融资融券业务”专栏，对融资融券业务知识、业务流程、业内动态等进行全面的知识普及。

2. 以适当性服务为核心的投资者教育新模式。长期以来，投资者教育主要采取照本宣科的方式，缺乏针对性、有效性和有趣性。近年来，证券公司利用客户资料和交易数据，对客户类别、客户价值、客户交易行为等进行动态分析，在对客户实现差异化服务的同时，进行分类教育。93 家证券公司在接受新客户时，全部通过面谈、调查问卷及测试系统等方式了解客户的财产情况、投资经验等，加强客户识别，按照风险承受能力与偏好性进行基本分类，并通知新客户至少参加一次培训，向其讲清各种投资风险，有针对性地进行投资品种推介。中金公司要求业务人员在客户开发中“以了解你的客户”作为出发点，与潜在客户进行充分沟通，让潜在客户充分了解证券投资的各种风险。对于 70 岁以上的投资者，一般劝导其不要进行股票投资；对于风险承受能力弱的投资者，业务人员把所有的潜在风险向投资者完整地加以说明。第一创业证券、渤海证券等 30 余家公司建立并逐步完善客户管理系统，将客户信息及风险能力测试结果分类录入，对一些存量客户也尽量进行补测、补录，作为提供适当性教育与服务的依据。国信证券公司还充分利用客户回访、有奖问卷、投资者报告会等途径，引导尚未进行风险承受能力评估和需要重新评估的客户填写《客户风险承受能力测评卷》，以进行风险承受能力评估，2010 年 8 ~ 11 月，公司有效客户风险承受能力评估完成比例提高了 6%；同时，每半年基于客户证券投资行为对客户进行一次后续评估，对风险承受能力评估结果与后续评估结果连续两期不一致的客户进行重点教育和风险提示，提升客户对自己及公司对客户的认知程度。国金证券公司根据客户的交易特征、盈利能力等将客户细分为“风林火山、荣华尊贵”组合等 16 类，进行不同的服务及风险管理，并分别纳入“金领航”、“金航标”、“金航道”“三金”产品的服务体系中，对客户提供全方位的差异化增值服务。

3. 投资者教育融入客户服务各个环节。除在开户环节对客户进行风险教育外，约 50% 的公司在新客户开户后 10 个工作日内对客户进行回访，回访方式主要是打电话。回访拉近了公司与客户的距离，同时还向投资者宣传了证券市场风险，进一步了解了投资者的风险承受能力。

投资者教育贯穿于交易环节。目前，非现场交易投资者比例较大，部分发达地区营业部的非现场交易投资者已经上升到95%左右，面对面的投资者教育机会比较少，因此，各种畅通的电子沟通渠道显得尤为重要。证券公司普遍在交易过程中通过多种通讯渠道与投资者进行交易规则沟通和风险提示，包括电话、短信、邮件以及QQ群等网络聊天工具。针对非现场教育渠道越来越多样化、难以管理，部分公司还及时对目前使用非常广泛的网络聊天工具QQ群、MSN群等下发文件进行规范，同时采用公司统一的短信平台软件对各营业部发送的短信进行监督，既防止出现打扰客户的行为出现，也保证了同客户沟通渠道的畅通。2010年，证券公司总计为投资者发送各类服务短信近40亿条。

客户服务环节加强投资者教育。在日常客服工作中提供积极有效的投资者教育是维护客户关系，提高客户忠诚度的重要手段。93家公司设立了统一客服热线，及时解答投资者的咨询，并对电话服务进行留痕。在营销活动中，提高对老客户的回访比例，加强对客户风险教育的覆盖面，证券公司对老客户的回访覆盖率平均超过40%。82家公司通过营业部公示产品风险特点、交易系统设置风险提示、交易前专人讲解、交易时短信提醒、定期的风险案例宣讲等5种以上的渠道对投资者进行证券交易风险教育。

4. 客户投诉成为投资者教育的窗口。客户投诉管理工作是投资者教育与服务的后续内容，对做好投资者教育工作具有重要的导向性作用。2008年、2009年及2010年证券公司受理客户投诉总量分别为2 505件、3 896件、4 606件，呈逐年增加趋势，年均增长率约37%。主要集中在各种交易故障、客服人员服务态度与工作水平、佣金、转销户程序、投资亏损等问题。当前，证券公司普遍建立了投诉处理的组织架构和制度。一般包括总公司、公司经纪业务或客服部门、各分支机构三个层面，按照投诉事件的重要性逐层上报处理。

在处理做法上，一是细化投诉处理各环节工作。证券公司投诉处理一般要经过受理人员投诉记录、客户情绪安抚、调查信息并评估、设计解决方案、领导层评审、与客户协商解决等几个阶段。对于部分事实清楚、影响较小的纠纷，可由具体经办人员按照相关规定快速处理、回复，不必进入后3个阶段。而对于可能影响到公司经营声誉的重大客户投诉，经办人员需在第一时间将客户投诉的详细情况上报公司相关管理部门，由管理部门评估解决。二是分类管理各类客户投诉。一般来说，对于公司无过失的，耐心解释、沟通，说明客观原因，积极表示歉意；对于公司有疏漏、过失的，进行登门道歉、提升服务级别、赠送礼品、调低佣金等；对于公司存在较大过失或违规的，根据责任大小确定赔偿金额，进行经济赔偿。三是加强客户投诉处理的后续评估、分析工作。把处理投诉问题与加强管理工作相结合，通过针对投诉问题的统计分析，不断增强对投诉难点、重点、盲点的可测、可控力度。如国泰君安证券公司建立了月度投诉分析报告制度，由风险监管总部于月初按规定格式发布上月《投诉分析报告》，提出问题与工作建议。国信证券公司对于分支机构客户投诉受理实行首问责任制，即受理客户投诉的第一人为首问责任人，首问责任人对属于本人职责范围内的客户投诉，应以积极的态度舒缓客户不满情绪，不得以敷衍的态度激发客户怨气，不得借口推诿、拒绝或拖延处理。同时，建立通畅的客户投诉渠道，增加客户投诉方式。

建立投诉处理回访制度，评估投诉处理效果。大部分证券公司建立了投诉处理回访制度。广发证券公司 2010 年上半年在成功回访的有理投诉客户中，满意度达 95.7%，2009 年同期为 86%，上升了 9.7 个百分点。国信证券公司近 3 年客户对投诉处理结果“认可”以上的为 96%。

5. 开展丰富多彩的投资者教育活动。2010 年，证券公司共举办专项投资者教育活动约 20 万场次，参加人次约 1 400 万人，发放各类知识手册、宣传页、光盘等教育产品约 2 000 万件，在广播电视、报刊、网站上播出、刊登投资者教育相关专题、文章约 12 万期（篇）。中信金通证券公司等将投资者教育引入高校公开课堂。此外，证券公司还积极与新闻媒体合作，大量推出实用性投资理财栏目，定期为投资者解读和梳理市场信息和动态。42 家证券公司同时通过报纸、电视、广播、网站 4 种途径宣传投资者教育工作。证券公司还进一步加强投资者教育园地及相关网络专栏的建设，丰富内容，突出主题，约 80 家公司由总部制作统一规范的营业网点投资者教育园地，及时更新内容。

二、2010 年基金公司投资者教育工作报告

基金公司将投资者教育作为提升公司价值的重要手段。2010 年各基金公司制作并发放了各种投资者教育产品，开展了丰富多彩的投资者教育专项活动，并积极与代销机构配合，引入投资者适当性教育与服务理念，进一步扩大投资者教育工作影响力。

（一）2010 年基金公司投资者教育工作基本情况

1. 领导重视。基金公司普遍形成了公司高管和相关部门负责人为领导小组，以营销、客服部门为主体，研究及其他后台部门辅助、分工协作的投资者教育工作体系。一般由市场部门负责投资者教育工作的统筹协调、产品制作与发送、媒体投放、活动组织、人员培训以及研究整理投资者教育相关理论成果和实践经验等；研究部门主要负责从投资研究角度开展系列的路演、网上交流活动及提供投资者教育活动与产品所需的知识性素材；后台运营部门主要保障投资者教育所需人、财、物配备，并提供技术支持。44 家基金公司还将投资者教育工作纳入了相关部门绩效考核并进行定期检查，通过事前整体规划，事后监督检查，多部门协调作业，确保工作流程有条不紊。

2. 教育经费比上年增长 20%。2010 年，基金公司在投资者教育方面投入经费共计近 3 亿元，较 2009 年增长了 20%。南方基金、汇添富基金、兴业全球基金、博时基金、易方达基金、嘉实基金、工银瑞信基金 7 家基金公司投入经费超过 800 万元。工银瑞信基金公司投入最多，达到 3 000 万元。投资者教育专项经费主要用于专项活动举办、产品制作与发放、媒体宣传及网络投资者教育园地建设等，且经费不与产品销售推广、公司广告等其他用途混用（见图 7 -5）。

（二）2010 年基金公司投资者教育工作特点

2010 年，基金公司积极开展投资者教育活动，呈现出以下特点：

1. 积极制作教育材料和举办教育活动。2010 年，各基金公司结合理财观念、宏观与行业分析、基金定投、新型基金产品及反洗钱活动等主题，以报告

会、媒体展播、基金经理对话等为主要形式，积极举办大量活动，制作并发送大量产品。全年共举办各类投资者教育宣讲类活动超过2.2万场次，参加活动的投资者超过180万人次；通过广播电视、报刊、网站播发的投资者教育类专题、文章等共计约12万篇（期）；发放投资者教育手册、光盘、宣传折页等产品超过3 000万件。例如，汇添富基金公司以“添富之约”作为投资者教育的活动载体，在投资者教育活动与产品方面形成固定体系，并运用报纸、杂志、网络、电视等媒体资源宣传，尽可能覆盖更多投资者。南方基金公司加强与中央电视台财经频道和新浪基金频道的合作，不定期做客播出投资者教育节目，对市场和投资方面就投资者关注的问题进行解答，同时开辟了新浪在线客服、腾讯在线答疑，通过在线实时交流的形式，就投资者关心的问题进行解答。易方达基金公司等还结合反洗钱活动，在公司网站上采取“反洗钱知识有奖问答活动”等创新方式，吸引更多投资者学习反洗钱知识。

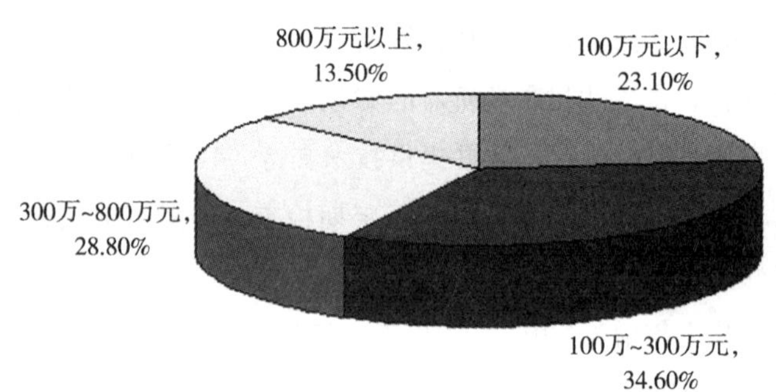

图7－5　2010年基金公司投资者教育经费投入分布

资料来源：中国证券业协会。

2. 健全客户投诉受理机制，妥善处理投诉。2010年，各基金公司共收到客户投诉近2 000件，投诉集中在对部分基金业绩的抱怨、代销机构服务质量较差等方面。52家公司建立了客户投诉管理办法或投诉处理流程等制度。博时基金公司还建立了一套完整的投诉处理流程，明确了客服中心负责受理客户通过电话、传真、网络、信函、来访等方式提交的投诉，区分普通与重大投诉，规定了相关处理权限范围、处理流程与时限等。

3. 开展投资者调查，推行销售适用性原则。基金公司普遍通过客户问卷调查机制，详细了解投资者的财产状况、知识背景、投资经验和风险偏好等，以此为依据注重在投资者教育活动中对投资者进行分类教育，并根据其风险承受能力建议投资不同的产品。对于代销网点客户，公司投放投资者调查表，调查内容包含投资目的、投资经验、财务状况、短期风险承受水平、长期风险承受水平等指标。对于网上直销客户，兴业全球基金公司等在投资者开户时便要求进行网上风险评价测试，以确定自身投资风格，提示根据自身风险承受能力选择相应产品，若投资者强行购买不符合其风险承受能力的产品，系统会给出相应的风险警示。对于存量客户，海富通基金公司还追溯调查、评价该基金投资人的风险承受能力，并定期或不定期提示投资者重新接受风险承受能力调查；通过对已有客户信息进行分析的方式更新对投资者的评价，过往的评价结果作为历史记录保存。

4. 积极与代销渠道合作，扩大投资者教育受众面。加大与代销机构的合作力度，积极拓展投资者教育的外部力量，扩大工作覆盖面。相对于证券公司而言，基金公司开展投资者教育缺乏自有营业网点和人力。而目前银行仍是基金销售的主要渠道，银行客户经理在基金销售中发挥着重要作用，实现客户经理的再教育对基金投资者教育工作能起到事半功倍的作用，因此，基金公司进一步加强与代销渠道的合作，并将投资者教育作为合作的重要内容。49 家基金公司在代销机构网点投放各种投资者教育手册、折页等产品，内容主要以介绍基金理财的基本知识和提示、讲解基金风险为主。交银施罗德基金公司在深入走访代销机构的过程中，以座谈、讲座等形式加强对代销机构开展投资者教育工作的支持，集中对客户经理进行投资者教育能力的培训；还通过给客户经理每日发送资本市场资讯，每周、每月、每季度寄送公司相关刊物以及成立“明星客户经理俱乐部”的方式，保持与客户经理的互动沟通，及时传递市场资讯，使客户经理及时充分了解市场动态，获知市场风险，增强其向投资者传达信息、开展投资者教育的意愿和能力。汇添富基金公司借助代销渠道载体，在发行新基金时，与各大银行、券商紧密合作，通过进行客户经理培训、共同举办投资者见面会等方式，举办了一系列大型巡讲活动。

5. 加强培训，鼓励员工主动开展投资者教育工作。基金公司普遍将做好自我教育作为投资者教育的前提，通过相关培训提高相关员工的投资者教育能力和意愿，引导员工在日常的客户服务中细致、认真地做好投资者教育工作。2010 年，40 家公司对员工进行过投资者教育方面的业务培训，部分公司还将员工参加培训作为考核任务。南方基金公司不断加强内部培训力度，并通过知识竞赛等方式，加强员工的责任意识，依法规范运作，切实维护投资者的合法权益，如开展了证券法制专题讲座，所有客服人员都参加，重点就《中华人民共和国证券投资基金法》、《基金信息披露管理办法》主要内容，特别是涉及到投资者切身利益的条款进行重点讲解，并将相关法规纳入公司知识库体系。建信基金公司针对营销人员还特别安排了《债券投资分析与组合管理》、《资产配置与投资组合管理》和《宏观经济理论及宏观分析逻辑方法》3 套培训课程，邀请外部培训机构悉心讲解，提高营销人员的金融知识水平和投资分析能力。

此外，基金公司还加强了投资者相关问题研究，以提高投资者教育的针对性。海富通基金公司和上海交大管理学院联合启动了“股指幸福度指数”的研究，旨在进一步解析和研究不同类型投资者对股指涨跌的幸福度感受变化，利用公司现有的基金交易数据，了解投资者在不同市场背景下的心态变化，更好地了解投资者需求。长盛基金公司还开展了 QDII 基金和定投业务投资者意愿调查，认为目前国内投资者对海外市场的认识程度不深，对海外投资品种的投资者教育亟待加强；而投资者对于定投业务已经普遍有了一定的认识与认同，基金定投教育应该继续深化，而不仅停留在基本介绍层面，从而更好地帮助投资者构建投资组合，实现财富增值（见表 7－2）。

表 7－2　　2010 年证券中介机构投资者教育总体情况一览表

单位 \ 项目	经费投入		专项活动		产品宣传			受理投诉数量（件）
	总额（亿元）	同比上年增长（%）	场次（万场）	参加人数（万人次）	产品发放数量（万件）	媒体文章及专栏（万篇/期）	发送短信（亿条）	
证券公司	3.1	24	20	1 400	2 000	12	38	4 606
基金公司	3	20	2.2	180	3 000	12	10	1 994
地方协会	0.04	—	0.03	98	—	—	—	—

资料来源：中国证券业协会。

第三节　证券业协会投资者教育工作报告

一、各地方证券业协会投资者教育工作情况

各地方证券业协会认真履行自律、服务、传导职能，在推动辖区内证券经营机构开展投资者教育活动方面发挥着积极作用。

（一）在辖区内积极开展投资者教育活动

2010 年，27 家地方证券业协会在投资者教育方面共计投入经费近 400 万元，与证券、基金公司相比，地方证券业协会开展投资者教育存在着人员、经费制约，主要是结合一些市场热点问题，引导、组织辖区会员单位开展一系列投资者教育活动。2010 年，地方证券业协会共举办直接面对投资者的教育与服务活动约 300 场次，现场参加活动的投资者近 100 万人次。北京证券业协会、天津证券业协会、广东证券业协会、吉林证券业协会还分别在北京、天津、广州、长春 4 地协助中国证券业协会举办了主题为“论势、论智、论道”的投资者教育与服务巡讲活动，共计 164 万人通过网络视频参加了活动，点击量达到 897 万次。

（二）加大对证券经营机构投资者教育检查工作

24 家地方证券业协会对辖区内营业网点进行过投资者教育工作抽查、检查或评优类活动，部分单位还制定了相应的工作办法和考评指标，针对营业部投资者教育的工作机制、园地建设、日常工作等进行考核，并对工作优秀单位予以宣传表彰，以此促进辖区投资者教育工作规范性和整体水平的提高。广东证券业协会在 2010 年“投资者教育先进单位”评比活动中，经过自评、初审、现场检查、复核、公示等环节，从辖区 442 家证券营业部中评出 32 家先进单位，并将先进单位的经验、做法汇编成材料供会员单位学习。

（三）建立、健全客户投诉处理机制

近20家地方证券业协会建立了客户投诉机制，安排专人负责，将投资者教育与客户投诉处理紧密结合起来，在保护和督促证券经营机构保护投资者正当权益方面起到了一定的作用。湖南证券业协会、陕西证券业协会等单位制定了投诉处理与调解办法等制度文件，浙江证券业协会还设立了投诉中心，负责对会员与客户之间及会员与会员之间发生的投诉事项进行调查取证，对证券业务纠纷进行调解。目前，地方证券业协会接到的投诉主要是针对证券经营机构的一些不规范行为，其中推诿、拖延转、销户类及佣金类问题占绝大多数。

二、2010年中国证券业协会投资者教育工作情况

（一）成立独立的投资者教育办公室

随着对投资者教育工作的认识逐步加深，中国证券业协会在前两年工作的基础上，于2010年5月成立了独立的投资者教育办公室，加强了人员配置，确定了职责范围，细化了工作任务，初步制定了6项职能、34项工作项目。

（二）举办了“论势、论智、论道”系列投资者教育活动

为扩大中国证券业协会投资者教育工作的影响，推动证券营业机构开展投资者教育工作，中国证券业协会分别在北京、天津、广州及长春举办了4场主题为“论势、论智、论道”的投资者教育与服务巡讲活动。14位知名专家围绕着宏观经济形势、市场发展趋势、投资者教育工作特点与技巧等问题进行了演讲，共计1 200名证券营业部投资者教育工作负责人参加了活动。除国内四大证券类报刊外，当地平面媒体、电视台对活动进行了全面报道。腾讯网采取新闻首页、财经栏目、理财专栏、证券首页、迷你面版等多页面、多时段方式对活动进行在线推广，并以视频、文字、图片等多种方式及时报道整个活动过程，共计164万人通过网络视频参加了活动，总点击量达到897万次，初步形成了中国证券业协会投资者教育品牌效应。

（三）积极配合中国证监会，做好“中德证券投资者保护合作项目”中的“金融专业调解制度”和“高风险产品投资者适当性管理制度”的调研工作

金融专业调解制度是争议标的金额较小、处理及时、低成本、高效率、非诉讼的一种庭外纠纷解决机制。2010 年 8 ~ 9 月，中国证券业协会采取走访、召开座谈会和发放调查问卷等方式，对证监局、地方证券业协会、证券公司、基金管理公司等 21 家单位的客户投诉总体情况、投诉处理工作机制以及面临的困难等问题进行调研，完成《关于证券行业客户投诉及处理情况的调研报告》。组织中德法律专家赴上海实地对证监局、同业公会、证券公司和基金管理公司进行调研，形成了《中国、德国法律专家共同探讨建立证券行业客户投诉处理机制问题》报告。目前，已完成《关于金融专业调解制度实施方案的意见与建议》，为下一步在地方证券业协会进行试点工作做好准备。适当性管理的相关调研、指引起草和行业研讨会正在积极准备中。

（四）为满足会员单位的需要，加强投资者教育产品的制作

继续制作动画片《投资风险案例（续）》，并通过中国证券业协会投资者教育园地以及证券公司网站、部分地方电视台 3 种途径向广大投资者播放。《投资风险案例》在全国普法办公室组织的第七届全国法制宣传书画作品征集活动中获奖。编印了《证券投资风险案例手册》，并通过 36 家地方证券业协会向各地营业部、投资者发放。及时更新、维护中国证券业协会投资者教育园地。

（五）为准确把握行业投资者教育的总体情况，完成了 2009 年全行业投资者教育工作总结

共有 163 家会员单位报送了 2009 年投资者教育工作总结及投资者教育工作自查表，其中证券公司 96 家，基金公司 42 家，地方证券业协会 25 家。在此基础上形成了《2009 年中国证券业投资者教育工作总结报告》。

（六）积极提升投资者教育工作交流

中国证券业协会参加了2010年投资者教育国际论坛和亚洲投资者教育论坛的年会，与各国代表充分交流我国投资者教育情况及国外先进经验。拟于2011年年底前举办投资者教育检查与评估工作研讨会，为下一步加强对证券经营机构履行投资者教育职责的检查和考评工作做好准备。

三、当前证券行业投资者教育存在的问题

当前，证券公司已经普遍认识到投资者教育工作是证券行业一项制度化、常态化的工作，应常抓不懈，有序开展。从总体来看，行业投资者教育工作已取得了一定的成效，但也必须清醒地看到，我国行业投资者教育工作仍处于起步阶段，与我国资本市场稳步发展、市场规模不断扩大以及投资者数量快速增长的形势相比，与境外成熟市场投资者教育工作的水平相比，无论在深度还是广度上，都存在一定的差距。主要表现为：

（一）投资者教育工作方式和内容不能满足投资者的需求

由于非现场交易客户比例越来越高，与客户的接触点主要集中在客户开户环节和客户回访环节，使得传统的投资者教育工作手段难以满足当前投资者教育工作的需求。投资者之间差异较大，只有细分客户，才能有针对性地设计出相应的投资者教育课程。另外，大多数投资者教育材料都是公司自行编制的，在内容的准确性、科学性和权威性方面还不够。

（二）投资者教育专业人才缺乏

由于投资者教育工作涵盖普及证券知识、宣传政策法规、揭示投资风险、介绍产品业务特点、针对不同类型客户开展适当教育、提高客户投资技巧等内容，在工作开展过程中，经验不足、缺乏高素质的投资者教育队伍的问题仍比较突出，这在一定程度上制约了投资者教育工作的开展。

（三）尚不能很好地处理投资者教育活动的公益性

各证券经营机构开展投资者教育活动，存在着重市场开发、轻客户风险承受能力评估，重扩大业务规模、轻风险揭示等现象，功利性色彩较重，在一定程度上影响了投资者教育效果。

（四）基金公司投资者信息不全

在实际工作中，基金公司存在着与代销机构系统不匹配、服务理念、经营立场不一致等问题，而且不少投资者的联系信息仅留存于代销机构。当前，代销机构不能将投资者信息开放给基金公司，实现投资者信息共享，使得基金公司难以全面掌握投资者个人信息，给基金公司投资者教育工作的开展带来一定难度。

第八章　2010年中国证券行业的理论研究

第一节　2010年中国证券行业的几大重要理论问题、前沿问题的争论、探索与新进展

一、对“十二五”发展规划的研究

（一）研究背景

2010年10月中旬落幕的中共十七届五中全会使“十二五”规划成为全国关注的焦点。“十二五”期间，我国政府将更加注重经济增长的可持续性和更高的经济质量，这将进一步推动区域发展、产业结构调整及经济社会的改革，实现转型。关于转型，我国经历了一个不断深化的认识过程。早在1987年，在党的十三大上，党中央就提出“要从粗放经营为主逐步转为集约经营为主”；1995年党的十四届五中全会明确提出两个根本性转变；党的十五大、十六大均把推进经济增长方式转变作为一个重要目标。时至“十一五”，对经济转型的重心逐渐由经济增长方式转向经济发展方式，这一次认识的升华引发了一系列转型的尝试。进入“十二五”，我国为转型注入了均衡发展、与民共享、资源节约与环境友好等丰富内涵。可以预见，转型必将在“十二五”期间取得实质性的进展。

党的十七届五中全会召开前1个月，国务院常务会议审议并原则通过了

《国务院关于加快培育和发展战略性新兴产业的决定》，这一涵盖了新一代信息技术、新能源、节能环保、生物、高端装备制造、新能源汽车和新材料在内的七大产业布局，作为"十二五"规划的重要内容，将推动一批最具有活力、最具有增长潜力的行业的发展，并势必引领中国进入一个绿色发展的新阶段。而地方政府在推进这一个发展进程中的作用不言而喻，各地都想抓住这一机遇来带动当地经济的发展，促进产业集聚，提升区域竞争力。

（二）研究成果

我国近两年来加快了区域规划的审批步伐，出台了大量的区域发展规划和产业振兴规划，并突出了不同地区的主体功能，不再强调所有区域都按照一个模式发展，有的区域适合发展产业转移，有的则适合发展循环经济。国家发改委主任张平对此表示，在区域振兴政策实施方面，将抓紧制订具体的实施方案，完善扶持政策，加大资金投入，实施项目倾斜。实施好促进新疆、宁夏、广西、西藏以及青海等省区发展的政策措施，加大对老少边穷地区发展的支持。我国将更加强调均衡、可持续和科学发展，继续推进区域经济协调发展。告别"一刀切"将更有利于发挥地区优势，实现互补。

申银万国证券研究所宏观分析师指出，"十二五"期间区域结构调整的目标将建立在实现新的区域分工基础上。东部地区经过30多年的发展，积累了资金、技术和市场优势，使得战略性新兴产业和服务业更有可能在这一地区发展，而且"十二五"期间即将全面启动的海洋国土战略开发不仅能够拓展东部地区的发展空间，也可以解决国内比较短缺的资源问题。同时，西部大开发和中部崛起仍然重要，中西部相对较低的劳动力、土地、资源成本等都为支撑中西部的发展提供了条件。不过，要实现区域的协调发展，构建统一的大市场必不可少，因此"十二五"期间将加快构建铁路网、高速公路网，构建全国统一的大市场。另一方面，转型是"十二五"规划的最强音，中国经济要从过分依赖投资出口带动增长的模式转变为消费、投资、出口均衡带动增长的模式；从注重经济总量提升到注重提升社会幸福感；改变城市化水平严重滞后于工业化水平的现状，促进城乡协调发展；改变重制造高能耗的产业布局，构建合理化、可持续的产业发展模式。在当前的发展阶段，国内居民收入差距比较大，难免会引发社会的不稳定，因此，政府会通过财税金融体制改革，加大政府补贴和转移支付力度，提高居民收入在国民收入中的比重，加强社会保障和医疗保障的投入，建立覆盖城乡的社会保障体系。这样有助于提高国内消费，同时也意味着社会保障行业具有投资前景。为了保护国家利益，政府在“十二五”期间会加大国防建设，提高对现代化武器的投入。通过航母舰队的建设以及海军和空军、太空技术的投入，提高打赢信息化条件下现代战争的能力。因此，未来与军工有关产业将会具有广阔的投资前景。

莫尼塔证券分析师指出，从“十一五”规划到“十二五”规划，“高技术产业”演变成了“战略新兴产业”，两者具有高度类似的范畴，但区别于“十一五”规划的内容，节能环保、高端装备制造业和新能源汽车在“十二五”规划中获得了更多的优先政策，而节能环保中的资源循环利用以及高端装备制造中的智能装备值得高度关注。从高层的说法看，无论是“包容性增长”，还是关于到2020年之前对单位GDP碳排放定量目标的确立，都显示了对于经济结构的调整、实现可持续发展的政策基调。

中信证券研究所策略组认为，在转型的大背景下，受到政策持续推动的战略新兴产业、新消费产业等将存在更为明朗的投资机会。政策对新兴产业的推动作用主要体现在两个方面：一是产业自身没有市场需求或者需求不足，政策通过强制标准、财政补贴、税收减免等手段打开市场空间，如部分节能减排领域、新能源的推广等；二是产业自身具有较大的市场需求，但受制于制度约束难以释放，政策一旦将制度约束消除，产业将迎来极大的发展机遇，如三网融合、物联网、医药制度改革等。

问题的关键在于落实这些产业政策。中国科学院高技术研究与发展局局长田静认为，虽然各地发展新兴产业积极性都很高，但由于多年的思维定式，各地政府对战略性新兴产业的发展思路仍然延续着发展传统工业时的老路，投入的大量资金往往流入后端的制造环节，甚至直接去购买国外的生产线。工业和信息化部部长苗圩认为，培育发展战略性新兴产业，要把握好几点：一是必须立足我国国情和自身的科技、产业基础，讲求实际，务实推进。二是必须坚持新兴科技与传统产业融合，在改造提升传统产业中催生新兴产业。三是必须把增强自主创新能力作为战略基点，着力突破核心技术、关键技术。四是注重市场主导与政府推动相结合，充分发挥市场配置资源的基础性作用，发挥政府的规划引导、政策激励和组织协调作用。

国泰君安证券研究所分析师也认为，“十二五”注定是中国经济的转型期，标志着中国经济走出“黄金十年”后的转变，实体经济、政策以及资本市场都需要重新定位和思考。在谈到构造新产业体系时，他们从各个省份和中央关于“十二五”规划的整个产业体系看，建立现代农业、先进制造业、培育壮大新兴产业、加快发展现代服务业、改造提升传统产业是大的方向，而发展要靠技术创新、节能减排和循环经济，走的是产业集群和产业园的模式，装备制造创新和新兴产业培育是两个点。另外，他们在区域不平衡下思考的重点是功能区、城市带和产业转移：一个是东部地区转型和国际化大都市建设所带来的对产业发展前途的思考；另一个是中西部地区发展落后形成的工业化、城镇化中期加速推进的思考。

二、对后金融危机时期政策的研究

（一）研究背景

2010 年是全球经济复苏的一年，全球上演两个世界的故事：兴旺蓬勃的东方与低迷徘徊的西方。欧洲部分国家的主权债务危机和金融部门风险增加了经济复苏的不确定性，全球经济以多种速度复苏着。其中，美国、日本经济继续好转，欧元区复苏势头则有所减弱。新兴市场经济体复苏普遍较快，但也有所分化。新兴市场虽然取得了经济复苏的领先，但随着一波波刺激政策的滞后叠加，大部分新兴国家面临着不断上升的通货膨胀预期、高房价，以及信贷强劲增长的威胁。复苏由东往西传导的同时，通胀也在由“金砖国家”向欧洲、美国的方向蔓延。2010 年年初发展中国家通胀而发达国家通缩的“冰火两重天”局面已一去不返，一场全球大通胀正加速来袭。

在保增长与抗通胀中，全球经济政策的分化进一步加深：新兴市场经济体的利率不断提高，而西方的货币政策仍维持促进经济增长的立场，继续实行宽松的货币政策。为了促进经济增长，美联储、欧洲中央银行、英格兰银行和日本银行纷纷选择维持利率不变，其基准利率水平分别为 0～0.25%、1%、0.5% 和 0.1%。美联储还推出了备受争议的第二轮量化宽松货币政策（QE2），承诺在 2011 年 6 月前进一步购买 6 000 亿美元的长期国债。反观新兴国家，随着高通胀的到来，中国、巴西、印度、马来西亚、秘鲁、韩国、泰国等央行选择上调基准利率，以缓解经济过热、通胀及资产泡沫压力。我国央行 2010 年年内 6 次上调存款准备金率，调整后存款类金融机构人民币存款准备金率达到 18.5%。2010 年货币政策的最大关键词就是“抗通胀”。

（二）研究成果

2010 年年初以来，我国货币政策过于宽松，信贷和货币增速明显超过之前所设定的目标，于是，央行在邻近 2010 年年底时加大了政策的紧缩力度。中信证券研究所宏观研究组认为，控制流动性是控制通胀的根本措施，当前中国经济并未出现持续大幅度的供给短缺，而物价却呈现加速上升势头，主要是因为货币信贷增长过快，国内流动性环境过于宽松造成的。因此，降低货币信贷增速是控制通胀的根本措施。他们认为未来政策将进一步收缩，提高基准利率、提高存款准备金率等政策将继续实施，信贷控制和对“热钱”流入的管制也将继续加强，货币政策将从适度宽松开始转向稳健。积极的财政政策将继续执行，因为中国的出口增速将有可能下降，实施积极的财政政策可以抵御外需下降所带来的影响，保持经济增长稳定；可以加速经济向扩大内需转型，未来中国经济增长的动力主要来自内需，财政政策要为扩大内需提供支持。财政政策的功能将逐步向公共财政转变：在收入方面，重点推进结构性减税；在支出方面，提高农业以及低收入人群的补贴，以应对通胀压力。

但是，国际上量化宽松货币政策依旧在实施。中国银行国际金融研究所副所长宗良指出，美国量化宽松货币政策对我国的影响在于：银行外汇占款增加，并通过货币乘数加以放大，加剧我国的流动性过剩。我国的美元资产储备比较多，一旦美元贬值，损失将不可避免。同样，中信证券研究所分析师胡一帆等认为，QE2 的公布对实体经济造成影响的可能性不大，这是由于 QE2 的规模有限，而且市场已逐渐消化了这一预期。美元的弱势并不会持续，且由于每月的购买量不大，因此对大宗商品的影响也将是有限的。

对此持不同观点的是中金公司的分析师。刘奥琳等认为 QE2 使各国货币竞相贬值的概率上升，并可能助长资产泡沫，使新兴市场的政策敏感性升级。量化政策已使长期资金加速流入新兴市场，新兴市场亦已采取升值、加息、资本控制等多方面政策加以应对，力度之大前所未有。即便如此，目前许多国家的实际利率仍为负值（如印度、韩国、泰国、越南），绝大多数国家的实际利率仍低于近 10 年的平均值。新兴市场难以仅仅依靠汇率升值来抵消量化政策的影响，进一步加息的概率正不断上升。

我们也能从莫尼塔证券的研究报告中读出这方面的隐忧。莫尼塔的国际宏观经济研究报告告诉我们 QE2 与美联储第一次量化宽松货币政策（以下简称“QE1”）的区别：首先是基本面背景的差别。QE1 推出之际正好是美国经济的最低点，随后美国经济的领先指标，如采购经理指数（PMI）、首次申领失业金等，均出现 V 型复苏的迹象；而 QE2 的背景则是确认经济在底部企稳，在基本面疲弱背景下，股市表现偏弱，债市表现明显背离。其次是在流动性推动下美元与黄金的走势。与 QE1 不同的是，QE2 推出时，疲弱的经济基本面拖累了大宗商品，使得美元与黄金在 2010 年前 3 个季度的走势基本趋同。QE2 的目标是抗通缩，因而反映通胀预期的指标也十分重要，而当时 10 年期国债收益率走势的显著背离无疑是最令人担忧的。

中国人民银行副行长马德伦在北京出席 IFF 国际金融论坛时表示，美国出台的新一轮量化宽松货币政策或将有助于改善美国的经济状况，但对全球经济以及其他国家经济增长的负面影响早已显现。他指出，美联储为提振美国经济而最新采取的注资举措或许会导致全球经济失衡和资产泡沫，并引发通胀忧虑。美国的政策不仅要顾及自己，也要顾及他国的利益。同样，在第十届全国人大常委会副委员长成思危看来，金融危机以来，出于刺激经济的需要，美国的公共债务增加，商业风险向主权风险集中，美联储如今再度推出量化宽松货币政策，对全世界输入通胀以缓解压力，还将导致“热钱”流入其他国家，并给这些国家带来货币升值压力，这将给世界经济带来灾难性后果。

如何更好地渡过后金融危机时期，如何寻找政策的转向，或许我们可以从一些新兴经济体的发展中得到一些启示。申银万国研究所宏观经济研究小组总结了拉美国家外向型经济结构调整的经验：第一，维持稳定健康的国内宏观环境是转型成功的关键。第二，利用现有经济禀赋优势，积极实现国内产业结构多元化是成功降低增长脆弱性的有效手段。第三，主动发掘国内需求动力是提高增长可持续性的重要政策。第四，面对复杂多变的外部环境，在调整结构过程中政策方向的连贯性和手段的灵活性是渡过危机的重要因素。成功的增长转型对资本市场的发展形成正面推动作用。一方面，投资者对未来增长趋势的认可度增加；另一方面，资本市场可以充分反映转型后增长结构完善、可持续性提高的效果。

三、对资产流动性的研究

（一）研究背景

2010 年，欧洲债务危机是影响全球经济复苏的最主要因素。希腊债务危机出现后，紧接着，爱尔兰、意大利、葡萄牙、西班牙等国家的债务问题也浮出水面，人们根据这些国家名字的首字母戏称它们为“欧猪五国”（PIIGS）。目前，多米诺骨牌效应使得该五国的主权债务危机实际演变为欧元区的第二次危机。在后金融危机时代，国际资本流动的有序性受到了前所未有的挑战。

债务危机在经历过蔓延和升级之后，各种国际救助纷纷展开，7 500 亿欧元的救助机制，以及中国政府和高层领导出访希腊、意大利、西班牙、德国、英国等国，先后签订了各种贸易、投资协议及国家采购合同。国际资本向新兴经济体特别是亚洲新兴经济体大量流动，发展中国家资本市场的发展正在逐渐改变国际资本的流动结构。

在欧洲债务危机和欧洲各国财政紧缩政策下，欧元疲软，持续刷新历史低位记录，欧元兑美元进一步下滑，美元得到避险资金的追捧走高。之后，随着对美国经济前景的不乐观，美元指数在 2010 年 6 月出现了自 2009 年 12 月强劲升势以来的首次大幅回调，开始进入弱势通道。此后，美国在下半年做出政策调整，美元在 2010 年年末开始反转。

欧洲债务危机还搅乱了国际大宗商品市场的局势。2010 年年初，在经历金融危机的刺激后，大宗商品价格处于较高的位置。但突如其来的欧洲债务危机以及对美国经济复苏前景的担忧，使上半年的大宗商品价格陷入混乱。2010 年下半年伴随着美国量化宽松货币政策的推出，大宗商品价格自 7 月开始纷纷上扬。“涨势如虹”下，2010 年全部大宗商品价格较 2009 年上涨了 26%。

（二）研究成果

欧洲主权债务危机的影响贯穿了 2010 年全年。申银万国证券研究所分析师李蓉等指出，欧元区存在体制上的缺陷，欧洲债务危机的威胁短期内难以消除：第一，欧洲各国的发展不平衡，却努力实现统一标准的福利政策，这会导致发展比较落后的国家财政超支；第二，欧元区实行统一的货币政策，而各国实行独立的财政政策，财政政策和货币政策缺乏有效协调，其结果是固定汇率制度、统一的货币政策、自由的资本流动的“三元悖论”；第三，为了应对债务危机，各国实行紧缩的财政政策，无疑使得处于低谷的经济雪上加霜；第四，许多小国家的产业结构单一，不能有效应对世界经济周期的冲击。而中国和欧元区之间经济增长相互影响、相互依赖性较大，周期的同步性比较明显，一旦欧盟经济下行，将会对中国的出口增长和经济复苏造成很大压力。于是，中国加大了对欧美等债务危机国家的贸易和投资协议，如果把政府协议与民间采购团的总金额加在一起，应该超过 1 000 亿美元。这一“中国版马歇尔计划”引进了更多的技术，促进了产业结构升级；将使中国 2011 年的贸易顺差收窄；通过对必需品的进口，可以调控物价；可以分散外汇储备缩水的风险。在未来几年，“中国版马歇尔计划”还会不断持续下去，其意义将会逐渐显现出来。

中国人民银行货币政策委员会委员、清华大学经济管理学院金融系主任李稻葵也表示，正在爆发的欧洲债务危机远非人们想像的那么严重，不会造成欧洲经济二次探底。此次欧洲债务危机主要源于希腊、葡萄牙还有爱尔兰，其经济总量在整个欧元区中所占比重约为 6%，而欧元区主要国家德国和法国没有太大问题。李稻葵判断，欧洲债务危机接下来的发展格局可能会呈现三个特征：第一，法国、德国等可能会联合美国、中国，打压市场恐慌情绪，因为这符合美国和中国的利益。第二，这些财政上遇到困难的国家将加大减少财政开支的改革力度。第三，美、中、德、法等国经济增速再快一些，给市场更多一些信心。他认为，这三点可能在未来半年到 1 年内得以解决。

不过，中信证券研究所宏观研究组发表了不同意见，他们认为主权债务的负面影响不小，提供的经济援助会使人们对欧洲债务危机的不确定性和风险厌恶情绪升高。欧洲债务危机发生如下情景的可能性最大：第一，短期而言，现行的稳定机制将有助于防止主权债务违约；第二，新老救助措施的出台，将使主权债务所有权从私人部门向公共部门转移；第三，基于机构性的经济困境，这些周边国家很难遵守紧急救助措施规定的条例；第四，这些国家的债务偿还有可能会被推延或重组，意味着欧洲政府最终将共担相关损失与风险。

中金公司分析师刘奥琳等表示，欧洲债务重燃，市场重显对 PIIGS 国家经济前景及减赤目标的忧虑，PIIGS 融资困境加剧。2011 年第 1 季度，希腊、爱尔兰两国的再融资需求就分别达到 171.5 亿和 61.6 亿欧元，相当于两国 GDP 的 9% 和 4.5% 。今后 3 年 PIIGS 面临着总额将近 10 451 亿欧元的再融资需求，相当于当前欧洲央行 19 000 亿欧元资产总额的一半，而且每一年的再融资需求都相当于欧元区 GDP 的 3% ~6% 。因而，国债风险将快速蔓延。PIIGS 的 GDP 增速前景悲观，如无欧盟、IMF 等国际力量进一步的实质性介入，目前的高利贷融资趋势将不会改善，只会恶化。欧洲银行、保险公司、退休基金等正面临着巨大风险。他们预计 2011 年，PIIGS 的债务重组已在所难免。另外，面对高债务国再融资压力，欧洲央行至今仍实行中性偏紧的货币政策，以保持市场对欧元的信心。爱尔兰国债融资风险剧增，并可能触发欧元区银行的系统性风险，最令人担忧的是欧盟至今尚未拿出实质性的解决方案。

中国人民大学经济学院副院长刘元春也表示，欧洲经济前景不容乐观。他认为虽然希腊仅占整个欧盟 GDP 的 3% 、贸易总额的 2% 左右，但希腊处于欧元区，欧元的杠杆效应会放大危机，影响可能远超前几次金融危机。如果仅从 PIIGS 占全球贸易和 GDP 比重以及在欧元区的地位来简单分析是错误的。未来债务危机的路径不是线性的。欧洲目前出现问题的区域中长期经济状况并不乐观，不仅失去了核心竞争力，而且成为短期资本流动速度比较快的目标国。刘元春认为，依赖于欧元体系的欧盟，在与以美元为体系的美国经济较量中出现问题，这是金融危机前后全球金融市场出现剧烈震荡的原因。欧元启动，当时学术界提出内生货币理论，认为可以把外生条件不符合最优货币区的区域纳入，按照统一的货币，相对统一的财经纪律，使区域分工、资本流动、要素流动能够出现整合。而这次危机是对内生性最优货币理论的巨大冲击，从这个角度看，欧洲债务危机对中国未来如何走人民币国际化的道路借鉴意义重大。从另一个角度看，“隔山打牛”效应也很厉害，汇率变化和金融动荡对实体经济的影响有强烈的滞后期，一般为6个月到1年的时间。尤其值得关注的是，主权债务危机引发银行债务问题，也会使欧洲对外围国家的投资发生巨大变化，包括对落后国家的援助，例如对中国的碳排放机制资金会有影响。他认为，未来欧洲债务调整非常严峻，问题比短期金融波动更深远。

欧洲债务危机的不确定性对黄金市场也有影响。莫尼塔证券宏观策略分析师赵延鸿指出，从2008年开始，各国央行为刺激经济注入流通领域的大量货币将不断提振黄金的投资需求，黄金资源的稀缺性及其抗通胀保值属性将继续得到体现。2010年推动黄金上涨的主要支撑因素为：一是全球经济复苏推升了对黄金的需求和通胀预期；二是经济复苏过程的艰难使得美联储可能继续执行量化宽松的货币政策；三是欧洲债务危机不仅使得美元被动走强，同时也使黄金避险属性得以体现。但是黄金同时面临着美元波段性走强的风险，美元走强的触发因素可能有二：一是欧洲债务危机继续恶化，投资者对欧元担忧加剧，这种情形对金价影响有限，不会改变黄金的上涨方向，但会压制金价的上行速度；二是美国为增加就业、刺激消费会选择让美元走强来压低大宗商品的价格，如果是这个因素，金价会出现小幅回调，进而盘整。

对于大宗商品价格，与全球增长水平相适应的经济活动是关键。中信证券宏观研究组认为，大宗商品价格受实体经济以及流动性因素的影响大。后危机时期，全球经济复苏已直接导致大宗商品价格大幅上升，与此同时，大宗商品价格也影响全球经济增长的步伐。对流动性的分析将有助于估算大宗商品面临的货币压力。目前，美国的长期低利率水平刺激着更高回报的投资，而全球层面的高流动性已触发新一轮的投机性头寸活动。从汇率走势的角度看，美元与大宗商品价格的相关性减弱，也表明其价格波动性有所下降。而诸如运费、风险厌恶情绪、保护主义等其他因素都会影响大宗商品的价格。

四、对人民币国际化问题的研究

（一）研究背景

2010年9月15日，日本向押注日元持续升值的投资者宣战，6年来首次干预汇市，抛售约2万亿日元（约合230亿美元）以遏低日元，创单日干预金额记录，以展现其抑制日元涨势的决心。2010年11月，美国实施的第二轮量化宽松货币政策进一步加剧了美元的下跌走势，导致与其相关的非美元货币全线上涨，其中新兴经济体成为“重灾区”——巴西雷亚尔、韩元、印度卢比等众多货币对美元均创出了数年来的历史高点。而面对货币的全线升值，从泰国到越南等多个新兴市场国家均发出了警告，即让本币展开竞争性贬值，以免本币强势上扬抑制经济增长。一场汇率战的迷局就此掀开序幕。

针对人民币汇率问题，中国于2010年开展了大量的工作。2010年6月17日，6部委联合发布《关于扩大跨境贸易人民币结算试点有关问题的通知》，跨境贸易人民币试点范围扩大到自沿海到内地的20个省区市；时隔两日，经国务院批准，中国人民银行决定进一步推进人民币汇率形成机制改革，增强人民币汇率弹性；8月17日，中国人民银行发布《关于境外人民币清算行等三类机构运用人民币投资银行间债券市场试点有关事宜的通知》；2011年年初，《境外直接投资人民币结算试点管理办法》作为中国人民银行2011年的1号文件，允许境内机构以人民币作为结算货币开始境外直接投资。随着未来国际经济金融形势的不断发展，可以预期，我国将遵循既定政策，推动人民币国际化进程。

在各项政策的推动下，近两年的跨境贸易人民币结算工作成绩斐然。2010年总的跨境人民币结算量是5 000亿元，约占我国进出口贸易总量比例的2%。2011年年初发展加速明显，2011年前4个月，跨境人民币结算额已达5 300亿元，占同期贸易量比重升至5%。跨境结算的试点从最初的广东4个城市和上海，扩展到2010年6月的20个省市，试点企业也从365家扩大到6 700多家。

2011 年前4 个月香港人民币债券发行量达185 亿元，超过2010 年全年总额358 亿元的一半。截至2011 年第1 季度末，香港人民币存款量也达到4 5 14 亿元。

（二）研究成果

摩根士丹利分析师王庆认为，目前人民币被大大低估，因此人民币升值将持续多年。鉴于中国经济不断面临的结构性冲击以及技术上的困难，无法在一个动态的框架内预测人民币的公允价值，并令人信服地准确判断目前的汇率被低估的幅度。尽管如此，他认为人民币汇率至少被低估了 15%。基于以下 4 点，他相信人民币的升值将持续多年：一是有助于缓解因重要国际商品价格上涨而导致的“输入型”通胀压力。中国的非食品类 CPI 指数受生产者物价指数（以下简称“PPI”）上涨的影响很大，而 PPI 指数则与国际商品价格密切相关。二是尽管中国政府竭力维持现状，但其主要贸易伙伴却认为人民币价值被低估，中国在这一问题上展现其灵活性和务实性，可以维护全球贸易体系。三是人民币的强势地位有助于人民币的真实升值，从而使贸易部门和非贸易部门的相对价格更加合理。这有助于经济的再平衡，使国内经济不再过度依赖外需作为增长动力，从而实现向内需驱动型和非贸易部门驱动型增长模式的转变。四是人民币的升值可以提高中国汇率制度的灵活性，这正是独立货币政策的前提。

瑞银证券分析师汪涛等认为，尽管中国经济的外部失衡较严重，但这并不是造成过去几年全球经常账户失衡最主要的原因。他们认为，中国经济外部失衡源自国内经济中深层的结构性扭曲，远非名义汇率问题可以解释。汇率的决定因素十分复杂，因此所有的汇率估值方法都存在着严重缺陷。不同的方法、假设和参数所得出的人民币估值结果大相径庭，最靠谱的估算是 2009 年人民币被低估了 18%。由于很难找到精确的“合理价值”，加上这一数值会随时间而改变，他们认为要锁定一个具体的汇率目标是很难的。对决策者来说，最重要的是让经济基本面在汇率机制中发挥更大的作用，让基本面的因素引导汇率接近可持续的中期水平。就目前来说，这意味着更快升值和增加汇率弹性。

安信证券宏观研究组对此提出了不同的观点，他们认为，鉴于目前国际国内金融和经济形势，人民币升值幅度不会太大。这是因为：第一，此番人民币汇率改革重启，更多的是在西方压力下的一种政治表态。鉴于当前全球经济复苏未稳，欧洲主权债务危机阴霾不散，人民币此时大幅度升值有可能对出口部门的复苏造成一定冲击，不符中国当前经济利益。第二，自2008年次贷危机以来，许多国家货币对美元贬值，而人民币保持了对美元汇率的稳定，其贸易加权的名义有效汇率2010年已经升值了3.6%。由于中国通货膨胀率高于其主要贸易伙伴，人民币实际有效汇率2010年升值幅度更达5.5%。第三，国内低端劳力工资上涨压力大，即使人民币名义汇率保持不变，其实际有效汇率也会不断升值，因此人民币名义升值不宜太快。第四，目前中国银行隔夜拆借利率已经比联邦基金利率高出100个基点以上，如人民币大幅升值预期形成，“热钱”将加速流入中国。

同样，申银万国证券研究所宏观经济研究小组也预计，短期内人民币加权汇率将基本保持稳定。汇率政策的调整有助于缓和外部要求人民币升值的政治压力，保持人民币汇率政策的主动性。以市场供求为基础，参考一篮子货币政策，可能意味着至少半年内人民币汇率政策的目标是保持人民币对一篮子货币的加权汇率基本稳定。

莫尼塔证券分析师王涵等认为，中国只能采取“走钢丝”式的汇率政策。在全球流动性过剩的背景下，新兴经济体将继续面临流动性涌入的压力。尽管说通过本币升值将能够部分消除外资流入后中国人民银行因被动投放所带来的货币供应过剩的问题，但由于国际主流观点仍倾向于人民币币值被低估，这种单边升值预期的上升，将导致本币升值所带来的“资本墙”效应打折扣。因此，资金流入中国的速度会出现边际意义上的加速局面。一方面是人民币单边升值预期所带来的“热钱”流入压力，另一方面是全球贸易不平衡所导致的升值压力，中国人民银行将不得不在这两者中间采取“走钢丝”式的汇率政策。“走钢丝”式的升值和数量化对冲，在全球流动性涌入的情况下，将无法改变外资流入使我国流动性更充裕的局面。

针对人民币跨境贸易结算实施的影响，东兴证券银国宏等分析师认为，这标志着中国开始初步具备了发行国际货币的功能。在人民币可以回流之后，周边国家持有人民币的积极性增强，人民币的交易和储备功能得到了强化。因此可以断言，中国已开始拥有国际货币的发行权。人民币地位的上升，背后是中国综合国力的增强。他们认为未来5年左右，中国对东盟、韩国等周边国家的进口贸易采用人民币结算的可能性比较大。

中国农业银行宏观经济研究团队认为，跨境贸易人民币结算试点为境内机构以人民币开展境外直接投资提供了便利，但人民币实现国际化还需要相当长的时间。该办法实施的正面影响体现在：一是有利于企业“走出去”，解决境外贸易结算人民币的“流向”问题。二是能够促进人民币流出，有利于减轻近期人民币升值加速的压力，进而缓解“热钱”流入和国内通货膨胀的压力。三是有利于境外直接投资的企业规避美元等第三方货币波动所带来的结算汇率风险。与货币国际化的战略路径相比，人民币实现国际化还有相当长的路要走，但人民币国际化仍大有可为。对此，中银国际分析师叶丙南提出了相似的观点：由于在当前形势下人民币还难以被广泛使用于境外直投，该政策在短期内影响有限。不过仍应被视为朝着人民币国际化迈出了重要一步。国家已将完成中国资本账户自由化的目标纳入“十二五”规划，因此未来将有更多有关资本账户自由化及人民币国际化的政策出台。

中国人民银行副行长胡晓炼发表了数篇文章，阐述灵活汇率制度的好处并表明推行这一制度的坚定决心。文章中传递了五个方面的重要信息：一是自1994年以来，中国政府一直致力于采用有管理的浮动汇率制度。二是汇率的浮动以市场供求为基础，以发挥汇率的价格信号作用。浮动幅度根据贸易和经常账户余额确定，以反映“有管理的浮动”性质。汇率根据“一篮子货币”确定，而非人民币与任何单一货币的双边汇率确定。三是灵活汇率制度有助于提升货币政策的有效性。四是汇率制度改革与生产要素价格改革既有替代性，也有互补性，有助于资源配置，激励企业改善管理，加快技术创新，降低资源和能源消耗，促进经济结构转变和可持续发展。五是浮动人民币汇率制度表明中国致力于全球经济平衡，是国际社会中一个负责任的成员。这有助于缓和中国与其他国家的贸易关系以及针对中国的贸易保护主义。

针对货币政策独立性和资本自由流动、固定汇率和资本自由流动以及货币政策的独立性和固定汇率这三个目标不可调和的“三元悖论”，中国人民银行副行长易纲在2010年7月接受采访时指出：“一个比较发达的国家，或者一个比较成熟的新兴市场国家，最终应当选择货币政策的独立性和资本自由流动。

那么，它不能够坚持的是什么呢？就是固定汇率。”国泰君安证券宏观研究小组提出，这表明管理层认为的最优目标组合应当是货币政策独立性和资本自由流动。从更深层次的宏观调控方向来看，中国经济体制改革的目标，就是要建立资源及资金更合理的流动与配置的经济体系。可以预见，未来利率和汇率等价格调控手段将取代以数量为主的行政调控手段，成为中国宏观调控政策的主流。

中金公司分析师哈继铭等认为，这种对美元“脱钩”的改革要优于简单的人民币升值。它给货币当局增加了宏观调控的汇率政策工具，有助于应对未来全球经济环境的不确定性；有助于加快人民币的国际化，增强未来中国在全球货币体系中的地位；有利于加快产业升级，带动企业向内地迁移，促进区域平衡增长；而且在G20峰会之前做出这一举措，客观上也有助于化解美国国会对于中国的贸易制裁风险；人民币短期内不大可能对一篮子货币显著升值，因此这一举措对我国总体出口影响有限。进而通过行业分析否定了人民币升值令中国企业普遍受损的传统观点，因为升值对中国出口的不良影响在争论中占据了主导地位，而来自贸易条件改善的益处被低估了。

五、对国内经济转型问题的研究

（一）研究背景

2010年，中国经济总量位于全球第2位。未来5年，我国将逐渐步入中高收入国家，经济结构调整迫在眉睫。“十一五”期间，经济转型的重心逐渐由经济增长方式转向经济发展方式，并引发了一系列转型的尝试，譬如推进要素价格改革、提倡节能减排来促进经济发展方式的转变。但实际情况表明，转型并未取得根本实效。据国家统计局公布数据，2010年消费对GDP增长的贡献率为37.3%，投资的贡献率是54.8%，分别拉动GDP增长3.9个和5.6个百分点。如何进一步提高居民消费意愿，或者说，提高服务业水平、加强产品创新、改善消费市场结构，成为“十二五”期间转型的首要内容。

回顾“十一五”的指标完成情况，节能减排形势较为严峻。5年中的前4年，全国单位国内生产总值能耗累计下降14.38%，与降低20%左右的“十一五”目标存在较大差距。高耗能行业过快增长、节能指标完成情况全国与地方衔接不上、气候变化给节能带来了巨大压力等，是当前我国节能减排工作需要加大力度的几个方面。尤其是近年来，我国已成为主要污染物的第一排放国，以美国和欧洲为代表的发达国家在哥本哈根气候大会上对包括中国在内的发展中国家施加了巨大的压力。随着国内资源价格的上升以及环境污染的加重，中国面临的内外资源环境约束增强，以往的发展模式很难持续。

同时，当前社会收入分配结构的扭曲，使得劳动者报酬在收入分配中的占比不断下降，引发的社会矛盾也日益突出，广大民众对高房价、通胀的承受力越来越弱。对此，国内房地产调控政策频出，国务院要求各级政府和主要部委采取一致行动，共同遏制房地产市场投机和房价过快增长，同时将继续实行增加住房，尤其是低端市场住房供应的现有政策。2011 年在全国范围内新开工 1 000万套保障性住房，并在未来 5 年一共新开工 3 600 万套保障性住房。

（二）研究成果

莫尼塔证券分析师王涵等发现，2009 年的货币供应量大幅上升之所以能够带动本轮消费周期，关键在于前期企业旺盛的工业生产带来了劳动者工资报酬的快速上升。然而在过去的一段时间内，高弹性的耐用品消费出现了一定程度的放缓，有可能意味着消费周期的提前结束。后期企业的用工情况，将是观察本轮消费周期能否延续的关键指标。然而近期制造业 FDI 的数据和海外的经济数据，都显示后期就业将面临较为明显的下行压力，消费周期提前结束的风险在上升。

然而国泰君安证券研究所分析师姜超等认为，消费的名义增速会稳步上升。2010 年以来，我国消费名义增速一直在稳步上升，居民收入的增长是消费增长的主要动力。从韩国经验来看，收入的提升将带来消费结构的转型。结合美国转型期间会带来消费率大幅提升的经验，他们认为中国未来的耐用品消费增速将有所回落，但非耐用品消费将持续高增长。因此即便限额以上零售增速出现回落，但 2011 年全社会消费品零售增速仍能保持 18. 6% 的稳定增长。

国家发改委副主任解振华在第十三届科博会中国能源战略高层论坛上表示，2010 年是实现“十一五”节能减排的决战之年，必须重点抓好以下几项工作：

一是强化目标责任，加大问责力度。二是严控“两高”行业，加快淘汰落后产能。三是加快实施重点工程，推广高效节能产品等。四是抓好重点领域，全面推进节能减排。五是加强用人管理，深化能源价格改革。六是大力发展循环经济，提高资源利用水平。七是完成法律文本。环境保护部副部长吴晓青也表示，“十二五”是加快转变经济发展方式的攻坚时期，清洁生产工作面临着新的挑战和机遇。我国必须认真编制和实施清洁生产相关规划、进一步促进清洁生产与环境管理制度的融合、着力抓好重点企业清洁生产审核、切实加强清洁生产技术支撑体系的建设、积极扩展清洁生产的资金渠道、深入开展清洁生产宣传教育工作。

面对国内房地产调控政策频出的市场形势，摩根士丹利分析师王庆等从细节出发，通过数据挖掘发现，最近针对房地产市场投机的系列政策对整体经济，尤其对固定资产投资的潜在负面影响被夸大了。全国范围内，住宅类房地产竣工面积仅占所有建筑面积的50%。但是，住宅类建筑中，约73%为“商品房”，其开工建设和交易由市场决定。这些“商品房”中，又有约40%位于严厉调控措施涉及的35个主要城市。就北京、上海、广州、深圳这4个一线城市而言，其一级和二级住宅类房地产市场被认为流动性过高，投机过于活跃，但其竣工面积只占全国总量的3%。因此，如果只根据个别城市的住宅类房地产市场来评估整体经济，难免有失偏颇。

安信证券分析师高善文认为房地产投资本身处在重建存货和向历史均值回归的趋势中。在这样的背景下，新一轮的房地产调控，在一两个季度内对房地产的开工和投资会逐步产生影响。他认为，考虑到房地产企业自身现金流的状况、负债的状况和重建存货的需要等，房地产投资增速维持在10%或者略高的水平，还是有可能实现的。

瑞银证券分析师汪涛针对中国是否已出现一个大的、全国性的房地产泡沫并且即将破灭的问题，给出了简单答案：短期乐观，中期悲观。尽管存在着一些预警迹象，并且确实可能存在着“空城”和局部性的房地产过热，但中国并未出现全国性的房地产泡沫。短期来看，她认为房地产泡沫破灭的风险很小。持续的房地产调控不太可能造成房地产建设活动大幅下滑，政府正通过加大保障性住房的建设力度来抵消商品房限购政策的影响。她认为通过几年保障性住房的大力建设，将足以抵消商品房建设可能出现的疲弱。由于购房杠杆水平相对较低、收入快速增长，再加上对未来房价上涨的预期仍然强劲，短期内房价也不太可能出现大幅下跌。不过，未来几年中国出现大规模房地产泡沫的风险相当高。

而中金公司分析师高挺等却提出了相反的观点，他们认为，短期内房地产紧缩政策虽然方向上符合预期，但程度比预期严厉。而长期来看，一方面增加土地供应有利于房地产投资在中长期持续增长；另一方面，针对房地产局部过热的调控将遏制房价持续上涨的预期，减小出现全局泡沫的可能性，降低金融系统的风险，使得经济增长更加平稳。从更长期来看，将房地产在经济中的地位降低，特别是对投资性需求的遏制，将引导社会剩余资金更多流向其他产业，增加整个社会的资金使用效率，对房价的遏制也可能增加居民其他方面的消费能力。

针对保障房市场，中信证券邵峰等分析认为，市场前景乐观看好。过去之所以保障房执行不力，第一点是经济增长指标在地方政府人员升职竞争中依然占主要权重。第二点是房屋供需矛盾还未恶化。而目前这两个因素均发生了较大的变化。第三点还要看地方政府的积极性是否能调动。对于这点，他们给予乐观的态度。莫尼塔证券分析师乔永远等认为，保障房开工能否按计划如期完成，资金能否到位是核心问题。目前估算下，总共需要资金 1.3 万亿 ~1.4 万亿元。其中约有 1 万亿元属“可交易”的棚改房、经适房、“两限房”需求，各级政府、开发商、企业参与意愿较强；另有 3 000 亿 ~4 000 亿元属“出租”型，资金沉淀时间长，回报低，各方参与意愿有限，存在较大的融资问题。需要以创新的模式考量参与各方的利益，以提高其积极性和参与度，使保障房建设保持良性循环。

六、对中小市值市场的研究

（一）研究背景

创业板、中小企业板加速扩容，“新三板”建设亦驶入“快车道”，2010

年我国中小市值市场逐步壮大，风景这边独好。

筹划10年之久的创业板，伴随着投资者的大力追捧，市场热度一直居高不下，不仅上市公司数量每月增加8家左右，而且上市价格和市盈率也节节攀升。然而，数据表明，创业板市场上市公司的现实表现有悖于投资者的青睐与信任，高价发行股票的公司并没有向投资者展现他们期望的高成长性和丰厚的投资回报，相反，创业板市场似乎成了又一个圈钱的场所。此外，所谓的“PE腐败”现象、创业板开设初期出现“两高一超”现象以及创业板上市企业首日交易价格跌破发行价格，均引起了社会各界的热议，甚至还有人趁机唱衰创业板。这些现象一方面反映了社会各界对创业板的高度关注，另一方面也反映了人们对创业板主流方向和运作方式认识不足，存在许多盲点，有必要通过恰当的渠道予以正确引导。

相比而言，中小企业板表现抢眼。中小企业板和创业板在2010年共发行了331只新股，筹资额约3 000亿元，平均发行市盈率为60倍左右，最高甚至到了150倍。在2010年全年可统计的530家中小企业板上市公司中，有340家中小企业板公司上涨，占比达64%，中小企业板绝大部分股票优于同期市场表现。从各指数板块全年表现来看，大盘股的表现远远差于中小盘股。其中，中小企业板和上证50两个板块，全年走势分化高达36%，创出历史分化差距记录。从静态的估值水平来看，创业板和中小企业板平均高达83倍、57倍的市盈率，远远高于上证50平均仅约15倍的市盈率，显示了小盘股和大盘股的估值差距。

在创业板顺利推出后，场外市场的建设成为资本市场的下一个“重头戏”。中国证监会主席尚福林表示，现在市场规模大了，已经具备显著提高直接融资比重的条件。“十二五”期间我国市场将继续加强基础性制度建设，培育市场机制，进一步提高市场效率。监管部门正在积极筹备以“新三板”市场为基础的场外市场建设的相关工作，相关制度安排已经基本到位。场外市场建设正处于一个发生质变的时期，2011年将成为资本市场的“新三板”年。

（二）研究成果

从“十年磨一剑”到成功推出并顺利运行，创业板取得了很大成功，也大大激发了创业热潮与PE、VC的活跃度。然而，中欧陆家嘴国际金融研究院副院长刘胜军表示，创业板公司上市后暴露出的一系列问题值得人们深刻反思。如一些公司信息披露不充分、甚至不准确，"影子股东"警示IPO腐败等。因此他建议建立上市公司IPO公示期制度，即对那些获得审核通过的拟上市公司，在发布招股说明书后，应先经历为期1个月的公示期，接受舆论的审视和检验，然后才能进入询价和申购阶段。目前，企业从发布招股说明书到申购的时间只有1周左右时间，公众没有充分研究和调查的时间。引入公示期，固然会延长IPO周期，但如能在最大限度上扫除上市后遗症，是利大于弊的。

针对高市盈率、高发行价、高超募资金的创业板"三高"问题，全国人大常委会前副委员长成思危在第15届中国资本市场论坛上建议，应通过建立做市商制度，平抑"三高"问题。他表示，纳斯达克每一个上市企业一般有3~4个做市商，从而能够更准确地实现发现机制。做市商还可以保持市场的流动性，不至于有些时候有行无市。做市商能够完成大宗交易，一般投资者很难做到这一点。同时他认为，在严格审核发行的前提下，创业板的规模还应稳步扩大，希望能达到400家。而综合国际竞争和国内市场需求两方面考虑，创业板的定位首先应该支持创新型企业。

对于超募现象，深圳市创业投资同业公会常务副会长兼秘书长王守仁否定了一些专家提出的存量发行制度。他认为，推行存量发行制度固然有助于扩大股票供应量，对需求起到一定的抑制作用，但对大股东和实际控制人坚持长期确保企业做优做强的理念和信心会产生负面影响，对上市企业的持续成长性带来伤害。为此，他建议要充分借鉴国外上市企业的增发制度，即在上市半年后增量发行，募集企业所需资金。这样既有利于避免发行人通过首次发行一次性募集太多的资金，又有利于通过常态的增量发行，激励和鞭策大股东、实际控制人及高层管理者不断追求企业创新和高成长。

中小企业板作为一个独立的、有特色的板块，它的生命力已经开始体现，并将继续在多层次资本市场实践中发挥更大作用。深圳证券交易所党委书记、理事长陈东征表示，在多层次资本市场建设过程中，深交所将坚持中小企业板和创业板两板并重，全方位为不同类型的中小企业服务，充分发挥资本市场对支持中小企业和国民经济发展的重要作用。第一，内外部经济形势复杂，中小企业板内在不稳定因素增多。外部的经济危机和欧洲债务危机加上内在通胀压力增大，都使得中小企业首当其冲受到影响，内在不稳定因素增多，实体经济和虚拟经济的相互影响逐渐扩大。中小企业板信息披露、会计调控、内幕交易等方面的问题和风险开始暴露，这是一个值得警惕的信号。第二，新股发行募集资金多，募集资金管理面临考验。在金融危机条件下，募集资金的到位，能显著增强中小企业的资金实力和抗风险能力，有力促进企业的发展。但是，对上市前资产规模相对较小的中小企业来说，能否管好、用好这笔数额庞大的募集资金，更是一项重大考验。第三，中小企业板市场规模扩大、业绩分化带来监管挑战。大量的中小企业进入资本市场，带来了各种新情况和新问题，市场监管的复杂程度不断增加。

国务院发展研究中心金融研究所副所长、博士生导师巴曙松提出，中小企业板作为中国多层次资本市场探索的重要实践，主特色之一就是强烈的金融创新特性：从推动金融资源优化配置和创新，以及中国本土创投创新发展，到多层次资本市场的创新推进、监管体系的创新构建，都可以看到中小企业板所发挥的积极的创新作用。展望未来，中国经济的转型与崛起需要一个规模更大、功能更强、创新活力更为充沛的中小企业板。

同时，场外市场的建设成为资本市场的下一个“重头戏”，其中“新三板”扩容成为热点话题之一。申银万国证券研究所分析师桂浩明等认为，“新三板”的扩容将有力拓宽企业融资渠道，为愿意接受公众监管的非上市股份制企业提供交易平台，并完善我国多层次资本市场体系。“新三板”市场有望体现出如下优势：一是企业规模远高于主板和创业板市场；二是流程、手续简便，挂牌更加快捷；三是融资手段更加多样化、更加灵活，能够实现“按需融资、小步快跑”；四是有良好的交易退出机制。在目前已有协议交易、集中竞价的基础上，“新三板”将进一步引入做市商交易模式等更为有效的方式，促使市场资源配置能力进一步提升。但是，要真正将“新三板”发展起来，还有很多问题需要解决，而且有不少是制度方面的障碍，如交易渠道不畅、转板制度不确定等。

国泰君安证券分析师梁静对“新三板”市场的发展持短期保守、长期乐观的态度。据分析，“新三板”技术准备已充分，在政策支持下，扩容已经箭在弦上。扩容将在挂牌企业、主办券商和投资者等方向上三箭齐发，其终极目标是打造全国性 OTC 市场。目前“新三板”尚处于试点阶段，总体规模十分有限。但从海内外的经验来判断，作为多层次市场的重要一环，一旦政策放开，市场将呈现爆发性增长态势。在进入稳定状态后，“新三板”最终的挂牌企业数量将有可能达到 5 000 家，是现有股票市场的 2 ~ 3 倍。但这将是一个长期目标。测算结果显示，短期内“新三板”对证券行业的净收入贡献在 1% 左右，但未来 3 年内，“新三板”市值规模和交易额将达到 5 000 亿元的量级。

中信证券分析师唐川认为，场外市场建设的推进不会对既有市场造成太大冲击，主要原因在于：一是“新三板”挂牌公司大多属于高成长、高风险企业，投资者要求较低的估值作为风险补偿。而创业板公司相对经营期限更长，收入和盈利也达到了一定的规模。二是“新三板”应该同时具有满足小型企业投融资和孕育高层次资本市场备选企业的功能，达到高层次资本市场上市标准的公司都会选择向上转板。三是不会有自动和无条件的转板机制。四是“新三板”应定位为一个有管理的“公开的”私募资本市场。因此他认为，“新三板”扩容和改革对高层次资本市场的资金分流效应将十分有限，流动性也应该会大大低于场内交易市场。

七、对金融创新的研究

（一）研究背景

适时推出股指期货、开设融资融券试点、新一轮新股发行体制改革开始实施……2010 年一开年，中国资本市场创新的脚步渐行渐近。随着制度建设的进一步完善，创新工具的渐次推出，2010 年的资本市场可谓看点纷呈、热点不断。种种迹象表明，资本市场中一直以来相对平静的一个领域也有望在这一年获得重大突破，并获得越来越多关注的目光，成为资本市场的最新焦点——场外市场。

经过一段时间相关配套法规的密集出台，2010 年 4 月 8 日中国金融期货交易所举行了股指期货上市启动仪式，首批 4 个股指期货合约 1 周后挂牌，为投资者提供了管理风险的工具，最重要的是开启了金融创新的大门。股指期货市场全年运行平稳，各项指标表现良好，其套期保值功能得到基本实现，为后续金融创新奠定了基础。期货成交量从最初的不到 10 万手，一度高达 40 余万手，而截至 2010 年年末，投资者日趋理性，日均交易量稳定在 20 余万手，成交量适度，成交持仓比基本稳定在 5 倍左右，接近成熟市场水平。

筹备期长达 4 年的融资融券交易也于 2010 年开始试点。上海和深圳证券交易所于 2010 年 3 月 30 日正式向 6 家试点券商发出通知，将于 3 月 31 日起接受券商的融资融券交易申报，标志着融资融券交易正式进入市场操作阶段，更作为一座里程碑将中国资本市场推入了可进行卖空操作的全新的双边市场。随着融资融券试点规模的不断扩大，市场交易也日益活跃。截至 2010 年年末，融资余额达到 127. 6 亿元，融券余额也从最初的不足 10 万元攀升至 2 000 万元左右。但是，融资融券也是一把“双刃剑”，其作为一种信用交易，在提高收益的同时，风险也随之加大，即使在成熟的发达市场，这也是一项高风险的业务。次贷危机让我们深刻认识到了信用业务不加限制肆意膨胀的后果。

2009 年 6 月启动的新股发行体制改革 1 年多后，第一阶段改革的部分目标已初步实现。然而统计显示，改革后中小企业板的首发市盈率平均约 50 倍，主板首发市盈率平均约 39 倍，反而比改革前市盈率偏高。鉴于此，2010 年 10 月新股发行第二阶段的改革开始实施，《关于深化新股发行体制改革的指导意见》直指发行“三高”，对新股发行的报价申购、询价对象范围、回拨机制的完善和中止发行机制的引入等方面进行了改革，使新股定价趋于公开化和透明化，向市场化方向纵深推进。理性的定价改革，对投资者、筹资者和承销商是一个多赢的局面，特别有利于保护中小投资者权益、解决市场信息不对称的难题，保障市场的公平公正，对中国 A 股市场持续发展来说是一项长远的利好。

（二）研究成果

莫尼塔证券研究小组认为，股指期货可能分流的资金规模在 1 900 亿元以上。截止到2009年年底，最近1年参与二级市场集中交易的A股持仓户数超过4 300万户。根据深交所对创业板的投资账户分析，粗略估算持有资产在50万元以上的账户占比在5%～6%。如果按照这个比例推算，目前A股持仓账户持有资产超过50万元的约为215万～258万户；另据中国证券业协会调查，大约15%的股民愿意参与股指期货交易，代表着最近1年积极参与A股交易的持仓账户为32.25万～38.7万户。若按每户50万元的资金计算，股指期货可能分流的资金规模在1 613亿～1 935亿元。由于没有考虑机构投资者，所以股指期货真实参与的资金规模会更大。

安信证券分析师付强认为，股指期货确实具有一定的资金分流效应，但很难说股指期货对现货的影响是决定性的。期货在价格的变动上比现货更加超前，对信息的反应更加敏感。究其原因，首先是对市场的判断更加准确，更加具有信息优势的投资者一般会优先选择在期货市场上操作，以便低成本地实现更高的利润。其实，沪深300指数现货价格是300只股票的平均价格，信息首先反映到个股上，等300只股票都有反应以后再加权平均，这个过程所需要的时间更长，而期货只是一个价格，所以对信息的反应也更快。

国泰君安证券研究所分析师蒋瑛琨研究认为，券商作为股指期货的重要参与方，将直接受益于股指期货业务的开展。股指期货将显著提升优质券商竞争力，优化盈利模式，长期来看对券商业绩提升贡献显著，对券商自营与资产管理业务具有长远影响。同时，研究小组在股指期货和现货引导关系的研究中加入指数期权、基金等，对三者关系进行研究。研究结论表明，期权价格变化领先于现货；期货、现货、期权三者价格长期来看具有协整关系，期货市场具有价格发现功能；期货领先于现货，现货领先于基金。与国内同样具备T+0交易特点的权证业务、ETF套利相比较，股指期货的保证金结算、指数作为交易标的、做空机制等，令其在短线趋势交易中优势明显。

莫尼塔证券研究报告认为，融资融券的推出有利于提高市场的流动性，将改变我国股市“单边市”状况。投资者可以通过使用融资融券的财务杠杆实现新的交易模式以及风险规避手段。对证券公司而言，融资融券提供了出借资金及证券的利息收益，同时融资融券对交易活动的刺激也有望带来更多的佣金收入。对证券市场而言，融资融券有利于提高市场的流动性，特别是长期内将可能通过合适的转融通途径将银行资金输入到证券市场。西南证券分析师王大力亦表示了同样的观点，从中长期来看，融资融券能够改变目前券商资金过剩的局面，但短期业绩贡献不宜过度乐观。

申银万国证券研究所分析师桂浩明提出了相反的观点：新兴的融资融券业务规模也从起始阶段的几十万元逐步放大，取得了不错效果。但与现在A股市场日均上千亿元的成交金额相比，这样的规模实在太小。而参与者较少，也使得它淡出大众的视线，无法真正有效地发挥作用。因此对券商来说，现在做融资融券业务是“赔本赚吆喝”，投入与产出难以平衡，更无法成为其可靠的利润增长点。在海外市场，融资融券业务十分发达，融资融券的规模往往可以达到股票总市值的10%左右，其交易则可以占到市场交易量的30%。

同济大学经济与管理学院教授、博导石建勋认为，融资融券作为一种新兴的交易方式，是一把“双刃剑”。“剑刃”之一：利好。股市融资融券可以完善市场交易机制，避免股市波动过大，还原价值规律在股价形成机制中的主导作用；促进券商盈利模式创新，增加券商佣金收入，提供规避风险的工具，有利于促进机构投资者发展壮大；规范和引导地下信用交易，促进银行业健康发展。“剑刃”之二：股市风险加大。融资融券在放大收益的同时也放大了风险，增加了投资和监管难度，融资融券可能助涨助跌，增大市场波动；可能增大金融体系的系统性风险；如判断失误或操作不当，则投资者的亏损可能比在现金交易方式下更为严重。

针对融资融券业务出现的问题，申银万国证券研究所制度与发展研究小组认为，从制度构建角度，建立转融通机制是未来完善创新制度的一个重点。融资融券试点虽然已正式启动，但成交情况并不理想，与海外成熟市场存在较大差距，而转融通机制的缺失是根本原因。在专业化的转融通模式中，证券金融公司是转融通机制的核心：我国证券金融公司的证券来源更丰富；可将保证金作为证券金融公司重要的资金来源；证券金融公司业务范围呈现多元化趋势。建立转融通机制对市场来说可放大交易规模，提高交易活跃度。对机构投资者的影响：带来新的盈利模式，将改善收益－风险结构，推动证券公司、基金公司等理财机构的产品创新。

针对新一轮的新股发行体制改革，国信证券分析师黄学军认为，此次改革不改新股发行节奏，对市场的影响不大，改革主要是针对一级市场的“三高”现象。每次新股发行体制改革的核心都绕不开供求关系。本次改革的重点在于：一是采取核准制、存量发行等方式，加大市场化的供给。这里所说的“供给”不是加大发行股票的数量，而是同一只股票的发行规模。二是既要改革“进”，也有改革“出”，除了改革发行制度，还要加强退市制度的建设。

中央财经大学金融发展研究院教授李建栋分析认为，《关于深化新股发行体制改革的指导意见》难以达到解决“三高”问题的目的。《关于深化新股发行体制改革的指导意见》提出要进一步完善报价申购和配售约束机制，但这一规定的实际执行难度很大。承销商作为销售者，售出股票才是其最终目的；发行人作为产品生产方，当然希望产品的价格越高越好；中国证监会作为监管方，维护股市的稳定和健康发展是其宗旨，而这一点恰恰是承销商和发行人不关注的。三者的利益不一致，因此这一政策有可能会成为一纸空文。中国证券业协会副会长林义相也指出：我国资本市场的一个特点就是我们没有一个整体的、具体的、长远的发展规划。

东北证券分析师赵旭对此持有相反观点，认为深化新股发行体制对 A 股市场是一项长远的利好。理性的定价改革对投资者、筹资者和承销商是个多赢的局面，特别有利于保护中小投资者权益。但由于形成中国股市高价发行的体制性因素难以在短期内完全消除，需要投资者的理性投资、监管者的规范监管、中介机构的科学参与、发行者的理性筹资行为等多方面的日益完善，可谓任重而道远。

申银万国证券研究所分析师蒋健蓉等提出，第二阶段的改革仍然不可能一步到位解决发行机制中存在的所有问题，渐进式的市场化改革对于恢复和改善资本市场融资至为关键。改革提出网下进行摇号配售，平添了网下机构打新的“运气”成分。适当增加理性询价机构队伍是有必要，但这一尝试可能是“双刃剑”，关键是如何确定新增机构的“询价资质”。因此，如何更好地寻求发行人、承销商和询价机构的利益平衡，定价是否在第二阶段的改革中趋向更理性还有待观察。尤其是在全球经济最困难的这两年，发达国家资本市场 IPO 融资额出现了明显下滑，而我国资本市场 IPO 融资额连续两年高居全球榜首，为我国经济发展提供了强大动力，也预示着我国资本市场的国际地位进一步提升。

八、对证券行业结构性变化的研究

（一）研究背景

国务院正式颁布《证券公司监督管理条例》后，中国证监会对证券行业提出了“一参一控”的政策要求，完成期限要求为2010年12月31日前。2010年券商行业出现了相对密集的吸并整合和股权交易。随着“一参一控”政策的逐步落实完成，不仅A股市场有望迎来新一轮的券商上市潮，而且券商现有竞争格局也将出现调整。在经济日益全球化的背景下，我国金融开放的力度不断加大，中国作为重要的经济增长极无疑将成为各类金融机构集聚、竞争之地。如何在激烈的市场竞争中屹立不倒，并最终成为“百年老店”，是每一个处于时代变革中的证券公司都需要考虑的。在佣金大战、创新业务开闸的行业大背景下，券商为了做大做强，将积极参与并购重组。西南证券利用上市平台重组国都证券可谓打响了上市券商并购重组的“第一枪”，新一轮并购大幕或将开启，这也将是中国证券行业的第4次并购大潮。

始于2004年的证券公司综合治理中，汇金公司和建银投资一直扮演着重要的角色。目前，中投旗下参、控股证券公司共10家，其中3家由中央汇金持有，7家由建银投资持有。当前我国大力发展直接融资，正是证券公司大展拳脚的好时机，随着本轮证券公司综合治理的结束，证券行业的竞争格局发生了明显的变化，一幅券商新“版图”即将出炉。

（二）研究成果

申银万国证券研究所研究认为，不满足全国设点要求的券商，存在经纪业务并购动力，这些券商的基地辖区市场已经处于高饱和水平，他们渴望在佣金率相对较高、竞争相对缓和的区域设置网点。部分未能获得融资融券、直投业务牌照或股指期货结算资格的券商，也希望通过并购获得新业务牌照。而2010

年上半年行业亏损面已扩大到8%、交易佣金率下跌到1‰以下，这些都为并购创造了外部条件。关于股东持股证券公司“一参一控”的规定是导致未来券商整合的另一大原因，其中最令市场关注的当属汇金系V旗下券商的整合猜想。根据政策安排，对于和现行“一参一控”政策有矛盾的，在2009年前应拿出整改方案，2010年正式解决。中国证监会希望汇金公司及其子公司建银投资于2013年5月31日前整合完旗下10家证券公司股权。原来上市公司持有某家券商股权无法达到上市的各项软硬条件，现在因“一参一控”、规避同业竞争等原因可换股持有一家上市券商或拟上市券商的股权，从而快速实现增值。

宏源证券研究所所长助理、证券行业分析师黄立军表示，“一参一控”政策对于券商通过上市途径做大做强时，有效保护投资者利益具有重要意义。虽然本轮券商间的兼并整合并未达到预期效果，主要是未能实现有效整合，大而不强，但现在迫于“一参一控”时间表的压力，许多券商只能通过股权转让来达到监管要求。尽管有些券商在规模上会有所下降，但只要苦练内功，实现内涵式发展，真正提升了竞争力，就能为股东和广大投资者带来更大的利益，行业整体水平才能得到切实提升。

对于证券行业的新一轮并购潮，海通证券研究所分析师谢盐认为，主要是三方面因素在助推：第一，内生的市场化运作产生的动力，主要表现在随着经纪业务利润空间的下滑，一些中小券商业绩急剧下降，生存空间面临严峻挑战，不得不走并购之路。第二，是监管政策的导向，包括监管层“一参一控”政策和“扶优助强”的监管思路。前者使得一些不符合要求的券商不得不出让股权，而后者的优势则主要体现在IPO、创新业务申请、网点铺设等方面。第三，央企和地方国资整合而出现的券商股权转让。

国元证券研发中心总经理高哲也认为，目前中国券商数量偏多，未来并购整合将不可避免。他表示与上一轮券商综合治理时期的并购潮性质不同，新一轮的并购潮出于市场化的选择，主要是为了做大做强，而上一轮并购潮主要是为了防范行业系统性风险，其中行政干预色彩较浓。持相同观点的还有长江证券研究所，他们的研究认为，兼并收购有利于优化行业竞争环境。通过兼并收购，能够使优质券商获得更多的市场份额和经营的规模优势，以研究资讯、品牌、服务、便捷的交易系统等方式实现差异化竞争，促进经纪业务的革新和综合服务水平的提升。因此，应积极鼓励证券公司的兼并收购活动。

对于2011年西南证券并购国都证券的创举，国都证券董秘朱玉屏表示，这次并购开创了国内证券行业的先例。西南证券是上市公司，而国都证券资产质量优良，资产规模、内部管理、业务布局等均可圈可点。此次重组可望达到1加1大于2的效果。国内券商的发展确实遇到了诸如业务同质化、佣金价格战等问题，券商的发展存在许多困难。但从各自实际出发，通过细分市场，提供差异化、高质量、有针对性的服务，也许是券商化解目前难题的手段之一。民生证券副总裁滕泰也认为，对证券行业来说，客户资产规模是决定所有业务价值创造能力的基础。而并购证券公司，不管是买进经纪业务，还是承销、资产管理业务，归根结底都是买进客户资产。客户资产虽然不是券商本身的，但是可以带来盈利的关联性资产。西南证券的并购迈出了具有前瞻性的一步。只有抓住客户资产规模，才有发展前景。推动强强联合，对并购双方都有好处，对整个行业发展也有好处。理财、资产管理和私人银行业务，是国内证券公司最有前景的业务领域。随着财富总量的扩大和理财文化的发展，崛起的中产阶级将由自主投资群体成为潜在的私人银行客户。

证券行业的并购重组也引发了对于证券公司治理方面的讨论。对外经济贸易大学的研究报告提出，股权结构对公司治理乃至证券公司的风险管理存在着较大的影响，股权集中度与公司治理的绩效呈反比。目前我国上市证券公司股权结构高度集中，这也意味着可能存在较大的治理风险。要想消除股权结构不合理对证券公司风险管理的负面影响，就应当从股权结构改革开始。东北师范大学的专题研究认为，在证券公司治理结构上，我国证券公司存在着股东大会功能弱化、董事会运作不规范、独立董事未充分发挥作用、监事会形同虚设、经理层人员内部人控制现象严重、缺乏科学的绩效考评机制和激励约束机制、信息披露不规范、合规管理不足等诸多问题。这不仅严重制约我国证券公司业绩的进一步提升，更有可能严重损害股东和广大投资者的利益，削弱证券市场的融资职能。

第二节 2010年证券管理部门组织的行业研究情况

一、中国证监会对证券行业理论研究的组织

中国证监会信息中心于2003年建设的证券期货市场研究报告数据库，最初主要收录与管理证券公司的研究报告。根据中国证监会主席尚福林同志“要注重深入调查研究，增强决策的科学性”的指示，该数据库的宗旨转变为：使其成为资本市场监管机构决策的支持系统，成为证券市场与期货市场重大问题与热点问题研究成果共享与研究资源共享的统一平台，提高证券业竞争力。目前该数据库研究报告报送单位有100多家。报送单位扩大为：中国证监会机关及其派出机构，证券、期货交易所，登记结算公司，证券、期货业协会，证券公司和期货公司。报告总数已逾30 000篇，还有若干专著。从2010年入选发布系统的报告情况来看，中国证监会机关及其派出机构的研究报告数据有所减少，内容以上市公司治理、证券及期货市场监管为主；其他报送机构的研究报告内容较为广泛，包括宏观经济研究、证券市场研究、期货市场研究、基金研究等。

2010年入选发布系统的报告见表8－1。

表8－1　2010年入选发布系统“推荐报告”栏目的主要报告

报告名称	作者	报送单位
“白银时代”已翩然而至	关健鑫	中国民族证券有限责任公司
“三网融合”专题研究之一：也许是最有效率的一子	栾雪飞	国海证券有限责任公司
“十二五”电气设备行业专题报告之一：“十二五”特高压建设　五千亿的畅想	刘骁　康凯	国泰君安证券股份有限公司
2009/2010榨季食糖行业专题研究：供需缺口支撑糖价　糖业股投资价值仍在	陈光尧	方正证券有限责任公司
2009年全球衍生品市场综述：中国成全球最大商品期货市场	任有标	上海期货交易所

续表 1

报告名称	作者	报送单位
2009 年外贸深度报告：出口正增长　外贸现结构调整趋势	王国兵	东北证券有限责任公司
2010～2014 年光伏需求潜力无限　晶硅仍为主导	张晓霞	国海证券有限责任公司
2010 年：中国经济面临的发展环境及政策选择	卢庆杰	上海期货交易所
2010 年 4 季度保险投资策略：净资产上升　保险 A 股吸引力增强	彭玉龙	国泰君安证券股份有限公司
2010 年保险行业报告：突破估值偏见　虎年首选中国人寿	许力平	中国银河证券股份有限公司
2010 年低碳经济主题报告：低碳经济大幕展开　发掘核心产业群	王国平等	中国银河证券股份有限公司
2010 年电力行业报告：清洁能源发电经济效益提升　火电机会源于燃料成本控制	邹序元	中国银河证券股份有限公司
2010 年电力行业投资策略：业绩复苏期已过　震荡是来年主线	王威	国泰君安证券股份有限公司
2010 年电气设备行业报告：紧扣低碳经济主题　把握电力投资结构调整带来的机会	沈文春	中国银河证券股份有限公司
2010 年房地产行业报告：盈利与调整并存	丁文　潘玮	中国银河证券股份有限公司
2010 年房地产专题策略会报告：中国房地产行业和商业模式的趋势与出路	孙建平　张伟明	国泰君安证券股份有限公司
2010 年纺织行业报告：需求增速上行　业绩弹性凸现	马莉	中国银河证券股份有限公司
2010 年钢铁行业报告：高端板材需求强劲　选择最具竞争力企业	孙勇	中国银河证券股份有限公司
2010 年股指期货投资策略：股指期货期现套利资金配置策略探讨	刘宾	中证期货经纪有限公司
2010 年国际原油市场展望：需求复苏　整体基本面依然疲软	李广赞	方正证券有限责任公司
2010 年环保行业报告：国家投资力度加大　环保行业发展提速	冯大军	中国银河证券股份有限公司
2010 年机械军工行业报告：行业复苏　看好机床、军工、港口装备　工程机械不确定性显现	鞠厚林　孙津	中国银河证券股份有限公司
2010 年计算机行业报告：关注复苏子行业　政策支持和新技术模式	王家炜	中国银河证券股份有限公司
2010 年计算机行业投资策略：增长基础稳固　盈利前景乐观	魏兴耘　景健	国泰君安证券股份有限公司
2010 年家电行业报告：关注同时受益于内需增长和出口反弹的企业	朱力军	中国银河证券股份有限公司

续表 2

报告名称	作者	报送单位
2010 年家电行业年度策略：迎消费潮喜购家电产品 观众生相强取投资良机	王稹　方馨	国泰君安证券股份有限公司
2010 年建筑业行业报告：盈利提升　板块走强	郝飞飞	中国银河证券股份有限公司
2010 年交运行业报告：航空加速起飞　水运稳健恢复	毛昂	中国银河证券股份有限公司
2010 年零售行业报告：关注连锁扩张　分享行业成长	陈雷	中国银河证券股份有限公司
2010 年煤炭行业报告：提前布局行业结构调整期	赵柯	中国银河证券股份有限公司
2010 年煤炭行业投资策略：把握煤价上涨主线　关注资源重组辅线	杨立宏	国泰君安证券股份有限公司
2010 年农业食品行业投资策略：价格和政策成农业食品双驱动	陈光尧	方正证券有限责任公司
2010 年农业行业报告：把握价格波动与政策脉搏 精选个股	孙通通	中国银河证券股份有限公司
2010 年汽车行业报告：后复苏时代的增长	李丹	中国银河证券股份有限公司
2010 年权证市场投资策略与机会分析：把握具有内在价值权证的阶段性投资机会	赵旭	东北证券股份有限公司研究咨询分公司
2010 年上半年全球衍生品市场综述：中国仍为全球第一大商品期货市场	任有标	上海期货交易所
2010 年石油化工行业报告：低 C 变革炼油　成长引领化工	李国洪	中国银河证券股份有限公司
2010 年食品饮料行业报告：个人消费品判断题　政商务消费品选择题	董俊峰	中国银河证券股份有限公司
2010 年收费公路行业报告：经济复苏背景下的投资选择	张秋生	中国银河证券股份有限公司
2010 年水泥行业报告：城镇化凸显行业投资机会	洪亮	中国银河证券股份有限公司
2010 年替代能源行业投资策略报告：搭乘加速中的低碳快车	韩若冰　王稹	国泰君安证券股份有限公司
2010 年通讯行业报告：抓住历史机遇　迎接互联网接入的第三次浪潮	许耀文	中国银河证券股份有限公司
2010 年皖江专题系列之高技术产业：皖江充分开发科技资源　培育新兴产业	杨培龙等	国元证券股份有限公司
2010 年皖江专题系列之现代服务业：皖江紧密联系长三角　强化转移配套服务	糜怀清等	国元证券股份有限公司
2010 年皖江专题系列之原材料产业：皖江产业转移结构调整与优化升级	周海鸥等	国元证券股份有限公司

续表 3

报告名称	作者	报送单位
2010 年新城镇主题报告：政策推动新城镇化　农业面临升级　建筑直接受益	鞠厚林等	中国银河证券股份有限公司
2010 年医药行业报告：医保体系建设驱动市场扩容和成长　医改持续深化促进格局调整与分化	李鹰鹏	中国银河证券股份有限公司
2010 年医药行业投资策略：关注行业政策　把握中长线机会	民生证券	民生证券有限责任公司
2010 年银行业报告：盈利确定性增长　等待估值修复	叶云燕	中国银河证券股份有限公司
2010 年银行业策略报告：周期回升　业绩与估值的双重优势	民生证券	民生证券有限责任公司
2010 年有色金属行业报告：金属价格再平衡　灵活配置方取胜	周卓玮	中国银河证券股份有限公司
2010 年造纸行业报告：需求持续回暖提升行业景气度	张迪	中国银河证券股份有限公司
2010 年证券行业投资策略：创新　革命	梁静　董乐	国泰君安证券股份有限公司
2011 年保险行业投资策略：保险股进入长期景气初期	宋健	中国民族证券有限责任公司
2011 年保险行业投资策略报告：投资环境向好	赵新安	东北证券股份有限公司金融与产业研究所
2011 年电力设备行业投资策略：紧跟政策导向　掘金主题投资机会	程建国　常格非	国元证券股份有限公司
2011 年度有色金属策略报告：重估与转型	叶洮等	华泰联合证券有限责任公司
2011 年房地产行业投资策略：等待趋势性投资机会	王斌卿	世纪证券有限责任公司
2011 年房地产行业投资策略：回调势头延续　发展远景看好	崔娟	中国民族证券有限责任公司
2011 年公路行业投资策略：估值见底　伺机突破	周晔	华泰联合证券有限责任公司
2011 年化工行业策略报告：2011　期待更多惊喜	肖晖　李辉	华泰联合证券有限责任公司
2011 年机械设备行业投资策略：高端装备制造业迎来发展春天	何鹏程	国元证券股份有限公司
2011 年建筑行业投资策略报告：掘金“十二五”成长股	韩其成等	国泰君安证券股份有限公司
2011 年交通运输业投资策略：把握局部亮点	许祥	东北证券股份有限公司金融与产业研究所
2011 年煤炭行业投资策略：抗通胀与资源整合　煤炭股投资正当时	李晶	中国民族证券有限责任公司
2011 年汽车行业投资策略：行业大滑坡　重组是亮点	曹鹤	中国民族证券有限责任公司

续表 4

报告名称	作者	报送单位
2011 年商业零售行业年度策略：行业成长黄金期 零售投资正当时	张丽华	中国民族证券有限责任公司
2011 年石化行业投资策略：通胀助推油服装备行业高速增长	符彩霞	中国民族证券有限责任公司
2011 年新能源汽车行业投资策略报告：新能源汽车期待化茧成蝶	符彩霞	中国民族证券有限责任公司
2011 年医药行业投资策略：迎接新医药时代的到来	涂羚波	中国民族证券有限责任公司
2011 年银行业投资策略：经济复苏期 迎战略布局机遇	张景	中国民族证券有限责任公司
2011 年有色金属行业投资策略：大金属看流动性 小金属看新兴产业	周宠	世纪证券有限责任公司
2011 年有色金属行业投资策略报告：全球货币博弈 有色谁主沉浮？	关健鑫	中国民族证券有限责任公司
2011 年证券行业投资策略：率先业务转型的个股值得关注	宋健	中国民族证券有限责任公司
3 年期央票放量发行快评：央行试图一举四得	李怀定	国信证券股份有限公司
AMOLED 产业前景分析及投资机会把握：AMOLED 让显示世界更精彩	周思立	东北证券股份有限公司金融与产业研究所
PMI 专题：HSBC 制造业略降非制造业平稳	董先安等	兴业证券股份有限公司
PMI 专题：非制造业微升	董先安	兴业证券股份有限公司
澳洲：升息舞剑 意在铁矿	邵宇	西南证券有限责任公司
保险 2011 年度策略：加息暖风吹散渠道阴霾	黄秋菡	国海证券有限责任公司
保险行业：保险资金投资政策进一步跟进	孙媛	国元证券股份有限公司
保险行业：多元金融遭遇监管限制	黄秋菡 桑俊	国海证券有限责任公司
保险行业：个险消费属性引领估值回升	黄华民	中信证券股份有限公司
保险行业：货币紧缩政策下的保险机构资产配置	赵新安	东北证券股份有限公司金融与产业研究所
保险行业：加息有利于提高保险资金投资收益	赵新安	东北证券股份有限公司金融与产业研究所
保险行业：在费率市场化道路上无须过度担忧	黄秋菡	国海证券有限责任公司
保险行业 2010 年下半年投资策略：业务结构仍延续调整趋势	赵新安	东北证券股份有限公司金融与产业研究所
保险行业跟踪报告：加息预期下的保费、息差、盈利和价值趋势	刘金沪 黄秋菡	国海证券有限责任公司
保险行业跟踪报告：银保环比下滑 结算利率小幅回升	黄华民	中信证券股份有限公司

续表 5

报告名称	作者	报送单位
保险业：财险高盈利将是昙花一现	黄秋菡	国海证券有限责任公司
保险业：产险业务价值亟待重估　保险股投资机会来临	肖超虎	光大证券有限责任公司
保险业 2010 系列报告之一：寿险负债未来 3 年翻 1 倍	邵子钦　童成墩	国信证券股份有限公司
保障性住房拉动行业及 GDP 增长	李慧勇　孟祥娟	上海申银万国证券研究所有限公司
财产险行业 2011 年投资策略：财险保费增速短期降低　长期无忧	赵新安	东北证券股份有限公司金融与产业研究所
财经评论：理性看待外方“卖空中国”论	肖玉航	河南九鼎德盛投资顾问有限公司
产业结构调整下的机械行业思考	吴华	兴业证券股份有限公司
产业链框架下干散货运输市场展望：钢铁煤炭需求彰显新机遇	世纪证券	世纪证券有限责任公司
场外衍生品的场内清算化趋势分析及对交易所的启示	张志勇	上海期货交易所
场外衍生品交易中净额结算条款的法律问题研究	高玉琢	上海期货交易所
超级电容器行业深度研究：被忽略的优秀新能源系列产品之一	欧阳仕华	方正证券有限责任公司
充满着不确定性的碳市场	赵蓉	郑州商品交易所
传媒行业：政策深化孕育投资机遇	邹翠利	国元证券股份有限公司
传媒行业 2010 年投资策略：关注盈利模式持续优化的上市公司	谭晓雨　吴轶	国泰君安证券股份有限公司
传媒行业 2011 年投资策略：传统媒体尽享改革春风　新媒体借力消费升级	周思立	东北证券股份有限公司金融与产业研究所
传媒行业 2011 年投资策略：多“财”缘于多艺	马凤桃　潘红敏	西南证券股份有限公司
传媒行业 2011 年投资策略报告：消费升级与体制改革推动传媒产业发展	王晓艳	中国民族证券有限责任公司
创业板：扭曲的“财富”终将回归	肖玉航	河南九鼎德盛投资顾问有限公司
创业板与科网泡沫的比较：关注靴子落地后的成长股	刘湘宁　穆启国	华泰联合证券有限责任公司
从资产负债表看美联储的救市与退出	卢庆杰	上海期货交易所
存款准备金率上调 0.5 个百分点短评：紧缩再次升级	李慧勇	上海申银万国证券研究所有限公司

续表 6

报告名称	作者	报送单位
存款准备金率再度上调分析报告	东北证券	东北证券股份有限公司金融与产业研究所
打击内幕交易须多管齐下	肖玉航	河南九鼎德盛投资顾问有限公司
低碳经济研究之绿色照明：点亮“低碳”未来	李广赞	方正证券有限责任公司
低碳经济研究之智能电网：传输低碳经济的新电网	李广赞	方正证券有限责任公司
低碳经济与新能源产业发展趋势、风险点剖析：技术创新推动产业高速成长	周海鸥	国元证券股份有限公司
地产泡沫 Vs 财政风险：拆弹部队已经抵达现场	邵宇	西南证券有限责任公司
电池材料行业 2011 年度投资策略：把握好这个未来 5 到 10 年内都可以持续掘金的行业	周思立	东北证券股份有限公司金融与产业研究所
电力行业 2010 年策略：关注资产注入和个股投资机会	谢军　张媛媛	广发证券股份有限公司
电力行业 2011 年投资策略：关注平淡中的相对优势	顾静	世纪证券有限责任公司
电气设备行业：德国下调光伏上网电价　国内无须过分担心	常格非　周海鸥	国元证券股份有限公司
电气设备研究报告：迎接特高压　智能电网的全面建设时期	孙林	国海证券有限责任公司
电气设备与新能源：紧缩不会挤压新能源的成长性	王海生　袁瑶	光大证券有限责任公司
电影业：西体中用　与好莱坞共谋巨片时代	马金良	国海证券有限责任公司
电子铝箔行业深度报告：下游复苏带动行业景气	薛峰	中信证券股份有限公司
电子书行业：大规模应用即将启动	卢山　李欣	华泰联合证券有限责任公司
读城记之二：武汉	王晓冬等	兴业证券股份有限公司
对现阶段我国期货市场手续费市场化定价的思考	欧阳琛	上海证监局
二季度权证市场投资策略：规模减小凸显估值压力　内在价值支撑折价回归	廖庆	国海证券有限责任公司
法兴银行事件剖析：失守的内控防线	苏依依	上海期货交易所
房地产：城市更新下的投资机会	鱼晋华	华泰联合证券有限责任公司
房地产Ⅱ：静待行业走势清晰	施雪清	国元证券股份有限公司
房地产调控及对产业链与经济的影响：牵一发而动全身	李慧勇　孟祥娟	上海申银万国证券研究所有限公司
房地产新政影响几何：对房地产市场不必过分担忧	民生证券	民生证券有限责任公司
房地产行业：城市成交面积将会分化	施雪清	国元证券股份有限公司
房地产行业：调控政策年内不会转向　执行力度将逐步加大	崔秀红　肖剑	西南证券股份有限公司

续表 7

报告名称	作者	报送单位
房地产行业：政策调控下行业进一步分化	沈亮亮	国元证券股份有限公司
房地产行业 2011 年投资策略：强调规模重周转　估值压低少风险	肖剑	西南证券股份有限公司
房地产行业 2011 年投资策略：震荡调整是主流　机会和风险共存	高建	东北证券股份有限公司金融与产业研究所
房地产行业近期政策回顾及展望	高建	东北证券股份有限公司金融与产业研究所
纺织服装行业专题系列报告之户外用品行业：消费升级推动户外行业大发展	张威　魏贞珍	国泰君安证券股份有限公司
纺织品、服装与奢侈品行业：重心转向内销　以品牌与渠道制胜	李茂娟　邹翠利	国元证券股份有限公司
非金建材业 2010 年建材投资策略：盈利增速前高后低　目前是介入时点	韩其成	国泰君安证券股份有限公司
服装纺织行业：2010 年后国人衣着品消费趋势分析	汪蓉	华泰联合证券有限责任公司
服装行业发展研究系列二：我国居民服装消费特征分析	汪蓉	华泰联合证券有限责任公司
钢结构行业报告：钢结构行业趋势向好　龙头企业期待向上	韩其成等	国泰君安证券股份有限公司
钢铁行业：等待转机	黄静	华泰联合证券有限责任公司
钢铁行业：跨区域重组加速　调结构与资源整合是动力	苏立峰	国元证券股份有限公司
钢铁行业：群雄逐鹿共猎天下　大浪淘沙剩者为王	黄静	华泰联合证券有限责任公司
钢铁行业 2010 年策略：结构性的过剩　结构化的选择	谢军等	广发证券股份有限公司
钢铁行业 2011 年度策略：等待转机	黄静	华泰联合证券有限责任公司
钢铁行业 2011 年投资策略："黄金十年"已过　行业分化转型	刘喆	西南证券股份有限公司
钢铁行业深度研究：限产、分化、并购三部曲　竞争结构改变提升行业估值	胡皓　程杲	光大证券有限责任公司
钢铁行业之特钢子行业篇：高端产品发展空间大	陆勤	世纪证券有限责任公司
高速度需要高投入	郑商所	郑州商品交易所
工程机械行业："十二五"规划展现行业前景　持续关注行业龙头公司	周思立	东北证券股份有限公司金融与产业研究所
股权分置改革前后股票市场与经济增长关系的实证研究	陈欣	重庆证监局

续表 8

报告名称	作者	报送单位
股指期货全攻略：套利、套保与产品设计	王红兵	华泰联合证券有限责任公司
股指期货推出的市场影响与投资机会	黄常忠	民生证券有限责任公司
股指期货推出对证券市场的效应：革命性变革	赵旭	东北证券有限责任公司
股指期货与 ETF 套利研究之二：股指期货无套利定价区间	陈建平	中证期货经纪有限公司
股指期货与 ETF 套利研究之三：套利原理及操作实例	陈建平	中证期货经纪有限公司
股指期货与 ETF 套利研究之一：ETF 组合复制沪深 300 现货指数	陈建平	中证期货经纪有限公司
股指期货与融资融券推出前的投资策略	吴启权　王士明	中信建投证券股份有限公司
股指期货在机构投资者中的应用研究：重点关注各类风险中性策略	李太勇　罗军	广发证券股份有限公司
关于对青岛啤酒以执行为基础的战略管理调查研究报告	郑笃亮	青岛证监局
观点与评论：由巴菲特受到美国 SEC 调查所想到的	肖玉航	河南九鼎德盛投资顾问有限公司
光伏行业：行业高速发展在即　投资聚焦设备与辅材	张晓霞	国海证券有限责任公司
广发"三宝"投资机会：创新业务给广发证券安上腾飞的翅膀	赵新安	东北证券股份有限公司金融与产业研究所
轨道交通行业：从"首堵"看轨道交通的发展空间	卜忠东	国海证券有限责任公司
轨道交通行业 2011 年策略研究报告：需求超预期增长　相关公司获得更大的发展空间	卜忠东	国海证券有限责任公司
贵金属市场的繁荣还能维持吗	赵蓉	郑州商品交易所
国际煤炭研究系列报告之一——蒙古：蒙古焦煤来了！	杨立宏	国泰君安证券股份有限公司
国际能源市场监管的最新进展：剑指过度投机	陆丰	上海期货交易所
国际水泥系列专题四：印度水泥供需格局及盈利模式　集中度高助推盈利	韩其成　白晓兰	国泰君安证券股份有限公司
国外著名商品指数编制方法比较研究	黄伟	上海期货交易所
国网 2010 年集中招标大点兵：智能电表持续放量　一次设备再度开花	李俭俭等	方正证券有限责任公司
海外资产管理业专题研究系列之六：海外共同基金与股指期货应用	赵学昂　焦健	国信证券股份有限公司
海洋工程专题研究研究报告：装备制造新兴产业　中国蓝海战略先锋队	李俭俭　彭民	方正证券有限责任公司

续表 9

报告名称	作者	报送单位
海洋工程装备行业深度报告：深海战略　装备先行	吴华	兴业证券股份有限公司
海运业：沿海煤运价继续上涨	孙利萍　林园远	国泰君安证券股份有限公司
航空行业：内、外部因素力挺行业持续景气	胡德全　周海鸥	国元证券股份有限公司
航空行业 2011 年投资策略：估值期待回归　亦须未雨绸缪	胡德全　周海鸥	国元证券股份有限公司
航空业 2010 年投资策略：景气持续回升　人民币升值锦上添花	吴莉　孙利萍	国泰君安证券股份有限公司
航空业 2011 年投资策略研究：行在繁忙的天空	王晓艳	中国民族证券有限责任公司
航油套保：护航美国西南航空低成本运营模式	李泽海	上海期货交易所
航运业 2011 年投资策略：海运缓慢复苏　集运前景稍好	李慧	西南证券股份有限公司
航运业 2011 年投资策略：景气周期分化加剧	范倩蕾	华泰联合证券有限责任公司
核电材料及设备行业 2011 年投资策略：设备持续看好　材料受益国产化率提高	周思立	东北证券股份有限公司金融与产业研究所
宏观经济：财政继续积极　改革适当提速	董先安等	兴业证券股份有限公司
宏观经济：近期人民币升值？不	魏凤春　胡艳妮	中信建投证券股份有限公司
宏观经济周报（第 12 期）：印度率先启动加息应对通胀	潘向东	光大证券有限责任公司
后危机时代中国经济面临的挑战	卢庆杰	上海期货交易所
化工行业 2011 策略报告：2011 期待更多惊喜	肖晖　李辉	华泰联合证券有限责任公司
化工行业 2011 年度投资策略报告：瞄准战略新兴产业　布局化工新材料	张晓辉　褚杰	国元证券股份有限公司
化工行业动态研究报告：节能减排后效应显现　化工产品价格开始寻底	李静　梁斌	中信建投证券股份有限公司
黄金行业：金价继续上涨　关注黄金股的投资机会	苏丹	国海证券有限责任公司
货币政策行为模式的辨识：退出信号还是季节平滑	邵宇	西南证券有限责任公司
机场、港口、公路、铁路行业：资产具地域垄断性　估值现洼地效应	许祥	东北证券股份有限公司金融与产业研究所
机床行业深度研究报告：行业结构性分化　看好高端数控机床前景	周思立	东北证券股份有限公司金融与产业研究所
机械行业 2010 年投资策略：强劲内需和出口回暖驱动　机械行业全面复苏	李俭俭　彭民	方正证券有限责任公司
机械行业 2011 年投资策略：产业升级驱动中国制造向高端转型	周思立	东北证券股份有限公司金融与产业研究所

续表 10

报告名称	作者	报送单位
机械行业 2011 年投资策略：牢牢把握住增长与估值的匹配	符彩霞	中国民族证券有限责任公司
机械行业 2011 年投资策略：务“虚”务“实”′各取所需	庞琳琳	西南证券股份有限公司
基础化工行业 2010 年投资策略：原料成本推涨价格 下游需求决定景气	张正华	方正证券有限责任公司
基金研究：股指期货推动公募基金投资进入新时代	洪枫	方正证券有限责任公司
基于 VAR 模型的中美石油消费比较研究	罗呈	上海期货交易所
基于价格的中国金属铜跨市场联动关系研究	黄伟	上海期货交易所
基于生产率的上市公司投资价值相对评价：以沪深 300 成分股为例	赵旭	东北证券有限责任公司
计算机行业 2011 年投资策略：关注确定性增长与新兴产业主题投资机会	周思立	东北证券股份有限公司金融与产业研究所
家用电器：皖江城市带产业转移对安徽家电行业的影响	邹翠利　杨培龙	国元证券股份有限公司
兼论美联储提高贴现率的“退出战略”：节前布控体现央行流动性回收的“超前”战略意图	东北证券	东北证券股份有限公司金融与产业研究所
兼论我国货币政策目标的选择：资产价格变动对经济增长的影响	滕泰等	中国银河证券股份有限公司
兼评存款准备金率调整：中国式加息已经开始	邵宇	西南证券有限责任公司
简评当前货币政策：差别存款准备金率、停贷、加息	伍永刚	国泰君安证券股份有限公司
建材行业 2010 年策略：把握上半年政策利好、估值提升的机会	王飞　黄立图	广发证券股份有限公司
建材行业 2011 年投资策略：景气度持续提升　趋势性机会延续	徐永超	中国民族证券有限责任公司
建材行业 2011 年投资策略：水泥坚定看好　玻璃和其他建材精选个股	解文杰	东北证券股份有限公司金融与产业研究所
建设多层次黄金市场体系　大力推动黄金市场发展	陈建平　赵茜	上海期货交易所
建筑工程行业深度报告：“基建 + 房屋建设”双轮驱动　行业景气度攀升	民生证券	民生证券有限责任公司
交通运输行业 2010 年投资策略：稳中谋求进取　景气迎来复苏	李莹莹	方正证券有限责任公司
交运业世博、国资整合专题：世博加整合　行情犹可追	林园远等	国泰君安证券股份有限公司

续表 11

报告名称	作者	报送单位
节能环保、新能源、高铁行业投资机会分析：新兴行业生机勃勃	符彩霞	中国民族证券有限责任公司
经济全球化、市场化背景下的期货市场功能研究	卢庆杰	上海期货交易所
经济全球化与中国对外贸易形势分析	卢庆杰	上海期货交易所
经济乍暖还寒　政策谨慎调控	卢庆杰	上海期货交易所
军工行业 2011 年投资策略：择股择时　合理价位布局	庞琳琳	西南证券股份有限公司
锂电池材料行业：锂电未来　技术先行	鄢祝兵	国海证券有限责任公司
历次房地产调控的特点及效果比较	李慧勇　孟祥娟	上海申银万国证券研究所有限公司
利率衍生品市场率先复苏	赵蓉	郑州商品交易所
零售行业：转型中的专业市场	陈翀　李爇宏	方正证券有限责任公司
零售行业 2010 年策略：由确定性转向成长性　高成长高估值	欧亚菲	广发证券股份有限公司
零售行业 2010 年投资策略：行业复苏确立　景气持续回升	史萍	民生证券有限责任公司
零售行业 2011 年投资策略：土壤肥沃　暖风频吹	周思立	东北证券股份有限公司金融与产业研究所
绿色能源 2011 年年度策略系列三：节能产业　变频节能将大行其道	张晓霞	国海证券有限责任公司
煤炭行业 2011 年投资策略：控制系统风险　标配煤炭板块	徐哲	西南证券股份有限公司
煤炭行业 2011 年投资策略：中国煤炭衍生品元年辉煌而不是彷徨	王师	东北证券股份有限公司金融与产业研究所
煤炭行业专题报告：业绩坚实增长确定　估值触底蓄势待发	国信证券	国信证券股份有限公司
美股大乌龙：操作风险 Vs 信用风险	邵宇	西南证券有限责任公司
美国对高频交易的监管措施及启示	纪婧	上海期货交易所
美国房地产市场运行体系剖析：难以抗拒的周期	鱼晋华	华泰联合证券有限责任公司
美国银行业：贷款规模环比下降　资产质量仍待关注	伍永刚　王丽雯	国泰君安证券股份有限公司
美联储提高贴现利率点评：美提高贴现利率不意味着流动性收紧	张莹花	国海证券有限责任公司
美联储退出策略点评：量化工具先行　利率工具谨慎	民生证券	民生证券有限责任公司
耐用消费品与服装：皖江发挥优势　加速扩张升级	施雪清　邹翠利	国元证券股份有限公司

续表 12

报告名称	作者	报送单位
年内第 2 次准备金率上调短评：预计 3 月份准备金率将再次上调	李慧勇	上海申银万国证券研究所有限公司
年内第三次上调存款准备金率对银行股影响点评	张景	中国民族证券有限责任公司
酿酒行业：酿酒指数再创新高　强者恒强特色明显	肖玉航	河南九鼎德盛投资顾问有限公司
农产品市场：繁荣还是泡沫？	赵蓉	郑州商品交易所
农产品专题报告：通胀避风港　农产品普遍涨价	陈光尧　张保平	方正证券有限责任公司
农林牧渔 2011 年度投资策略：行业景气度上升　继续关注上游产业	孙霞	国海证券有限责任公司
农林牧渔行业 2011 年度策略报告：看好油脂和畜禽养殖	蒋小东　吴晓丹	华泰联合证券有限责任公司
农业 2011 年投资策略：粮食丰收带来稳定预期	钟大举	东北证券股份有限公司金融与产业研究所
农业行业 2011 年投资策略：投资涨价受益与产业演进	秦军	国泰君安证券股份有限公司
期货市场的危机演进史	苏依依	上海期货交易所
期货行业 2011 年投资策略：期货市场大牛市　期货公司收益浅	赵新安	东北证券股份有限公司金融与产业研究所
期现结合的有色金属产业发展模式	朱江鸿	上海期货交易所
汽车及零部件行业：精彩过后是平淡	姚红光　黄未樵	华泰联合证券有限责任公司
汽车及零部件行业：于平淡处见奇迹	姚宏光　黄未樵	华泰联合证券有限责任公司
汽车行业 2010 年策略：升级与变革	黎韦清　汤俊	广发证券股份有限公司
汽车行业 2010 年策略报告：2010 年仍是承前启后的一年	呼振翼	民生证券有限责任公司
汽车行业 2011 年投资策略：行业产销回落　把握三大机遇	庞琳琳　刘峰	西南证券股份有限公司
汽车行业 2011 年投资策略：转型成为行业主题　着眼结构性机会	刘立喜	东北证券股份有限公司金融与产业研究所
汽车行业 2011 年投资策略研究报告：2011　谨慎中前行	王清涛	国海证券有限责任公司
汽车与汽车零部件：紧跟“十二五”规划　把握结构性机会	闻祥	国元证券股份有限公司
铅行业 2009 年度总结	黄玉	民生证券有限责任公司
全球场外衍生品市场法规完善与监管改革趋势	鲍建平　雷晓冰	上海期货交易所
全球机构投资者所起的作用：投资者资金的本色	张志勇　雷晓冰	上海期货交易所

续表 13

报告名称	作者	报送单位
全球商品期货期权市场交易情况及风险特征研究	纪婧	上海期货交易所
全球新兴市场黄金期货的崛起：现状、挑战与发展	罗剑　陶金峰	上海期货交易所
染料行业深度研究报告：挖掘传统行业中的成长股	刘旭明	中信证券股份有限公司
人口因素影响房地产市场的逻辑	李慧勇　孟祥娟	上海申银万国证券研究所有限公司
融资融券业务正式试点对证券市场的影响	赵旭	东北证券有限责任公司
三月权证市场投资策略：结构性交易机会	赵旭	东北证券股份有限公司研究咨询分公司
上海燃料油期货定价功能的实证研究	李辉	上海期货交易所
升级系列一：屠宰及肉制品行业	王剑辉　黄仕川	西南证券股份有限公司
石化 CWB1 权证到期风险提示	赵旭	东北证券股份有限公司研究咨询分公司
石化行业 2011 年投资策略：质优公司估值将提升	王伟纲	东北证券股份有限公司金融与产业研究所
石油股估值国际比较：中石化估值已经低于埃克森	王伟纲	东北证券股份有限公司金融与产业研究所
食品、饮料与烟草行业：通胀降温　业绩为本	周家杏	国元证券股份有限公司
食品饮料行业 2011 年度投资策略	赵大晖	中国民族证券有限责任公司
食品饮料行业 2011 年投资策略：优选消费升级和抗通胀品种	梁希民	世纪证券有限责任公司
食品饮料行业 2011 年投资策略：战通胀、求升级、选个股	王剑辉　黄仕川	西南证券股份有限公司
12 月美联储例会纪要显示住宅市场仍是政策退出软肋　输入性通涨可能性受决策层重视	刘莹	上海申银万国证券研究所有限公司
世界经济：全球 PMI 制造业超预期增长　美国增速领跑	李慧勇　刘莹	上海申银万国证券研究所有限公司
市场观察：创业板指数下挫 40% 不为过	肖玉航	河南九鼎德盛投资顾问有限公司
试析美国股票期权市场的增长空间	赵蓉	郑州商品交易所
手机支付行业深度研究：前期看设备提供商　后期看运营服务商	欧阳仕华	方正证券有限责任公司
寿险行业 2011 年投资策略：投资环境向好	赵新安	东北证券股份有限公司金融与产业研究所
输美轮胎特保案的背后	陆丰　潘伟春	上海期货交易所
4 月份权证市场投资策略：投资价值凸显	赵旭	东北证券股份有限公司研究咨询分公司

续表 14

报告名称	作者	报送单位
特种化工行业：行业整合贯穿“十二五”　全面配置民爆行业	张力扬等	光大证券有限责任公司
通信行业 2011 年度策略报告：把握网络升级带来的投资机会	王晓艳	中国民族证券有限责任公司
通信行业 2011 年投资策略：“网络高铁”造就投资良机	马凤桃　苏晓芳	西南证券股份有限公司
通胀压力渐增大　货币政策已从紧	王伟娟　宋维演	鲁证期货经纪有限公司
铜行业：供应趋紧支撑铜市上行　美元长期走软或将促铜价创新高	张晓霞	国海证券有限责任公司
完善市场法规与规则体系　促进期货市场功能进一步发挥	鲍建平　王海洋	上海期货交易所
未来 10 年　城镇年均住房需求约为 1 259 万套	李慧勇　孟祥娟	上海申银万国证券研究所有限公司
我国原油进口现状分析：安全、有序、多元化	王伟纲	东北证券股份有限公司金融与产业研究所
消费信贷市场不完善阻碍房地产正财富效应的发挥	李慧勇　孟祥娟	上海申银万国证券研究所有限公司
新能源汽车：前景无限光明　核心技术公司更具投资潜力	周海鸥	国元证券股份有限公司
新能源汽车产业前景广阔　光伏发电涨势不减	鄢祝兵	国海证券有限责任公司
新能源汽车深度研究报告之一：喧嚣过后归寂寥　铅华洗尽始见真	方炬等	中国民族证券有限责任公司
新能源汽车行业投资策略：前景无限光明　核心技术公司更具投资潜力	周海鸥	国元证券股份有限公司
新能源行业专题之 2010 年投资篇：后哥本哈根时期关注子行业投资机会	世纪证券	世纪证券有限责任公司
新能源行业专题之工业节能篇：工业节能有望加速发展	陆勤等	世纪证券有限责任公司
新能源行业专题之固废处理篇：产业规模的高速增长有望持续 10 年以上	世纪证券	世纪证券有限责任公司
新能源与清洁能源专题之核电研究：风景独好　核电运营蓄势待发	世纪证券	世纪证券有限责任公司
新能源与清洁能源专题之污水处理：发展空间广阔　价格上调趋势明显	世纪证券	世纪证券有限责任公司
新鲜血液：货币专家的甄选和季度例会的新意	邵宇	西南证券有限责任公司
新消费主题研究：新消费到底新在哪里？	栾雪飞等	国海证券有限责任公司

续表15

报告名称	作者	报送单位
新消费主题研究报告：坚定消费升级思维　长线持有朝阳行业的龙头	刘金沪等	国海证券有限责任公司
新兴能源行业专题报告之薄膜光伏电池：远大前程	张威　王建	国泰君安证券股份有限公司
信息网络2011年投资策略报告：新一代技术空间广阔　结构性机会此起彼伏	蒋传宁	国海证券有限责任公司
行业研究：股指期货5年内将现“井喷”	王大力　丁小玲	西南证券股份有限公司
行业专题研究：参股券商股投资机会显现	梁静　董乐	国泰君安证券股份有限公司
行业专题研究：货币宽松加速　有色行情还将持续	桑永亮　蔡鼎尧	国泰君安证券股份有限公司
血液制品行业：三巨头分享国内血液制品行业的高景气	周思立	东北证券股份有限公司金融与产业研究所
医药、生物制品行业2010年策略：估值合理　增长确定　伴生投资机会	葛峥等	广发证券股份有限公司
医药流通行业深度报告：整合提速　“商”机无限	易镜明　郑磊	国泰君安证券股份有限公司
医药行业2010年度投资策略：高速发展之下投资热点涌现	薛娜	方正证券有限责任公司
医药行业2011年投资策略：并购扩张和产业链延伸将有效化解高估值风险	周思立	东北证券股份有限公司金融与产业研究所
医药制造业专题一：医药公司的研发能力	易镜明	国泰君安证券股份有限公司
银行业：过度估计的地方融资平台风险	胡远川　张亿东	兴业证券股份有限公司
银行业2010年4季度及2011年上半年策略：银行股　战略性建仓机会来临	伍永刚	国泰君安证券股份有限公司
银行业2010年度投资策略：银行业绩享受周期向上阶段　融资压力上升抑制估值	郑宁	方正证券有限责任公司
银行业2010年投资策略：银行业景气回升　净利润增长加快	伍永刚　王丽雯	国泰君安证券股份有限公司
银行业2010年下半年策略报告：勿为情绪左右　银行趋势向好	吴松凯	华泰联合证券有限责任公司
银行业2010年下半年投资策略：悲观预期缓解　适度加强进攻	胡远川　吴畏	兴业证券股份有限公司
银行业2010年中期业绩回顾：基本面依旧扎实	吴松凯	华泰联合证券有限责任公司
银行业2011年投资策略：期待政策明朗后优质银行的估值恢复机会	唐亚韫	东北证券股份有限公司金融与产业研究所
银行业监管及未来趋势随想：换一个角度看银行及其监管	吴松凯	华泰联合证券有限责任公司
银行业融资专题报告：融资密集期首推招商	王剑辉　付立春	西南证券有限责任公司
银行业新年主题：低增长　高稀释	付立春　薛娇	西南证券有限责任公司

续表 16

报告名称	作者	报送单位
银行业研究：变化的市场　不变的转型	吴畏　胡远川	兴业证券股份有限公司
饮水思源"水资源"的投资机会	王辉　邓焜	方正证券有限责任公司
有色金属行业：重估与转型	叶洮等	华泰联合证券有限责任公司
有色金属行业2010年策略报告：有色子板块轮动中的机遇	黄玉	民生证券有限责任公司
有色金属行业2011年策略：短期小金属为主结构化行情　加息忧虑减缓后有望出现反弹	周思立	东北证券股份有限公司金融与产业研究所
有色金属行业2011年投资策略：用"新"眼光审视有色金属	刘喆	西南证券股份有限公司
有色金属行业跟踪研究：铜价创下历史新高　重申买入铜、锡、稀贵金属的建议	周思立	东北证券股份有限公司金融与产业研究所
有色行业2010年度投资策略：经济复苏中资源货币属性激情演绎	邓新荣	方正证券有限责任公司
有色行业2011年度A股策略：在周期行业中寻找穿越周期的机会	张晓霞	国海证券有限责任公司
在"中国经济论坛（2010）：衍生品与实体经济"上的讲话	杨迈军	上海期货交易所
战略性新兴产业专题研究之新材料篇：追赶世界的材料科技步伐	王爽	华泰联合证券有限责任公司
站在拐点上的EMC行业	张堃　王丽妍	国泰君安证券股份有限公司
证券、期货市场犯罪动态梳理与立体研究	郭文龙	北京证监局
证券行业：融资融券利好首批试点券商	宋健	中国民族证券有限责任公司
证券行业2011年投资策略：金融创新窗口开启　布局低估稳健品种	王大力　丁小玲	西南证券股份有限公司
证券行业2011年投资策略：流动性宽裕环境下的投资机会	赵新安	东北证券股份有限公司金融与产业研究所
制药、生物科技与生命科学：结构调整为主线　整合并购为契机	王广军　刘斌	国元证券股份有限公司
智利地震对国际铜价的影响	关健鑫	中国民族证券有限责任公司
中国农业现代化进程主题系列研究之一：提速前的助跑	孙霞　李军	国海证券有限责任公司
中国银行业估值体系深度研究报告：到底怎么给银行股估值	吴松凯	华泰联合证券有限责任公司
中国缘何需要创新碳排放权交易制度	周秋玲	上海期货交易所
中国制造业掘金路线图	赵大晖等	中国民族证券有限责任公司

续表 17

报告名称	作者	报送单位
中兴通讯：权证行权比例近 36%　募集资金约 9 亿元	严平　程锋	国信证券股份有限公司
主权信用危机引发评级机构调查：谁来 QC 信用评级机构	邵宇	西南证券有限责任公司
住宅地产市场微观调研的数据分析：美国住宅地产销量为什么大幅下降？	李慧勇　刘莹	上海申银万国证券研究所有限公司
专题研究：关注创业板解禁	蒋瑛琨　何苗	国泰君安证券股份有限公司
专题研究：核电行业进入快速发展期	韦玮	中国民族证券有限责任公司
专题研究：新一轮全球资源牛市正在走近	关健鑫　符彩霞	中国民族证券有限责任公司
专题研究：中国房地产库存周期分析	宋曦	华泰联合证券有限责任公司
装备制造业：皖江城市带承接产业转移的首个接招产业	闻祥　张微	国元证券股份有限公司
装饰行业系列报告 3：酒店在建项目创历史新高	韩其成　张琨	国泰君安证券股份有限公司
装饰行业系列报告 4：文体中心建设利好装修钢构	韩其成　白晓兰	国泰君安证券股份有限公司
资本市场信息披露典型事件评析	肖玉航	河南九鼎德盛投资顾问有限公司
资金“紧箍咒”系列之三：保险公司保费收入增加投资配置压力增大	黄文涛	中信建投证券股份有限公司

资料来源：中国证监会证券期货市场研究报告数据库。

二、中国证券业协会对证券行业理论研究的组织

中国证券业协会组织了 2010 年度中国证券业协会年度科研课题研究成果评选，在经历参考选题发布，课题申报和立项，研究成果提交、评审、公示等一系列工作环节后，从证券公司、基金管理公司、证券投资咨询机构、金融资产管理公司、资信评级机构、基金托管（代销）银行、地方证券业协会和部分科研单位提交的几百项研究成果中评选出共 7 类 53 项优秀研究成果。这 7 类包括证券市场运行类（A 类）、金融产品创新类（B 类）、上市公司类（C 类）、证券公司类（D 类）、基金公司类（E 类）、宏观环境类（F 类）和投资者教育专项课题类（G 类）（见表 8－2）。

表 8-2　　　　2010 年中国证券业协会科研课题获奖名单

课题类别	所获奖项	课题项目	作者	报送单位
证券市场运行类	一等奖	我国 A 股市场系统风险预警指标体系研究	杨维华　王伟　张志强　温渤　黄德龙	中信证券股份有限公司
	二等奖	股指期货对 A 股市场波动性的影响及传导机制	周小全　邓淑斌　张青　李建　林豪杰	中原证券股份有限公司、河南财经学院
		异常交易的评判标准及监控方法研究	张爱民　王博　姚炳书　韩曙光　马跃飞　李志高	中原证券股份有限公司
	三等奖	创业板与主板的流动性比较研究	付佐民　欧阳晓辉　黄鹤　陈文倩	大通证券股份有限公司
		A 股市场系统性风险的预警指标体系研究	何媛媛　蔡万科　许雯	光大证券股份有限公司
		A 股市场系统性风险的预警指标体系研究	任少华　包卫军　孙成涛　杨军　袁理	东吴证券股份有限公司
		消费风险与资产收益：基于中国股市的实证分析	马俊生　赵成　袁华涛	华泰联合证券有限责任公司
		中国 A 股市场有效性实证研究	许冬石　梅林　孔庆龙　赵大晖	中国民族证券有限责任公司
金融产品创新类	一等奖	我国中小盘股指期货指数选择与合约设计研究	朱丹　戴欢欢　张丽丽　秦斌　王过京　朱涵明	东吴证券股份有限公司、苏州大学
	二等奖	中央对手方机制防范系统性金融风险的原理研究	李新　周琳杰　高清　杨玉明	中山证券有限责任公司
		股指期货标的指数选择与定价机制研究	向威达　姚宁　李志萍	长城证券有限责任公司
	三等奖	筛选融资融券标的证券的指标体系及其实证研究	马金良　程志田　陈里达　沈中华　张孝岩	国海证券有限责任公司、南开大学、台湾大学
		数量化投资在 A 股市场的应用：基于 Alpha 策略的应用研究	张银旗　倪浩　张林林　田冲	湘财证券有限责任公司
		非线性衍生产品的定价与对冲机制研究	马龙官　王峥　张舜　张霖涛	申银万国证券股份有限公司
		基于中美比较的我国信用债市场最优发展路径与对策研究	武助慧　邱胜娥　苏治　罗林	太平洋证券股份有限公司
		新股发行价格形成机制研究	梁建敏　吴江	首创证券有限责任公司

续表 1

课题类别	所获奖项	课题项目	作者	报送单位
上市公司类	一等奖	全球战略并购定价问题研究	崔智生　庄学能　李福志　李众敏　王鹏	国开证券有限责任公司
	二等奖	证券市场并购重组中的博弈：基于支付方式的视角	李国旺　曹桓　余宝山　顾言　黄晓鹏	华宝证券有限责任公司
		上市公司“大小非”减持的实证研究：来自减持时机及盈余管理的角度	强立　于旭辉　李光青	上海申银万国证券研究所有限公司、上海财经大学
	三等奖	基于投资目的的上市公司治理评价体系及其应用研究	蒋健蓉　于旭辉　黄建山　钱康宁	上海申银万国证券研究所有限公司
		上市公司整体上市模式及其评价研究	程锐　陈悦　张奇智　张明正　杜娟　周晓晨	申银万国证券股份有限公司
		我国上市公司盈余管理与审计质量的相关性研究	戴锦　郭世涛　陈亚光　杨湘兰　李翔	大通证券股份有限公司、大连交通大学
		A 股市场上市公司并购重组后的定价研究	吕爱兵　苏国栋　吴昊　杨麒	国都证券有限责任公司
		A 股上市公司资本结构与盈利能力的关系的研究	张戬　刘会明　卜滇楠	中银国际证券有限责任公司
证券公司类	一等奖	证券公司资本监管体系研究	谈伟军　陈代全　王巍	申银万国证券股份有限公司
	二等奖	证券公司经纪业务客户的全生命周期管理	朱永强　刘巨章　李消寒　何璁　王锟　丁福云	华泰联合证券有限责任公司
		客户综合评价模型研究	毛凯　朱静悦　楼婷	中信金通证券有限责任公司
	三等奖	我国中小证券公司生存环境与发展路径研究	李工　章宏韬　徐峰　赵万利　袁立　张广宏	华安证券有限责任公司
		“和谐共赢”的产品化投资顾问业务模式探讨	李杰　周颖颖　黄常青　金明琦　郑骁俊　陈强	齐鲁证券有限公司
		境内外证券营销体制的比较研究	吕小龙　孔德志　孙明琦　宋丽媛　张磊	江海证券有限公司
		证券研究业务评价体系及其应用研究	张伟明　张爱武　杨帆　王雨	太平洋证券股份有限公司
		证券公司资本监管体系研究	孔维成　王煊	广发证券股份有限公司

续表 2

课题类别	所获奖项	课题项目	作者	报送单位
基金公司类	一等奖	基金公司核心投研人员变更及其对基金业绩影响分析	闻群 张春雷 钟诚 王放 兰生荣 张琳琳	天相投资顾问有限公司
	二等奖	持有人行为、市场竞争结构与基金治理	朴军 李学峰 张舰 李佳明 裴欢欢	宏源证券股份有限公司、南开大学
		境内外上市企业风险投资IPO效应及退出绩效研究	冯恂 马鸿杰 张鹏 汪太森 李斌	国联证券股份有限公司
	三等奖	策略指数基金海外发展与国内运作框架研究	徐习佳 潘峤	兴业全球基金管理有限公司
		交易持续期、基金行为和市场冲击：基于ACD模型的基金投资行为挖掘	张宗新 张潇 祝玉斌	东北证券股份有限公司、复旦大学、申银万国证券股份有限公司
		中国对冲基金行为模式与监管策略研究	孙永祥 战明华 罗福立 杨琦 王健 汪志超	财通证券有限责任公司
		基于ISO20000的基金行业IT服务管理建设	高良玉 吴越 徐超 葛峰 舒春林 黄珂萍	南方基金管理有限公司
		分业监管模式下的委托理财市场与基金行业核心竞争力研究	俞雪飞 庞立永 李兵伟	信达证券股份有限公司
宏观环境类	一等奖	货币政策规则和拐点的分析：基于泰勒规则框架	李康 汪先珍 陈能约 徐广福	湘财证券有限责任公司
	二等奖	货币政策与资产价格关系问题研究	解学成 徐明东 蔡笑	宏源证券股份有限公司
		地方政府债务风险度量和监管研究	刘湘宁 蔡键	华泰联合证券有限责任公司
	三等奖	主权债务违约的预警系统及对冲预案	陈济军 黄德龙 沈跃峰 谢希 温渤	中信证券股份有限公司
		中国境内外股市联动性规律和影响机制的实证分析	郑德理 孙路 欧阳铭 郑家荣	广州证券有限责任公司
		地方政府债务风险度量和监管研究	侯宇鹏 杨鹏程 郭路 齐莉莉 李晗 刘维娜	华林证券有限责任公司
		经济周期和大类资产配置策略研究：基于动态风险"晴雨表"的实证	顾娟 何荣天 赵鹏	广发证券股份有限公司
		通胀预期管理实证分析	刘怀元 屈庆 苏晓科 王申	上海申银万国证券研究所有限公司

续表 3

课题类别	所获奖项	课题项目	作者	报送单位
投资者教育专项课题类	一等奖	境内投资者结构和行为特征与投资者教育模式创新	李翔　郑云娟	国信证券股份有限公司
	二等奖	浅议我国投资者适当性管理制度建设	李建勇　赵桂萍　彭建平　蔡世锋　曹秋琳　邸永忠	广发证券股份有限公司
		投资者教育与券商盈利模式研究：基于台湾元大证券案例	江帆　李寅康　崔檬　姚春元　张毅　邓咸锋	东吴证券股份有限公司
	三等奖	辽宁投资者教育机制研究	王力华　娄涛　李丽娜　袁劲松　陈琳　李昊	中天证券有限责任公司
		海外股指期货交易行为研究及对我国的启示	黄伟　陈子科	世纪证券有限责任公司

资料来源：中国证券业协会网站。

中国证券业协会对当前证券研究的工作重点是要求各会员单位一方面要准确把握证券研究的市场需求，另一方面要科学确定证券研究的选题。2010 年，中国证券业协会重点组织的研究主要包括以下内容：一是及时跟踪国际金融危机发展动态，包括加强危机演变趋势、传导路径、传导机制和应对策略研究；二是加强宏观调控政策研究，包括货币政策、财政政策、产业政策调整对资产价格的影响研究，资本市场传导当前经济政策的路径研究，资产价格波动对金融市场、实体经济影响程度和路径研究，资本市场创新促进消费研究，地方政府债务风险度量和监管研究；三是加强资本市场的稳定发展研究，包括资本市场系统风险预警技术研究，当前经济政策对直接融资挤出效应的研究，资本市场稳定的政策工具研究，资本市场改革路径研究，资本市场创新工具的设计及应用研究，资本市场间联动性研究；四是加强对证券行业改革开放和创新发展研究，包括证券行业压力测试研究，合格投资者制度研究，长期激励机制研究，分类监管政策体系研究；五是加强对上市公司健康持续发展研究，包括并购重组的问题研究，上市公司内部治理的研究。

同时，中国证券业协会也积极探索在规范证券研究工作方面的制度机制，提出：一要完善证券研究基本业务的法律制度，二要强化证券研究基本业务的自律机制，三要明确证券研究基本业务产业化扶持政策，四要提升中国证券业协会科研课题研究工作的引导作用。

三、证券交易所的理论研究和组织

（一）上海证券交易所的理论研究和组织

“上证联合研究计划”于2000年首次推出，以上海证券交易所向证券研究机构发出研究课题的方式，组织证券研究机构对市场重点、热点和前沿问题进行深入研究，其宗旨在于动员和整合社会研究资源，提升中国证券市场的研究水准，促进优秀研究成果的交流，为中国证券市场的健康运作、发展创新服务。目前，“上证联合研究计划”已成功开展了20期，取得了丰硕的研究成果。“上证联合研究计划”经过多年的运作，有效地加强了上海证券交易所与国内外研究机构之间的合作和沟通，形成了证券市场研究的合力。“上证联合研究计划”参与研究的队伍不断扩大，研究形式和组织方式也在不断完善，正成为中国证券市场一个有影响的“智库”，成为中国证券市场研究的一支重要力量（见表8-3）。

表8-3　　2010年度“上证联合研究计划”主要课题

时间	课题名称	作者
3月	中国公司治理报告（2009）：控制权市场与公司治理	上海证券交易所研究中心
2月	国资管理与央企控股上市公司治理结构优化研究	华东政法大学课题组
1月	上市公司大股东占款抑制机制研究	上海证券有限责任公司
1月	合格投资者制度比较研究	中国证监会上海监管局

资料来源：上海证券交易所网站。

（二）深圳证券交易所的理论研究和组织

深圳证券交易所历来都很重视理论研究，于1997年4月成立了深圳证券交易所综合研究所，设立了中国证券业第一个博士后工作站——深圳证券交易所博士后工作站。深圳证券交易所综合研究所研究实力雄厚，主要研究我国证券市场综合性、基础性重大课题，取得了一系列高质量的研究成果。1999～2007

年，深圳证券交易所举办了9届“深圳证券交易所会员单位与基金公司研究成果奖”的评选活动。从2008年起，该评选活动暂停，深圳证券交易所的理论研究转向以深圳证券交易所综合研究所和博士后工作站为主的模式（见表8－4）。

表8－4　　深圳证券交易所2010年研究报告

日期	报告名称	作者
2010年5月6日	境外创业板上市公司监管制度研究	陈斌　陈华敏　郭东 李泱　廖涵平　陈政 徐正刚
2010年5月27日	资本市场与产业结构调整：理论、实践与公共政策	官升东
2010年6月25日	美国基金市场发展与启示	胡琦
2010年8月13日	海内外新能源企业上市情况分析	佘坚
2010年8月24日	中小板民营上市公司治理状况实证分析报告	蒋学跃

资料来源：深圳证券交易所网站。

此外，深圳证券研究所于1991年7月创办《证券市场导报》，于1993年3月经国家新闻出版总署批准公开发行。《证券市场导报》创刊19年来，以促进我国证券市场的理性、建设性与创造性为宗旨，始终站在证券理论研究最前沿和实践最前沿，逐步发展成为我国证券研究领域的前沿杂志。

第三节　2010年中国各证券研究机构的发展和研究情况

一、证券研究格局酝酿变化

证券研究部门成立之初，一直定位于对内支持证券公司的经济、自营和资产管理等业务，直到2000年开始为真正意义的机构投资者——公募基金提供研究服务，标志着证券研究转型的开始。时至2010年正好走过了10年的时间，如今更多的证券研究部门加入“对外服务”的转型行列。而随着机构投资者力量的发展，以及对证券研究部门定位的重新认识，“佣金争夺战”愈演愈烈。从反映证券研究质量和水平的直接观察指标——佣金收入或者份额的变化可以看到现在证券研究格局变化的端倪：强者并非恒强，中小证券研究部门正在异军突起。

如果说2009年的佣金数据尚能支持具有传统研究优势的证券研究部门依然独领风骚的话，那么2010年的佣金格局则更多地反映了证券研究格局的风起云涌，中小证券研究部门正在奋起直追。首先，原来的第一梯队有所变化。在2009年分佣前4名的证券公司中，申银万国证券和中信证券继续保持优势，位列第1名和第2名，但2009年的第3名中金证券大幅滑落到第6名，国泰君安证券则上升了1位，从2009年的第4名上升到第3名。其次，2009年的第二梯队变化最大，和传统劲旅的差距逐渐缩小。招商证券从2009年的第7名上升到第4名，国信证券从第6名上升到第5名，华泰联合证券从第9名上升到第7名。东方证券、广发证券、光大证券和兴业证券也发展迅速，排位均有所上升。中金证券则从佣金的第一梯队掉落到第二梯队，海通证券也从第5名下滑至第9名。最后，佣金集中度下降。尽管分佣排名有升有降，但每个证券公司的分佣总量都有所降低，前10名的佣金集中度从2009年的51.37%降低到了2010年的48.52%，尤其是前3名的份额下降得尤为明显。可见各证券研究机构间的竞争越来越激烈，后起之秀正在蚕食领先券商的份额，竞争格局在未来将发生变化（见表8-5）。

表8-5　2010年佣金市场的变动反映出证券研究格局的变化

	2010年佣金（万元）	占比（%）	排名	2009年排名	2009年佣金（万元）
申银万国证券股份有限公司	40 233.3	6.45	1	1	46 877.6
中信证券股份有限公司	39 710.7	6.37	2	2	45 455.5
国泰君安证券股份有限公司	32 913.9	5.28	3	4	40 929.3
招商证券股份有限公司	29 547.4	4.74	4	7	29 825.9
国信证券股份有限公司	29 077.9	4.66	5	6	30 022.6
中国国际金融有限公司	28 811.3	4.62	6	3	43 812.9
华泰联合证券有限责任公司	27 527.5	4.41	7	9	24 277.9

续表

	2010 年佣金（万元）	占比（%）	排名	2009 年排名	2009 年佣金（万元）
安信证券股份有限公司	26 962.5	4.32	8	8	27 975.9
海通证券股份有限公司	24 929.3	4.00	9	5	30 360.6
东方证券股份有限公司	22 996.1	3.69	10	19	14 754.0
广发证券股份有限公司	21 499.9	3.45	11	15	17 924.2
光大证券股份有限公司	20 919.8	3.35	12	17	16 939.4
中信建投证券有限责任公司	20 576.5	3.30	13	13	20 977.0
中银国际证券有限责任公司	17 230.8	2.76	14	14	19 792.7
兴业证券股份有限公司	16 988.1	2.72	15	20	14 255.3
国金证券股份有限公司	15 856.9	2.54	16	10	24 072.8
长江证券股份有限公司	15 397.1	2.47	17	16	17 150.8
中国银河证券股份有限公司	13 858.5	2.22	18	12	21 534.0
长城证券有限责任公司	12 226.6	1.96	19	18	16 411.9
中国建银投资证券有限责任公司	11 916.3	1.91	20	21	13 365.6
北京高华证券有限责任公司	11 161.3	1.79	21	11	21 928.9
平安证券有限责任公司	11 086.4	1.78	22	23	11 260.3
齐鲁证券有限公司	9 590.1	1.54	23	27	6 714.6
渤海证券股份有限公司	7 744.7	1.24	24	25	8 695.4
华泰证券股份有限公司	7 516.5	1.20	25	22	12 306.9

资料来源：Wind。

二、研究趋向“团队作战”

随着证券市场的日趋成熟和发展，上市公司和基金规模与日俱增。与 10 年前相比，截至 2010 年年底，A 股上市公司从 2001 年的 1 130 家增长到了 2 041 家，增长了 80.6%；公募基金也从 2001 年的 59 只迅速发展到了 704 只，增长了 11 倍（见图 8－1）。而证券市场和基金市场的扩容，对证券研究部门提出了巨大的挑战和新的要求。一方面，研究对象（上市公司和股票）的增加，对早期一个分析针对一个行业的模式提出了巨大的挑战。如今一个优秀的分析师的分析对象不可能完全覆盖一个行业的全部上市公司，因此以团队合作形式覆盖一个行业成为当前的行业研究趋势。另一方面，基金市场的扩容，不仅是基金数量迅速增加，对分析师服务的覆盖面也是一个挑战；而且，基金数量的增加、基金之间的竞争将进一步要求提升分析师的服务质量和方式。目前，基金的需求越来越多元化，传统的路演方式越来越不能满足买方的需求，基于“特色服务”的诉求在2010年大行其道。这些都将刺激研究趋向“团队作战”，“单打独斗”已经不能适应当前的激烈竞争格局。这一点也可以从新财富最佳分析师评比结果中窥见一斑。在31个评奖领域，以个人名义获奖的有32人，仅占获奖名单的24%，其余全部是以“研究小组”的名义获奖；只有4个研究领域由分析师个人获奖，其余27个领域均由团队获奖（见表8－6）。

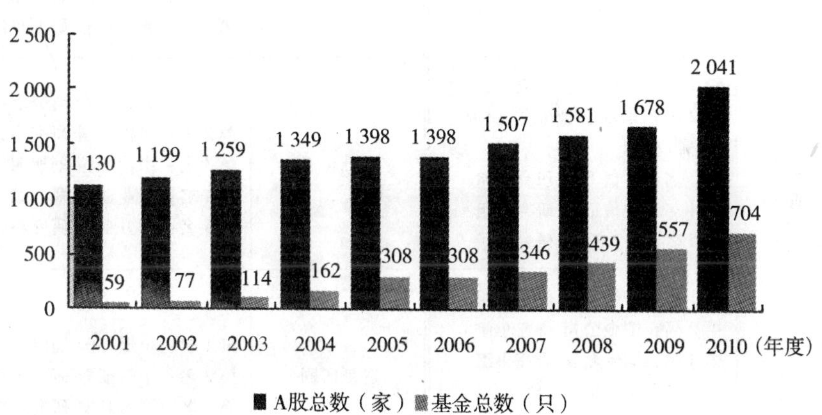

图8－1　上市公司和基金规模与日俱增

资料来源：Wind资讯。

表 8 – 6　　新财富最佳分析师评比结果

行业类奖项	获奖名单	行业类奖项	获奖名单
宏观经济	第 1 名：安信证券 研究小组 第 2 名：中信证券 研究小组 第 3 名：申银万国 研究小组 第 4 名：兴业证券 董先安 第 5 名：光大证券 研究小组	建筑和工程	第 1 名：中信证券 研究小组 第 2 名：国泰君安 韩其成 第 3 名：国金证券 研究小组
策略研究	第 1 名：申银万国 研究小组 第 2 名：中信证券 研究小组 第 3 名：安信证券 研究小组 第 4 名：兴业证券 研究小组 第 5 名：中信建投证券 研究小组	电力设备与新能源	第 1 名：安信证券 黄守宏 第 2 名：中信证券 研究小组 第 3 名：国金证券 研究小组 第 4 名：光大证券 研究小组 第 5 名：个人参评 韩玲
固定收益研究	第 1 名：中金公司 研究小组 第 2 名：国泰君安 研究小组 第 3 名：申银万国 研究小组	钢铁行业	第 1 名：国金证券 研究小组 第 2 名：国信证券 研究小组 第 3 名：长江证券 刘元瑞 第 4 名：中信证券 研究小组 第 5 名：光大证券 研究小组
金融工程	第 1 名：国信证券 研究小组 第 2 名：华泰联合证券 研究小组 第 3 名：申银万国 研究小组 第 4 名：中信证券 研究小组 第 5 名：安信证券 研究小组	基础化工	第 1 名：光大证券 研究小组 第 2 名：申银万国 研究小组 第 3 名：中信证券 刘旭明 第 4 名：兴业证券 郑方镳 第 5 名：东方证券 研究小组
银行业	第 1 名：中信证券 研究小组 第 2 名：中金公司 研究小组 第 3 名：国泰君安 研究小组 第 4 名：国信证券 研究小组 第 5 名：华泰联合证券 研究小组	造纸印刷	第 1 名：申银万国 周海晨 第 2 名：中信证券 研究小组 第 3 名：国泰君安 研究小组
非银行金融	第 1 名：国信证券 研究小组 第 2 名：招商证券 研究小组 第 3 名：华泰联合证券 研究小组	非金属类建材	第 1 名：国泰君安 韩其成 第 2 名：国金证券 研究小组 第 3 名：中信证券 潘建平 第 4 名：华泰联合证券 周焕 第 5 名：中信建投证券 研究小组

续表 1

行业类奖项	获奖名单	行业类奖项	获奖名单
房地产	第 1 名：国泰君安 研究小组 第 2 名：长江证券 苏雪晶 第 3 名：广发证券 研究小组 第 4 名：中信证券 陈聪 第 5 名：华泰联合证券 研究小组	有色金属	第 1 名：华泰联合证券 研究小组 第 2 名：国信证券 彭波 第 3 名：长江证券 葛军 第 4 名：安信证券 研究小组 第 5 名：申银万国 研究小组
纺织品和服装	第 1 名：中信证券 研究小组 第 2 名：招商证券 研究小组 第 3 名：申银万国 王立平	交通运输仓储	第 1 名：中信证券 研究小组 第 2 名：国信证券 研究小组 第 3 名：长江证券 吴云英 第 4 名：广发证券 研究小组 第 5 名：国金证券 黄金香
家电行业	第 1 名：中信证券 研究小组 第 2 名：国信证券 王念春 第 3 名：中金公司 研究小组	石油化工	第 1 名：中信证券 研究小组 第 2 名：招商证券 裘孝锋 第 3 名：申银万国 研究小组
汽车和汽车零部件	第 1 名：中信证券 研究小组 第 2 名：华泰联合证券 研究小组 第 3 名：招商证券 研究小组 第 4 名：广发证券 研究小组 第 5 名：平安证券 研究小组	电力、煤气及水等公用事业	第 1 名：中信证券 研究小组 第 2 名：招商证券 彭全刚 第 3 名：国金证券 赵乾明
社会服务业	第 1 名：中信证券 研究小组 第 2 名：中投证券 曾光 第 3 名：招商证券 研究小组	煤炭开采	第 1 名：国金证券 研究小组 第 2 名：广发证券 研究小组 第 3 名：申银万国 研究小组 第 4 名：招商证券 研究小组 第 5 名：海通证券 研究小组
批发和零售贸易	第 1 名：海通证券 研究小组 第 2 名：中信证券 研究小组 第 3 名：中金公司 研究小组 第 4 名：华泰联合证券 研究小组 第 5 名：申银万国 研究小组	传播与文化	第 1 名：中金公司 研究小组 第 2 名：招商证券 赵宇杰 第 3 名：申银万国 万建军

续表 2

行业类奖项	获奖名单	行业类奖项	获奖名单
医药生物	第 1 名：申银万国 研究小组 第 2 名：中信证券 研究小组 第 3 名：安信证券 研究小组 第 4 名：国信证券 研究小组 第 5 名：中投证券 研究小组	计算机行业	第 1 名：申银万国 研究小组 第 2 名：国泰君安 魏兴耘 第 3 名：国信证券 段迎晟
农林牧渔	第 1 名：中信证券 研究小组 第 2 名：国金证券 谢刚 第 3 名：申银万国 研究小组	通信行业	第 1 名：光大证券 研究小组 第 2 名：长江证券 陈志坚 第 3 名：中信建投证券 研究小组
食品饮料	第 1 名：申银万国 研究小组 第 2 名：中信证券 研究小组 第 3 名：招商证券 研究小组 第 4 名：中金公司 研究小组 第 5 名：国泰君安 研究小组	电子行业	第 1 名：中金公司 赵晓光 第 2 名：招商证券 研究小组 第 3 名：国泰君安 魏兴耘 第 4 名：国金证券 程兵 第 5 名：东方证券 研究小组
机械行业	第 1 名：招商证券 研究小组 第 2 名：中信证券 研究小组 第 3 名：国金证券 研究小组 第 4 名：广发证券 研究小组 第 5 名：申银万国 研究小组		

资料来源：《新财富》。

随着对外服务广度和深度的不断增加，证券研究“团队作战”的趋势不可避免，而研究团队化的趋势将再次带来研究人员的快速扩容和流动。首先，是已形成行业全覆盖的老牌研究机构将从单打独斗过渡到团队作战，按每个行业再多配备一个分析师估算的话，这样的研究部门的扩容接近一倍。其次，在“对外服务”的全新定位下，一个证券研究部门若要实现竞争优势，必须做到行业的尽量全覆盖。在这一条件下，中小券商会经历“行业全覆盖——单打独斗——团队作战”的过程，扩容将不止一倍。最后，佣金的争夺极为迫切，对于中小证券公司而言，从大型研究机构以及竞争对手中挖掘人才的方式更为可取，因此分析师的快速流动将不可避免。2010 年的新财富榜单上，煤炭开采行业分析师第 1 名龚云华，钢铁行业分析师第 1 名周涛、笃慧，新能源行业分析师第 3 名刘江啸，农林牧渔行业分析师第 2 名谢刚都在 2010 年年初从国金证券转投齐鲁证券，从而使得齐鲁证券的分仓佣金收入大增 42.82%，排名从第 27

位上升至第23位；反观国金证券，2010年分仓佣金收入减少了34.13%，排名从2009年的第10位跌落至第16位。重要人才的争夺和流失的利益或代价从中可见一斑。

三、证券研究独立性再次受到挑战

与买方分析师的研究成果专供公司内部使用不同，卖方分析师的研究报告同时服务内部和外部。随着证券研究部门定位的转型，佣金市场的竞争日渐激烈，如今的证券研究部门可能更多地服务外部。可见，证券研究部门的分析师不仅与证券公司的其他业务部门，更和机构投资者、上市公司之间存在着不同程度的利益关联。这样，分析师的独立性就有可能受到利益冲突的影响，独立性问题时刻考验着分析师。

独立性问题一直困扰着分析师群体，这是一个世界性难题。在20世纪网络泡沫破裂后，华尔街10家知名投行以14亿美元罚金为代价才渡过了华尔街信任危机。但时至今日，独立性问题仍然悬而未决。而在我国国内，随着几个事件的曝光，分析师独立性问题再次受到关注。2010年9月~2011年2月，湘财证券、平安证券、国泰君安和信达证券先后发布了关于中国宝安的《中国宝安：房地产和新能源的价值明显低估》、《中国宝安：价值奠定底线，石墨烯打开巨大发展空间》等研究报告。4家证券公司极大地肯定了中国宝安拥有石墨矿，期间股票价格大涨。但事实上中国宝安并没有公开披露过相关公告。研究报告是否虚假陈述，目前监管机构已经介入调查。但中国宝安并非个案，类似这样的事件还有宁波联合"锑矿"、双汇发展"瘦肉精"等事件，分析师受到了社会的广泛质疑。加之分析师研究报告的"抄袭"事件，都对分析师的独立性、声誉造成了极大的影响，从而可能引发一场分析师的信任危机。

目前，监管部门对分析师的独立性问题日渐重视，《中华人民共和国证券法》禁止证券公司从业人员持有、交易证券；2010年10月中国证监会发布了《发布证券研究报告暂行规定》，对证券公司发布研究报告的相关行为进行了严格限定。此外，企业自律将是保证分析师独立性的有效手段。分析师的独立性一旦受到影响，不仅是分析师本人的损失，更是分析师所在证券研究部门的损失，因此加强合规审查、实行严格的风险控制机制是分析师独立性的重要保障，也是证券研究机构建立“百年团队”的根本。申银万国证券研究所是我国目前最早并且唯一具有法人资格、完全市场化、独立经营的证券研究咨询机构，在保证研究独立性方面起到了积极的作用，在业内取得了较好的口碑，其经验值得同行借鉴。

四、宏观经济研究地位继续巩固

全球经济一体化使得各国经济间的相互影响加大，尤其是2008年全球金融危机的爆发，使宏观经济研究的地位变得前所未有的重要。股改后全流通的市场环境也使股市经济“晴雨表”的作用表现得更加突出，宏观经济和股市的关系日益紧密：2008年的危机大爆发，2009年各国经济在救市政策下的蹒跚复苏，2010年政策退出后的经济再平衡，期间欧元区债务危机的爆发，我国“十二五”规划的出台等经济形势或者政策一度影响着股市的走势。

自2008年全球金融危机爆发以来，宏观经济形势和政策始终左右着股市的走势，因而投资者对宏观经济研究日益依赖。如果说，2009年是进入21世纪以来经济最为困难的一年，那么2010年将是中国经济最为复杂的一年。温总理的讲话透露出了2010年经济形势的复杂性，经济平稳较快发展，结构调整、转变发展方式和管理好通胀预期三者在2010年交错纠葛。复杂的经济形势无疑加大了投资者和市场对宏观研究需求的依赖程度。宏观研究的重要性从《新财富》对各个领域重要性的调查结果中显现无疑，在31个评价领域中，宏观研究无论从得分还是得票的情况来看，都远远高于其他领域，稳居第1位。而复杂的经济形势也进一步加大了证券研究部门对宏观经济形势的判断难度，这反映在2010年《新财富》宏观研究排名的巨大变化中。在2009年排名第1位的中信证券滑落至第2位，第1位被2009年排名第4位的安信证券取得，在2009年排名在5名之外的兴业证券获得了第4名；而在2009年排名第2位的中金证券则滑落到前5名之外。宏观研究领域的排名变化之大是其他领域所没有的，再次证明了宏观研究竞争之激烈、投资者以及证券公司对宏观研究之重视。宏观研究的地位继续在2010年得以保持（见表8－7和表8－8）。

表 8－7　　2010 年《新财富》宏观研究领域排名

排名	研究领域	得票率（%）	得分率（%）	排名	研究领域	得票率（%）	得分率（%）
1	宏观经济	94.58	89.75	17	煤炭开采	77.28	72.57
2	食品饮料	79.14	74.32	18	非金属建材	77.28	72.25
3	策略研究	79.09	74.81	19	纺织和服装	77.28	71.79
4	医药生物	78.85	74.66	20	金融工程	77.20	73.10
5	房地产	78.71	74.07	21	通信	77.20	72.53
6	农林牧渔	78.14	72.15	22	计算机	77.13	71.55
7	非银行金融	77.78	73.03	23	钢铁	76.77	71.60
8	机械	77.63	73.58	24	交通运输仓储	76.49	71.64
9	电子	77.63	73.52	25	建筑和工程	76.27	71.15
10	电力设备与新能源	77.63	72.36	26	社会服务业	75.99	70.42
11	基础化工	77.56	72.78	27	电力、煤气及水等公用事业	75.84	70.35
12	汽车和汽车零部件	77.56	72.60	28	石油化工	75.77	70.68
13	家电	77.56	71.68	29	造纸印刷	75.63	70.25
14	批发和零售贸易	77.49	73.27	30	传播与文化	75.13	70.57
15	银行	77.49	72.11	31	固定收益研究	54.98	49.40
16	有色金属	77.42	72.52				

资料来源：《新财富》。

表 8－8　　2010 年《新财富》宏观研究领域排名变化

机构	2010 年宏观研究排名	2009 年宏观研究排名
安信证券	1	4
中信证券	2	1
申银万国证券	3	3
兴业证券	4	
光大证券	5	5

资料来源：《新财富》。

五、证券公司的理论研究情况

2010 年，我国已成为世界第二大经济体。从经济大国迈向经济强国，需要加快转变经济发展方式，这就决定了 2010 年证券研究机构的研究热点带有转变经济发展方式的突出特征：自主创新更受重视，低碳经济受到热议，对扩大消费、收入分配改革等关注度再创新高。此外，延续了一整年的欧洲债务危机在全球汇率市场、商品市场、股票市场等掀起了一轮又一轮的冲击波，众多研究机构集中精力对此开展了专题研究。

表8－9分别列出了申银万国证券研究所、安信证券研究所、中信证券研究所、中国国际金融有限公司和兴业证券研究所的专题研究成果，较有代表性地反映了2010年国内证券研究机构理论研究的方向和热点。

表8－9　　2010年各研究机构主要专题研究成果

标题	作者姓名
申银万国证券研究所	
美国金融监管改革的方向与启示	蒋健蓉　于旭辉
从扩散指数和全球经济看中国经济和政策	苏畅
货币增速迎来拐点	李慧勇　孟祥娟
申万美国经济领先指数研发	刘莹
调高出口，调低投资，GDP将呈现U型走势Z——基于最新数据的2010年经济预测	李慧勇　孟祥娟
梳理当前宏观判断的几个逻辑问题	李蓉　苏畅
继续上调2010年美国经济增速、继续上调2010年美元指数涨幅	李慧勇　刘莹
风险总体可控　解决尚需时日——希腊主权债务危机成因及前景分析	李慧勇　孟祥娟
中美政策推出的路径探讨	李蓉　苏畅
5月重启人民币浮动的窗口——中美经济退出政策的路径分析	苏畅
进口依存度不改，需求出现结构变化——美国经济增长再平衡路径分析	李慧勇　刘莹
整固年代　五新战略——2010年春季中国经济报告	李慧勇　孟祥娟
如何理解和测算美国经济增长数据？——美国经济结构与发展分析专题研究系列之二	李慧勇　刘莹
危机后美国双赤字状况将出现趋势性变化——美国长期增长的经济、政策及政治周期影响分析	李慧勇　刘莹
区域投资未来两三年保持快速增长	李蓉　苏畅
美国货币政策调控模式面临创新——美国经济结构与发展分析专题研究系列之三	李慧勇　刘莹
欧元在3个月内或止跌反弹——欧元区解体的成本端分析	李慧勇　刘莹
2009年中国地区证券生态环境评价结果分析报告	蒋健蓉　于旭辉　钱康宁
长期问题不会造成短期危机——欧洲债务问题对全球增长趋势的影响分析	李慧勇　刘莹
劳动力成本上涨将改变企业利润格局——劳动力成本与通胀、企业利润的比较研究	李慧勇　孟祥娟

续表 1

标题	作者姓名
转型期需要积极的财政政策——以财政促消费和城市化加速	李蓉　苏畅
主动调结构可以成功促增长——加巴调研系列报告之宏观篇	李慧勇　刘莹
经济正常化和加速城镇化——2010 年中期中国经济报告	李慧勇　孟祥娟
参照国际口径重估服务业占比（1）	李蓉　苏畅
参照国际口径重估服务业占比（2）——服务业增加值漏估可能达 50%	李蓉　苏畅
从失业率水平看劳动力价格通胀有限	李蓉　苏畅
美国地方政府财政状况分析——美国财政政策分析系列之一	李慧勇　刘莹
财政支出提速汇改影响货币派生	李蓉　苏畅
客观威胁若隐　主观恐惧若现——我国地方债风险研究	李蓉　李慧勇　魏强
牵一发而动全身——房地产调控及对产业链的影响	李慧勇　孟祥娟
2013 年美国联邦财政将感受压力——美国财政政策分析系列之二	李慧勇　刘莹
财政支出提速，汇改影响货币派生结构	李蓉　苏畅
人民币汇率波动的动因、趋势和效应分析	李蓉　魏强
期待“十二五”开局——2010 年秋季中国经济报告	李慧勇　孟祥娟
货币政策对股市有何影响？——上证综指 VAR 模型研究的阶段性成果	李蓉　张承启
我国地方政府融资风险研究	李蓉　魏强
2011 年全球针对刺激就业的财政支出有望明显增加	李慧勇　刘莹
行长之意不在利率　在乎汇率升值预期——对于央行未来货币政策工具的探讨	李慧勇　魏强
工业金属价格和利率关系最为密切	李蓉　苏畅　张承启
大宗商品实际价格长期呈缓慢下降趋势，短期名义价格与汇率水平走势密切	李蓉　李慧勇　张承启
他山之石　可以攻玉——从世界经验看我国经济较快增长仍有 10 年的持续期	李蓉　魏强
工业金属价格与新兴经济体产出缺口相关	李蓉　苏畅　张承启
人民币压力前高后低　金属价格温和上涨——美国量化宽松下的汇率和商品环境	李蓉　苏畅　张承启
公司治理导向的投资策略将大有可为	蒋健蓉　于旭辉
申万治理 50 组合凸显公司治理溢价	蒋健蓉　于旭辉　钱康宁
我国对能源出口国经济影响渐强，受美国等消费经济体的影响渐深	李蓉　魏强　张承启
三维转型推升六大增长主题——2011 年中国经济报告	李慧勇　孟祥娟
危机后我国对新兴经济体出口加速——中国贸易结构分析	李慧勇　孟祥娟

续表 2

标题	作者姓名
安信证券研究所	
两手都要硬，再向虎山行	高善文
悠悠万事，唯此为大	高善文
事情正在起变化	高善文
稳住阵脚，徐图进取	高善文
自下而上看重估——从企业部门资产负债表看资产价格重估	高善文
掀开货币的面纱（之一）：货币与通胀长期关系的简要回顾	高善文
三十年未有之变局——中国潜在增速的趋势转折	高善文
刘易斯拐点后的中国经济	高善文
人民币、美元与大宗商品	莫倩
贸易顺差阶段性上升下的调整线条	莫倩
钱多了，钱少了？	莫倩
对中期通胀趋势的评估	莫倩
向上走，向下走？	莫倩
光线是可以弯曲的——关于研究方法的一些体悟和浅见	高善文
潮水正在退去	高善文
十年之痒	高善文
后危机时代的全球基金业	付强
一张一弛，文武之道	高善文
放弃理念还是放弃希腊？	莫倩
房地产、人民币汇率与民工荒	高善文
经济过热，还是存货调整？	高善文
投资增长大体稳定，存货调整引人瞩目	高善文
通货膨胀的理解框架	高善文
美元汇率：反弹还是反转？	高善文
上半年不乐观，下半年不悲观	高善文
美元的反弹与趋势	高善文
中信证券研究所	
踏上有福利增长之路	诸建芳
标本兼治通胀	诸建芳
有助稳定通胀预期	诸建芳
从国际经验看中国房产税改革	诸建芳

续表 3

标题	作者姓名
东部紧张中西改善	诸建芳
“中国服务”赶超“中国制造”	诸建芳
从日本“倍增计划”看我国收入分配改革	诸建芳
开启新增长——经济转型与结构升级	诸建芳
保障房政策可避免经济二次探底	诸建芳
放开管制，释放第三次制度红利	诸建芳
东西部劳动力争夺进行时	诸建芳
转型促增长	诸建芳
减税促转型	诸建芳
中国国际金融有限公司	
通胀还能走多远？	张智威
“十二五”改革方向解读	张智威
中国进入加息周期了吗？	张智威
卧虎藏龙，中国经济增长的三个梯队	张智威
政策进入“讨论期”	哈继铭
写在人民币脱钩之后	哈继铭
警钟为谁而鸣，欧洲主权债务危机展望	赵文利
当黄金闪烁时	徐剑
中国真的很过剩吗？	邢自强
美国经济增长更为平衡	刘奥琳
房地产新政有利于人民币升值	哈继铭
产业转移的桥头堡，中西部追赶效应的典型	哈继铭
影响通胀的不确定因素	哈继铭
中国会重蹈日本泡沫经济的覆辙吗？	沈建光
经济转型的动力	沈建光
人民币前景及对行业表现的影响	哈继铭
内生增长动力强劲	哈继铭
“地方债务危机论”言过其实	哈继铭
春节因素是 PMI 回落主因	哈继铭
中国经济转型的机遇与挑战	沈建光
希腊事件感染效应显现	刘奥琳
关注马车“车轮子”	哈继铭

续表 4

标题	作者姓名
兴业证券研究所	
调控正朝最优政策组合靠拢	董先安
总需求偏热调控偏软	董先安
通胀风险仍未有效释放	董先安
QE2 护航美缓慢复苏	董先安
展望未来三年中国经济	董先安
荒诞加息讨论带来投资机会	董先安
传统行业阶段复苏	董先安
三维度看中国经济与政策调整	董先安
脱钩的意义远超升值	董先安
转型铁定加速	董先安
美元走强的配置效应	董先安
PIIGS 危机进一步扩散概率不高	董先安
三种情景下经济整固路径	董先安
对系统性风险的一个系统思考	董先安
今年地产的多赢出路	董先安
换个角度理解中国调控	董先安
拿一致预期作滞后指标	董先安
细看流动性	董先安
央行的两难	董先安

资料来源：维赛特。

第九章　2010年国际证券业发展状况

第一节　2010年国际证券业发展概况

一、全球经济增长概况

2010年，全球经济处于后危机时代，国际金融危机导致的急剧动荡已经缓解，全球经济继续复苏，但受经济、政治、安全等方面因素影响，金融市场的不稳定性和系统性风险仍然存在。各地区的经济复苏进程并不一致：2010年全球产出增长为5%，其中发达经济体增长3%，新兴市场国家达到7.3%，亚洲发展中国家高达9.5%。新兴市场和发展中经济体的快速经济增长导致产出缩小，在一些国家甚至消失。先进经济体经济活动放缓幅度小于预期，但增长仍然疲弱，且伴随有欧洲债务、通胀等问题。

总体来看，全球各经济体实际GDP在2010年增长提速，复苏进一步推进（见图9－1）。

在先进经济体中，经济活动恢复增长，美联储启动第二轮量化宽松货币政策，欧洲央行及日本央行继续维持宽松货币政策，并加大国债购买力度，增加了全球流动性。但产出缺口仍然较大，失业率也居高不下，美国和欧元区的失业率分别达到9%和10%。同时，欧洲主权债务危机问题突出，其影响力已从经济总量较小的希腊、爱尔兰、葡萄牙等国家快速蔓延到西班牙、意大利等经济总量在欧洲占比较大的国家。在新兴经济体中，经济恢复更为强劲，但通货膨胀压力逐步显现，资产泡沫风险加大。

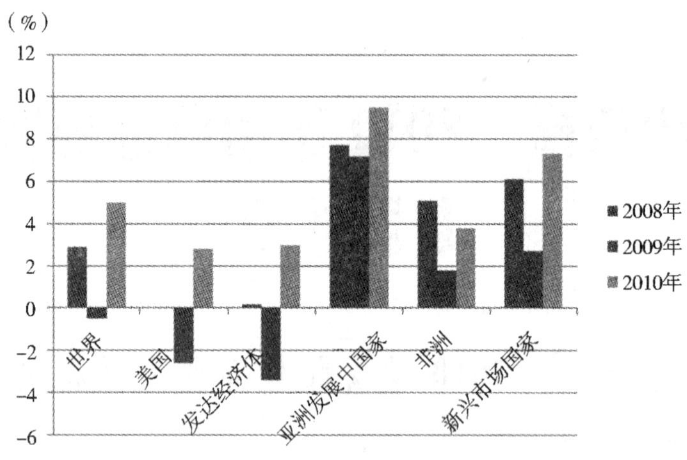

图 9-1　各主要经济体实际 GDP 增长

资料来源：《世界经济展望》数据库。

2010 年的世界经济增长从上半年的 5.25% 放缓至下半年的 3.75%。这主要是库存变动以及基数效应带来的。随着信心的提升，企业开始补库存，这促使生产和贸易在 2010 年上半年有一个大幅度的反弹，而下半年在库存达到一定程度后，企业加速生产的动力有所下降。

2010 年，经济复苏加快，需求大幅回升，同时部分商品供给受到事件性冲击，这直接导致了石油和其他大宗商品价格的大幅上扬，这一格局一直延续至今。

另一方面，全球流动性宽裕，资金大幅流入新兴市场国家，多数新兴市场国家自 2010 年第 4 季度开始面临较为严重的通货膨胀压力，食品和非食品价格均出现不同程度的上涨，而高通胀的延续也成为 2011 年全球经济最大的风险点（见表 9-1）。

表 9-1　全球经济展望　（单位:%）

项目 \ 年度	2009	2010	2011	2012
全球产出	-0.5	5.0	4.4	4.5
发达经济体	-3.4	3.0	2.4	2.6
美国	-2.6	2.8	2.8	2.9
欧元区	-4.1	1.7	1.6	1.8

续表

项目＼年度	2009	2010	2011	2012
德国	-4.7	3.5	2.5	2.1
法国	-2.5	1.5	1.6	1.8
意大利	-5.2	-1.3	1.1	1.3
西班牙	-3.7	-0.1	0.8	1.6
日本	-6.3	3.9	1.4	2.1
英国	-4.9	1.3	1.7	2.3
加拿大	-2.5	3.1	2.8	2.6
其他发达经济体	-1.2	5.7	3.9	3.8
亚洲新兴工业化经济体	-0.8	8.4	4.9	4.5
新兴发展中经济体	2.7	7.3	6.5	6.5
中东欧	-3.6	4.2	3.7	4.0
独联体	-6.4	4.6	5.0	4.7
俄罗斯	-7.8	4.0	4.8	4.5
除俄罗斯外	-3.1	6.0	5.5	5.1
亚洲发展中国家	7.2	9.5	8.4	8.4
中国	9.2	10.3	9.6	9.5
印度	6.8	10.4	8.2	7.8
东盟	1.7	6.9	5.4	5.7
拉丁美洲和加勒比地区	-1.7	6.1	4.7	4.2
巴西	-0.6	7.5	4.5	4.1
墨西哥	-6.1	5.5	4.6	4.0
中东和北非	1.8	3.8	4.1	4.2
撒哈拉以南非洲	2.8	5.0	5.5	5.9
欧盟	-4.1	1.8	1.8	2.1
世界贸易总量（商品及服务）	-10.9	12.4	7.4	6.9
石油价格（美元）	-36.3	27.9	35.6	0.8
先进经济体 CPI	0.1	1.6	2.2	1.7
新兴经济体 CPI	5.2	6.2	6.9	5.3

资料来源：IMF。

二、全球证券业概况

（一）全球上市公司数量

美洲地区交易所上市公司数量连续出现小幅下降，目前已为10 360家；欧洲、中东及非洲地区连续第3年下降，目前为13 783家。而亚太地区保持小幅增长，上市公司数量已增至21 398家，成为融资需求最为活跃的板块（见图9－2）。

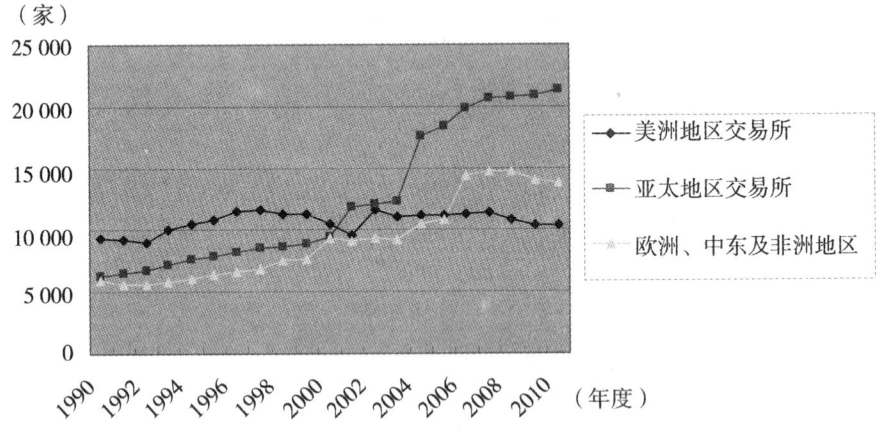

图9－2　历年世界交易所上市公司数量增长情况

资料来源：国际交易所联合会（WFE）。

（二）股票市值

2010年全球股票市值最大的5家交易所分别是纽约证交所－泛欧证交所［NYSE Euronext（US）］、东京证券交易所（TSE）、纳斯达克（NASDAQ）、伦敦证券交易所（LSE）和纽约证交所－泛欧证交所［NYSE Euronext（Europe）］（见表9－2、图9－3、图9－4）。

表 9－2　　2009～2010 年按市值排名的前十大交易所

交易所名称		市值（10 亿美元）		增幅（以美元计算）（%）	增幅（以本地货币计算）（%）
		2010 年 6 月底	2009 年 6 月底		
1	纽约证交所－泛欧证交所（美国）	11 794	9 864	19.60	19.60
2	东京证券交易所	3 277	3 204	2.30	－6.20
3	纳斯达克	3 165	2 590	22.20	22.20
4	伦敦证券交易所（LSE）	2 407	2 198	9.60	20.60
5	纽约证交所－泛欧证交所（欧洲）	2 295	2 197	4.50	19.60
6	香港证券交易所	2 200	1 825	20.50	21.10
7	上海证券交易所	2 051	2 329	－12.00	－12.60
8	蒙特利尔交易所	1 635	1 281	27.70	16.80
9	孟买证券交易所	1 376	992	38.80	34.60
9	印度国家证券交易所	1 341	925	45.00	40.50
10	巴西交易所	1 151	911	26.40	16.20

资料来源：国际交易所联合会（WFE）。

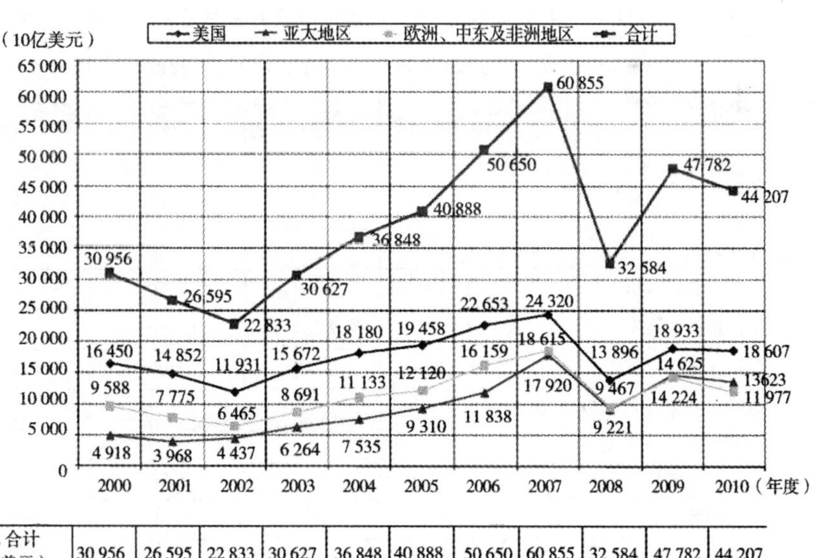

WFE 合计（10亿美元）	30 956	26 595	22 833	30 627	36 848	40 888	50 650	60 855	32 584	47 782	44 207

图 9－3　2000～2010 年全球股票市值变化

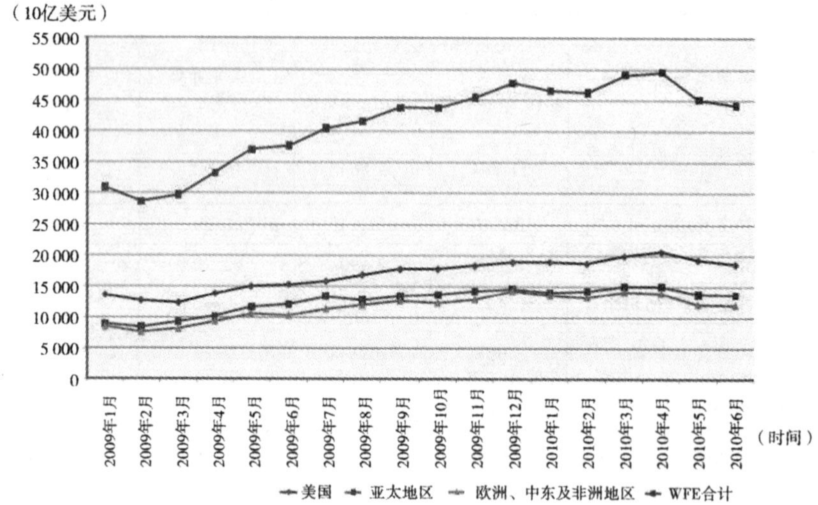

图 9－4　2009 年及 2010 年上半年逐月股票市值变化趋势

（三）股票交易价值

股票交易情况见表 9－3 和图 9－5。

表 9－3　2009 年上半年和 2010 年上半年按股票交易额排名的前十大交易所

交易所名称		股票交易价值(10 亿美元)		增幅（以美元计算）（%）	增幅（以本地货币计算）（%）
		2010 年 6 月底	2009 年 6 月底		
1	纽约证交所－泛欧证交所（美国）	9 496	9 474	0.20	0.20
2	纳斯达克	7 118	7 371	－3.40	－3.40
3	东京证券交易所	1 954	1 841	6.10	0.50
4	上海证券交易所	1 887	2 134	－11.60	－11.70
5	深圳证券交易所	142	1 105	29.00	28.80
6	纽约证交所－泛欧证交所（欧洲）	1 100	896	22.70	25.70
7	伦敦证券交易所	962	892	7.80	7.20
8	德国证券交易所	915	712	28.50	31.60
9	韩国证券交易所	779	742	5.00	－7.70
10	香港证券交易所	698	638	9.40	9.70

资料来源：国际交易所联合会（WFE）。

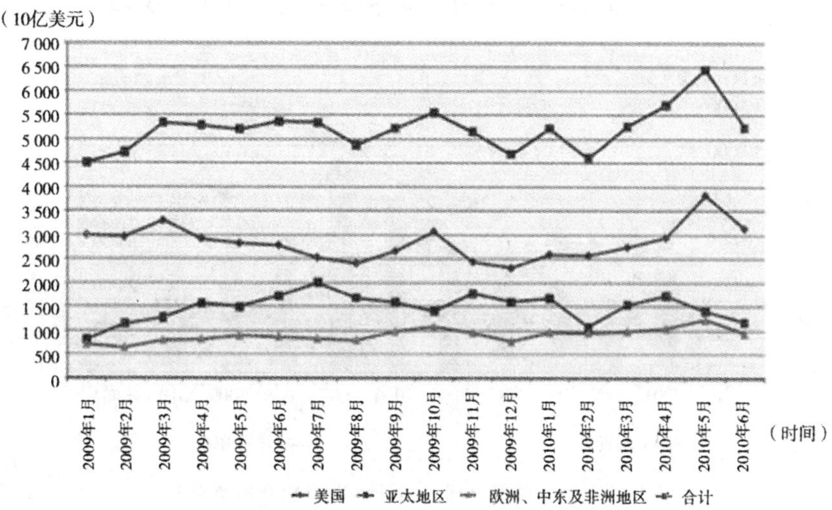

图9－5　2009年及2010年上半年逐月股票交易价值变化趋势

资料来源：国际交易所联合会（WFE）。

第二节　2010年国际投资银行业务发展概况

一、全球股票发行活动

2010年全球经济持续回暖。据Thomson Reuters统计，2010年全球股票及关联证券市场发行量与2009年基本持平，约为8 637亿美元。全球共有4 483单股票及关联证券发行案例，其中再融资3 038单，IPO 1 155单，可转换债券融资290单。2010年金融行业融资额为2 750亿美元，较2009年下降12.39%，融资数为518单，依然排名各行业融资之首（见图9－6）。

从发行结构看，2010年全球股票及关联证券市场仍然以再融资为主，发行量为5 012亿美元，占股票及关联市场发行总量的58.02%，较2009年下降23.78%。IPO的发行量为2 704亿美元，占股票及关联市场发行总量的31.31%，较2009年增长137.02%。可转债的发行量为921亿美元，占股票及关联市场发行总量的10.67%，较2009年下降3.06%（见表9-4）。

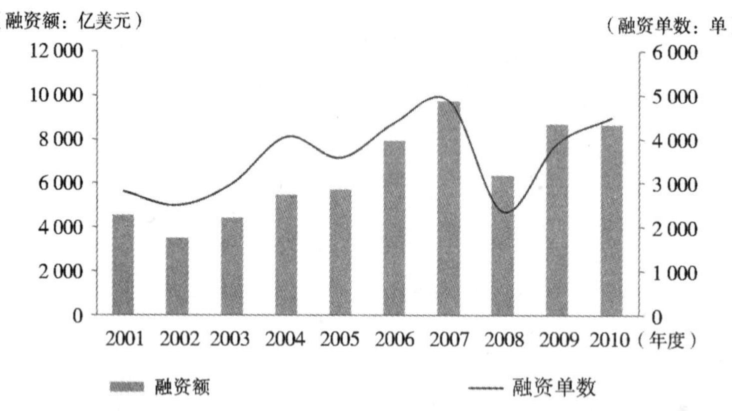

图9-6　全球股票及相关类证券融资额和融资单数

资料来源：Thomson Reuters。

表9-4　　全球股票及相关证券融资的结构分布

融资分类	2010年		2009年		2010年相比2009年融资额增长率（%）
	融资额（含超额配售）（百万美元）	融资单数（单）	融资额（含超额配售）（百万美元）	融资单数（单）	
IPO	270 422.23	1 155	114 090.53	525	137.02
再融资	501 170.18	3 038	657 493.50	3 068	-23.78
可转债	92 132.52	290	95 041.93	305	-3.06
合计	863 724.93	4 483	866 625.96	3 898	-0.33

资料来源：Thomson Reuters。

从全球股票发行市场看，亚太地区（不含日本）在2010年的股票相关融资量为3 119亿美元，超过了2009年排名首位的欧洲、中东以及非洲地区（EMEA），占据第1位。美国市场2010年股票相关融资量为2 036亿美元，排名第2位。欧洲、中东以及非洲地区（EMEA）以1 779亿美元的融资量排名第3位。2010年融资量较2009年有显著增长的分别是亚太地区和拉丁美洲，同比增长率分别为91.99%和69.76%。除欧洲、中东以及非洲地区（EMEA）及澳大利亚以外，全球主要发行市场的融资单数在2010年均有所增加（见表9-5）。

表 9-5　　全球股票融资的主要区域分布

区域	2010 年		2009 年		2010 年相比 2009 年融资额增长率（%）
	融资额（含超额配售）（百万美元）	融资单数（单）	融资额（含超额配售）（百万美元）	融资单数（单）	
亚太地区	311 889.05	1 847	162 452.39	1 182	91.99
美国	203 551.14	754	250 077.12	746	-18.60
EMEA	177 925.13	832	266 286.25	927	-33.18
日本	58 273.19	107	64 292.41	90	-9.36
拉丁美洲	54 590.55	72	32 157.80	44	69.76
澳大利亚	29 174.76	479	59 354.59	585	-50.85
其他市场	28 321.11	392	32 005.40	324	-11.51
合计	863 724.93	4 483	866 625.96	3 898	-0.33

资料来源：Thomson Reuters。

2010 年全球股票及关联证券发行前十大承销商累计承销金额占总融资金额的比例为 56.6%。摩根士丹利以 807 亿美元的承销额位列第 1 名，市场份额为 9.3%；高盛则延续了 2009 年排名第 2 位的位置，承销金额为 665 亿美元，市场份额为 7.7%。美国投行在全球股票融资前十大承销商排名中依然占据 5 位，但这 5 家美国投行的合计市场份额从 2009 年的 39.7% 下降至 35.5%。据 Bloomberg 统计，2010 年全球股票及关联证券发行的平均承销费率约为 3.02%（见表 9-6）。

表 9-6　　2010 年全球股票融资中投行承销情况

投行名称	承销金额（含超额配售）（百万美元）	市场份额（%）	融资单数（单）
摩根士丹利	80 655.30	9.3	322
高盛集团	66 536.24	7.7	240
J. P. 摩根	63 156.77	7.3	350
美银-美林	55 804.72	6.5	287
瑞士银行	48 886.67	5.7	267
瑞士信贷	42 565.69	4.9	262
花旗	40 513.11	4.7	231
德意志银行	38 633.63	4.5	195
野村证券	25 751.07	3.0	78

续表

投行名称	承销金额（含超额配售）（百万美元）	市场份额（%）	融资单数（单）
巴克莱资本	25 523.63	3.0	135
前十家合计	488 026.83	56.6	2 367
全球合计	863 724.93	100.0	4 483

资料来源：Thomson Reuters。

（一）美国股票发行市场

据 Thomson Reuters 统计，2010 年美国股票市场融资单数较 2009 年稍有增长，从 746 单上升至 754 单，但总融资额下降了 18.60%，显示出平均融资规模延续了 2009 年的下降趋势。2010 年 IPO 融资额为 372 亿美元，比 2009 年的 167 亿美元上升 122.75%，通用汽车（General Motors）成为 2010 年美国市场最大的 IPO 发行人，发行规模为 181 亿美元，超过 2009 年美国保险数据供应商 Verisk Analytics 的 22 亿美元的发行规模，接近 2008 年 VISA 卡 197 亿美元的 IPO 发行量。

2010 年，金融行业依然是最活跃的融资行业，占总融资额的 28.4%；其次是能源和电力行业，占总融资额的 15.9%；工业行业则位居第 3，占总融资额的 15.1%。

2010 年，摩根士丹利跃居美国股票及关联证券发行承销额第 1 位，累计承销 357 亿美元，占美国市场承销总额的 17.5%；J. P. 摩根位列第 2，累计承销 271 亿美元，占美国市场承销总额的 13.3%（见表 9－7）。

表 9－7　　2010 年美国股票融资中投行承销情况

投行名称	承销金额（含超额配售）（百万美元）	市场份额（%）	融资单数（单）
摩根士丹利	35 684.15	17.5	158
J. P. 摩根	27 135.08	13.3	175
美银－美林	24 458.57	12.0	172
高盛集团	17 149.96	8.4	98
巴克莱资本	16 169.46	7.9	105
花旗	14 540.46	7.1	120

续表

投行名称	承销金额（含超额配售）（百万美元）	市场份额（%）	融资单数（单）
瑞士信贷	12 820.52	6.3	102
德意志银行	11 482.71	5.6	91
瑞士银行	9 335.09	4.6	96
富国银行	8 032.89	3.9	101
合计	176 808.89	86.6	1 218

资料来源：Thomson Reuters。

（二）欧洲、中东及非洲地区（EMEA）股票发行市场

EMEA 地区股票及关联证券融资总额从 2009 年的 2 663 亿美元下降至 2010 年的 1 780 亿美元，融资单数也从 927 家减少至 832 家。再融资和可转换债券下降是构成 2010 年 EMEA 市场发行量下降的主要因素。其中再融资同比下降 48.62%，可转债同比下降 41.46%；与此相反，IPO 融资额为 422 亿美元，较 2009 年的 93 亿美元增长 353.76%。德意志银行以 125 亿美元的再融资位于 2010 年 EMEA 市场的融资规模之首，西班牙桑坦德银行、瑞士银行、德国商业银行、汇丰特林考斯银行、美林国际、摩根士丹利、法国兴业银行和荷兰 ING 银行担任了该项目的承销商（见图 9－7）。

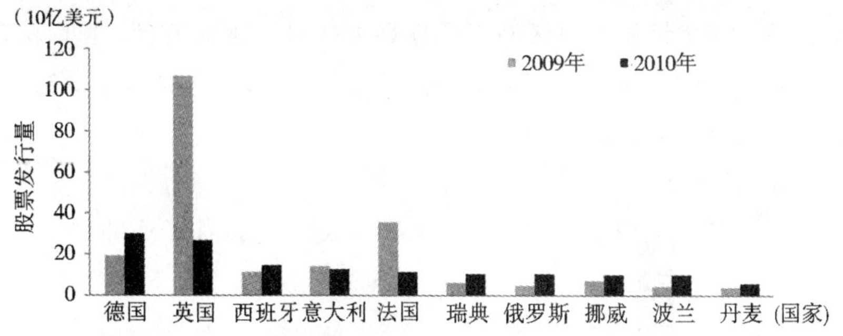

图 9－7　EMEA 按国家排名的股票市场发行量

资料来源：Thomson Reuters。

高盛集团是 2010 年 EMEA 股票及关联证券发行承销额第 1 名的投行，累计承销 170 亿美元，占 EMEA 市场承销总额的 9.6%；摩根士丹利位列第 2，累计承销 158 亿美元，占 EMEA 市场承销总额的 8.9%（见表 9－8）。

表 9－8　　2010 年 EMEA 股票融资中投行承销情况

投行名称	承销金额（含超额配售）（百万美元）	市场份额（%）	融资单数（单）
高盛集团	17 012.55	9.6	54
摩根士丹利	15 788.17	8.9	51
J. P. 摩根	15 255.40	8.6	76
德意志银行	14 505.53	8.1	41
美银－美林	10 970.24	6.2	37
瑞士银行	10 885.34	6.1	52
瑞士信贷	8 528.81	4.8	46
花旗	7 112.87	4.0	42
巴克莱资本	4 971.89	2.8	20
法国兴业银行	4 739.16	2.7	24
合计	109 769.96	61.8	443

资料来源：Thomson Reuters。

（三）亚太地区（日本、澳大利亚除外）股票发行市场

2010 年亚太地区股票及关联证券发行量从 2009 年的 1 625 亿美元上升至 3 119亿美元，同比增长 91.94%。融资单数也从 1 182 单迅速增长至 1 847 单。中国市场依然位居亚太地区融资额之首，2010 年中国股票相关融资额为 1 806 亿美元，占亚太地区的 57.9%。其中，中国农业银行 IPO 发行规模超过 221 亿美元，成为 2010 年亚太地区乃至全球最大的 IPO 融资项目。美国国际集团（AIG）IPO 以近 205 亿美元的融资额成为 2010 年亚太地区及全球第二大 IPO 融资项目（见图 9－8）。

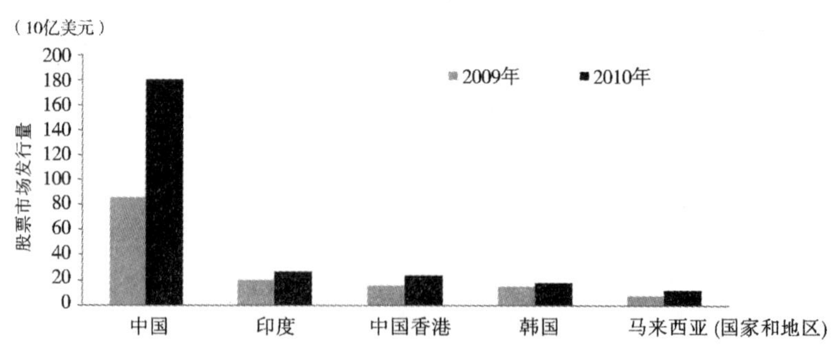

图 9－8　亚太地区按国家（地区）排名的股票市场发行量

资料来源：Thomson Reuters。

高盛集团是2010年亚太地区股票及关联证券发行承销额第1位的投行，累计承销221亿美元，占亚太地区承销总额的7.1%。第2位是摩根士丹利，累计承销213亿美元，占亚太地区承销总额的6.8%（见表9－9）。

表9－9　2010年亚太地区股票融资中投行承销情况

投行名称	承销金额（含超额配售）（百万美元）	市场份额（%）	融资单数（单）
高盛集团	22 105.64	7.1	63
摩根士丹利	21 254.88	6.8	86
瑞士银行	19 427.38	6.2	80
J.P. 摩根	14 317.08	4.6	69
瑞士信贷	14 260.12	4.6	71
中国国际金融	14 199.86	4.6	22
中信证券	12 432.93	4.0	33
德意志银行	10 296.91	3.3	45
花旗	10 169.21	3.3	52
美银－美林	8 675.63	2.8	55
合计	147 139.64	47.3	576

资料来源：Thomson Reuters。

（四）日本股票发行市场

据Thomson Reuters统计，2010年日本市场股票相关融资额为583亿美元，较2009年下降9.36%。与股票融资额的下降相反，日本市场2010年的融资单数为107单，比2009年增加了17单，体现了该市场平均融资规模的下降。其中，三井住友金融集团111亿美元的再融资成为日本市场2010年最大的股权融资项目。2010年日本市场的IPO融资额较2009年有显著上升，IPO融资总额为116亿美元，融资单数为22单；再融资额较2009年有所下降，为420亿美元，融资单数为72单；可转债较2009年有所上升，为47亿美元，融资单数为13单（见图9－9）。

野村证券连续第8年在股票承销上名列第1位，市场份额为37.3%，承销额为217亿美元，承销单数为52单（见表9－10）。

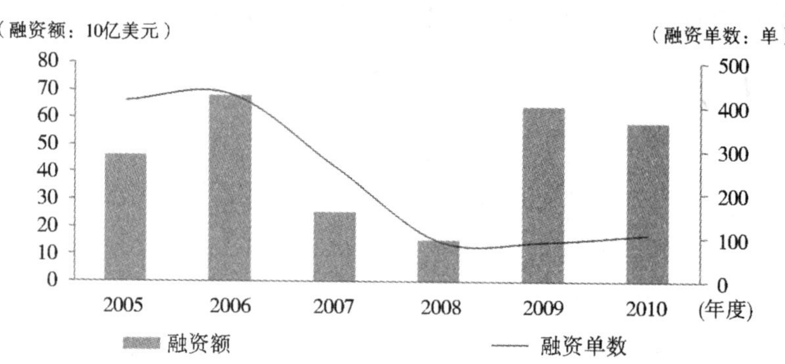

图9－9　2005～2010年日本股票市场融资额及融资单数变化

资料来源：Thomson Reuters。

表9－10　　2010年日本股票融资中投行承销情况

投行名称	承销金额（含超额配售）（百万美元）	市场份额（%）	融资单数（单）
野村证券	21 713.16	37.3	52
高盛集团	7 364.42	12.6	5
瑞穗金融	6 451.47	11.1	15
大和证券	3 597.01	6.2	22
J. P. 摩根	2 446.15	4.2	4
美银－美林	2 304.17	4.0	3
花旗集团	1 941.33	3.3	2
巴克莱资本	1 843.07	3.2	1
摩根士丹利	1 726.72	3.0	9
三菱日联	1 311.78	2.3	2
合计	50 699.28	87.2	115

注：由于部分发行项目由多家投行同时承销，因此纳入各投行名下的融资单数合计数比2010年日本市场的融资单数合计数大。

资料来源：Thomson Reuters。

二、全球债券发行活动

2010年，全球债券市场发行量为5.90万亿美元，比2009年的5.66万亿美元增长了4.24%。金融行业债券融资金额为2.90万亿美元，排名第1位，约占全球债券市场发行总量的49.15%。

从发行结构看，长期债券中的投资级企业债券和国际机构债券依然是全球债券市场融资的主要组成部分，分别占据2010年债券发行总量的38.23%和18.14%。住房抵押债券（MBS）和高收益企业债券发行量在2010年的增幅分别为88.01%和82.32%。此外，其他类型债券（主要包括新兴市场企业债券）在2010年也较2009年有230.22%的显著增长。相反，国际机构债券和联邦信用机构债券的发行量较2009年分别有36.79%和11.91%的下降。

短期债券在2010年占债券发行总量的比例上升至14.61%，较2009年的发行量上升了76.59%（见表9－11和图9－10）。

表9－11　　2010年全球债券市场融资结构分析

债券分类	2010年		2009年		2010年相比2009年融资额增长率（%）
	融资额（百万美元）	融资单数（单）	融资额（百万美元）	融资单数（单）	
长期债券	5 040 272.40	14 165	5 166 914.17	10 924	－2.45
ABS	178 763.43	533	174 067.89	335	2.70
MBS	652 661.11	744	347 145.63	533	88.01
高收益企业债券	321 729.32	640	176 468.63	363	82.32
投资级企业债券	2 256 849.67	6 168	2 284 541.11	5 204	－1.21
联邦信用机构债券	385 650.06	1 151	437 793.61	1 107	－11.91
国际机构债券	1 070 963.91	2 133	1 694 309.48	2 148	－36.79
其他类型债券	173 654.90	2 796	52 587.82	1 234	230.22
短期债券	862 496.63	4 467	488 421.65	2 685	76.59
合计	5 902 769.03	18 632	5 655 335.82	13 609	4.38

资料来源：Thomson Reuters。

从投资级企业债券的发行市场来看，欧洲市场是2010年发行量最大的市场，占全球投资级企业债券发行总量的44.53%；排名第2位的是美洲市场，占比28.63%；亚太地区（除中亚）、日本市场的占比分别为19.22%和6.00%（见图9－11）。

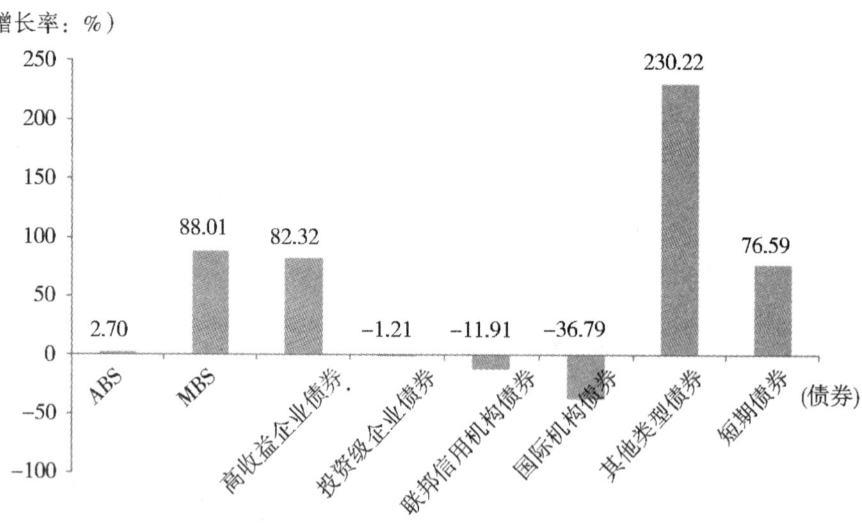

图9-10　2010年各类债券融资额较2009年的变化情况

资料来源：Thomson Reuters。

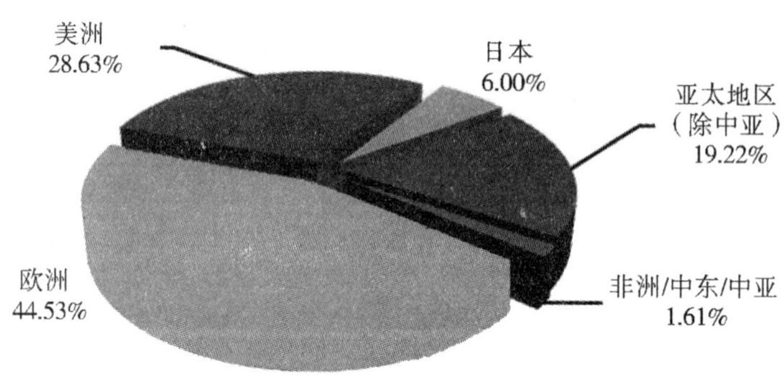

图9-11　2010年全球投资级企业债券融资的主要区域分布

注：因四舍五入，图中数据加总为99.99%。

资料来源：Thomson Reuters。

从发行货币来看，美元和欧元是依然是国际债券发行的主要币种（见图9-12）。

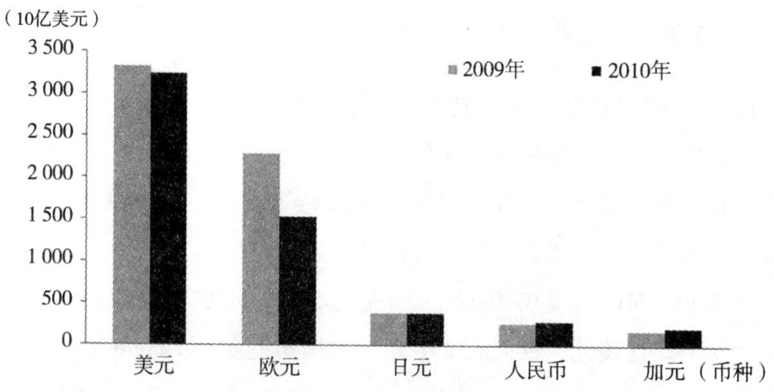

图 9-12　全球债券发行的前 5 名币种

资料来源：Thomson Reuters。

2010 年全球债券市场融资单数为 18 632 单，前 10 名承销商所占市场份额为 56.9%，比 2009 年的 60.9% 略有下降。巴克莱资本和 J. P. 摩根位居全球债券承销商的前两名，承销额分别为 4 565 亿美元和 4 461 亿美元，市场份额分别为 7.7% 和 7.6%（见表 9-12）。

表 9-12　　2010 年全球债券市场中投行的市场份额

投行名称	承销金额（百万美元）	市场份额（%）	融资单数（单）
巴克莱资本	456 494.13	7.7	1 264
J. P. 摩根	446 095.40	7.6	1 579
美银-美林	408 319.89	6.9	1 425
德意志银行	387 835.22	6.6	1 433
摩根士丹利	310 318.04	5.3	1 213
高盛集团	300 463.03	5.1	898
花旗	293 998.94	5.0	1 140
瑞士信贷	282 396.72	4.8	1 042
瑞士银行	248 174.97	4.2	923
苏格兰皇家银行	222 883.55	3.8	756
前 10 家合计	3 356 979.89	57.0	11 673
全球合计	5 902 769.03	100.0	18 632

资料来源：Thomson Reuters。

（一）美国债券发行市场

2010 年美国债券发行市场持续发展，全年债券发行量达 2.50 万亿美元，发行 6 425 单。其中，投资级企业债券发行量为 7 677 亿美元，共发行 913 单；国际机构债券发行量为 2 183 亿美元，共发行 156 单；联邦信用机构债券发行量为 3 844 亿美元，共发行 1 139 单；高收益企业债券发行量为 2 633 亿美元，共发行 542 单；MBS（含 CMBS）发行量为 5 522 亿美元，共发行 637 单；ABS 发行量为 1 173 亿美元，共发行 258 单。美国房利美（Fannie Mae）、美国联邦住房抵押（Federal Home Loan Mortgage）、美国吉利美（Ginnie Mae）分别以 4 066 亿美元、2 833 亿美元、1 832 亿美元的债券发行金额占据全球债券发行金额排名的前 3 位（见图 9－13）。

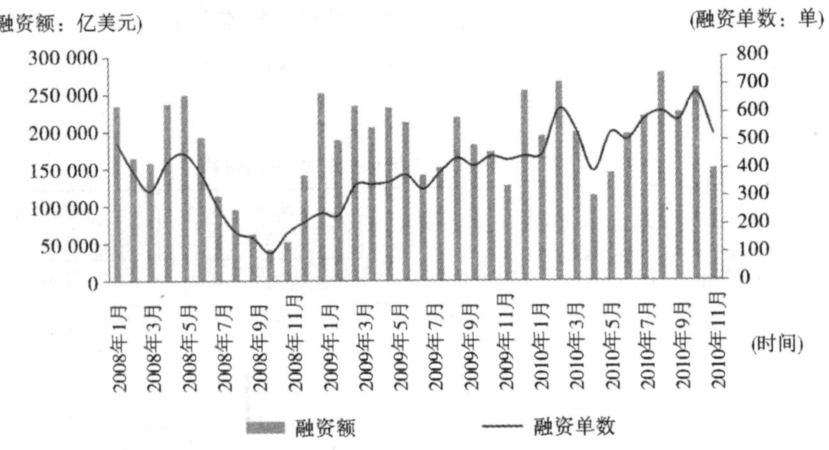

图 9－13　美国市场债券月度融资额和融资单数变化

资料来源：Thomson Reuters。

巴克莱资本和美银－美林分别占据美国债券发行市场承销商第 1 名和第 2 名的位置，累计承销额分别为 3 119 亿美元和 2 982 亿美元，市场份额分别为 12.5% 和 11.9%（见表 9－13）。

表 9－13　　　　2010 年美国债券市场中投行的规模和份额

投行名称	承销金额（百万美元）	市场份额（%）	融资单数（单）
巴克莱资本	311 936.64	12.5	665
美银－美林	298 169.27	11.9	966
J. P. 摩根	285 144.66	11.4	882
德意志银行	203 535.34	8.2	609
花旗	203 335.83	8.1	680
高盛集团	187 035.71	7.5	480
摩根士丹利	155 571.67	6.2	532
瑞士信贷	147 430.63	5.9	432
苏格兰皇家银行	131 826.95	5.3	316
瑞士银行	120 364.33	4.8	340
合计	2 044 351.03	81.8	5 902

资料来源：Thomson Reuters。

2010 年美国证券化市场 MBS 融资额从 2 944 亿美元上升至 5 522 亿美元，升幅为 87.57%（见图 9－14）。

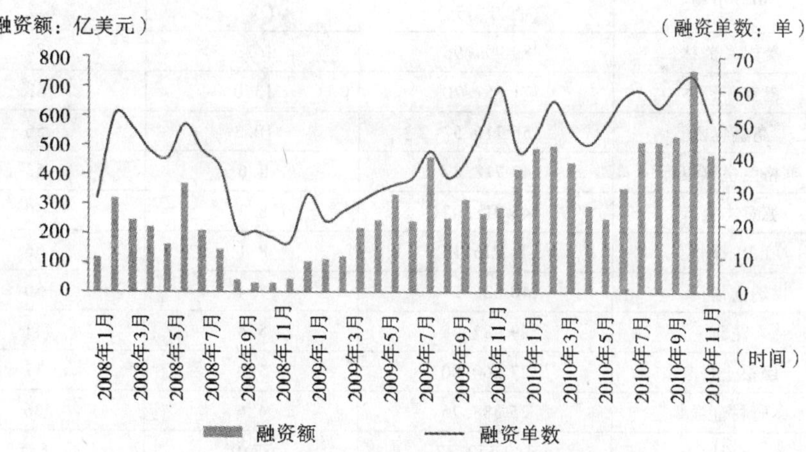

图 9－14　美国 MBS 债券月度融资额和融资单数变化

资料来源：Thomson Reuters。

2010 年美国证券化市场 ABS 融资额从 1 452 亿美元下降至 1 173 亿美元，降幅为 19.21%（见图 9－15）。

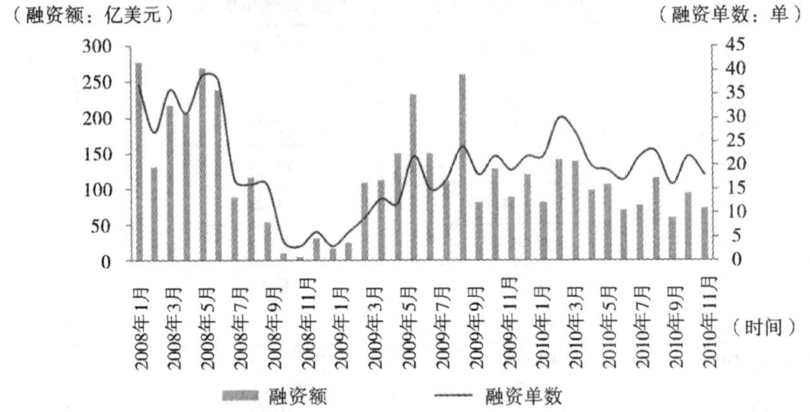

图 9－15　美国 ABS 债券月度融资额和融资单数变化

资料来源：Thomson Reuters。

2010 年，美银－美林占据美国 MBS 发行市场承销商第 1 名的位置，累计承销额近 900 亿美元，市场份额为 16.3%，融资单数为 84 单（见表 9－14）。

表 9－14　　2010 年美国资产证券化市场中投行的市场份额

MBS 市场	承销金额（百万美元）	市场份额（%）	融资单数（单）
美银－美林	89 999.96	16.3	84
巴克莱资本	71 852.70	13.0	68
高盛集团	56 716.52	10.3	56
苏格兰皇家银行	47 718.87	8.6	53
德意志银行	45 918.03	8.3	50
J. P. 摩根	44 776.13	8.1	56
瑞士信贷	40 638.23	7.4	50
花旗	29 982.78	5.4	41
摩根士丹利	27 560.80	5.0	37
野村证券	25 388.75	4.6	36
合计	480 552.77	87.0	531

资料来源：Thomson Reuters。

2010 年，美国 ABS 发行市场承销商排名第 1 位的同样是美银－美林，累计承销额约为 201 亿美元，市场份额为 17.1%，融资单数为 72 单（见表 9－15）。

表 9-15　　2010 年美国资产证券化市场中投行承销情况

ABS 市场	承销金额（百万美元）	市场份额（%）	融资单数（单）
美银-美林	20 087.82	17.1	72
J.P. 摩根	16 486.13	14.1	56
花旗	14 188.40	12.1	48
德意志银行	13 464.18	11.5	54
巴克莱资本	13 358.77	11.4	55
苏格兰皇家银行	10 328.44	8.8	45
瑞士信贷	9 328.42	8.0	48
富国银行	2 981.70	2.5	15
巴黎银行	2 630.44	2.2	8
法国农业信贷银行	2 018.16	1.7	10
合计	104 872.46	89.4	411

资料来源：Thomson Reuters。

（二）国际债券发行市场（不含美国）

2010 年国际债券市场融资额为 3.4 万亿美元，与 2009 年基本持平，发行数量为 12 207 单。其中，欧洲债券市场融资额为 2.10 万亿美元，发行数量为 4 115单。2010 年最大的国际债券融资（不含美国）是德国的国家及地方政府等机构发行的债券，金额总数达 1 750 亿美元，位居全球债券发行金额排名的第 4 位（见图 9-16）。

德意志银行和汇丰控股分别占据 2010 年国际债券发行市场承销商排名的第 1 位和第 2 位，承销额分别为 1 998 亿美元和 1 751 亿美元，市场份额分别为 5.9% 和 5.1%（见表 9-16）。

表 9-16　　2010 年国际债券市场（不含美国）投行承销情况

投行名称	承销金额（百万美元）	市场份额（%）	融资单数（单）
德意志银行	199 804.31	5.9	770
汇丰控股	175 093.46	5.1	666
巴克莱资本	164 429.65	4.8	576
J.P. 摩根	156 817.47	4.6	484

续表

投行名称	承销金额（百万美元）	市场份额（%）	融资单数（单）
巴黎银行	134 481.01	4.0	509
瑞士信贷	129 579.48	3.8	440
摩根士丹利	112 384.90	3.3	462
苏格兰皇家银行	110 690.73	3.3	410
美银－美林	102 130.97	3.0	337
花旗	100 345.21	3.0	363
合计	1 385 757.19	40.8	5 017

资料来源：Thomson Reuters。

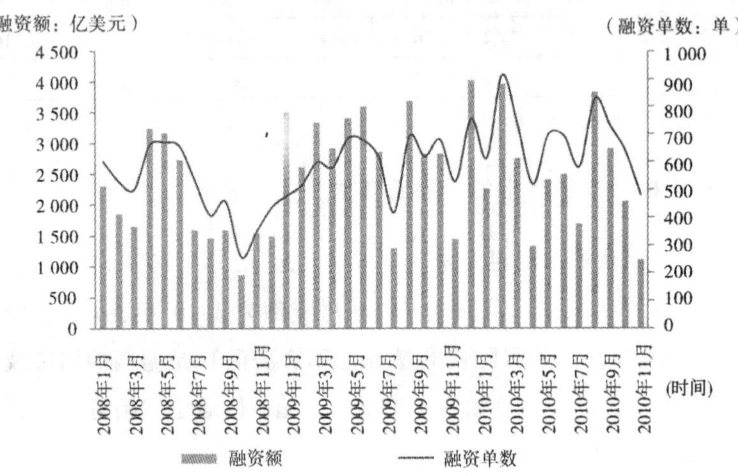

图9－16　国际债券融资额和融资单数的月度变化

资料来源：Thomson Reuters。

2010年欧元标价的债券融资1.45万亿美元，较2009年同比下降9.38%。其中，以欧元标价的投资级企业债券在2010年融资额为8 054亿美元，较2009年同比下降42.47%，占当年欧元标价债券融资总额的55.54%。

（三）亚太地区（含澳大利亚，不含日本及中亚）债券发行市场

2010年亚太地区债券市场发行金额达5 429亿美元，比2009年上升234.71%，共完成3 022单融资。中国和澳大利亚占据了发行金额排名的前两位，分别融资3 586亿美元和1 414亿美元，发行数量分别为1 141单和770

单。金融行业是亚太地区债券市场发行最活跃的部门，占据了52.7%的债券发行融资份额。澳大利亚国家银行（National Australia Bank）和澳新银行（ANZ Banking Group）为债券发行金额排名的前两位，融资额分别为196亿美元和134亿美元。

J. P. 摩根和德意志银行分别占据2010年亚太地区债券发行市场承销商排名的第1位和第2位，承销额分别为226.38亿美元和225.86亿美元，市场份额各约为4.2%（见表9-17）。

表9-17　2010年亚太地区债券市场中投行承销情况

投行名称	承销金额（百万美元）	市场份额（%）	融资单数（单）
J. P. 摩根	22 637.91	4.2	70
德意志银行	22 586.04	4.2	131
汇丰控股	22 313.33	4.1	205
瑞士银行	20 742.22	3.8	93
中国银行	16 029.23	3.0	46
渣打银行	15 963.80	2.9	259
中国农业银行	14 612.98	2.7	38
花旗	13 670.49	2.5	86
巴克莱资本	13 551.87	2.5	119
高盛集团	13 408.34	2.5	35
合计	175 516.21	32.4	1 082

资料来源：Thomson Reuters。

（四）日本债券发行市场

2010年日本市场的债券发行量为2 292亿美元，比2009年下降了1.25%。金融行业的融资额为789亿美元，排名第1位；政府机构的融资额为737亿美元，排名第2位（见图9-17）。

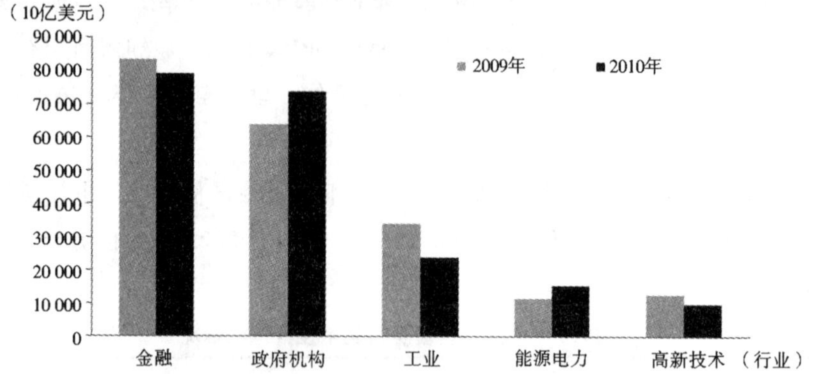

（10亿美元）
90 000
80 000
70 000
60 000
50 000
40 000
30 000
20 000
10 000
0
2009年 2010年
金融 政府机构 工业 能源电力 高新技术 （行业）

图9－17　日本债券市场发行量排名前5位的行业

资料来源：Thomson Reuters。

野村证券是2010年日元债券的最大承销商，承销金额为423亿美元，共承销了209单债券，市场份额为18.5%。瑞穗金融排名第2位，承销金额为411亿美元，共承销了301单债券，市场份额为18.0%（见表9－18）。

表9－18　　2010年日本债券市场中投行承销情况

投行名称	承销金额（百万美元）	市场份额（%）	融资单数（单）
野村证券	42 322.99	18.5	209
瑞穗金融	41 147.62	18.0	301
摩根士丹利	38 126.42	16.6	207
大和证券	36 406.21	15.9	199
三井住友	24 619.16	10.7	145
高盛集团	6 149.74	2.7	44
美银－美林	6 094.45	2.7	30
巴克莱资本	5 173.65	2.3	23
花旗	5 045.56	2.2	17
德意志银行	4 193.71	1.8	22
合计	209 279.51	91.4	1 197

注：由于部分发行项目由多家投行同时承销，因此纳入各投行名下的融资单数加总比2010年日本市场发行合计数大。

资料来源：Thomson Reuters。

三、全球并购交易活动

据 Thomson Reuters 的数据显示，2010 年全球宣布的企业并购交易总金额为 2.4 万亿美元，比 2009 年增加了 27.80%。其中，2010 年第 3 季度宣布并购金额为 6 816 亿美元，较 2009 年同期增长 62.64%。

从已宣布并购交易的市场区域来看，2010 年美国市场并购交易金额较 2009 年上升 3.17%，为 7 576 亿美元；欧洲市场上升 14.96%，为 6 403 亿美元；亚太地区（除日本及中亚）上升 81.06%，为 4 817 亿美元。相反，日本市场并购交易金额下降 2.39%，为 932 亿美元，是全球主要已宣布并购交易的市场中唯一出现交易金额下降的地区（见表 9－19）。

表 9－19　已宣布并购交易的主要地区分布

区域	2010 年		2009 年		2010 年相比 2009 年并购金额增长率（%）
	并购金额（百万美元）	并购次数（次）	并购金额（百万美元）	并购次数（次）	
美国	757 602.28	8 230	734 326.38	7 760	3.17
欧洲	640 271.35	15 742	556 972.34	13 657	14.96
亚太地区（除日本及中亚）	481 749.85	10 912	266 069.97	8 458	81.06
日本	93 240.67	2 174	95 525.25	2 473	－2.39
合计	1 972 864.15	37 058	1 652 893.94	32 348	19.36

资料来源：Thomson Reuters。

从已实施并购交易的市场区域来看，2010 年美国和欧洲的并购交易金额均有下降，但并购次数有所增加，显示了平均并购交易金额的减少；亚太地区（除日本及中亚）和日本的并购交易金额均有显著上升，升幅分别为 77.61% 和 37.94%（见表 9－20）。

表9-20　　已实施并购交易的主要地区分布

区域	2010年		2009年		2010年相比2009年并购金额增长率（%）
	并购金额（百万美元）	并购次数（次）	并购金额（百万美元）	并购次数（次）	
美国	669 995.40	7 038	730 344.88	6 404	-8.26
欧洲	483 217.77	13 215	544 597.50	11 368	-11.27
亚太地区（除日本及中亚）	274 280.98	6 321	154 427.34	4 650	77.61
日本	91 971.42	1 942	66 676.15	2 308	37.94
合计	1 519 465.57	28 516	1 496 045.87	24 730	1.57

资料来源：Thomson Reuters。

2010年已宣布并购交易的财务顾问费为15.85亿美元，已实施并购交易的财务顾问费为15.91亿美元。

从已宣布并购的行业分布来看，能源电力、金融、材料、工业是2010年全球并购最活跃的前四大行业。能源电力行业并购交易金额占全球的20%，主要是石油天然气、电力、石化等公司之间的股权收购；金融行业并购交易金额占全球的17%；材料行业和工业行业分别占11%和9%（见图9-18）。

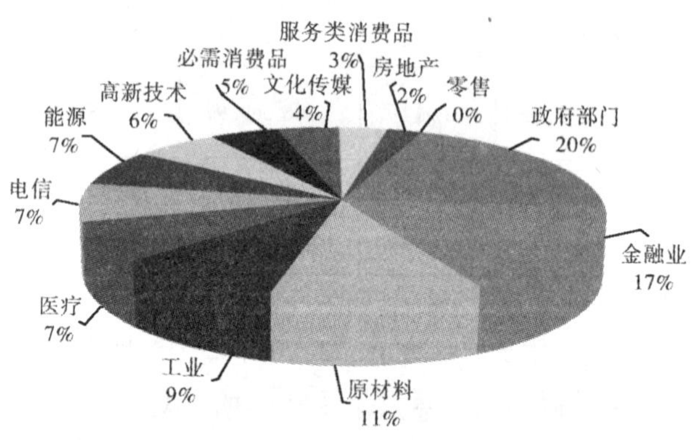

图9-18　2010年全球并购交易的行业分布

资料来源：Thomson Reuters。

在全球已宣布并购交易市场的投行财务顾问排名中，摩根士丹利和高盛集团分别占据第1名和第2名的位置。其中，2010年摩根士丹利涉及并购金额为5 278亿美元，市场份额为21.6%；高盛集团涉及并购金额为5 202亿美元，市场份额为21.3%（见表9-21）。

表 9-21　　2010 年全球已宣布并购交易市场中投行情况

投行名称	并购金额（百万美元）	市场份额（%）	并购次数（次）
摩根士丹利	527 782.80	21.6	404
高盛集团	520 230.34	21.3	372
J.P. 摩根	459 986.34	18.8	324
瑞士信贷	393 086.79	16.1	322
德意志银行	334 473.70	13.7	275
美银-美林	312 959.87	12.8	245
瑞士银行	303 633.90	12.4	291
巴克莱资本	287 126.41	11.7	163
花旗	285 745.92	11.7	208
拉扎德	261 636.12	10.7	294
合计	3 686 662.19	150.8	2 898

注：由于部分并购项目由多家投行同时担任财务顾问，因此纳入各投行名下的并购金额、市场份额及并购次数的合计数比 2010 年全球已宣布并购交易市场的并购金额、市场份额及并购次数的合计数大。

资料来源：Thomson Reuters。

在全球已实施并购交易市场的投行财务顾问排名中，高盛集团和摩根士丹利分别占据第 1 名和第 2 名的位置。其中，2010 年高盛集团涉及并购金额为 4 032亿美元，市场份额为 22.3%；摩根士丹利涉及并购金额为 3 287 亿美元，市场份额为 18.2%（见表 9-22）。

表 9-22　　2010 年全球已实施并购交易市场中投行情况

投行名称	并购金额（百万美元）	市场份额（%）	并购次数（次）
高盛集团	403 225.88	22.3	325
摩根士丹利	328 651.05	18.2	331
瑞士信贷	310 134.05	17.1	249
J.P. 摩根	303 826.18	16.8	280
花旗	275 112.58	15.2	185
巴克莱资本	257 222.28	14.2	133
德意志银行	230 623.67	12.7	224
美银-美林	215 565.90	11.9	204
瑞士银行	206 259.89	11.4	230
拉扎德	175 586.08	9.7	259
合计	2 706 207.56	149.5	2 420

注：由于部分并购项目由多家投行同时担任财务顾问，因此纳入各投行名下的并购金额、市场份额及并购次数的合计数比 2010 年全球已实施并购交易市场的并购金额、市场份额及并购次数的合计数大。

资料来源：Thomson Reuters。

第三节　2010年国际经纪业务发展现状

一、2010年全球金融市场交易情况

（一）股票交易情况

2010年，全球交易所股票交易总额为63万亿美元，比2009年小幅上升1.8%。尽管全球交易总额变动不大，但是各地区间的差异非常明显。3个地区中，亚太地区和欧洲地区的股票交易额呈现较为明显的上升趋势，比重最大的美洲地区股票交易额却出现了小幅下降。

美洲地区股票交易额为32.9万亿美元，比2009年的33万亿美元下降了0.3%，占全球股票交易额的52%。2010年美洲地区股票交易额所占份额较2009年下降了1.5个百分点。

亚太地区的股票交易额为18.9万亿美元，上升趋势明显，比2009年增加了5.1%。2010年亚太地区股票交易额占全球总交易额的30%，与2009年的比例相比上升了1个百分点。

欧洲、非洲及中东地区股票交易额为11.3万亿美元，比2009年上升了4%，占全球总交易额的17.5%，与2009年占比相比基本持平（见图9－19）。

从单个股票交易所的情况来看，如果以美元核算，股票交易额排名前10位的交易所中，只有纳斯达克－OMX交易所和上海证券交易所交易额比2009年有所下降，其余交易所的交易额均比2009年有所增长。

纽约股票交易所以17.8万亿美元的交易额占据榜首，比2009年微涨1.6%。排名第2位的纳斯达克－OMX股票交易所交易额为12.7万亿美元，比2009年减少7%。

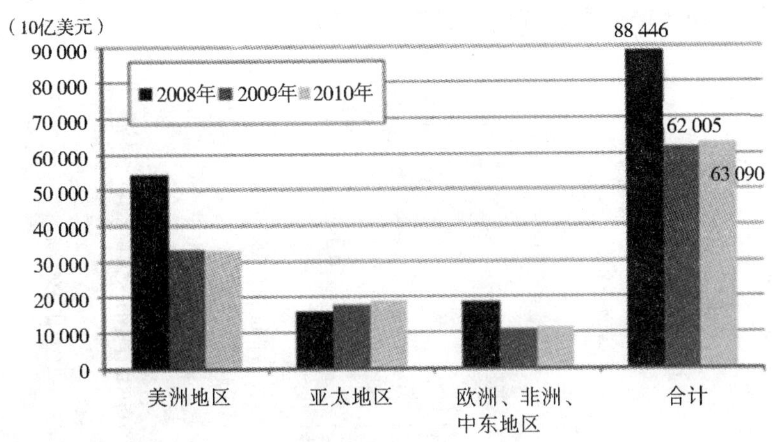

图 9－19　分地区股票交易额

资料来源：国际交易所联合会，中信证券。

2010 年亚洲地区的交易额总体有所增长，但是区域内涨跌互现，中国两大证券交易所表现令人关注。排名第 3 位的上海证券交易所交易量骤降 11%，跌幅居全球首位。然而，排名第 5 位的深圳证券交易所增长 28.9%，涨幅居全球首位（见图 9－20）。

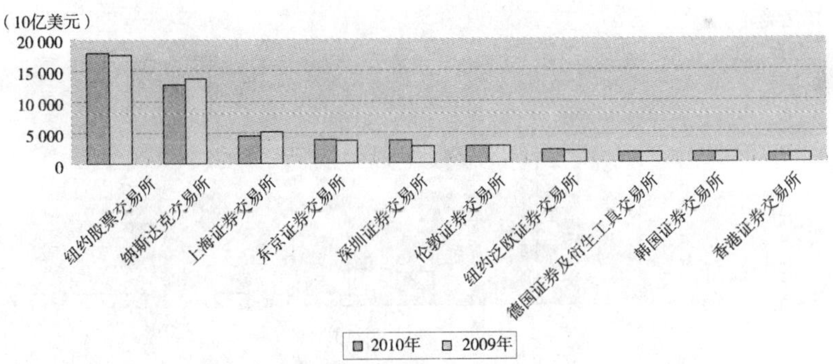

图 9－20　2010 年股票交易额最大的 10 家交易所

资料来源：国际交易所联合会，中信证券。

（二）债券交易情况

BME 西班牙交易所 2010 年债券交易额蝉联全球交易所第 1 名，为 10.83 万亿美元，以美元计算的交易额比 2009 年增长了 24.9%，以当地货币计算的交易额比 2009 年增长了 31.8%（见图 9－21）。

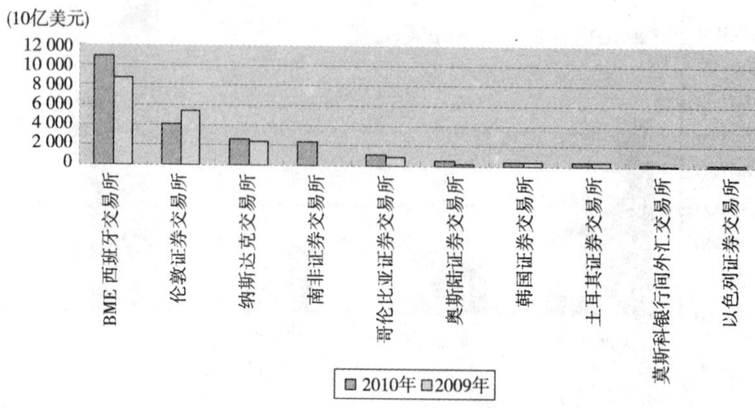

图 9－21　2010 年债券交易额最大的 10 家交易所

资料来源：国际交易所联合会，中信证券。

（三）证券化衍生产品交易情况

在证券化衍生产品交易方面，香港证券交易所 2010 年交易额为 5 340 亿美元，比 2009 年增加 24.3%，居全球首位（见图 9－22）。

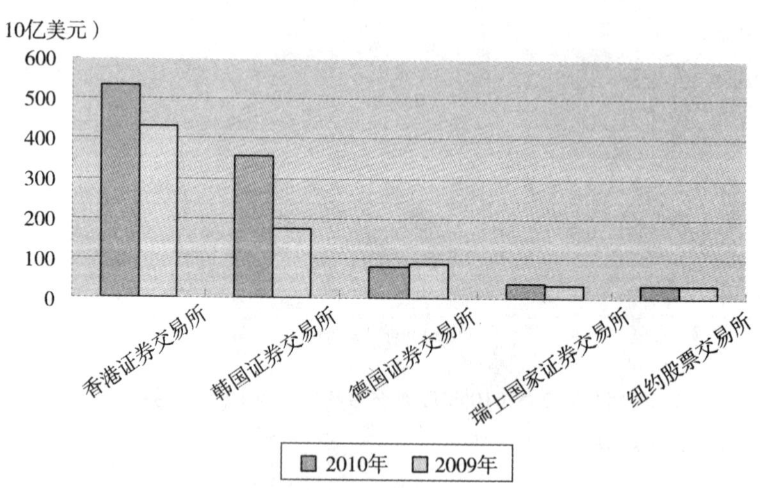

图 9－22　2010 年证券化衍生产品交易量最大的 5 家交易所

资料来源：国际交易所联合会，中信证券。

（四）ETF 产品交易情况

纽约股票交易所2010 年 ETF 交易额为4.16 万亿元，居各交易所首位，比2009 年减少4.7%（见图9－23）。

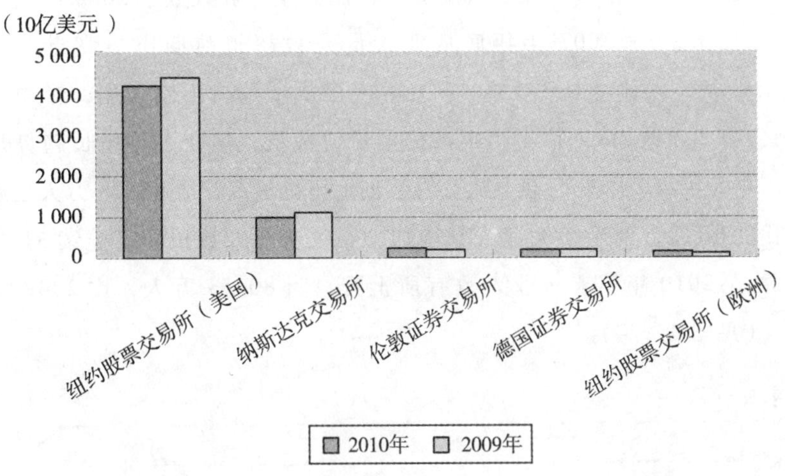

图9－23　2010 年 ETF 交易额排序

资料来源：国际交易所联合会，中信证券。

二、美国经纪商概况

（一）券商分类

美国证券业协会将券商分为全国性综合类券商、大型投资银行类、以纽约为基地的小型区域券商、以纽约为基地的大型区域券商、小型区域券商、中型区域券商、大型区域券商、折扣商、清算公司、佣金介绍型公司等类型。

全国性综合类券商的代表有摩根士丹利、瑞士银行等公司。大型投资银行类券商的代表有瑞士信贷第一波士顿、摩根大通等公司。区域类券商的规模均比前两类的小。2010 年美国证券业协会注册券商总数量为600 多家。

（二）美国证券业从业人员数量

2001 年，受美国经济低迷以及股票市场调整的影响，美国证券业盈利水平下降，证券公司纷纷裁员，证券业从业人员人数不断下降，于 2003 年下降至最低点 75 万人次。随着行业景气度提升，证券业从业人数于 2004 年重拾增长势头，增长 3.2%；2007 年年底从业人员人数超越前期历史高点，增长至 85.57 万人次，同比增长 2.5%。其后，美国次债危机不断加剧，影响到了许多金融公司，导致 2007 年下半年各公司纷纷裁员，从业人员增长趋势开始放缓。自 2008 年第 2 季度证券业从业人数创下历史最高记录 86.98 万人之后，由于美国经济低迷，下半年失业人数增加，导致从业人数扭转了连续 31 个月的升势。截至 2010 年年末从业人数有所上升，为 80.53 万人，比 2009 年微涨 0.71%（见图 9－24）。

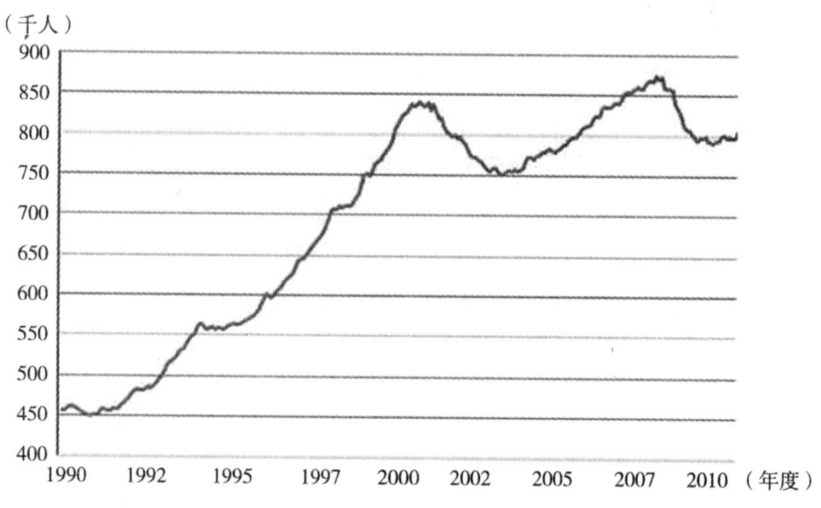

图 9－24　美国证券业历年从业人员数量

资料来源：SIFMA，中信证券。

（三）股票市场交易情况

2010 年，美国主要股指承接 2009 年的反弹趋势，年初涨势良好。第 2 季度，由于欧洲债务危机、美国经济复苏乏力等影响，主要股指掉头向下，表现出投资者对美国经济二次探底的担忧。鉴于此，美联储继续推行宽松的货币政策。在流动性的推动下，美股在7月上旬重拾升势。标普500指数2010年最低下探1010.91点，最高到达1262.58点，最后收于1257.86点，全年涨幅12.80%；纳斯达克指数2010年最低下探2061.14点，最高到达2675.26点，最后收于2652.87点，全年涨幅16.91%；道·琼斯工业指数2010年最低下探9614.32点，最高到达11625点，最后收于11580点，全年涨幅11.04%（见图9－25）。

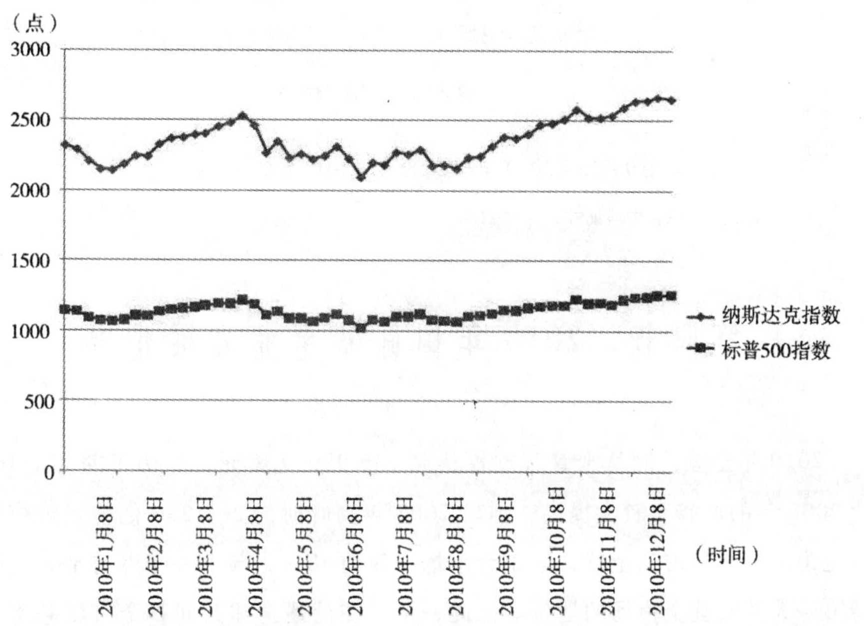

图9－25　2009年美国两大股指走势

资料来源：SIFMA，中信证券。

2010年，美国股指虽然呈现上涨态势，然而交易额与2009年相比却稳中有降。纽约股票交易所交易额比2009年增长1.6%；纳斯达克－OMX股票交易所交易额比2009年却减少了7%（见图9－26）。

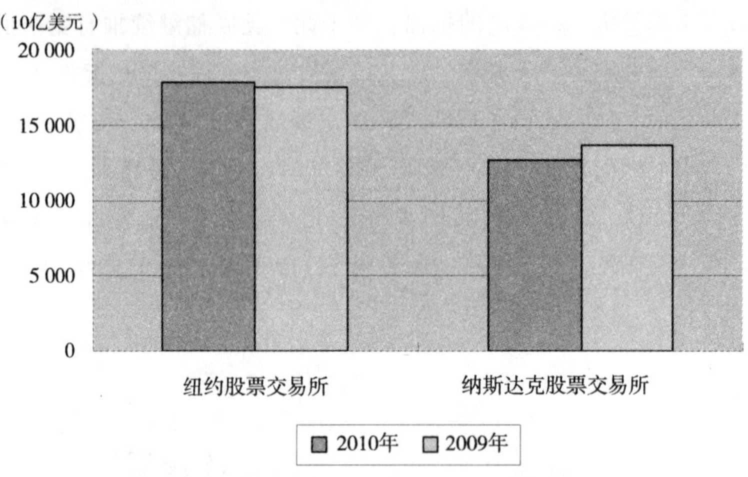

图9－26　2010年与2009年美国股票交易额对比

资料来源：SIFMA，中信证券。

第四节　2010年国际基金业发展情况

2010年全球共同基金管理规模达到246 986亿美元，经历了两年的增长，比2008年的低谷有较大提高，但较2007年高峰时的261 296亿美元规模仍有一定距离。美国占据全球共同基金市场份额的48%，与上一年度持平，继续保持第一大共同基金市场的地位。因此，下文在论述全球共同基金市场基本状况的基础上，将会系统论述美国基金业的发展状况；此外，也对中国香港基金市场作一介绍。

一、全球共同基金市场管理资产规模变迁（2005~2010年）

根据《2011年投资公司报告》所统计的数据，2010年全球共同基金资产达到246 986亿美元，其中美洲拥有共同基金135 868亿美元，占全球比重为55.01%；欧洲79 028亿美元，占全球比重为32.00%；亚太拥有共同基金30 673亿美元，占全球比重为12.42%；非洲最少，共同基金规模为1 416亿美元，占全球比重仅仅为0.57%，而且完全集中在南非。与2009年相比，美洲的比重略有上升，由54.86%提高至55.01%，牢牢占据全球共同基金业的半壁江山；亚太的比重小幅度上升，但相比2007年高峰时14.1%的占比仍有距离；欧洲的比重则持续两年微幅下降；非洲的占比虽小，但3年来呈现明显的增长态势（见图9-27）。

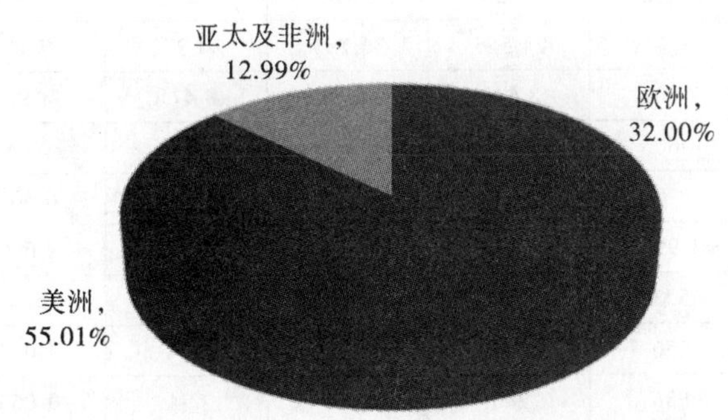

图9-27　2010年全球共同基金地区结构

资料来源：www. ici. org。

从美洲的情况来看，美国是共同基金最发达的市场，也是全球共同基金最发达的市场。美国拥有共同基金118 207亿美元，占美洲的比重为87.00%，占全球的比重达到了47.86%，接近一半。美洲各国中，除美国外，巴西的共同基金规模增长也引人注目，与近年来巴西的经济增长紧密相关。

从欧洲的情况来看，欧洲各国之间尽管也存在着差别，但相对较为平衡，其中卢森堡的共同基金市场最大，拥有25 129亿美元，占欧洲的比重为31.80%；其次为法国，拥有16 172亿美元，占欧洲的比重为20.46%；爱尔兰则取代英国，成为欧洲第三大共同基金市场，占比为12.82%。

从亚太地区的情况来看，共同基金市场主要分布在澳大利亚、中国香港和日本（见表9-23和表9-24）。

表9-23　全球共同基金净资产　（单位：亿美元）

地区＼年度	2005	2006	2007	2008	2009	2010
美洲	97 639	114 691	134 211	105 794	125 972	135 868
美国	89 048	103 965	119 995	96 011	111 207	118 207

续表

年度 地区	2005	2006	2007	2008	2009	2010
欧洲	60 023	78 039	89 349	62 881	75 455	79 028
卢森堡	16 358	21 883	26 851	18 608	22 940	25 129
法国	13 627	17 693	19 897	15 911	18 056	16 176
爱尔兰	5 462	8 550	9 514	7 205	8 605	10 135
亚太	19 393	24 565	36 783	20 375	27 152	30 673
澳大利亚	7 001	8 643	11 930	8 411	11 988	14 559
中国香港	4 605	6 311	8 184	N/A	N/A	N/A
日本	4 700	5 789	7 140	5 753	6 607	7 855
韩国	1 990	2 519	3 300	2 220	2 646	2 665
中国台湾	573	556	583	461	583	590
非洲	656	780	952	694	1 063	1 416
南非	656	780	952	694	1 063	1 416
全球	177 710	218 075	261 295	189 744	229 642	246 986

资料来源：www. ici. org。

表 9－24　　全球共同基金数量　　（单位：只）

年度 地区	2005	2006	2007	2008	2009	2010
美洲	13 764	14 474	15 457	16 459	16 982	18 019
美国	7 975	8 117	8 024	8 022	7 691	7 581
欧洲	30 060	33 151	35 210	36 780	33 054	35 292
卢森堡	7 222	7 919	8 782	9 351	9 017	9 353
法国	7 758	8 092	8 243	8 301	7 982	7 791
爱尔兰	2 127	2 531	2 898	3 097	2 721	2 899
亚太	12 427	13 479	14 847	14 909	14 795	15 265
澳大利亚	N/A	N/A	N/A	N/A	N/A	N/A
中国香港	1 009	1 099	1 162	N/A	N/A	N/A
日本	2 640	2 753	2 997	3 333	3 656	3 905
韩国	7 279	8 030	8 609	9 384	8 703	8 687
中国台湾	459	447	456	443	460	487
非洲	617	750	831	884	904	943

续表

地区 \ 年度	2005	2006	2007	2008	2009	2010
南非	617	750	831	884	904	943
全球	56 868	61 854	66 345	69 032	65 735	69 519

资料来源：www. ici. org。

从组成结构来看，2010 年全球共同基金中，股票型基金占 41. 50%，债券型基金占 21. 18%，混合型基金占 14. 87%，货币市场型基金占 18. 34%。此结构与 2009 年较为一致：股票型的比例由 42% 微降到 41. 50%；货币市场型规模持续两年下降，从 2008 年的 31% 减少到 2009 年的 25%，再降到 2010 年的 18. 34%；债券型和混合型的比重则变化不大（见图 9 – 28）。

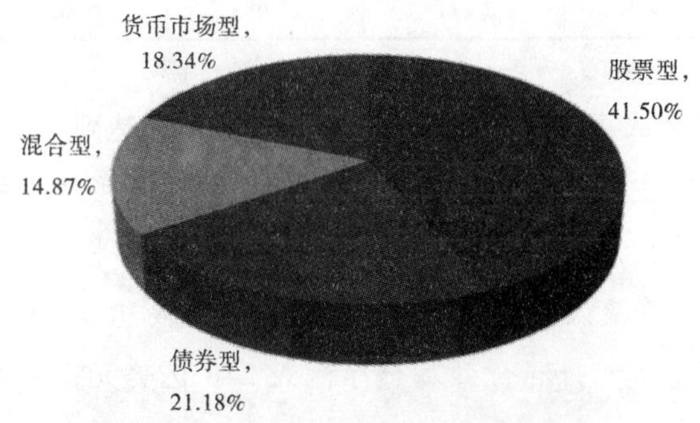

图 9 – 28　2010 年全球共同基金类型结构

资料来源：www. ici. org。

二、美国共同基金市场概况（2001 ~ 2010 年）

（一）维持股票型基金和货币市场型基金为主的行业格局

2010 年，美国共同基金市场维持了以股票型基金和货币市场型基金为主的行业格局，其中股票型基金占比为 47. 94%，货币市场型基金占比为 23. 72%，债券型基金占比为 22. 07%，混合型基金依然处于最低端，占比为 6. 27%（见表 9 – 25）。

表 9－25　　美国不同类型共同基金发展趋势　　（单位：亿美元）

年度	股票型基金	混合型基金	债券型基金	货币市场型基金	合计
2001	34 182	3 463	9 251	22 853	69 749
2002	26 625	3 255	11 305	22 720	63 904
2003	36 842	4 305	12 478	20 520	74 144
2004	43 841	5 193	12 904	19 132	81 069
2005	49 398	5 673	13 572	20 405	89 048
2006	59 105	6 532	14 944	23 385	103 965
2007	65 159	7 186	16 793	30 858	119 995
2008	37 045	4 987	15 657	38 322	96 011
2009	49 576	6 408	21 062	33 162	110 208
2010	56 674	7 411	26 083	28 039	118 207

资料来源：www. ici. org。

2010 年，资金从共同基金流出的势头并未缓解，达到 2 970 亿美元，为近年来的最高值，但主要是货币市场型基金净流出规模巨大，为 5 250 亿美元；股票型基金则净流出 370 亿美元，也高于 2009 年的水平。对于其他类型的共同基金，则体现为净流入，其中债券型基金净流入高达 2 410 亿美元，仍低于 2009 年的 3 760 亿美元；混合型基金净流入 240 亿美元，基本与上年度持平（见表 9－26）。

表 9－26　　2009 年和 2010 年美国不同类型共同基金规模变动情况

分类	2009 年		2010 年	
	总规模（亿美元）	占比（%）	总规模（亿美元）	占比（%）
股票型基金	49 576	44. 98	56 674	47. 94
混合型基金	6 408	5. 81	7 411	6. 27
债券型基金	21 062	19. 11	26 083	22. 07
货币市场型基金	33 162	30. 09	28 039	23. 72
合计	110 208	99. 99	118 207	100

资料来源：www. ici. org。

（二）封闭式基金的资产规模稳步增长

虽然与开放式基金相比，封闭式基金的规模相对较小，但回顾过去几年，封闭式基金的资产规模呈现稳步增长态势：2001 年为 1 413 亿美元；2007 年增长到最高记录的 3 128 亿美元；受金融危机影响，2008 年缩水为 1 884 亿美元；经过 2009 年和 2010 年两年的增长，2010 年的总规模又恢复到 2 410 亿美元（见表 9－27）。

与中国封闭式基金主要由股票型基金构成不同，美国的封闭式基金市场主要由债券型基金构成，2010 年占比达到 58%。

表 9－27　　美国封闭式基金规模　　（单位：亿美元）

年份	股票型			债券型				合计
	合计	国内股票型	全球股票型	合计	国内课税债券	国内市政债券	全球债券	
2001	311	223	88	1 102	266	745	91	1 413
2002	337	266	71	1 251	256	900	94	1 588
2003	530	430	100	1 611	554	941	115	2 141
2004	823	638	186	1 720	642	949	129	2 543
2005	1 056	771	285	1 714	641	946	127	2 770
2006	1 225	878	347	1 759	681	946	132	2 983
2007	1 462	876	586	1 666	623	887	157	3 128
2008	762	473	289	1 122	339	677	106	1 884
2009	926	540	386	1 356	440	779	137	2 282
2010	1 012	603	409	1 398	482	771	145	2 410

资料来源：www. ici. org。

（三）ETF 蓬勃发展

ETF 结合了开放式基金和封闭式基金的特点，既可以申购、赎回，也可以在二级市场交易，因而自推出以来便获得了广泛的认同。2010 年，美国 ETF 的资产规模达到了 9 917 亿美元，实现了持续快速的发展，占美国基金市场的比重处于继续扩大趋势中，且各类型 ETF 的规模增长都引人注目。ETF 良好的产品特性使得其未来发展的空间仍然很大（见表 9－28）。

表 9－28　　美国 ETF 基金规模　　（单位：亿美元）

年度	国内股票型	全球股票型	商品型	债券型	合计
2001	800	30	0	0	830
2002	929	53	0	39	1 021
2003	1 323	140	0	47	1 510

续表

年度	国内股票型	全球股票型	商品型	债券型	合计
2004	1 840	336	13	85	2 274
2005	2 158	652	48	150	3 008
2006	2 761	1 112	147	205	4 225
2007	3 650	1 797	289	346	6 082
2008	3 245	1 137	357	572	5 311
2009	3 861	2 093	745	1 070	7 769
2010	4 762	2 766	1 011	1 378	9 917

资料来源：www. ici. org。

三、中国香港共同基金市场概况

中国香港基金业持续两年呈现下降趋势。根据 2010 年 3 月底的统计数据，被香港证监会认可的单位信托及共同基金中，按累计的资产总规模计算，股票型基金的资产规模达到 4 700 亿美元，占全市场的比重为 50. 71%，仍然为最大的子类，且比重上升 4 个百分点；其次为债券型基金，占全市场的比重为 26. 91%。受市场环境影响，指数基金数量和规模相比上一年度有明显上升；保本基金反之（见表 9 – 29）。

表 9 – 29　　2010 年香港基金产品情况

基金类型	数量（只）	占比（%）	资产规模（亿美元）	占比（%）
债券型基金	329	18. 24	2 494	26. 91
股票型基金	1 100	60. 98	4 700	50. 71
混合型基金	89	4. 93	408	4. 41
货币市场型基金	41	2. 27	746	8. 05
基金的基金	82	4. 54	66	0. 72
指数基金	84	4. 66	743	8. 01
保本基金	61	3. 38	16	0. 17
对冲基金	11	0. 61	7	0. 07
其他特别基金	7	0. 39	88	0. 95
合计	1 804	100	9 268	100
伞形结构	164			
认可基金数目	1 968			

资料来源：香港投资基金公会 2010 年 3 月 31 日。

截至2010年年底，在上市交易的品种中，ETF规模达到6 963亿港元，相比2009年年底增加了40%，延续了2009年快速发展的局面，数量也从43只增加到69只；REITS的数量在2010年仅增加了1只，但规模扩大到1 029亿港元，增幅达39%（见表9－30）。

表9－30　香港交易所交易基金情况

基金类型	ETF基金数量（只）	ETF资产规模（亿港元）	REITS数量（只）	REITS资产规模（亿港元）
2005	8	541	3	379
2006	9	735	5	531
2007	17	1 056	7	661
2008	24	2 665	7	464
2009	43	4 968	7	738
2010	69	6 963	8	1 029

资料来源：香港交易所。

第五节　2010年中国香港等周边证券市场现状

一、中国香港及周边证券市场2010年总览

截至2010年年底，恒生指数（恒指）较2009年年底高出5.3%，而恒生中国企业指数（国企指数）则下跌0.8%。中国香港市场在2010年年初跟随海外市场下跌。其后，投资者对美国量化宽松货币政策抱乐观态度，加上内地经济表现良好，港股止跌回升。然而，在2010年下半年，由于担心内地政府继续推行紧缩货币政策，而香港政府亦采取措施冷却楼市，导致香港投资气氛转淡。

中国香港市场在2010年年初跟随海外市场下跌，H股落后大市。加之欧洲债务危机，恒指于5月25日跌至18985点的低位，较2009年年底下降了13%。

其后，投资者对美国量化宽松货币政策抱乐观态度，加上内地经济表现保

持良好，港股强劲反弹；企业盈利维持稳健，带动市场回升。地产股受惠于楼价攀升及卖地成绩理想而跑赢大市。恒指在11月8日升至24964点的高位，较2009年年底上升了14%。然而，由于内地政府继续实施紧缩货币政策，而香港政府亦采取措施冷却楼市，恒指升幅收窄。朝鲜半岛的地缘政治局势紧张，也为市场带来更多不明朗的因素。截至2010年年底，恒指较2009年年底高出仅5.3%，而国企指数则下跌0.8%。

香港股票现货市场在2010年的每日平均成交额为691亿港元，较2009年高出11%。2010年前9个月的交投平稳，每日平均成交额为630亿港元。其后交投显著增加，10月及11月尤其活跃，每日平均成交额增至980亿港元。至于衍生产品方面，2010年每日平均成交量为466 082张合约，较2009年增加18%。

香港成为2010年全球规模最大的上市集资中心，全年共有94宗首次公开招股，总集资额达4 450亿港元，而2009年则有65宗，总集资额为2 482亿港元。在2010年有更多来自全球主要市场的企业来港上市，令香港市场更趋多元化。

亚洲市场表现波动不定。由于部分亚洲国家须依赖输往欧洲的出口及来自欧洲银行的贸易融资，因此部分投资者担心亚洲地区经济会受欧洲主权债务问题影响。政治局势不明朗（如泰国的内部冲突、日本政府更换领导人及中日关系紧张），也拖累市场。虽然投资者对亚洲地区的经济增长前景感到乐观，大部分市场在2010年下半年上升，但由于市场再次忧虑欧洲债务问题，加上朝鲜半岛政治局势紧张，升幅受到限制。相较于2009年年底的水平，亚洲地区各基准指数表现不一，当中以日本表现最差（下跌3%），印度尼西亚则领先大市（上升46.1%）。

二、2010年中国香港及周边证券市场表现对比

（一）中国香港及周边市场2010年指数

中国香港及周边市场2010年指数见表9－31。

表 9 - 31　　　　　　中国香港及周边市场 2010 年指数

2010 年年底			百分率变幅（%）	百分率变幅（%）	市盈率
指数水平			2010 年	2009 年	2010 年年底
中国香港及内地					
中国香港	恒指	23035.45	5.3	52.0	14.18
国企指数		12692.43	-0.8	62.1	13.47
中国内地	上证综合指数	2808.08	-14.3	80.0	18.1
深证综合指数		1290.87	7.5	117.1	37.95
亚太地区					
日本	日经 225 指数	10228.92	-3.0	19.0	29.9
澳洲	所有普通股指数	4846.90	-0.7	33.4	19.87
中国台湾	台湾加权指数	8972.50	9.6	78.3	15.74
韩国	韩国综合指数	2051.00	21.9	49.7	14.78
新加坡	海峡时报指数	3190.04	10.1	64.5	14.78
泰国	泰国证券交易所指数	1032.76	40.6	63.2	14.78
马来西亚	吉隆坡综合指数	1518.91	19.3	45.2	17.37
印度尼西亚	雅加达综合指数	3703.51	46.1	87.0	20.89
菲律宾	菲律宾综合指数	4201.14	37.6	63.0	13.67
越南	VN 指数	484.66	-2.0	56.8	11.28

资料来源：Wind 资讯。

（二）中国香港及全球主要证券市场 2010 年表现比较

中国香港及全球主要证券市场 2010 年变动情况如图 9 - 29 所示。

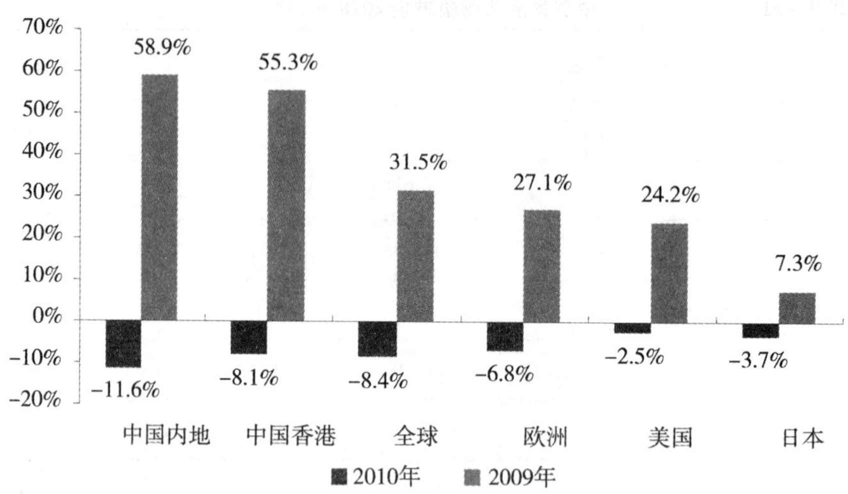

图 9－29　中国香港及全球主要市场 2010 年变动情况

（三）中国香港 2009～2010 年银行体系结余与恒生指数比较

中国香港 2009～2010 年银行体系结余与恒生指数比较如图 9－30 所示。

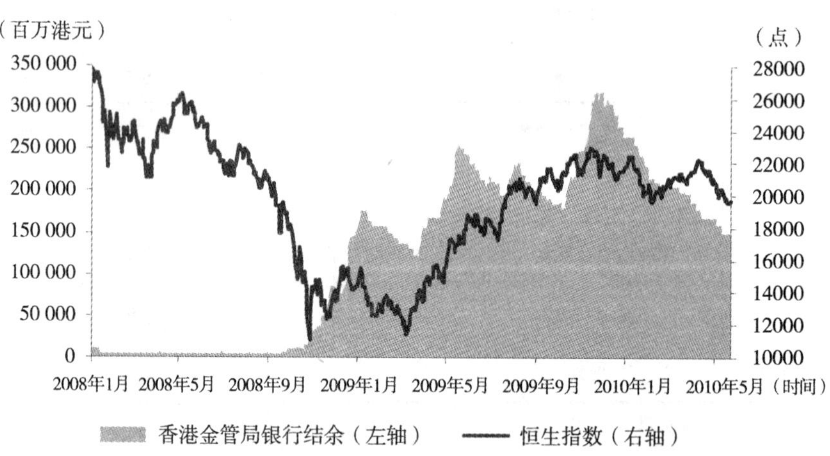

图 9－30　香港 2009～2010 年银行体系结余与恒生指数比较

（四）2009～2010 年中国香港主板中资股票资金净流入

2009～2010 年中国香港主板中资股票资金净流入情况如图 9－31 所示。

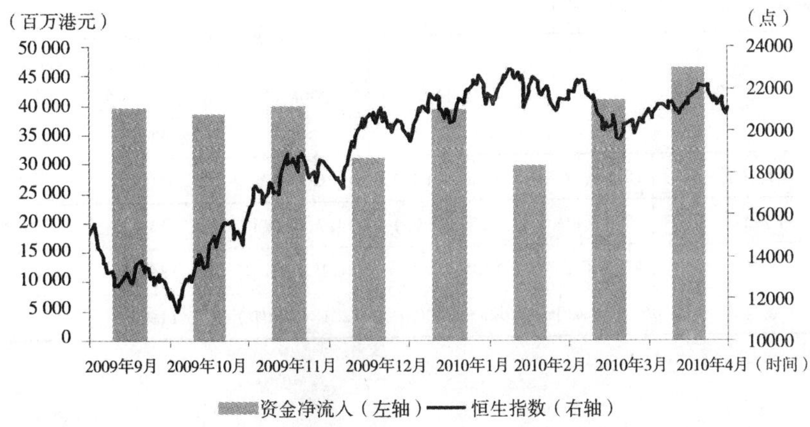

图 9－31　2009～2010 年中国香港主板中资股票资金净流入

三、2010 年中国香港证券市场各板块的交易参数

（一）港股成交情况

港股在 2010 年全年的交易量一般，每日平均成交额为 691 亿港元，较 2009 年高 11%。前 9 个月的交投较为平稳，每日平均成交额为 630 亿港元。其后交投显著增加，10 月及 11 月尤其活跃，每日平均成交额增至 980 亿元。

内地股交易仍然最活跃，但所占市场总成交额由 2009 年的 46% 下跌至 39%，部分原因是衍生权证所占的市场总成交额由 11% 增加至 16%。此外，一些首次公开招股的非内地股获投资者追捧，成交量很高（见表 9－32 和图9－32）。

表 9－32　　香港证券市场日均成交额　　（单位：10 亿港元）

2010 年		2009 年	2008 年	相对以下期间的百分率变幅	
				2009 年	2008 年
恒指成分股（H 股及红筹股除外）	8.4（12%）	7.9（13%）	11.2（16%）	6%	－25%
内地股票	26.7（39%）	28.5（46%）	34.4（48%）	－6%	－22%
H 股	18.9（27%）	20.8（33%）	25.1（35%）	－9%	－25%
红筹股	7.8（11%）	7.8（12%）	9.3（13%）	0	－16%

续表

2010 年		2009 年	2008 年	相对以下期间的百分率变幅	
				2009 年	2008 年
衍生权证	10.8（16%）	6.6（11%）	14.0（19%）	64%	-23%
牛熊证	5.8（8%）	6.7（11%）	4.2（6%）	-13%	38%
其他	17.3（25%）	12.5（20%）	8.2（11%）	38%	111%
市场总计	69.1（100%）	62.3（100%）	72.1（100%）	11%	-4%

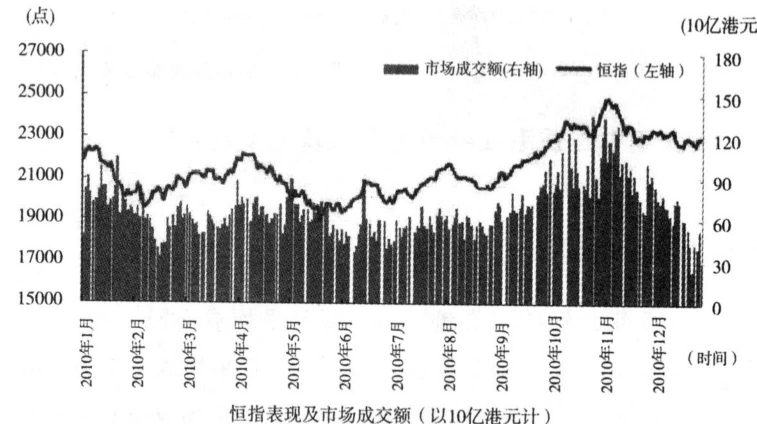

恒指表现及市场成交额（以10亿港元计）

资料来源：香港证监会研究科。

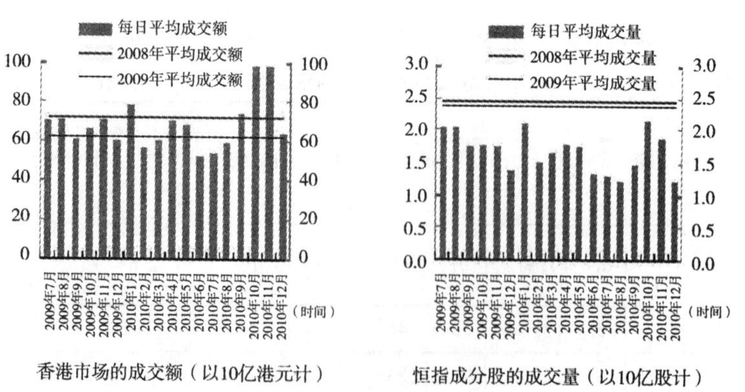

香港市场的成交额（以10亿港元计）

恒指成分股的成交量（以10亿股计）

图 9-32　2010 年恒指表现及市场成交情况

（二）经纪类业务

以经纪行类别划分，香港机构经纪行的股份交易占市场份额在2010年上升至58%，而2009年为56%。零售经纪行所占的市场份额为42%（2009年为44%）（见图9－33）。

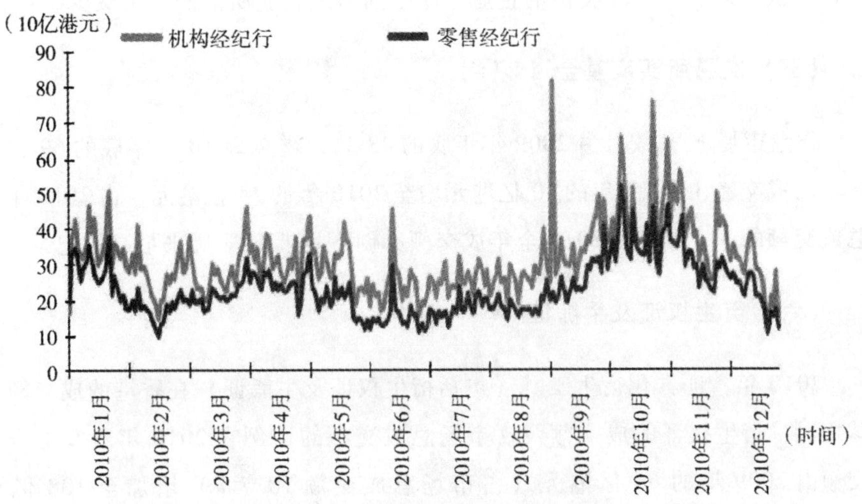

图9－33　2010年香港按经纪行类别划分的每日股票成交额

资料来源：香港证监会研究科。

（三）卖空活动

2010年香港市场的卖空活动颇为活跃，交易额及占市场总成交额的比例均比2009年高。每日平均交易额由2009年的34.32亿港元（占市场总成交额5.5%）增至2010年的43.06亿港元（占市场总成交额6.2%）。

（四）首次公开招股活动

2010年有不少公司在香港首次公开招股，全年共有94宗，总集资额达4 450亿港元，使香港成为全球规模最大的上市集资中心。2009年香港有65宗首次公开招股，总集资额为2 482亿港元。

部分公司首次公开招股的规模相当庞大，友邦保险的集资额为香港历年之冠，同样在2010年上市的中国农业银行则占第3位。这两家公司通过招股吸纳了共2 526亿港元资金，占香港2010全年总集资额的56.8%。

由于有更多来自全球主要市场的企业来港上市，香港市场更趋多元化。以2010年的总集资额而言，中国内地企业占49%，而2009年则占83%，这是因为香港在2010年吸引了更多海外企业来港上市招股，包括巴西、法国、德国、蒙古、俄罗斯、美国及英国的企业，令中国内地企业所占的比例减少。

（五）交易所买卖基金（ETF）

香港市场ETF数目由2009年年底的43只，增至2010年年底的69只。每日平均成交额由2009年的20亿港元增至2010年的24亿港元，占2010年市场总成交额的3.5%，而2010全年成交额亦创下香港ETF历来最高的记录。

（六）衍生权证及牛熊证

2010年，证券化衍生工具（包括衍生权证及牛熊证）在香港的成交额是全球之冠，衍生权证的成交额及占市场总成交额的比例在2010年双双上升，成交额由2009年的66亿港元（占市场总成交额10.7%）增加至108亿港元（占市场总成交额15.6%）。

牛熊证的成交额及占市场总成交额的百分比均告下跌，成交额由2009年的67亿港元（占市场总成交额10.8%）下跌至58亿港元（占市场总成交额8.5%）（见图9－34）。

（七）交易所买卖衍生产品

香港市场2010年衍生工具的每日平均成交量为466 082张合约，较2009年高出18%。期货产品的成交量在2010年略微下跌，其中恒指期货仍然是交投最活跃的产品，几乎占所有期货交易的一半，与2009年相比，恒指期货的每日平均成交量增加了0.8%。国企指数期货的交投仅次于恒指期货。截至2010年年底，恒指期货的未平仓合约有88 816张，而国企指数期货的未平仓合约则有94 734张。

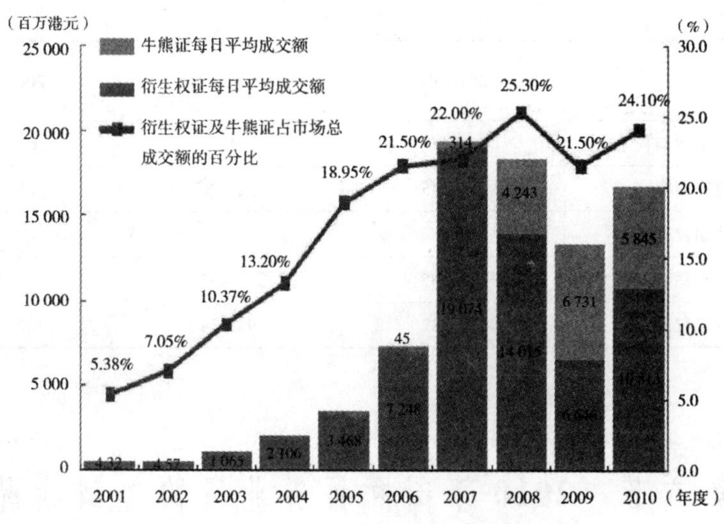

图 9－34　衍生权证及牛熊证的成交额

资料来源：香港证监会研究科。

期权市场的成交量在2010年上升，股票期权仍是交投最活跃的期权产品，成交量较2009年上升28.8%。值得注意的是，恒指及国企指数期权产品的成交量均大幅增长，分别上升58.6%及48.4%（见表9－33）。

表 9－33　按产品类别划分的衍生产品每日平均成交量　（单位：合约张数）

衍生产品＼年度	2010 年	2009 年	2008 年
恒指期货	84 462	83 750	89 368
小型恒指期货	33 336	37 494	32 761
国企指数期货	49 919	50 077	59 428
小型国企指数期货	3 985	3 232	1 726
股票期货	961	1 098	1 058
3 个月港元利率期货	4	10	98
黄金期货	23	27	62
其他期货产品	27	1	4
期货综合	172 717	175 690	184 505
恒指期权	34 197	21 686	15 723
小型恒指期权	1 939	1 158	646

续表

衍生产品 \ 年度	2010 年	2009 年	2008 年
国企指数期权	11 690	7 924	6 642
股票期权	245 485	191 676	225 074
其他期权产品	55	0	2
期权总和	293 365	222 445	248 087
期货期权总和	466 082	398 134	432 592

第六节　2010 年国际证券业风险控制状况

一、2010 年国际证券业风险概况

（一）市场风险：发达经济体市场与新兴市场差异显著

2010 年，世界经济呈现不同的复苏格局，主要发达经济体复苏缓慢，实行量化宽松的宏观经济政策，但财政问题堪忧，主权危机呈现不断扩大化趋势；发展中新兴市场经济体相对增速较高，普遍收紧了宏观经济政策，但资产价格泡沫使得通胀压力风险不断加大，引发了人们对全球经济二次探底的担忧。

2010 年发达经济体市场与新兴市场差异显著。其中，发达经济体国家总体表现明显弱于发展中新兴市场国家。2010 年全球证券市场主要 90 个股票市场指数中，表现最差的最后 10 名指数以欧洲国家居多，表现最好的前 10 名指数以发展中新兴市场国家居多（见图 9 – 35 和图 9 – 36）。

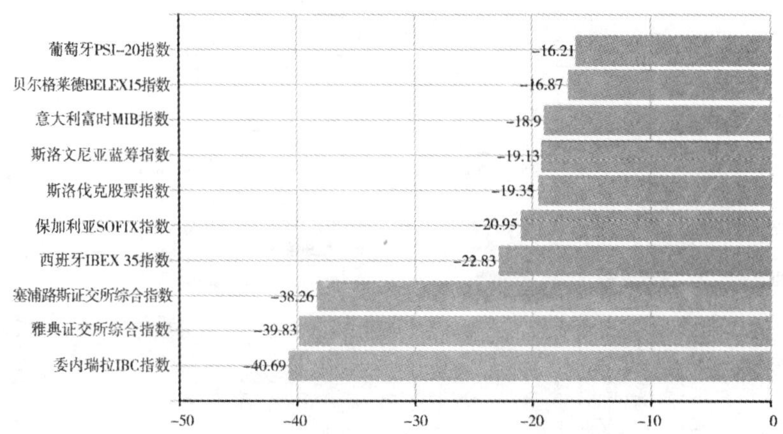

图 9 - 35　2010 年股票市场表现后 10 名市场指数

资料来源：Wind 资讯。

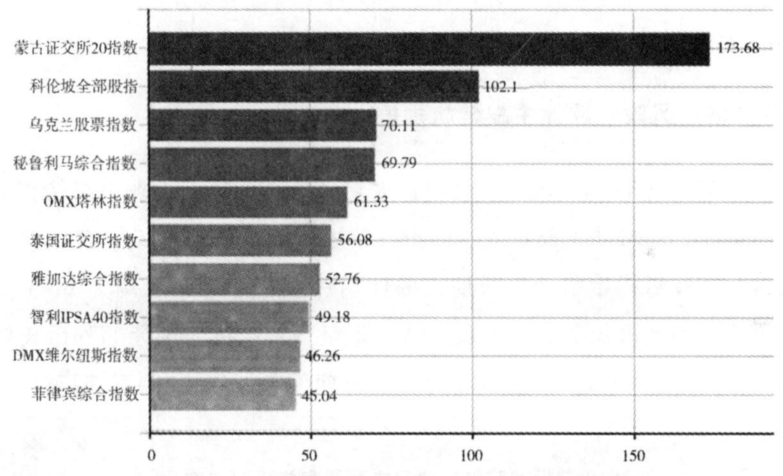

图 9 - 36　2010 年股票市场表现前 10 名市场指数

资料来源：Wind 资讯。

2010 年发展中新兴市场国家通胀压力明显高于发达经济体国家。其中，2010 年 12 月印度 CPI 同比增加高达 9.47%，俄罗斯 CPI 同比增加 8.8%，巴西 CPI 同比增加 5.91%；同期美国 CPI 同比增加 1.5%，欧元区国家 CPI 同比增加 2.2%，日本核心 CPI 同比下降 0.4%（见图 9 - 37）。

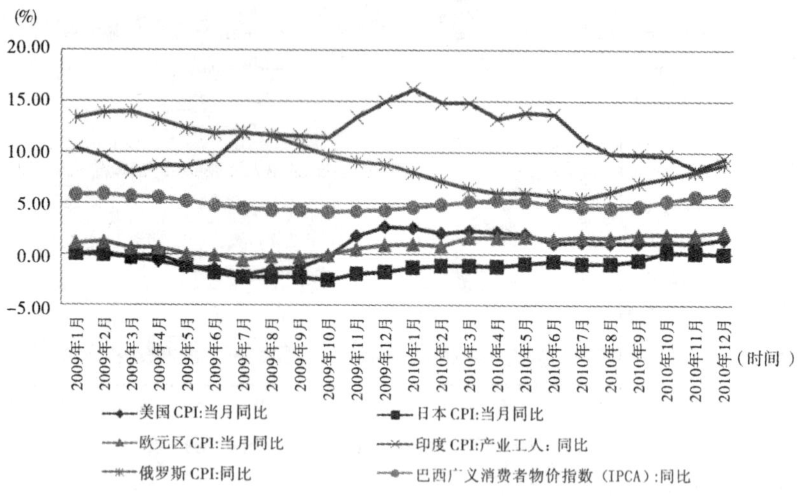

图9－37　2010年主要经济体国家通胀压力

资料来源：Wind资讯。

（二）信用风险：欧洲主权危机加剧

2010年欧洲主权危机进一步呈现扩大化趋势，全球三大评级机构相继下调希腊、葡萄牙、西班牙、爱尔兰等国主权信用评级。其中，2010年4月，国际评级机构标准普尔将希腊外币长期债务信用评级从BBB＋下调为BB＋的垃圾级；将葡萄牙的外币长期债务评级从A＋降至A－；将西班牙的外币长期债务评级由AA＋下调至AA；将爱尔兰的外币长期债务评级由AA下调至A（见表9－34）。

表9－34　2010年标准普尔对欧洲主要国家信用评级变化

希腊		葡萄牙		西班牙		爱尔兰	
评级	生效日期	评级	生效日期	评级	生效日期	评级	生效日期
A－	2009年12月7日	AA－	2009年1月13日	AAA	2004年12月13日	AA＋	2009年3月30日
BBB＋	2010年3月16日	A＋	2009年1月21日	AAA（＊－）	2009年1月12日	AA	2009年6月8日
BB＋	2010年4月27日	A－（＊－）	2010年4月27日	AA＋	2009年1月19日	AA－	2010年8月24日
BB＋（＊－）	2010年12月2日	A－（＊－）	2010年11月30日	AA	2010年4月28日	A	2010年11月23日

资料来源：Wind资讯。

2010年5月，希腊正式向欧盟与IMF申请援助。为防止希腊主权债务危机蔓延，欧洲央行宣布将买入欧元区政府债券，这是欧洲央行首次购买政府债券。同时，欧盟成员国财政部长宣布，将与IMF共同设立一项高达7 500亿欧元的危机应对基金，这项基金可用于救助所有可能陷入困境的欧元区国家，这是欧盟历史上最大规模的救助计划。欧洲主权危机的扩大，拖累欧元汇价暴跌并一度下探4年新低，加剧了对全球经济二次探底的担忧。

金融市场上，随着欧洲主权国家信用评级的降低，反映国家信用违约风险的CDS水平也大幅急剧上升。2010年5月，希腊、葡萄牙5年期CDS大幅攀升，表明信用违约风险极大；2010年6月，希腊5年期CDS水平再创历史高位；2010年11月，希腊、葡萄牙信用违约风险再回历史高位，同期，爱尔兰信用风险也逐步加大（见图9－38）。

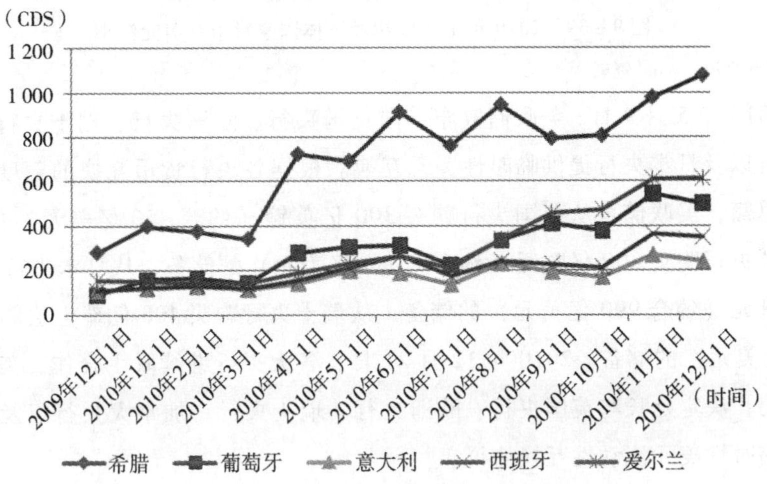

图9－38　2010年欧洲主要国家CDS变动

资料来源：Wind资讯。

（三）流动性风险：美联储启动临时性货币互换机制

因欧洲主权债务危机形势恶化，国际金融市场震荡，为了应对欧洲短期美元融资市场日益增大的市场压力，美联储启动了与其他西方主要央行的临时性货币互换机制。通过该货币互换机制，一方面，美元融资市场的流动性状况将得到改善；另一方面，全球各个市场中的紧张情绪也将在一定程度上得到控制，促进了汇率市场的稳定（见图9－39）。

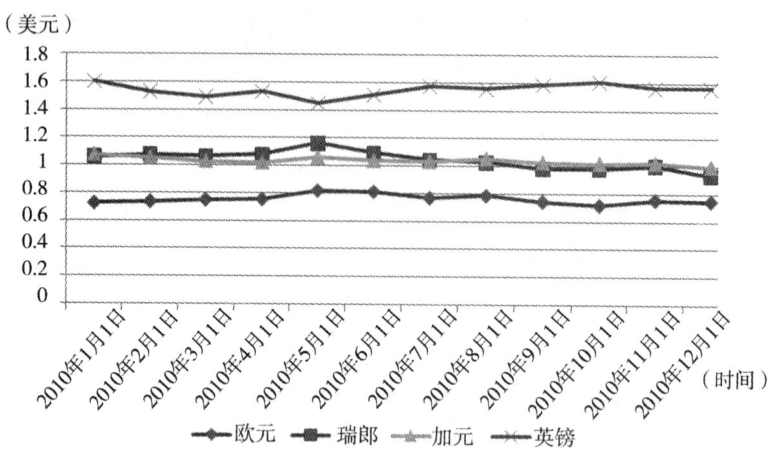

图 9－39　2010 年主要发达经济体国家货币兑美元汇率

资料来源：Wind 资讯。

2010 年 5 月 9 日，美联储宣布，向英国央行、欧洲央行、瑞士央行、加拿大央行以及日本央行提供临时性美元互换。根据各央行货币互换的额度和未偿信贷总额，美联储可从英国央行购买 300 亿英镑（约合 450 亿美元）的储备，从欧洲央行购买 800 亿欧元（约合 1 080 亿美元）的储备，从日本央行购买 10 万亿日元（约合 990 亿美元）的储备，从瑞士央行购买 400 亿瑞士法郎（约合 350 亿美元）的储备。2010 年 12 月 21 日，各大央行继续联手合作，美联储发表声明，决定延长与英国央行、欧洲央行、瑞士央行、加拿大央行以及日本央行的临时性美元流动性互换协议。

上述全球主要央行的货币互换协议措施，合理培育了全球金融市场的流动性，降低了全球金融市场整体的流动性风险，从而在一定程度上缓解了欧洲债务危机所带来的压力。

（四）操作风险：美国股市盘中暴跌近千点

2010 年 5 月 6 日，美股暴跌近千点，创下史上第二大单日跌幅。彭博通讯社、美国国家广播公司财经频道等财经媒体报道称，在美国东部时间 6 日下午 2 点 47 分左右，一名交易员在卖出股票时在电脑键盘上敲错了一个字母，将百万美元误敲成 10 亿美元，导致道·琼斯指数突然出现近千点的暴跌。从下午 2 点 42 分到 2 点 47 分，道·琼斯指数从 10458 点瞬间跌至 9869.62 点，与前一交易日收盘相比，下跌了998.5点。到下午2点58分，道指又回到10479.74点（见图9－40）。

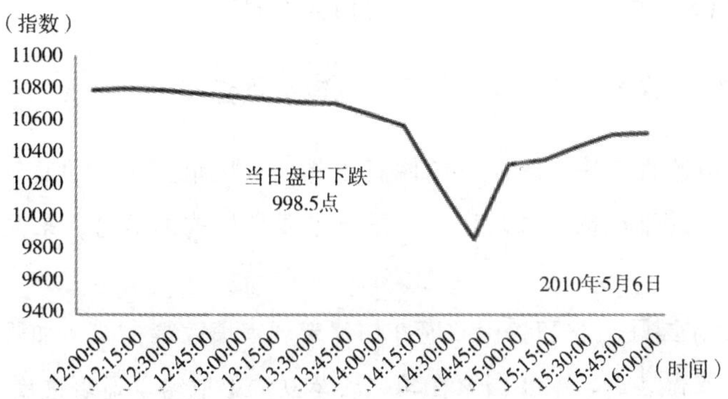

图9－40　2010年5月6日道·琼斯工业指数日内价格走势

资料来源：Wind资讯。

暴跌之后，纳斯达克等六大机构采取紧急措施，决定取消“比2点40分最后报价高出或低出60%”的所有交易。

美国证券交易委员会和商品期货交易委员会10月1日发布调查报告称，美国股市在5月6日发生的“闪电暴跌”是由于一家交易公司在市场饱受压力时，交易电脑自动执行了一笔高达41亿美元的“高频交易”卖单，从而引发了当天的市场恐慌。该“高频交易”是指大型投资机构利用自己的高速计算机，按照交易模型在极短时间内自动作出投资决策，从而先于市场其他投资者进行交易，但高速指令产生的错误可能引发市场其他程序化交易的连锁反应，进而放大风险，造成整个市场的大幅波动。为了避免股市再次出现类似的暴跌情况，美国证券交易委员会已开始制定新的监管规则，扩展和调整交易“熔断”机制。

二、2010年国际证券业风险控制新措施

2010年国际证券市场运行日趋复杂，市场风险、信用风险、流动性风险、操作风险均有发生，针对上述风险状况，国际证券业风险控制新措施主要有五大新动向：(1) 全球加强宏观审慎监管；(2) 27国央行正式通过《巴塞尔协议III》；(3) 美国参议院最终通过“多德－弗兰克”金融监管改革法案，这是美

国自 1930 年大萧条以来最严厉的金融改革法案；（4）欧元区成员国创设欧洲稳定机制；（5）主要金融机构继续加强内部控制。

（一）行业监管环境：全球加强宏观审慎监管

宏观审慎监管是从金融体系整体而非单一机构角度实施的监管，力图通过逆周期监管、跨部门的相关性监管、系统重要性机构的监管，来防范和化解系统性风险。

2010 年，国际组织和各国政府在构建宏观审慎政策框架、加强执行宏观审慎政策方面取得共识，主要国家在相关改革立法上取得了显著进展。

欧盟：2010 年 9 月欧盟建立泛欧金融监管体系，决定设立欧洲系统性风险委员会（European Systemic Risk Board，ESRB），负责监测和评估系统性风险，实施宏观审慎管理（见图 9－41）。

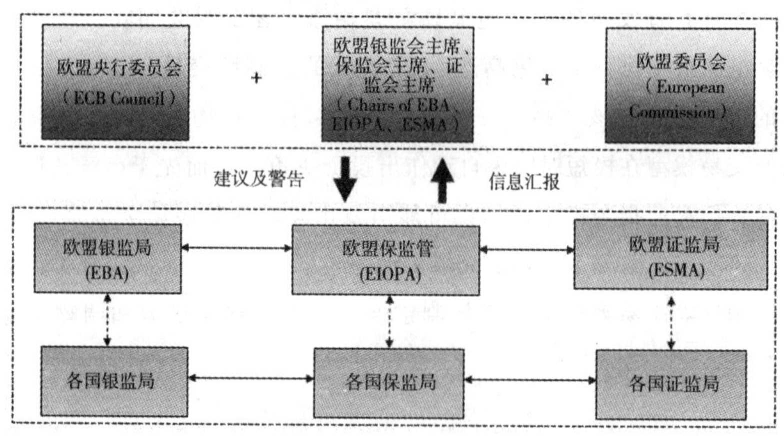

图 9－41　欧洲宏观审慎监管体系框架

资料来源：European Securities and Markets Authority，中信证券整理。

日本：2010 年 5 月日本国会通过《金融商品交易法修正案》，强化对系统重要性金融机构的监管。

英国：2010 年 6 月通过金融监管改革方案，在英格兰银行内部设立金融政策委员会，负责宏观审慎管理。

宏观审慎监管的本质有两个：一是逆周期性监管，降低金融市场系统性风险发生的可能性；二是宏观流动性管理，保证金融体系整体的稳定性。

因此，在宏观审慎监管框架下，国际证券业主要金融机构风险控制方面的启示主要有：

1. 在逆周期方面，加强金融市场宏观经济周期研究，加强系统性风险的监测预警研究。经济周期波动是经济发展过程中长期存在的现象，逆周期相关政策的核心基础是周期的准确性判断，只有对宏观经济周期有相对准确性判断，逆周期的相关金融措施才会更加有意义。

美国经济周期研究所（Economic Cycle Research Institute）、美国大企业联合会（Conference Board）、美国调查局（US Census Bureau）、美国国家研究局（NBER）、经合组织（OECD）等机构在经济周期领域都有深入的研究，国际证券业金融机构可以逐步吸收、借鉴上述机构的研究内容，结合自身在证券市场的实务经验，健全资本市场系统性风险防范预警与处置机制，从而在一定程度上降低金融机构所面临的系统性风险的巨大破坏性。

2. 在流动性方面，未雨绸缪，加强证券业机构自身的流动性风险管理。随着金融创新步伐的加快，场外交易规模上升趋势迅速，2008 年次贷危机的爆发，充分说明了流动性风险爆发的突然性和严重性，也证明了一些融资渠道会在短时间内消失殆尽。巴塞尔委员会于 2009 年 12 月发布了《Strengthening the resilience of the banking sector（增强银行体系稳健性）》，强化了对交易对手信用风险资本监管的建议。因而，国际证券业机构在宏观审慎框架下，需要更加严格地控制交易对手的信用风险，降低流动性风险集中爆发的可能性。

（二）风险管理方向：《巴塞尔协议Ⅲ》构建全面风险管理新框架

2010 年 9 月 12 日，巴塞尔委员会、国际货币基金组织（IMF）、20 国集团（G20）及金融稳定委员会等国际组织大力推进国际金融监管规则的重新制定，27 国央行正式通过《巴塞尔协议Ⅲ》。

《巴塞尔协议Ⅲ》坚持基于风险的资本监管逻辑思路，完善和强化了《巴塞尔协议Ⅱ》，增加的主要内容如下：

1. 更严格的资本金要求。增加资本质量和数量，最低资本中的核心一级资本（普通股和留存收益）要求由2%提至4.5%，另加2.5%的资本保护缓冲和0～2.5%的反周期资本缓冲要求等。

2. 市场风险、信用风险、流动性风险计算考虑事项更加全面严谨。

3. 以资本为手段来应对监管资本的顺周期效应和系统性风险的挑战，建立资本保护缓冲机制和反周期资本缓冲机制。

4. 加强流动性监管，将引入杠杆比率、流动杠杆比率和净稳定资金来源比率，以降低金融机构系统的流动性风险。

《巴塞尔协议Ⅲ》强调了高质量的资本构成，一级资本主要形式为普通股和留存收益，严格了扣除项；调整了不合理的风险权重，大幅提高了资产证券化业务的资本要求，多角度提高了交易账户市场分析资本要求；重视交易对手信用风险；建立了资本缓冲机制以及注重流动性风险，引入流动性监测指标，从而全面提高金融机构抵御金融风险的能力。

《巴塞尔协议Ⅲ》基于三大支柱，在金融机构防范相关风险方面建立了严谨而又全面的逻辑框架：涵盖了金融机构市场风险、信用风险、操作风险以及流动性风险的相关定义及其度量方法，操作性强（见图9－42）。

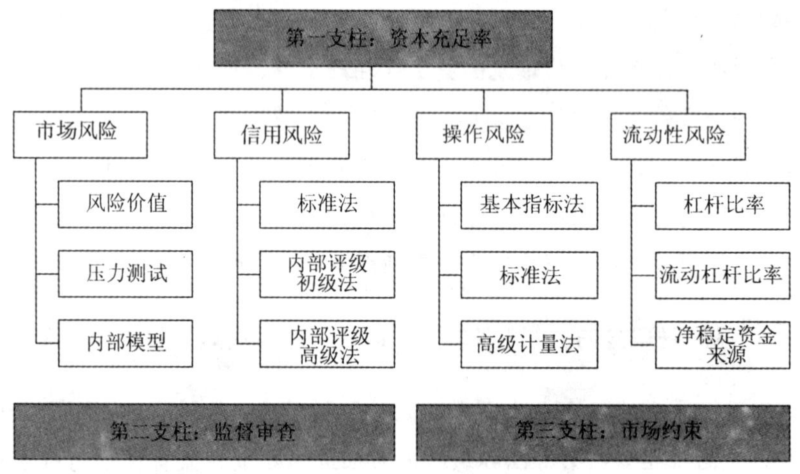

图9－42　《巴塞尔协议Ⅲ》涵盖的风险类型及计算方法

资料来源：中信证券整理。

特别地，《巴塞尔协议Ⅲ》基于风险的资本管理理念意义重大，可以全面合理地度量金融机构各项业务所占用的风险资本，从而有助于提高金融机构在风险可控可测前提下的资本有效分配利用，是国际证券业未来开展风险管理工作的必然方向（见图9－43）。

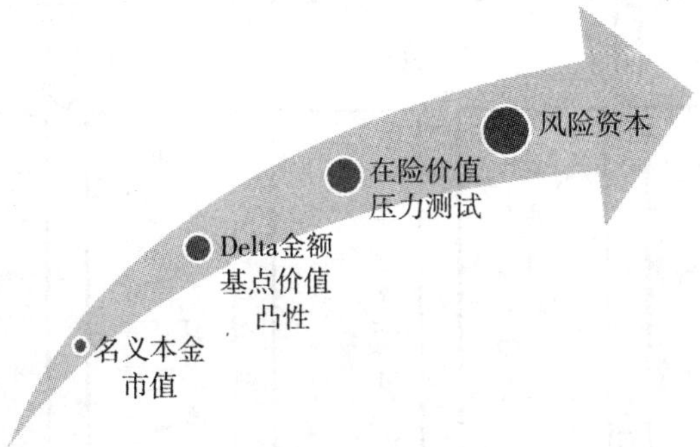

图9－43　国际证券业风险管理理念演进方向

资料来源：高盛报告，中信证券整理。

（三）金融体系秩序：美国重塑金融监管改革法案

2009年国际金融危机暴露出美国金融体系及其监管架构的诸多缺陷。为了防止危机重演，从2009年起，美国进行了1930年经济大萧条后最大规模的金融修法活动。在不到1年的时间内，经历了政府提案、众院立法、参院立法、参众两院协调等4个阶段，2010年7月21日，美国金融监管改革法案——《多德－弗兰克华尔街改革和消费者保护法》获得通过。

法案的前言概括了此项立法的三个目的，即通过改善问责制和提高透明度来促进金融稳定；结束“太大而不能倒”的局面以保护纳税人利益；保护消费者免受不当金融服务误导。围绕这三个方向，这项由16个部分、1 000余条条款构成，长达2 800多页的历史性法案，对包括货币当局、监管当局、银行、证券、保险、对冲基金、信贷评级机构、交易商、投资咨询机构、会计制度、交易机制、上市公司等在内的金融体系运行的规则和监管架构进行了全面改革与修订。

这部新的美国监管法案涵盖了消费者保护、金融机构、金融市场、薪酬改革等诸多内容，着力推动5个方面的改革，将对美国乃至全球金融监管秩序带来深远影响（见图9－44）。

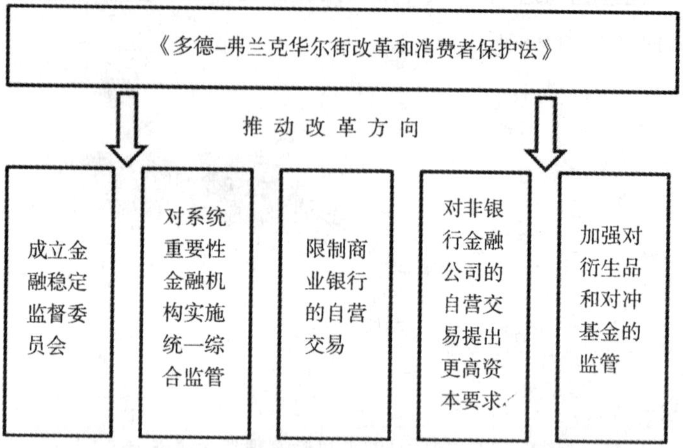

《多德-弗兰克华尔街改革和消费者保护法》

推动改革方向

成立金融稳定监督委员会	对系统重要性金融机构实施统一综合监管	限制商业银行的自营交易	对非银行金融公司的自营交易提出更高资本要求	加强对衍生品和对冲基金的监管

图 9-44　美国《多德-弗兰克华尔街改革和消费者保护法》改革方向

资料来源：中信证券整理。

（四）协调治理机制：欧元区成员国创设欧洲稳定机制

欧元区各国使用统一货币、具有统一的货币政策，却没有统一的财政政策。因而，欧洲各国财政治理框架的不协调也是债务危机升级的重要原因。多数国家的赤字和公共债务占 GDP 比例超过了《马斯特里赫特条约》中规定的 3% 和 60% 的警戒线，从而引发了市场对其财政可持续性的担忧。

Eurostat 最新统计数据显示，2010 年欧元区 17 国（EA17）及欧盟 27 国（EU27）政府财政赤字占 GDP 比重分别为 6% 和 6.4%；政府公共债务占 GDP 比重分别为 85.1% 和 80%，远高于 3% 和 60% 的警戒线。

与 2009 年相比，欧元区 17 国（EA17）及欧盟 27 国（EU27）政府财政赤字占 GDP 比重呈现下降趋势，但政府公共债务占 GDP 比重仍呈现扩大趋势。

其中，政府财政赤字占 GDP 比重：欧元区 17 国（EA17）从 2009 年的 6.3% 下降到 6%；欧盟 27 国（EU27）从 2009 年的 6.8% 下降到 6.4%。

政府公共债务占 GDP 比重：欧元区 17 国（EA17）从 2009 年的 79.3% 上升到 85.1%；欧盟 27 国（EU27）从 2009 年的 74.4% 上升到 80%（见表 9-35）。

表 9-35　　欧洲地区政府赤字与债务占 GDP 比重

年度		2007	2008	2009	2010
欧元区 17 国					
GDP	(million euro)	9 035 939	9 264 270	8 970 953	9 204 316
政府赤字	(million euro)	-60 082	-188 988	-566 680	-550 481
	(% of GDP)	-0.7	-2.0	-6.3	-6.0
政府支出	(% of GDP)	45.9	46.9	50.8	50.4
政府收入	(% of GDP)	45.2	44.8	44.5	44.4
政府负债	(million euro)	5 984 848	6 472 881	7 116 276	7 837 207
	(% of GDP)	66.2	69.9	79.3	85.1
欧盟 27 国					
GDP	(million euro)	12 398 526	12 494 352	11 788 046	12 280 644
政府赤字	(million euro)	-108 011	-296 010	-803 807	-784 107
	(% of GDP)	-0.9	-2.4	-6.8	-6.4
政府支出	(% of GDP)	45.6	46.9	50.8	50.3
政府收入	(% of GDP)	44.8	44.6	44.0	44.0
政府负债	(million euro)	7 310 759	7 782 775	8 768 748	9 828 232
	(% of GDP)	59.0	62.3	74.4	80.0

资料来源：Eurostat。

在财政政策方面，欧盟现阶段没有建立可以酌情运用于区内的“共同财政资源”，因此成员国一旦出现经济危机，最有效避免经济严重下滑的公共支出政策将在欧盟框架内被严重束缚。

2010 年 12 月 16 日，欧盟峰会决定在《里斯本条约》中加入一段内容，即欧元区成员国将创设一个名为“欧洲稳定机制”永久性的救助机制，用来维护整个欧元区的稳定；对接受救助的成员国将附加严格的条件，这为改善欧盟财政协调奠定了初步法律基础。

（五）加强内部控制：主要金融机构风险控制制度建设及信息披露

2010 年国际证券业主要金融机构继续加强内部风险控制，不断完善制度性建设及相关风险信息内容的披露。基于高盛公司、J. P. 摩根公司、摩根士丹利公司 2010 年年报内容，可以发现：

1. 制度建设方面：国际证券业主要金融机构继续加强风险控制相关委员会在公司内部的制度性建立。

2010 年 9 月，高盛公司专门成立了一个含有公司所有独立董事在内的公司董事层风险控制委员会，对公司多层面多业务风险状况进行重点关注（见

图9－45）。

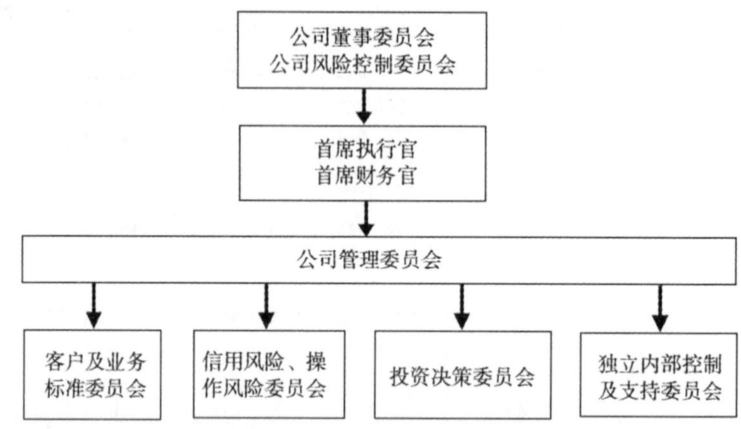

图9－45　高盛公司风险控制委员会管理组织框架

资料来源：高盛公司2010年年报，中信证券整理。

2. 信息披露方面：国际证券业主要金融机构继续加强信息披露内容的准确性。

2010年高盛公司在年报公布之后，又专门发布公告——补充财务报告（Subsidiary Financial Information），披露了其年报有关财务数据的详细计算原则方法以及更加详细的财务相关数据，主要包括：公允价值计量（Fair Value Measurements）、现金计量（Cash Instruments）、衍生品计量（Derivative Activities）以及净资本要求计量（Net Capital Requirements）等。

同时，高盛公司等主要金融机构围绕市场风险、信用风险、流动性风险以及操作风险，继续运用多种工具、方法进行全方面的风险监测（见表9－36）。

表9－36　　2010年主要金融机构风险度量工具方法

	高盛公司	J. P. 摩根公司	摩根士丹利公司
市场风险	在险价值 敏感性分析 压力测试	在险价值 压力测试 风险暴露 非统计风险度量	在险价值 敏感性分析 压力测试
信用风险	信用评级	信用风险识别 作用风险度量 信用风险监测 信用风险报告	衍生品风险暴露 主权风险暴露 行业风险暴露

续表

	高盛公司	J. P. 摩根公司	摩根士丹利公司
流动性风险	全球资产流动性管理	全球资产流动性管理 现金流管理	全球资产流动性管理 全球资产负债管理
操作风险	操作风险因子分析	操作风险识别 操作风险度量 操作风险监测 操作风险报告	操作风险识别 操作风险度量 操作风险监测 操作风险报告

资料来源：高盛、J. P. 摩根、摩根士丹利公司 2010 年年报，中信证券整理。

“阳光是最好的消毒剂”，上述多维度多方法信息内容披露及风险信息衡量有助于国际证券业金融机构加强内部控制工作的开展。

综上可以看出，国际证券业主要金融机构 2010 年更加注重公司的内部制度性建设以及信息披露内容的准确性，从而最大程度地帮助国际证券业金融机构降低所面临的各种相关风险。

第七节　2010 年国际证券投资咨询业的发展现状

一、国外证券投资咨询业的现状

（一）国外证券投资咨询发展简介

证券投资咨询业与证券市场几乎相伴而生，证券市场建立之初就产生了投资咨询业务的萌芽。1920 年，全球第一家投资咨询公司在美国的波士顿成立，证券投资咨询业便开始发展起来。20 世纪 80 年代末 90 年代初，Conrad&Kaul（1989）等学者发现了股票短期收益和长期收益的可预测性，导致了市场对证券分析需求的增加。近年来，随着全球经济的稳步增长、金融全球化趋势的不断推进，国外市场的证券投资咨询业务更是发展迅猛。据官方数据，仅美国注册的证券投资咨询机构数量就达到 11 300 家，其服务的金融资产将近 43 万亿美元。

对于证券分析师的内涵，具有美国与加拿大证券分析师协会职能的投资管理与研究协会（AIMR）在其章程中定义："职业投资分析是指从事作为投资决策的一部分，对财务、经济、统计资料进行评价或应用的个人。"此外还定义："投资决策就是财务分析、投资管理、证券分析或其他类似的专门实务。"日本证券分析师协会（SAAJ）在其制定的《证券分析师职业行为准则》中定义："证券分析业务是指对与证券投资相关的各种信息的分析和投资价值评价，以及基于此所做的投资信息的提供、投资推荐或投资管理。"国际证券管理机构组织在2003年的研究报告中将证券分析师分为三个类型：卖方分析师、买方分析师以及独立分析师。

1. 卖方分析师：典型的卖方分析师受雇于提供全面服务投资公司的研究部门。卖方分析师一般会通过一定的途径公开发表其追踪行业或公司的研究报告。这些研究报告通常会包含明确的投资建议及分析师预测的目标价位。

2. 买方分析师：买方分析师一般受雇于共同基金、对冲基金、投资咨询公司等投资机构，这类机构为自己或他人买卖证券，买方分析师建议雇主买进、卖出或持有特定的证券，其研究结论往往是保密的。对于买方分析师而言，成功的关键在于研究报告的准确性。如果他们的研究报告能够帮助雇主获得比较好的收益，这个分析师就是成功的。由于买方分析师受雇于特定的投资机构，并且仅为该机构提供研究报告，而买方分析师的薪酬水平是基于其预测水平的，因此，买方分析师通常与客户利益是一致的，一般不存在利益冲突。

3. 独立分析师：独立分析师受雇于独立提供全面服务的投资公司、卖报告给订阅者的研究公司。由于其研究结果是付费的，并且这些收入将是公司唯一或主要的收入来源，因此，独立分析师在客观上有强烈的动机为客户提供客观的分析。

（二）国外证券研究咨询业发展中面临的主要问题

证券分析师，尤其是卖方分析师，由于承受着其所在证券机构争取投资银行项目、提供自营的盈利水平等压力，常被要求制作更多的刺激投资者投资兴趣的研究报告，在公司利益与个人利益双重诱惑下，卖方分析师更容易产生利益冲突的可能。国际证监会组织（IOSCO）关于分析师利益冲突的报告指出：

因为分析师所在的投资机构从事多种业务活动，面临不同的利益，所以会给分析报告带来干扰，作出的报告很难是公正的。利益冲突所造成的分析师犯错几乎防不胜防，并且会进一步延伸到整个投资市场，而且具有较高影响力的分析师的“道德风险”将对投资者利益造成更大的损害。

2000 年新经济泡沫破灭，NASDAQ 与 S&P500 等主要股指从高位跌落，美国证券市场进入熊市低迷行情，许多投资者由于听信华尔街分析师的推荐而损失惨重，甚至血本无归，股市泡沫的破灭使得华尔街的顶级投行及其证券分析师面临空前的信任危机。2003 年 4 月 28 日，花旗集团、美林公司和高盛公司等 10 家顶级投资机构与美国证券交易委员会（SEC）达成“和解”协议：SEC 不再对该 10 家顶级投资机构的证券分析师在 20 世纪 90 年代末出于公司及其客户的利益发表有偏差的分析报告误导投资者、严重损害投资者的行为进行指控；而该 10 家顶级投资机构则需共同支付总计达 14 亿美元的和解金；同时美林证券公司前分析师布罗迪格和所罗门美邦公司前分析师格鲁明由于发表有偏差的分析报告误导投资者，分别被罚款 400 万美元和 1 500 万美元，且终身不得继续从事证券分析工作。

在 2008 ~ 2009 年的次贷金融危机中，华尔街证券分析师由于近乎全体失算而备受指责，许多分析师对于雷曼等濒临破产企业的股票给予“买入”或“持有”的投资评级，也令人怀疑其研究体系的可靠性甚至研究的价值。事实上，在 2001 年的安然（Enron）破产事件中，国外证券分析师对于股市过度乐观的评级涉嫌利益冲突就曾引来监管机构的担忧。安然申请破产前两个月，在丢失大量财务数据和市场份额下降 50% 的背景下，跟踪研究该公司的 17 名分析师中仍有 10 人对其给出“强烈推荐”的评级，5 人给出“买入”的评级。此时，安然的股价已从 1 年前最高的 90 美元下跌到不足 40 美元。美国证券监管机构和司法当局的调查也显示，华尔街的证券分析师在新经济泡沫膨胀时期确实存在“利益冲突”行为，不同程度地存在通过发布偏颇的、过度乐观的研究报告误导投资人。

证券分析师面临的利益冲突主要表现在以下几个方面：

1. 与受雇公司其他业务的关系。证券分析师大多受雇于综合类证券公司，这些公司的投行、自营和经纪业务都可能与分析师独立的研究工作产生冲突。

在投行业务方面，证券承销、财务顾问等业务是证券公司收入的重要来源。为避免损害证券公司和客户之间的商业关系，证券分析师可能会被禁止发表对客户公司不利的报告或者被迫发表一些并不客观的报告。在自营或资产管理业务方面，证券分析师可能为促使公司所持股票的价格保持稳定或上涨而向公众发表乐观的投资建议。同时，分析师所在公司也有可能先于公众看到研究报告，在报告未公布之前，以更有利的价格买入或卖出股票。在经纪业务方面，为增加交易量获得更多的佣金，证券分析师倾向于提供更多买入的投资建议。美国证券交易委员会的一份对证券公司的调查报告显示，分析师是许多投资银行的重要的参与者，而且在其所调查的 97 家公司中有 26 家的分析师在公司股票出售锁定结束前的 1 个星期都提出买入的建议。美国证券交易委员会指出这类报告“在公司、公司客户或分析师出售股票时，可能会激发对该股票的购买兴趣，提高股票价格”。

2. 与分析师的薪酬的关系。国际证券管理机构组织的调查发现，分析师的报酬机制设置得很复杂，因国家、公司而不同。在一些国家，雇主将分析师的报酬与所产生的投资银行收益挂钩；在另外一些国家，分析师的报酬取决于分析师与公司其他部门的“合作”情况。大部分国家分析师有固定的年薪，但是奖金则依靠公司的投资银行业务、交易手续费收入等。由此，分析师为了自身与公司的收入水平，更加关注的是公司的利益，而不是客户的利益。此外，报告发布机制也是构成分析师利益冲突的一个来源，例如要求分析师在研究报告未公开之前，需首先将拟公开的研究报告提交到投资银行及其他部门。

3. 与被研究公司的利益关系。证券分析师工作的一个重要方面是经常与被研究公司的管理层沟通，以获得有价值的信息。因此，管理层可能会对分析师施加压力，要求他们发表有利于该公司的研究报告，发表不利报告的分析师可能将不再受欢迎。美国证券交易委员会前代主席 Laura Unger 在 2001 年 7 月向国会的证词中谈及分析师所面临的公司管理层的压力时说到：分析师所在公司的管理层可能对分析师施加压力，要求分析师发布对该公司有利的研究报告。不利报告可能不受管理层的欢迎，因此分析师若发布负面报告，公司管理层将拒绝与其交流。这可能导致分析师发表的报告对公司有利。

此外，如果证券分析师个人拥有被研究公司的股票，他们就有动机发表乐观的投资建议并从中受益。

4. 与投资者的利益关系。机构投资者是证券公司研究部门的主要客户，这些客户可能会因为大量持有某些股票而对证券分析师施加压力，限制其发表负面报告或要求其发表有利于该股票的报告。另外，如果证券分析师个人与市场投资者之间存在利益关系，也有可能导致利益冲突。

二、国外证券分析师提供投资建议的价值

关于证券分析师报告的投资价值存在较大的争议。认为证券分析师报告有价值的学者认为，证券分析师充分发掘和分析了股票的信息，能提高投资回报；认为证券分析师报告没有价值的学者认为，在半强有效的资本市场，股价已经反映了所有公开可获得的信息，因此，投资者使用这些公开信息，如分析师的盈利预测和建议将不能赢得高于平均的回报。

研究机构 Zacks 在 2005 年的调查显示，被华尔街分析师列为卖出评级的股票在 2004 年大约上涨了 36%，表现反而好于被列为买进评级的股票，这类股票仅获得 25% 的上涨幅度。而且这种情况并非个别现象。这种结论无疑会使分析师名誉扫地。

当然，也并非全然如此。James H. Bjerring、Josef Lakonishok 和 Theo Vermaelen 对加拿大一家全国性券商的分析师的推荐进行了研究，结果显示分析师推荐的信息内容并不是立刻反映到市场价格中，但遵循分析师推荐的投资者在扣除交易成本后将会得到显著的正异常收益。

Kent L. Womack 对美国 14 家主要券商的证券分析师买卖推荐进行研究，发现了股票价格形成和分析师推荐影响股价能力的证据。Womack 按照两种不同思路进行了研究，首先分析了价格和交易量在事件期、事件期前和事件期后对于不同推荐变化的反应，他发现了显著的初期价格和交易量反应。Womack 的第二个研究焦点是他发现的股票在分析师推荐后 6 个月存在超额收益。为了检测这个“漂移”是否暗示着证券分析师具有预测能力，Womack 使用计算机模拟技术对分析师推荐的市场择时和股票选择“精度”进行比较，通过持有那些分析师调整投资评级至买入或卖出样本中的公司股票并比较在分析师实际推荐

期后的原始收益和模拟事件期（随机选择事件期）后收益，结果显示，在推荐前的股票价格和最终价值之间存在明显的系统性差异。对于分析师的买入推荐，平均的事后“漂移”是温和与短期的；但是对于分析师的卖出推荐，事后“漂移”更大，并且持续时间达6个月。因此，证券分析师的确显示出有市场择时和选股的能力，分析师提供的推荐买入股票最具备市场择时和短期择股的价值。

实证研究中出现的分析师报告不准确，大致可归结于两类因素：一类是由于分析师面临的前述种种利益冲突导致分析师作出不客观的分析；另一类则是和信息不完全、认知偏差等诸多客观限制因素有关。Graham 和 Dodd 指出，影响分析师成功有三个障碍：信息不完全或不准确、将来的不确定性和市场的非理性行为。美国证券业协会认为证券分析师的“买入”投资建议的比例较大也是自然的。首先，美国股票数目众多，分析师只能选择其中一小部分股票，所以通常会选择分析前景较好的公司，而且公司客户大多是多头账户，也即一般不愿意卖空证券，除非已经拥有该证券或从事复杂的对冲交易，因此，分析师倾向于推荐买股票。其次，分析师通常倾向于长期投资。实证研究表明，交易频率与投资回报负相关，从股票市场历史来看，股市趋于上升。因此证券分析师也倾向于建议投资者购买并持有股票。

虽然对于分析师投资建议的投资价值有诸多争论，但证券分析师在市场上担任了“传递信息”（Information Dissemination）的角色，在增进市场效率方面发挥了重要作用。正如美国高等法院和美国证券交易委员会所言：“证券分析师对整个市场的价值是毋庸置疑的；他们搜集分析信息的活动显著地提高了市场的定价效率，从而增进了所有投资者的利益。”

三、国外证券投资咨询业的制度安排

面对证券投资咨询业发展中遇到的问题，为促进证券投资咨询业的健康发展，世界各国纷纷加强对证券投资咨询业的监管，规范证券分析师的行为，尤其是利益冲突行为。具体而言，包括以下几个方面：

（一）市场准入制度

市场准入制度包括证券投资咨询机构的市场准入与证券分析师的市场准入。

1. 证券投资咨询机构的市场准入。主要有三种形式：一是许可制。主管机关对投资咨询的市场准入享有较大的裁量权，监管重点放在事前防范。许可制虽有利于保障投资者利益，但有限制营业自由之虞。二是登记制（美国）。凡符合法律规定条件的主体，证券监管机关即允许其准入市场，监管重点放在事后取缔。登记制虽有利于促进营业自由，但可能影响投资者利益。三是双轨制（日本）。根据投资咨询的业务类型，采取差别化市场准入要求，对单纯提供投资咨询服务的投资咨询机构采取登记制，而对从事全权委托业务的投资咨询机构采取许可制。

2. 证券分析师的市场准入。不同市场的宽严程度不同，一般包括专门的资格考试外加一定期限的实习。资格考试通常划分为若干等级，覆盖内容逐渐扩大，深浅程度逐级加深。通过考试后的人员须经一定期限的实习，合格后方可执业。除市场准入的“积极”资格规定外，一些国家或地区还有市场禁入的“消极”资格规定。为提高顾问人员的素质，还有对其进行后续职业培训的严格规定。

（二）利益冲突的制度防范

在美国，萨班斯－奥克斯利法案是在2002年连续发生“安然”及“世界通讯”等证券市场欺诈事件的背景下出台的，其中专门包含处理证券分析师利益冲突问题的条款，并要求SEC以及在SEC授权和指导之下的证券交易所制定处理利益冲突的细则。[①] 萨班斯－奥克斯利法案被认为是“罗斯福时代以来，有关美国商业实践的影响最为深远的改革”。随后，2002年9月、2003年5月，纳斯达克和纽约证券交易所相继发布了研究的补充规则；在英国，金融服务监管局（FSA）于2003年2月发布了第171号咨询建议稿；在日本，2003

① 法案要求：SEC或SEC授权的证券业协会或证券交易所必须在本法案生效之日起1年内制定规则，防范证券分析师在推荐股票过程中可能发生的利益冲突，以完善分析报告的客观性和保证为投资者提供更有用、更可信的信息。

年1月，发布了修订的“分析师报告运用规则”及其说明指南；在中国香港，2004年11月，香港证监会发表了《关于处理分析员利益冲突的监管架构的咨询总结》及为处理分析员的利益冲突问题而制定的有关指引；加拿大及德国也出台了类似的规则。

1. 信息隔离墙制度。萨班斯－奥克斯利法案对于信息隔离墙的规定如下：(1) 限制（“limit”或“restrict”，而不是禁止“prohibit”）投资银行中从事投资银行研究的员工以及不直接负责研究的员工在研究报告发表前对研究报告进行审批；(2) 限制（“limit”或“restrict”，而不是禁止“prohibit”）投资银行从事投资银行业务的管理人员对证券分析师的薪酬及职级进行评价；(3) 禁止从事投资银行业务的员工，通过对证券分析师作出不利的、否定的或对投资银行与所分析的目标上市公司的目前或将来的投资业务关系产生负面影响的分析报告，而直接或间接报复或威胁该投资银行的证券分析师（包括受雇于该投资银行和仅为投资银行的会员）；(4) 确定禁止期限，在该期限内已经参与或准备参与股票公开发行的保险业务或承销业务的投资银行不得发布与该股票有关或与发行股票的上市公司有关的分析报告等。随后，SEC及相关机构作出了更为具体的规定，例如分析师不得在其所任职的投资银行协助下进行IPO的公司上市后40天内，发表该公司的研究报告；不得在其所任职的投资银行协助下增发“交易不活跃”的新股10天内，发表该公司的研究报告；禁止分析师在发表研究报告之前的5~30天内，买卖被研究公司的股票。

2. 信息披露制度。信息披露制度是世界主要证券市场监管制度的基石，在不同国家的证券法律中，完全、真实和明确无误的信息披露是证券监管的基本原则，但是由于逆向选择的存在，市场自身无法创造出信息披露制度，因此为了更好地保障投资者利益，必须采用强制性的信息披露制度。在萨班斯－奥克斯利法案出台之前，美国的证券投资咨询的监管就有关于证券信息披露的披露准则，但是这种信息披露多为选择性信息披露制度。[①] 在存在这种选择性的背景下，证券分析师为了在同行中占据竞争优势，千方百计地去接触上市公司的

① 选择性信息披露制度是指上市公司在未公开披露之前向特定的人士或特殊类型人员披露有关重大信息的行为。

高级管理人员，去迎合上市公司的需要，从而丧失自身的独立性。对此，SEC在2000年10月公布了《公平信息披露法》，对选择性信息披露行为进行规制。萨班斯－奥克斯利法案进一步增加了证券分析师利益冲突披露的强制性要求，其第501节（b）要求：“一、披露证券分析师在分析公司中的债务和证券投资额；二、披露注册的经纪商或经销商或其雇员（包括证券分析师）是否从其分析公司中收取报酬；三、如果上市公司的股票在刊物和研究报告中受到推荐，则应披露该上市公司目前或在研究报告作出或刊物出版日之前的1年内，是否是该经纪商或经销商的客户，如果是，则应说明该上市公司接受服务的类型；四、披露证券分析师是否基于经纪商或经销商从分析公司处获得投资银行业务收入，收取了制作研究报告的薪酬；五、证券交易委员会、证券协会或证交所认为须披露的其他事实。”

后　记

《中国证券业发展报告（2011）》的编撰工作，延续了往年的编撰原则和办法。中国证券业协会会长陈共炎同志担任本书主编，中国证券业协会其他领导和6家参与撰稿单位的负责人担任编委会委员。撰稿单位做了精心分工，宏源证券股份有限公司负责撰写“第一章 2010年中国证券业发展概况”，国信证券股份有限公司负责撰写“第二章 2010年中国投资银行业务发展报告”，国泰君安证券股份有限公司负责撰写“第三章 2010年中国证券经纪业务发展报告”，中国证券业协会原发展战略工作委员会负责撰写“第四章 2010年中国证券投资咨询与资信评级业务发展报告”，各相关特别会员单位分别负责撰写“第五章 2010年中国证券业协会特别会员发展报告”，广发证券股份有限公司负责撰写“第六章 2010年中国证券业新技术的应用与改进”，中国证券业协会投资者教育与服务部负责撰写“第七章 2010年中国证券业投资者教育发展报告”，上海申银万国证券研究所有限公司负责撰写“第八章 2010年中国证券业的理论研究”，中信证券股份有限公司负责撰写“第九章 2010年国际证券业发展报告”。由于自2006年起中国证券业协会每年都另外专门组织编写《中国证券投资基金业年报》，为了避免重复，本报告不再单列“投资基金业发展报告”的相关内容。

初稿完成后，在中国证券业协会原发展战略工作委员会的组织下，中国证券业协会下设的相关专业委员会：证券经纪专业委员会、投资银行专业委员会、证券分析师专业委员会和信息技术专业委员会的委员们分别对不同章节的初稿进行了认真审阅并提出了很好的修改意见。各写作小组根据各专业委员会的意见对初稿进行了认真修改。

本报告在编撰过程中，得到了中国证券业协会各会员单位和特别会员单位的大力支持，在此向他们表示衷心的感谢。同时，我们也希望广大读者能够继续支持我们的工作，对《中国证券业发展报告（2011）》的不当之处提出宝贵意见，以便我们进一步改进。

《中国证券业发展报告（2011）》编委会

2011年11月